戦後日本人の中国像

日本敗戦から文化大革命・日中復交まで

馬場公彦
Baba Kimihiko

新曜社

本書を読まれる方へ

本書は見ての通りかなり大部である。また博士論文に改訂を加えたものであるから、学術書である。専門以外の一般読者には難解で通読するには困難な印象を与えてしまうかもしれない。とはいえ、本書は中国研究者のみに供するものではなく、戦後日本の思想史（特に精神史）・国際関係（日中関係を中心とする）・外交史・文化史（特にメディア史）などの諸分野にまたがるものである。また、扱うテーマや素材は比較的歴史の新しい、同時代史にも関わるものであるから、読み進めていけば、記憶の鮮明な記述にも行き当たり、親しみを感じることもあるだろう。

そこで、専門研究者以外の方は、言説分析編の序章冒頭の第一節「研究の課題と目的」三頁をお読みいただいた後は、第一章以下の本文に入っていただきたい。序章の第二節以降は、学問的な手続き論であり、研究方法をめぐるやや煩瑣な議論を展開していて、そこを読まずとも本論そのものの読解の妨げになることはないだろう。第一章から第五章までは、日本が敗戦した一九四五年から日中の国交が回復した七二年までを時期区分した通史的叙述になっていて、通読をお勧めしたい。あるいは、序章末尾の第五節「本書の構成」三頁をお読みいただいたうえで、文化大革命に関心があるのなら第四章からというように、関心のある章から読み始められてもよい。

後半の証言編は言説分析編にも登場する寄稿家たちへのインタビュー記録で、その配列は単に年齢順であるから、どなたからでも、興味のある方の記事を読んでいただいてかまわない。ただ、主に本書の扱う時期の、特に論壇での言動についての問答に集中しがちであって、当人の事績のすべてを覆うものではないため、ここから読み始めると本書の全体像はつかみにくい。まずは言説分析編に目を通していただくことをお勧めする。

むろん、学術書の通例として、「あとがき」にざっと目を通して著者の個人的な研究動機をつかみ、参考文献に目を走らせて著者の研究履歴を押さえてから本論に入るという読み方もありうるだろう。

目次——戦後日本人の中国像

第一章　戦後日本論壇の見た新中国像　一九四五―五〇……61

――日本敗戦・中国内戦・米ソ冷戦のはざまで

第六章　日中復交と歴史問題　一九七一―七二……320

――戦争責任論を中心として

証言編

装幀――難波園子

言説分析編

序章　戦後日本の論壇における中国認識経路

――その手がかりと分析方法

一　研究の課題と目的

日本人は対岸に霞んで見える大国の中国をどう眺め、いかに認識し、いかなる中国像を伝えてきたのだろうか。

J・K・フェアバンクは、第二次世界大戦中、米政府戦時情報局（OSS）の調査員として戦時下の重慶を中心に滞在して国民政府の動向を観察し、積極的に中国共産党の革命根拠地である延安で取材を行なっていたスノーやスメドレーなどのジャーナリストとも情報交換し、太平洋問題調査会（IPR）にも所属していた。彼は、日本の軍事的膨張が脅威感を増しつつある一九三五年、北京にいたときの心境をこう述べている。

「地域研究専門家とは傍観者である。彼は、眼前で繰り広げられる人間ドラマを、それに巻き込まれることなく観察する特権を与えられている。そのため、彼は矛盾した気持ちを抱くことになる」(1)

すなわち、研究者は観察者《ウォッチャー》として、対象に没入せず一定の距離を保つことで実証性を確保する傍観者《オブザーバー》に過ぎない。そこで獲得された知見は対象とする地域から観察者の所属する地域へ一方向に流れ、逆方向にフィードバックしていく双方向の対話は成立しない。そこでは観察主体と観察対象との関係の対等性・対称性が前提とされてはおらず、相互認識は成立していない。そこを敢えて突破して、観察者としてではなく参与《パーティシパント》者として対象に関わっていくとなると、観察主体の諸条件の差異によって観察記録に歪みが生じ、観察結果の普遍妥当性が担保できなくなるというリスクを抱え込むことになってしまう。

国交が正常化し、中国という異域に直接足を踏み入れることができるようになってから、日本人は主体の意思を極力反映させないことで中国で顕現されている歴史的現実に参与しないという研究をありうべき研究姿勢とし、そのような研究態度があるがままの中国像を提示することにつながるという暗黙の了解に、呪縛されてはこなかっただろうか。国交が正常化してから、日本人の中国像は、中国という客観的対象にまつわる事実を確定するための実証のみによって構成され、中国をどう見たか、なぜそのように見たかという、発話者自身の立ち位置に対する自問を迫るような問いは立てられることがなくなった。日本の中国研究は中国の客観的現実についての知識の集積を意味するようになり、中国になぜ関わるのかという動機、どうしてそのように見るのかという心情や思想は、研究の夾雑物・阻害物として排除されるようになった。

自由な往来が許されていなかったそれまでの日本社会において、中国はいかなる存在として意識され、同時代中国のいかなる問題群が知的関心として対象化され、調査や分析や学理研究を通していかに事実が認識され、日本の公共圏にいかにして伝えられ、いかなる対中公論・対中世論が形成され、結果として日本人のいかなる中国観が醸成されていったのか。本書の動機は、日本の知識人・学者・研究者が、戦後の歴史的経過に条件づけられながら、中国という他者をどう眺めたかの視座と思考の諸類型を見出し、それが中国と日本と周辺世界を取り巻く情勢の変化によってどのような変遷を遂げたのか（あるいは変わらなかったのか）、中国認識の形成過程を解明することにある。

そのさい、究明すべき主要な共通課題は次の三点に集約される。

一　中国論の担い手はいかなる人々、いかなる執筆陣、いかなる集団であったのか。

二　中国のいかなる事象が問題として対象化され、論題として設定されたのか。

三　種々の中国論を通して、中国像の形成と転換はいかになされたのか。

本書では、この三点の課題を検討する時期的範囲として、第二次大戦後の一九四五年に日本が敗戦して、戦場であった中国から撤退した一九四五年八月を起点とし、一九七二年の国交回復を果たすにいたる二七年間の国交断絶期を対象とする。日本で言い習わされている「戦後」を自明の時期区分とすることに抵抗を覚える向きもあろうが、こと対中関係に限っていえば、中国に対する直接的かつ公式的関与が敗戦によって不可能になったという条件の根本的変化をもって、戦前と戦後に日中関係の仕切り線を入れることにさしたる異論はないだろう。この時期に、日本の論壇が中国をどのように認識してきたか、その特質と変遷を明らかにしようとする。ここでいう論壇とは、学界・報道界の知識人が、職業編集者の媒介により、通常の流通ルートを通して発行・流布される雑誌を通して不特定多数の読者に事実認識と主張を伝え、公論・世論が形成される磁場である。

検討の素材としては、二七年にわたる期間中に日本の総計二四種の総合雑誌上に公表された中国関連記事を収集する。それらの記事の掲載本数や論題や書き手の歴年推移を定点観測的にたどり、記事に見られる中国論の内容や論調の言説分析を通して、中国に対する日本人の認識のありよう、中国像の変遷、そこから浮かび上がる中国観の諸類型などについて考察しようとするものである。

これまで試みられることのなかったこの時系列的かつ系統的研究を通して得られた中国論の集積とその知見は、そのとき中国で何があったのかという単純な歴史的事実の構築のための材料ではない。中国をめぐってどのような学説が立てられたかという、学説や学問制度に安住した、学界内部でのみ流通する研究動向でもない。それは知識公共圏で流通する、実践的文脈に着目した社会思潮としての学知、すなわち学術的成果の共有資産とでも言うべきものである。総合雑誌の中国関連記事の調査分析を通して、知識社会学的なアプローチから戦後日本の知識公共圏において公論を発言する公共知識人たちの中国認識の軌跡を時系列的にたどり、中国論が戦後日本の思想界・言論界に及ぼした知的達成の輪郭を学知として歴史化させ、社会思想・社会運動・隣接諸学理との影響関係に留意しながら明らかにしていくことが本書の目的である。

二　総合雑誌と論壇

1　中国論の形成要因

フェアバンクが言うように、観察者・傍観者として立ち、歴史的現実のアクターとしては振る舞わないという、そのような中国認識は、果たして正しい中国認識のあり方なのだろうか。そのような中国認識であれば、相互理解が得られ、誤解に基づく摩擦や不和は避けられるのだろうか。そのような中国認識を究めていけば、われわれにとっての根本的な問い、すなわち中国とはいかなる存在なのか、中国はわれわれの眼前にいかなる歴史的現実として顕現しているのか、中国はどこに向かおうとするのか、という設問に十全に応えてくれるだろうか。

この「われわれ」を対岸の中国を眺める此岸の日本人と措定したとすると、(2)日本人の間にはさまざまな中国像が形づくられてきた。ではなぜこのような差異が生じるのか。その要因は三つに大別できる。

第一の要因は、認識客体としての中国に対する事実認定の違いである。この要因による認識の差異は、文書史料や当事者の証言により、多くの場合、正否の検証が可能であり、統一見解に達することも可能である。むろん、同一の資料に依拠しながら、見解が分かれることもありうる。これは資料の解読・解釈の仕方の差異によるものであり、その差異のよって来るところをたどると、むしろ第二・第三の要因に帰着する問題である。

第二の要因は、認識主体の立ち位置の差異による、現実の見え方の違いによるものである。認識主体は日本に位置しているのか、中国内部に入り込んだ参与観察なのか、中国から発した中国人の自己認識なのかによって認識の内実が違ってこようし、話者の社会的経済的来歴や諸条件の違いに起因する見方の相違もあるだろう。これらの差異は、観察者あるいは話者の位置を相互確認することを通して、複数の認識の違いを許容することもできるし、あるいは複数の話者による対話を通して認識の違いを正したり、共通理解に達したり、双方を総合した別の理解を導いたりすることも可能である。総じていえば、認識主体の当事者性や利害に応じて、また客体との距離によって、認識にグラデーションの幅が生じるのである。

第三の要因は、認識主体が事実を認知し構造的に理解するさいの認識枠組《フレームワーク》み、いいかえればある目的や理念に支えられたなんらかの規範的価値意識に基づく統一的認識体系の差異である。この要因による認識の差異は、中国という客体に対する認識の経験知の集積を認識枠組みとして継承するか、別の認識枠組みに乗り換えるか（パラダイム・シフト）によって、見方が変わってくることによる。たとえていえば、中国という客体を測定する眼差し、すなわち透視図《パースペクティヴ》の違いによるものである。したがって、透視図の違いによる認識の差異が生じたときは、双方の透視図の有効性や普遍妥当性についての審問に晒されることになる。中国観の違いによる中国認識の違い、と言うときの〈中国観〉が、この場合の認識枠組みに相当する。(3)

このように主に三つの要因から、日本には中国という他者認識をめぐって複数の中国論が並存し競合してきた。日清戦争前後に醸成された中国に対するそれまでの敬意から蔑視への転換、一九二〇年代から日中戦争期にかけての中国は統一国家か否かの統一化論争、戦後の社会主義中国に対する期待と警戒、文革期における文革賛否論など、日本にとっての中国問題は、常に国論を二分三分する一大テーマであった。さらに、そこでの中国論議を通して、やがては統一した中国論に収束していったというわけでもない。日清戦争、満洲事変、日中戦争などへと、干戈を交えるほど両国関係は悪化した。日本の敗戦後も、二七年間も国交は断絶したままであった。(4)

最近にいたってもなお、日本の中国論に関しては、まっとうな議論はなかなか普及せず、事実の一部のみを誇張した、俗耳に入りやすい主張ばかりが流通しているとの嘆きが聞こえてくる。とりわけ一九九一年の湾岸戦争後、中国では九二年の鄧小平による南巡講話後、市場経済化がいっそう加速し、日中間の人・物・金・情報の往来が激しくなり、教科書問題、靖国問題、領土問題などをめぐって、相互理解よりも誤解に基づく摩擦の方が目立つようになってきた。

九〇年代に入るまでの日中関係論においては、一部の政治的指導者や官僚・知識人エリートの動向や政治過程を検討し、トップリーダーたちの権力分析によって、両国関係の因果論を探るという伝統的な権力政治論の手法が主流であった。確かに、国交断絶期から国交回復を経て八〇年代末ころまでは、両国の政治指導層によって両国関係の原則が調整され、公式の外交関係が概ね両国関係のありようの大半を規定してきた。

ところが、天安門事件や湾岸戦争を経たあとの九〇年代以降、民間の直接交流が質量ともに拡大し、インターネットなど通信手段の技術的革新と普及もあって、政治・経済のみならず、あらゆる分野で相互交流が進み、とりわけ歴史認識問題をめぐっては、政治指導層の対外政策よりはむしろ、国益意識やナショナリズムが絡んだ国民感情によって両国関係が規定され、政治指導層は国民世論の動向を後追いして政策決定をしているかのような印象すら抱かせる。中国に対する国民世論が醸成される場所も、かつてのような新聞・雑誌・書籍といった活字情報から、テレビ・写真を中心とする映像情報へとメディアの比重がシフトしつつある。それによって、中国に対する是非を問う理性的判断よりは、中国に対する好悪の感情的反応を契機として形成される傾向にあり、そのさいさまざまな認識主体が複雑に入り混じり、中国論と中国像の分裂状況を呈しているのが実状である。日中関係論もまた、政界のトップリーダーだけでなく、民間の動き、国民の意識などを、その決定要因として重視していかねばならなくなった[5]。

むろん、中国論を担うのは、政官界の主要人物だけではない。中国をめぐる談義は万人に開かれている。しかしながら現実には隣邦とはいえ異国であり、「同文同種」と呼びならわされてきたとはいえ異なる文化体系を持つ他者である。中国の現実の諸相を委細に観察し正しく認識し、そこに現われた諸問題を議題化し、世論を喚起しうるだけの影響力を持った公論を提示するには、語学力、データ解析能力、中国の諸事象を解読する文脈・文法の専門的素養などが求められることとなり、中国論の構築が万人に可能なわけではない。

その市民層の動向を分析するうえでは、公共知識人が構築してきた中国をめぐる公論に着目することが求められる。もちろん国交回復以前の時期にあっても、両国関係を規定する主体として、知識層―市民層の動向があったことを閑却してはならない。いやむしろ、政府間の正式の外交関係が成立していなかったことから、日中関係を規定する非国家的要因《ノンステート・ファクター》にこそ着目しなければならない。にもかかわらず、従来の日中関係史研究は政府間関係と首脳層の権力分析に特化しすぎてきた嫌いがある。そこで、本書では公共知識人の発する公論が日本の市民層の中国観の形成に寄与し、中国についての世論を喚起し、ひいては対中政策決定に何らかの影響を与えてきたという国交未回復期の日中関係の形成要因に鑑み、日本の公共知識人の役割に光を当てることを思い立ったのである。

ただし、中国論はその認識主体のみによって形成されるのではない。認識主体の発信するメッセージを公共のメディアに乗せる媒介者（読書圏においては編集者）と、そこで出版されたものを読む受け手の三者によって構成される公論圏の存在があってはじめて成り立つ。世論が生成し伝達される装置・経路としてのマス・メディアを通して、メディア言説としていかなる中国論が公衆のなかで世論として形成されていったかの動向分析が求められてくるのである。

2　マス・メディアによる公論形成

マス・メディアの機能とはいかなるものだろうか。

まず受け手としての読者大衆の側から見ていこう。ハーバーマスによれば、マスとしての読者は、報道活動によって読者市場を開拓しようとする編集サイドの編集活動と、より多くの発行量を確保しようとする発行サイドの広報活動によって造形されるものであって、広報と報道が融合して、送り手の知名度が呼び起こす信用と合意が一体化して公論が形成される。この公論の形成過程は、受け手の側からすれば大衆のコミュニケーション行為の過程で、ある争点に対する表現ないし態度として表明された集団的意見が支配的意見として貫徹された場合に、それが公論とみなされるのである(6)。

さらに、公論形成の背景には、認識対象に抱く恐怖心という群集心理を背景として、ステレオタイプ化されたイメージの反復による他者認識の硬直化が見られる。すなわち、群集の一般的特徴として心象《イマージュ》による恐怖感や魅惑感が行為の動機となって（ギュスターヴ・ル・ボン『群集心理』）、群集の持つ「擬似環境」「ステレオタイプ」概念によって世論が形成される（リップマン『世論』）。世論は印刷術の発明と出版の普及によって、シンボル活用を通したメッセージの増幅作用を受けて、公衆の一体化をもたらし、公衆は群集化する（ガブリエル・タルド『世論と群集』）。さらに戸坂潤は、ある認識が群集によって公論となって流通するときには、対象のシンボル化を通してある種の平準化・パターン化・庸俗化を惹起する（ハーバーマスのいう「公共性の構造転換」）契機がすでに内包されていることを指摘する。戸坂にとって「世論は読者公衆が有つ処の意見」であるとして、群集の無組織性・雷同性・被デマゴギー性に着目した(『日本イデオロギー論』および『世界の一環としての日本』[7])。

第二に、公論の送り手の側から、このような読者公衆の潜在勢力である群集との関係性に着目してみよう。公論を送る側の認識主体の社会的位置は、固定した階級的利害に左右されないものの、社会や自然条件に拘束された視座の制約性をもっている。彼らはいわば「浮動する知識層」「自由浮動的なインテリゲンツィア」であって、その認識枠組みは社会的に存在を拘束されている。彼ら公共知識人にはまた、言論活動の営為を社会思潮、すなわち普遍的イデオロギーとして流布させていく媒介機能がある。ここに知識人の「視座構造」や「思考範型」の変遷をクロノロジカルに跡づけることによって、知識社会学的アプローチによる精神史の試み(カール・マンハイム)が可能になるのである[8]。

第三に、メディアの側から見ると、編集者は、送り手から発せられた情報を、メディアを通して受け手である多くの読者に広報して情報を共有させ、擬似的な現実を真実として認知させ、言説を流布させていく報道の任務を帯びている。そのためには、情報を意味化させて不特定多数の読者に伝達させるコード化の作業を通して、記事をテクストとして流布させる必要がある。そこで、読者圏の群集心理を利用して、シンボル操作によって言説を組織化するメディア・フレームを用いることで、大量の情報を即座に処理し普及させる。このメディア・フレーム作用を通して、さまざまな出来事についての議題《アジェンダ》と、議題に応じた幾つかの選択肢(多くの場合は諾否の二項からなる)が設定され、数篇の記事が集積して、読者大衆にはある認識のパターンや枠組みが形成されていく。そのようなマス・メディアによる公論形成の過程に照らせば、公刊された記事をテクストとして解読し、社会的意味コードを解明し、メディア・フレームを透視し、言説を社会的現実へと還元していくメディア分析の手法が求められる(大石裕[9])。こうした、送り手(アクター)—編集者(ファクター)—受け手(レセプター)の三層構造からなるメディア言説が生成される公論空間を、日本では「論壇」と呼び慣わしている。

ここで「世論」の用語法につき一言すると、佐藤卓己は輿論(=public opinion 公的意見)/世論(=popular sentiments 世間の雰囲気)の違いに留意し、喜多壮一郎の見解に拠りつつ、輿論は「公衆の社会的意識が組織化されたもの」であり、世論は「まだ認識の対象となっていない心理状態、つまり気分や雰囲気の表出」として、明治維新から戦前まで、日本のメディアは輿論と世論の含意と用法を使い分けてきたとしている。[10] 本書においては、「輿論」と「世論」の含意が混用され「世論」として単一表記されるにいたった戦後の時期の公刊記事を素材としており、書き手そのものも元来の厳密な使い分けを念頭においていないこともあり、佐藤の立論は説得的で支持しうるものではあるにせよ、当時の記事の論評においてその混用を逐一指摘することはしていない。ただ活字メディアにおいては、公共的知識人を主体とする公的意見の提示機能と民衆に対する世論の喚起・形成機能が付与されていることは確認しておきたい。なお、本書では「輿論」の表記を避け、「輿論／世論」ではなく「公論／世論」と表示する。

3　総合雑誌と論壇の機能

『広辞苑　第六版』によると、論壇とは、「①議論を戦わす人々の社会。評論家・批評家の社会。言論界。「――の雄」「――をにぎわす」、②意見を論述する場所。演壇」とある。①の語義に従うと、直接的には「文壇」「歌壇」「俳壇」「画壇」といった類語から察せられるように、何かを論じる人々のサークル、サロンを指す。また、②の用例「意見を論述する場所」を抽象化して比喩的にいえば、「意見を論述し公衆に流布させる場所」である。その「場所」とは、英訳するとフィールド（競技場）であるが、それよりもいっそうアリーナ（闘技場）に近く、衆人がその勝敗の行方を環視する劇場という含意がある。『世界』編集長を務めた吉野源三郎は、かつて総合雑誌編集長の役割について、「ぼくたちは、いわばオリンピックの競技場の管理者なんだ。競技している選手が公平なルールに従って勝敗を決することができるように、競技場の公平を維持しなければならない立場だ」と語ったことがあるが、[11] これは先述したアリーナとしての論壇という現場感覚を裏づけるものである。

再度①の語義に即していうと、「文壇」という場合、文学界にその存在を認知された作家および文学者を指すことになぞらえていえば、「論壇」のメンバーは、報道界・学術界にその存在を認知された学者およびジャーナリストを指すとひとまずは言えよう。とはいえ、「文壇」のような、たとえば何かの有名な文学賞の受賞者であるとか、著名な文藝同人誌の同人であるとか、文藝家協会に所属しているといった、資格要件が比較的明確なサークルとは違い、メンバーシップは曖昧で、サークルの帰属意識はあまり強くない。マス・メディアを通してたびたび公論を発する人であれば、その公論の普及度や影響力に応じて、その都度「論壇人」として認知されるような、結束の緩いサークルである。また、あらゆる学者とジャーナリストがそのまま「論壇人」となりうるのではなく、「論壇」という舞台で公論を発する人という意味で、英訳するとパブリシスト（公論家）に近い。学者・ジャーナリストは職能分類に基づく呼称であるが、「論壇人」は機能・役割分類による呼称である。

では論壇にとっての場所、すなわちアリーナはどこかといえば、公論を発する集会、講演会なども含むが、類推される多くの場合は、マス・メディアでの評論系ジャーナルの誌上であり、評論系ジャーナルとは英語のクオリティ・ペーパーあるいはクオリティ・マガジンを指す。日本の雑誌文化の文脈では「高級紙（高級誌）」「正論紙（誌）」との呼び方に相当するが、その表現から、大衆の高踏趣味に応える知的アクセサリーとしての役割期待が示唆されている。いわば、知識層スノッブのための知的欲求を満たす雑誌という機能である(12)。そしてこの高級誌に相当する雑誌形態が日本では「総合雑誌」と呼び慣わされている。むろん雑誌にとどまらず、新聞も公論伝達機能を担ったメディアであるが、新聞は一般的に評論と同時に、あるいはそれ以上に報道の機能が重視され、評論部分は通常の場合、社説・編集委員の署名コラム・外部寄稿者によるいわゆる論壇記事などによって担われている。ただそれらの記事や論調を定点的に経年変化でたどるにはあまりに本数が膨大である上に、雑誌に比べて短文であるために論点が単純化されてしまう傾向にある。そこで本書では雑誌記事に比して新聞記事は副次的にしか扱わず、毎月末に新聞各紙に定期掲載される論壇合評などに随時言及するにとどめた。

総合雑誌とは、学術・評論・報道・文芸・話題（ゴシップ）・娯楽といったさまざまなジャンルを一誌で抱合するようなジャーナリズムの形態の雑誌を言い、日本に特有の、諸外国には類例の乏しいものである。総合雑誌という呼称は、元『中央公論』編集長の畑中繁雄によると、第二次大戦中に言論弾圧の一環として雑誌の整理統合が強行されようとしたとき、当時あった『中央公論』『改造』『日本評論』『文藝春秋』『現代』『公論』などの雑誌を時局雑誌そ

の他と区別する必要から、便宜的に「総合雑誌」と読んだことに始まり、現在も継承されている。(13)

二〇〇八年現在、日本には登録されている雑誌が四五〇〇誌ほどあるが、そのうち総合雑誌は七〇誌ある。(14) 代表的なものとして『文藝春秋』（文藝春秋）、『中央公論』（中央公論新社）、『世界』（岩波書店）、『潮』（潮出版）、『諸君！』（文藝春秋）、『正論』（産経新聞社）、『フォーサイト』（新潮社）など、いずれも大手出版社、新聞社から発行されている。厚くて、おおよそ毎号三〇〇―四〇〇頁ある。美作太郎は、総合雑誌について「日本で特殊な発達を遂げたジャンルの一つであるが、その特徴は編集の百貨店性・雑炊性にあると言っても言い過ぎではないであろう。……いろいろな立場のものを雑然と編集し、しかもその編集の意図が統一されていない」とし、(15) 加藤秀俊は、総合雑誌の特質を「何でもあります、少しずつ」と言い当てている。(16) また加藤周一は、総合雑誌を百貨店にたとえつつ、「百貨店は客の一人一人がすべて売場に関心をもつことを期待しないが、総合雑誌は原則として一人一人がすべての記事に関心をもつことを期待しているようにみえる。総合雑誌の誌上には、今なお、「知識層一般」の亡霊が彷《さまよ》っている」としている。(17) いわば幕の内弁当のようなものとでも言えばいいだろうか。そして、総合雑誌のうち、学術・評論・報道の三分野にまたがるものを主要な記事として掲載する傾向にある雑誌が「論壇誌」である。「論壇誌」の多くは日本においては月刊誌として発行されているのが実態である。

ここでジャーナリズム論の観点から、論壇誌の機能を再定義してみよう。

先に挙げた美作は、ジャーナリズムの機能を、「意見とか、報道とか、縁起や画面の形を採った一定の観念を、編集という主体的な整序作用を通し、一定の手段を用いて多数の公衆に伝播する社会的な機能である」と定義している。(18)

また、大石裕によれば、近代の大衆社会におけるマス・コミュニケーションの必要性からマス・メディアという情報の共有化装置があり、ジャーナリストは専門的な情報をニュースとして生産し、社会的影響を強めてきた。日本新聞協会研究所によれば、マス・メディアには社会的機能として①報道機能、②評論機能、③教育機能、④娯楽機能、⑤広告機能などがあるが、ジャーナリズムは①と②の機能が中心となり、さらに論壇といえば、②の評論機能に特化した社会的機能を指すと言える。大石は、日本新聞協会研究所の定義を踏まえて、この評論機能を、「エディトリアル性（紙面構成や社説を通じた価値判断の提示と世論形成）。フォーラム性（投書欄や署名記事を通じた多様な意見の交換の場の提供、幅広い意見の紹介）」と規定する。[19]

大石は新聞を想定してジャーナリズム論を展開しているが、論壇に即していうと、論壇の場所としてより適合的なのは、新聞よりも雑誌であり、そこに掲載される記事は、知識人―職業編集者―読者大衆の相関関係によって編まれたテクストである。そこでは編集という作業を通して、同時代状況を踏まえた問題の発見があり、問題に即した論題《アジェンダ》が設定され、論題に応じたいくつかの対立する論点《イシュー》を提示しつつ、近未来への展望をし、論者の論拠を明らかにして、読者の態度決定を迫るという、論争型の評論活動がなされる。その評論は、国家権力との対抗性というジャーナリズム本来の機能を帯びている以上、政策形成を導くための公論形成に影響力を行使し（わかりやすい例として政府批判の社会運動を促すような場合）、場合によっては直接政策形成に影響力を行使し、非制度的に政策決定に関与する。元『世界』編集長の安江良介は、編集長時代の座談会での発言で、考えるべき問題が山積する現代という時代状況において、総合雑誌の編集者の負うべき責任意識として、「最終的には総合性だと思います」とし、その「総合性」の内実について、「たとえば研究と現実の間にあるもの、国民の意識の問題と先見性との間をつなげるもの。即ち、意識というのは現実から離れがたい面がありますが、答えを見出すためにはそれを越えようという先見性が必要ですが、それらの間の総合性」と説明している。[20]

論壇誌は学術専門誌と違い、世論形成の主体となる公衆、あるいは不特定多数の有権者、ひいてはより広く国民全般に読まれることを想定しているし、党派性を帯びた機関誌と違って、特定の政党人や圧力団体に特化しない、開かれた言論活動を展開することが求められる。また、ジャーナリズムの場合と同様、権力層からの圧力（批判対象となった国家機構や個人・団体からの反論を受けるような場合）、受容層からの圧力（読者の信頼に背かないようにし、投書や書評の形で読者の評価を仰ぐ）、発行者からの圧力（読者の要望にこたえる記事を書く、多くの読者に読まれるよう商業性を重視するなど）にも晒されている。この圧力を直接受けるのは雑誌評論の送り手である編集者である。雑誌編集者は、商業性（多くの読者の獲得）を勘案し、社会的統制（言論に対する有形無形の制限・禁忌など）を感知して権力との距離を測りつつ、言論のボーダーラインを引いていく、いわば言論界のプロデューサーでありコーディネーターでもある。したがって、雑誌評論で展開された言説の軌跡をたどることは、おのずから時代ごとの言論空間の輪郭を描出することになるのである。

以上のことから、本書でいうところの論壇の定義をしておくと、学界・報道界の知識人が、職業編集者の媒介により、主には総合雑誌を通して、不特定多数の読書圏に流布されていく、ある論題についての事実と主張によって、世論が喚起され、世論を通して政策決定に影響を与えていく（直接、政策決定に向けた進言・提言を行なう場合もある）、公論を核とした公共圏の磁場である。

4　総合雑誌と論壇の盛衰

論壇に対する自己規定と変遷を、日本独特の雑誌形態である総合雑誌の盛衰を通して、概略的ではあるが歴史的にたどってみよう[21]。

元『読書人』編集長の植田康夫によると、総合雑誌は、一八八七年、徳富蘇峰が創刊した『国民之友』を先駆とし[22]、同年に創刊された『反省会雑誌』が『中央公論』と改題された一八九九年に、その祖型ができあがった。『中央公論』編集長の瀧田樗陰は、初代の職業編集者であり編集者ジャーナリストであって、作家は夏目漱石、島崎藤村など、学者は吉野作造を軸に寄稿家の人脈を資本として、オピニオン・リーダーとして「言論の城」を築いた。さらに大正期に入って、一九一九年、元新聞人の山本実彦によって『改造』が創刊されて、『中央公論』のライバル誌となり、翌年には講談社から『現代』が創刊され、二三年には菊池寛が『文藝春秋』を創刊、大正デモクラシー期に総合雑誌の大衆化がなされ、一九三五年には「高級大衆雑誌」と傍題がつけられた『日本評論』が創刊された[23]。

戸坂潤は一九三六年に『思想と風俗』を著わし、文藝も社会評論も、すべてが風俗化される世相を内在的に批判した。戸坂は、月刊総合雑誌に掲載された記事を扱う論壇時評を俎上に上げ、思想が風俗として消費されている実態を招来したことについて、論壇というものの輪郭があいまいで仮想的なものであること、あらゆるジャンルやカテゴリー記事が綜合の原理のないままに綜合され、しかも学術雑誌でも報道雑誌でもない思想雑誌として読まれていながら、著者にも編集者にも動きゆく事象を思想的に統一して捉えるという総合的原則が閑却されていること、がんらい論壇ジャーリズムのスタイルは、学術論文のような分析型のものであったのが、出版業者や編集者の要請を受けて主張型へ転換し、分析に基づかない情熱的な主張衝動がむき出しとなり、大衆のファッショ・デマゴギーの温床になっていること、などの要因を挙げた。そして、総合雑誌の危機について、「その綜合なるもの自身に何の統一も中心もないことがこの危機の本質だ。そしてこの危機は、論壇なるものがあやふやな存在現象であることと、直接関係のあることなのである」とした[24]。戦間期において、すでに総合雑誌を母体とする論壇の存在が明確に認知されていたことと、時局・時勢に対する批判的言論機能を帯びた論壇への期待と同時に、論壇の自壊作用に対する危機感が実感されていたことがわかる。

戦後は、一九四六年、戦中に強制的に自主廃刊させられていた『中央公論』『改造』が復刊され、さらに岩波書店発行の『世界』、筑摩書房発行の『展望』をはじめ、数多の総合雑誌が創刊された。一九四六年六月時点で、出版協会への雑誌申請件数は一八五五件で、そのうち既発行誌は一一三五誌を数え、雑誌のうち、総合雑誌に分類される諸雑誌は申請件数一三九件で既発行誌九〇誌あり、既発行の総部数は約四〇〇万部に達し[25]、大正デモクラシー期に続く総合雑誌の黄金期を迎えた。しかし、その多くは敗戦直後の大不況の影響を蒙って経営難や類似雑誌の乱立による市場の奪い合いなどで、間もなく休刊・停刊・廃刊に追い込まれた。それまで一七六二誌あった雑誌は一九五〇年七月までに三六七誌が廃刊、一四四誌が休刊、四九年から五〇年にかけて出版社一五〇〇社が倒産したという[26]。

美作太郎（元『日本評論』編集長）・池島信平（元『文藝春秋』編集長）・畑中繁雄（元『中央公論』編集長）・吉野源三郎（『世界』編集長）「（座談会）論壇のうつりかわり――戦前・戦後のジャーナリズム」（『世界』一九五三年一二月号）は、各総合雑誌の編集長経験者による体験的な論壇論で、総合雑誌における知識人と読者と権力層との関係が論じられている。美作は、言論界と広い市民層との結びつきが弱くなりがちで、「言論を知識層だけのものに止めずにひろく培う」ことの大切さを訴え、吉野は、満洲事変から戦後にかけて、論壇ではラディカルな言論が活発に行なわれたものの、時流は論壇と関わりのない勢力にひきずられていったのは、言論界が社会勢力に密着しておらず、「社会に本当に根をおろしてはいなかった」からだという。また美作は、「ラジオやテレビジョンが猛威を振うその中で、雑誌が商業出版として広く読まれなければならぬという時代です」と述べ、吉野は「今の世の中では言論が商品として世の中に送り出される」と発言し、言論を広め部数を伸ばす商業化の要請にも雑誌編集者は応えていかねばならないとしている。市民社会と知識人を繋ぐという論壇の結節機能が弱体化しがちなこと、論壇への商業的圧力はメディアの広報能力を高めることと言論能力を劣化させることの両刃の剣であることが示唆されている。

論壇を担うのは知識層であり、それを市民社会が支えてきた。加藤周一が「総合雑誌は、世論を喚起するための道具として役立ち、反権力の運動に理論を与えるためにも役立った[27]」と述べているように、体制批判的な市民層にとっては、権力に対抗する勢力を活気づかせる理想主義がその評論精神の核になっていたと言える。その意味で、一九五〇年の講和問題、六〇年の安保改定は、権力に対抗する市民を結集する社会運動が論壇を軸に高まった時期であり、総合雑誌は世論喚起と政治の新たな潮流を導く役割を大いに果たした。

しかしながら、運動は盛り上がりながらも政治的現実を変革する結果をもたらさず、現状をひとまずは追認し権力の論理に依拠した現実主義の声が高まる契機をつくってしまった。日本の論壇の成立を考えるとき、総合雑誌発刊においては、徳富蘇峰の『国民之友』にせよ三宅雪嶺の『日本人』にせよ、当時の藩閥政治を打破して平民主義を訴える、国策の欧化政策に対して国粋主義を主張するなど、在野的なジャーナリズム精神が埋め込まれていた。だが、一九六〇年以降は、現実主義的発想が理想主義的発想とせめぎあう状況をつくり出し、総合雑誌に備わっていた在野性を動揺させる要因となった。林健太郎は、安保改定後の一九六三年に、総合雑誌が「進歩派」の牙城となっている実態について、「進歩派」に反対する「現実派」の陣営がありながら、「現実派」は現状の論壇のような派閥的バックグラウンドを持たないために人々の関心や議論の方向を一点に集中できず、双方の陣営の間に「対話」がなく、したがって思想的発展も期待できず、「現実派」が「進歩派」の批判勢力という消極的な意味づけしかなされていないことを憂いている。しかしながら、「進歩派」のスターリン批判にせよ、サンフランシスコ条約反対論にせよ、現実は彼らの主張どおりには動いていないし、彼らの主張には首尾一貫性がないことは明白だとして、「現実派」の結集を呼びかけた[28]。

六〇年安保において反安保・反基地を掲げるオピニオン・リーダーたちが統一的な政治運動・社会運動を領導していったとすれば、七〇年安保においては、むしろ彼らは後景に退き、ベ平連などのベトナム反戦の市民運動、学生たちの新左翼・全共闘運動などが主役となり、戦後の総合雑誌を支えてきたオピニオン・リーダーや大知識人たちのカリスマ性は薄れ、逆に新興のラディカリストによって批判・告発される対象ともなっていった。それにつれて、特に若年の読者層のニーズが多様化し、それまでのオピニオン誌の神通力に蔭りが生じ、『世界』『中央公論』『展望』などを主軸とする総合雑誌のヒエラルヒーが崩れ、『現代の眼』『情況』といった新左翼系の理論誌、『現代』『話の特集』などの大衆雑誌が並立するようになった[29]。

論壇の受容層の変化もまた、論壇の存立基盤を揺るがした。すなわち、市民社会から大衆社会へ、さらに大衆消費社会への変容である。すでに戦間期に戸坂潤は思想の風俗化現象として、大衆社会的状況が論壇の構造と役割を変質させたことを看取していたが、同様の状況が、七〇年代の高度成長以後に起こり、知識層から市民社会層へという上意下達の構造が崩れ、アカデミズムのピラミッド型の布置はフラットになり、知識人の知的カリスマ性が低下し、知識層への敬意が薄れていった。たしかに市民運動は盛んになったが、市民直接参加型の運動になるにつれて、運動の規模も小型化細分化されていった。雑誌も多く発行されたが、知の位階制が崩れるに応じて総合雑誌を頂点とする諸雑誌の系列構造も崩れ、年代別・性別・ジャンル別に排他的に細分化する形で読者の関心に応じた読者層を棲み分けながら、パイを分け合う形で分散化していくことを余儀なくされた。

『現代の眼』一九七九年八月号は「論壇の崩壊——八〇年代状況の混迷のなかで」という特集を組み、山田宗睦・丸山邦男・松本健一「〈座談会〉なぜ論壇は崩壊したか」において、総合雑誌は「〝マニア〟の雑誌」になったとして、松本は「いまの場合、たとえばピラミッド型じゃなくてのっぺり型の大衆型のマスコミ社会なり論壇社会なりができた。ギルド化している」、丸山は「学者文化人というのはアクセサリー」にしかすぎず、「現実政治に対して有効な力を発揮できなくなった」との冷めた見方をしている。また同じ特集で松浦総三「総合から専門へ——総合雑誌今昔」は、総合雑誌の歴史的展開を追いながら、一九六〇年以降七〇年代にかけて、「総合雑誌的伝統を固持しているのは『世界』だけのようにみえる」とし、進歩陣営が分裂を繰り返し、新左翼は分裂して転向し、旧左翼も四分五裂しているなかで、総合雑誌編集者の企画努力で、誌面での民主陣営の大連合をつくれと呼びかけた。

しかしながら、総合雑誌の凋落傾向はその後も歯止めがかからず、学術界に専門化・分業化が進んでいるように、論壇人も専門家・技術化していった(30)。総合雑誌は諸雑誌の頂点にではなく、細分化・マニア化する雑誌の一ジャンルとして位置づけられるようになり、役割期待として担っていた論壇の世論形成能力は低下し、政策形成能力の方は、論壇を担っていた学者・知識人らが政策立案集団にブレーンや官製シンクタンクの形で参与することによって、論壇をバイパスして達成しようとする姿勢が目立ってきた。

いまや総合雑誌は冬の時代となり、左派の知識層、市民運動層の分裂とともに、右派の保守系雑誌も敵を見失って迷走して部数を落としている(31)。二〇〇八年には朝日新聞のオピニオン誌『論座』と講談社の看板雑誌『月刊現代』が相次いで休刊し(32)、二〇〇九年春には保守・右派論壇をリードしてきた『諸君!』が創刊四〇年を経て休刊し(33)、二〇一〇年春には国際情報誌『フォーサイト』が休刊した。総合雑誌に止まらず、広告収入の激減、インターネットを駆使した新たなビジネス・モデルによる淘汰なども相俟って、雑誌それ自体のパイが縮小し、二〇〇七年度末時点で雑誌の売上げは九年連続の減少となって、日本の雑誌文化は存続の危機を迎えている。

本書では一九四五年の敗戦から一九七二年の国交回復までの二七年間の国交断絶期において、日本の総合雑誌で公刊された中国関連記事を分析の素材とするが、一九七二年の日中回復以降は、総合雑誌全体の世論形成力と論壇の発言力が低下していくサイクルに入っていった。中国に対する日本の世論動向を正確かつ包括的に把握する上で、国交回復期以降は総合雑誌という素材と方法が依然として有効であるとは言い難い。テレビや映画など画像メディア、九〇年代以降のインターット、企業派遣や国際結婚によって現地生活をしている者などの情報圏からも分析のための素材を集めてこなければならないだろう。

とはいえ、一九四五年から七二年は、総合雑誌にとって、雑誌の創復刊ラッシュとなった戦後直後の第一期黄金期、講和問題で国論が盛り上がった一九五〇年までの第二期黄金期、六〇年安保改定反対運動を知識人がリードした六〇年までの第三期黄金期、知識層が退潮し新左翼が社会運動の担い手となっていった七〇年代半ばまでの総合雑誌の衰退期のサイクルのなかに包含されている。したがって、一九四五―七二年の総合雑誌記事を調査分析することで日本の中国論の世論動向を把握するという本書の試みは、時期的にも素材としても有効であろう。

三　中国認識経路

1　学術圏における中国認識の価値体系

日本人の中国観の全体像を一本の河川になぞらえてみよう。源泉には中国という大湖があり、上流には中国学者・中国地域研究者・中国報道記者などの中国通が、中国学の学理研究・現地調査・取材などによって集積した一次情報がある。専門学術誌や調査報告書や報道紙誌がそれを中流に伝える。その中流にはその一次情報を集め、そこから論題を設定し、世論形成のための選択肢を大衆に提示すべく論陣を張る知識層からなる論壇がある。総合雑誌がそれを下流に伝える。下流域にはその論壇の水脈を受け、既存の牢固とした中国イメージや雑多な民衆意識などの支流が流れ込んで醸成される大衆や国民の中国観がある。その一端は大衆文化として表象され、文字情報としては主に週刊誌に反映される。

論壇の執筆陣にとっては、上流の学術圏における学術的知見や学説が彼らにとっての重要な情報源であり、論壇を担う知識層が上流の学者・研究者を兼ねている場合も少なくない。そこで、論壇で発せられる中国論の特質を検討するにあたっては、戦後日本の中国研究者たちが依拠する認識枠組みや価値体系がいかなるものであったのかを知るべく、日本の中国学の学説史・研究史・研究制度史のあらましを押さえておく必要がある。これについてはすでに幾つかの先行業績がある。以下、本書にとっての先行研究とみなしうる諸論考として、通し番号を付して列挙することとする。

たとえば、日本の中国学の制度的展開とその特質については、①―④の概説書や研究通史がある。

①赤塚忠・金谷治・福永光司・山井湧編『中国文化叢書　第三巻　思想概論』Ⅰ序論（執筆者・赤塚忠）、大修館書店、一九六八年

②山根幸夫編『中国史入門　下』第Ⅹ章（執筆者・江副敏生）、山川出版社、一九八三年

③日本中国学会五十年史編纂小委員会『日本中国学会五十年史』日本中国学会、一九九八年

④小島晋治・大里浩秋・並木頼寿編『二〇世紀の中国研究――その遺産をどう生かすか』研文出版、二〇〇一年

また、漢学の学統を継承し、支那学・東洋史学・支那語学の素養も深い中国学の当事者による学術史を整理したものとして、次の⑤も、日本における漢学の流れを歴史的にたどる上で参考になる。

⑤倉石武四郎の講義録『本邦における支那学の発達』二松学舎大学二一世紀COEプログラム「日本漢文学研究の世界的拠点の構築」二〇〇七年、倉石武四郎講義ノート整理刊行会（代表・戸川芳郎）

いっぽう、中国人の研究成果には、日本での長期の研究留学を活かして詳しく調査した著作として、⑥⑦がある。

⑥孫歌「日本漢学的臨界点――日本漢学引発的思考」『世界漢学』創刊号、世界漢学雑誌社（北京）、一九九八年（孫歌「日本漢学の臨界点」『歴史の交差点に立って』日本経済評論社、二〇〇八年）

⑦桑兵『国学与漢学――近代中外学界交往録』浙江人民出版社（杭州）、一九九九年

⑥は中国理解にとって日本の漢学が果たした功績と限界を、主な漢学者の言説に即して手際よく整理し、⑦は中国にとっての「国学」としての中国学は、欧米の東洋学や日本の漢学においてどのように研究されてきたのか、また清国の日本留学生などを通してどのように日本の漢学や支那学が移入されたのか、あるいは日中の中国学者どうしは、戦前どのような学術交流を行なってきたのかについて、系統的に整理している。

これまでどのような中国学の業績が蓄積されてきたかの学説史についても、⑧⑨のような各種研究案内書が出されている。

⑧山根幸夫・藤井昇三・中村義・太田勝洪編『近代日中関係史研究入門』研文出版、一九九二年

⑨小島晋治・並木頼寿編『近代中国研究案内』岩波書店、一九九三年

このほか、これまで日本で翻訳出版されてきた中国書籍と、中国で翻訳出版されてきた日本書籍の歴年リストを目録にまとめた⑩の労作を挙げておかねばなるまい。

⑩実藤恵秀監修、譚汝謙主編、小川博編輯『中国訳日本綜合目録』『日本訳中国綜合目録』中文出版社（香港）、一九八〇年

また⑪は、翻訳出版物を含む中国で刊行された日本関係の書籍・関連文章目録で、先秦時代から一九九三年までのものを収録してある。

⑪北京日本学研究中心『中国日本学文献総目録』中国人事出版社（北京）、一九九五年

これらの成果をここで整理し再述することは、煩瑣に過ぎる上に屋上屋を架す作業であるし、本書にとって主要課題ではない。また、後述するように、本書での研究方法は、総合雑誌に掲載された中国関連記事の分析を通して、戦後知識人の中国認識の特質を徹底的に帰納法的に解明するというものであるから、準備作業として予め中国学の蓄積から幾つかの認識枠組みの類型を設定し、そこに各記事に見られる対中認識の特質を後追い的に当てはめていくようなやり方は、本書にとってはあまり適合的な方法とはいえない。

ただ論壇での中国論の特質を精査する上で、学術的な基本構造として押さえておきたいことは、近代以降の日本の中国研究には二つの学術的アプローチの系統が久しく並存して展開し、中国研究者の学術的来歴もまた、この二系統に截然と分けられているということである。すなわち、一本は中国をフィールドとして、主に社会科学的知見を活用して各種各様の現地調査研究を行なう、現状分析型の方式で、戦前は「事情調査」、戦後は「地域研究」と呼び慣わされてきたものである。もう一本は、主に大学の専門学科に身を置いて文献学研究を行なう学理研究型の方式で、戦

前は「漢学」「支那学」「中国学」「シノロジー」、戦後は「中国文学」「中国哲学」「中国史学」（「東洋史学」）と呼び慣わされてきたものである。

双方の系統において学知の蓄積や学統がいかなるものであったか、日本の諸学の編成において、それぞれどのような系譜をなすものであったかについては、先行する研究として、学理研究系統については⑫があり、現状分析系統については⑬がある。

⑫ 岸本美緒編『岩波講座「帝国」日本の学知　第三巻　東洋学の磁場』岩波書店、二〇〇六年

⑬ 末廣昭編『岩波講座「帝国」日本の学知　第六巻　地域研究としてのアジア』岩波書店、二〇〇六年

日本の敗戦は、交戦国であった中国からの日本人の撤退・引揚げを伴うこととなり、必然的に中国をフィールドとして現地調査を進めていた研究者もまた、フィールド調査の断念を余儀なくされた。とはいえ、そのことですなわち、戦後の中国論が、学理研究型の文献研究に一本化されたというわけではなかった。現地調査研究者のなかには、専門分野や研究テーマを変更しながら、戦後も中国研究を継続した者もいたし、何らかの形で戦前・戦中に現地調査を通して得られた知見を、戦後の中国論に反映させていった者もいたし、また、アメリカの地域研究を移入する形で、直接の現地調査はかなわないものの、中国で公表された諸データを踏まえた社会科学的分析を行なう者もいた。そして、六〇年代以降は、創設されたアジア経済研究所など、地域研究のシンクタンクを拠点に、再び組織的計画的な地域研究の流派もできるようになった[34]。本書で戦後日本の中国論の特質を考察しようとするさいには、そのようなそれまでの中国論の歴史経路依存性に留意する必要がある。

2　市民層における中国認識の価値体系

ひとまず中流域の論壇を過ぎて、下流域における一般大衆の中国認識のありようはどうだろうか。彼らの多くは直接中国に赴いて現地調査をしたり、中国で公表される統計や報道を通して中国に対する理解を深めることは少なく、上流域の学術圏における学術活動に直接接する機会も通常は多くない。彼らの多くは中流域にある論壇の水脈を受

け、そこでの中国論からある種の中国認識を持つ。ただそれだけではなく、新聞・テレビなどでの中国関連の報道や、観光・出張などで訪れた中国での見聞や、知合いの中国人との交際などからある種の中国認識の枠組みを持つようになることもある。また、既存の中国イメージを継承したり、直接中国とは関わらない別の要素が中国イメージを構成するようなケースもあろう。

彼らの中国観を知る手がかりとして、例えば大衆文化として映画や音楽などで表象される中国イメージから類推することもあろうし、世論調査などから中国意識を数値化して測定することもあろうし、学術誌や総合雑誌ではなく、部数の多い主に週刊誌を中心とする大衆雑誌に掲載された中国関連記事から、彼らの摂取するであろう中国情報のありようを検討することで、その一端を知ることもあるだろう。

とはいえ、その手がかりは決して豊富にあるとはいえない。まず、総合雑誌の発行部数は通常三万部前後と言われているが（『文藝春秋』のように三〇万部程度のものもあるが）、論壇で公表された中国論が一般読者にどのように摂取されたかについては、わずかな読者投稿欄などからしか推測することはできない。こと中国論に限っての読者アンケートはおそらく皆無に等しいだろう。とりわけ中国論に関しては、専門性の強いテーマでもあるため、情報は論壇から読者大衆へ上意下達風に一方通行で送られるケースが大半である。竹内好が編集代表になって一九六三年に創刊された月刊の小冊子『中国』などは（第三章一参照）、一般会員からの寄稿を中心に編集する方針をとっているが、それは会員制のミニコミ誌だからできることである。それでも、実際の誌面から見るかぎりは充分にその試みが成功しているとは言いがたく、竹内もまた、思ったほど読者投稿が集まらないとの感想を漏らしている(35)。

また、新聞や研究所の調査機関などで実施される、中国問題に関する世論調査は、今でこそ電話・ファクス・インターネットなど通信手段の多様化と普及や、コンピュータによるデータ処理など技術的条件の飛躍的向上もあってしばしばなされており、中国意識のありようをかなりきめ細かく客観的に知ることができるようになった。最近は大手新聞社だけでなく、ＮＰＯなどでも世論調査が実施されるようになった上に、日中共同の世論調査も行なわれ、同一質問項目に対する日中双方の回答サンプルが得られるようにもなってきたし、世論調査を踏まえての研究成果も現われてきた[36]。しかしながら、本書がカバーする一九四五—七二年の国交断絶期においては、日本国内に限定しても、そのような大がかりな世論調査が定点観測的になされた形跡はない。中国に関する世論調査自体は、占領期に時事通信社調査局および時事通信社大阪支社調査部が一九四六—五〇年に実施した世論調査七二項目があり、そのうちの一項目の一部に一九四九年一一月に実施された「中共軍の進出について」好ましい/好ましくない、の調査が実施されているが、標本規模はわずかに二三人である[37]。各新聞社が中国問題についての大がかりな世論調査を行なうようになるのは、北京政府に国連代表権を認めるようになった一九七〇年の国連総会を経て復交問題への関心が高まった一九七一年以降のことである。

ちなみに、戦後、世論調査の規模と継続性において最大の統計調査は社団法人・中央調査社による「時事世論調査」であり、一九六一年六月以降、毎月定期的に月例世論調査を実施してきた。その眼目は政党支持と内閣支持に関する同一設問による民意調査であって、中国に関する民意を集計したものとしては、「あなたが好きな国を三つまであげてください。/あなたがきらいな国を三つまであげてください」として「アメリカ・ソ連・イギリス・フランス・ドイツ・スイス・インド・中国・韓国・北朝鮮」から選択させる質問事項に対する回答の統計があるのみである[38]。

それ以前では、わずかに、一九六七年に共同通信社が行なった、日本人の中国観についての世論調査があるが、三〇〇〇人を対象にして回収率は八〇%、質問は一〇項目に過ぎなかった[39]。また、世論調査を踏まえた研究論文としては、管見の限り⑭—⑯がある。

⑭ 石川晃弘「(調査資料)アメリカ観・ソ連観・中国観の構造——東京都豊島区における意識調査の結果から」『国際問題』一四九号、一九七二年八月号
⑮ 高橋正則「世論の操作についての一考察——朝日新聞の日中問題世論調査にみる」『駒澤大学法学部研究紀要』三二号、一九七四年三月
⑯ 西平重喜「日本人の中国観変遷」『自由』一九八二年二月号

⑭は、豊島区在住の住民二三八票の質問紙票による面接調査の分析である。サンプル数は少なく、質問項目も一〇

項目のみの肌理の粗いもので、大衆の中国観を知る上で概念化・一般化の素材に充分堪えるものとは言い難い。⑮は一九七一年に『朝日新聞』が実施した三回の中国問題世論調査についての分析である。⑯の著者は統計数理研究所付属養成所所長で、七一年以前の中国関連の世論調査についても触れているが、主には一九七一年以降の各種機関による世論調査の統計分析である。

なお、中国において対日意識についてのアンケートや世論調査が行なわれ、日中共同で世論調査が行なわれるようになるのは八〇年代以降であり、一九八二年の教科書問題における両国間の文化摩擦が、両国の民衆の相互認識の違いと変化について関心を呼んだことが発端であったようだ。[40]

メディア言説のうち、大衆や国民が接することの多い新聞・週刊誌など、いわゆる下流域のマス・メディアにおける中国記事を対象とした言説分析についても、一九四五―七二年時期を対象にしたものは、管見の及ぶ限り極めて少ない。かつて一九六〇年代前半期に、中国研究所内部のマスコミ研究会(所員の光岡玄が中心となって組織)によって、歴年で定点観測的になされた⑰―㉑の一連の研究が目につく程度である。[41]

⑰光岡玄「ジャーナリズムに映じた中国――昨年度の新聞・週刊誌について」『中国資料月報』一四五号、一九六〇年三月

⑱マスコミ研究会「ジャーナリズムにあらわれた中国観――六〇年新聞、主として日中問題をみる視角について」『中国研究月報』一五五号、一九六一年一月

⑲光岡玄・徳増覚次郎「反中国宣伝と中国像――受け手の情緒へのマス・コミの働らきを中心に」『中国研究月報』一七〇号、一九六二年四月

⑳光岡玄「「中ソ論争」と中国像」『中国研究月報』一八三号、一九六三年七月

㉑マスコミ研究会「中国の核実験をめぐる中国像」『中国研究月報』二一〇号、一九六五年八月号

これらは主に新聞に掲載された中国関連記事についての記事数、テーマ分類、テーマごとの主張についての統計的処理と初歩的な内容分析を通してみた、マスコミの論調傾向の定量的分析である。ただそこからは、新聞と一部週刊

誌の書き手の論調を知ることはできても、読者大衆の中国認識そのものについては、そのような情報を摂取して形成される中国意識を類推しうるに過ぎない。

わずかに⑱の「Ⅲ　回想の世界に甦える古い中国＝「シナ」」で一例のみではあるが、新聞に掲載された某酒造会社の広告が日中戦争期の古い「シナ」イメージを喚起するという事例が紹介されている。あるいは、⑲の「Ⅱ　歪められた立場と中国像」では、リバイバルソング・ブームに乗ってラジオ・テレビで放映された日中戦争を題材にした軍国歌謡や、当事封切られた何本かの映画に、歪んだ中国イメージを喚起するものがあるとか、新聞・週刊誌に掲載された戦争回顧物や戦記物の記事に侵略戦争への反省の見られないものが目につく、といった事例が言説分析の手法で紹介されているのが注目される程度である。大衆の中国認識を知る素材は、想定上はさまざまな方面で収集可能であるが、一九四五—七二年の時期に限定していえば、素材は期待するほど充分に集めることは難しい。あるとしても断片的で系統的に集めることはできず、たまたま収集できたとしても、内容分析、題材のテーマ別分類、主張傾向の歴年推移などを知りうる標本規模の確保は望み難い。

これも管見の限りでの研究論文として、㉒がある。

㉒門間貴志「ミッキー・マオと赤い孫悟空」『言語文化』（明治学院大学言語文化研究所）一八号「特集　一九六八　現代を照射する古典」二〇〇一年三月

そこでは、文革期の当時に発表された映画（ゴダール監督の『中国女』、時枝俊江監督の『夜明けの国から』）や漫画（藤子不二雄Ⓐ『劇画毛沢東伝』）など、その後、文革をイメージして作成された漫画や映画作品が取り上げられている。ただやはりサンプル数に限りがあって、作品紹介の域を出ず、個性的な印象批評との感を拭えない。

結局のところ、一九四五—七二年時期の実際情況においても、利用可能な追跡資料の残存情況からしても、送り手と受け手の直接的で対等で双方向的な経路を顕在化しうる客観的素材は整っていない。したがって、本書の作業においては、中流域の論壇の中国認識のあり方を情報伝達の経路に留意しつつ分析するさいに、上流域の学術圏と中流域の論壇とのつながりを検討することは、論者が共通していたり、また学術圏の専門雑誌などを定点観測的に調査することで可能であるし、本書でもその成果を盛り込んであるのだが、それに比して論壇から下流域の読者大衆への流れを組織的系統的に検討することに関しては、困難な条件が伴う。

ただし、中国論に関しては、専門性の強いテーマでもあるため、情報は論壇から読者大衆へ上意下達風に一方通行で送られるケースが大半であって、読者大衆から成る下流域から、中国学の学術圏である上流域に情報が逆流するケースは少ない。とりわけ、本書が扱う日中断交期においては、インターネットなどの通信環境はありようもなく、大半の一次情報は通信社や新聞社のルートを通してしか入ってくることはなく、読者大衆が中国という水源から情報を入手する直接ルートは皆無に等しかった。そこで、日本人大衆の中国像を直接かつ定量的・客観的に知りうる材料や手がかりが欠けているとはいえ、中流域の公共知識人からなる論壇の中国論を跡づけておけば、下流域を含むこの時期の日本の中国像・中国観の全体像は、かなりの部分をカバーできる。従って、論壇の中国をめぐる公論の動向分析は、等身大の世論の動向分析を知る有効な素材となりうるのである。

3　知識層における中国認識経路

こうして、本書は中流域の中国認識をメインターゲットにする。具体的には、知識人・学者・研究者などからなる日本の知識層が、それまでの歴史的経路や同時代の歴史的現実による制約や条件づけを受けながら、中国という他者をどう観察し、いかなる知見を導き出し伝えていったかの視座と思考の諸類型を摘出し、その視座範型が中国と日本と周辺世界を取り巻く情勢の変化によってどのような変遷を遂げたのか（あるいは変わらなかったのか）を考察することになる。そのための素材と方法論は後述するが、本書ではメディアを通した公論形成のメカニズムを究明する作業工具としてクリストフ・コッホの神経科学での知見を援用し、「中国認識経路」（perceptional channel on China）という分析概念を案出し、対中認識の形成過程をたどることとする。

「経路《チャネル》」とは、人がある対象から刺激を受けて何らかの感覚知覚が形成されるという、意識の形成過程をイメージしている。意識《コンシャスネス》と認識《パーセプション》（＝知覚）は似て非なる概念ではあるが、コッホによると、ある対象から発せられる情報を視覚・嗅覚・聴覚などの感覚器官が受けとめ、脳に情報を入力し脳内のニューロンの相関活動（NCC=neuronal correlates of consciousness）によって、活動電位《アクション・ポテンシャル》となって情報が伝達され、脳の特定の受容《レセプティヴ》フィールドが選択的に反応し、特有の質感《クオリア》を伴った感覚知覚が得られ、運動器官を動かす。外の世界にある事象に向かう意識の志向性によって、暗示的《インプリシット》コードが明示的《エクスプリシット》コードに変換され、それが「意味《ミーニング》」表象を形成する際、脳の中に「私」という主体が居坐って観察しているという「拡張意識」（感情）があり、拡張意識の程度によって感覚のあり方を統御する。また経験主体は外部から押し寄せる膨大な情報の洪水のなかから、その場で役に立つ情報を選択し、脳は一部の情報だけに注意を払い、その他を無視して過剰な情報処理の負荷を避ける。そのような注意の向け方によって、認識主体にとってどのような世界が経験されるかが決まってくる。[42]

　このような神経科学の見地から見た意識の形成過程を、言説分析から見た中国認識の形成過程になぞらえて言い換えてみると、認識主体となる知識人は中国という外部世界が抱える膨大な情報のなかから、特定の情報に注意・関心を向けて選択的に受信し、伝達工具によって不明瞭で雑多なコードを脳内で意味ある情報に変換して伝え、あるパターン認識によって意味空間をつくり上げ、中国という存在を意識化させていく。その全行程がすなわち中国認識経路ということになる。その場合、いかなる情報を選択するのか、いかなる情報により関心を志向させるかは、受容体である観察者の感情によって違うし、志向性の強弱に応じて活動電位を伝えるニューロンの発火状態に差異が生じる。その結果として得られる中国というクオリア（イメージ）は、経験主体となる読者の受容体の諸相によって、さまざまな意味を帯び、さまざまなコードへと転換される。

　本書においては、中国を認識する主体の受容体や認識枠組みの特性を探求することが、重要な検討課題となる。そのための作業として、さまざまな観察者による中国認識の諸報告の集積から、共通の意味空間を解読し、意味空間の変容を通して中国認識経路が修正され改版されていく実態をトレースする。[43]ここでは現実の日中関係は、首脳相互の外交政策によって規定される、という実体論《サブスタンシャリズム》よりはむしろ、人々の視座を占有しているさまざまな透視図《パースペクティヴ》によって書かれ論じられた言説を通して構成される、という構成主義《コンストラクティヴィズム》の立場に立っている。

したがって、言説内容が正しかったかどうか、将来展望が結果として当たったか外れたかを判定することに、研究の主眼はない。また、彼らの立論を中国で起こった客観的事実と照合し、戦後の中国あるいは日中関係の出来事を歴史的に再構成することも目的とはしていない。本書の目的は、公共知識人たちの中国論を言説として受け止め、それが公論として日本社会に流通し、何らかの世論を形成することによって、いかなる中国像が醸成されていったのかを経年的にトレースし、そのような中国像を醸成するにいたった、当時の日本・中国・国際環境を取り巻く時代性や時代精神を抽出することにある。

4　日中間における認識経路

本書が目指すものをこれまでの研究史の系譜のなかに位置づけようとするならば、日中関係史の一事例研究ということになるだろう。より厳密には、国際関係史における公的なセクターでの二国間の外交関係ではなく、民間セクターでの二国間の交流史ということになる。さらに焦点を絞れば、民間といっても、国民間、あるいはNGO機関を通しての交流というよりは、学術圏の交流であり、しかもマス・メディアを通しての交流の諸相と軌跡をたどることが主眼となる。

しかしながら、ここに予めわきまえておかねばならないことは、外交史であれ民間交流史であれ、少なくとも本書が扱う時期の日中関係においては、相互的・対称的な関係ではなく一方通行で非対称的なコミュニケーションでしかなかったという抗いがたい現実である。

まず、二国間の外交関係としてみた場合、この時期の日中間には公式の外交関係はなかったという前提に立たねばならない。そのさい、日本政府にとって、対中関係をいかに構築するかということは、とりわけサンフランシスコ講和や日米安保改定の政治課題において、極めて大きな政策課題であり、政局を大きく左右する政治課題であった。だが、正式の外交関係がないため、この時期に政府機関が対中政策決定に直接関与したのは、日中民間貿易協定・LT貿易・覚書貿易（MT貿易）などの民間貿易の実務協定交渉と、日中国交正常化交渉くらいしかない。例えば戦後日中関係史のスタンダードな概説書として定評のある㉓田中明彦『日中関係　一九四五―一九九〇』東京大学出版会、一九九一年においては、日中断交期に中華人民共和国政府と日本国政府との関係を論じた章は、「第二章　政経分離と政経不可分」「第三章　日中国交正常化」の二章しかない。

いっぽう、中国外交にとっては、たしかに対日外交は講和問題、復交問題、貿易拡大などをめぐって大きな政策課題ではあったが、対外関係総体のなかでは、対日外交は比較的マイナーな一部門でしかなかった。一例を挙げると、㉔当代中国叢書編輯部編『当代中国外交』中国社会科学出版社（北京）、一九八八年においては、全三五章中、日中外交は三章分のみである（「第一六章　中日復交前の両国関係の曲折と発展」「第二二章　中日関係の新たな頁」「第三〇章　中日友好関係の発展の継続」）。また、㉕裴堅章主編『中華人民共和国外交史　一九四九―一九五六』世界知識出版社（北京）、一九九四年においては、全一四章中、一章一節分のみが日本外交で、四二〇頁中、一八頁を占めるに過ぎない。つまり、中国政官界の関心の度合いにおいて、日中間は対等ではなく、不均等かつ非対称的であった。

その上、「外交」にせよ、より広義の「外事」にせよ、対外政策は毛沢東―周恩来―対外政策実務担当者の一元的指導体制であり、とりわけ対日関係は、権力組織においても行政組織においても、周恩来が指示し、廖承志らの対日工作組が実務を掌握していた。日中間に国交がなかったため、日本政府の中国敵視政策を改め、政府間関係の前進を促し国交正常化に至るとの「民を以て官を促す」の方針の下、一九五二年頃から中国政府の主導で民間外交を進めた。機構としては、大まかな方針は毛沢東と周恩来が決定し、党中央の渉外工作として外事小組を設け、陳毅外交部長が組長、廖承志が副組長となり、廖承志が国務院の外事弁公室の下に日本組を設けて直接指導を行ない、中央指導部の対日問題の重要指示や方針政策を学びつつ、日本情勢を分析し、廖承志から中央や直接周恩来に報告することで国務院外事弁公室や党中央が批准する対日政策決定に参与し、また実際の対日工作を担ったのであった。したがって、対日政策は単線的かつ単調で、多彩なバリエーションが生じる余地は少なかった。(44)

いっぽう日本側の対中政策決定のアクターとしては、㉓田中前掲書の付章では、内閣総理大臣・内閣官房・外務省通産省ら関係省庁・自民党と野党であり、対外政策決定におけるマスコミの役割は小さいとしている。

第二に、民間交流史としてみた場合、日中断交のこの時期は中国では改革開放政策がとられる前の毛沢東時代に相当し、純粋な民間交流機関の存在は認められていなかった。したがって、中国から日本に向けてのメッセージは、外交部の公式ルートを通しての声明であれ、政治指導者の公式発言であれ、新華社・人民日報・北京放送その他の諸メディアを通してであれ、日本に向けての対外宣伝であり、冷戦後の概念を用いれば、パブリック・ディプロマシー（対外広報）であった[45]。すなわち、政府を代表はしないが政府の意向を背景にもった民間往来活動であって、「政府間外交」を補うものとしての民間外交が実情であった[46]。民間セクターの体裁をとった中国側の機関・団体があったとしても、そこと日本政府との相互連関も、日本の民間セクターとの相互連関も欠如していた[47]。

第三に、メディア関係としてみた場合、中国にはこの時期、日本の「論壇」に相当する言論・表現の自由が保障された公共圏は、存在はおろか概念も用語もなかったし、日本の総合雑誌に相当するものは発行されていなかった。また、ごく一部の研究機関を除き、専門の日本研究のための機関や学科はなく、学術界に日本専門の研究者は極めて乏しかった。

現在、中国において日本研究のための専門機構を備えた大学および研究機関は、主なものでも、中国社会科学院日本研究所、北京大学亜太（アジア・太平洋）研究院、北京日本学研究中心、天津社会科学院日本研究所、南開大学日本研究院、上海国際問題研究所日本研究室、復旦大学日本研究中心、遼寧大学日本研究所、東北師範大学日本研究所、吉林大学東北亜研究院、河北大学日本研究所、河南大学日本研究所、山東大学日本研究中心、浙江工商大学日本文化研究所などをはじめ、二〇カ所以上を数えることができる。だが、本書が扱う時期においては、一九六四年に遼寧大学日本研究所が開設されたのが中国初の日本研究機構であり、そのほか東北師範大学日本研究所など、東北地区（旧満洲）の一部の大学に設置されたのを除き、改革開放政策をとる八〇年代以降まではほとんどないに等しかった[48]。したがって、日本の民間発の世論喚起の媒体や知識層の政策関与といった論壇の機能に同等するものを中国に求めることはできず、日中双方の言論メディアの相互作用・相互コミュニケーションを期待し、研究に活かそうとしても、そのような初期条件がそもそも備わっていなかった。

また情報手段は限定されており、情報量も少なく、情報伝達時間も緩慢なものだった。その際、情報量を比較してみると、日本での中国情報は比較的豊富にあるのに対して、中国での日本情報は過少であるうえに画一的であって非対称的であるし、情報の流れは細い上に一方通行であった。ちなみに、この時期、日本関連の専門雑誌は皆無であった（中華人民共和国での最初の日本研究雑誌『日語学習与研究』〔北京・商務印書館〕の創刊は一九七九年）。日中間での相互認識の経路は、予め半ば断ち切られた状態に置かれており、相互認識の前提となる対称性が欠如していた。(49)

四　認識経路の分析方法

1　先行関連研究

前節で触れた上流域の学術圏における知的活動は、これまでテーマごとに専門個別研究〔モノグラフ〕の形で先行研究が回顧され、学術論文の形で学界にストックされてきている。しかしながら、学術的な公刊物と違って、中流域の論壇空間で公刊された雑誌記事は、ストックとしてよりはむしろ半ばフロー情報とみなされ、発行号が定期的に次号に更新された後は書店の棚から消え、「読み捨て」にされることを半ば宿命づけられてきた。これまで総合雑誌の掲載記事は、せいぜい学術研究の副次的な参考文献として断片的補足的に引照されてきた程度であって、雑誌記事そのものを研究の対象にすることは、戦後日本思想史・精神史はおろか、中国研究の分野でも、意識的に取り組まれてはこなかった。総合雑誌が雑誌メディアの言論史の一部として扱われるさいに、メディア言論の一部として中国論議に言及される程度でしかなかった。中国研究というよりは、メディア研究の事例研究として扱われてきたというのが実情である。

アカデミズムの分野においても、戦後の中国研究者や中国報道に携わったジャーナリストがどのような活動を行なってきたのかを知る素材は、彼ら自身が書き残した同時代資料やごく一部の回想録を除いて、戦後第一世代の人材がすでに引退する時期を過ぎた今なお、証言はほとんどそろっていない。総合雑誌という媒体に限定せず、戦後日本の学者・知識人・運動家などが、どのような中国論を展開し、それが日本人の中国観の形成にどのような影響を与えたかについても、管見の及ぶ限り専門書籍としては見当たらない。わずかに中国において、次の業績を広義の専門書に数えることができる程度である。

㉖諸葛蔚東『戦後日本輿論・学界与中国』中国社会科学出版社（北京）、二〇〇三年

本書は主に学界と知識界における中国関連の論説（すべてが中国論というわけではなく、天皇制論や日本文化論などを含む、広く中国に関わる論議ということ）を調査分析した先駆的な業績で、一部世論調査も使われている。ただ、選ばれた文献が恣意的非系統的であるため、全体像の輪郭が明瞭には伝わりがたい。

戦後という時期に限定せず、近代全般で、日本の知識層の中国論・中国観を検討したものとして、次の著作がある。

㉗加々美光行『鏡の中の日本と中国――中国学とコ・ビヘイビオリズムの視座』日本評論社、二〇〇七年

これは、近代以降の日本の中国学における中国認識の方法的無自覚を内在的に批判したもので、その方法的視角は参考になるが、取り上げられた中国論者のサンプルが少なく、時系列分析になっていない。一種の史論的仕上がりのものであるが、史学史・学説史・言説史としての先行研究とは言いがたい。

㉘安藤彦太郎『日本人の中国観』勁草書房、一九七一年

は、近代以降、日本人の中国観・中国革命観、中国研究の問題点などを史的に概観したものであるが、論文集のため、必ずしも系統的な記述になっておらず、戦後についての記載はほとんどない。

㉙岩村三千夫「戦後中国観の一考察」『中国研究月報』一四六号、一九六〇年四月号

は、戦後期の日本人の中国論を概観したものであるが、主に政権担当者や保守系政治家の中国関連の発言を検討素材にしたもので、知識層の中国論は対象にしていない。

㉚陳建廷・石之瑜『中日合群？――日本知識界論争「中国崛起」的近代源流』国立台湾大学政治学系中国大陸暨両岸関係教学与研究中心発行（台北）、二〇〇七年

は、近代以降および戦後の日本の知識層がいかなるアジア論・中国論の言説を展開してきたかを検討したものであるが、参照された中国学者や研究文献が多くはなく、中国認識をめぐる概念史の整理の趣きが強い。

㉛翟新『近代以来日本民間渉外活動研究』中国社会科学出版社、二〇〇六年

は、「民間の渉外活動」として、近代以降は東亜同文書院、戦後は日中友好協会をはじめとするＮＧＯ諸団体の対中交流活動の歴史を追ったものである。

アカデミズムにおける主に戦後の中国研究の学説史・論争史としては、㉜の記録がある。

㉜幼方直吉・尾崎秀樹・池田敏雄・加藤祐三・関寛治・野村浩一・小島麗逸・戴國煇・徳田教之・矢吹晋・小倉芳彦・田中正俊・加々美光行・川村嘉夫・小林文男・田近一浩・石川滋・菅沼正久・山内一男「（シンポジウム）日本における中国研究の課題（Ⅰ・Ⅱ・Ⅲ）」『アジア経済』一一巻六・七・八号、一九七〇年六・七・八月

そこでは、政治研究・台湾研究・歴史研究・経済研究のセクションに分けて、共同討議の形式で戦後の中国研究の到達点と課題について、回顧と展望がなされている。

ちなみに、「中国人の日本観」という逆のテーマとしては、㉝㉞㉟の諸著作がある。

㉝山口一郎『近代中国の対日観』アジア・アフリカ文献解題四、アジア経済研究所、一九六九年

㉞小島晋治・伊東昭雄・光岡玄ほか『中国人の日本人観一〇〇年史』自由国民社、一九七四年

㉟アレン・Ｓ・ホワイティング『中国人の日本観』岡部達味訳、岩波現代文庫、二〇〇〇年

雑誌に公表された戦後の中国記事から検討する素材を選んだ先行研究としては、文化大革命期に限定されるが、㊱㊲㊳の諸論文がある。

㊱岩村三千夫・幼方直吉・新島淳良・光岡玄「（討論）文化大革命とジャーナリズム」『中国研究月報』一九六六年一一月

㊲田村紀雄「文献総目録　文化大革命をどう捉えたか（一―七）」『週刊読書人』一九六七年六月一二日―七月三一日

㊳高橋芳男「中国「文化大革命」と日本の論壇」『文化評論』七四号、一九六七年一一月号

これらは、文化大革命というほぼ同時代期の特定のテーマに関する記事を扱った拡大版論壇時評ないしは関連記事リストの体裁であり、中国認識のあり方の総体を問うという姿勢はとられていない。

新聞（『朝日新聞』『讀賣新聞』『毎日新聞』『産経新聞』『日本経済新聞』『西日本新聞』）と一部大衆雑誌に掲載された中国記事から、中国についての諸問題と論調（積極／中立／消極）を定量的・定性的に分析して、日本人の中国イメージを探ったものとして、㊴の専門書がある。

㊴劉林利『日本大衆媒体中的中国形象』中国伝媒大学出版社（北京）、二〇〇七年

ただし素材は二〇〇二―〇三年の間に掲載された総計一二二〇篇の記事に限定されている。

本書に方法論上の示唆を与えてくれたものとして、㊵の論考がある。

㊵西村成雄「日中戦争前夜の中国分析――「再認識論」と「統一化論争」」（『「帝国」日本の学知　第三巻　東洋学の磁場』岩波書店、二〇〇六年）

矢内原忠雄、細川嘉六、蝋山政道、尾崎秀実など「シナ学」「現代シナ研究」「シナ事情調査」「東洋的シナ論」の各系譜における中国解読のためのコードがいかなるものであったのかを、社会科学的学知との交流に着目しつつ解明しようとしたものである。扱う時期は本書の扱う時期と重なってはいないが、先行業績として参考になる。

また本書にとって筆者の予備的調査・分析の成果として、㊶㊷の二篇がある。

㊶馬場公彦「戦後日本における対中認識回路の変容――雑誌『世界』関連記事に見る」（『中国研究月報』二〇〇一年九月）

㊷――「出版界の現場から見た日本中国学の変遷――岩波書店の刊行物を中心に」（日本中国学会編『第五八回日本中国学会講演録　中国学への提言』日本中国学会、二〇〇七年）

これらは、日本人の中国認識のあり方の変遷を時系列的にトレースしたものであり、扱う時期も㊶は戦後から執筆時まで、㊷は岩波書店創業時（一九一三年）から執筆時までと幅広く設定されてはいるが、両篇とも岩波書店一社の刊行物のみを対象にしたもので、分析データのサンプリングとしては不十分である。

2　分析対象

本書が目指すものをもう一つの研究史の系譜のなかに位置づけようとするならば、日本の中国学の史学史の一部門である。ただし、これまで史学史は学界内部の学問史・学科制度史・学説史に終始してきたのに対し、本書は公共知識人の中国関連論壇を対象とするもので、これまで研究の対象とはされてこなかった。

戦後日本の論壇における中国認識経路を最も有効に知るための素材として、本書では戦後日本で発行された総合雑誌各誌に掲載された中国関連記事に着目した。具体的には、一九四五年の敗戦および中国大陸からの撤退から七二年の国交回復までの国交断絶期の間に発行されていたのべ二四種の総合雑誌について、公共図書館や大学図書館などに収蔵されたバックナンバーからあらゆる中国関連記事を収集した（表0-1）。雑誌の選択にあたっては、月刊誌を中心に（『朝日ジャーナル』一誌のみ週刊誌）、読者数や読者層が限定されたミニコミ誌や専門学術誌ではなく、ある程度以上（おそらく一万部以上）の発行部数がある総合雑誌であることと、(50)雑誌と出版社の性格の多様性に留意した。すなわち、論調が右派から左派へと広がっていて、特定の傾向の雑誌のみを対象にしないこと、論調の多彩さがたどれるように、専門性の強い雑誌から通俗性の強い雑誌にいたるまで、さまざまな読者対象に応じた雑誌をバランスよく取り上げることにした。おそらくこれらの雑誌は、この時期の東京を中心に全国に向けて発行されていた総合月刊誌の大半を覆っていることだろう。これら二四誌の論調傾向を専門的―大衆的、左派的―右派的の四象限に分割し、その配置を図示しておく（図0-1）。

記事数の数量値を決めるにあたっては、連載記事については、一回ごとに本数をカウントする。ただし、中国関連記事とはいえ、無署名の、埋草的な短文コラムは原則として採録しなかった。また、同時代研究とはいえない中国古典学に関するものは、中国古典になぞらえて当時の世相を論評するような場合があり、純粋な古典研究を除き採録した。ただし、『三国志』『水滸伝』などの翻案物の創作小説は採録していない。中国論を掲げていなくとも、他の論題に関連し中国を論じる場合があるが、一篇のうち一節を設けて中国を論じているような論文は採録したが、原則として表題から中国関連記事であるとはみなされないものは採録しなかった。このようにして集められた中国関連記事の歴年推移の実態を、定点観測法的に、数量分析と言説分析の双方からトレースしていった。まずは、記事数の歴年推移をグラフ化したものを示しておく（図0-2）。

定点観測の対象とした雑誌記事の分析に際しては、掲載された中国関連記事の大きな論題の推移を勘案して五つの時期（一九四五―五〇年／一九五一―五五年／一九五六―六四年／一九六五―六八年／一九六九―七二年）に区分する。この時期区分はあくまで日本の論壇から発信された中国論の論題・論調について、歴年変化を観察した結果、そこに認められた転換と推移に応じて、本書において採用した画期である。通常の時期区分の指標として重要視されがちな日本の政権交替や中国の情勢変化については、むろん日本の論壇の中国論に決定的な変動作用を及ぼすものであって、本書の時期区分にもそれらの変化が反映されてはいるが、その変化を所与のものとして時期区分の指標に採用したわけではない。各時期の論題・論調の特性については、各章の冒頭と末尾で総括することとする。各時期の雑誌の書誌情報（創刊時期、出版社、論調・執筆陣の特徴など）については各章ごとに冒頭で掲げるが、ひとまず雑誌名とその発行所のみを本章五節で一覧として掲げておく。発刊の時期は各誌異なるし、中途の休刊や停刊などにより、一九四五年から七二年まで同一雑誌で一貫させることはできなかった。

これらいわゆる総合雑誌のほかに、専門家や研究者からなる学術圏の中国論にも注目すべく、全期間にわたって、当時発行中の中国専門の雑誌を一〇数種ほど参照している。ただし、そこに掲載された記事はその大半が中国関連記事であるため、歴年推移の数量分析の対象とはせず、必要に応じて言説分析の対象として参照した。それらの雑誌の概要については、各章の雑誌の書誌的紹介のところで併せて明記しておく。

表0-1　総合雑誌別・年別の中国関連記事掲載本数（1945-72年）

雑誌名	45	46	47	48	49	50	51	52	53	54	55	56	57	58	59	60	61	62	63	64	65	66	67	68	69	70	71	72	総計
文藝春秋	1	1	2	1	1	1	5	6	5	9	11	4	1	4	3	1	5	3	1	7	7	9	7	3	5	5	16	32	156
中央公論	×	13	0	3	9	4	7	14	26	21	10	16	15	11	6	4	10	11	22	17	9	32	25	7	5	8	27	31	363
世界	—	5	5	3	9	6	8	15	11	13	46	12	30	50	20	29	12	28	22	31	19	38	17	9	31	4	49	42	564
改造	×	6	1	2	18	8	15	18	23	16	3	—	—	—	—	—	—	—	—	—	—	—	—	—	—	—	—	—	110
前衛	—	6	2	5	1	3	5	10	8	5	16	3	4	7	7	10	6	0	6	4	0	1	14	13	3	3	7	15	164
日本及日本人	×	×	×	×	×	3	7	2	3	13	4	14	5	11	11	5	24	1	1	3	0	2	6	3	3	6	6	7	140
思想の科学	—	0	0	1	4	0	0	×	×	×	×	×	×	×	0	0	0	0	4	4	1	1	4	0	1	0	1	1	22
展望	—	3	0	1	5	2	2	×	×	×	×	×	×	×	×	×	×	×	×	1	4	6	18	5	1	1	3	1	53
潮流	—	9	5	1	11	1	—	—	—	—	—	—	—	—	—	—	—	—	—	—	—	—	—	—	—	—	—	—	27
朝日評論	—	3	2	3	9	10	—	—	—	—	—	—	—	—	—	—	—	—	—	—	—	—	—	—	—	—	—	—	27
世界評論	—	13	3	5	17	4	—	—	—	—	—	—	—	—	—	—	—	—	—	—	—	—	—	—	—	—	—	—	42
日本評論	×	0	0	0	2	6	—	—	—	—	—	—	—	—	—	—	—	—	—	—	—	—	—	—	—	—	—	—	8
民主評論	0	0	4	5	5	—	—	—	—	—	—	—	—	—	—	—	—	—	—	—	—	—	—	—	—	—	—	—	14
評論	—	3	0	1	8	1	—	—	—	—	—	—	—	—	—	—	—	—	—	—	—	—	—	—	—	—	—	—	13
雄鶏通信	0	5	0	1	8	—	—	—	—	—	—	—	—	—	—	—	—	—	—	—	—	—	—	—	—	—	—	—	14
思索	—	1	0	1	5	—	—	—	—	—	—	—	—	—	—	—	—	—	—	—	—	—	—	—	—	—	—	—	7
月刊社会党	—	—	—	—	—	—	—	—	—	—	—	—	3	1	1	1	1	4	5	1	0	3	6	6	1	1	4	9	47
朝日ジャーナル	—	—	—	—	—	—	—	—	—	—	—	—	—	—	5	6	4	5	7	20	12	17	26	10	16	7	42	34	211
自由	—	—	—	—	—	—	—	—	—	—	—	—	—	—	2	5	3	10	10	17	13	14	15	7	8	6	24	17	151
現代の眼	—	—	—	—	—	—	—	—	—	—	—	—	—	—	—	—	5	3	12	12	4	20	9	2	7	21	15	8	118
潮	—	—	—	—	—	—	—	—	—	—	—	—	—	—	—	△	△	4	5	6	28	7	12	6	4	9	32	28	141
現代	—	—	—	—	—	—	—	—	—	—	—	—	—	—	—	—	—	—	—	—	—	—	4	0	2	3	15	9	33
情況	—	—	—	—	—	—	—	—	—	—	—	—	—	—	—	—	—	—	—	—	—	—	—	2	3	9	23	2	39
諸君	—	—	—	—	—	—	—	—	—	—	—	—	—	—	—	—	—	—	—	—	—	—	—	—	8	16	29	37	90
年別総計	1	68	24	33	112	49	49	65	76	77	90	49	58	84	55	61	70	69	95	123	97	150	163	73	98	99	293	273	2554

×＝停刊　△＝未見　—＝未刊・休刊

図0-1　総合雑誌24誌の論調傾向配置図

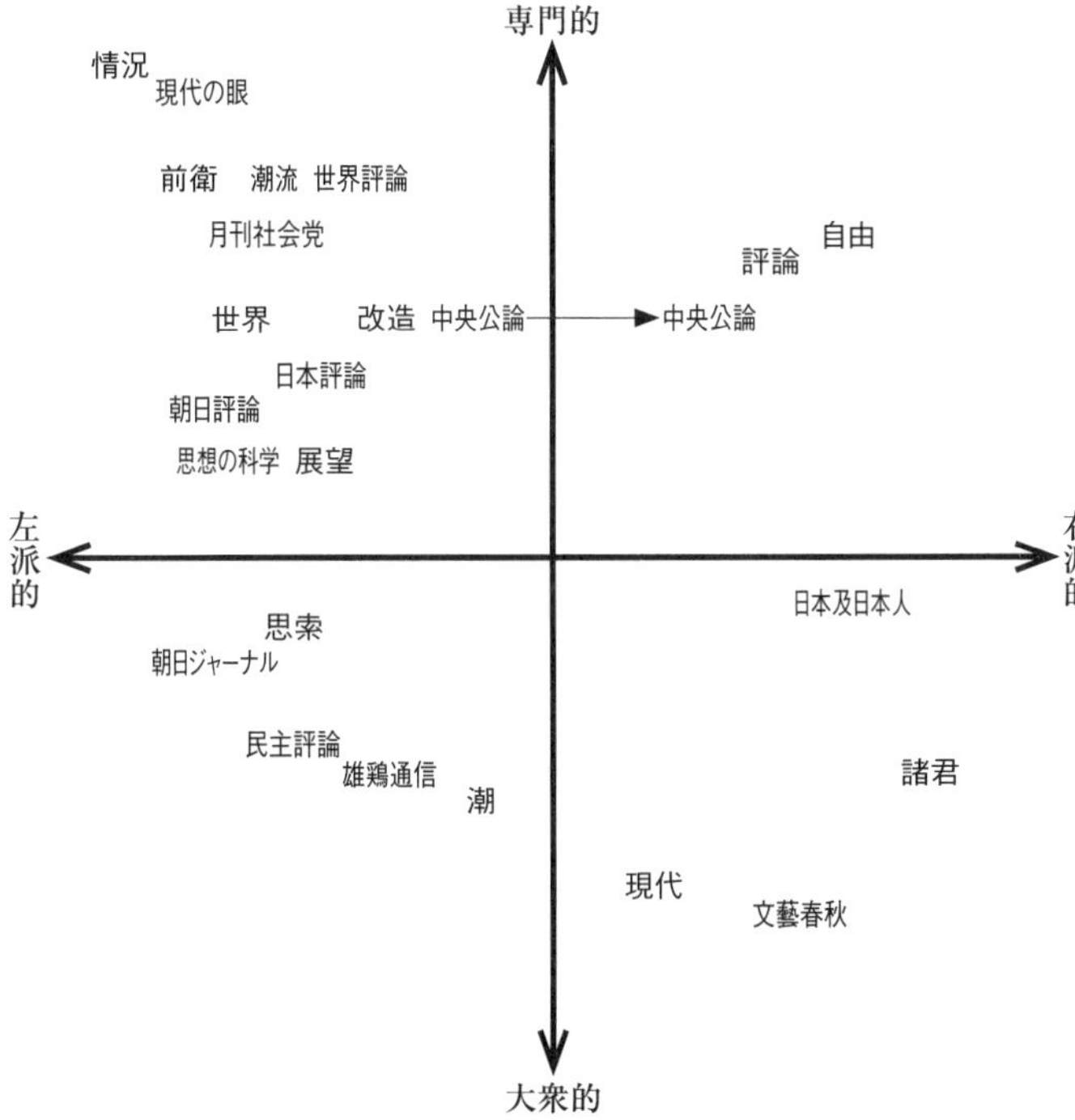

図0-2　経年中国関連記事掲載数

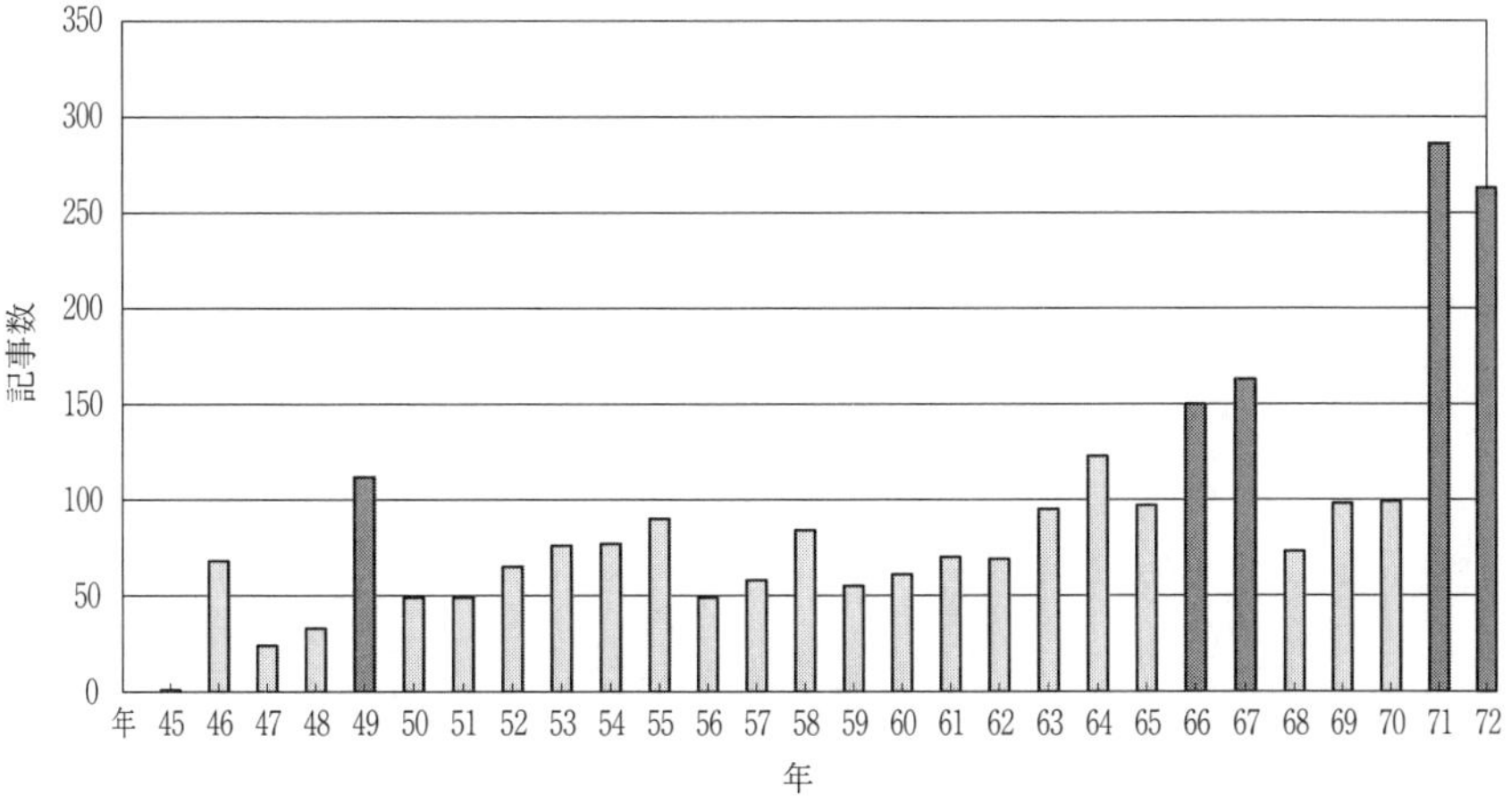

＊網目の濃い線は突出して記事数の多い年次を示す

3　分析方法

前記の諸雑誌から抽出された中国関連記事から何をどう分析したのか、その方法は次の通りである。

（一）五つの時期区分に応じて、雑誌ごとに、記事数の歴年推移をたどり、中国問題に対する関心の高まりの時期的推移について、数量的な裏づけをもつ。ちなみに、一九四五年から七二年にかけて、前記の雑誌における中国関連記事の総数は二五五四本（一九四五―五〇年＝二八七本、五一―五五年＝三五七本、五六―六四年＝六六四本、六五―六八年＝四八三本、六九―七二年＝七六三本）である。その掲載記事数の歴年推移と雑誌別掲載本数比を図表に示しておく（表0-1、図0-2）。

（二）五つの時期区分において、論壇の中国論を担ったのは、主にいかなる人々であったのかを知るために、記事の主要執筆者について、当該記事の執筆者紹介、各種人名辞典、書籍の著者略歴などを参照して、来歴・執筆時の年齢・所属・専門分野などを明らかにし、各期の執筆者の陣容について、執筆者別掲載頻度やその歴年推移など、類別傾向を把握するための数量分析と定性分析を行なった。

（三）五つの時期区分ごとに、時系列的にそこで扱われた記事論題ごとに分類し、内容的に重要と思われる数篇の記事については、レビュー形式で内容の梗概、論点、主張の傾向などについて言説分析を行なった。

（四）関連記事の主要執筆者、掲載雑誌の担当編集者などの当事者に対し面接調査を行ない、分析結果のチェックを行なうとともに、雑誌執筆・掲載の背景や経緯、掲載後の反響など、記事からだけでは知りえない情報についての証言を集めた。

作業工程は（三）が中心となり、叙述も（三）に関する内容が大半を占めることになった。言説分析については、内容分析《コンテント・アナリシス》の手法を用いた定量分析[51]と、テクスト解釈の手法を用いた定性分析とがあるが、定性分析に重点を置いた。というのは、二五〇〇本余りの関連記事のサンプル抽出は得られたものの、一篇の記事の紙幅が大きく、篇ごとに論題が複数ある上に、主張や立場は一様ではなく、意味が多様であるために、賛否や好悪の組合わせが複雑化・重層化し、立論の傾向を数値化することが困難で、頻度分析・数量分析にはなじまなかったからである[52]。内容分析を試みるには、分析単位の均質化・平準化が適わず、変数が多すぎるため、分析のマニュアル化、サンプルのデータ化が極めて困難であり、可能だとしても高度なデータ処理ソフトを駆使しての煩瑣な作業を強いられることに加えて、どこまで反復可能な法則性や概念モデルが導き出せるかの成算はない。

例えば、「戦後日本の論壇において、中国論を担い、人々に伝えたのはいかなる人びとおよび集団であったのか」という課題設定に対して、二五〇〇本余の記事を著わした総計一三四七名の著者データから論者の特質を数値化することは、論理的には可能である。ただその際の著者情報の区分指標について、年齢層、性別などについては排他的区分が可能である（とはいえ、戦後というほぼ同時代人の生年および卒年をたどることは、一覧できる事典や著作権台帳などに網羅されているわけではないため、予想外に手間取る）が、その人が研究者であるか、作家であるか、新聞記者であるか、元軍人であるか、政治家であるか、官僚であるか、といった職能区分については、幾つかの職能にまたがっている場合があり、また現職が研究者でも記者の来歴があったりして、分類化とデータ処理の作業は極めて困難である。

二五〇〇本のサンプルを持ちながらも定性的分析を選ぶということは、二五〇〇本の分析対象をあくまで事例研究として処理するのであって、あらかじめ何らかのシミュレーション・モデルを設定して、定量的項目を設け、統計的処理によって数量的傾向から法則化・抽象化を目指すというアプローチは採らなかった。典型事例も逸脱事例も含めてさまざまな事例を綿密に観察し、ある概念を記述的に推論し、何かのコンセプトを帰納法的に見出していくということである。

その際、個別記述的再現化に徹することのマイナス効果として、二つの罠に陥らないように留意した。すなわち、類例化を避けようとしてかえって概念の細分化を惹起し、汎用性・応用性に欠ける経験的結論しか導くことができないという事態と、研究主体の恣意性・主観性に拘泥するあまり、個性記述的となり、結果として同様に汎用性・応用性の低い結論しか導き出せないという事態である。

そこで、本書では前者の罠に陥らないよう、二五〇〇本のテクストが織りなす歴史的社会的コンテクストを、テクスト生成の条件として、各章の冒頭であらかじめ俯瞰的に押さえておくこととした。そのような記事が書かれ、編まれ、読書圏に送られていく社会的関心の所在と、そのような論題が設定される契機となった社会的事件やイベントがいかなるものであったのかを予備調査しておくことを通して、テクスト分析の客観性と正確性を期したのである。その際に、同時代資料を用いての社会的歴史的背景の理解だけでなく、後代の歴史記述や研究成果をもある程度援用することは避けられなかった。とはいえ、後代に明らかになったり評価が定まったりした歴史的事実（真実）を同時代資料のテクスト解析に当てはめてしまう、「この時代の限界であった」式の後知恵的解釈は極力禁則とした。後代の評価から同時代資料を解釈するという手法は、同時代資料を分析対象にする意義を半減させてしまうからである。

後者の罠に陥らないためには、いかなる記事を言説分析の事例対象として選択するかのある程度の客観的基準を踏まえるようにした。例えば、執筆者の知名度の高さ、特集のねらいや誌面編成から見た記事に対する編集部の編集方針、発表後の記事の反響などから、記事の選択に客観性を持たせるように心がけた。

本書での言説分析の眼目は、時系列的に見た中国関連記事の諸論題を摘出し、諸論題について論じた記事の言説を通して、その時期の時代精神を体現した社会思潮としての中国論のありようを再認識することにある。時代精神を把握する要諦は、当時の編集者の目線に立ってその記事が掲載された雑誌の編集方針を想起し、その記事をもとの位置に戻すことで、論壇での発話の位置を確認することにある。

そのためにも、中国関連記事の収集にあたっては、たとえその記事が後に単行本などの形で収録され公刊されたとしても、単行本での参照やそこからの引用は自戒し、雑誌発表時のテクストに依拠することとした。また、掲載雑誌の誌面構成のなかで、当該記事がどのような位置づけをなされているか、例えば、特集記事の一部ならば、その特集はどのような意図によって企画され、どのような著者陣が集められ、どのようなテーマと論調の記事によって構成されているかに留意した。そうすることによって、雑誌企画立案者の役割になぞらえれば、おのずとその時代にとって急務な論題と、その論題をめぐり読者に賛否を問う公論の論調の布置が構造的に見えてくるのである。(53)

五　本書の構成

以上の素材と方法に従ってなされる本書の構成は次のようになっている。

一—五章は、一九四五年—七二年までの時期を五期に区分し、各期の中国問題をめぐる歴史的文脈を確認し、各時期ごとに中国論を担った論者群の類別傾向に注目し、諸論題ごとに雑誌記事を集め、論点のバリエーション、論調傾向、公論形成や政策決定への影響力を論評する。

第一章は、日本が敗戦して中国から撤退し、中国が国共内戦を戦い、日本がGHQ／SCAP（連合国最高司令官総司令部）の占領下に置かれ、朝鮮戦争を迎えるまでの一九四五—五〇年の時期を対象にする。日本敗戦・中国内戦・米ソ冷戦のはざまで、日本の論壇は、対中戦争責任をどう認識したのか、中国の内戦の推移をどう見ていたのか、中華人民共和国という国家の誕生と中華民国政府が移った台湾をどう見ていたのか、米ソ冷戦のなかで、講和問題を控えて、新中国とどのような外交関係を結ぼうと構想したのかの議論に注目する。

言説分析の対象とする雑誌は以下の一五誌。『文藝春秋』（文藝春秋）、『中央公論』（中央公論社）、『世界』（岩波書店）、『改造』（改造社）、『前衛』（日本共産党出版部）、『展望』（筑摩書房）、『思想の科学』（先駆社）、『潮流』（吉田書房—潮流社）、『朝日評論』（朝日新聞東京本社）、『世界評論』（世界評論社）、『日本評論』（日本評論社）、『民主評論』（民主評論社）、『評論』（河出書房）、『雄鶏通信』（雄鶏社）、『思索』（思索社）。

第二章は、米ソ冷戦が激化し、日本はサンフランシスコ講和会議を控え、中ソが日本に平和攻勢を強めるとともに、アジア・アフリカ諸国が相次いで独立し、民族解放のナショナリズム精神を梃子に国際的発言力を増していく一九五一—五五年の時期を対象にする。朝鮮戦争によってアジアでは冷戦が熱戦に転じ、インドシナ戦争が起こり、台湾海峡で砲撃戦が起こるいっぽう、アジアに新興国家が簇生するなかで、アジアの独立と平和の動向を見据えて、社会主義中国との平和共存は可能かどうかをめぐるさまざまな議論に目を向ける。

対象とする雑誌は、以下の六誌。

『文藝春秋』(文藝春秋)、『中央公論』(中央公論社)、『世界』(岩波書店)、『改造』(改造社)、『日本及日本人』(日本新聞社)、『前衛』(日本共産党出版部)

第三章は、フルシチョフのスターリン批判をきっかけに中ソ対立が顕在化し、台湾海峡危機、中印紛争、中国核実験などにより、中国と国際社会との間の軋轢が増し、中国論をめぐる論壇の左右対立が明確化していく一九五六―六四年の時期を対象にする。スターリン批判から中ソ論争へと、隣接する二つの社会主義大国が対立を深め、さらに中国が内憂外患を抱えるなかでの失政が露わになり、日本の革新勢力が六〇年安保改定反対運動を自主的に展開しながらも、運動に亀裂が生じ、日中復交と安保改定をめぐり論壇の保革が対立の様相を深めていく過程を追う。

対象とする雑誌は以下の一〇誌。

『文藝春秋』(文藝春秋)、『中央公論』(中央公論社)、『世界』(岩波書店)、『日本及日本人』(日本新聞社)、『前衛』(日本共産党出版部)、『月刊社会党』(日本社会党教宣局)、『朝日ジャーナル』(朝日新聞社)、『自由』(至誠堂)、『思想の科学』(講談社)、『現代の眼』(経営評論社―現代評論社)

第四章は文化大革命が起こり、日本の中国研究者に衝撃を走らせ、中国論議が活発になり広がっていく一九六五―六八年の時期を対象にする。文革は日本に紅衛兵運動の熱気とともに伝播し、論壇と学術界に文革の賛否をめぐって甲論乙駁が飛びかい、日本共産党と中国共産党の決裂が日中復交論を推進する日本の革新運動の組織と理論に深い亀裂を生じ、暴力をはらんだ収拾のつかない事態に発展していくという、日本に上陸した文革の熱気がエスカレートしていく議論の帰趨をたどる。

対象とする雑誌は以下の一四誌。

『文藝春秋』(文藝春秋)、『中央公論』(中央公論社)、『世界』(岩波書店)、『日本及日本人』(日本新聞社)、『前衛』(日本共産党出版部)、『月刊社会党』(日本社会党教宣局)、『朝日ジャーナル』(朝日新聞社)、『自由』(至誠堂)、『思想の科学』（中央公論社―思想の科学社）、『現代の眼』（経営評論社―現代評論社）、『展望』（筑摩書房）、『潮』（潮出版社）、『現代』（講談社）、『情況』（情況出版）

第五章は、中国では文革が下火になるが、日本では運動圏において文革の影響下に反体制的運動が激化し、林彪事件、連合赤軍事件によって急激に沈静化し、日中国交回復を迎える一九六九―七二年の時期を対象にする。日本では学生運動や非日共系新左翼運動において、文革の暴力革命主義の火が燃え広がっていった事実を踏まえ、学術圏や論壇から運動圏への軸足を移していく文革論議と、文革の影響を受けた社会運動の新たな展開を追っていく。

対象とする雑誌は以下の一五誌。

『文藝春秋』（文藝春秋）、『中央公論』（中央公論社）、『世界』（岩波書店）、『日本及日本人』（日本新聞社）、『前衛』（日本共産党出版部）、『月刊社会党』（日本社会党教宣局）、『朝日ジャーナル』（朝日新聞社）、『自由』（至誠堂）、『思想の科学』（中央公論社―思想の科学社）、『現代の眼』（経営評論社―現代評論社）、『展望』（筑摩書房）、『潮』（潮出版社）、『現代』（講談社）、『情況』（情況出版）、『諸君』（文藝春秋）

第六章はそれまでの章と違って、一九四五―七二年の全時期を通覧する。この時期の最大の中国論の論題が日中復交論であることに鑑み、復交論の担い手はいかなる人々であり、いかなる主張と賛否のバリエーションがあったのかを探る。とりわけ一九七一年の米中接近以後、日中復交にいたる約一年半にわたって、洪水のように論壇に溢れた賛否入り乱れての日中復交論議の諸相に注目し、今日の歴史認識問題への示唆を導き出していく。

なお、本書での「中国」という国号をめぐる表記について、一言断わっておかねばなるまい。「中国」という通称については、大陸中国（中華人民共和国）も、台湾（中華民国）もともにその名称を襲っており、紛らわしい。しかも、国家承認をする日本政府にとっては、一九五二年の日華平和条約での中華民国から、一九七二年の日中共同声明での中華人民共和国へと、承認する対象が転換している。それだけでなく、国連代表権も七一年に中華民国から中華人民共和国に対象が入れ替わっている。本書ではそのような日本政府の決定や国際社会の承認に応じて呼称を変える立場は取らず、本書で取り上げる論壇各誌で表記された呼称におおむね従っている。その結果、「中国」と言えば中華人民共和国を、「台湾」といえば台湾に移った中華民国政府を示す場合が多い。大陸中国と台湾とを対比させるような場合は、誤解を避けるために「中国」ではなく「中華人民共和国」と表記するようにした。とはいえ、当時の呼称に従って、本書に「北京政府」（中華人民共和国政府）、「国府」「国民政府」（台湾政府）などの表記が混在することは避けられない。また「中共」（中国共産党）の略記も当時の習慣に従って用いているが、「中共」によって中華人民共和国の国号の略記とする当時の習慣には従わなかった。

第一章　戦後日本論壇の見た新中国像　一九四五―五〇
――日本敗戦・中国内戦・米ソ冷戦のはざまで

――中国は二度勝つた。一つは抗戦に於て、もう一つは終戦後に於てである。私たちは国民政府が今こそ暴をもつて、限りなく日本を苦しめるだらうと思つてゐた。しかし彼等は寛大であつた。では私たちは彼等に感謝するだけでよいであらうか。さうではない。彼等には日本といふことより以上の大きな大きな仕事があるのだ。道義の高さの、くらべつこをして喜んでゐるより、中国自身の民族革命を高く飛躍させようといふ悠久な大仕事に懸命なのだ。このことを知ることにより私たちは二度負けたと思ふのである。

――白石潔「中国と中国人」（『革新』一九四六年四月号）

一　日本敗戦と中国内戦――占領下の雑誌メディアから

敗戦直後の日本。『朝日新聞』はわずか一枚表裏の紙面に、一九四五年八月二一日から二五日まで、「英霊に侘びる」のタイトルのもとに、各界の識者たちが文章を寄せた。第一回で大佛次郎は、斃れた同胞たちへの慰霊も済まぬうちに昨日までの敵、米軍の再上陸を待つ心境をこう綴る。

「切ない日が来た。また、これが今日に明日を重ねて次から次と訪れて来ようとしてゐる。生き残る私どもの胸を太く貫いてゐる苦悩は、君たちを無駄に死なせたかといふ一事に尽きる。これは慰められぬことだ。断じて、ただの感傷ではない。はけ口のない強い怒りだ。繕いようもなく傷を開いたまま、私どもは昨日の敵の上陸を待つてゐる。冷静にせねばならぬ、我々自身が死者のやうに無感動にせねばならぬ。しかも、なほ、その時、君らの影を感ぜずにはゐられやうか。」

敗戦後の焦土で、日本人は斃れた同胞たちへの慰霊も済まぬうちに、昨日までの敵、米軍の上陸を待たねばならなかった。とはいえ、日本人は虚脱感に打ちひしがれているだけではなかった。戦中の抑えつけられてきた自己表現への欲求が噴出するかのように、新聞・出版メディアは再び呱々《ここ》の声を上げた。敗戦は日本社会に空前の雑誌復刊・創刊ブームをもたらした。

一九四六年六月時点で、出版協会への雑誌申請件数は一八五五件で既発行誌一一三五誌を数え、そのうち、総合雑誌に分類される諸雑誌は申請件数一三九件で既発行誌九〇誌あり、既発行の総部数は約四〇〇万部に達した(1)。現在では総合雑誌の発行数はせいぜい一〇数誌に過ぎないことからすれば、厚い読者層に支えられて濫立の観を呈していた。なかには一九四四年六月東条内閣においてなされた発禁処分（いわゆる横浜事件）を蒙っていた『中央公論』『改造』のような復刊雑誌も含まれていた。敗戦直後に叢生した総合雑誌のほとんどすべてに共通して見られる創復刊の精神は、焦土のなかから再決起して、打ちひしがれた国民に平和と民主主義を啓蒙することによって、再び独善的な国粋主義に絡めとられることのない道義的文化国家としての国家の再建を希求して、民族的変革を遂げることにあった。

一九四五年の三月号以降、発行が中断されていた大衆総合雑誌『文藝春秋』（文藝春秋）の復刊第一号、四五年一〇月号では、中国研究者の吉川幸次郎が終戦の詔勅を聞いての感想を「心喪の説」として寄稿した。

臣子の死に際して天皇が「五内為《ごだいため》に裂く」との極度の悲傷の表現を使ったことを聞き、そこには父母の死にまさる大きな悲しみがあることを知り、我らが群臣は国家のために喪に服し、「宜しく死節を尽すべ」く、国家再建のための「命がけの御奉公」をせよと説く。進駐軍への接待として慰安設備に狂奔する徒輩に対しては、「それは進駐軍の名誉をも完成するものではない」と憤りを露わにし、「支那」に対しては「仲よくすること、これはもはやわれわれにとつて先天的な命題である」としながらも、「ことに過去のわれわれの支那に対する態度を思ふとき、一層さうした気にはなれない」とし、心情的には「ぢっと喪に服した気持で」いてこそ、「この先天的命題にそひ得る道は開ける」と、胸中に去来する思いを真率に吐露した。

創刊された『展望』（筑摩書房）の創刊第二号（一九四六年二月号）では、ドイツ哲学者の金子武蔵が、「大戦の人倫的反省」と題し、今次の敗戦の責任を論じて日本の民族精神に対する哲学的省察を行なった。

金子は今次戦争の敗因を「現実認識の欠如と動揺」「生活難、殊に食糧難より来る経済道徳の頽廃」「陸海の不統一、軍部の専恣、官庁の割拠主義、財閥の面従腹背等何れも総力戦の実践を阻害し、それをして空論に終わらしめたセクショナリズム」の三点に求めた。そこで、市民社会化なき強制的支配による統一によって「人倫が喪失」している状態を脱するために、「自己否定を媒介とするところの所謂無血革命」による「日本独自のデモクラシー」を模索せよと説いた。

日本にとって敗戦とは日中戦争の敗北でもあった。中国大陸にいた日本軍は撤退し、軍人は復員し、民間人は引き揚げた。以後、一九七二年までの二七年間、日中の国交は長い断絶が続き、情報の交換、民間人の交流は阻害された。そして、日本人に敗戦の苦汁を嘗めさせた責任と、中国および中国人に与えた惨禍の加害責任は、今なお日本の政治・経済・思想課題として重くのしかかっている。

日本の敗戦はそれまでの主戦場であった中国での内戦の始まりでもあった。中国は日本に「惨勝」したものの、四年間の国共内戦が全土で展開され、一九四九年一〇月一日、中華人民共和国が成立して毛沢東が主席に就任、内戦に敗れた蔣介石率いる国民党は一二月七日、台湾台北に中華民国政府の首都を移した。その間、日本人は国共内戦の帰趨を見据えながら、中国の統一政権は国共どちらによって樹立されるのか、終戦処理のための講和を旧連合国側といかなる条件で交わせばよいのか、政権を樹立した中国共産党（以下「中共」と略称）治下の新中国の政体の実態も判然としないなかで難題に直面し、論壇では激しい議論が展開された。「一つの中国」「二つの中国」をめぐるこの分断状態は今なお続いている。

日本は敗戦の踵に接してアメリカを主体とする連合国最高司令官総司令部（ＧＨＱ／ＳＣＡＰ）の占領統治下に置かれ、占領期間は、一九五一年にサンフランシスコ講和会議で日米安保条約が結ばれ、翌年四月に条約が発効し、同時に日華平和条約が調印されるまで続いた。その間、国際環境は大戦下の民主主義勢力 対 ファシズム勢力から、冷戦下の資本主義圏 対 社会主義圏の構図へと大きく舵を切っていった。

この、敗戦・内戦・米ソ冷戦下の被占領からなる三重の難局のなかで、日本ではいかなる中国論が展開されたのか。日本で発行される雑誌はすべて民間検閲局（ＣＣＤ）の検閲制度に従わざるをえず[2]、占領者であり戦後世界のヘゲモニーを握る占領者アメリカの視線を感じながら、中国論は寄稿され雑誌は発行されていった。

本章の主眼は、戦後に創復刊された総合雑誌において掲載された中国関連記事を可能な限り収集し分析することを通して、日本の論壇において中国論を担ったのはいかなる人々か、彼らは同時代の中国の何に関心を抱き、いかなる議題を立て、どのような中国論を構築し、いかなる新たな中国像（当時の用語でいうところのいわゆる「新中国像」）を国民に提示しようとしたのかといったことについて、同時代の日本論壇から中国を眺めたその視座構造あるいは認識枠組みを実況報告風に考察することにある。その際、彼らは同時代中国の実態をいかなる情報源に基づき、いかなる方法論に依拠して把握しようとしたのか、戦前の中国論をどのように継承・批判・超克していったのか、それらは国策にどのような影響を与えたのかに注目したい[3]。そのことはまた、三重の難局のなかで、かつての敵国であった隣邦中国への眺め・眼差しのありようを観察することで、当時の日本人は自国の立ち位置をどのように確認していたのか、対中・対米関係の距離感を通して、自国の自画像をどう描いていたのかの示唆を汲み取ることにもなるであろう[4]。

そのために本書で採用した方法は、国共内戦から中華人民共和国の成立まで、および日本の敗戦・被占領から講和条約締結直前までの一九四五―五〇年の間に発行された下記の一五種の総合雑誌について、そこに掲載された中国関連記事を集め、その記事数を各年ごとに集計し、主要な記事についての言説分析をすることによって、戦後の日本論壇における中国論の動向や論調の傾向などを歴年推移によって定点観測的に提示するというものである。

これら一五誌の総合雑誌の選定にあたっては、ほぼこの期間にまたがって発行されていること、同人誌や広報誌ではなく一般書肆に流通し不特定多数の読者を想定した雑誌であること、ある程度の数量の中国関連記事がこの期間中に掲載されていることを基準とした。これら以外にも多数の総合雑誌がこの時期に発行されてはいたが、この条件を満たす雑誌は、ほぼこれらの雑誌に尽きると言えよう。(5) できれば左右両翼の論陣に配慮して論調の傾向に幅を持たせた雑誌の選択をしたかったが、この占領期に創復刊された雑誌は、革新政党や社会運動団体の支持を受けて民主革命や戦後改革の意義を強調したものが多く、これらの雑誌名からも類推できるように、その大半が左翼系の評論誌であったため、雑誌の編集方針は旧体制批判的な傾向が強く、論調がおしなべてその方向に傾斜していることは免れがたい。(6)

①『文藝春秋』一九四五・一〇復刊―、文藝春秋

一九四五年三月で休刊していたものを復刊。「編輯後記」に、「終戦直後の寄稿を掲載した本号を一読すれば、人々が次々に滾上《わきあが》る憤怒と反省を自ら制禦し難き儘に打まけてゐる荒い呼吸づかひを紙背に聞くのである。編輯者に止まらず、一際の日本人は唯今「自由」の風圧下に自失してゐると云ふのがあらゆる面での真相である」とある。一九四七年二月は用紙難による休刊もあったが、池島信平が編集長になったあたりから読者層を広げた。

②『中央公論』一九四六・一復刊―、中央公論社

『反省会雑誌』として一八八七年に創刊され、九二年に『反省雑誌』と改題、九七年に『中央公論』と改題、一九四四年七月号で東条内閣情報局により強制廃刊されたものが復刊された。「再建の辞　我等の指標」として、「今や終戦の事となり、敗戦日本より再建日本への機運は到来した。ここに本社は新たなる陣容を整備して、この新日本の再建運動の一翼を担ふべく先づ自らの再建を企図し、再び江湖に見ゆることとなつた」とある。発行八万部。

③『世界』一九四六・一創刊―、岩波書店

戦時中からあった同心会の提案で戦後岩波書店に持ち込まれて発行。編集の指揮には安倍能成があたった。書名は谷川徹三の命名により、「戦後の混沌の中に指導的思潮の奔流を探る新しい綜合雑誌」として創刊された。発行人の

岩波茂雄による創刊の辞に「「道義なければ勝利なし」無条件降伏は之を天譴と考へこの苦難を健気に克服すべきである。これによつて新日本が甦生せば、如何なる賠償も高価なる束修に非ずと私は考へる」と記す。発行三万部。

④『改造』一九四六・一復刊―一九五五・二、改造社

一九一九年、第一次大戦後のデモクラシー昂揚のなかで創刊。一九四四年、『中央公論』とともに東条内閣情報局によって強制廃刊されたが復刊した。社長山本実彦による「復刊の言葉」に、「今までの我国の態度、動きが常に客観的に見て野心的な大きな黒い塊と見られてをつたのは我識者の知悉するところだ。殊に対支問題にたいする我国の動きがいつも大きな陰翳に蔽はれてをつたのは我々が十年一日の如く指摘するところであつた。尤も、それには疑はるる以上の野謀と不正とが多かつたからだ。／今や我国はアメリカその他聯合国によりて政治的に経済的に支配さるることとなつた、此時我々が第一に考へなくてはならぬことは我々の行為が説明や註釈なしで客観的に正しいと思はれ、人道的にも正しい歩き方だと思はれることを勇敢に遂行して行くにある。さうした世界公道を歩くことによつてすべてのことがマツクアーサー司令部乃至聯合国に根本的理解を与へることになるのだ」とある。山本の死去、経営不振、山本家のお家騒動、労使紛争などが重なり、一九五五年休刊。(7) 発行五万部。

⑤『前衛』一九四六・二―、日本共産党出版部

日本共産党の理論指導機関誌。党員の理論的水準を高め、一般大衆に党の政策の理論的基礎を明示し、党の実践とその大衆化を促進するために創刊された。当時アジプロ部部長であった宮本顕治が機関誌発行の責任者であり、表紙に主幹宮本顕治とある。当時宮本の事務をしていた寺尾五郎が編集事務にあたった。「発刊に際して」には、「「前衛」には党の当面の理論的諸問題、反動理論の粉砕、マルクスレーニン主義の基礎的展開、国際政治の諸問題が理論的に追求、解明されるのみでなく、党活動の諸分野の活動の経験の総括と展望を掲載していくものである」とある。(8)

⑥『展望』一九四六・一―一九五一・九一時休刊、筑摩書房

編集人は臼井吉見。創刊号「編輯後記」に、「敗戦の悲惨は、何といつたところで、日本文化の低さと弱さにねざしてゐる。新文化の建設といふ大業が、いふ如く易々として成るものでないことは誰も知つてゐる。何よりもまづ過

去の究明と、現実の凝視と、将来への透視と――而もこれらが有機的統一的に世界史的展望の規模に於て行はれねばならぬ。吾々は、直面する革命期に随伴する多くの混迷のなかで、過去日本の捨つべきものを愛惜し、確乎守るべきものを捨て去る如きことがあつてはならぬ」とある。

⑦『思想の科学』(第一期) 一九四六・五―一九五〇・四、先駆社

鶴見俊輔、鶴見和子、武田清子、渡辺慧、武谷三男、丸山眞男、都留重人ら「思想の科学研究会」のメンバーが初期の編集にあたってきた。日本のインテリの考えや言葉が大衆から遊離していたことを反省し、大衆の一人として思考する「ひとびとの哲学」を心がけ、思想史・言語の問題を特に取り上げた。「創刊の趣旨」に「一　思索と実践の各分野に、論理的実験的方法を採り入れる、……二　先づその出発点として英米思想の紹介に尽力する。……三　外国思想が、日本社会の分析及批判の具として、如何に使用され得るかをも考へて見たい。……四　読者よりの寄稿批評と、これに対する執筆者との応答との為の欄を設ける」とある。ただし創刊以降休刊にいたるまで、中国関係の記事は意外なことに少ない。(9)

⑧『潮流』一九四六・一―一九五〇・三、吉田書房―潮流社

群馬県伊勢崎市吉田印刷店主が編集兼発行人兼印刷人となる。「創刊の辞」に「平和なるべき新世界には、武力に依らざる貢献の途が見出されるであらう。深き真と、智と、洋々たる文化の昂揚が唯一筋の途である。ひたぶるに進むべき新国家の新しき進路はここにこそあれ。／だが、おのが国のみを考へてかくいふのではない。世界の協同、東亜の協同を真剣な目標として征くのだ。そのためにこそ、まづ、自らを正し、更正せんことを冀《ねが》ふのである。聯合国殊に米国の意図も亦此処にあると信ずる」とある。

⑨『朝日評論』一九四六・三―一九五〇・一一、朝日新聞東京本社

『讀賣評論』と並ぶ新聞社系の総合雑誌。「編輯後記」に「『朝日評論』は日本の高度の知識階級を対象とする。如何なる時代にも知識階級こそは国家の生理に塩としての重大な役割を果たすべき使命を持つ、かへりみるに、ここ十数年来の日本知識階級は寄せては返す政治的、軍事的波濤に揉まれ、常に眼を外界に転じて倉皇たる日月を送った。

大戦は殊に眼を外界に奪はしめた。しかし敗戦後もまた外界の激動と危機に身をゆすぶられつつある。／「朝日評論」は激動する革命日本の熱風を伝へると共に、多面に於てかかる意味での「内省」と「静思」の部屋であり場でありたいと願ふのである」とある。

⑩『世界評論』一九四六・二―一九五〇・五、世界評論社

毎号、河上肇の「自叙伝」が掲載された。創刊号「編集後記」に「われわれ編輯同人が、常に念頭におき且つそこに一切の努力を傾注したところのものは世界民主化といふこの世界史的動向をあらゆる取材、角度から解明し、われわれを今次敗戦に導いたところの島国的井蛙的独善の迷蒙より脱却し、より広くより高き世界史的展望の明眼を獲得せんことであった」とある。

⑪『日本評論』一九四六・五復刊―一九五一・六、日本評論社

一九三五年一〇月にそれまでの『経済往来』を改題し、四六年五月に復刊したもの。表紙に「高級大衆雑誌」と印刷されているが、徐々に文藝雑誌的となっていった。復刊第二号の「編輯後記」に「本誌は、読者対象を勤労知識層一般と考へ、その意味で綜合誌と思つてをります。何でも掲載するから綜合誌だとは考へたくありません。最初本誌を編輯する時は、一方に、世界、中央公論等のグループ、他方に、前衛、人民等、その中間の人民評論等を頭の中に置き、これ等の雑誌だけでは何か足らないものがある様に考へたのです。／勤労知識層一般の考へや情緒と現在進行している政治、社会の激しい変革と色々と説かれてゐる「民主主義論」の間には、何か隔りがある様に思つたのです。この橋渡しをする様な綜合誌の一つの新しい型が出来ないものでせうか。そこで考へたことは、何よりも論ぜられる論理や言葉が人民の論理と言葉を以て、具体的な事実を通じて語られてゐないことです。大上段からの公式的抽象的な議論があまり多すぎ、勤労知識層に訴へなつとくさせないこと、表現がむづかしくて、概括的な説明が多く、正義への熱情が足らないか過剰である様に思つたのです」とある。

⑫『民主評論』一九四五・一一―一九四九・六、民主評論社

一九三八年に創刊された『機械工の友』を改題。戦後の民主革命は広範な大衆の参加のうえに実現されねばならな

いとし、毎号、天皇制、憲法制定、民主統一戦線の結成、労働組合の課題などの特集を組んだ。「本誌編集方針に就て」には、「本誌はその発足の基礎を本質的には一つの「企業」に置くと云ふ事である。この事は本誌の持つ一つの制限を意味するものではあるが又同時に、それ故にこそ本誌の持つ独自的性格も境地も開拓されて行くものでなければならない」とある。(10)

⑬『評論』一九四六・二―一九五〇・五、河出書房

文藝出版社の河出書房が初めて試みた総合雑誌で、当初は政治、経済、哲学に重点が置かれていたが、次第に文藝関係の執筆者が目立つようになった。創刊号の「編輯室だより」に、「如何なる窮迫の事態に於ても人民大衆の最後的解放の目標とそれへの実践の正しき方途とは見失はれてはならない。混乱の時にこそ人民の旗は高く掲げられねばならない。「評論」は人民の旗である」とある。

⑭『雄鶏通信』一九四五・一一・一五―一九四九・一〇、雄鶏社

「世界の文化ニュース」とサブタイトルにあるように、「ラジオ・プレス」「ソヴイエト通信」「日本通信」などと特約し、社内で独自に翻訳編集を行なった。執筆人も毎号豪華メンバーを連ね、文化誌として終戦直後の中心的存在であった。創刊号の「編輯者の角度」として、「終戦直後の日本はたしかに暗澹としてゐるが、それは戦争中の前途が気味悪いまでに不安で、暗澹としてゐたのとは根本的に違ってゐる。大転換をとげつつある日本の前途は国民の思想や生活をどれだけ明るくするか知れない。ジャーナリズムの任務も、古い、非文明的な、暗いものを失くしようといつた気持だけでなく、明るい日本を再建する積極的な、力のある、大きな努力でありたい」とある。

⑮『思索』一九四六・四―一九四九・一二　思索社

重厚な諸論文を毎号集めた。創刊号の「編輯後記」に、「如何なる普遍的思想と云へども、文化としての形成力を取つたものは肉体の中に於いてのみあるのだと云ふ事を真に知らねばならない。冷厳な敗戦の現実を前にして、我々が夢にも忘れてはならないのは、かの日本主義が単に共産主義への反動であつた如く、今日のデモクラシイが日本主義への反動としてのみ提出され又もや、根のない浮草の如き文化に憂身をやつす事に終つてはならぬ」とある。

表1-1　総合雑誌別の中国関連記事掲載本数

雑誌名	発行所	発行期間	1945	1946	1947	1948	1949	1950	雑誌毎累計
文藝春秋	文藝春秋	45.10復刊—	1	1	2	1	1	1	7
中央公論	中央公論社	46.1復刊—	停刊中	13	0	3	9	4	29
世界	岩波書店	46.1創刊—	未刊	5	5	3	9	6	28
改造	改造社	46.1復刊—55.2	停刊中	6	1	2	18	8	35
前衛	日本共産党出版部	46.2—	未刊	6	2	5	1	3	17
展望	筑摩書房	46.1—51.9休刊	未刊	3	0	1	5	2	11
思想の科学	先駆社	46.5—50.4(第1期)	未刊	0	0	1	4	0	5
潮流	吉田書房—潮流社	46.1—50.3	未刊	9	5	1	11	1	27
朝日評論	朝日新聞東京本社	46.3—50.11	未刊	3	2	3	9	10	27
世界評論	世界評論社	46.2—50.5	未刊	13	3	5	17	4	42
日本評論	日本評論社	46.5復刊—51.6	停刊中	0	0	0	2	6	8
民主評論	民主評論社	45.11—49.6	0	0	4	5	5	終刊	14
評論	河出書房	46.2—50.5	未刊	3	0	1	8	1	13
雄鶏通信	雄鶏社	45.11—49.10	0	5	0	1	8	終刊	14
思索	思索社	46.4—49.12	未刊	1	0	1	5	終刊	7
各年累計			1	68	24	33	112	46	284

これら一五誌に掲載された中国関連記事の本数について、雑誌別に年次累計（表1－1）・掲載記事本数の比率（図1－1）・雑誌別論調傾向の数量配置図を示しておく[11]（なお『日本及日本人』が一九五〇年に復刊しているが、本章では採録せず、次章以降に言説分析の対象とする）。

表1－1について、一九四五年は敗戦の年で、雑誌はまだ創刊前か休刊状態であったため、記事はわずかに『文藝春秋』の一本（前出の吉川幸次郎「心喪の説」一〇月号）のみである。一九四九年に突出して掲載本数が増加するのは、国共内戦を経て中華人民共和国が成立したことで、関連記事が数多く掲載されたためである。『潮流』以下の八誌は、いずれも戦後の雑誌創刊ラッシュの四五・四六年に創刊されたものだが、五〇年から五一年にかけて、休刊している。図1－1について、雑誌ごとの中国関連記事の掲載本数分布をみてみると、『世界評論』がやや多いが、ほぼ均等に収録されている。図1－2について、発行され

図1-1　雑誌別の中国関連記事掲載分布（1945-50年）

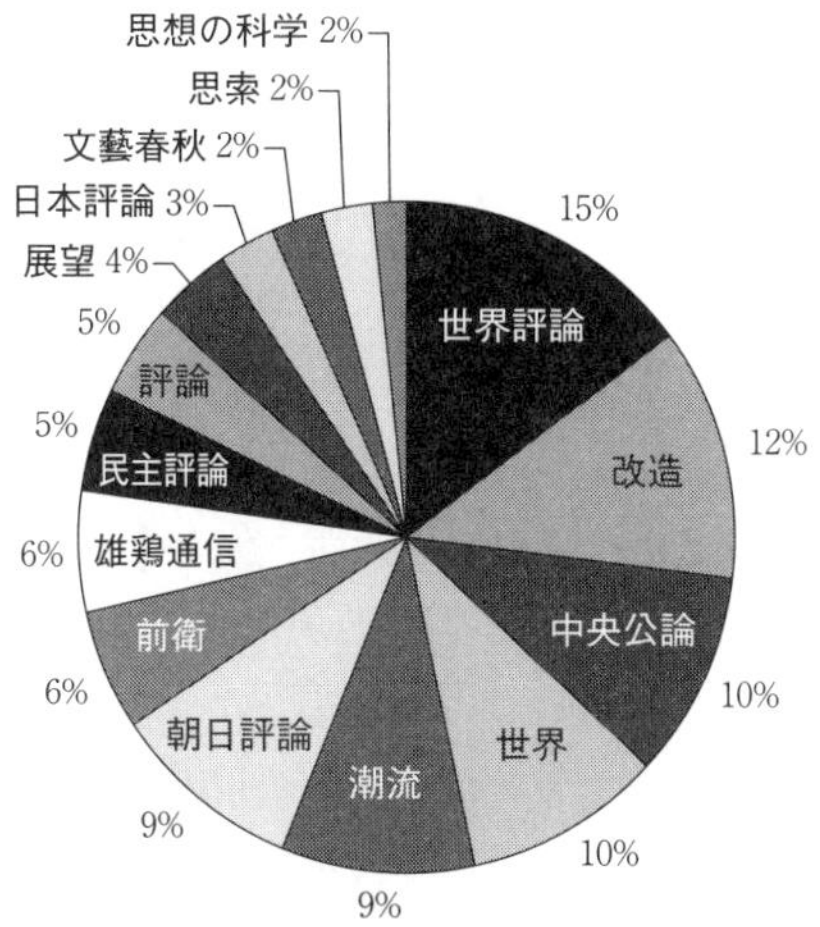

図1-2　総合雑誌15誌の論調傾向配置図（1945-50年）

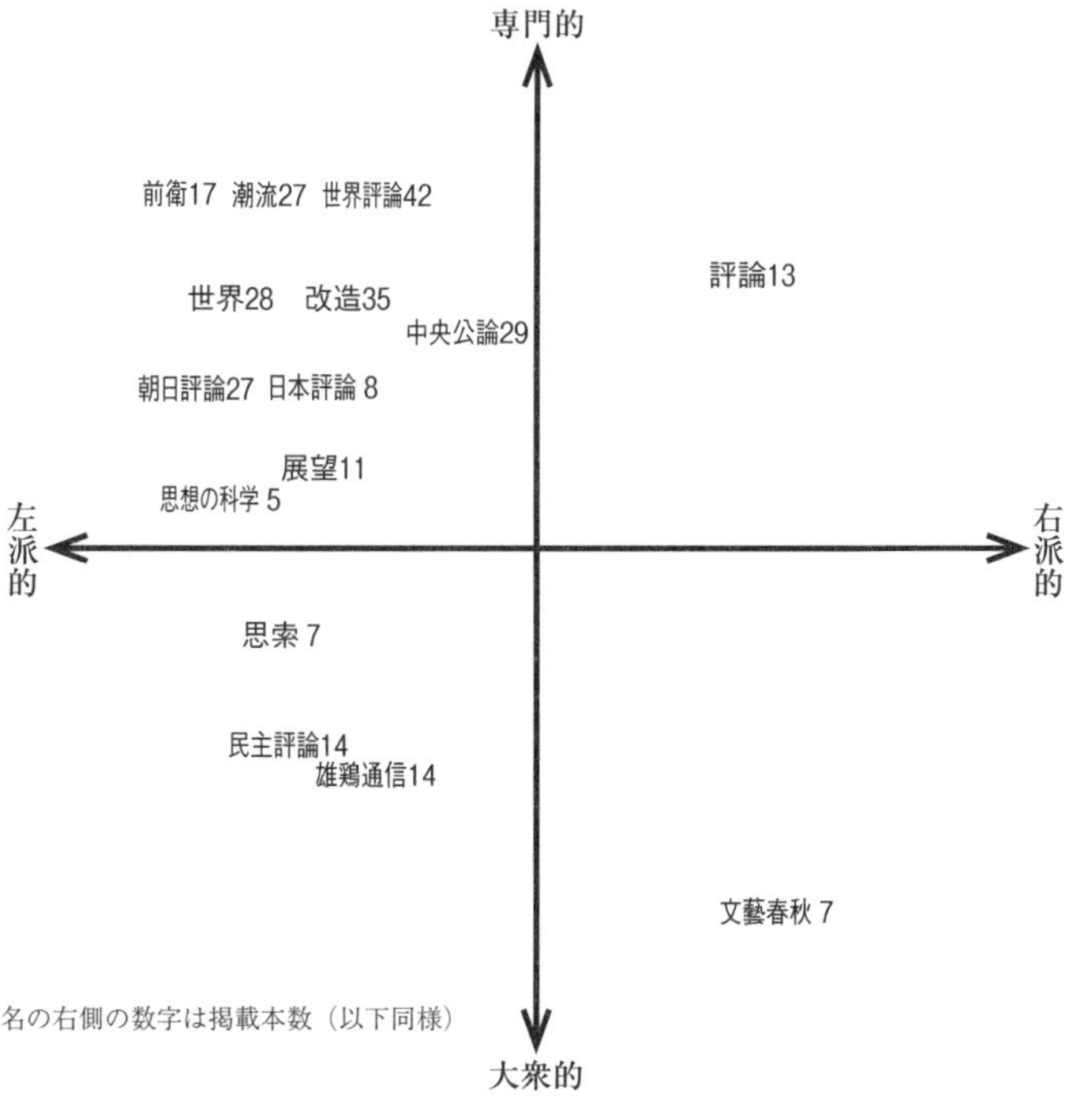

＊雑誌名の右側の数字は掲載本数（以下同様）

ている雑誌は圧倒的に左派、しかも専門性の高い傾向のものが多く、右派系の雑誌は極めて少ない。従って掲載された中国関連記事のうち、右派系の雑誌に掲載されたものは、全体のうち七％程度にしかならない。中国論に関して左派系の論客が論壇を席捲したことについては、後述する（本章二節）。

これらの総合雑誌のほかに、収録されている記事の大半が中国関連で占められる学術・調査専門誌や、発行期間が短かったために歴年推移の数量分析の対象とはしないが、適宜、重要と判断される関連掲載記事を言説分析の対象として取り上げる雑誌として、以下のものがある。

①『中国評論』一九四六・六―四七・一、日本評論社。編集委員は、平野義太郎、石浜知行、堀江邑一、具島兼三郎、岩村三千夫、中西功、尾崎庄太郎、野原四郎、幼方直吉

②『季刊　中国研究』一九四七・六―五二・九、日本評論社（一―一三号まで）・中国研究所（一四号）・現代中国学会（一五・一六号）発行

③『新中国』一九四六・三―四八、実業之日本社。編輯責任者は、石浜知行、岩村三千夫、内山基、安藤彦太郎、実藤恵秀[12]

④『新生』一九四五・一一―（終刊不明）、新生社

⑤『言論』一九四六・一―四六・九、高山書院

⑥『太平』一九四五・一二―五〇・三、時事通信社

⑦『人民戦線』一九四五・一二―四八・四・五、人民戦線社（神奈川）、人民文化同盟の機関誌

⑧『人民評論』一九四五・一一―四九・四、伊藤書店

⑨『新時代』一九四五・一〇―四六・一一、経国社・新時代社

⑩『革新』一九四六・二―四八・九・一〇、革新社

⑪『時論』一九四六・一―五〇・六、大雅堂（京都）

⑫『新人』一九四六・二―四六・一〇、小学館

⑬『週刊新日本』一九四五・九―四七・一、新日本社

①②③は中国関係の専門誌で、いずれも中国研究所ないしその所員の多くが編集・執筆に関与しているものである。④―⑬は各地の公共図書館、各大学図書館にはバックナンバーが揃っておらず、メリーランド大学プランゲ文庫雑誌コレクションのマイクロフィッシュ版で閲覧したものである（ただしプランゲ文庫が収蔵するのはCCD〔民間検閲局〕による検閲が終了する一九四九年一一月頃までにとどまる）。

二　中国論者の交替――中国学者から親日共系現代中国論者へ

1　新たな中国情報源①――欧米ジャーナリストのルポ

戦後の論壇および読書界においては、従来の伝統的中国観からのイメージの転換がなされた。その際に頻用されたのが「新中国」という用語で、そこには古色蒼然とした旧帝国とは相貌を異にする新たな中華世界、アジアに誕生する巨大新生国家という清新な感覚が伴われていた。そのイメージ転換において、とりわけ大きな役割を果たしたのは、エドガー・スノー、アグネス・スメドレー、アンナ・ルイズ・ストロング、ジャック・ベルデン、オーエン・ラティモアなど欧米ジャーナリストあるいは学者の中国ルポの翻訳であった[13]。オーエン・ラティモア『中国』（平野義太郎監修、小川修訳、岩波新書、一九五〇年）、エドガー・スノー『中国の赤い星』（宇佐美誠次郎・杉本俊朗訳、永美書房、一九四六年）、ジャック・ベルデン『中国は世界をゆるがす（上・下）』（安藤次郎・陸井三郎・前芝誠一訳、筑摩書房、一九五三年）、アグネス・スメドレー『偉大なる道（上・下）』（阿部知二訳、岩波書店、一九五五年）といった著書を挙げてみればわかるように[14]、彼らの邦訳書は多く読み継がれ、今なお新中国のイメージを想起する際に多大な影響力を与え続けている。

なぜ彼ら欧米ジャーナリストの記事が重宝されたのか。その背景として押さえておかねばならないのは、敗戦直後、中国にいた日本人が引き揚げ、在中国報道・情報機関が撤退し、日本の通信員・支局員・記者を中国に置けなく

表1-2　掲載本数順執筆者（1945-50年）

	人　　名	掲載本数
①	岩村三千夫，鹿地亘	15
②	平野義太郎	10
③	尾崎庄太郎，武田清子，ダレル・ベリガン	5
④	具島兼三郎，ウィリアム・コステロ，ヒュー・ディーン，野坂参三，アンドリュー・ロス	4
⑤	石浜知行，岡本正，貝塚茂樹，香川孝志，高臨渡，小林信，苗剣秋，毛沢東	3

＊３本以降寄稿者に限る

なったことから、日本自前の中国情報源とそのチャネルが極めて限定されたものにならざるを得なかったという事情である。そこで、日本の報道・論壇紙誌では、中国での長期滞在が認められ、情報収集が許された欧米人の記事や外国通信社の通信記事を奇貨として積極的に翻訳転載していった。実際、一九四五―五〇年にかけての総合雑誌一五誌に掲載された中国記事の書き手のうち、外国人執筆者の比率は、書き手総数で一七六名中四七名と約二六％、掲載記事総数で二八四本中八〇本と約二八％の割合であり、かなり高い。執筆者別に掲載記事本数を見てみると、三本以上を寄稿している上位二三名のうち、外国人記者はエドガー・スノー（九本）、ダレル・ベリガン（五本）、ウィリアム・コステロ（四本）、ヒュー・ディーン（四本）、アンドリュー・ロス（四本）、高臨渡（三本）、苗剣秋（三本）など七名を占める（表１‐２）。

その間に登場する欧米寄稿者と当時の肩書を列挙しておく。

エドガー・スノー（『サタデー・イヴニング・ポスト』特派員）、ヘッセル・テイルトマン（英国『デイリー・ヘラルド』極東主任特派員）、マイルス・Ｗ・ヴォーン（ＵＰ通信社副社長・極東総支配人）、アンドリウ・ロス（『ネーション』誌特派員）、ピエール・ドゥブレ（ＡＦＰ特派員）、ダレル・ベリガン（ＵＰ特派員として極東地区滞在八年、当時『ニューヨーク・ポスト』東京特派員）、チャールズ・Ｗ・モリス、ジュール・ジョールソン（フランス人ジャーナリスト）、リンゼー・パロット（『ニューヨーク・タイムズ』東京支局長）、ラッセル・ブライアンズ（ＡＰ東京支局長）、ヒュー・ディーン（テレプレス通信社東京特派員）、ウィリアム・コステロ（ＣＢＳ特派員）、ロベール・ギラン（東京滞在のフランス人記者）、ジョセフ・フロム（ユナイテッド・ステーツ・ニュース・アンド・ワールドリポート東京特派員）、Ｔ・ラムバート（ＡＰ特派員）、ノラ・ウォーン（『アトランティック・マンスリー』・サタデー・イブニング・ポスト』寄稿家）、ダリル・ベリガン（『ニューヨーク・ポスト』特派員、『サタデー・イブニング・ポスト』極東特派員)、ホレイス・ブリストル(『フォーチュン』東京支局長)、ジョン・ロデリック(AP特派員)ほか。

このほか、新華社、上海の『大公報』など、中国系の通信社・新聞社の記事の転載や、東京に滞在する中国系紙の通信員・支局員による寄稿も目につく。この時期の欧米寄稿者の幾篇かの記事を挙げておこう。

とりわけ頻出し別格扱いを受けているのがエドガー・スノーで、代表作『中国の赤い星』は、一九四六年に永美書房から、宇佐美誠次郎・杉本俊朗訳によって刊行された(原書は一九三七年)。スノーの雑誌記事の最初としては、改造社社長の山本実彦との対談「革命日本に寄す」(『改造』四六年二月号)があり、中国での取材活動、『中国の赤い星』など自著についての解説が語られるほか、当時の妻ニム・ウェールズについての業績が、日本で初めて紹介されている。そのほか、宮本百合子との対談(松岡洋子訳)が『中央公論』四六年三月号に掲載されている。

ヘッセル・ティルトマン「特別寄稿　新中国視察報告(前・後)」(『改造』一九四六年八・九月号)は、国共内戦下の上海に渡り、東北地方、南京を視察したもので、日本の降伏により完全に主権を回復した中国が、中国の内政問題に対する外国の干渉、とりわけアメリカのマーシャル元帥の和平ミッションによる調停をはねのけて内戦に突入した真相、国共間の諸矛盾、上海の狂乱インフレと不安定な生活のさまが報告されている。

マイルス・W・ヴォーン「中国の将来と日本」(『改造』一九四九年二月号)は、同年一月三〇日に江戸川沖で遭難死した彼の遺稿となったもので、その反共主義の立場から、中共の政権獲得が明確になりつつあった当時、西側連合国が日本の武力防衛から撤退すると「日本国民は必ず「赤色全体主義」による侵略にさらされることとなろう」と警戒する。とはいえ、国民政府の敗退は蔣介石の指導力や南京政府部内の腐敗という内因によるもので、すでにアメリカの信頼は失っているとしながらも、中共が主導する政権は、「そのあらゆる指導と教示とをモスクワに仰ぐこととなろう」と見る。

アンドリウ・ロス「(現地特稿)赤色中国の表情」(『改造』一九四九年七月号)は、中共治下の各地を取材した印象記で、農村土地改革の成功が都市住民の経済不安を解消し、中共が都市問題に着手する足がかりになりうるかどうかに注目している。

ピエール・ドゥブレ「(現地特稿) 中共軍入城——中国内戦の手記」(『改造』一九五〇年二月号) は、河南省信陽に滞在し、そこでの国共内戦から中共軍入城までの貴重な日録である。

パール・バック「中国の運命」(『思想の科学』一九四九年七月号) は、『国連世界』一九四八年一二月号より転載したもので、アメリカはいつまでも蒋介石国民政府への支援を続けることをやめ、中国国民の生活と自由と幸福の権利に奉仕するために全中国人に支援を与えよと呼びかけるものである。

これら欧米ジャーナリストの中国報道は、そのほとんどが西側記者のもので、報道姿勢にはさまざまなスタンスのものがあるが、総じて中共側に軸足を置き、中共側に寄った論調が強かった。いっぽう、中国人ジャーナリストの報道は多くが全国紙を持っていた国民党系の記者が多く、またソ連のジャーナリストや通信社系の記事は全くといっていいほど見当たらないことから、中共直系の報道やソ連から見た中国報道は乏しく、情報圏としては偏りがあった。

2 新たな中国情報源②——日本人の復員報告

欧米系ジャーナリストではない、自前の中国情報源として注目されるのは、中国滞在者の復員後の帰還報告と、敗戦後も中国政府に留用されたり、戦犯容疑などで残留を命じられた日本人の現地報告である。とりわけ大きな役割を果たしたのは、日本人反戦同盟出身の捕虜兵士が伝える解放区の実情である。一九四九年に統一政権を樹立する中国共産党が支配する地区にいてじかに軍や党の活動、指導者たちの言動に接していたことが、彼らの情報価値を高めた。

反戦同盟とは、日中戦争後に国民党および共産党支配区で捕虜になった日本人が結成したもので、重慶の国民党地区にいて政治部少将設計委員会委員として活動していた鹿地亘《かじわたる》グループと、漢口の日本租界で国民党の傘下で活動していた青山和夫こと黒田善治(一九〇七—?)[15]グループがあり、一九三九年に華北各地に成立し(本部は重慶にあり)、日本兵捕虜の優遇政策と反戦教育を実施した。反戦同盟の組織化と反戦宣伝活動にあたっては、蒋介石政権の日本側情報分析担当者で軍事委員会直属機関の国際問題研究所を主宰した王芃生が背後で関与していた[16]。

一九四〇年には、反戦同盟の幹部養成を目的に毛沢東が尽力し、コミンテルンからの派遣命令によってモスクワから共産党解放地区の延安に到着した野坂参三によって延安に日本労農学校（校長は林哲こと野坂、副校長は敵工部副部長李初梨、後に趙安博）が設立され、日本軍に対する宣伝活動員の養成がなされた。労農学校の建設費はソ連共産党の費用で賄われ、八路軍総政治部の指導・管理下にあった。反戦同盟のほか関連の組織に、一九三九年一一月、山西省麻田村で、杉本一夫（本名・前田光繁）、小林武夫、高木敏雄の日本人捕虜によって「めざまし」という名称で始まり華北各地に広がった日本兵士覚醒連盟があった。これら二つの組織は四二年に反戦同盟華北連合会として一本化され、四四年一月に日本人民解放連盟として発展的に改組された。解放連盟は単なる八路軍の援助者としてではなく、独立した日本人の組織として機能し、八路軍がそれをサポートするという関係であった。延安では彼ら日本軍の捕虜は四五年九月時点で二〇〇余名ほどおり、一一月に中国の東北地方に着き、多くは四六年に帰国したが、残って中国の軍や機関に留用された人も多かった。帰国後、日本共産党に入党した人も少なからずいた。(17)

とりわけ中国からの帰還者の報告として重用されたのは、野坂参三と鹿地亘で、いずれも捕虜としてではなく日共党員およびそのシンパとして、中国で日本軍に対する反戦宣伝活動、日本兵捕虜に対する教育活動を通して日本帰国後の革命勢力を育てる任務を帯びて延安と重慶を拠点に活動していた。両者はそれぞれ四六年一月と五月に帰国してから、論壇各誌に頻繁に登場している。両者の対談「中国の統一と東亜の命運（上・下）」（『改造』四六年六―七月号）がその嚆矢で、重慶と延安それぞれの現況について情報を交換したあと、国共合作は難しく内戦不可避の情勢であること、鹿地から国民党内の内部分裂についての懸念が表明され、民主的統一のためには中共主導による民主連合戦線を支持すべきだと双方が語り、日本での民主革命の達成のために救国民主戦線の結成、戦争犯罪の処罰についての構想、日中関係の将来にとって日本の経済・技術協力が必要であることなどが語られる。(18)

野坂参三は帰国直後に『民主的日本の建設』（桐生・暁書房、一九四六年）を出版した。その内容は、一九四五年四月に延安で開かれた中国共産党第七回全国大会で毛沢東主席の政治報告「連合政府論」と朱徳総司令の軍事報告に次いで、日本共産党を代表して岡野進の名でなされたと同書において自称するところの演説草稿である。(19)また同時期に

『亡命一六年』(時事通信社)を著わし、一章を立てて延安での生活の一端を明らかにした。

鹿地亘「平和村記」(『中央公論』四六年六―九月号)は、日中戦争開戦直後に湖南省常徳に設けられた国民政府軍政治部第二俘虜収容所への視察訪問記で、さまざまな日本人捕虜の来歴や境遇をスケッチし、彼らの心境を理解し、疑心暗鬼を解き、反戦思想に目覚めさせていくことの困難に満ちた試みが、ルポルタージュ文学風の文体で綴られている。同「中国からのおみやげ(上・下)」(『世界評論』四六年八・九月号)は、鹿地が重慶を離れて帰国する直前に国共を中心に政治協商会議が開かれていたことを踏まえ、民主連合政府樹立のための偉大な精神を他山の石として、日本に民主連合戦線の結成を呼びかけるものである。(20)

同じく日共党員の中西功(一九一〇―一九七三)は上海にあった東亜同文書院の出身で、「中国の青年達」(『評論』一九四六年一二月号)において、満洲事変・上海事変当時の上海で生活する、革命運動と抗日戦争を担う中国青年たちの行動を回想している。

こまつ・しちろう(小松七郎、一九〇六―八四)は、一九三五年に満鉄調査部員として渡満、四一年に関東軍憲兵隊によって反満抗日分子として検挙投獄、四五年八月二九日に解放され、日本民主連盟を組織して在満日本人民主化と引揚げに尽力し、自身も四七年一月末帰国し、日共に再入党した。「学ぶべき中国共産党の作風」(『前衛』一九四七年一七号)において、解放地区における中共の規律主義と整風運動の実態について報告している。

非日共系の中国滞留者の報告もわずかながら散見されるものの、(21)中国関連記事の日本人寄稿者は、戦後に入党した者も含め、その大半が日共関係者であったといってよい。とはいえ、中国に残留していた日共党員が引き揚げてからは、戦後の中共・日共間の直接の情報のやり取りはか細くなっていった。中華人民共和国成立当時、日本共産党中央委員会書記局にいた映画撮影監督の宮島義勇は、日中貿易の筋道をつけよとの志田重男、野坂参三、徳田球一らの助言に従い、中国共産党宛の党発行の信任状を受けて、一九五〇年五月から八月にかけて北京に潜行し、周恩来総理と会見した。当時、成立直後の中華人民共和国に日本から行っていたのは三月に密命を授けられて密出国を企てた安斎庫治《くらじ》(一九〇五―九三)だけで、宮島が二人目だった。宮島の訪中当時、安斎は中共側幹部にも会えずにいたという。宮島は周恩来と、分裂した日共の統一を図ることや武装闘争路線について討論し、その直後に訪中する徳田と野坂によって北京に「徳田機関」が作られる伏線となった[22]。

これら解放連盟系の中国帰りのコミュニストたちが伝える中国情報は、当然のことながら延安を中心とする中共根拠地発のものであって、中共や八路軍のプロパガンダ活動に相即する内容とねらいがあった。すなわち、中共が主導する抗日戦争と中国革命の正当性を主張し、帰国してからは日本に新民主主義革命を実現する前衛としての言論活動に従事するというものであった。

親中共系の筆者とは別に、技術者として中国に残留し留用を求められた日本人による、現地体験を踏まえた革命中国の現状そのものに対して疑義を提示した記事が、わずかだがある。戦争直後、中国全土には二万人を超える日本人技術者が残留していたとの中国側の記録がある。その多くは中国東北部（旧満洲）に集中し、また台湾は多くの日本人が残留し、中国本土内で最大の商業都市であった上海には最大の日本人技術者がいた。彼らはいずれも一九四七年末までに職務から解除されて引き揚げたが、共産党支配区ではかなり多数の日本人技術者が残留した[23]。

阿部良之助工学博士は石炭液化の世界的権威で、満鉄勤務の後、終戦で中国に招かれて山東省に趣《おもむ》き科学政策の最高顧問となり中国の学生たちに化学を教授し、四八年七月に帰国した。阿部は「中共に科学ありや――科学技術を現地に見る」（『文藝春秋』四九年八月号）において（発表当時は立命館大学教授）、何ごとも政治家万能で科学者・技術者を尊重せず、マルクス主義を高唱して自然科学の学習を軽視し、学生たちは化学の実験よりも多くの分析法を記憶することばかりを要求するありさまに、「中国共産党の人々が、余りにもその持する所の思想に、忠実なるが故に、中国の科学技術の進歩発展を、自縄し自縛して居る」と書いている。また、自分たち日本の科学技術者とその家族たちへの冷遇ぶりに残留邦人はみな失望を露わにしていると述べ、旧満州に日本が建設した工場が中共自身の手によって破壊されている実情を嘆き、こう結論づける。

「例え中共が、中国を統一しても、科学技術の発展性に関する限り、大した期待を持てないとすれば、借り物の生産が興り、ちぐなぐな部分的生産があるかも知れないが、真の意味の生産は、近い将来の中国には難しいと、断ぜざるを得ない」(24)。

3　論壇から退場する現地調査派

戦時中の日本人による中国研究は、なかには満鉄調査部の体制批判的な研究員、朝日新聞記者の尾崎秀実《ほつみ》、在野研究者の橘樸《たちばなしらき》や中江丑吉《うしきち》、在華マルキストの鈴江言一《げんいち》のように、正確で精緻な調査によって中国革命の意義を認め中国共産党の勝利を予感しえた人々による、優れた著作が残された数少ない例があった。彼らもまた、そのまま留用されたり戦犯とされたりして中国に残留したごく一部の者を除き、日本の敗戦により日中の正式の外交関係が途絶したため、中国大陸から引き揚げた。ではそれまで報道界で中国情報を流し、学術界や論壇で中国論を展開してきた中国研究者たちは、敗戦後どのように振る舞ったのだろうか。

まず日本軍に協力し、謀略的侵略的な言辞を弄してきた者は言うに及ばずだが、当時「支那通」と称された、中国に滞在しながら雑誌や新聞に旧態依然とした「支那文化」や「支那趣味」についての評論や随筆を発表してきた一群の作家・記者たちに対してもまた、その風当たりは強く、彼らが戦後の論壇に引きつづき登場した形跡は乏しい。日本撤退後の現実の中国の実態に肉薄し得ない、実効性が低い、といったネガティヴ・イメージが作用していたのであろう。また、戦後それらの研究は支配・侵略の道具として国策研究と同一視され、敗者の言説として、一緒くたに否定され忘却されてきたということもあるだろう。

彼らと違って、中国の現場に根ざして、各種各様の事情調査を通して社会科学的方法によって現状分析を行なう一群の地域研究型の研究者たちがいた。彼らもまた、台湾・香港・マカオなどの非中共支配圏の中華世界を除いて、戦後は中国でのフィールド調査がかなわなくなり、それまでの調査の中止と新たな調査の断念を迫られた。ただ、中国での調査の続行を断念せざるをえなくなったためか、戦後直後は、堰を切ったように戦前戦中の中国調査のストックをもとにしたモノグラフの刊行が相次いでいる。一九二〇年代から四〇年代にかけてのヘーゲル－マルクスのアジア的生産様式論、中国農村慣行調査の成果に基づく中国基層社会の共同体論、家族・宗族制度を踏まえての法社会論などがそれにあたり、フィールドワークを踏まえた、伝統中国の社会経済の基礎的問題についての、福武直、根岸佶《ただし》、柏祐賢《すけかた》、内田智雄、村松祐次、清水盛光らをはじめとする次のような諸研究である。

東京帝大文学部社会学科を卒業した福武直は、興亜院や大東亜省の事務嘱託として六度中国に調査出張し、中国の華北・華中および福建・広東の農村や家族を社会学的に調査し、『中国農村社会の構造』(京都・大雅堂、一九四六年)、『中国村落の社会生活』(弘文堂書店、一九四七年)をまとめた。

京都帝大人文科学研究所の島恭彦は、一九四四年春から二年間かけて四川省の塩業技術を中心に奥地社会を調査し、『中国奥地社会の技術と労働』(京都・高桐書院、一九四六年)をまとめた。

東京商大出身で一九〇一—〇七年に東亜同文書院教授を務め、一九〇八年に「支那経済全書」をまとめた根岸佶(一八七四—一九七一)は、中国社会の伝統的徳治主義の原理を求めて在地の名望家に焦点をあて、『中国社会に於ける指導層——中国耆老紳士の研究』(平和書房、一九四七年)をまとめた。

他にこの時期の地域研究派の業績として、その著作物のみを列挙しておく。

・柏祐賢(一九〇七—二〇〇七、京都帝大農学部出身、中国農村を調査)『経済秩序個性論——中国経済の研究 一・二』(人文書林、一九四七・四八年)

・内田智雄(華北農村刊行調査に参加、満鉄調査部嘱託、中国で二七年間を過ごす)『中国農村の家族と信仰』(弘文堂書房、一九四八年)

・渡辺長雄(一九一七—、日本銀行行員として長年中国に生活)『新中国通貨論——幣制とインフレーションの発展』(世界経済調査会、一九四八年)、同『中国資本主義と戦後経済——国共経済体制の比較研究』(東洋経済新報社、一九五〇年)

・遊部久蔵(満鉄上海事務所が企画した無錫の工場調査を実施)『中国労働者階級の状態』(好学社、一九四八年)

・村松祐次(一九一一—七四、東京商大出身)『中国経済の社会態制』(東洋経済新報社、一九四九年)

・上坂酉三(早大出身、華北の交易・運輸、満洲の糧穀交易を調査)『中国交易機構の研究』(早稲田大学出版部、一九

四九年）

・清水盛光（満鉄調査部）『中国族産制度攷』（岩波書店、一九四九年）

・戸田義郎（東亜同文書院大学教授として経営学講座担当）『中国工業労働論』（巌南堂書店、一九五〇年）

・橘樸（一八八一―一九四五、大連や天津の邦字紙に勤め、満鉄嘱託、満洲協和会理事などを歴任）『中国革命史論』（日本評論社、一九五〇年）など。

総合雑誌における地域研究派の議論はどうであったか。飯塚浩二「東洋的社会と人間類型――東洋的社会の『停滞性』について」（『世界評論』四七年八月号）は、人文地理学者ヴィダル・ラ・ブラーシュの非ヨーロッパの同族結合を基礎とする郷土的村落的世界像、内藤湖南『新支那論』の郷団自治に由来する中国社会の生態学的停滞、マックス・ウェーバーの共同体成員の社会的結合にみる中国社会における近代市民社会や商品経済原理との乖離について検討を加え、それら「停滞性」には、中国社会の内在論理からすればそれなりの必然性と合理性があることをひとまずは認める。さりながら、その伝統的社会構造や生活原理に他律的・強制的に対決を迫ったのが近代ヨーロッパの東洋の侵入に伴う資本主義的・近代市民社会的生活原理であったことに着目し、それでもなおも存続した中国社会の停滞性を、遅れたものとみなしてはならないとする。また、飯塚「中国の秘密結社――アジア社会の一断面」（『世界評論』四七年一一月号）は、四五年三月に包頭を訪れた際の、在地の哥老会本部に対する参与観察のルポである。そこは日本軍の支配地区であるにもかかわらず、地下組織の秘密結社には独自の財政的地盤と親分―子分結合に基づく社会的機能が息づいており、日本の宗教結社やヤクザのような私的結社よりもはるかに強固で自律的であるとしながらも、抜きがたい徒党意識、排他性と派閥性は民主主義の健全な発達にとっての阻害要因となることに注意を喚起する。

戒能通孝「『中国農村社会の構造』の反措定性」（『季刊　中国研究』一号、四七年七月）は、福武直『中国農村社会の構造』（前出）に対する書評記事で、期せずして戦争が中国社会に対する福武の学問的関心を喚起したとし、中国村落の社会学的記述を通して、従来の儒教的に粉飾された東洋的社会についての超歴史的秩序論の措定性を打破する社会科学的な試みであると福武を評価する。ただ、そのための方法論として従来の西ヨーロッパ社会史理解のための尺度に代わる公式を見出すにはいたっていないとし、こう述べる。

「それでは中国やその他未知の地帯を理解する公式は、いかにして発見することできるのだろうか。我々はまだその公式自体を了解するにいたつていない。しかしこの公式発見へのいとぐちは、我々自身が中国の革命だけでなく、封建的性格のみならず前封建的諸性格、いいかえれば多分に東洋的な性格をもつた日本の革命に参加することにあるのではなかろうか。我々はみずから真剣に市民的なるものを自己にもちきたそうと力めた場合、市民的なるものに対する反対物として、前市民的なものだけでなく、外市民的、非市民的なるものをも意識する。この意識こそ、すなわち中国社会学における「反措定」であり、したがつてその反措定と称するものは、隠遁的な書斎生活からというよりも、積極的な市民活動から現れてくるだろう。」

以後、福武・戒能両者はそれぞれ農村社会学と法社会学の立場から、福武直「中国農村社会における社会人類学的方法」（『季刊　中国研究』三号、一九四八年三月）、戒能通孝「東洋的社会における法と家族」（『世界文化』四八年七月号）と論争を継続させていった。

尾崎庄太郎「中国社会史論争の回顧と展望」（『新中国』一九四七年八月号）、旗田巍《たかし》「中国における専制主義と「村落共同体理論」」（『季刊　中国研究』第一二号、五〇年九月）は、中国側における中国社会経済の歴史的特質ならびに発展段階、階級分析、中国革命の基本的性格、封建制、アジア的生産様式、東洋的専制主義などをめぐる諸論争を手際よく紹介している。

これら既成の中国事情調査や地域研究者たちによる学問史的省察の根底には、日中戦争を惹起し日本敗戦を招来したのは、現実の中国を見誤っていたからではないか、中国の変化を認識する方法を見出していなかったからではないか、中国の変革主体を正しく見極めていなかったのではないか、などの自己反省があった。

これらの事情調査や地域研究に対しては、日共系の親中共マルキストによって、アジア的生産様式論に与するもので、そのアジア的停滞論は克服されねばならない、との批判が加えられた。

中西功「中国内戦の歴史的背景」（『人民評論』一九四六年二月号）は、日本の中国問題についての研究者が正しい認識を得られなかった要因は、「中国民族の民族解放と統一に対する切なる願望が看却され、この民族的願望の上に立つて、終始中国の団結と統一の為に尽瘁して来た中国共産党の統一戦線政策がいつも本当には理解されず、中共の一切の行動が常に、国民党反対のための反対行動である如く見られてゐた点にある」とする。

青山和夫「戦時中の対日研究の一端」（『潮流』一九四六年七月号）は日中戦争中、日本の対連合国研究は空白に等しかったが、中国側は精力的組織的系統的に対日研究をしていたとして、その実例を紹介する。同（青山和夫名による）「中国研究の今後」（『時論』四六年一〇月号）は、清算すべき従来の中国研究として軍部直系の謀略的支那論と社会科学的擬装をとったアジア的生産論があるとし、今後は日本改革の担い手による新しい科学的中国研究が求められるとする。

藤原定《さだむ》「中国研究の課題性と大衆の思想」（『季刊　中国研究』一号、四七年七月）は、世界史的発展法則を探る上で、東洋的共同体論は試練に立たされていること、中国思想研究は支配階級の思想であって、民衆の思想を伝えるものではないとした上で、中国革命において階級対立と共同体の自壊作用を目の当たりに見るとき、これからの中国研究は変化の運動法則と大衆輿論を正確に捉えることを課題として突きつけられていると示唆した。

野原四郎（一九〇三―八一、東京帝国大学東洋史学科出身。戦中は回教圏研究所、戦後は中国研究所に所属、専修大学教授を務めた）「東洋史の新しい立場」（『中国評論』創刊号、四六年六月）は、従来のアジア的停滞論を克服し、「近代へ躍進しつつある中国民族の力量を検討評価すべき」であるとして、こう言う。

「徒に中世の「無駄な政治面の運動」を、「治乱興亡」を冗長に取り扱ひ、「昔から支那は動乱の国」と思はせたことが、いつまでも中国を動乱状態に置かうとして旧日本の政策を援助したものなることを知り、さういふ動乱には拘りなく幾世紀となく、持続しきたつた中国の農村における共同精神やその他の長き伝統、これと誕生しつつある中国の民主主義との関係、かういふ点を究明して行くことこそ、重要課題の一つであらう。」

マルキストではない研究者からの学問的反省はあまり目につかないが、一例として、竪山利忠（一九〇三年、佐野・鍋山の転向声明に共鳴し、外務省嘱託として中国に渡る。五六年拓殖大学教授）「中国認識への一提言——蘆溝橋来一〇年に寄せて」（『新時代』一九四六年九月号）は、これまで日本人は「隣邦大民族を理解親愛する人間的心構へ」に欠けていたとし、半植民地とか新民主主義とかいう言葉ではなく新しいヒューマニズムに徹すべきだとして、中国にとって現今の最高任務としての国家統一の行く末を見据えようとする。また歴史学者のつださうきち（津田左右吉）「シナ文化研究の態度」（『新中国』創刊号、一九四六年三月）は、ことさら中国に対しては江戸時代の知識人のように「シナ」の文物に特殊な親しみをもち、侮蔑するにせよ尊重するにせよ、過大評価をしがちであることを戒める。つだはまた「シナ史といふもの」（『歴史学研究』一九四六年六月、復刊第一号）において一つの民族と国家観念をもたず、したがって世界史の観念のない「シナ人」の特質を知らねばならないとしている。

この後しばらく、総合雑誌での記事分析の歴年推移をたどる限り、地域研究派の現代中国論は論壇のメインストリームにはあまり現われてこない。中国の基層社会それ自体の変化は、革命の激動のなかにあっても緩慢な速度でしか進行しないものではあるのだが、中共の進める土地革命について詳細で正確な統計資料が得られないのと、その実態を直接見聞する条件がなくなってしまったことで、戦前戦中の調査研究が戦後の中国社会の現状を把握する際の有効性と汎用性を持ちうるかどうかの検証ができなくなったからであろう。

彼ら地域研究派が再び論壇で同時代中国を論じるのは、一九五八年のアジア経済研究所の設立と一九六二年のアジア・フォード財団問題を契機として、当時のアメリカの地域研究への一辺倒に対する不信感と反省が募っていったため、戦時中の日本の中国地域研究の資産が見直される時を俟たねばならなかった。

4　マルキストに批判されるシノロジスト

敗戦後、日本の現地調査派の研究者が中国から撤退した後、現代中国を研究し教育する機関や大学での講座は敗戦直後は皆無となって、研究の空白が生じた(25)。そのなかで、一九四六年の雑誌創刊ラッシュのさなか、論壇での中国論者の寄稿数において圧倒的優位を保持したのは、同年一月に設立された独立の民間研究所（四七年四月に社団法人化）である中国研究所の所員たちであった。

中国研究所（以後「中研」と略称）は、戦時中のアジア調査・研究機関であった満鉄調査部や東亜研究所が閉鎖されるにともない、戦後間もなくそれらの出身者に東大新人会出身者、プロレタリア科学研究所支那問題研究会メンバー、プロレタリア文学運動など、戦前に社会運動や共産主義運動に参加し、戦後は日本共産党（以後「日共」と略称）のシンパになっていったメンバーが集まって結成された。したがって、おのずとそこには社会主義に同調的な日共系という党派的思考が色濃く反映されている。[26] 世話人は平野義太郎、石浜知行《ともゆき》、伊藤武雄、堀江邑一《むらいち》、具島兼三郎《ぐしまかねさぶろう》で、初代所長は元東亜研究所嘱託の平野義太郎である。設立時からの理事であり、研究所での調査研究・執筆活動に中心的な役割を果たした岩村三千夫は、研究所発足の目的についてこう述べている。

「これまでの、わが中国研究の多くは、いかにして中国を侵略し、その資源を独占しやうかといふ調査と「理論」とのおしつけであつた。しかし、日本が民主主義国として更生するためには、こんどこそ、中国に対する真に科学的な研究をしなければならないし、またそれが可能になつたのである。われわれは、中国を正しく知ると同時に、偉大なる中国の民衆運動から大いにその教訓を学ばなければならないと考へる。中国研究所はかうした目的の下に、新しき科学的立場からする中国研究の共同研究機関として発足した。[27]」

中研は設立直後の一九四六年六月から『中国評論』を創刊し、『季刊　中国研究』『中国研究所所報』などの諸雑誌のほかに、四九年一〇月中華人民共和国建国と同時に、月刊の『中国研究月報』（創刊時は『中国資料月報』であったが、六〇年四月の一四六号よりタイトル変更）を創刊した。中研所員は専任とは限らず、本職との兼務も認められたが、豊富なスタッフと組織力が背景にあったことは、創立間もない一九五〇年に浩瀚な『現代中国辞典』（現代中国辞典刊行会）や『新中国年報　第一　一九四九年度版』（月曜書房）を中研独自の編集で刊行していることからもうかがえる。また、本章で扱う一九四五―五〇年の中国関連記事総数二八四本のうち、外国人記者の場合と同様に、中研所員による記事寄稿者を掲載本数順に見てみると、中研主力所員として岩村三千夫・一五本、鹿地亘・一五本、平野義太郎・一〇本、中西功・九本、尾崎庄太郎・五本、具島兼三郎・四本、石浜知行・三本、その他の所員三四本という総計九五本の寄稿本数を数えており、ほぼ三本に一本は中研所員が占めていることから、論壇への影響力の大きさが容易に看取される（表1-2）。

一五誌のうち、戦後初めて中国関係の特集を組んだのは『潮流』四九年三月号の「特集　中国革命の発展――新中国に何を学ぶか」であり、当時日共中央委員で衆議院議員の野坂参三を除いて、寄稿者のすべてが中研所員であった。

そのうち、野坂参三・平野義太郎「（対談）中国革命の世界史的意義」は、中国にとっての中日戦争の勝利は、侵略した帝国主義が民族独立運動に敗れたということであり、中国の内戦は軍閥間の内戦ではなく人民による革命戦争であり、国民党と共産党はそれぞれ代表する階級が違うとし、中共側の対内外政策を解説する。岩村三千夫「連合政権の基本的性格」は、毛沢東「新民主主義論」「連合政府論」を踏まえて中共の階級的基礎と国民党と連合しうる条件を解説し、中共の内戦勝利と中共が主導する国家の樹立を確信する。[28] 他に尾崎庄太郎「民族産業発展の社会的基礎」、中西功「農地改革と農業生産力の発展」、芝寛「民族解放の推進力」が併載されている。

マルクス主義的社会科学から同時代中国の調査研究を手がける中研所員のいっぽうで、中国論を展開する論者として「漢学」「支那学」「東洋学」「中国学」といった専門学理の研究手法に従って主に文献学的学術研究を行なうシノロジスト（中国学者）たちがいた。敗戦後は、国交はなくとも中国学の関連学科は存続していたため、戦前と戦後で表面上は断絶がないかのように見える。だが現実には、戦前までの伝統的な中国観や中国学の知見やそのための方法論が、果たして国共内戦時の統一政権樹立への帰趨を見きわめる視座を提示しうるかどうかの試練に立たされた。彼らシノロジストたちはそれまでの伝統中国観の見直しを余儀なくされ、中華人民共和国を成立せしめるにいたった中国革命の歴史的意義をめぐって、新中国は伝統中国との連続性でとらえられるのか、非連続的だとするといかなる中国観の枠組みを設定すればいいのかという、学問的課題への応答を迫られたのである。

シノロジストたちによって従来の漢学的な中国学への反省を踏まえて組まれた特集が、『世界』四九年八月号の「特集　中国の現状をどうみるか――シナ学者のこたえ」[29]で、仁井田陞《のぼる》「中国近代革命の歴史的課題」、吉川幸次郎「中国の都市と農村」、平岡武夫「天下的世界観は動かない」、松本善海《よしみ》「中国の苦悶と中国研究者の苦悶」、貝塚茂樹

「現代の革命と学者の革命」などの諸論稿がある。新中国成立を目前にした中国革命の歴史的意義について、シノロジーの重鎮たちが、中国の変革に瞠目し、自らの研究の視角を問い直し、新たな枠組みの構築を訴えている。彼らいわば主に伝統中国を研究対象としてきたシノロジストたちにとって（仁井田は現地調査を踏まえた中国法制史研究者だが）、共産中国という新たな政権が確立したことのインパクトがいかに大きかったかがうかがえる。

殊に松本善海「中国の苦悶と中国研究者の苦悶」は、これまでシノロジストと地域研究者が相互の連絡もなく並存して中国を研究してきた不幸を指摘し、学術界の描く中国像と報道界の描く中国像との断絶を示唆し、「過去の中国に対する尊敬と現在の中国に対する侮蔑とが、密かに同居している」現実を踏まえ、次のように主張しているのが目を引く。

「殊にわれわれのばあいには、厳として存在するカーテンの外に一歩踏み出す勇気を必要とする。しかもひとたびその外に踏み出したとなれば、古い中国の研究によって築き上げられたわれわれの学問の全体系が……正しいか否かを決めてくれるものは、……動きつつある中国の現実のみである。従ってもしもその現実がわれわれを裏切るに至ったばあいには、われわれは潔くわれわれの歴史を書き改めるのほかはない。（中略）人人が中国の苦悶はまた日本の苦悶であることを知らず、さらにまたその苦悶よりの脱出のために、ともかくも中国が自信を持って新しく途を歩み始めていることを知らない、いや知らされていないが故に生じた無関心のせいだとすれば、責められるべきは、ひとり報道機関の怠慢のみではなかろう。まず中国研究者自身の反省こそ先決問題である。」

眼前に起こりつつある中国の大きな変動に直面して、一中国学者がこれまで蓄積してきた学術のものさしに安易に依拠するだけでは中国革命の意義を深く理解できないとしている。こういった従来の漢学的な中国学への反省は、同じ号の平岡武夫「天下的世界観は動かない」に見られる論調と極めて対照的に映る。いっぽうで吉川幸次郎は、漢学的な中国学者と現代中国研究者とが乖離している中国研究の現状を批判し、伝統中国と現代中国を一貫して研究することをかねてから提唱してきたが、この特集号には「中国の都市と農村」という論文を寄稿し、以後、『世界』の常連執筆者として味わい深いエッセイを継続的に発表していく。また、古代史学者の貝塚茂樹は「中共の革命の持つ、真の新しさ」に目覚め、この特集への寄稿の後、『世界』に『毛沢東伝』の長期連載をし、『毛沢東伝』は一九五六年に岩波新書として刊行される。

なお松本善海は「中国半世紀の苦闘」(『世界』五〇年五月)においても、日中の近代化コースを対照させながら、日本での変革が明治維新というごく短期間になされたのに対し、中国の近代化がこれほど長く引き延ばされているのは、封建主義、半植民地、帝国主義という長い道程を経て新民主主義という革命の道が生み出され自己解放を遂げたためであるとし、こう結ぶ。

「ふり返つて、日清戦争、二一カ条要求、日華事変と、この半世紀余りの間に発生した、中国の大きな転換点には、必ず日本の侵略行為が伴われていることを、私たちはしつかと胸にとどめておくべきである。」

しかしながら、彼ら中国学者たちの呼びかけに対して目立った反応は、彼らの主張に対する共感ではなく、彼らの「支那学」的臭いへの反発であった。竹内好は、この特集を読んで、その直後に「中華人民共和国を解剖する」(『思索』四九年一二月号、後に竹内好『現代中国論』河出書房、一九五一年に収録)でこう反論している。

「京都派の古い「支那学」者たちは、自分たちの古い中国観をタテにして、この革命も易姓革命の変種にすぎないなどと夢みたいなことをいっている(『世界』一九四九年八月号)。私は、日本共産党が手放しで喜ぶのもヘンだと思うが、それよりも、国民がこの歴史的事件に目を開こうとするのを側から手をかぶせて見せまいとする古い「支那学」者たちのやり方にはいっそう我慢がならない。隣国の赤化はわが国体を危うくすると叫んで侵略に出かけていった軍閥がいなくなり、そのためその尻馬に乗った「漢学」者どもが鳴りをひそめたのは、結構なことであるが、その反動として現実拒否派の「支那学」者がのさばったのでは、国民は別の意味でやはり助からない。」

一九三五年に当時少壮の中国文学研究者によって結成された中国文学研究会の活動において、当時の漢学者や支那学者を一貫して嫌ってきた竹内ならではの評語ではあろう(30)。

中国研究所からも『世界』特集に批判の矢が放たれた。「特集　新中国をどう見るか――中国研究の三つの批判を通じ」(『季刊　中国研究』一〇号、四九年一一月)のうち、巻頭の岩村三千夫「中国の現状を理解する鍵――「世界」

に現れたシナ学的見解の批判」がそれにあたる。岩村は、『世界』に寄稿した中国の停滞性にばかり着目する「シナ学者」にはいま起こっている「中国封建社会の根底を掘りくずす革命」も毛沢東の主導する新民主主義革命理論も理解できないとし、「中国の現状がすでにかかるシノロジーの破産を示しているとすれば、一切のシナ学的偏向の克服のうえにたつてはじめて、現代中国の研究と中国史の研究の課題とが正しく結ばれることになる。これは、新中国の偉大な生誕を眼前にしているわが中国研究者の共通な課題でなければならない」と結論づける。

ただしシノロジストたちの新中国論を批判した竹内好は中研の活動に同調していたわけではない。竹内は中研所長の平野義太郎について、戦争末期の四五年六月に刊行された『大アジア主義の歴史的基礎』にみる「国策便乗」と学問の「荒廃」、戦後の幾度かの転向を経て「中共側の代弁者」になったその姿勢に対して批判を加えており[31]、そのため中研のメンバーに加わらなかったことを後に明らかにしている[32]。同時に竹内は日本共産党に対しても批判的で、「日本共産党に与ふ」(『展望』一九五〇年四月号)でコミンフォルムの日共批判に全面降伏した日共に対して、その権威主義・官僚主義的なやり方が「日本文化のドレイ構造」を安穏にしているとし、「人民への分派行動——最近の日共の動きについて」(『朝日評論』一九五〇年六月号)で、中共は民衆の自由の拡大につながる思想のモラルが備わっているのに比して、日共は架空の絶対的権威に接近しようとする優等生根性が、人民の革命的主体性を阻害する分派行動をもたらしているとする。

親日本共産党系現代中国論者による中共支持の言説に対しては、反共主義的現代中国論者たちからの反論・批判が予想されるところだが、当時発行されていた雑誌媒体の論調の思想的傾向から寄稿依頼が少なかったためか、目立ったものはほとんどない。

強いて反共主義者による反中共的論者を挙げると、そのキーパーソンは、獄中で一九三三年、佐野学と共同で転向声明書「共同被告諸君に告ぐ」を発表し、共産党から除名された鍋山貞親(一九〇一—七九)であろう。鍋山は四四年二月、北支那開発副総裁の斡旋で中国旅行をし、翌年二月、妻とともに北京の東単にあった朝日新聞社北京支局の建物構内に転居し、敗戦を迎えると、そこで民主策進研究会という研究グループをつくり毎週研究例会を催すことになった。敗戦後数日を経て、中共の辺区政府から幹部が来訪し、軍需物資の引渡しを求められたが、降伏の対象は国際法上中共ではなく国民政府にあるとして拒んだ。そして北支開発の接収にさいして、国民政府軍事委員会と接渉する任にあたったあと、四六年八月、帰国した。帰国後は世界民主研究所を設立して代表理事となり、右翼社会民主主義者とともに反共活動に入った。

その民主策進研究会のメンバーの一人に中国研究家の草野文男（一九一五―九六）がいた。草野は法政大学、中央大学中退の後、一九三五年北京に留学、帰国後は東亜経済調査局員・参謀本部嘱託、外務省情報部・調査部・調査局を経て、三九年に外務省嘱託として北京に赴き、現地で中国革命史を調査研究した。戦後は世界民主研究所の事務局長を務め、五五年、拓殖大学に赴任した。特に辺区の共産党の動向を注視し、『支那辺区の研究』（国民社、一九四四年）では、中共の主要人物、路線、国共合作の動向などを正確に捉えている。華北に調査旅行を行なって資料収集をし、一年半かけて一千枚を超える原稿をまとめたものの、引揚げの際持ち帰ることができず、記憶を頼りに敗戦直後、『新中国の片貌』（明倫閣、一九四七年）、『国共論』（世界思潮社、一九四七年）、『中国戦後の動態』（教育出版、一九四七年）などをたてつづけに刊行している。『中国戦後の動態』では日本の中国侵略について、軍国主義、独善的思い上がり、日本人の対中認識の低さなどを自省し、終戦当時の蔣介石の日本に対する寛大政策に感銘を受けながらも、国民党の軍人官僚の腐敗堕落ぶりへの失望を表明し、とはいえ中共側には余りに理論的で厳格な民主主義の限界も見られ、結局国共の武力抗争へと進展していくだろうと予想する。(33)

ただいずれにせよ、雑誌論壇においては、鍋山や草野などをはじめとする反共主義者の中国論は乏しい。また、彼らが反共主義だからといって国民政府を支持するわけではなく、ましてや反中国的言説はそこには見られなかった。

論壇での記事の寄稿量や論調の明晰さなどから判断する限り、シノロジストたちはおおむね革命中国の激動の前に逡巡し、それまでの尺度であった伝統的中国観に対する自省なくしては同時代中国を論じる資格は得られないような状況下に置かれた。親日本共産党系現代中国論者たちは、毛沢東の著述を踏まえ、中共の革命路線を評価するという立場に立った上で、シノロジストたちの現代中国論は中国社会の停滞性を強調する伝統的中国観を捨てきれていないとして自己反省を迫った。かくして現地調査派もシノロジストたちも論壇の主流を占めることはなく、結局は日共系の親中共現代中国研究者たちが、無人の荒野を行くが如く、戦後ひとしきり中国論を席捲する勢いを見せたのであった。

三　敗戦——敗戦責任・加害責任・敗戦処理をめぐって

1　中国「惨勝」・日本「惨敗」の要因

敗戦直後に叢生した総合雑誌に共通する創復刊の精神に照らせば、何よりも自問せねばならなかった課題とは、戦争の敗因はどこにあり、戦争の責任とは何を意味するか、戦争で蒙った被害と与えた加害をいかに処理するかということであった[34]。日中戦争に限っていうならば、日本人の多くは、アメリカないしはアメリカを主軸とする連合国に敗れたのであって、中国に敗戦し主戦場の一つであった中国から撤退したという実感は稀薄であった。そのため、中国関連記事を見る限りは、日中戦争の敗因について論じたものはさほど多くはない。とはいえ、わずかな記事においてもしっかりと問いを立てているものは見受けられるし、それらの記事を通して、敗戦後にしてようやく、日本の論壇の視界に旧敵の相貌が鮮明に映ってきたとの印象がある。だがその旧敵は、戦中に流された侮蔑に満ちた言説やイメージとは裏腹に、したたかな戦略を蔵していることが次第に明らかになってきた。しかもそこには道義性があり、決して敵に回すべきではない、むしろ友邦として遇すべき存在であったことに気づかされたのである。

白石潔「中国と中国人」(『革新』一九四六年四月号)では、日本人が日中戦争において昔ながらの「支那人」という浅薄な意識しか持ち合わせず、民族意識と抗日意識の高まりを完全に見誤っていたとして、こう述べる。

「私たちは卒直に私たちの心臓を摑み出してみなければならない。戦ひは終つた。私たちはポツダム宣言を守るべく誓約した。私たちは負けたのである。しかし中国に対しては実際はあれほど勝つてゐたんだといふ意識が未だに何処かに残つてゐないだらうか。このことは終戦後余り触れてなく、言論、記事にも殆ど現はれてゐない。なぜ現はれないか。巨大な危険性は、いまだに日本国民の腹の中にかくされてゐるのではないだらうか。もしも日本を再び滅ぼすものありとすれば、これである。地図の上では中国は負けてゐた。中国は聯合国と一緒に勝つた。けれど本当に日本は中国に勝つてゐたであらうか。日本は結局は中国にさへも勝つてゐなかつたのである。浴血八年、四川の奥地まで追ひつめられ、逆境の真只中にありながら如何に中国の人々は勇気と、優れた見透しと、絶ゆることのない修養に民族革命を遂行しつつあつたか。中国がもし抗戦半ばで崩れたとしたら第二次世界大戦のもつたドラマはその筋書きに相当の変化をみせたであらうと思ふのは私ばかりではあるまい。中国は二度勝つた。一つは抗戦に於て、もう一つは終戦後に於てである。私たちは国民政府が今こそ暴をもつて、限りなく日本を苦しめるだらうと思つてゐた。しかし彼等は寛大であつた。では私たちは彼等に感謝するだけでよいであらうか。さうではない。彼等には日本といふことより以上の大きな大きな仕事があるのだ。道義の高さの、くらべつこをして喜んでゐるより、中国自身の民族革命を高く飛躍させようといふ悠久な大仕事に懸命なのだ。このことを知ることにより私たちは二度負けたと思ふのである。」

白石は日本と中国を不幸に追い込んだ要因として、日本軍閥はもちろんのこと、「一連の支那学者、所謂「支那通」」が、「「標語的」日支親善」の欺瞞的な幻想をふりまいたことを挙げる。

実藤恵秀《さねとうけいしゅう》は、第二早稲田高等学院講師の当時、外務省文化事業部の在支特別研究員として訪中し、一年間、戦争の最中の中国各地を回り、中国人の日本留学についてのそれまでの研究の継続として、中国各大学の図書館から留学史に関連する雑誌や書籍約四〇〇〇冊を収集して戦時中に持ち帰り、日比谷図書館に収蔵した。実藤は戦後まとめた留学史の研究書のなかで、帰国後書いた日中文化関係の三冊の単行本のなかに「すっかりふつうの日本人（侵略的日本人）に　なりきった　ものの　いいかたが　たくさん　みられます」として、当時の自身の不純な中国観を詫びる文章を綴っている。[35] 自身の不純な中国観の一例として、「思想を頭に、経済を腹に、軍備を手に、交通を足にたとふれば、中国といふ個体は頭と手のみ大きく腹が最も細く足も細くて独り立ちできない畸形児の感じがする」との一文を挙げている。敗戦直後に創刊した同人誌『新中国』の創刊号（四六年三月）で実藤は、「中国知識人に送る」を書き、日本の敗因と中国の勝因について、戦中末期に書いた先の自身の文章を顚倒させる形でこう綴っている。

「日本では、軍が政治を、知識人を支配してまけたのであるが、中国知識階級の君たちは、政治を、軍を指導して、つひに勝つたのである。日本では、手足が頭を支配したが、中国では頭が手足を指導するといふ、当然のゆきかたで勝つたのであつた。／君たち中国の知識階級が、政治を、軍事を指導したのに、わたしたちの追求した文化がなぜ政治力、軍事力に先行されて、圧迫せしめられたか、といふ点に考への基礎をおいて反省したいのである。」

そこで実藤は、日本の対中認識を誤らせた要因として、白石潔の場合と同様、中国の表面をなぞったり暗黒面だけを印象づけようとした「「支那通」の部分的変態中国観」と、「漢文」と「支那語」を分けて前者を官学として後者を低級なものとして扱ってきた「「漢学者」の部分的偏古的中国観」を挙げている。

戦時中中国にいた文学者の奥野信太郎は、「中国の魂――現代中国人の思想と生活」（『朝日評論』一九四七年一月号）において、日本軍の経済統制に抗して、中国の中世的社会に彩られたギルドが統制の裏をかくために社会的組織体に向かって必死の抵抗を尽くしたこと、現実の中国はインテリに代表される新しい諸種のすがただけでなく、民衆の大部分を占めているこの古い中国の生活感情に囲まれているのであって、そのことを閑却していた上に日本全体の国策のゆがみが重なり、「日本の拙謀がかくまでも最劣悪な結果をのこした」のだとする。奥野は言う。

「中国人は、耐へる、生きるを同意語に近づけるためには、一旦絶望の深淵に臨んで、そこから自力でよろめき匍ひあがるだけの大努力をした。偉大なる芸術がしばしば絶望から生誕するやうに、かうして得た人生観にはすばらしい人間性の欣求がある。われわれはこの点、中国人には頭が上らない。われわれは敗けたのである。」

日本軍はなぜ圧倒的に軍事的劣勢にある中国に敗れたのか。奥野が中国の変わらない部分に現われた庶民の強靭さに日本の敗因を求めるのに対して、鹿地亘「戦略から見た中日戦争」（『季刊　中国研究』五号、四八年九月）は、「中日戦争は、日本から見れば、帝国主義的侵略戦争であるが、中国から見れば革命的民族解放戦争である」とこの戦争を定義した上で、中国の戦争と政治の指導者の戦略の正しさに日本の敗因を見る。そして、その戦略を代表するものとして三八年五月の毛沢東「持久戦論」に沿って、日中戦争の戦局の段階をたどり、人民戦争の戦略戦術の正しさを検証してみせる。

これらの記事は、中国人民に癒しがたい惨禍と犠牲を強いた、加害者の側からみた敗因論であるが、戦争被害者の側から、戦争指導者に対してその敗戦責任をつきつけた一群の日本人たちがすでにこの時期の論壇に見られた。それは、開拓戦士として満洲に送られ、関東軍が崩壊し官吏が遁走したあとで、孤立無援のなか、難民として徒手空拳で悲惨な運命と格闘しなければならなかった元開拓民たちである。敗戦当時、満洲開拓団関係者は二七万人おり、死亡者は約七万二〇〇〇人、未帰国者は約一万一〇〇〇人(うち、死亡推定数は六五〇〇人)を数えたとされる。[36]

「満洲開拓団顚末記」(『雄鶏通信』一九四九年五月、四三号)の特集は、本章でたどった雑誌を見る限り、戦後最も早い時点で公刊された、満蒙開拓団の苦難に満ちた離散の記録である。鎌原慎一「来民開拓団の終焉」は、熊本県開拓団来民町出身の二七二名団員が現地住民の襲撃に遭いながら死闘を強いられたことについて、かれら住民を圧迫し、土壇場ですべての責任を回避して引き揚げた日本人官吏の無責任を激しく糾弾する。川浪元「大青森郷開拓団遭難記」は生存率半分以下という開拓団の引揚げの敗走の記録である。石原努「(応募入選作品)曠野の涯」は、ルポルタージュ文学の体裁で、暴徒による掠奪や襲撃に耐えながら酷寒の北満の地を彷徨う苦難を活写する。

2　中国に対する恩義と贖罪

では論壇では日本の侵華戦争の加害責任をどう痛感し、どう日本の世論に訴えていたのだろうか。贖罪の意識化の最初の契機は、先述した白石潔の引用文からも窺えるように、一九四五年八月一五日の蒋介石「対日抗戦勝利に際し全国軍民及び世界の人士に告ぐ」というラジオ放送演説であった。とりわけ「われわれが一貫してさけんできたことは、ただ日本の好戦的軍閥を敵とし、日本の人民を敵とはみとめなかつたことである。……われわれはけつして報復を企図するものではない。また敵国の無辜の人民にたいしては、なほさう汚辱をくはへんとするものではない。……もしも暴行を以て従前の暴行に報い、汚濁を以て従前のあやまれる優越感に答へるならば、冤と冤は相報じとこしへにとどまるところはない。これは決してわれわれ仁義の師の目的ではない」(訳文は「日本を敵とせず——蒋委員長放送要旨」『新中国』創刊号、一九四六年三月に拠る）というその寛大な精神に、大きな恩義と感謝を感じていた。

とはいえ、中国人の対日感情・対日公論・対日政策を直接伝えるような記事は、この時期の総合雑誌にはまださほど見られない。わずか二頁のコラムではあるが、「日本の評判　中国民衆の対日感情」（『朝日評論』四八年六月号）は、国民政府の要人や国民政府系新聞の論調を紹介している。米国の対日経済復興支援が、日本をソ連勢力の保塁にするとの意図でなされていることを指摘し、『大公報』の「やつと打倒したばかりの敵が立上がつてきた。われわれが戒めあうのは、決して臆病だからではなく、まだ自衛本能があるからだ」、「あの日本の侵略は、中国民衆の頭から、二年や三年で払拭されない傷あとを残した。〝暴れうる〟日本はどこからも歓迎されない」との言葉を引く。

本章で扱った記事のうち、日本の戦争責任について論じた嚆矢は、中西功「アジアの新生――日本は如何に贖罪すべきか」（『言論』四六年一月号）である。中西は今次の日中戦争を日本帝国主義の対中政策の一環としての「侵略略奪戦争」であって、それはアジアの平和を攪乱する元凶であり、アジア諸民族に貧困と不幸をもたらす根源であり、「日本農業に半封建的生産関係が支配し、野蛮な略奪的独占資本に支持された天皇制軍閥が日本国民を支配して来た」ことに由来するものであると、講座派的立論の姿勢が顕著な、日本帝国主義批判を展開する。そして侵略の内実についてはこう手厳しく指摘している。

「今次の日本軍の野蛮行為は世界歴史始つて以来、かつてない大規模な惨忍なものであつた。それは、相手国の戦闘員に対してのみではなく、一般民衆に対しても、暴虐極まるものであつた。……日本男子の大半は戦争に従事し、一人や二人の中国人はその刃にかけて来婦《ママ》女子に暴行し、中国人の一切の人権を蹂躙して来たのだ。故に、連合軍の日本本土進駐となるや、俄然脅怖し動揺したのだ。当時真先に逃亡したのが、軍人軍属の家族であつたことは、誰が最もよくこの戦争の本質を知つてゐたかを示すものとして充分だ。「南京の暴行」などは些々たる一齣にすぎない。」

八月一五日の蒋介石主席の対日放送は、日本帝国主義を徹底的に打倒する中国人民大衆から日本労農大衆への共同目標の呼びかけであって、日本国民がそれに呼応して帝国主義的体制を一掃し、天皇制専制政治を打倒して人民政府を樹立し、中国への賠償を技術的援助の形で行なうよう訴える。中西は、その立論の背景には、既述した中国大陸の「日本人民解放連盟」の活動があり、連盟における中国との共同闘争の精神の契機には八路軍兵士からの呼びかけがあったことを明記している。[37]

一九四〇年八月、「百団大戦」といわれる八路軍の大攻勢を受けて捕虜となり、延安に送られ労農学校に配属された香川孝志[38]による「辺境に生きる民主主義」（『中央公論』四六年三月号）は、「陝甘寧辺区」政府の参議会における三三制など選挙制度や政治システムについて紹介し、香川「延安における日本人の生活」（『朝日評論』四六年三月号）は、延安の労農学校での生活、軍と人民との密接な信頼関係、土地改革の概要などが報告されている。注目されるのは、捕縛されたさい、八路軍工作員が自分に向かって「僕たちは君たちを歓迎する。なぜ歓迎するかといふと、日本の帝国主義を敵とするけれども人民を敵とするものでない。君らは日本の軍にだまされた勤労人だ」と言ったとしていることである。同様に解放連盟にいて労農学校の学生だった佐藤猛夫[39]の「「皇軍」との闘争」（『中央公論』四六年三月号）は、延安の労農学校や解放連盟の沿革と実態について紹介している。華中から帰国して「延安的民主制に就て」（『時論』四六年一〇月号）を書いた広谷豊は、新四軍が日本軍に対していかに遊撃戦を戦ったか、重慶軍と違っていかに郷民に親しまれていたか、特に人民軍としての民主的性格を形づくる上で「反省坦白運動」が大きな役割を果たしているとして、実際にどのような運動であったかを紹介している。また、日本軍への新聞や伝単（宣伝ビラ）などによる帰順宣伝工作、特に捕虜投降工作のために日本軍のトーチカに投げ込んだ手紙が引用されており、八路軍の対日本兵捕虜政策の一端を知ることができる。それは次のようなものであった。

「諸君と我々は、何の恨みがあつて、互に殺し合はねばならぬのか。諸君は国に在つては労働者であり、農民であり、知識階級であり、その他勤労者であるだらう。父母もあり妻子もあるだらう。我々とても同様である。……諸君は天皇の命令によつて来り、天皇の為に命を捧げるのだと云ふ。併しその天皇は軍閥、官僚、財閥、重臣と称する、一握りの特権者の為に操られ、諸君の生活には何の関りもない、只犠牲と服従を求める存在に過ぎないではないか。……軍閥を先頭とする特権階級の者のみが、諸君の犠牲に於て、この侵略戦争から利益を引出し、栄華を極めてゐるのだ。従つて我々はこの日本軍閥特権階級を敵とはすれ、一度だつて諸君を敵と思つたことはない。敵処《どころ》か親しむべき仲間として、互に手をとり協力して、この侵略戦争の元凶を打倒し、諸君と我々の解放と自由を確立し、平和なる亜細亜たらしめんと志してゐるのだ。諸君がこの点に覚醒するならば、我々の差し伸してゐるこの手を速時握れ、降伏と云ふと角が立つが、諸君自身の解放だ。不名誉な侵略戦争の手先に使はれて、父母妻子を一生不幸にして悲しませる犬死をするな。諸君が希望するならば、責任をもつて諸君の安全を保証し、旅費をつくつて日本に送り還さう。又諸君が希望するならば、我々の同志として、共に携へて解放戦を遂行しやう。速かに諸君の回答を期待する。」

これらの記事からは、八路軍と解放連盟の対日本兵捕虜政策の一端を知ることができるとともに、敵としての一握りの軍国主義者・帝国主義者と、友としての広範な人民という「区別論」の発想が明確に示されていることを見て取ることができる。

区別論については、毛沢東「持久戦論」の戦略的原理にすでにその発想が見られることなど、本書第六章「日中復交と歴史問題」の「二　日中の戦争責任区別論」で詳しく論じることとするが、日本兵捕虜の取扱いについても、「日本の兵士にたいしては、その自尊心をきずつけることではなくて、かれらのこの自尊心を理解し、上手にみちびくことである。俘虜を寛大に取り扱うというやり方によって、日本の支配者らの反人民的侵略主義を理解させることである。他の一面では、彼等の眼前で、中国の軍隊および中国人民の屈服させることのできない精神と英雄的な頑強な戦闘力をしめすことである。つまり、殲滅戦的な打撃をあたえることである」（「持久戦論」一〇三）と、寛大な処置についての指示がなされていた[40]。

では、敗戦と加害にともなって、どのような報いを受けることになるのか。戦争指導者の敗戦責任・加害責任については、一九四六年五月三日に開廷され四八年一一月一二日に判決の出た極東国際軍事裁判（東京裁判）関連の記事が多く寄稿されており、当然そこには日中戦争での加害責任も厳しく問われている。だが、本章で扱う諸雑誌において、中国関連記事のなかで東京裁判を専論したものは、日本のメディアを通した言論指導を担ったＧＨＱの民間情報教育局（CIE）で戦争有罪キャンペーンが占領初期から展開されたにもかかわらず[41]、意外なことに多くはない。敗戦処理に関わる話題が誌面上に現われたものとしては、中国に残してきた有形の資産がどのように処理されるのか、戦争賠償をどのような形で負担することになるのかという記事がわずかに見られる程度である。

張一凡「在華日本資産の処理状況」（『潮流』一九四六年八月号）は、編輯部によって「在華日本資産の処理は、もはや日本人にとつては「敗戦による損失」ではなく、「贖罪」にも止まらず、むしろ世界経済再建の一環として重要なる意義を担ふことを知る」との序言が添えられ、国民政府行政院による中国の工場・機材・家屋・土地その他の接収状況、諸産業の引継ぎの原則、それらの国営資本化とそれに抗議する民営資本の動きなどについて解説している。

プロレタリア科学研究所出身のマルクス経済学者で戦中は同盟通信社の香港支局に勤務し、寄稿当時は共同通信社の外信部に所属していた小椋《おぐら》広勝（一九〇二―六八）は、「中国の日本処理方案」（『世界評論』一九四六年八月号）において、敗戦日本をいかに民主主義化するかをめぐる中国側の幾つかの処分案を紹介している。すなわち、一九四三年一〇月一〇日に米国・中国の新聞各紙に発表された立法院長孫科の「天皇制廃止論」、四六年一月に『フォーリン・アフェアーズ』に発表された胡霖（『大公報』主筆）の「いかに日本を処分すべきか」、四五年五月延安で報告された先述の野坂参三「民主主義日本の建設」などで、これらに共通するのは、連合国管理の下で日本人民の立場から民主改革が行なわれなければならないというものである。

エドガー・スノー「対日賠償問題」（『潮流』一九四六年九月号）は、四五年のポーレー使節訪日団による連合国理事会と極東委員会への最終的勧告案を解説したもので、賠償は日本の全面的武装解除と戦争能力の破壊を目的とするものだとされるが、戦利品の獲得や日本資産の接収において混乱が見られるとし、中国に関しては日本技術者の大量導入なくしては機械さえ動かしがたく、「中国経済に完全な民主的改革を要求することなしに日本工業力を中国に移すことは危険な潜在戦争能力を東洋の一つの国より他の国に移すに過ぎないのである」と言う。これは当時の国共内戦における、アメリカ国務省の対国民政府・国民政府軍に対する不信をなぞるものであろう。

日本人にとっての敗戦とは、なによりも連合軍とりわけ米軍による太平洋戦線での諸戦敗戦、沖縄上陸後の地上戦、本土各地への空襲、二発の原爆投下などによる圧倒的な惨敗感が強烈であって、中国戦線での敗北感はどちらかというと稀薄であった。しかしながら、日中戦争において中国側に強いた犠牲は測り知れず、元日本兵および中国在留日本人は、ポツダム宣言を受諾し武装放棄をした状況下で中国軍による報復の恐怖に慄くなかで、終戦の玉音放送のその日に流された蔣介石の武力報復を企図せずとの声明によって即座にその恐怖から解放され、中国政府の寛大な政策に恩義を痛感した。

とはいえ、中国人民が蒙った甚大な惨害に対する贖罪と責任の痛覚は、中国戦線に参戦した日本兵士や中国に居住した日本人に広範に見られたわけではない。また、終戦処理にともなう中国との講和問題や、戦争被害の賠償補償問題については、この時期、目立って論じられた形跡は乏しい。

加害の現実を直視し、日本軍の戦争責任を最も先鋭的に意識し、戦後論壇で最も早く加害責任を訴えたのは、延安の解放区にいて、毛沢東を中心とする中共・八路軍の抗日戦争戦略論に精通し、日本人兵士への捕虜政策に当事者として関わった、元日本兵捕虜や解放連盟の兵士たちであった。彼らが戦後日本の対中国戦争責任論の源流となる。

四　内戦――日本論壇に映った統一権力の相貌

1　中共主導の中国革命イメージ――土地改革と毛沢東

本書が扱う時期の中国関連の記事で、最も多く論じられたテーマは、国共内戦の推移のなかで、国民党と共産党の軍事力・政策能力・国民の支持などを比較して、政権の正統性がどちらにあるのかを見極めることであった。とりわけ国共内戦が終結して中華人民共和国が成立する一九四九年は中国関連記事の数が一一二本と突出して多く、戦後の中国論の第一次ピークをなすほどであった（表0‐1参照）[42]。そこでの関心は、なぜ軍備が貧弱な共産党が国民党に勝利したのか、農民を支持基盤とし土地改革を実施した中国革命の実態と性格はいかなるものかということに焦点が絞られた。

　国共内戦の推移を中国革命の長い射程のなかで段階的に位置づけ、国共による和平統一への道筋について最も精力的に論じたのは、中西功である。中西は一九四三年、外患罪・治安維持法違反容疑で起訴され、巣鴨拘置所に入獄した。中西は同じく獄中にいた中共への入党経験を持つ西里竜夫[43]とともに（西里は中国語文献の翻訳と草稿全文の整理を行なった）、死刑の脅威にさらされながら、わずかな資料以外は記憶に依拠して、四四年夏に「現在の中国共産党の政治的・理論的水準が如何に高いか」を示し、その理論を「実践が如何に素晴しく解決してゐるか」を確認するとの執筆動機に駆られて、浩瀚な中国共産党史を仕上げる（実際に刊行されたのは、中西『中国革命と中国共産党　上』〈人民社、四六年〉、中西『中国共産党史――ソヴェート革命時代』〈北斗書院、四六年〉、中西・西里『中国共産党と民族統一戦線』〈大雅堂、四六年〉、中西・西里『武漢に於ける革命と反革命』〈民主評論社、四八年〉[44]）。

　中西功「中国民主革命の国際性」（『世界評論』四六年三月号）、同「中国民主革命の進展と世界」（同四六年五月号）はこの一連の著作の延長線上に位置づけられるもので、中国革命は「帝国主義的植民地支配の排除と国内の封建的支配体制の一掃」を目的とした反帝国主義闘争・国内民主化闘争であり、ソヴェート革命が抗日統一戦線政策への転換をもたらし、抗日戦争を「国際反ファッショ統一戦線」による世界戦争にしたのだとする。国内民主化についても、中共地区と国民党地区の経済状況や階級分析を行ない、民主化の基礎を固め、国共主導の連合政府による和平統一を構想している。

　入江啓四郎「中国革命の基本的性格と現段階」（『世界』一九四六年七月号）、石浜知行[45]「新中国の形成」（『評論』一九四六年一二月号）は、武昌起義以降の中国革命の流れに現段階を位置づけ、中国内戦を政治・経済・社会のあらゆる変革を伴う中国国民革命のただなかにおける国共の主導権と正統性をめぐる競合として認識し、社会革命・経済革命の領域で中国共産党が一歩先んじているとしている。

　石浜知行「新中国の形成」は、内戦期の国共対立の争点として、解放軍の整軍問題、国民政府（以下「国府」と略称）地区への辺区の編入問題、連立政府構想、階級的基礎の違い、などについて国共の正統性を比較し、民主統一にいたる主導力が中共側にあることを指摘する。

一九四八年五月に、共産党中央の呼びかけによって新政治協商会議が招集されることが発表されるに及んで、軍事的にも統一戦線の求心力においても共産党が国民党を圧倒していることが歴然となってきた。

このような情勢を受けて、岩村三千夫「中国内戦の終結者――新民主主義体制の進展」（『世界評論』一九四八年一二月号）は、民族資本を糾合する第三勢力が中共主導の新政治協商会議に結集しようとしていることや、解放区の土地改革の進展などから、中共勝利にいたる内戦終結の契機が見えてきたとする。また、橘善守（毎日新聞上海支局長を経て東亜部長）「中国革命の前進と停滞」（『改造』一九四九年一月号）、石浜知行「内戦の発展と中国の前途」（『朝日評論』一九四九年一月号）、（無署名）「赤い中国――闘う中国共産党の全貌」（『世界評論』一九四九年二月号）、岩村三千夫・高市恵之助・中西功・内山完造「（座談会）中国の運命」（『評論』一九四九年三月号[46]）など、当初の国共の軍事力の圧倒的な格差が内戦の過程で縮まり、政治的指導力や土地改革の成功、労農階級の支持などによって、中共が内戦と国家統一の主導権をとりつつあるとしている。

現代中国の現場から報告された現状よりイメージされた中国革命は、ソ連の革命像と対照的に、延安という辺境の根拠地から始まった農民革命として特質づけられていた。革命の進行について中共の側から論じたものは、とくに土地政策や農地解放に触れた記事が目につく。尾崎庄太郎[47]「最近の中共土地政策」（『世界』一九四八年一〇月号）では四七年一〇月の土地法大綱前後の土地改革の政策と実情を解説する。そのほか、菊地三郎「中国共産党の土地政策――中共土地改革の実践的課題」（『人民戦線』一九四九年二月号）、小林信「中共の土地改革」（『人民評論』一九四九年五月号）などが目につく。

これら中国共産党を革命・建国の担い手として高く評価する諸論稿に比べて、国民政府や国民党軍そのものに焦点を絞った論考は極めて少なく、専論するものがあるとしても総じて厳しい評価を下している。具島兼三郎[48]「国民政府の危機とその変化」（『世界』四七年一一月号）は、税収の絶対的不足と法幣（一九三五年の南京国民政府による銀本位制から管理通貨制への通貨改革にともない、政府系三銀行が発行した紙幣）のインフレによって外国からの援助以外に軍事費が調達できない状態であること、これを打開するためには戦線の縮小による軍事費の削減、土地改革の実行による民心の掌握、官僚資本の解体に踏み切るしかないとする。岩村三千夫「中共政治攻勢の波紋――国民党は分解するか」(『世界文化』四八年一一月号)は、中共が政治攻勢をかけているのに対し、国民党は分解過程にあるとして、胡宗南軍の中堅将校や蒋経国少将ら蒋総統の直系勢力の間にひろがる新たなファシズムの傾向を指摘する。

いっぽう、中共側に対する批判的論稿はわずかで、散見するのは、国民党系要人の手になるものである。苗剣秋[49]「中国共産党――その政策と実践を検討する」(『朝日評論』四九年一二月号)では、中共は「蒋介石の非科学的専制ぶり」と「国民党の堕落的腐敗ぶり」で漁夫の利を占めて民主統一戦線をつくり上げたとし、そこには堅忍不抜の団結力、清廉さ、高級幹部の有能さ、民心の利用に巧みであることなどの長所も備えながら、「寡頭の排他的独裁」、伝統文化に対する破壊や知識人に対する精神改造にみる残虐無情さ、危険な独裁政権であるソ連に一辺倒であることなどの短所があることを指摘する。さらに、苗は「中共に直言する」(『朝日評論』五〇年六月号)で、中共単独では中国が世界の平和的進歩に寄与することは望み薄だとして、こう諫言を呈する。

「民族の独立に功績ある蒋氏と、社会的覚醒に実力ある毛氏とが、もしも人類を眼中において反省して、新しいヤリ方を持ち出すのでなければ、四億以上の中国人は、その正しさにもかかわらず、人類にとつてせいぜい附けたりで、よし罪はなくとも人類の歴史の発展に貢献することは阻まれることになるだろう。……折角新民主主義を唱え、しかも民族的反侵略の血の跡の上に立ち得た中共こそ、人類愛の立場に帰つて、米ソの諫友となつて世界各国の本質的接近を計りつつ、進歩的平和を促進する任務を課せられているというべきであろう。」

国民党系の『中央日報』記者・鍾郭信(筆名)「最近の中共と民心の動向」(『中央公論』五〇年一二月号)は、内戦下で中共による大量の人民殺害が行なわれているとか、毛沢東は残忍冷酷で肺病を病んでいるとか、国民に圧政を強いておきながら軍人と党員は特権を貪っているとか、国内に暴動や反共遊撃軍が生まれているとかいったデマがいのことを述べて、ブラック・プロパガンダの類としか読めない。

中共軍による広東陥落後に台湾に渡った閻錫山[50]は、「第三次世界大戦を推測す」(『改造』五〇年九月号)において、第三次世界大戦は共産国家と非共産国家の決戦になるとして、世界の赤化をもくろむソ連を基軸とする侵略国家の野望を早急に挫き、赤化の禍根を一掃すべきとの政治的提言を行なう。その立場と置かれた状況を鑑みると、中華民国政府による大陸反抗の正当性根拠を示すプロパガンダである。

なお、この時期、国共に対する第三勢力の動静に言及した論稿はいくつかあるが、注目し専論したものはほとんど見当たらない。唯一、波多野乾一「国共の扮装と第三勢力の台頭」(『潮流』四六年一一月号)が、国民の国共内戦に対する満腔の不満と国共双方の信用失墜により、中間諸党派ならびに無党無派の文化人、すなわち第三勢力への期待が高まっているとして、中国民主社会党・中国郷村建設学会・民主建国会など中国民主同盟系の六組織を紹介しているのみである。

一九四八年に入り、内戦は転換点を迎えて国共の優劣が逆転し、国民党の支持基盤の脆弱さと国民軍の軍事的劣勢は明白になってきた。とはいえ、中国共産党や解放軍については、情報が過少で未知の部分があまりに多かった。そこで中共の実態を最も端的に把握しうる手がかりとみなされたのが毛沢東主席の思想と行動で、特にその根本文献として抗日戦争の戦略を知る上では先述した「持久戦論」(三八年五月)が、中共側の政治思想や革命路線を知る上では「新民主主義論」(四〇年一月)が、文藝政策や思想改造運動を知る上では延安で行なった「文藝講話」(四二年五月)が、新中国の政権構想を知る上では「連合政府論」(四五年四月)が、とりわけ重要な典拠とされた。当時、まとまった形では毛沢東の著述が翻訳されていない時期で、中国語に堪能な中国研究所所員の尾崎庄太郎、浅川謙次、安藤彦太郎などを中心に翻訳され、主に中研所員や日共党員によって中共の勝因、中国革命の輝かしい成果を解き明かす秘典のように依拠され引用された。

「新民主主義論」は戦後最も早くその邦訳が見えるのは、岡本正による「毛沢東の新民主主義論」(『前衛』一九四六年二・三・五号)と題する訳載である。そのコメンタリーとして書かれたのが中西功「中国新民主主義――基本問題とその基本的摂取」(『評論』創刊号、一九四六年二月)、「中国新民主主義と日本」(『潮流』一九四六年三月号)、平野義太郎「新民主主義の理論と政策――中共の発展」(『思索』一九四九年三月号)などで、辛亥革命以降の中国革命の流れのなかで、統一戦線の階級的基盤に着目して三民主義から新三民主義＝新民主主義への展開を歴史叙述的に解説したものが岩村三千夫の「三民主義と新民主主義」（『新中国』一九四六年一〇月号）、「内戦下の中国新民主主義」（『改造』一九四八年五月号）、「毛沢東思想の展開」（『世界評論』一九四八年六月号）、「孫文から毛沢東へ」（『展望』一九四九年二月号）などである。

「文藝講話」は毛沢東が延安で行なった講義で、そこに盛られた中共の文藝・思想路線とともに、解放区にいた知識人や文藝界の動向が注目された。中共系作家の紹介で最も目立つのは、日本でプロレタリア文学運動に深く関わり、重慶に渡った鹿地亘である。「中国の人民文化」（『潮流』四六年一一月号）は、重慶や中共主催のレセプションで秧歌劇《ヤングー》の舞台を観たときのその単純な農村歌劇が多面的な内容と豊かな表現力を持つことの驚きを伝え、作家・藝術家・文化人が勤労人民のなかに入り、結合し、彼らから学び、豊かな民族文化を創造するという文藝路線を紹介する。鹿地はまた、「八路軍ルポルタアジュ」として周而復「封塞線の突破」、艾青《がいせい》「俘虜」、孟奚「黒小夫婦」、丁玲「二〇挺の斧」などの報告文学を編訳し（『中央公論』四六年一〇—一二月号）、解放区での遊撃戦争の実態を伝える。

同時代の中国文学の動向や作品の翻訳は、戦前から続く中国文学研究会の同人が精力的に行なっており、本書では記事分析の対象とはしていないが、一九四六年三月に復刊され四八年四・五月号まで一三号が発行された『中国文学』では、中国文学研究会同人の岡崎俊夫、飯塚朗、増田渉、魚返善雄などの寄稿が目立つ。総合雑誌にはとりわけ竹内好が精力的に寄稿していて、「魯迅の死について」（『朝日評論』四六年一〇月号）、「魯迅と日本文学」（『世界評論』四八年六月号）、「中国文学の政治的性格」（『思索』四八年九月号）などは、魯迅を中心に、政治と文学をめぐっての日本文学との比較を行なったものである。増田渉（一九〇三—七七）の「中国の文学とドンキホーテ」（『太平』四七年三月号）もまた、中国の同時代作家たちが政治の重さにあえいでいること、にもかかわらず激しい文学者精神がそれを突き破ろうとしている現実があることを、当時中国で発行されていた文藝雑誌から読み取ったものである。小田嶽夫「動乱中国の二作家——郭沫若と郁達夫のこと」（『新生』四八年四月号）は、日中戦争の前夜、郭沫若と郁達夫との交流や、改造社社長山本実彦のはからいで、両名を呼んでの宴席での交歓の様子を伝える貴重な記録となっていて興味

深い。(51)

「連合政府論」については、岩村三千夫「中国民主革命の動向」(『時論』一九四六年七月号)、「毛沢東と連合政府論――紹介」(『朝日評論』一九四九年二月号)などが論じているが、民主連合政府樹立の条件としては国民党より共産党が成熟していることを付言している。

毛沢東の素顔や思想を紹介する記事も多く見られ、岩村三千夫「毛沢東論」、中西功「毛沢東をめぐる人々」(ともに『世界』四六年七月号)、飯田藤次「毛沢東の思想」(『世界』一九四七年一〇月号)のほか、小林信「人民の指導者毛沢東主席」(『人民戦線』四九年二月号)は、著者が延安の日本労農学校にいた際に毛沢東の顔を見たときの印象や解放区での農夫たちが毛主席を自分たちの救い主として讃えていることを伝える。鹿地亘「(特別読物)毛沢東と蒋介石」(『評論』四九年四月号)は、三八年夏に武昌で蒋介石と、四五年秋に重慶で毛沢東と会見したときの印象についてのもので、蒋介石は「威容あたりをはらう「君主」」だと感じ、毛沢東は「巨象を模する捕えどころのなさの中にゆるぎのない頼もしい親しさを感じさせられた」としている。変わったところで中野好夫「毛沢東を讃う」(『潮流』一九四九年一〇月号)は、毛沢東の「党八股に反対する」(一九四二年二月)の講演を賞賛しつつ、実は日本共産党の教条的な形式主義への当て擦りである。向坂逸郎「毛沢東主席におくる感想」(『改造』一九五〇年九月)は、毛沢東の三風整頓運動について、抽象的理論を戒め着実な政治的実践を展開していることを他山の石として紹介したものである。

新中国成立後に出された代表的な毛沢東論としては、エドガー・スノー「毛沢東論――日本の読者のために」(『朝日評論』五〇年三月号)があり、内容的にはすでに邦訳が出されていた『中国の赤い星』の要約のようなものだが、毛沢東のモスクワ訪問当時に執筆されたもので、毛沢東には内戦においてアメリカが蒋介石を援助したことによる対米不信があるとともに、ソ連の大々的な援助を受けることなく解放したことで、「これまでのソ連と「外国製」共産主義との間にはなかつた関係、共産主義世界にとつて全く新しい情勢が生れている」とする。ここには、日本の論者にはなかなか持ち得ない、国際環境のグローバル・セッティングから中国革命を捉える視点が光っている。

2　中華人民共和国の国家像

一九四九年一〇月一日、共産党が主導する巨大な国家・中華人民共和国がアジアに誕生した。中国共産党は日本という帝国主義勢力を全土から駆逐し、封建的土地所有の改革や官僚資本の没収によって国内の封建勢力や帝国主義勢力を打倒して労農階級を立ち上がらせ、アメリカの支援を受けた国民党軍に内戦で勝利し、ソ連からの物的支援を受けた他はほぼ自力で解放を達成し、国内の諸勢力を結集させて新しい統一国家を建設した。日本の論壇はこのとき、旧中国から新中国へ、新たな国家へと再誕したことにいかなる歴史的意義を認めたのであろうか。[52]

李嘉「アジアの共産主義」（『展望』一九四九年一一月号）は、「アジアは戦後変わった」ということの意味を、旧植民者のヨーロッパ諸列強が再びアジアに帰ってきたとき、その「旧い「白人の帝国」」の没落ぶりを思い知らされ、旧い型の帝国支配ではない新しいアジア人の勢力が生長し、ナショナリズムの新時代が到来したと自覚したことに求める。たしかに中共は圧倒的に勝利したが、それは国民党の自己解体によるもので、本質は共産主義か否かではなく、大部分のアジア人が望んでいるものは自治と安定であって共産主義であるとは限らない、建国直後の中国は飢えと破産に直面しており、課題は大都市・工業地帯における経済復興であって、それは外部からの物質的・技術的支援なしには実現しえず、ソ連の援助能力が鍵になるとする。高山五郎「世界史とアジア民族の登場——新中国誕生の意味するもの」（『世界評論』一九四九年一二月号）もまた、中華人民共和国の出現は、「アジア民族を無力な、あきらめの民族から、信念あるしかも実行力ある民族にかえる」という世界史的意義を強調する。ソ連ブロックとの友好関係も重要だが、それによって西欧諸国との関係が途絶すれば世界市場が狭隘化するとし、世界経済と世界政治は中国を中軸とするアジアに深く関連しながら動かざるを得ないだろうとする。平貞蔵「新中国と日本」（『改造』一九四九年一一月号）は、成立した中華人民共和国は体裁上は連合政権だが実質は中共独裁政権であり、ソ連の力を借りずに独力で政権を獲得したという点ではユーゴスラヴィアと似ているとする。とりわけ満洲の支配権と権益をめぐって、地理的にも経済・資源の点からも重要な拠点であるだけに、中ソ両国が処理を誤れば中国人の対ソ不信を煽り、中ソ関係に破綻を生ずるおそれがあることに注意を喚起している。

新中国という国家をどう規定し認識するか、それについて最も早くにまとまった回答を提示したのは、やはり中国研究所であり、会報の『季刊　中国研究』一一号（五〇年一月）における「特集　新中国の成立とその波紋」であった。そこでは以下に掲げる諸論稿のほか、「新国家の形成とその基本法」として、人民政治協商会議および中央人民政府組織についての綱領や法規が訳載され、尾崎庄太郎によって毛沢東の初期の著作「湖南農民運動の視察報告」が紹介されている。

巻頭の平野義太郎「中華人民共和国の国家形態――とくに人民民主主義における「国体」・「政体」について」は、新民主主義＝人民民主主義、人民民主専政が新中国の「国体」であるとして、旧ブルジョア民主主義との違いについて、人民政治協商会議の共同綱領に解説を加えたもので、中国側の公式見解に全面的に依拠したものである。岡倉古志郎「新中国とアジア」は中国革命が勝利しアジアに新中国という巨大な共産主義国家が成立したことの世界史的意味を論じ、西側の新中国孤立化政策が早晩失敗するであろうこと、米英の極東政策が転換を求められていることを説く。

中華人民共和国という国家像に対する最大の関心事は、社会主義国家としての実質を全面に出し、アメリカとの対決を強く押し出してくるのか、それとソ連との関係はどうなるのかということであった。岩村三千夫「新中国とソ連――エドガー・スノウ氏の見解に寄せて」は、エドガー・スノー「中国はソ連の衛星国となるか」（『朝日評論』四九年七月号）に対する反論の形で、新中国は結局ソ連に隷属する衛星国になるのか、それともソ連の指導や援助に背を向けてユーゴのような路線を選択するのかという疑問に答えるものである。ちなみにこの特集刊行当時の四九年一二月から五〇年二月にかけて、毛沢東はソ連を訪れてスターリンらと条約交渉をしていた（五〇年二月一四日に中ソ友好同盟相互援助条約を締結）。

スノー論文は、当時の雑誌記事としては一三頁にわたる長大なもので、「中国は不可避的にクレムリンの絶対的な支配下に陥らねばならぬのであろうか」との問いを立て、「ユーゴを除けば、中国には、ソ連に政治的、軍事的に直接依存することなく権力を獲得した唯一の共産主義者たちがいる」ことや、毛沢東や朱徳らは一度もロシアへ行ったことはなく、しかも李立三というモスクワの手先を公然と批判したこと、巨大な国家であり、ソ連を除けば世界最大の共産党員を擁していること、毛沢東の革命・国家建設構想は、正統派ではない独創的な段階論的プログラムであること、一九四五年の中ソ条約は蔣介石国民党との条約であって、クレムリンは中共の戦後の将来性には懐疑的であったこと、戦後の満洲における中ソ関係を見るに、その疑いは依然として存在すること、などから、中共の国家主義的膨張と、ソ連の国際主義の仮面を被った国家主義的膨張との間には重大な諸矛盾があり、「私は中国を一二年間直接研究した結果、国家ということを極端に意識している中共にたいして、ソ連が有効な支配を保持することはあるまいとの結論」を示す。同様に、和田斉「チトーと毛沢東」(『思索』一九四九年三月号)は、ユーゴにおける民族主義と資本主義諸国との経済関係の緊密化の動きを踏まえ、コミンフォルムのチトー批判を押さえた上で、中共のやり方との比較を試みたものである。

これに対し岩村は、スノーの挙げた中ソの食違いの根拠を一つ一つ論駁し、「両者のあいだには、基本的な利害の対立はない。さらにまた、中共とソ連共産党の関係は、一言でいえば同志の関係である」とし、中ソは政治的にも経済的にも提携して、東南アジアの民族独立運動や対日講和問題に重要な影響を与えるに違いないとしている。

日本軍が中国大陸から撤退したあと、いかなる統一政権と独立国家が樹立されるのか、敗戦後のアメリカ占領下の対岸から眺めたかつての戦場に醸成された新中国(ニューチャイナ)の清新なイメージは、内戦の進展から中共を中核とする連合政権の樹立を経過するなかで、限りなく「赤色中国」(レッドチャイナ)へと赤色の度を濃くしていった。赤く染まった中国は、ソ連の属国となるのか、対等の同志的関係を結ぶのか、いずれ離反していくのか、またアメリカを主軸とする西側諸国と対峙していくのか、協調路線を採るのか。その見極めは、やがてアメリカの占領終了とともに訪れる講和問題とも関わり、日本の進路を決定する上で重要な指針となるものであった。

3　国家像の多元化・相対化――上海・台湾・香港・マカオ

この時期の中国記事は、中国革命の帰趨と新中国の国家像をテーマにしたものが圧倒的であって、どうしても中共の公式見解に沿ったものに偏ることは否めなかった。そこで、中共中央の動静を伝える延安や北京以外の場所からのリポートには、中共の宣伝色を薄め、新中国の実態を多元的に分析するという情報価値があった。具体的には台湾、上海、香港・マカオという、中共の勢力が届きにくい、あるいはそれに対抗する情報・報道拠点でのルポであった。

敗戦当時の上海は、中国で最も多くの一〇万人近い日本人居留民が住む大都市であり、日本の在華総資産の九割に相当する、一八億米ドルを超える巨額の資産と個人財産が集中する在華経済活動の中心であった。一九四五年九月に彼らは虹口集中区に集められ、一二月から翌年四月までに、一部の「徴用」者を除き、その全員が送還された(53)。

小林義雄「戦後上海のインフレーション」(『世界』一九四六年四月号)は、終戦直後の物価暴騰、失業、生産停止、石炭欠乏、物資輸送の困難のなかで、上海において駐留日本軍の発行した儲備券が敗北とともに価値を喪失したために狂乱インフレを招いた実態を伝えるものである。上海に終戦前後から引揚げまで滞在した酒井忠夫は、「終戦後の上海見聞録(上・下)」(『革新』一九四六年五月・七月号)において、日録の体裁をとりながら、日本軍の武装解除、国民政府による敵資産の接収、インフレの実態、失業対策、新聞界の再編の動きを伝える。加田哲二「終戦後の上海」(『文藝春秋』一九四六年六月号)は、軍の後ろ盾を失って困窮を来たす在留日本人に比べて、インフレに対して自己防衛の手段を持つ中国人の機敏さとたくましさが対比され、新聞界ではそれまでの軍協力の論調から日本軍閥打倒の論調に転じた日本人左翼転向者のことが記されている。内山完造「上海」(『改造』一九四八年三月号)、同「インフレとバクチ――上海夜話」(『新生』一九四八年五月号)は、物価暴騰とはいえ、物資が欠乏しているわけではなく、中国人の生活は不自由なく、日本人も主要食糧自体は安いし竹の子生活をすれば物は高く売れるので生活難には見舞われていないとするが、生活力のたくましさは自主自治の経験豊富な中国人のほうが一枚上手だとする。このほか千葉成夫「中国と日本」(『新人』一九四六年一〇月号)、ピエル・ドゥブレ「上海素描」(『新生』一九四八年一月号)、武田清子「嵐の中の上海」(『世界評論』一九四九年二月号)なども、独特のアングルで上海からのリポートを送っている。

新中国成立後の上海の動静については、アンドルー・ロス「中共治下の上海――現地報告」(『朝日評論』一九五〇年二月号)が、中共軍入城直後は上海住民を完全に掌握し、インフレの鈍化に成功し、在上海の外国人とも融和的であったが、外国貿易の封鎖をし、強硬政策をやりすぎて居留外国人の評判を落としてきていることを報じている。ジュール・ジョールソン「現地報告　上海―北京鉄道」（『中央公論』一九五〇年一二月号）は、上海から北京への直通列車に乗車し、規律正しく、正確に運行されていることに中国の良き変化の予兆を感じるというものである。

このように、上海は経済都市、消費経済の中心地として、新中国に生活する人々の暮らし向きを知るバロメーターであり、新中国の経済実態を端的に伝える拠点であり、さまざまな国の租界が入り組み中共の一元的支配が最も遅れた多層的な国際都市であって、新中国政府の喧伝する経済・金融政策の成果や、民心の実態などを知る上での情報拠点とされた。

台湾については、中華人民共和国成立直後から関連記事が目立ち始める。そこでの関心は、解放軍の台湾への進撃作戦はあるかどうか、三〇万といわれる台湾駐留の国民政府軍は進攻を撃退できるかどうか、台湾住民は国府軍と国民党にどのような感情を抱いているか、共産中国に対してはどうか、台湾海峡を挟んで再び中国の内戦になったとき、アメリカは再び台湾の国民政府の武力援助をするかどうか、国民政府は台湾の統治をうまくやり遂げることができるかどうか、といったことであった。寄稿の大半は当時台湾での現地取材が許された西側メディアの記者である。H・ティルトマン「台湾」（『改造』一九四九年九月号）は、国民政府側の最後の防御拠点になった台湾内部の動静を伝える。D・ベリガン「（現地ルポルタージュ）蒋介石治下の台湾」（『世界評論』一九四九年九月号）は、国民党政府の根深い腐敗に対する台湾住民の不満が反乱を招き、国民政府軍が武力鎮圧して虐殺した二二八事件前後の状況を伝える。

『中央公論』一九五〇年二月号では「特集・台湾の帰趨」が組まれ、趙浩生は一九四七年の二二八事件に言及し、台湾の民心は完全に国民政府から離れているが、とはいえ共産党に好意をもっているわけではない、蒋介石は台湾で治績を挙げ、住民の信服を得て、解放軍の進攻に備えるだろうとする。J・フロムは、現在の台湾の国際的地位は複雑で、ソ連の反対が予想されて国連の信託統治下に置くことはできないし、中国内戦に巻き込まれたくないアメリカが台湾の国民政府の武力援助に乗り出すことはないだろうとする。T・ラムバートは、中共の工作員が台湾に上陸潜入しているようだが、まだ内部の反抗運動を盛り上げるにいたってはいない、台湾の独立運動も芳しくなく、日本統治時代の教育方針により台湾人の政治参加意識は低いとする。解放軍は上陸作戦の装備・戦績とも不十分で、渡洋作戦は困難であり、台湾軍の軍規や統御が整っていれば難攻不落であるが、戦意は低く統帥は乱脈を極めていると指摘している。

J・フロム「台湾――中国の真空地帯」(『朝日評論』一九五〇年四月号)は、中ソ条約締結当時の台湾の現地報告で、台湾防御の実情、インフレや物資の欠乏や二二八事件などで民心が台湾政府に離反していること、アメリカの武力援助が不透明であることを伝える。

在日華僑の劉明電、干恩洋による「台湾上陸」(『日本評論』一九五〇年四月号)は、台湾政府内部で日本兵の募兵計画の動きがあること、大陸から台湾への地下工作の実態や台湾内部での台湾民主自治同盟の動き、台湾の悲惨な経済状態と民心の離反などを具体的に伝えている。

ノラ・ウォーン「台湾――現地報告」(『朝日評論』一九五〇年八月号)は東京から台湾を訪れた同記者による現地報告で、台北市街の様子や、台湾の庶民たちの国民党に対する不満の声を拾い、蔣介石夫妻と会ったときの印象などが綴られている。

唯一日本人のものとしては、台北帝大に務めたあと台湾政府の翻訳館を経て国立台湾大学に招聘された立石鉄臣による「台湾留用記」(『雄鶏通信』一九四九年四月一日号)があるのみで、台湾に残った日本人には台湾政府に留用された「留用日僑」と、帰国を嫌って当局の目を盗んでうろうろしている「残余日僑」、それに台湾人と結婚した日本人、このほか山に潜入して高山族(山地同胞)と一緒に生活する日本人がいるとし、終戦直後の台湾での暮らしや台湾大学での授業風景、日本人学校の様子を伝えている。

全体に台湾については、民国政府が移転したが、中華人民共和国の反宣伝の情報拠点となるまでには現地での情報統制や民心収攬が進んでおらず、治安や内政の安定に精一杯だった実態を伝えている。ただ再び台湾海峡を挾んで内戦状態に突入する情勢下で、アメリカがどう関与するかは、日本にとっては対岸の火事のようには見過ごせない問題であったはずである。しかしながら、本章で照覧した一五誌の総合雑誌を見る限り、四五—五〇年の時期において、日本人自身の台湾関連記事は、五〇年間統治下に置いた植民地であったにもかかわらず、先述の立石鉄臣の記事を除き全くと言っていいほど見られない。本章一節で挙げた、一五誌以外の一三誌を調べても見当たらない。日本の論壇において再び台湾が視界に入ってくるのは、台湾海峡を挟んで人民解放軍が攻撃し米第七艦隊が戦闘態勢に入る一九五八年八月、および台湾住民の独立志向が強まるその直前あたりの時期を俟たねばならない。五〇年間の領有の歴史を持ちながら、ポツダム宣言受諾後に台湾を放棄したあと、日本人にとって特異な歴史的経緯を有する台湾という土地と台湾人の存在が中央論壇の視界に入っていなかったという事実は意外である。台湾の脱植民地化という問題は、まだこの時期には意識化・論題化されていなかったということなのだろうか。

香港については、内戦で中共の勝利が歴然とし、広東陥落を目前にするあたりから記事が漸増する。篠原武英「香港」（『評論』一九四九年七月号）は、英国が香港を手放すかどうか、中共が香港を英国のものとして放置しておくのかどうか、そうなるとアジアにおける貿易の中心地である香港の地位はどうなるのか、微妙な立場に立つ香港の実情を伝える。徳田太郎「明日のホンコン」（『潮流』一九四九年八月号）は、内戦の進展とともに避難民が溢れ、インフレが昂進し、香港ドルが暴落するという「王冠の権威」の動揺が見られるとしながらも、その一方で中共治下の中国との貿易に活路が見られ輸出入とも筆頭の貿易データを揃え、香港在住の中国人や在外華僑の間に中共の革命運動に共鳴し新しい歴史の展開に加わろうとする動きがあることから、英国政府は中国人の暴動化を防ぐ意味でも無条件で新中国政府を承認せよと提起する英国人議員の声を伝えている。W・コステロ「香港」（『改造』一九四九年九月）は、香港・マカオの金取引・密貿易の実態を伝える。アンドリュー・ロス「急迫の香港——現地報告」（『朝日評論』一九四九年一〇月号）は、それまでの腐敗した国民党との取引にうんざりし、「規律正しく」「実務的」な中共党員への評価が高まっている香港財界の実情報告である。ホレイス・ブリストル「赤色中国における二つの西欧拠点——香港とマカオ」（『評論』一九五〇年一月号）は、九竜地区の外側を解放軍が包囲している状況下で、香港住民に逃げ出す気配はないし、解放軍も攻撃しないだろうとの公算を示し、こう述べる。

「中共にとつて必要なことといえば、香港の連絡を断つて、それが自然に衰弱してゆくか或いは中共と折合うに至るのを待ちさへすれば足りるのである。事実この方が最も合理的な方法でもある。なぜならば、中国という広大な後背地との接触を失つては、香港は胴体のない頭にも等しいのだから。イギリスが中国の新しい主人公と折合いをつけるようになるなら、香港こそ東西の最初の融合点と化するであろう。」

香港では英字紙・華字紙ともに多種多様な新聞を購読することができ、華字紙でも大陸系・国民党系のものがあった。また各国の記者が特派員を駐在させていたため、人的な情報交換においても簡便であった。さらに、中華人民共和国成立後は大陸の圧政から逃れてくる庶民や知識人も多く居住しており、直接大陸の実態を聴取することもできた(54)。

こうして香港は、共産中国の桎梏を逃れて報道の自由が保障された自由と資本主義への小さな窓としての情報価値を発揮するとともに、英国植民地としての繁栄を持続させるには共産圏に属するにもかかわらず中国の国家承認が迫られるという事情の下に、新中国の国際的地位を西側世界がどう認知するかのバロメーターとしても注目された。

五　冷戦――米ソ対立のなかの日中関係

1　アメリカの対中国政策の曲折と講和問題――『中国白書』の衝撃

本章で扱う一九四五―五〇年は、アメリカを中心とする連合国占領下にある日本においては、アメリカの支援と指導の下で、非武装化と経済復興と民主化を推進し、西側諸国との単独講和を通して反共陣営の一員として国際社会への復帰を遂げる時期にあたる。いっぽう中国では、アメリカは国民政府に莫大な軍事援助をしたものの、次第に共産党人民解放軍の優勢が明らかになり、やがて支援を打ち切った。政権を獲得した中華人民共和国に対しては、代わってソ連が物質的技術的援助を行ない、アメリカは国家承認をせず、台湾に退いた国民党政府に対しては、当面は不干渉政策をとり、朝鮮戦争勃発までは軍事援助を与えることをしなかった。[55]

日本は敗戦し撤退したあとの巨大な隣邦中国といかなる国家間の関係を結ぶべきか。貿易・外交関係の再構築を構想するさい、日本が最もその動向を注視せざるをえなかったのはアメリカであった。具島《ぐしま》兼三郎「中国統一問題とアメリカ」（『言論』四六年一月号）、同「中国の統一と米－ソ関係」（『世界評論』四六年五月号）は、延安政府と重慶政府に対する米ソの関与を通して四六年一月に実現した重慶での国共停戦協議と政治協商会議における、主にアメリカの対中政策の変遷を通して連立政府成立の可能性を模索する。対中政策の潮流には、ソ連や中共の実力を過小評価し国民政府支援の一本化を主張するグルー国務次官―ハーレー駐華大使―ウェデマイヤー在華米軍司令官の保守派コースと、ソ連ならびに中共の実力を高く評価し中国民主化の推進力として中共にも正当な地位を与え国民党には警戒的で援助を打ち切るべきとするヴィンセント国務省極東局長―スチルウェル将軍（ウェデマイヤー将軍の前任）―ガウス大使（ハーレー大使の前任）の共産派コースがあった。四五年一一月二七日のハーレー大使辞任を転機として、対中政策の主流は保守派コースから共産派コースへと傾斜しつつあるとする。そこで、ハーレーに代わって着任したマーシャル特使が取り持つ四六年一月の重慶会談の意義は、中共の実力を評価し、ソ連との平和を維持するというトルーマン大統領の考えの下に、蒋介石に圧力を加えて中共と責任を分担させ、華北における中共の支配権を温存させつつ延安と重慶の民主的連立政府の樹立を探るという第三のコースを選択したことにある。

石浜知行「中国民主化と米国の役割」（『中国評論』創刊号、四六年六月号）もまた、ガウス大使―ハーレー大使―マーシャル特使における対中国外交政策の変遷をたどりつつ、民主的統一政府の可能性を展望している。具島兼三郎「中国の統一と米－ソ関係」（『世界評論』一九四六年五月号）は、米ソそれぞれの対中政策の変遷をたどりつつ、両国の提携こそが、国共の衝突を回避し、世界平和の礎石になるとする。

具島兼三郎「新中国の国際的地位」（『中国評論』一九四七年一月号）は、日中戦争が世界戦争のなかの対ファシズム戦争として戦われ、中国に独立国家としての体面を整えさせることになったとし、戦争の過程で国民政府は一九四三年一月に米英と治外法権撤廃条約を交わし、一〇月に米英ソ代表と対等の立場でモスクワにおいて世界の安全保障について会談し、一一月に蒋介石はカイロでローズヴェルト、チャーチルと会談し、四四年九月にダンバートン・オークスで米英と対等の資格で国際連合の計画について協議したことなどを通して、中国は世界四大国の一つとして認知されたとする。しかしながらその国際的地位に相応しいだけの国力は整備されておらず、工業化と交通建設、農村の封建的生産関係の改革、国内民主化の徹底が求められていること、しかしながら、そのために重要な役割を果たさねばならない米ソの動向が不透明で、アメリカの対中政策は迷走し、ソ連の真意は読み取りにくいとする。

D・ダーリン、R・シャプレン「支那の崩壊とアジア――アメリカに於ける二つの見解」(『世界文化』一九四九年三月号)は、米国の対中政策の二大潮流を代弁するメディアの声を『ニュー・リーダー』紙から転載したものである。ダーリンは「中国における共産党の勝利は、専らソヴィエト帝国の力の権威から来るこの特殊の新しい威圧感にもとづいてゐる」とし、アメリカは確固たる反共政策で武力攻撃に対処せよと言う。またシャプレンは、国民政府に戦局を挽回させるためには莫大な出費を要するとし、民族の生活水準を向上させ民主化に着手している中共の実力を認めればアメリカの対中投資も無駄ではなくなるとする。

浦松佐美太郎「アジアの運命と日本――オーウェン・ラチモアはアジアをどう見直したか」(『朝日評論』一九四九年七月号)は、ラティモアのアメリカ歴史学会での講演のダイナミックな歴史観に啓発を受けて、その概要を紹介したものである。米国の極東政策といった政策課題とは別に、アジア近代の歴史をロシアと清という陸の帝国と、英国という海の帝国の興亡としてとらえ、日本の侵略は古い帝国主義の仲間入りと、アジアの被支配的地位からの脱却という二重の役割を演じたものとし、中国革命は帝政ロシアを打倒したロシア革命の影響下に中国解放を希求したものと捉える。そして第二次大戦後はアジア観を修正せざるを得ない事態に直面しつつあり、それがソ連のイデオロギー侵略という新たな様相によって、アジアに資本主義と共産主義、反帝国主義とデモクラシーをめぐる複雑な表情をつくり出しているとしている。ラティモアは賠償委員会の一員として来日した際、平野義太郎と対談している(オウエン・ラティモア・平野義太郎「新しきアジアの構想」『世界評論』一九四六年三月号)。また、日本の中国研究者に深い啓発を与えたラティモアの『アジア問題の解決』については、平野義太郎が「アメリカの新しいアジア観——新中国を中心として」(『新中国』一九四六年七月号)で解説を加えている。

人民解放軍は国共内戦で一九四七年後半から攻勢に転じ、四八年後半からは東北・華北の三大作戦に勝利を収め、四九年一月末に北京に無血入城、揚子江を渡河し五月末には上海占領、国民党政府の崩壊と新政権の勝利が確定する。トルーマン政権はその事実を率直に認め、四八年四月の四億六三〇〇万ドルの対中国援助法に盛り込んだ国民党に対する軍事援助を打ち切り、中国情勢不介入の政策決定を行なった。このとき(四九年八月)米国務省が発表したのが『中国白書』(*United States Relations with China*)であり、一八四四年から一九四三年までの米国の対中政策を概観し、それ以後のハーレー大使—マーシャル特使—スチュアート大使時代の動向、国共内戦の軍事的展開をまとめている。『中国白書』の「伝達書」で国務長官ディーン・アチソンは、国民政府の失敗は自壊であって米国の援助不足によるものではないとした上で、事態は米国政府の統制の範囲を超えているが、中共政権が「ソ連帝国主義」に依存し隣邦への攻撃を企てることがないように、米国ならびに国際連合加盟国は動静を注視することを、トルーマン大統領に訴えている。(56)

日本の論壇にとってこの白書は衝撃的で、一〇〇〇頁を超える膨大な原書のうち付録を除く本文の五分の二強が、朝日新聞の翻訳チームによって刊行後一カ月余りという短期間のうちに即座に翻訳出版され(アメリカ国務省編・朝日新聞社訳『中国白書——米国の対華関係』朝日新聞社、一九四九年)、ほぼ同時に、中国での白書の反響がまとめられて朝日新聞調査研究室報告として内部用刊行物扱いで出された(宮崎世龍編『米国対華白書の中国における反響』朝日新聞社、一九四九年)。嘉治隆一「中国白書を読む」(『朝日評論』四九年一一月号)は翻訳チームのメンバーによる内容の梗概である。

細川嘉六(57)「中国革命と「対華白書」」(『中央公論』四九年一〇月号)は、白書が国民党軍の敗因を明記し、解放軍の勝利を認めたことに力点を置き、日本の人民民主主義達成のための教訓として中国革命の歴史的意義を強調する。

「我々は何故敗れたか——中国白書に対する国民政府の見解」(『朝日評論』四九年一二月号)は、国民政府行政院長閻錫山が四九年一〇月に行なった講演で、『中国白書』は井戸に落ちたわれわれにとって石を投げられたに等しい精神的打撃を与えたとし、国民政府の貪汚・腐敗を率直に認めながらも、国民党が辛亥革命以降は革命を主導し、抗日戦争を正面の主体として戦ってきたにもかかわらず、抗共が不可能であったのは、中共の「乱党」ぶりに翻弄されたためだとして、国内統治の失敗の責めを中共に帰す。具体的には、国際的な組織を背後に持った欺瞞宣伝によってストライキを煽動して工業化を阻害したこと、土地改革を法的手段によらず強引に実行したこと、民主・自由を尊ばず集権・独裁の方法で労働者に呼びかけ、農村を破壊して兵力の補給地としたこと、絶対服従の民衆武装組織をつくり上げ、国民軍との正面作戦を避け、泥沼にひきずりこむような戦術を展開したことなどを挫いておくことを訴える。そこで中共に対する認識と戦略を改め、ソ連帝国主義の野心的指示による国際侵略的な政府転覆の野望を挫いておくことを訴える。そして、国共内戦の意義は単なる中国の内戦ではなく、国際的反侵略戦争の前哨であって、中国の赤化が東南アジア、そしてインドの赤化につながることを未然に防遏するための戦争であるとする。国民党批判への反論の体裁をとった反共プロパガンダであるが、この時期の関連諸論考のなかで、最も理論的な真正面からの中共批判であろう。

これに対しオーエン・ラティモア「アジアはアジアを取り戻す――日本と中国に対するアメリカの進路への示唆」(『中央公論』五〇年五月号)は、国共内戦の結果の政権の推移は、国民政府の道義と政治両面の破綻であり自壊によるものであったとする。中共の勝利の意義はソ連の支援や介入によるものではなく、中国が百年来はじめて西欧の支配から解き放たれたことにあるのであって、「アジアはすでに立ち上つたのだ。もはや欧米にもソ連にもアジアを牛耳ることはできなくなつている事実」を直視すべしと説く。また、アメリカは、「アジア人を糾合して反共勢力を築く」とか「アジア人を支配して、アメリカの権益を守護させる」といった発想を放棄し、アジアに残存する旧帝国主義的体制から解放される保証を与え、「アジアとアメリカの利益を直結して、双方共通の視野を有する境地を目標として邁進すべきである」と主張する。

一九四八年半ば頃からアメリカの極東戦略が、対ソ反共陣営の構築という輪郭を明確にし始めるのに合わせて、在日占領軍は占領軍政の終焉を見据えつつ、中ソ共産主義の脅威に対抗して、日本を西側の国際陣営へと繰り込んだめに占領政策の転換を進めていった（リンゼー・パロット「（特別寄稿）極東新情勢と対日講和——条約なき平和独立国」『改造』一九四九年一一月号など）。そこで日本の対中国問題として浮上してきたのが、日中戦争の終戦処理すなわち講和問題であった。四七年九月には国民党四中全会で張群行政院長が、ソ連が対日講和会議に不参加ならば中華民国政府も参加しないとの四大国（米・ソ・英・中）としての拒否権留保を表明していた。それに対しアメリカは、中共が政権を樹立した後もなお、西側陣営の結束の下で日本に西側との単独講和を迫り、日中間に東西対立の鉄のカーテンを下ろそうとした。

このようなアメリカからの単独講和要請に対し、中華人民共和国を国家承認し、その中国を含む四大国との全面講和を主張したのはやはり、中国研究所の所員たちであった。平野義太郎「対日講和の国際的背景」（『潮流』四九年一〇月号）、岩村三千夫「対日講和と中国」（『潮流』四七年一二月号）、同「対日講和と中共承認」（『潮流』五〇年一月号）、同「単独講和と日華関係」（『世界評論』五〇年二月号）などにみられる全面講和主張の根拠は、第一に、単独講和をとることは、同時に進行していた東京裁判で明白となっていた日本軍国主義の罪過と中国侵略の責任を清算せず、再度中国民衆に挑戦し戦争への便乗を準備することになること、第二に、単独講和によって中国との貿易が制約されることは、日本工業の高度化の機会を逃し、日本経済の発展を阻害することになることにあった。

アメリカの極東政策、対中政策という大きな枠組みのなかで条件づけられていた日本は、中国に対する国家承認にせよ経済的関与にせよ、その選択は極めて限定されたものにならざるをえなかった。対中講和問題も然りであり、アメリカの単独講和要請に対し、中国側に依拠した中国論者は全面講和の論陣を張りはしたが、オーエン・ラティモアのように、アジア近代百年の歴史的視座から、戦後アジア情勢や冷戦下の国際情勢を踏まえた大局的な全面講和論を構想することはできなかった。

2　中国の対日本政策と日本観への注視

では中国側からは日本に対してどのような対日政策の基本原則が表明され、日本の論壇はそれをどのように受け止めていただろうか。まず第二次大戦直後のこの時期、日中両国とも国家再建のために国内の諸課題に政府・国民を挙げて取り組んでおり、両国でほぼ同時期に新憲法制定が国論の重要議題とされていたのは、閑却されがちではあるが見逃せない事実である。「中国と日本の新憲法」(『週刊新日本』四六年二月一六日号)は、小コラムながら、隣国が孫文の国民革命以来、ようやく憲政段階に達して国民憲法を持とうとしていることに触れ、「今日、敗北せる日本も亦、その環境こそ中国と異れ、時を同じふして、新しい国民憲法の要請に直面しつつある」とし、中国に比べて遜色ない内容を備えた憲法を制定しようと呼びかける。石浜知行「中国の憲法問題」(『世界評論』四六年七月号)は、清末一九〇八年の憲法大綱以来の中国の憲法制定過程をたどりながら、四六年一月の政治協商会議における憲法草案をめぐる国共間の争論を解説する。

結局、新憲法は南京での国民大会を経て中華民国憲法として四六年一二月に採択され、日本国憲法は周知のように同年一一月三日公布された。国民政府立法院長の孫科は「日本は天皇を必要とするか」(『世界評論』四六年三月号)において、日本での新憲法制定に向けてのメッセージを発した。その目的は「軍国主義・侵略主義の日本をして、死灰復燃のことなからしめ、太平洋上に再び戦争を発生せしめず、日本をして今後百年間侵略への考へを無くさせる」ことにあるとし、旧憲法を根本的に改変して「軍人階級および将校幹部を粛清し、一面において天皇および天皇崇拝の真理を徹底的に払拭せねばなら」ず、「天皇の統治が終止して永久に復活しない」ようにすることが緊要だとした。

中共の側の対日外交方針を解説したものとしては、平野義太郎「中共外交の原則と日本」(『世界評論』四九年第四号)があり、平野の多くの中国関連論文に共通することとして、これもまた基礎的な綱領・文書・原典の祖述のスタイルをとっている。拠っているのは毛沢東「連合政府論」の外交問題を論じた部分で、対日政策は「日本ファシズム、軍国主義を除去するために、日本人民の民主的力量を援助し、民主制度を確立する」ことにあり、講和問題に触れた新華社社説(四九年一月一九日)から、「自ら自由をかちとつた新中国は、ポツダム宣言を忠実に守り、日本の民主化と反動勢力の復活防止を援助するであろう」、「日本を導いて中国との真の密接な友好関係を打ちたてるに最も適した資格あるものは、日本の民主的要素、すなわち、日本共産党および中国人民の血で手がよごれていない他の民主主義分子である」といった条項を引用している。

福井文雄（朝日新聞社論説委員）・中西功・岡崎勝男（民自党衆議院議員・外交委員会委員長）「（座談会）中共の勝利と日本の将来」（『改造』四九年六月号）は、国共内戦において中共の勝利が目前に迫っているおり、中国の解放が世界の勢力均衡にもたらすインパクトを過小評価してはならないとして中共との外交的経済的提携を主張する中西と、中共の実力には懐疑的で資本主義陣営内部での貿易関係を維持することを主張する岡崎との間での論争を、福井が調停するという体裁をとっている。

野坂参三「中日貿易と日本の将来」（『評論』四九年一〇月）は、新中国政府の対日貿易の呼びかけを代弁したもので、中国の工業化を助ける商品を中国に輸出すること、機械と同時に技術者も提供すること、取引決済は物々交換で共存共栄の貿易関係であることなどの原則を提示し、日中貿易は日本の窮状を打開するものだとしてその促進を訴える。

平野義太郎・長谷川如是閑・鹿地亘・阿部義宗（前青山学院長、引揚者団体全聯副委員長）・小宮義孝（元上海自然科学研究所医学部衛生学研究室主任）・大来佐武郎（外務省調査局）・脇村義太郎（東京帝大経済学部教授）・苗剣秋（中華民国駐日代表団専員）・徐逸樵（中華民国駐日代表団顧問）「（座談会）東西文化の交流と日華提携の基本条件」（『潮流』四六年九月号）は、日中双方の各界識者による日中文化比較論と日中協力の構想をめぐる、深い教養と経験に裏打ちされた含蓄のある二八頁にわたる討議の記録である。

中国では敗戦後の日本の民主化や経済復興の動向について関心が持たれ、対日講和問題が日程に上ってきたこともあり、多くの日本関係の論評がメディアに掲載された。日本研究もまた再興し、一九四七年七月に上海に開設された「東方経済図書館」（館長陶希聖）に所蔵された二〇万冊のうち、日本の書物は六割を占めたという。[58]

それに比して日本の諸雑誌では、中国の対日世論の内実について論じた関連論稿はあまり多くない。数少ない例から挙げると、山口一郎「中国人の日本観について」（『中国評論』一九四六年九・一〇月号）はわずか八頁の紙幅に可能な限り中国人の日本関連の著作を系統的に紹介している。時期的には清末の康有為から、民国期の梁啓超、国民党の戴季陶、満洲事変から日中戦争期の批判的日本分析までを、中国文人のもの、国民党系統、共産党系統に分けて著述の内容分析を加えている。村越等「新中国の対日世論」(『季刊　中国研究』一〇号、一九四九年一一月)は、主に中共側の朝・野の戦後日本に対する世論に関して、政治の民主化、経済の民主化、天皇制批判と戦犯追及、軍事化への猜疑と非軍事化要求、対日講和問題といった主題ごとに、新聞社説や雑誌メディア、個人の著述、党の公式声明などを引用・紹介している。とりわけ対日講和論において、日本の侵略による人的物的被害を積算し、新中国政府の講和会議への参加要求を言明していることが注目される。なお、中国の対日世論を主題別に集成したものとして中国研究所編『中国の日本論』(潮流社、四八年)が刊行されている。

いずれにせよアメリカの対中政策の動向に対する注視に比べて、中国の対日政策に対する注目度はあまり高くない。

付記　検閲の実態――プランゲ文庫の関連記事から

本章で扱う時期に発行された雑誌は、例外なくGHQ/SCAP(連合軍最高司令官)麾下のCCD(民間検閲局)の検閲を得なければならず、検閲官によってプレスコードやキーログに触れると判断された文書や当該箇所は、suppress(発行禁止)、delete(削除)、hold(留保)などの措置が検閲理由の文書を添えてなされた。それらが具体的にいかなる措置であったのかを復元することによって検閲の実態が明らかになれば、占領期のメディア空間における中国記事において、公開・流通が認められなかった中国言説がいかなるものであったかの見通しを得ることができ、占領下で許された中国言説の輪郭をたどることができる。幸いに、アメリカのメリーランド大学図書館に所属されているプランゲ文庫は、これらの検閲済み雑誌資料のほぼすべてが収蔵されており、記事・著者・雑誌検索のためのデータベースも完備されている[59]。本章で取り上げた雑誌すべてについて検閲でチェックを受けた字句を採録する紙幅の余裕はないが、雑誌ごとに検閲に関する処分がなされた記事数は下記の通りである(全記事数に対し( )内に検閲記事の本数を示す、データベース上で検閲箇所ありとされているものであっても、現物に当たって見当たらなかったものは検閲処分なしとみなした）。

『文藝春秋』七（〇）、『中央公論』二九（〇）、『世界』二八（〇）、『改造』三五（〇）、『前衛』一七（〇）、『展望』一一（〇）、『思想の科学』五（〇）、『潮流』二七（二）、『朝日評論』二七（二）、『世界評論』四二（一*）、『日本評論』八（〇）、『民主評論』一四（二**）、『評論』一三（一***）、『雄鶏通信』一四（〇）、『思索』七（〇）

*エドガー・スノー「スターリンは平和を欲するか」四九年一月号

**尾崎庄太郎「新民主主義革命の戦略と戦術」（後出）

岡本三郎「岩村三千夫氏の中国新民主主義に関する研究を批判する」四九年三月号

***岩村三千夫・高市恵之助・中西功・内山完造「（座談会）中国の運命」（前出）

上記一五誌以外の記事数データを取っていない下記の諸雑誌については、検閲箇所を含む記事数のみを示す。

『中国評論』一〇、『季刊　中国研究』一、『新中国』九、『新生』〇、『言論』〇、『太平』〇、『人民戦線』〇、『人民評論』一、『新時代』一、『革新』〇、『時論』〇、『新人』〇、『週刊新日本』〇

検閲処分を受けた記事の事例として、発行禁止になった記事を二件掲げることにする。

まず、「中日対日物責の七割要求説」（『新時代』四六年一一月号）のコラムである。短文なので、全文を採録する（マイクロフィッシュが不鮮明のため判読不能の文字は●●で表示）。

「サンフランシスコ放送が一一日、南京放送として伝へた所によれば、国民政府行政院長宋子文氏は一一日の記者団会見で、中国は日本の聯合国に対する賠償総額の七割を要求する旨語つたとのことである。七割要求の根拠は明らかにされてゐないが、従来国府最高当局が、中国は抗日戦で期間的に最も長く奮闘したのであるから、対日賠償物も最大でなければならぬとは、機会ある毎に主張して来た所である、恐らくまだ伝●の域を出ぬ言●と思はれる。日本に対する賠償要求は、今迄の戦争賠償史に見たやうに勝利者の立場よりする「戦争の代償」或ひは●●な●●だけではなくて、その主眼が日本の非武装化と工業後進国における産業振興のため、日本の産業施設を接収して、自国の用に充てると言ふことにあるやうである。従つて日本の非武装化は聯合国共通の意義を有するが、自国

産業の復興とか、推進とかの見地からすれば、これを最も必要とするのは中国と比島であらう。ソ聯邦もドイツとの戦で、その産業施設が荒廃に帰したのであるから、日本施設に目をつけてゐることは同様で、既に在満、在鮮邦人施設は、所謂戦時鹵獲物（戦利品）の名において相当部分を撤去してしまつた。日本、中国本土及び台湾、比島等にある邦人財産は大体そのままで建前としては聯合国共同の賠償物として、何れ●●の下に分割処分されるのであるが、中国が全体の七割を要求するといふことは、まだ妥当とも不当とも判定がつかない、単に抗日戦の期間から言へば、中国が第一であり、また満洲事変以来の犠牲は考へても世界第一であるが、戦争に勝敗の決を与へたの《ママ》必ずしも中国と言ふことにはなるまい、然し宋子文氏の七割要求説が事実とすれば、賠償問題に対し多少なりとも具体的な方針を示したものとして意義があると言へよう。」

発行禁止の事由として検閲官のシートには groundless prediction（根拠なき予断）と記されている。満洲事変以後の日中戦争および太平洋戦争での被害に伴う対日賠償請求については、東京裁判でその罪過は審議中であり、連合国全体の歩調をとらねばならなかった占領軍としても、このような憶測記事が広まり日本国内の世論のみならず国際世論に波風を立たせる危険性を未然に食い止めておかねばならなかったのであろう。

次に、尾崎庄太郎「新民主主義革命の戦略と戦術」（『民主評論』四七年九月号）は、いたるところに delete（削除）の傍線が引かれている。例えば次のような箇所が削除処分を受けている。

「それ〔新民主主義をさす〕はプロレタリア社会主義革命ではないが、プロレタリアートが指導するものであるが故に、資本主義の発展に伴う各種の害悪を最小程度に喰ひとめ、かつ資本主義的期間を最少限度に圧縮せんがために、国家の産業、重要経済機関――たとえば鉄道、鉱山、銀行、保険、その他――を国有とし、人民政府の経営に移しているのである。……要するに新民主主義革命はプロレタリア社会主義革命――それは全生産手段の国有を基礎条件としている――ではなくて、あくまでもブルジョア民主主義革命の範疇に属するものであり、残存封建勢力を一掃し、資本主義的諸関係の●●、もつと正確に言えば、その国の政治、経済、社会、文化等の近代化を図ろうとするものである。しかし、それは植民地、半植民地もしくは従属国における革命であるところに特異な特殊性が生じて来るのである。すなわち、そうした植民地、半植民地もしくは従属国においては、封建残存勢力は外国資本主義と強固に結びついてその支配体制を維持しているのが常であり、また時としてはこの封建残存勢力のみならず民族ブルジョアジーもまた独立的な発展を遂げるまでには発展しておらず、買弁的なブルジョアジーとして外国資本主義の利益のために奉仕する一面の性格を強くもつている。……そうした面においては封建残存勢力を一掃するにも、また外国資本主義の侵略・抑圧・支配もしくは搾取を●●するにも、常にプロレタリアートがその先頭にたつて指導しなければならないのである。」

「民族ブルジョアジーはそのようにして国内封建勢力および外国資本主義と妥協したのであるが、そしてそれは労働者、農民、勤労大衆の革命化を恐れた結果であつたが、妥協によつて、彼等は何物をも与えられなかつた。名目的な関税自主権を与へられはしたが、世界経済恐慌の無慈悲な襲来によつて、一部の民族ブルジョアジー、すなわち投機的、買弁的銀行資本を除いて、他は何れも没落の危機に追いこまれてしまつた。また農村地主、軍閥等の封建勢力との妥協の結果、彼等の農村における活動は殆んど封じられてしまつた。中国内外の混乱に乗じて日本帝国主義は満洲を侵略し、更にそのほこ先は華北、華中にまでも向けられて来た。一九二七年の分裂以来、一〇か年の血の抗争を続けて来た中国の二大階級も●いに再び一致提携して、反日抗日に決起せざるを得なかつた。彼等及び中国社会経済全体の発展のための基本的障碍物たる封建残存勢力および外国資本主義の抑圧、支配を排除することなしには、彼等の発展は根本的に不可能であつたからである。」

「現在における最も顕著な現れは、現に中共地域の各地において見られるところの地主、富農たちの自発的土地供出運動である。」

「新民主主義革命が勝利せる地域はすでに華北、満洲、華中等にまたがる人口一億五千万を擁する広大な地域となつているのである。」

これらの削除箇所についての事由は、シートに明記された形跡はないが、中国の民族ブルジョアジーが買弁的ブルジョアジーと化して外国資本主義と結びつくことを批判的に描いているところで、ＣＣＤのプレスコード条項の特定の解釈として検閲官が参照したキーログでいえば、キーログ第一六項「〝資本主義的〟システム、〝資本家〟」また同項補遺の「アメリカ、イギリスへの批判」に相当するものと思われる。(60)

六　党派性の濃厚な左派言説

自国の敗戦、国共内戦、米ソ冷戦下での米軍による占領という三重構造のなかで、日本の戦後論壇は中国をいかに認識し、議題化してきたのか。そこにはおのずと三重構造がもたらす内外圧による言説の制約があり、戦前・戦中の中国論者の思考枠組みに対する反省を通して中国論の継承と断絶の諸相が反映されていた。一九四五年から五〇年にいたる総合雑誌一五誌に掲載された中国関連記事の歴年内容分析と、それに付随しての関連諸雑誌の注目記事の内容分析を通して得られた本章での所見をまとめておきたい。

まず、敗戦にともなう中国大陸からの撤退により、中国情報の取得に著しい制約が課せられた。国共内戦が中共に優勢に推移するのにともなって、辺境地区を根拠地として政治軍事活動を続けた中国共産党の動向については、関心は高まりながらも情報回路の遮断に直面せざるをえなかった。そこで、情報源の多くを取材が許された欧米ジャーナリストの記事の転載で補うことを余儀なくされ、欧米ジャーナリストが大きな役割を果たした。西側の立場から中共の民主主義を評価するルポが日本のメディアを通して流布されることには、日本人のそれまでの伝統的中国観が、清新な新中国観へと転換していくイメージ転換作用が伴った。

また、情報提供においては、中共支配区から復員した捕虜や反戦同盟の日本人コミュニストの寄稿も大きな役割を果たした。そこには党派的思考が色濃く反映され、必然的にそれらの中国情報の多くは中共の宣伝色を濃厚に反映したものとなった。それらの中国情報を摂取して、積極的に中国論を展開したのは、四六年に成立した、中国研究所の所員たちであった。他に同時代中国の動向を組織的に調査分析する機関もなかったこの時期に、彼らは中共に依拠した中国支持論を流し続けた。この時期の中国論の担い手の主流を占めたのは、日本共産党を中心とした社会主義者系親中国派であった。

それまでの中国研究や中国事情調査に対しては、日本の敗戦は中国に対する誤った認識がもたらしたものであるとの反省がなされ、その批判は軍部による中国侵略の鼓吹者に対しては言わずもがなであるが、中国の政治経済の後進性や、中国人に対する侮蔑意識を日本人に植えつけた、大陸在住の伝統文化のディレッタント、いわゆる「支那通」といわれる人々に指弾が集中した。「支那通」のなかに、中国古典文化を文献学的に研究する「支那学者」もまた勢い含まれる場合があり、彼らシノロジストたちは現実中国の変化とその歴史的画期性について語る資格はないかのごとき論調も見られた。シノロジスト自身もまた、中国革命の歴史的意義の検討に直面し、伝統中国像から新中国像への推移は連続性の局面でとらえられるのかどうか、それとも非連続的なものであるのか、非連続的だとすると新たな中国理解の方法や新たな中国観の枠組みをどう設定すればいいのかという、それまでの伝統的中国観への問い直しを迫られた。そのさい、従来の中国学の成果に安易に依拠するだけでは中国革命の意義は理解できないという自覚の下に、従来の漢学的な中国学や戦前の東洋史学への反省がなされた。

当時の中国論を席捲した日共シンパ以外の中国論の担い手としては、反共主義的中国論者がありえたが、当時の国民党のあまりの劣勢ぶりと自堕落ぶりに国民党に依拠した中国論を立てにくかったこと、戦後、雨後の筍の如く創刊した総合雑誌のほとんどすべてが左翼日共系の論調で彩られていたことなどから、雑誌記事には関連記事はほとんど見当たらなかった。

唯一日共系中国論者のオルタナティヴとしてある程度の寄稿数が見られたのは、戦中に中国の現地調査を進めてきた社会科学者であった。彼らも例外なく敗戦による引揚げを余儀なくされたが、戦前のフィールド調査のストックを原資として戦後直後に続々とそのモノグラフをまとめ、現地の実地調査を踏まえたマルクスやウェーバーやウィットフォーゲルのアジア的生産様式論や農村社会論といった社会科学的理論を批判的に検証した。とはいえ、その調査地は内戦で勝利を収め統一政権樹立のへゲモニーを掌握しつつあった中共の支配区とは限らず、また中共の喧伝する土地改革にとって彼らの調査の経験的知見がどれほど参照価値をもつものなのか、その汎用性を現地調査によって検証することが適わない現状から、論壇からアカデミック・サークルでの論議へと沈潜していくこととなった。

左派系中国論者の功績は、戦争責任についての発言を最も初期に行ない、戦争の敗因、戦争責任の内実、終戦処理および対中講和の道筋を、道理を立てて日本の論壇で明確に示したことであった。そこで支えになったのは、毛沢東が日中戦争勃発後の早い時期に立てていた戦略方針のなかに、既に日本側の非道義性と中国側の正統性・正当性が明快に展望されていたことであった。さらに蒋介石の終戦ラジオ演説は、日本から多大な惨禍を蒙ったにもかかわらず武力報復はしないと宣言したもので、深い恩義と贖罪を痛感させられる契機となった。

中国共産党側は日本の軍国主義者・帝国主義者と広範な人民を区別し、前者を敵として打倒し、後者を友として連帯し共闘するとした。日本兵捕虜政策にも、天皇制打破を含む戦犯処罰原則にも、戦後日本の民主改革にも、その方針は一貫していた。そこで日共系中国論者の戦争責任論は、戦後日本の民主革命の主体となることと、中国の国連加盟を援け、経済協力、貿易再開を進める一翼を担うという対中外交方針に直結していった。

この時期の中国記事に見られる最大の課題は、国共の軍事力・政策立案能力・国民の支持などを比較して、政権の正統性・正当性を見極めることにあった。大陸中国での国民党の国民的支持基盤の脆弱さと国民軍の軍事的劣勢が誰の目にも明らかになるにつれ、日本論壇での関心は、中共側に外国勢力の物的支援がなく、初期の軍事的劣勢は明白だったにもかかわらず、なぜ民心を掌握し全面勝利を収めたのか、新民主主義を掲げ連合政府の体裁をとる中共が主導する中華人民共和国とはいかなる国家なのかということに集中した。

具体的な議題としては、国内的には、土地改革を通して農村に支持基盤を固めていった中共の指導する中国革命の実態とはいかなるものか、いくつかの革命路線闘争や権力抗争を経て党内のヘゲモニーを掌握した毛沢東とはいかなる人物でその革命思想はいかなるものか、ということであった。国外的には、新中国はソ連の従属国となるのか、それとも反旗を翻してチトーのユーゴのように西側との協調路線をとるのか、アメリカは国民党への全面支援を転換し内戦の帰趨を静観するようになったが、新中国にどのようなスタンスをとるのかということをめぐって立てられた。とりわけ米ソ対立が顕在化し、朝鮮半島が米ソ熱戦の舞台へと焦点化しようとしているとき、米軍占領下にある日本は、新中国に対してどのような外交政策を立てうるのか、ポツダム宣言を脱して国際社会に復帰する上で実現しなければいけない講和問題に中ソ共産圏を組み込むか除外するのかという岐路に立たされていた。当時の日本にとって中国問題とは、講和をめぐる片面か全面かの国内闘争の結節点に位置する、国際社会への再帰の命運を決する重大な問題であった。

ただ、熟慮のための素材は、情報量が豊富なアメリカ発の動向分析に偏っており、中国内部での動きは中ソ条約締結のロングラン交渉の最中にあって不透明であったし、ソ連の動きはいっそうわかりにくかった。またこの時期の中国論者とソ連研究者とのつながりは細く、国際政治・国際関係論的アプローチからの中国論は、その大半がアメリカ中心の西側から見たものに終始し、モスクワの指令や意向を調査分析の射程に収めてはいない。ましてや中国からの対日政策立案の動向については、政権中枢の動きがまったく伝わらず、新聞メディアを中心に数少ない対日言論の初歩的分析にとどまった。

敗戦直後、中国論の担い手は、それまでのシノロジスト、現地調査派、「支那通」、軍部の中国謀略論者、中国記者などの複数集団から、日共系親中共論者の優勢へとほぼ一本化されていった。それにともなって、対中認識構造は、多層的多面的なものから、中共主導の革命理論にほぼ全面的に依拠するものとなった。また、中国との情報経路もまた、それまでの戦時期の非対称的ではありながら双方向的なものから、中国から日本への一方向的なものへと変質していった。

現実の中国を観察と論議の対象とする論者たちは、世代的には戦中の中国体験を経てはいるものの、内戦期や新中国成立前後の中国を肌身で知っているわけではないため、叙述のスタイルは、中共の基礎的文献、とりわけ毛沢東主席の代表的著作を金科玉条として、伝えられる土地改革や内戦の軍事的勝利の動きを、その著作の条文に当てはめて解説するような傾向が顕著であった。そこにはおのずと国民党の腐敗・堕落・人民の離反といったマイナス・イメージによって中共に対するプラス・イメージを増幅させる作用が織り込まれており、中共を全面的に支持する日共やソ連の綱領や方針に従うという党派的思考から自由ではありえなかった。彼らには現実の中国を実感する機会が与えられなかった分、強烈な理論は現実の諸事象に優先するかのごとき理論信仰の様相を帯び、現実を理論にあてはめる、あるいは理論に当てはまる現実のみに目を向ける傾向が強かった。それに対し論壇は、理論信仰への解毒作用を持ちうるような実感派の中国論を、敗戦後もそのまま中国に滞在した一部の被留用者や同時代中国の作家との直接の交流を持続した一部の文学研究者を除き、多く提供することはできなかった。

第四・五章で論述するように、文化大革命期の中国報道や論壇での中国論には、中国に対する過剰反応による事実認識の偏りや過度の理想主義化あるいは過度の感情的反発の傾向が見られた。この特質は中国情報の閉鎖性のしからしむるものではあったが、前述したように、敗戦直後の日本の中国論に宿命的にともいうべき形で織り込まれていた党派的思考の延長線上で捉えることもできよう。中国指導部の文書や指令を絶対的権威として受け止め、そこに少しでも近づくことが忠誠の証しであるかのように振る舞ってしまう。そこには党派的思考に由来する理論信仰の心理的機制が反映されていたのである。敗戦当時の入手経路としても情報量としても限られた中国関連情報からすれば、正確な事実認識を求めるのは土台困難なことであったとはいえ、典型的なのは、毛沢東の著作や中国共産党の公式文献を援用して中国革命を正当化したり、土地改革の成功を現地調査を踏まえた実態分析からではなく党の公式見解から証明するといった姿勢であった。

ただここに究明されていない謎として残されているのは、一九五〇年以降、「人民艦隊」などの密航ルートで陸続と北京に渡り、現地で党活動に従事した、徳田球一・野坂参三・伊藤律・高倉テル・聴濤克己《きくなみ》・西沢隆二（ぬやま・ひろし）・安斎庫治ら日本共産党主流派中枢による「北京機関（別名徳田機関）」の役割と行動である。彼らは国際友党である中国共産党との国際共産主義統一戦線の原則から、中国共産党中央の指揮系統の下に組み込まれ、何らかの指示を受けて活動していた。その実態を解明するには、「北京機関」に関する中国共産党および日本共産党による文書、コミンフォルム関連のモスクワ所蔵の文書、「北京機関」の当事者および北京在住の子弟たちによる証言などの諸資料が欠かせない。とはいえ、その資料が決定的に不足している現段階では、究明課題として指摘しておくにとどめておきたい[61]。

むしろ本章の締め括りとして強調しておきたいことは、これらの中国論の系譜を、敗戦・内戦・冷戦の三重の難局のなかで、国際社会へ復帰する航路を瀬踏みしていた日本が、対岸に霞む隣邦を眺めながら、その鏡像にどのような自画像を託そうとしていたかの思想的葛藤として解読することができるのではないかという可能性である。

第二章　中ソの「平和攻勢」に動揺する日本論壇　一九五一―五五
――アジアを席捲するナショナリズムとコミュニズムのなかで

アジア・アフリカ人民の運命がほしいままに左右される時代は、もはや永遠に過去のものとなった。われわれが世界平和を守る決意を固めるなら、何人もわれわれを戦争に引きずり込むことはできない。われわれが民族の独立をかちとり、守る決意を固めるなら、何人もわれわれを奴隷化しつづけることはできない。われわれが友好協力をすすめる決意を固めるなら、何人もわれわれを分裂させることはできない。

――アジア・アフリカ会議全体会議での周恩来の演説（一九五五年四月一九日、中共中央文献編集委員会編『周恩来選集』中共中央ＭＬ著作編訳局訳、外文出版社、一九八九年）

一　竹のカーテンから覗いた新中国

第二次大戦後、西ヨーロッパ諸国はアメリカのマーシャル・プランによって戦争で疲弊した国土の復興と経済的自立を果たし、東ヨーロッパ諸国はソ連の衛星国となって、両者の間に鉄のカーテンが引かれた。一方、アジアにおいては、一九四六年九月、ベトナムとフランスが軍事衝突し第一次インドシナ戦争が勃発した。一九四九年一〇月、世界最大の人口を擁する中華人民共和国が成立し、中華民国政府は内戦に敗れ台湾に撤退した。朝鮮半島では一九五〇年六月に朝鮮戦争が勃発し、共産主義勢力の拡大を恐れるアメリカを主力とする国連軍は軍事介入を決め、アメリカはそれまで軍事援助を放棄し不干渉政策をとっていた台湾に対し中立化宣言をし、軍事援助を復活させ、第七艦隊を派遣して米軍基地の設置と派兵を行なった。中朝国境を越えてアメリカが侵攻してくるのを恐れた中国は、朝鮮に義勇軍を投じ「抗米援朝戦争」を展開した。朝鮮戦争は一九五三年七月に休戦協定が交わされ、インドシナ戦争はジュネーブ会議を経て一九五四年の七月に終結したが、間もなく同年九月に人民解放軍は台湾海峡を挟んで金門・馬祖への砲撃を開始、翌年一月、一江山島・大陳島などに上陸し、国民党軍との間で戦闘を交わすが、二月に撤退した。アメリカは台湾への軍事支援を強め、五四年一二月、米台相互防衛条約を交わした。

インドシナ半島と朝鮮半島は南北に分断され、台湾海峡を挟んで「二つの中国」が生まれ、アジアには竹のカーテンが引かれた。ヨーロッパでは、鉄のカーテンの双方で米ソ東西両大国が均衡を保ち、第二次大戦後は長い平和が続いたが、アジアにおいては、竹のカーテンの双方で対立が衝突へと転化し、米ソの関与によって「アジア人をしてアジア人と戦わせる」（大統領候補時代のアイゼンハワーが一九五二年一〇月に行なった、朝鮮戦争に関する演説での言葉）という様相が顕在化した。ヨーロッパとアジアでは冷戦と熱戦という際立った対照を見せた。

このような国際環境のなかで、GHQによる占領の末期に起こった朝鮮戦争を契機として、日本はアメリカによって共産主義勢力の浸透を防ぐ極東の砦となることを要請され、一九五〇年七月には警察予備隊が創設され、共産党員の追放を勧告するレッドパージが始まった。翌年九月からはサンフランシスコ対日講和会議が開かれ、中華人民共和国・ソ連を除外した西側諸国との単独講和と日米安全保障条約の同日調印がなされて、日本は不十分ながら終戦処理を行なって占領が解かれ、国際社会に復帰した。

本章が扱う日中関係については、日本はアメリカの中華人民共和国に対する封じ込めに同調し、一九五一年一二月に吉田茂首相は米国務省顧問ダレス宛に書簡を送り、台湾の国民政府を正統政府と認め、中華人民共和国とは講和しないことを言明、日米安保条約が発効した一九五二年四月二八日に日華平和条約に調印した。

これに対し成立間もない中華人民共和国政府は、非軍国主義化を条件としたポツダム宣言に逆行する日本の動きを警戒し、ソ連とともに日本の単独講和と武装化に対する反対の姿勢を鮮明に打ち出し、一九五〇年二月、中ソ友好同盟相互援助条約を締結した。その第一条で、日本帝国主義の復活と日本の再侵略があった場合、共同して阻止することを謳い、日本は中ソ共同の仮想敵とされた。また中ソを除外した対日講和問題、アメリカによる日本の再武装化、日華平和条約締結交渉などの吉田政権の動きに対して、再三公式の批判を行なった(1)。

アジアにおいて朝鮮戦争は東西対立の構図をいっそう際立たせる契機となった。日本はアメリカによる被占領、西側諸国との単独講和を経て、非武装・民主化から再軍備・反共へと逆コースをたどることとなった。中国はソ連の指導と援助を受け、とりわけ一九五三年六月の過渡期総路線以降、新民主主義による連合政府構想からソ連型社会主義路線による中国共産党の一党独裁へとシフトを強化することとなった。西側との貿易再開によって活路を開こうとする中国に対し、西側諸国は一九五一年一二月にアメリカで成立したバトル法(対共産圏諸国輸出禁止法)によって戦略物資の禁輸措置をとり、ココム(対共産圏輸出統制調整委員会)によって共産圏への貿易を制限し、一九五二年七月に日本もアジアからただ一国加入した。さらに八月には、中華人民共和国への輸出規制を行なうチンコム(対中国輸出統制委員会、五七年に事実上廃止)が設立された。

五〇年代前半のこの時期、米ソ両大国は直接戦火を交えることのない「平和共存」を模索しつつ対峙し、日中両国政府間には国交断絶が軍事衝突に転化する火種を抱えながらも、中国から発せられる「平和共存」のメッセージに呼応して、日本の政権野党や経済界・民間人には、政治体制を異にする中国への警戒心を抱くいっぽうで、正式な国交のない中国との直接交流を拓くいくつかのルートを模索する動きが拡大しつつあった。

本章では、日中両国政府がそれぞれ前のめりになって「向米一辺倒」と「向ソ一辺倒」を強めていくこの時期に、日本の論壇は竹のカーテン越しに社会主義化する中国をどう認識し、硬直した冷戦の枠組みのなかでいかなる新たな日中関係を打ち立てようとしたのか、引き続き総合雑誌の中国関連記事を手がかりに、論壇の中国論を考察していきたい。

本章が扱う範囲とする一九五一年から五五年にかけて、刊行が継続していた雑誌は、前章で触れた一九四五年から

表2-1　総合雑誌別の中国関連記事掲載本数（1951-55年）

雑誌名	発行所	発行期間	1951	1952	1953	1954	1955	雑誌累計
文藝春秋	文藝春秋	45.10復刊―	5	6	5	9	11	36
中央公論	中央公論社	46.1復刊―	7	14	26	21	10	78
世界	岩波書店	46.1創刊―	8	15	11	13	46	93
改造	改造社	46.1復刊―55.2	15	18	23	16	3	75
日本及日本人	日本新聞社	第２期再刊1950.9―1965秋	7	2	3	13	4	29
前衛	日本共産党出版部	46.2―創刊	5	10	8	5	16	44
計			47	65	76	77	90	355

五〇年にかけての時期に比べて、その数は著しく減少し、総合雑誌五誌と日本共産党の理論機関誌『前衛』の併せて六誌に止まる（さらに『展望』があるが、五一年の九月に一時休刊し、五一年の中国関連記事は二本に止まるため、本章では数量分析の対象から除外した）。これは、敗戦後、雨後の筍のように創復刊した諸雑誌が、四九年から五〇年にかけて、経営難などにより持続不能となり、相次いで廃刊・停刊・休刊したことによる。以下に例によって総合雑誌中国関連記事数の歴年推移（表２－１）・雑誌別掲載本数の比率（図２－１）・雑誌別論調の数量配置図（図２－２）を掲げておく。

ちなみに、本章で初めて登場する雑誌として、『日本及日本人』があり、六誌中唯一の右派雑誌である。[2] 書誌情報について触れておくと、一九〇七年一月に創刊され、二〇〇四年一月に終刊した雑誌で、途中一九二三年九月に休刊し、翌二四年一月復刊し、四五年二月に再び休刊、五〇年九月に復刊した。本章が扱う五五年までは日本新聞社発行で月刊。

これらの図表からわかるように、五二年以降の歴年の掲載記事数は大きな変化はない。掲載雑誌は『世界』『中央公論』『改造』『前衛』の上位四誌で記事総数の八二％を占め、体制批判派の左派系雑誌が中国論の大半をカバーしていたことが窺える。

なお、総合誌ではないため、数量分析の対象とはしないが、この時期、アジアの時事問題を専門的に扱う機関誌が創刊された。一九五一年末に藤崎信幸を中心に設立されたアジア研究者集団のアジア問題調査会は、五三年に社団法人に改組、藤崎が編集発行人となって『アジア問題』を創刊し（一九五八年まで六〇号

図2-1　雑誌別の中国関連記事掲載分布（1951-55年）

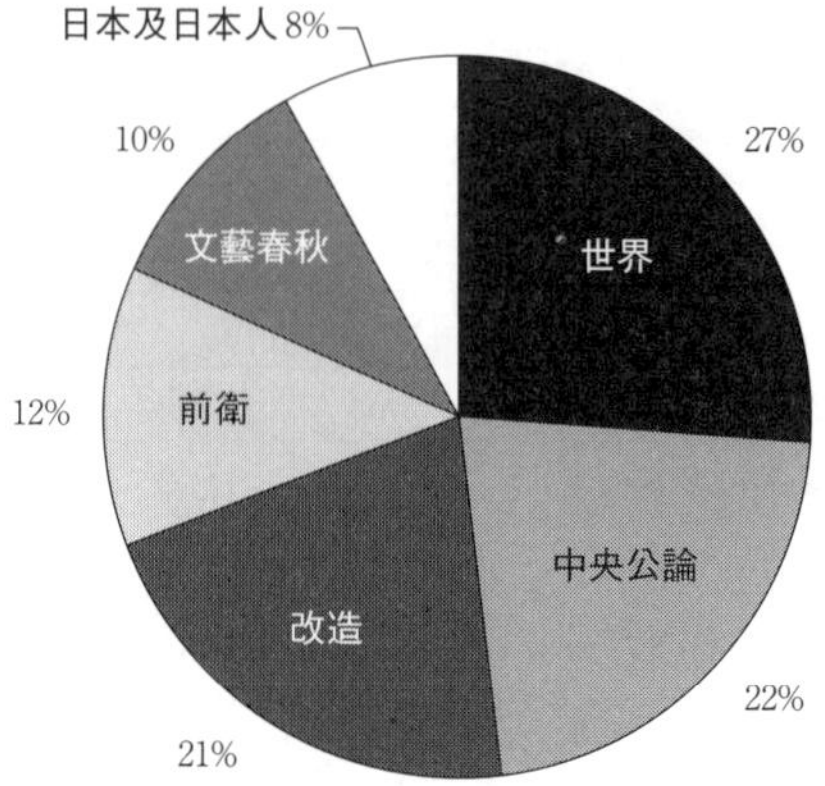

図2-2　総合雑誌６誌の論調傾向配置図（1951-55年）

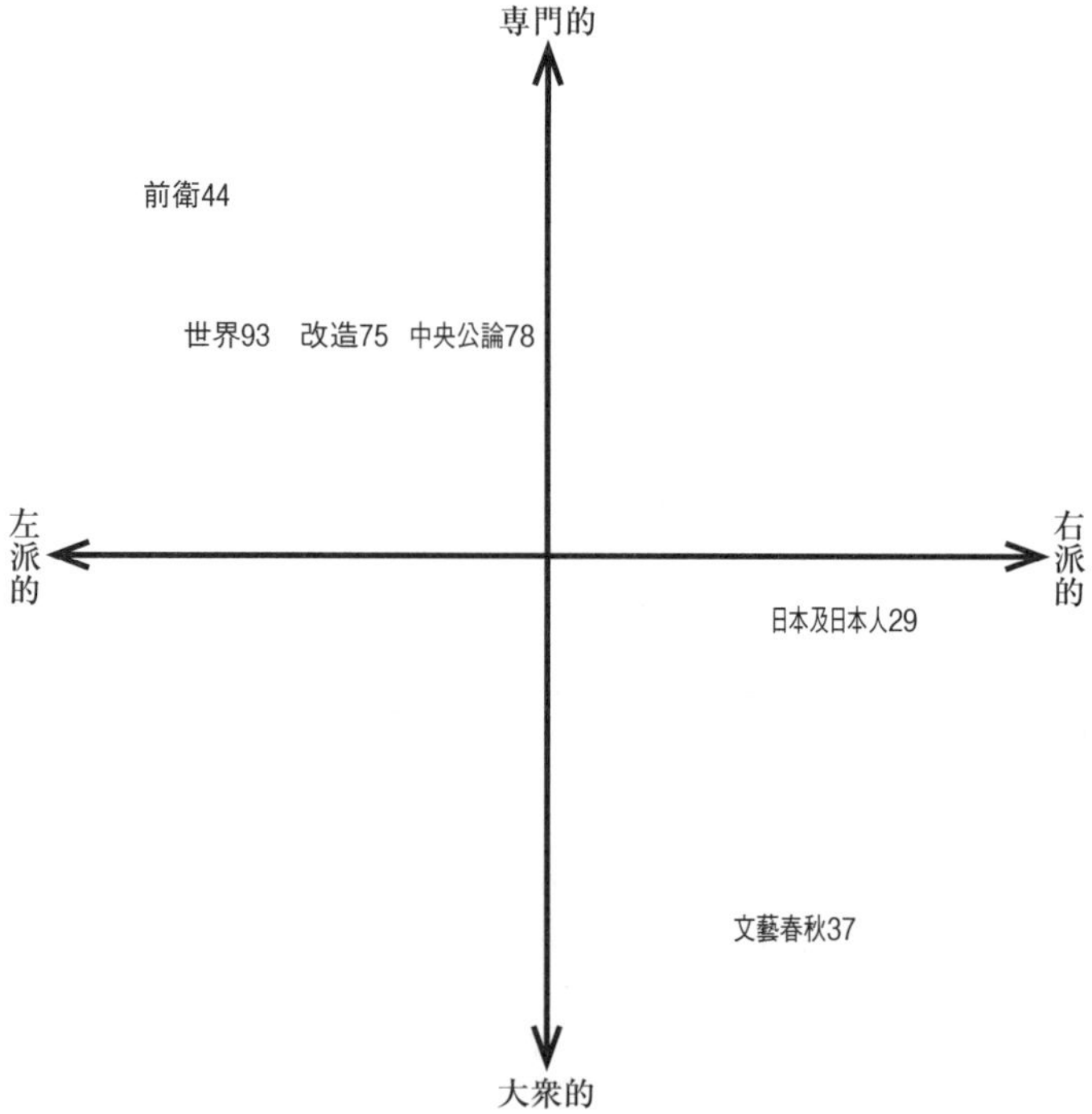

を発行）、アジア問題調査会は、五四年に設立された財団法人アジア協会に統合された。『アジア問題』はアジア各国の現地報告や論説記事から構成され、多彩なアジア関係の執筆者が寄稿した。[3] ただ一九五七年までの掲載記事を集計した総索引を見ると、国別に分類した記事の集計で、全二七九本のうち中国は中華人民共和国の部が五四本で二割弱と、国別に見れば最多ではあるが（さらに中華民国の部が七本ある）、さほど収録記事数は多くなく、どちらかといえば東南アジア・南アジアに重点を置いた編集をしているのが特徴である。

二　日中交流ルートの模索――多様化する中国論の担い手

1　中国残留日本人の体験記

国共内戦のさなかで、政権樹立直後は連合政府の政体をとっていたこともあり、中国側から明確な外交の基軸が打ち出されることはなかった。朝鮮戦争以降、中国は米国批判をいっそう強め、ソ連との一体化を強調し、米国依存を強める日本に対し、批判的な外交姿勢を鮮明に打ち出すようになった。そのいっぽうで、東西対立の狭間で閉ざされた対日外交ルートを開拓しようとしていた。

その背景として、中華人民共和国政府を正統政府と認めない吉田内閣の硬い原則主義を側面からこじ開けたいという意図があった。そのほかに、唯一のルートであった日本共産党との関係維持に支障のあったことが推測される。すなわち、一九五〇年一月六日、コミンフォルム機関紙『恒久平和と人民民主主義のために』に「日本の情勢について」が出され、当時の衆議院議員で日本共産党の中央委員であり国会議員団長の野坂参三が四七年一月に日本共産党第二回全国協議会で唱えた、占領支配の下で社会主義への平和的移行が可能だとする報告に対して痛烈な批判を加えた。それに対し一月一二日、日本共産党政治局が「所感」を発表し、さらにその所感に対して「人民日報社説　日本人民解放の道」が批判を加えた。結局、日本共産党は拡大中央委員会でコミンフォルムによる批判を受け入れ、野坂の自己批判を承認し、五一年一〇月の第五回全国協議会でそれまでの路線を転換して、平和的手段によらない革命を容認する五一年綱領を採択した。その結果、党内は動揺して分派主義が蔓延し、武装闘争をともなう「極左冒険主義」が生まれ、マッカーサー元帥は共産党の非合法化を示唆し、中央委員の追放を指令した。五二年総選挙では日本共産党は議席を失い、党は分裂と解体の危機に晒された（いわゆる「五〇年問題」）。それが後の五五年七月の第六回全国協議会での「極左冒険主義」批判決議にともなう大量の党員除名決定につながる。(4) そのような経緯があって、中国政府には日本共産党への不信感が芽生え、日本共産党以外に新たな日中間の外交・交流ルートを求めていったと考えられる。

そこで、一九五二年、中国側のいう「民を以て官を促す」という「人民外交」方式の対日外交方針が、周恩来総理を中心に策定された。すなわち、民間の直接交流ルートを開拓して政府間接触の機会を増やすことで国交正常化を実現させるという方策である。この方針に基づいて廖承志が日本側の民間大使として白羽の矢を立てたのが、一九五二年一一月からウィーンの世界平和協議会事務局にいた西園寺公一《きんかず》で、西園寺は五八年一月に、一家を挙げて北京に移り住むことになり、一家は六七年まで、西園寺自身は七〇年まで居住することとなった。(5)

まず、中国政府は、一九五三年から中国に残留する民間人および元軍人の送還に踏み切り、日本の政界・財界・学術文化界の世論形成に影響力のある識者たちを中国に招請し、中国に親近感を持つ日本人の拡大に努めた。(6) それまでは、敗戦直後に、一部の留用者と戦犯を除いて、短期間のうちに大量の日本人の帰国と引揚げがなされたため、新中国成立前後の中国を見聞した日本人の寄稿者は乏しかった。

記事発表当時香港に在住していた和田量の「（ルポルタージュ）中共治下の日本人」（『改造』一九五一年八月号）によると、当時の在留邦人は最少に見積もって約一一万名、内訳は主に東北地区にいた者が多く、中共軍ないし政府機関に留用または徴用された人々が八万数千名で、解放軍に従事したり、技術者は交通・鉱山・重工業といった各産業部門で留用されたり、学術・映画・美術などの分野で活動したりしている。そのほか、国府当局の対日僑政策に従って残留し、民間事業に携わったり苦しい自活生活を続けている人々が約一万名、東北地区に取り残されて悲惨な運命に晒されている婦人や孤児たちが推定約五、六千人、このほか、終戦当時山西省にいた部隊や関東軍と開拓民の一部で、杳《よう》として行方の知れない幽霊部隊がいると報じている。

一九五二年一二月一日、北京放送は中国には三万人の日本人居留民と少数の戦犯がいて、帰国を援助する用意があると、中国政府の電撃的発表をした。これに即応して、翌二日から四日にかけて、日本赤十字社、在外同胞帰還促進全国協議会（一九四七年一一月結成）、日中友好協会（一九五〇年一〇月創立、会長・松本治一郎）、日本平和連絡会（一九五二年一〇月成立）が中国政府に代表入国を要請した。寝耳に水の引揚げ報道に接した日本のメディアに、中共の意図について、「新たな「平和攻勢」の第一石」か、朝鮮戦争の最中アイゼンハワー大統領が着手するかもしれない「中共の沿岸封鎖に対する対抗策ではないか」、「極東コミンフォルムの決定による大規模な高度の政策作戦ではないか」、「中国との友好団体を強化発展させる手を打つ」ためではないか、といった臆測を逞しくさせた(7)。

翌年五三年一月には在中国日本人の帰国を打ち合わせるための前述の使節団が北京を訪れ、日中間の帰国打合わせ会談を経て、三月二三日、中国残留日本人総計四九三七人を乗せた引揚げ船が舞鶴に入港した。これを皮切りに、断続的にその年の一〇月までに二万六〇〇〇名余の日本人が送還された。

中国訪問に先立って、使節の内山完造と畑中政春が吉野源三郎の司会で「中国へ出発するにあたって」という座談会を行ない（『世界』一九五三年三月号）、正式の外交関係を持たない中国と、政府間折衝ではないいわば国民外交の形でどのように送還問題を決着させればよいか、引揚げ者の受入れ態勢や中国政府との未決の賠償問題など諸課題と心構えはどうあるべきか、などについて議論している。一九四六年に中共地区から引き揚げた元捕虜の北川正夫は、「在中共邦人送還の意図」（『中央公論』一九五三年三月号）において、この送還事業について、彼ら未帰還者は巷間囁かれているような政治的人質では決してなく、たとえそれが中ソ「平和攻勢」の一部であっても、そこに政治的意図を読み込もうとせずに、人道問題として受け取っておくのが妥当であろうとしている。大原富枝「中国帰国第一回の人々に逢って」（『世界』一九五三年六月号）は、帰還船で帰国した人々の様子や帰国第一声を伝えるものである。

この一群の引揚げ者たちのなかでとりわけユニークなのは、満洲国の新京（解放後は長春）に設立された満洲映画協会の撮影所で働いていたシネアストたちのうち、戦後自発的に中国に残って、芸術・美術工作に従事した引揚げ者たちの手記である。満映で啓民映画部次長を務めた映画監督の木村荘十二《そとじ》は、終戦後、沙河子の炭鉱で働いた後、東北画報社、東北文藝工作団、東北文化倶楽部美工社、東北魯迅文藝学院で美術の仕事をした。「中国では楽しかった」（『中央公論』一九五三年五月号）で木村は、五三年三月の帰還船第一便で帰国後、ジャーナリストたちから質問を受けたが、想像以上に彼ら日本にいる日本人が中国の真相を知らず、日中間の社会のありようが違ってしまっているために正確に理解してもらうことは難しく、双方の見方に開きがあるとの感想を漏らす。中国では衛生運動や学習運動が徹底していて、人間の品質は変わり、高い規律を保ち、人々は希望に燃えているとする。自分たちの帰国運動については、本人の意思を尊重し、機関に勤務していた者には一人八〇万元の手当てが渡されたと述べている。(8) 同じく満映にいた映画監督の内田吐夢は、撮影所後にできた東北電影公司で技術顧問として働き、帰国後、「中共の夢・日本の夢」（『文藝春秋』一九五四年一月号）を発表、政治は大衆本位で、「毛沢東の政治に民衆は圧迫を感じていない」ことを伝え、新中国の実態を伝える際に必ず言及される、蝿がいなくなったことについても言及し、住民が徹底的に撲滅運動をして、「実に見事だった」と評価している。木村、内田をはじめ、他にも菊池周子、岸富美子、勢満雄、高島小二郎、福島宏、岩崎昶（司会）ら、満映出身の中国に残留したシネアストらが集った帰国談「（座談会）私たちは新中国で映画をつくってきた」（『中央公論』一九五四年二月号）もまた、一様に中国の文藝工作を正しいものとして評価し、留用技術者への待遇に満足の意を表明している。

池田富太「上海の子供たち——教員生活の回想」（『改造』一九五三年臨時増刊号「自由の眼は語る」）は、戦後上海に残った紡績技術の留用日本人子弟のための学校経営にあたった体験者の回想である。

彼ら中国の引揚げ者は、技術指導者、労働者、中国人と結婚した日本人女性など多様な経歴の人々から成っていたが、帰国後発表された談話や手記では、大半が中国の生活実態に満足し、中国政府の政策を評価している。(9) 第一次引揚げ者のうち、東京都に帰還した世帯主に対して六〇世帯分の個別面接調査が、時事通信社によって五三年四月一〇日より三日間行なわれた。その統計結果と分析は、『世界週報』一九五三年五月一一日号に掲載されており、中国残留者の中国での生活ぶりや帰国後日本の印象などの平均像をうかがうことができる。

これら新中国での良好な暮らしとは裏腹に、送還事業発動前の記事であるが、「赤い満洲からの二つの手紙」（『文藝春秋』一九五二年七月号）では、鞍山に留用された匿名の二人の日本人が粗末な食事や安月給、汚職収賄のひどさ（そのために折しも三反運動が始められた）、酷薄な「坦白運動」（罪責自白運動）と人民裁判の実態を告発している。一九四一年に渡満し、終戦後人民解放軍の衛生部医師を命ぜられ、後に中国医科大学産婦人科教授となって五四年に帰国した明石勝英は「中共に自由ありや」（『文藝春秋』一九五五年五月号）で、当時中国を訪問した旅行者や学者の記録を読むと、中国の現実を踏まえない記事が多いことを指摘し、彼ら（例えば帆足計や高良《こうら》とみなど）が訪中している間、現地の留用日本人は外出禁止で軟禁され、彼らが接触したのは「中共選り抜きの、日頃から在中日本人の怨嗟の的であった人物だけであった」という内幕を明かす。さらに、土地改革運動で対象とされた地主に対する殺人を含む仕打ち、相互監視制度の実態、職業選択の自由がないこと、ソ連の技術の低劣さ、知識分子への思想改造運動で吊るし上げにあうインテリなど、戦後九年間に実体験したことの憤懣を吐露する。

日本人の送還事業の総責任者となった中国紅十字会会長の李徳全は[10]、一九五四年七月、さらに戦犯の釈放・送還についても準備中と語る。やがて中国残留日本人の第二波として、中国の戦犯管理所で裁きを待って抑留されている一千名余りの日本人戦犯が、全人代常務委員会で寛大処理の決定がなされ、一九五六年から六四年にかけて日本に送還される（それ以前に釈放済みの戦犯はすべて一九五四年九月に送還されている）。彼らは戦後日本論壇において、日本の中国侵略戦争を告発し日中国交回復を鼓吹する、中国論の次なる強力な担い手の一群となっていくのである。

2　政財界要人の中国見聞

一九五四年一二月、第三次吉田自由党内閣が総辞職し、自由党から離反して結党されたばかりの日本民主党の総裁の鳩山一郎が首相となった。鳩山内閣は重光葵外相と石橋湛山通産相を率い、重光外相は中ソとの国交回復を目指して日ソ交渉に入り、中国との貿易拡大の意向を表明した。これに呼応して周恩来首相兼外相は、首脳訪問により積極的に門戸を開く姿勢を示した。だが、鳩山首相は軍備増強や憲法改正を表明し「二つの中国」を容認する発言をするなど、国交正常化に向けての阻害要因も多く、さほど目覚しい成果は生まなかった[11]。

対日ルートの最初の突破口は、平等互恵の原則を掲げての通商関係の開拓にあった。一九五二年四月末、帆足計[12](衆議院議員、社会党)、高良とみ(参議院議員、緑風会)、宮腰喜助(衆議院議員、改進党)が、パリから欧州に入ってデンマークを経て、世界平和評議会の呼びかけに呼応して開かれたモスクワでの国際経済会議に出席した。彼らは五月半ばに北京に入り、六月一日に日本側の日中貿易促進会議と中国側の中国国際貿易促進委員会との間に第一次日中民間貿易協定が交わされた。

帆足計・脇村義太郎「(対談)中共貿易は可能か」(『世界』一九五二年九月号)は、日本人で初めて鉄のカーテンを西から東に突破した帆足に、脇村が共産圏の実態を尋ねている。帆足は中国に四五日間滞在し、南漢宸、沈鈞儒、章乃器、宋慶齢、郭沫若らと会い、北京と上海を訪れた。農村では土地改革、治水事業、合作社運動などが成功して新政権への人民の支持を集め、工場では勤労者の生活水準が高められ、「古い支那というものは、そこになくなって、新しい中国がそこにある」とし、「中国に起った新政権はかれつな自然にうちひしがれ、貧しい、そしてたちおくれたアジアの実情に非常にアダプトしている。非常によく適応していて、情理兼備わる政策を実施している」との印象を語る[13]。同行した高良とみも「心に残ったこと――日本に帰って」(『世界』一九五二年九月号)で、社会福祉が充実し失業者がおらず、労働キャンプなどの集団生活を通して新しいモラルが浸透している中国社会への感動を隠さない。また、一併せて「揚子江開発の実態――中国大規模経済建設の一端」(『世界』一九五二年一二月号)のルポを寄せる。また、一九五二年一一月にウィーンの世界平和協議会に出席した西園寺公一は、同年末にウィーンから直接、北京を訪れている。

一九五二年末に発足した日中貿易促進議員連盟(日中議連)は、財界人に混じって超党派の国会議員を加えた二五名の中国通商視察議員団(団長は池田正之輔・鳩山派自由党衆議院議員)を五三年九月二八日に北京に派遣し、第二次日中民間貿易協定を締結した。日中議連の結成には、単に日中間の通商だけでなく、吉田内閣の日米協調路線に楔を打ち日中関係改善を模索する鳩山派の政治的意図があった[14]。『中央公論』一九五三年一二月号の「(特集)新中国の扉を叩く」は、中国側の郭沫若の談話のほか訪中団の団員による報告記録である。日中間の友好促進と平等互恵の貿易関係の樹立を通して、アメリカによる戦略物資輸出制限やMSA(相互安全保障)協定(五四年三月八日に日米で相互防衛援助協定調印)に基づく日本に対する軍事力強化要求などの干渉を退け、国交正常化の道筋をつけることを最終目標として五カ年計画に着手した、中国の経済建設に高い評価を与えている。同号には竹内好、石川滋、斎藤秋男、高市恵之助、本橋渥による座談会「新中国の思想と建設——経済五ヵ年計画発足の諸条件」が併載されている。池田正之輔自身も「日中貿易協定を促進せよ」(『中央公論』一九五四年二月号)を寄稿している。

経済界・実業界とのパイプは、一九五四年九月に発足した日本国際貿易促進協会(会長・村田省蔵、「国貿促」と略記)へと発展し、翌年一月には村田ら三名が北京を訪問、周恩来と会見した。村田は戦中は近衛内閣の逓信大臣やフィリピン派遣軍最高顧問を務め、戦後の吉田内閣時代はフィリピン大使でもあった。大阪商船の幹部として長く中国に生活したことがあり、社会主義化する中国に対しては疑念も抱いていた実業界の実力者である。村田省蔵、大内兵衛、東畑精一、有沢広巳による座談会「周恩来と会って——村田省蔵帰国談」(『世界』一九五五年四月号)において村田は、今の中国の清潔さと人々の禁欲的な生活ぶりを新鮮な目で報告するとともに、戦前と戦後の日中貿易額の落差を各種品目の数値を挙げて際立たせつつ、中国との貿易の可能性について具体的に指針を示している。村田の発言のなかで注目すべきは、周恩来との会談において、開口一番、日本共産党の活動方針について、中国共産党は具体的に指令を出しているのではないかと質問をし、周恩来が否定したことと[15]、中ソ友好相互援助条約の第一条で日本を仮想敵国とした理由を問い質したところ、「日本というよりアメリカが恐ろしかった」との発言を引き出したことである。村田省蔵はまた「古い中国観への警告——対共産圏貿易を恐れるな」(『文藝春秋』一九五五年七月号)、「日中関係の現状を憂う」(『世界』一九五五年一一月号)において、中国が共産革命を選択したことは中国の近代史に内在する問題であって、日本が共産主義を怖れる必要はないとし、日中間の貿易は政治と切り離して行なう、いわば政経分離の発想を打ち出し、経済・文化交流から出発して相互親善を増し、平和条約に漕ぎ着けたいとの周恩来の発言を紹介している。村田の日中関係改善に向けた熱意に感銘を受け、国貿促に藤山愛一郎（当時日商会頭、後の日本国貿促会長）、岡崎嘉平太（当時池貝鉄工社長、後の日中覚書貿易日本側代表）が加わった。当時の鳩山一郎首相―石橋湛山通相―高碕達之助経企庁長官の日中貿易拡大と関係改善への努力が下支えとなって、日中両国の国際貿易促進協会は、五五年五月に東京で第三次日中民間貿易協定を交わした(16)。

中国経済の現状と日中貿易の可能性については、石川滋「中国は日本を必要とするか――いわゆる「中共貿易論」を中心に」（『中央公論』一九五三年九月号）で分析がなされている。中国はサンフランシスコ条約締結によってアメリカが日本の再軍備化に圧力をかけていくことを警戒していること、五カ年計画の実施にあたってはソ連との連携を深め、「日本との貿易関係は構造的な親近性をますます失いつつある」ことを検証し、経済的相互依存関係の稀薄化に比して政治的脅威感の方に日中関係の規定要因は傾きつつあるとする。

3　学術文化界識者の中国見聞

学者や文化人も訪中団に加わった。一九五二年一〇月二日、平和共存の呼びかけに応える一三名のアジア太平洋地域平和会議日本代表団（これが後の在留日本人引揚げ問題の交渉団体である日本平和連絡会となる）が、外務省からの旅券が発給されないまま、北京で開催される三七カ国から四〇〇人ほどが集うアジア太平洋地域平和会議に出席した。会議ではサンフランシスコ単独講和条約に反対し、日本の再軍国主義化に反対し、外国軍隊は日本から撤退すべきなどの条項を含む、日本問題に関する決議がなされた。

団長の前進座座長中村翫右衛門《かんえもん》(17)は「北京に祖国を想う」（『改造』一九五三年二月号）、「老舎会見記」（同七月号）を寄せる。団員の南博（一橋大学助教授）は「北京平和会議に出席して」（『世界』一九五三年二月号）で会議の概要を紹介し、「私は新しい人々を見て来た――中ソより帰りて」（『中央公論』一九五三年一月号）で、「ホテルのドアに鍵をかけないでもよい」といったその後パターン化された中国観察を認《したた》め、「三反五反運動」のような粛清についても、「人間の考え方というものは、生活を通してしか変ることができない。古い人、頑固な人が新しい正しい生活の中に、いわば包みこまれて行くことでひとりでに考え方も変って来る」と好意的な見方をしている。竹内好との対談「北京の四〇日間」（『改造』一九五三年一月号）でも街の印象を尋ねる竹内に対して、人々の表情が明るく健全な人間改造が進んでいることに自らも学ばなければいけないと発言している。また「北京から帰って――心に残ったこと」（『世界』一九五三年一月号）では、「蝿は一匹もいない」「売笑婦が中国にはいない」といったお定まりの感想を記す[18]。務台理作「中国になにを学ぶか」（『改造』一九五三年臨時増刊号「自由の眼は語る」）は、この会議の意義を高く評価し、「資本家と外国勢力とによって自主性を奪われている日本」は、人民革命によって人民の生活が向上しつつある新興中国に学び、文化交流を積極的に行ない、日中貿易、日中提携に活路を見出せと主張する。

翌一九五三年九月二四日には、中国人民保衛世界和平委員会の招きで、大山郁夫（日本平和擁護委員会会長）と淡徳三郎がモスクワ経由で訪中した。

また、一九五三年九月の中国通商視察議員団に次ぐ国会議員訪中団（団長は鈴木茂三郎・左派社会党）が、一九五四年九月末から約一カ月間訪中し、北京のほか、東北地方に行き、撫順の戦犯管理処や鞍山製鉄所を参観した。このおり、国会議員団とともに学術文化視察団（団長は安倍能成・学習院大学院長）も同行した。両団は周恩来と会見し、会見記録は「国会議員団・学術文化視察団　周恩来会見記――中日友好の基礎についての周総理談話」として『世界』一九五四年一二月号に掲載された。また翌五五年一月号には、「新しい中国の姿――中国訪問報告講演会」として学術文化視察団の安倍能成、阿部知二（作家）、岸輝子（俳優座）、吉野源三郎（『世界』編集長）による講演が採録され（講演会は平和問題談話会が主催）、貝塚茂樹、奥野信太郎、倉石武四郎が見聞録を寄せている。

団長の安倍は、日本人の民心が中華人民共和国に傾倒し中華民国蒋介石政権を顧慮しないことに「歴史のアイロニイを思はざるを得ない」とし、「我々は共和国の勢威に媚びて、民国の落ち目を嘲ることを恥とする」とし、共産側が帝国主義的ではないという議論には与しないとの留保をつけながらも、周総理がネール首相とともに宣言した平和五原則は国際デモクラシーを具現し小国の和平を実現するものとして「世界の国際外交関係に画期的な新紀元を開いた」と評価し、新中国の前進を事実として認め、日本は「今までの罪を悔い、非を改めて、断乎たる決心を以て中国との友誼を進めねばならない」と記している。さらに同号には「周恩来会見記を読んで」として、谷川徹三（法政大学文学部長）、風見章（衆議院議員、社会党）、青野季吉（評論家）、河上丈太郎（社会党委員長）、亀井勝一郎（評論家）、北村徳太郎（改進党）、立野信之（作家）、仁井田陞（歴史家）、河盛好蔵（評論家）、山川均らが読後感を寄せた。安倍以外の寄稿者は、ほとんど一切の留保なく、新中国の社会と人間の変化に驚嘆し、経済建設と生活の向上が着実になされていることを支持し、中華人民共和国の国家承認および国交回復と、平和的共存関係の樹立を主張している。とくに山川均は「竹のカーテンは破られた」において視察団の訪問を高く評価し、中国の社会主義経済の方向への国内建設は、ソ連との緊密な連携の下に急速度かつ健全に進行しているとする。ただそれは東欧衛星諸国のようなソ連への隷属化ではなく、「中国のチトー化」でもなく、自主独立の平等の立場での新たな友好関係が生まれていることに、従来の資本主義の国際関係ではありえなかったような国際関係の新しい型が育ちつつあるとしている。

なお、訪問団員の漫画家・近藤日出造は「新中国の横顔を撫でる——ベタ惚れはしかねるが」（『文藝春秋』一九五四年一二月号）を寄せ、貝塚茂樹、阿部知二、戒能通孝は『改造』一九五四年一二月号に見聞録を寄稿している。[19]

次いで学者訪中団として、一九五五年五月に日本学術会議代表団（団長茅誠司）が中国科学院の招きでソ連と中国を併せて五〇日間訪れ、北京では周恩来総理に会見した。団員の桑原武夫は吉川幸次郎の質問に答える形で「ソ連・中国見たまま」（『中央公論』一九五五年八月号）を発表し、大内兵衛・南原繁の両団員は「ソヴェト・中国を旅して——その現状とわれらの態度」（『世界』一九五五年八月号）という対談をしている。[20] そのなかで南原繁は、中ソは原爆競争において有利な条件が整うまでの時間稼ぎとして平和攻勢を仕掛けているのではないかとの疑惑に答えて、中ソの諸学者との議論を経て、「社会主義は、ファシズムと違って平和主義だと思うのです。その点がファシズムと根本的に違うところだ」との見方を示していることが注意を引く。このほか関連記事として、大内兵衛「人民大学とはいかなる大学か」（『世界』一九五五年八月号）、同「ソ連・中国の経済学」（同一一月号）、南原繁「ソ連・中国を訪ねて」（『中央公論』一九五五年九月号）がある。

同年七月、メディア界も訪中団を送った。新聞・通信・放送各社からなる日本新聞放送中国視察団（団長は横田実産業経済新聞副社長、五六年に日本新聞協会事務局長）が訪中し、周恩来と会見した。（無署名）「周恩来はどう答えたか――中国訪問新聞記者団会見記」、横田実「周恩来会見記」（『世界』一九五五年一一月号）では、団員らは総じて中国の現状を肯定的に評価するとともに、横田の質問に答えて周恩来が、対日賠償請求権について政府はまだ具体的に討議していないとの返答をしていることが注目される。

一連の日本人による訪中見聞録は、この後、日本人による中国関連記事の一つの系譜をなしていく。いずれも名所旧跡やモデル地区を訪問し、中国側の相手方の発言や公式発表をそのまま引き写し、判で押したような「蝿がいない」「瞳が輝いている」といった印象や指導者たちの人間的魅力を記したものが多い。

日中間の人的交流は、中国側からの招待を受けて日本から中国を訪問するという一方通行が最初の形態であって、当初は中国側の日本との接触窓口は、中国人民対外文化協会（会長楚図南）、中国人民外交学会（会長張奚若）、中国人民保衛和平委員会（主席郭沫若）、中国紅十字会（会長李徳全）、中華全国総工会（主席劉寧一）、中国アジア・アフリカ連帯委員会（主席廖承志）、中華全国青年連合会（主席劉西元）、中華婦女連合会（主席蔡暢）などがあたり、この時点ではまだ中日友好協会など、対日関係の特定の団体は存在しなかった[21]。中国側の来訪の皮切りは、一九五四年一〇月三〇日、中国残留日本人送還事業の母体となった中国紅十字会一行（会長李徳全中国政府衛生部長）の訪日が実現し、訪問先の各地で日本人および関係団体の熱烈な歓迎を受けたことだった。外務省当局と招請の説得に当たった畑中政春・日本平和連絡会代表の「中国紅十字会代表の来日をめぐって」（『世界』一九五四年一一月号）によると、招請には労働者の支持のほか、デフレ下で中国との経済交流に活路を見出そうとする財界の期待があったという。畑中は、「李徳全氏ら一行の来訪ほどわが国の一般庶民の深い関心を喚んだ賓客は近ごろ珍しい。これは、畢竟するに、昨年いらい、中国紅十字会を通じ、中国人がわれわれに示した温い気持が、大衆の心にふかくしみこんだこと、むしろ日本側でおろしている竹のカーテン、鉄のカーテンをめくりあげ大陸諸国の国民と仲よく交際したいという抑えがたい欲求がそうさせているのだと私は思う」との印象を綴っている。

李徳全自身もまた、『改造』一九五五年一月号に短文「中国婦人の状況」を寄せるとともに、歓迎会を主催した全

表2-2　掲載本数順執筆者（1951-55年）

	人　　名	掲載本数
①	竹内好，周恩来，吉川幸次郎	17
③	貝塚茂樹	7
④	斎藤秋男	6
⑤	内山完造，大内兵衛，岡崎俊夫	5
⑥	胡蘭成，Ｊ．ネール，平野義太郎	4
⑦	石川滋，市勢正幸，岡倉古志郎，奥野信太郎，倉石武四郎，宍戸寛，E. スノー，橘善守，苗剣秋，畑中政春，帆足計，南博，村田省蔵，吉野源三郎，和田斉	3

＊３本以上寄稿者に限る

日本婦人団体連合会会長の平塚らいてうのほか、相馬黒光（新宿中村屋創立者）、丸岡秀子、植村環、猿渡文江らとともに座談会「アジアの平和は婦人の手で」を行なっている。帰国後は『中央公論』一九五五年三月号に「日本訪問の旅から帰って」を寄稿し、中日の正常な関係回復を呼びかけるとともに、米軍基地が置かれた日本の現状に同情し、日本の各層の人々は「アメリカが日本の軍国主義を利用してアジアと世界の平和をかき乱そうとする企てを阻む大きな力となることでありましょう」とのメッセージを送っている。

一九五二年四月末の帆足計らの訪中以降、総合雑誌には、堰を切ったように中国を目睹しての見聞記事が掲載された。中国大陸に足を踏み入れ、政財界・文藝界の要人の謦咳に接し、教育や生産現場で新中国の「新生事物」を視察した記録は、中華人民共和国成立後は、まったく人の往来が途絶し、一次情報が遮断されていたことから、それまで中国との深い関わりを持っていようがいまいが、わずか数日間の滞在期間であろうが、貴重な情報源として誌面を飾った。本章で扱う一九五一―五五年の時期に、総合雑誌寄稿者の掲載記事を本数順に並べてみると（表2-2）、内山完造、畑中政春、帆足計、南博など、中国からの帰還者や訪中報告者の比率が、他の時期に比較して突出して高いことがわかる。

前章で見たように、敗戦から中華人民共和国成立まで、一九四五―五〇年の時期の中国関連記事の書き手としては、掲載記事数の上では中国研究所を中核とする左派系現代中国研究者たちが圧倒的な主流であって、中華人民共和国を積極的に支持・擁護する中国論を展開した。その後に続く五一―五五年の時期の執筆者は、それらの書き手を含みつつも、専門的には現代中国研究に止まらず、国際政治学・経済学をはじめ諸領域の研究者の外に広がり、職域も学者・研究者・記者だけでなく、政界・経済界・文化界の要人へと多彩になっていった。思想傾向としても必ずしも日共系左派人士だけでなく、所属・支持政党は自民党・社会党にも拡がり、村田省蔵・藤山愛一郎・岡崎嘉平太・高碕達之助・石橋湛山・浅沼稲次郎のような親中派の政財界有力者たちは、むしろ対米一辺倒の自民党主流派と距離をおく右派人士たちであった[22]。とりわけこの時期の顕著な特徴は、中国での生活体験があり、また中国を実地に見聞した体験者のルポが一気に増えたことと、それまでのような党派性を帯びつつ中国側の政策意図を体現した中国論ではなく、中国政府を支持するとともに、対米追随を鮮明にしていく日本政府への批判に重きが置かれていたことである。とはいえ、現代中国への強いシンパシーのあまり、全面的礼賛に近い記事が誌面を飾っていたことは否めない。

E・G・サイデンステッカー「中共ブームについて――日本は自己嫌悪症にかかっている」(『文藝春秋』一九五五年新年号)は、中国を訪問した日本人の報告を読んでいると、中国で良いのは例外なく日本では良く、中国でも悪いものは日本ではいっそう悪いとされていて、「強い自己被虐的な傾向」があると指摘する。それは、ちょうど四、五年前まではアメリカ崇拝熱がひどく、アメリカを忠実に見習おうとするあまり、日本のあらゆるものを封建的と卑下していたことを思わせる。今やそのアメリカは何でも悪いと考えたがっているようだが、これは日本人がアメリカを自分の側の国として親密に扱っていることからくるわがままの表現なのだと穿った見方をしている。

とはいえ、現在の地点に立って、それらの記事を偏りが見られるとか、中国側のプロパガンダに乗せられていると今さら言い立てたところで、それはその後の歴史をたどりうる特権的立場にある後人の後知恵に過ぎない。むしろこれらの中国見聞録を、竹のカーテン越しに見えた中国像はいかなるものだったかを検証する素材とみなしておくことが、日本人の対中国認識枠組みの歴史的変遷を明らかにしようとするさいには賢明な態度であろう。

ただ、これらの見聞録に接しておしなべて感じることは、第一に、新中国の新しさを強調するあまりか、旧中国との連続性についてはほとんど顧慮されていないことである。第二に、中国の人々と通訳を介してではあるもののじかに接しえたことの感動を隠さず表明していながら、賓客待遇の心地よさをそのまま享受しているような、ある種の能天気さが感じとられ、特定の個人との深い交友関係を裏づけるような記述に乏しいことである。

その例外は内山完造で、彼は上海の日本人租界地区に店構えした内山書店店主として、戦中から戦後引揚げまで、生活者として三五年間上海に暮らし、魯迅をはじめ多くの中国の文人や作家、日本の文化人たちを、顧客あるいは友人として遇する立場にあった。そして、上海に居住している時期から、引き揚げた後も、中国で体験したことを、随筆風に書き連ね、発表してきた。「戦争と老朋友」（『世界』一九五一年五月号）は、汪兆銘の南京国民政府の内政部長を務め、日本が降伏した直後に服毒自殺した陳群や、商売仲間の夏丏尊（開明書店編輯長）について、陳は対日協力者の汚名を着せられ、夏は日本の憲兵隊に拉致されるなど、日本には良くない感情をもっていたはずだが、夏は天皇の降伏放送があった日に病をおして見舞いに来てくれたり、危篤の病床を見舞ったところなにか困ったことがあったのかと逆に案じられたりしたと、国籍を超えた水魚の交わりの回想を切々と綴る。

岩波書店の小林勇は「古い中国の旅人」（『世界』一九五五年一一月号）において、一九四四年の夏、なすこともなしに中国を旅行し、上海に内山完造を訪ね、内山の友人の章雪村（開明書店総支配人）と夏丏尊を紹介され、連日、紹興酒の美味い店に入り浸り、路上の貧しい子供たちと遊んだことを綴り、そこには狂暴な日本の軍隊によっても壊せない、古くていかめしい人間の営みがあったことを回想し、中国人は決して祖先が残したものを軽蔑したり、軽々しく捨てたりしないとの確信を抱いたとする。当時、新中国から帰国した人が、しきりに新中国の「新生事物」ばかり話そうとする傾向に対し、「蝿や蚊がいなくなったというような話は、私には少しも面白くない」とし、こう新中国ルポへの違和感を表明する。

「何故この数十年の間に、中国へいったことのある日本の人々は今こそその古い中国について話してくれないのだろう。新しい中国は一夜にして、忽然と出来たのではない。新しい中国を動かす巨大なエネルギーは何から出ているのだろうか。日本の若い何百万の人々が、たとえ、軍務の傍であったとしても、秋の日溜りの中に寝ころがって、近所に働く中国の人や、遊ぶ子供たちの姿をみただろう。その姿を本気で見て来たならば、今、新しい中国の話をきくとともに、そのときの中国の人達の姿を話す義務がある筈だ。」

たしかに小林が慨嘆するように、「古い中国」の話が新中国との対比ではなく、否定的な文脈でなく語られる記事は、この時期、わずかしか見当たらない。この時期の中国記事は、新しい中国の姿を伝えたい、新しい中国のその新しさや進歩を確かめたいという、単純な関心と素朴な善意から書かれたものが圧倒的に多いのである。

三　アジアを拠点に国際的発言力を強める中国

1　アジアのナショナリズム

第二次大戦後のアジアでは、それまでの長い西欧支配の歴史が崩れ、諸民族の解放を目指して自立の地歩を固め、諸国家が独立した。戦後のアジア諸国は、帝国主義と植民地主義をナショナリズムによって打破し、国内の産業を育成して経済的自立を確立し、古い封建的な社会制度を革《あらた》めていくという、脱植民地化と国内改革という二つの課題を共通に背負うこととなった。と同時にアジアのナショナリズムは、東西二つの世界の角逐に巻き込まれる形で顕現した。西欧型デモクラシーかソ連型コミュニズムかの二者択一がアジアの新興独立国家におけるナショナリズムと絡まりあいながら、アジアのインターナショナリズムを二つの類型に押し込めていった。

蝋山政道は、かつて戦間期においてはイギリス型社会民主主義を信条とし、昭和研究会の中心メンバーとして「東亜協同体論」を発表するなど、一貫して多元的国家論系統の地域国際秩序論を展開し、戦後は『中央公論』復刊時に主幹を務めた[23]。蝋山は、この時期のアジアのナショナリズムについても積極的な発言を行ない、アジアのナショナリズムの重要課題は民族統一による近代的な独立国家の樹立であることを強調した[24]。

「文明史的にいえば、アジア社会は漸く自己顕現の段階に這入ったと見るべきである。しかも、その契機、動因及び過程において西欧諸国と著しく異なっているものがあるゆえに、その比較は著しく困難であるが、その自己顕現がナショナリズムの運動を動因として、近代国家への形態を目標としているものであることはほぼまちがいない。」（「二つの世界とアジアの課題」『中央公論』一九五一年一月号）

アジア人のナショナリズムとは何か。経済史家の高島善哉によれば、「アジアの諸民族が何よりもまず第一に、民族の自立と自活を要求する。このことから米ソの対立に対して中立的であることが要求される。これを裏返していえば、民族の自立のためには資本主義の体制原理と社会主義の体制原理に対して一おう中立的な立場をとることになる」(「新しいナショナリズムの思想性格」『改造』一九五二年四月号)という。

中国の場合はどうか。シノロジストの貝塚茂樹によれば、歴史のなかに民族意識を求めても、民族や種族概念を明確に抽出することはできず、その形成過程をたどることは難しい。平時は民族意識は潜在していて、危機に陥ると目覚め顕在化するもので、それは中国に限らない民族意識の本性であろうとし、「民族は平和な生活を送っている間は自己が一個の民族であるという自覚すらもたないであろう。一の民族が強大な異民族と対立関係に置かれ、あるいは侵略、征服の危機に襲われたときに、民族意識は勃然としてわき上る」(「民族の復活――民族意識の源泉」『改造』一九五四年一月号)と言う。そして、とりわけその民族意識を勃興させたのは、近代の西洋列強の東漸にともなう外国人排斥の動きであり、日本の中国侵略にともなう民族主義運動の高潮である、と指摘する。[25]また、経済史家の村松祐次は「中国の民族主義」(『アジア問題』一九五四年一月号)において、がんらい天下国家的旧中国の伝統においては民族主義の要素は弱かったが、中国革命はアジアの民族自決主義の重視とともに、社会主義とロシア革命の媒介によって生まれたものだとする。

当時東京大学総長であった矢内原忠雄は、「民族主義は決して孤立主義であることはできず、広き国際的連なりの中においてのみ民族の生存と生活がありうる」(「民族と平和」『中央公論』一九五四年一月号)として、一九三六年に刊行し発禁処分になっていた本の書名と同一タイトルの論文を発表したことに表われているように、戦争前と変わることなき恒久的世界平和の理想を掲げ、「国際主義、国際平和を国是とする民主的国家」(同)の建設を唱えた。第一次インドシナ戦争と朝鮮戦争の休戦をもたらした当時の時代精神は、まさにこの「民族と平和」に集約されるものであり、アジアにおける「民族と平和」の方式とは、植民主義や力による政策に拠らない、アジアのための、アジア人の話合いによる平和の実現であった。

2 「民族と平和」——脚光浴びる周恩来

脱植民地化と国内改革を課題として負ったアジアのナショナリズムのもう一つの課題は、それらを平和的な手段で推進すべく、孤立せずに国際社会と共存する方法を模索することだった。一九五四年四月二六日から七月二一日まで、二六カ国が参加し、朝鮮戦争とインドシナ問題を協議したジュネーブ会議は、冷戦が熱戦に転化したアジアが平和を取り戻し、国際社会にアジアの存在感をアピールする絶好の機会であり、アジアの新興各当事国は世界の主要各国と議論をし、インドシナ戦争の終結を実現させた。また、四月二八日から五月二日にかけて、東南アジア五カ国首相会議（コロンボ会議）において、インドシナ休戦と水爆実験中止を要求した。さらに四月二九日、チベット問題の処理方式をめぐって周恩来とネール・インド首相の間で平和五原則が提唱され、北京で中印協定が調印された。翌五五年四月のインドネシア・バンドンでのアジア・アフリカ会議では平和十原則が採択された。

アジア諸国の首脳は、これら国際会議の舞台で、コミュニズムへの親和性を示しながら米ソの間に立って西欧宗主国の支配を打破しようとし、多分に地政学的条件に裏づけられたものではあったが、第三勢力としての存在感を着実に示しはじめた。「アジア人のためのアジア」（周恩来）の時代の到来である。共同通信東亜部長で蝋山政道の弟の蝋山芳郎は、ジュネーブ会議を報道する英国『エコノミスト』誌の「アジアの時間」と題する記事のなかの「今日ほどアジアが劇的にアルプス越えをしたことはかつて一度もなかった」というコメントを引き、ジュネーブ会議の周恩来は「あらゆるアジア諸国に共通した圧倒的な世論を代弁した」と高く評価し、「ジュネーブ会議を転機として一段とアジアは世界をゆるがしていくだろう」と述べた（「アジアは世界を揺がす」『世界』一九五四年八月号）。

特に周恩来はこれら一連の会議すべてに出席し、ネールとともに会議をリードした。周恩来は初めて国際会議の舞台に登場し、水際立った活躍を見せてアジア諸国を主役として立て西側諸国を守勢に回すほどアジアの声を代弁して世界に伝えた。そして、中華人民共和国の国際的地位を引き上げ、対照的にアメリカの孤立化を国際社会に見せつけた。まさに当時の周恩来は新生アジアを代表する輝ける星だった。

前章で述べたように、日本の敗戦、国共内戦、そして中華人民共和国成立の時期にかけては、中国から発せられるメッセージは圧倒的に毛沢東の思想と行動が発信源になっており、発言についてはとりわけ「持久戦論」「文藝講話」「新民主主義論」「連合政府論」などの著作が注目を集めていた。一九五三年以降、中華人民共和国が平和共存の外交姿勢を鮮明にし、日本から超党派議員団が大挙して中国を訪れるようになると、日本のメディアにおいては、外相であるため外交指針に関する発言も多く、その謦咳に接した日本人も少なくない周恩来が、毛沢東を遥かに上回る露出ぶりを見せた。

実際、この時期の雑誌を見ると、周恩来の評伝や言行録が非常に多く目につく。主な評伝としては、エドガー・スノー「周恩来」(『中央公論』一九五四年五月号)、波多野乾一「秘録・周恩来」(『文藝春秋』一九五四年、夏の増刊・涼風読本)、岡崎俊夫「評伝周恩来」(『中央公論』一九五五年一月号)などがあり、発言録や会見記としては、マーク・ゲイン「周恩来会見記」(『世界』一九五四年七月号)、周恩来「アジア諸国は平和的に共存できる」(『中央公論』七月号)、ネール「周恩来との会談――平和地域とその五原則」(『世界』九月号)、周恩来「アジア諸国は平和的に共存できる」(『中央公論』一〇月号)、国会議員団「周恩来会見記」(『世界』一二月号)、村田省蔵ほか「周恩来と会って――村田省蔵帰国談」(同五五年四月号)、周恩来「われわれの運命をわれわれの手で」(同六月号)、同「アジア・アフリカ人民とともに」(『中央公論』七月号)、同「諸国民の相互信頼のうえに」(『世界』一〇月号)、(無署名)「周恩来はどう答えたか――日本新聞記者団会見記」(同一一月号)などがある。

アジアにとって、平和の礎石となるルールは、ネールの提唱した「集団平和」であり、周恩来の提唱した「平和五原則」による平和地域の拡大と確立であった。

この「集団平和」の原則は、いわゆる第二次大戦後の「集団安全保障」のあり方と鋭く対立するものであった。ネールはニューデリーでの周恩来との会談の意義について、「集団安全保障(collective security)について、……どちらかといえば、むしろ集団戦争への準備という衣装をまとっているものであります。私の考えでは、もしもそれが集団平和(collective peace)という衣装であったならば、それはこの問題の健全な解決法ではないかと思います。それ故に、私たちがいままでにときどき平和地域(an area of peace)――特にアジアにおける平和地域――ということを申しました場合、それは、この集団平和との意味のつながりで言っておったのであります」(「周恩来氏との会談――平和地域とその五原則」『世界』一九五四年九月号)と述べ、さらに一九五四年九月の東南アジア条約機構(SEATO)創設会議への参加拒否の理由について、「集団安全保障は世界の緊張を緩和し、集団平和方式を推進することによってのみ実現することができる。このような緊張の度を加えるようなことはすべて、われわれを平和から遠ざける。したがってわれわれは、東南アジア集団機構計画が現在のところでは、将来にあげうるかもしれないと希望されている利益より、むしろ害を及ぼすことを恐れている」(「アジア平和の方式」『中央公論』一九五四年一〇月号「(特集)アジア人のアジア」)と表明している。すなわち、岡倉古志郎によれば、「アジアでは「五原則」とこれにもとづく「平和地域」の確立と拡充によってインドシナ、朝鮮問題の解決、日本軍国主義の復活と強化による危険の除去、SEATOのような軍事ブロック出現の阻止という個別的、漸進的な手段がとられている」(「アジアの平和と日本国民の課題」同)のである。

いっぽう大山郁夫は、当時は世界平和評議会理事・日本平和擁護委員会委員長として平和運動を先導し、一九五三年九月には北京において日本の要人として初めて周恩来との会談を果たした。大山は「平和五原則」の意義をこう述べる。

「今までに示されて来た全アジアの平和の保障のための基礎的諸原則のすべてのうちで、右の平和の五原則こそ、それ自体のうちに最大の妥当性を有するものであり、それ故に最も信憑するに足るものであるからだ。(中略)われわれはそこにすべてのアジア人の平和への悲願と希望がことごとく表現されていることを見出すであろう。(中略)われわれはそれらの平和五原則の基盤の上に立ち、自国の独立と自由のためにそしてまたアジアの平和のために全力的に闘うことによって恒久的世界平和の建設に参加し、全人類の幸福に貢献しなければならぬ。」(「日本の平和とアジア」『改造』一九五四年一〇月号)

一九五〇年代は朝鮮戦争、第一次インドシナ戦争、台湾海峡危機と、アジアは局地的な戦火が絶えない、熱戦の時代であったが、アジア各地で新興独立国が誕生し、国連をはじめ国際会議の場で国際的発言力を強め、米ソ両大国の狭間にはおかれたものの第三勢力としての存在感をアピールした、アジアの時代でもあった。

翻って日本はといえば、同時期に講和問題を契機に国外の国際環境がようやく視界に入り、アジア情勢をめぐる新たな認識と選択を迫られることとなった。中華人民共和国を加えない講和方式での国際社会への復帰、中華人民共和国を正式な国家として承認もせず国連の代表権も認めない日本政府の姿勢は、アジアの近隣諸国への影響力を増し、国際的発言力を高めつつある中国と対照して、あまりに頑迷で、アジア人のアジアの平和共存ムードに水を指すような後ろめたさを伴った。さらに、アジアの近隣に対する侵略の犠牲の上に成り立ってきた日本のナショナリズムと、アジアの新興国のナショナリズムは、はたして共有できるのだろうかとの危惧がそこにはつきまとった。高まるアジアの声に耳を塞いで、アメリカにひたすら追随し、台湾の中華民国政府を正式政府として認め続けるだけでいいのかどうか、中華人民共和国との関係修復に乗り出すべきではないかとの社会党・共産党などの野党の批判が高まり、論壇にはアジアの時代に置き去りにされてしまうのではないかという憂慮が広がった。日本の対米政策、対アジア政策の選択をめぐって、総合雑誌の誌面には、日本よ「アジアの孤児」となるな、との不安心理を表現する言葉が現われた。

橋本龍伍（自由党代議士）・桜井英雄（巴商事常務）・都留重人（一橋大学教授）・鶴見祐輔（改進党顧問）「（座談会）日本はアジアの孤児となるか？――中共・印度よりの教訓」（『文藝春秋』一九五三年四月号）は、東南アジア視察から戻った橋本、二カ月間禁輸措置による障碍を打開するために中国を訪問した貿易商社の桜井、インドに四カ月滞在した都留、革命後にロシアを三度訪れ、最近インドを訪れた鶴見らが、見聞を交わす。都留のいうインドの独立後の変化の緩慢さに比べ、桜井は中国の建設の意欲の高さを対照させ、鶴見のいう革命後ソ連の酷薄な粛清の事実に対して、桜井は中国では三反五反運動が展開されているが粛清はないことを強調、橋本と鶴見は、中ソの政府の意図を見誤ってはならないとの慎重論を出している。特に日本の国策論に対する強力なメッセージはないが、表題からこういった新たなアジアの動向に注視し、日本が状況から取り残されてはならないとの思いが通底していることが窺える。ジュネーブ会議の直後には、「アジアに孤立化するニッポン——如何にしてその打開の道を講ずるか?」(『文藝春秋』一九五四年九月)という企画記事において、アジアが米ソ戦に巻き込まれるかもしれないなかで、アジアに戦争賠償もせず中国も無視して日本外交は孤立するのではないかとのメッセージが出されている。

「アジアの孤児」というキーワードを省察するにあたって、竹内好「屈辱の事件」(『世界』一九五三年八月号)は示唆的な記事である。「屈辱」とは敗戦の日八・一五を指すのだが、それは竹内にとってアジアのナショナリズムを共有できない挫折感とつながるものである。つまり、その日、共和制を実現する可能性を現実に転化する努力を怠ったこと、天皇制やファシズムによって骨抜きにされたことの道義的責任を実感できなかったこと、人民政府の樹立の試みすらなかったこと、革命運動の気配すらおこらなかったこと、などにともなう日本民族への失望感である。これが「アジア人のアジア」の輪の中に入れない孤独感・疎外感となって、アジア主義的国士の竹内を煩悶させたものと思われる。

四　社会主義中国との平和共存は可能か

1　社会主義の旗幟を鮮明にする中国

新中国成立後の当時、米ソ対立が拡大化・先鋭化し、アジアでは朝鮮半島が冷戦から熱戦への発火点となった。占領下にあった日本は講和問題に揺れ、アメリカを核とする西側諸国との単独講和へと傾斜していき、それに対抗して、中ソは友好同盟相互援助条約を締結し、内外に中ソ一体化を誇示しつつあった。そこで、論壇の中国に対する主な関心は、前章に引き続いて、第一に、果たして中ソの対等な一枚岩の関係は維持されるのか、中国はソ連に隷属する衛星国になるのか、ソ連から離反してユーゴ化するのかということであり、第二に、連合政府の体裁をとり、新民主主義を標榜していた中国共産党政権は、ソ連型社会主義の路線に接近し、西側諸国との対峙を鮮明にしていくのか、西側との協調路線をとるのか、ということに集約されていた。中国の動向の見極めは、日本政府の政策選択と鋭く関わるものであった。すなわち、中ソ同盟条約第一条にあるような日本敵視に対抗して、中ソを中核とする国際共産主義運動に対する防壁としていっそうアメリカとの連携を強化していくのか、アメリカとの距離をとって中ソへの歩み寄りを図るのか、米ソ対立の圏外あるいは中間に位置取りをした中立化政策をとるのかというものであった。中国の現実と動向についての観察と判断については、賛否・好悪・期待と不安・信頼と不信の二つにくっきりと色分けられ、そこに日本の政権与党と野党の見方が相即するような図柄が出来つつあった。

橘善守（毎日新聞論説委員）「五・四運動から日本革命へ――ある中国人の手紙」（『日本及日本人』一九五〇年一二月号）は、内戦期に国民党と袂を分かち、中共にも幻滅して香港に隠棲していた中国人の手記であるが、「中共の一方的勝利は国民党の自壊によるものであり、国民党の自壊は民心の離反によって促進された」と国民党を批判しつつも、建国の熱気からようやく冷めてきた中国国内の空気の変化をこう伝える。

「中国の民衆が国民党を棄てたことは、中共が宣伝するように、それ自体直ちに彼らが中共支持に転じたことを意味しない。中国人が中共を迎えたのは、一つには国民党の秕政に耐えがたかったためであるが、二つにはこの長き厳冬の後に爛漫の春を期待したからであった。そして、この期待は早くも無慈悲に裏切られつつある。爛漫の春は秋霜でなければ烈日であった。中共もまた典型的な権力の信者であり、さらに徹底した組織団体、社会の主持者であるからである。中共がもしこれを改めないならば、中共もまた早晩国民党の前轍を踏むであろう。」

また、上別府親志「中共の対日方針――中ソ同盟条約の意図」（『日本及日本人』一九五一年六月号）は、米ソの二体制が抗争し、ソ連が日本を敵視している現在、社会党などが唱える中立政策は西側諸国から離れ中ソ両国の政策を消極的に支持することになるとし、中国政府の対日講和問題におけるアメリカ批判や日本再軍備批判に見られるような対日政策は、「すべて日本に対するソ連体制輸出の地ならしとして利用されている」とし、いわゆる後の「革命輸出」反対論を唱える。

猪木正道（京都大学法学部教授）「日本・中国・ロシア」（『改造』一九五二年二月号）は、中華人民共和国の国家承認と講和の締結の可否をめぐる反共主義者どうしの仮想問答の体裁をとったもので、共産主義の世界観と日本の共産主義化には反対するが、反共と反ソ・反中ということとは違い、ロシアと中国が共産主義を選択したのは歴史的必然性があり、とりわけ中国の場合、日本が防共の名の下に満州と華北を侵略し、蒋介石の北伐に現われた中国のナショナリズムを理解しなかったため、共産主義以外の途はなかったのだとし、革命ロシアと革命中国への無理解を改めよと結論を導く。

小竹《おだけ》文夫「中国の歴史と現代」（『日本及日本人』一九五四年八月号）は、人民革命は「共産党の専売品ではない」、広範な生活困窮者に対して、地主の土地財産を没収し分け与えるというラディカルな方式が人民の支持を集めたのであって、中国史をひもとけば、歴代王朝の交替期にはしばしばなされた伝統的な革命方式だとし、人民政府の反革命粛正のやり方と近いのは秦の始皇帝だとする。ただ単なる易姓革命ではなく、ロシア型の近代革命方式を学んでおり、重工業化を短期間に強行するために計画経済を遂行し、そのために独裁的政治力を必要とするため、共産主義においては死滅するはずの国家はますます強固となり、国民は犠牲と耐乏を強いられ、思想弾圧は厳しくなり、階級は消滅するどころか「特殊の強力な官僚階級を発生し易い」として、「一種の変質的全体主義」だと規定する。

『中央公論』一九五二年二月号の「（特集）中国はどう動きつつあるか――すべての立場の資料を綜合した全面的検討」は、この時期の日本論壇の中国に対する全般的な関心に答えるもので、和田斉（朝日新聞東亜部長）「中国に関する情報について」、岩村三千夫（中国研究所理事）「中共独裁か民主主義か」、西田敬次郎「向ソ一辺倒は真実か」、石川滋(26)（時事通信社外信部員）「中国はいつどのように工業化するか」、土井章（アジア経済調査所所員）「経済封鎖は中国にどう影響しているか」、新井宝雄（毎日新聞東亜部員）「中共軍の近代戦能力について」、斎藤秋男（中国研究所所員）「精神革命はどう行なわれているか」から成る。いずれも中国共産党への期待から疑惑にいたる諸論を列挙しつつ、連合政府は名目的なものではなく、「血の粛正」は旧武装勢力の反革命を鎮圧するものであること（岩村）、向ソ一辺倒は、ソ連の向華一辺倒とも相俟って、対等で堅実なものであること（西田）、全国的な学習運動や知識人の自己改造によって新しい文学芸術の潮流が生まれつつあること（斎藤）など、おおむね好意的評価を下す。

苗剣秋・平野義太郎（中国研究所所長）・金達夫（香港星島日報東京特派員）・斎藤秋男・高木健夫（讀賣新聞編集局次

長）「〈座談会〉二つの中共と日本」（『改造』一九五二年一一月号）は、中共支持（平野・斎藤）と不支持（苗・金）の対論で、苗は国民党系の、金は在香港の反共第三勢力の立場を代弁するもので、貿易や民間交流について、積極論と断交論の論議を展開している。とりわけ苗の「中共は中国ではないのですよ。……中共と外交関係を結んで中日の外交関係だと考えたら大間違いです。実際は日本とロシヤの関係です」との明快な発言は、この時期の反中共の立場を直截に示すものである。

張群・川越茂[27]「東京会談」（『改造』一九五二年一一月号）は、一九三五年広田外相当時、共同防共を謳った広田三原則の折の駐華大使の川越と、国民政府外相だった張群との当時の回想を含む時局論議である。双方とも反共の立場は堅固で、張は日本共産党がモスクワの指令で中共と接近し、日中間の妥協が出来ることは最も危険だとし、双方でかつてと同様の共同防共の必要性が説かれる。ただし、大陸との貿易の再開については必要な物資をやりとりするだけで実害はないとする川越に対し、張は「中共の貿易はモスクワと貿易するのと同じ」であり、政経は分離できないとし、貿易はできないし、やるべきではないとする。

『改造』一九五三年臨時増刊「自由の眼は語る――朝鮮休戦と開かれた中ソ」に収められた二論文、A・B・ドーネット「監視のなかの解放――「偉大な転換」はいかになされたか」、S・オブラスツォフ「五千年と三年〈新中国紀行〉」もまた両論併記の例で、ドーネットは、中国では全人民の組織化と社会統制が達成されつつあるが、人民支配の統制機構として中国共産党が批判した国民党の隣保制度と似たような制度がつくられ、さらに公安警察がそれを監視し、相互監視と匿名告発を奨励し、小グループの討論集会での批判と自己批判を進めることで、人民の間に「相互不信の空気をつくり」だし、政府の方針への異論反論を封じ込めているとする。オブラスツォフは、新中国を訪問して、治水やダム建設が進み、植林がなされ、国土は豊かに変貌し、人々の生活も豊かに明るくなり、新婚姻制度や社会福祉など新たな制度が適用され、すっかり新しい中国に再生したことに、希望に満ちた前途を見出している。

戦後の歴史学をリードし、五〇年代のアジアを世界史のなかに再定置しようとした上原専禄は、一九五三年一月に胡適が来日した際、対談を行なっている（「生きているアジア文明」『改造』一九五三年三月号）。上原が目下人類が直面している最大の問題は何かと問うたのに対し、胡適は「共産主義の脅威」と答え、それは人類の進歩への反動的運動であり、個人の自由と政治的自由を圧迫すると述べている。コミュニズムにも見るべき新しい要素があるのではないかとの上原の問いに、こう警句を発する。

「今日中国やロシアで共産主義によって実行されていることは、決して共産主義でもなければ社会主義でもありません。それは、少数のグループが暴力によって権力を握り、恐怖によって彼らの権力を維持するための、一つの政治陰謀であります。」

中国は一九五三年六月、共産党中央政治局拡大会議で毛沢東自ら「過渡期総路線」を唱え新民主主義から社会主義への移行を打ち出した。同年からソ連社会主義建設の経験をモデルにソ連からの全面援助で「第一次五カ年計画」に着手し、重工業化政策、農業や手工業の集団所有、資本主義工商業の国有化が目指された。『日本及日本人』一九五四年九月号の「(特集)中共の性格と現状」は、社会主義への移行を鮮明に打ち出しつつある中華人民共和国の軍・外交・経済建設・文教政策・民族政策など、多方面での現状分析を行なっている。

一九五四年九月二〇日、中華人民共和国憲法が採択・公布され、社会主義改造を行なう国家権力としての制度化がなされた。高橋勇治「中華人民共和国憲法について」(『世界』一九五四年一二月号)は、この憲法に盛られた社会主義建設の具体的方法、国家機構の背後に隠された人民民主統一戦線の役割、飛躍的に拡大した基本的人権に着目し、解説を加える。

2 思想改造運動を展開する中国

中国では、国家体制として社会主義化の道を歩むのに先んじて、社会主義的人間への改造に向けての思想統制が着々となされていた。党員に対する思想統制の淵源は、一九四二年二月、毛沢東が辺区延安の中央党校開校式で行なった「三風(学風・党風・文風)整頓」の講演に発し、思想統制の手段として批判と自己批判、および過去の過ちや汚点を自白する「坦白運動」が採用された。中華人民共和国成立後は、一九五〇年五月、中共中央の指示によって全党に「整風運動」が展開され、一九五一年末から五二年夏にかけて、党員・官僚・ブルジョア階級の腐敗や規律違反に反対する「三反運動」「五反運動」が展開された。また、文藝界の創作基準となる理論的典拠は、四二年五月に毛沢東が同じく延安で行なった「文藝座談会での講話」(「文藝講話」)であり、辺区では新たな形式と内容を伴う民衆本位の文学・藝術運動が行なわれ、中華人民共和国成立後は、一九五二年以降、社会主義リアリズム文学の創作活動、地方劇の発掘・育成、大衆への作文教育運動などが展開された。(28)

この一連の思想改造運動にともなって、文藝界の知識人が批判に晒された。建国後は一九五一年五月の毛沢東が執筆した『人民日報』社説での映画『武訓伝』批判を嚆矢として、一九五二年一二月、中華全国文学者協会での胡風文藝思想討論会に端を発し、五五年五月の胡風逮捕にいたる胡風批判の政治キャンペーン、一九五四年九月の兪平伯の『紅楼夢』研究批判などが起こった。

日本の論壇で最初に『武訓伝』批判を伝えたのは、中国文学研究会の同人で朝日新聞に務める岡崎俊夫による「新中国の文字教育」(『世界』一九五一年一一月号)であろう。胡縄の武訓批判を引用しながら、映画批評を通してマルクス・レーニン主義を叩き込もうとする思想教育だとしている。

知識人に対する思想改造運動について、竹内好「中国知識人の自己改造──その学習運動について」(『改造』一九五一年七月号)は、中国全土で展開されている学習運動を教育による全人間性の改革の試みだとし、渦中にある当事者は強い心理的圧迫を受けるが、「その圧迫を不愉快に思っていない。むしろ法悦にひたっている」とする。また、斎藤秋男「中国人のものの考え方」(『中央公論』一九五一年九月号)は、民族の自尊心を発揚し、独立の誇りを自覚するための「教育の共和国」と言うように、極めて好意的に捉えている。

シノロジストの貝塚茂樹は、「古い中国と新しい中国」(『改造』一九五三年八月号)において、胡適の事例を引いている。一九四九年五月一七日に北京の輔仁大学学長の陳垣が、元北京大学学長の胡適に、なぜあなたはこの国に自由がないとして逃避したのか、としたためた公開状に対し、胡適が「この文章が決して足下の自らの筆になるものでないことを確信している」と答書を寄せたことについて、貝塚は、陳垣の公開状は整風運動の坦白運動の形式であり、そこには「過って改むるに憚ることなかれ」「罪を憎んで人を憎まず」という儒教的な寛容の伝統が生きているとみなしている。また、中共党員の強固な団結は、秘密結社の擬制的家族集団の伝統が活かされたものだとも言う。「毛沢東の天才によって古い中国の伝統が新しい中国建設の要素として生かされたものは無数にある」とし、新中国の新しさだけに目を奪われず、古い中国の伝統を再評価すべきだと、古典学者なりの折合いをつけようとしている。[29]

古典中国学者の竹内照夫もまた「学習する中国知識人——「私の資産階級意識」について」(『改造』一九五四年六月号)で、「三反・五反運動」で自己批判を綴る学者たちの手記に接し、彼らが反省し告白する「自由主義的・資産階級的・小市民的な諸種の過誤・非行」は「人間習性の頽廃」であって、なかなか自発的にはなされにくく人から迫られて痛感し反省するものだとし、相互学習運動を「新中国の倫理建設」と高く評価している。

それに対し「(ルポルタージュ)政俘——中共治下のインテリゲンチャ」(『改造』一九五一年七月号)において著者の任重は、自らの国民政府の旧官吏として経験した思想改造の苛烈さを明かす。すなわち、四九年一一月、解放された広東省政府に集められ、原職復帰を期待していたところ、それまでの人間関係などの自白を迫られ、学習討論会に参加させられ、国債を買わされた挙句に、いまだに国民党スパイとの連絡を続けているとの嫌疑を受け続け、軟禁から解かれないまま、「彼等はこのように私達を寸断し貧窮に陥れた後において、偽瞞的な粛清を私達に加えて来た」とする。また、戦前は中国専門記者や外務省嘱託として中国情報に精通してきた波多野乾一は、「中国知識階級の運命——峻烈な改造過程にさらされて」(『改造』一九五二年一一月号)において、思想改造運動に巻き込まれて、体制に便乗することで難を逃れる、辞職、入獄、反共に転じて暗殺、財産を収奪され罪を押し付けられて自殺、といった迫害を蒙った知識人や民族ブルジョアジーの例を挙げる。

なお、胡風事件については、岡崎俊夫「胡風事件について」(『世界』一九五五年八月号)がその概要を伝える。さらに、兪平伯の『紅楼夢』研究批判と併せて、中国文学者の奥野信太郎が原水爆禁止大会出席のために日本を訪れていた女流作家の謝冰心に事情を尋ねているが、胡風については直接の証言を避けている(「新中国の作家生活」『世界』一九五五年一〇月号)。[30]

総じて、知識人改造運動については、当時の論壇の評価としては自由の圧迫と人権の弾圧だとして告発するものと、新しい人間に改造する全国的な再教育の試みだとして高く評価するものとに二分された。

文藝界における毛沢東「文藝講話」に基づく文学の成果については、新たな文学の可能性として解放地区延安での文学に範をとったリアリズム文学の普及性と可能性を高く評価するものが大半である。倉石武四郎「中国文学はどこへ行くか」(『世界』一九五一年二月号)、河盛好蔵・竹内好・豊島与志雄「(書評)中国の現代文学」(『世界』一九五二年四月号)、岡崎俊夫・竹内好・佐々木基一「(座談会)戦後海外文学の展望――中国文学」(『中央公論』一九五二年臨時増刊秋季文藝特集号)、内山完造・竹内好・石垣綾子「新しい中国について――書評によせて」(『世界』一九五二年一一月号)、夏伯生「思想改造とインテリゲンチャ――中共は文化人になにを要求するか」(『改造』一九五三年臨時増刊「自由の眼は語る」)などがあり、竹内好、岡崎俊夫ら、中国文学研究会が同時代の中国文学の翻訳紹介を通した普及活動を主導している。

3　仮想敵日本との「平和共存」から日本への「平和攻勢」へ

中華人民共和国建国直後から争点となっていた、中ソ関係をめぐる中国のユーゴ化か衛星国化かの議論は、中国がソ連モデルの導入によるソ連型社会主義路線を明確に打ち出した後も依然として続いていた。

平野義太郎・苗剣秋・橘善守(司会)「毛沢東論争――日華対決」(『改造』一九五二年一月号)は、親中ソと反共の立場が予め明確に設定されている対論である。毛沢東はチトー化するか否かをめぐっては、平野は中ソの歴史的地政学的関係から、苗は中ソとも国際共産主義という共通の大義を信奉していることから、チトー化はありえないとし、中ソ関係については、平野は対等な独立国同士の関係とするのに対し、苗は中共は国際共産党中国支部であるから、中央と地方の関係だとする。中国の民族主義と国際主義については、平野は被圧迫民族を解放し少数民族問題を解決し、排外的なものではなく国際連帯を保障し進めているとするのに対し、苗は辺境民族を武力と説教で抑圧し、いずれ国も民族も個人も消滅させるのが国際共産主義だとする。政権については、平野は中共幹部は大衆とともに学ぶ姿勢を貫いているとするのに対し、苗は、中共上層部を民主的な繕いをした独裁集団だとする。

一九五三年三月五日、スターリンが没し、マレンコフが首相に就任した。アンドリュー・ロス（『ネーション』誌ロンドン特派員）「スターリンの死とアジア」（『世界』一九五三年六月号）は、朝鮮戦争の休戦に向けて米ソが平和を模索し、アメリカの兵力のアジアからの離脱がなされ、アジアにおける共産主義陣営が結束を固めつつあるさなかのスターリンの死を契機に、アジアへと重点をシフトさせていく動きがあり、マレンコフ首相はソ連邦安定のための第一要件として中ソ同盟強化に乗り出すのではとの観測を記す。アレクサンダー・ワース（『ニュー・ステーツマン・アンド・ネーション』誌パリ特派員。一九四一―四八年、モスクワ特派員）「モスクワ＝北京枢軸――形作られつつある新しい統一」（『世界』一九五三年七月号）では、当時のモスクワの動きとしてソビエトの新聞に中国関連記事が大きく扱われ、スターリン葬儀での外国人参列者のうち、最も大きく扱われたのは周恩来であったとし、マレンコフは中ソ一体化を強化するだろうとしている。実際マレンコフは、八月八日、ソ連最高会議で対中関係正常化は緊急の任務との声明を出した。

一九五四年一〇月一二日、中国訪問中のフルシチョフ第一書記率いるソ連政府代表団は、共同使用中の旅順口海軍基地からのソ連撤退について中ソ共同宣言を出し、中ソ間の当面の最大の懸案に決着をつけた（ソ連軍が撤退完了したのは一九五五年五月二六日）。また、同日、対日関係に関する中ソ共同宣言を発表し、サンフランシスコ条約と日米安保条約に反対しつつも、日本との平和共存は可能であるとし、政治・経済における対日関係の正常化を呼びかけた(31)。さらに吉田内閣から鳩山内閣に交替し、日ソ間相互に国交回復の声明が交わされた。中国でも、一二月三〇日の『人民日報』社説で「日本と中国との正常な関係の回復について」が出され、郭沫若も中日関係の正常化と文化交流・経済関係の発展をよびかけた（郭沫若「中日関係正常化の道――「世界知識」誌記者の質問に答えて」『前衛』一九五五年二月号、一〇一号）。一九五〇年二月の中ソ友好同盟相互援助条約で、日本を仮想敵と名指しして共同防衛を表明していたのと比べて、平和共存に向けて遥かに軟化した態度を見せ、単に平和共存の呼びかけに止まらず、日本に対する「平和攻勢」を仕掛けてきたのである。

中ソの「平和攻勢」の意図は何なのか、体制を異にする国どうしの平和共存は可能か、日米関係を離間させることがその隠された目的ではないのか、さりとて不正常な国家関係を回復し戦争状態を終結するために、その呼びかけに日本はどう呼応したらいいのか。――これらが五〇年代半ばの中国関係記事の大きな議題となっていった。

「平和攻勢」という用語自体は、サンフランシスコ講和会議の頃から使われていた。畑中政春「中・ソの対抗策は何か」(『改造』一九五一年一二月号)は、その時期においてすでに、中ソ友好同盟相互援助条約の真意は第三次大戦勃発をいかに阻止するかということにあり、たとえ日本に米軍基地化が進んでも、条約が発動することはなく、米軍が撤退して真空が生じても、その隙に中ソの軍隊が日本にはいりこむようなことはない。「その真空理論を打破するために」、中ソは平和政策を打ち出し、「能動的行為としては、平和攻勢の展開」がなされるのだと解説する。

国際法学者の横田喜三郎は、「中ソとの国交調整――その問題と在り方」(『世界』一九五五年四月号)において、中ソ双方との国交調整を見据えて、それぞれソ連とは戦争終結宣言と領土問題について、中国とは台湾の中華民国との講和条約と吉田書簡について論じ、中ソの国交調整の呼びかけに政治的なねらいがあることを意識しつつも、「平和的な正常な関係を開くという方針で、それに必要な措置をとるべきであろう」との判断を示す。

これらの中ソ寄りの見方に対して、『日本及日本人』一九五五年一月号の「(特集)中ソの対日政策と日共活動――日本新聞社調査部綜合編輯」は、平和攻勢を警戒する反共主義の立場から、中ソの戦略的意図を分析し、平和攻勢に同調する日本共産党の活動を批判する。特集内の記事「現下ソ連の対外政策と日本」では、ソ連の異体制平和共存論理は、西側自由主義陣営に対する離間政策がはかばかしくなく、共産圏の軍事力と経済力が西側に遥かにおよばないことから、スターリンが提唱し、マレンコフが強調するようになったもので、この対日政策は共産圏が自由世界と直接境を接している所に緩衝地帯を設けようとするソ連の狙いに基づく中立化政策なのだとする。中ソは自由世界に対抗する戦略上、緊密な関係が求められるが、ソ連の対中援助はかなりの負担になっている。また、中共が自信をつけて民族主義を押し出しソ連の優位に疑念を持ち始めると、中ソ関係は破綻する可能性が出てくるとも述べている。

同じ特集の「中ソの平和政策と日共の動向」では、国際共産主義勢力が目下世界平和促進をアピールしているのは、「当面熱い戦争の危機を回避しながら、味方の陣列の拡大強化をはかり、大きな平和勢力をもって、戦争勢力を包囲し、ますます、敵陣列の対立、分裂、孤立化を促進しようとするものである」とする。また、中ソの対日共同宣言は、ジュネーブ会議での朝鮮やインドシナでの休戦、中印会議の成功などが、国際共産主義国に勝利的感覚を与え、アメリカが孤立化しているとの確信のもとでの平和攻勢の展開だとする。

さらに「日共の文化活動と中共の将来」は、こうした中ソの平和攻勢の策動に乗っているのが日本共産党だとして、国際共産主義陣営の対日謀略によって、日本共産党は「国際従属性」の下に、反米親中ソの雰囲気に包まれているとする。とりわけ中共の影響力が増しているとともに、中共の対日攻勢も熾烈化しており、戦略戦術や資金援助など「中共の指示と統制に服していると観られる点が跡づけられる」との見方を示す。この対中警戒論は、その後の「革命輸出」批判の論理に連なっていくものである。

ロベール・ギラン（『ルモンド』誌特派員）「中国革命の第二段階と中ソ関係」（『中央公論』一九五五年二月号）は、スターリンの死とマレンコフの登場により、フルシチョフらソ連政府の重要人物が初めて北京を訪問し、中ソ・コミュニケが発表されたように、中ソ関係は新たな段階に入ったとして、次のように論を展開する。中国革命はそれまでの蔣介石国民党政権を解体し、巨額の富を没収するという「破壊の段階」から、ソ連の技術や物資や資金の全面的な支援を受けて五カ年計画を進め、スターリン式の重工業化により国内建設に専念する「建設の段階」に転換した。とはいえ、中国は旧植民地または半植民地諸国の革命の模範として、特にアジアの発展途上国の革命の指導についてのイニシアティヴをソ連に代わって担いつつある。西側が東南アジア条約機構（ＳＥＡＴＯ）を基礎として「反共潜在勢力の結集につとめ」ているのに対抗して、ホー・チ・ミン率いる共産主義勢力の南ベトナムへの浸透を助長し、中印協定の平和五原則に基づき、この地域を中立ブロックに結集させようとし、脆弱で流動的な周辺地域を固める対外政策を展開しており、東南アジア情勢は安定化しないだろう。アジアにおいて中国の行動地帯はソ連のそれを凌ぎ、ソ連は中国を助け、中ソ同盟を強化しようとしている。ソ連は「革命的躍動」を失ったとはいえ、中ソ同盟で情勢は変化し、「西方側は中共の登場のさいにうけた第一印象とは逆に、共産中国がソ連にとって大きな増援であることを見出した。西方側はいわば、一つのソ連の代わりに二つのソ連に直面しているのである」と結ぶ。

4 対「平和攻勢」抵抗の拠点――焦点化する台湾

このような中ソの「平和攻勢」に抵抗する日本の勢力は、政界では政権与党の自由党であり、論壇では親米反共の立場の論者にほぼ集約できる。またその反共論者の多くは、台湾に逃れた中華民国国民政府との何らかの連携を保ちつつ、中華民国政府発の反中国共産党プロパガンダに呼応するものであった。

例えば、産経新聞台北特派員の長谷川仁は「(ルポルタージュ)日本をみつめる台湾」(『改造』一九五一年九月号)において、台湾では反共抗ソの宣伝ビラが貼られ戦時色に満ちていながらも、日本語が使われ、日本の流行歌が歌われ、蒋総統は中日連携を期待し対日感情が好転しているとし、戦略委員会副主任の白崇禧将軍や元行政院長の閻錫山のほか、陶希聖、宋美齢、蒋経国などの台日合作へのメッセージを伝えている。一例として、白崇禧との会見での「中日両国は厭が応でも相協力して赤色帝国主義を打倒しなければならない運命にあるのだ。日本の再軍備にしても日本は永遠に米国の保護を受けている訳にはいかない。君たちは自分の母国を遠くはなれてもう一度日本をめぐる地図を冷静にみる必要がある。我々は心から日本が赤魔に蹂躙されないことを望んでいるのだ」との言葉を引く。いっぽうで台湾を訪問した川野重任は、「新台湾ところどころ――日本を離れた台湾の近況」(『アジア問題』一九五六年二月号)において、日本統治時代の名残がすっかり払拭されて日本を想起させるものが残っていないことを書きとめながら、準戦時体制の台湾は、日本時代の遺産を食い潰しアメリカからの軍事・経済援助によって辛うじて支えられていると見ている。

元中将で終戦直後は北支那方面軍司令官として敗戦処理にあたった根本博は、「蒋介石の軍事指南番」(『文藝春秋』一九五二年夏期増刊号)において、数奇な体験を記す。すなわち、終戦当時、自殺を決意していたところ、カイロ会談で蒋介石が天皇制存続の擁護に尽力したと知り、蒋介石に犬馬の労を報いたいと祈念して帰国した。一九四九年五月、蒋介石の使者の指図に従い、延岡から密航し、久米島経由で台湾に渡り、蒋介石に謁見し、湯恩伯将軍とともに廈門から重慶へと飛び、作戦顧問として国共内戦に参加し、最後は金門島に渡って中共軍を撃退し島を死守したという。根本は五二年、帰国した。

自由党総務会長の大野伴睦は「蒋総統に学ぶ」(『文藝春秋』一九五五年一二月号)で議員使節団として中華民国を訪れた際の蒋介石が、大陸反攻のために「日本と韓国と中華民国が三位一体となって、反共に邁進しなければならない」、もし訪日が適うなら、「頭山満、犬養木堂、古島一雄の三先生の墓参をしたい」と発言したことを記す。

台湾側の反中共論としては、最も露出度の多いイデオローグとして、元国民党行政院長で台湾に渡って軍事顧問を務めた閻錫山がいる。「(本誌との一問一答)日本は如何にあるべきか」(『改造』一九五一年五月号)において、閻錫山は、大局的な見地から復興の指針を示し、共産主義勢力の赤化を防止すべく、資本主義体制内部の諸矛盾を解決し、自衛のための再武装を唱える。

反共主義に立ちながら、台湾の国民政府とは距離を置きつつ日本に反中共を説く立場の中国人もいた。苗剣秋は、「日本人に呈する書」(『日本及日本人』一九五五年一〇月号)において、アジアの新興独立国の多くは、「クレムリンの俎の上の肉と擬せられている」とし、日本は「その潜在力を動員して欧米と手を携えて、アジヤに於ける赤化勢力のこれ以上の進出を喰い止めるのが、責任であり、また自国を守る必要なる戦略であろう」とする。また、中国国内では「陰惨なる洗脳工作と、残酷なる血の大粛清」のために、「残された魂のない成年者と、白紙に入れ魂した青年少女」ばかりになっている状態で、中国の日中友好政策に乗っかって、かれらの共産イデオロギーに染まれば、日本は混乱から滅亡への道をたどるとの警鐘を鳴らす。苗は同様の共産陣営の脅威を「台湾問題の帰趨」(『アジア問題』一九五五年一〇月号)でも強調している。

また、反共主義者でありながら、台湾国民政府とは対立し、親日の立場から日本へのメッセージを発する中国人もいた。汪精衛(兆銘)政権において汪主席の機要秘書、法制局長、宣伝部次長、全国経済委員会委員を歴任し、終戦後重慶政府より逮捕令が出て中国国内に潜伏し、中華人民共和国成立後、実情を勘案して香港に逃れ、一九五〇年秋に日本に政治亡命した胡蘭成(作家張愛玲の元夫)は、この時期多くの論稿を総合雑誌に寄稿している(「毛沢東論」

『改造』一九五一年三月号、「中国のこころ――戦時中の日華和平運動について」『文藝春秋』一九五二年八月号、「わが日共観」『日本及日本人』一九五二年八月号など）。汪政権の和平運動に参加し、内紛と混乱のなかで挫折し、人民政府成立後は毛沢東に失望し、行き場なく日本に来たその来歴からして、文人の香気漂うその文章とも相俟ってやや晦渋で屈折した中味に仕上っているが、日本人の共産党に対する認識不足を戒め、中共の宣伝活動に惑わされずに実情を把握し、防共に努めよ、という姿勢だけははっきりしている。

駐中華民国公使で、胡蘭成の知己として彼の記事を翻訳している清水董三は、「地は血よりも濃し」（『文藝春秋』一九五五年一二月号）において、蒋政権の反共や大陸反抗よりはむしろ、中国大陸とは異なる歴史を抱えた台湾住民の意識に寄り添い、彼らが日本の風俗習慣を色濃く残し、親日的な雰囲気が強いことを強調し、日台の経済協力をいっそう緊密にし、台湾住民の民生の安定に寄与しようと呼びかける。

清水の台湾人の住民意識に依拠する発想は、台湾自治論につながる。亡命先の香港で台湾再解放連盟を組織し、一九五〇年に来日した後、一九五五年二月に東京で台湾共和国臨時政府を設立した廖文毅は、「祖国台湾の運命――蒋政権をセント・ヘレナに流せ」（『文藝春秋』一九五五年四月号）において、台湾は中国とは民族を同じくしても歴史と文化を異にすることから、反共でも容共でも親米でもない、違う国家は成り立ちうるとし、住民投票によって独立か中共と一緒になるかを自由意識で選択させせよとする。また、台湾問題を平和的に解決するためには、外来の亡命政権である蒋政権を台湾から放逐し、台湾の中立化を図れと訴える。

とはいえ、台湾海峡は、中ソ冷戦下で、冷戦から熱戦へと転化する緊張をはらんだアジアの複雑な国際関係の集約点であった。一九五四年九月、人民解放軍が金門・馬祖両島の砲撃を開始、金門島に駐屯する約五万の国府軍兵が応戦し、台湾海峡はにわかに風雲急を告げた。ホワイトハウスは台湾海峡の軍事海峡化をめぐって揺れ、同年一二月、ワシントンで米台相互防衛条約が調印された。そのさい、国民政府が大陸を攻撃する場合はアメリカの事前承諾が必要との文書が交換された。一一月に人民解放軍は大陳島を砲撃し、翌年一月には一江山島、大陳島への上陸占領を行なった。中台の停戦と撤退のために、沖縄とフィリピンにいた米空軍は台湾に集結して「戦争脅威による平和」を画策し、英国やソ連も国連を中心に外交圧力をかけた。『世界』のコラム「世界の潮」は「金門島の熱い戦い」（一九五五年一月号）、「台湾をめぐる戦争の危機」（同年四月号）、「台湾海峡停戦の動き」（同年六月号）と立て続けに情勢を伝えた。植田捷雄「台湾をめぐる国際紛争」（『アジア問題』一九五五年一二月号）では、人民解放軍の砲撃以後、台湾の国際的地位について、当面の解決策を探ろうとする動きは、英国式の「二つの中国」を認める傾向につながっているとする。

　国際文化会館理事長の松本重治の「台湾海峡問題に対する米英の態度」（『中央公論』一九五五年四月号）は、台湾海峡問題に揺れるホワイトハウスの動きについて、現地の見聞をもとに伝える。五四年一〇月に訪米したときは「平和共存」の声はなかったのに、三カ月もたたぬうちにダレスまでが「競争的平和共存《コムペティティヴ・コエクジステンス》」と発言する変化の速さを察知した。その背景には、米ソ核競争によって第三次大戦は極力回避すべきとの空気がアイゼンハワー政権に浸透したことがあるとする。そうでなくても朝鮮半島では李承晩が好戦的な態度を示し、台湾海峡では蔣介石が大陸反攻を叫んでいる。そこで大戦に巻き込まれてはかなわないとの危惧を感じたアメリカは、極東の事態の沈静化を要求し、軍を派遣して撤収を図り、イギリスはソ連やインドを使って中華人民共和国をなだめたり押さえたりする多国間外交を展開した。

　一九五三年以降、中国は鮮明に社会主義路線を打ち出し、向ソ一辺倒への傾斜を強めていった。論壇の問題設定は、中国が社会主義化するかどうかではなく、社会主義中国との平和的共存は可能かどうか、ということへとシフトしていった。その場合、論壇の論議において共存可能性の争点となるのが、中国国内の思想統制をめぐる不穏な動きであった。初期の民族資本家をターゲットにしたブルジョア思想批判や中共党員の規律引締めの段階においては、社会主義化にともなうモラル向上の試みとして理解可能であったが、知識人改造運動にいたって、表現の自由や人権の弾圧に相当するものではないかとの疑念と、新しい社会に適合した新しい人間を創造する実験であって新たな社会主義リアリズムの誕生につながるとの期待とが、評価を二つに分けた。

中ソは一体化を強め、アメリカ批判のボルテージを上げ、「中立化」という無害無臭の言葉で、アメリカ主導のコムやSEATOによる反共ブロック化に対抗し、日米間の脆弱な輪に楔を打ち込んで離間を図るべく、日本との平和共存から日本への平和攻勢へと積極攻勢に転じた。抽象的な「平和」というスローガンを掲げて友好人士を正式な人的往来の禁じられている中国に呼び込み、新中国の「ありのまま」を見せ、台湾政府承認を許さず「二つの中国」を認めないという原則問題を除いては、革命輸出の疑惑を払拭すべく社会主義イデオロギーを前面に押し出さず、政経を柔軟に分けて貿易の再開を求めた。

政財界にも学術文化界にも、中国を承認し、国交回復を訴える声が高まり、政権与党内部にも、ソ連との国交回復を機に、日中貿易を部分的に解禁し、単独講和の状態を修正する動きが見られた。そのいっぽうで、政権与党議員だけでなく、右派論壇にも、共産主義警戒論の声が高まり、「反革命者」への粛清や知識人の迫害を告発する形で、日中国交への否定論・慎重論・消極論・時期尚早論などが展開された。彼らの発話の布置は、反共抗ソ・大陸反攻・赤化防止のプロパガンダを過激に発する台湾の中華民国政府に依拠しつつ、親社会主義中国への対抗言説を発出するもう一つの陣営を形成していった。

五　二分化される中国論

本章の扱う一九五〇年代前半は、米ソ冷戦が本格化する時期であり、アジアは冷戦が熱戦に転じるホットスポットであるとともに、自由と統制、資本主義と社会主義、反米と反共という激しいイデオロギー闘争が論陣を二分した。中国については、中華人民共和国は新民主主義から社会主義へ、連合政府から共産党独裁へと、国家の輪郭が明確になるに従い、中国をめぐる国際的勢力分布とイデオロギーの対立構造は中国と台湾で陣営をくっきりと二分させていった。とはいえ、大陸中国に全面的に依拠するには、国内状況が不透明であったし、国内引締めは拡大化し、思想統制から思想改造・粛清へとエスカレートすることに不安が掻き立てられた。台湾もまた、一九四七年の二二八事件以降、いっこうに治安が回復せず、国民党が大陸から持ち越した腐敗や統治能力の低さにより民心が離反している情勢を蔽うべくもなかった。

さらに平和共存を謳う中国が、台湾海峡の島々を砲撃し上陸したことは、米国の軍事介入を呼び込み、米ソ開戦につながるのではないかとの危機感をかきたてた。いっぽう中華人民共和国政府は、台湾は中国の領土であり、軍事力の行使は主権の範囲内であって、インドのネール首相が調停に乗り出したものの、他国の干渉は許さないと強硬な姿勢を崩さなかった。

五〇年代中期のアジアの時代を演出し両国の蜜月関係を演出した中印関係に綻びが見え、やがて次章で述べるように五九年の両国の国境をめぐっての武力衝突が両国の関係を急速に冷やした。アジアの諸問題を解決するルールであり、米ソが分割する地域ブロック化に対抗する新たな原則として、日本の論壇でも高く評価された平和五原則は、領土不可侵・内政不干渉を含む同じ民族どうしの地域対立に対する他国の容喙を許さない免罪符ともなりうるという現実が、やがて領土問題をめぐる地域紛争の形で、あるいは国内問題への他国の批判を封じる強硬な姿勢によって、露わになっていくのである。

中ソが日本に対して発する平和共存のメッセージと、仕掛けてくる平和攻勢は、米ソの間の核を主要戦力とする軍事力と経済力の圧倒的な格差という現状認識のしからしむる戦略であった。だが、ソ連に続いて中国も核開発を進めるなかで、恐怖の均衡による平和共存のルールに変更が生じてきた。平和共存による第三次大戦の回避を鉄則とするソ連と、ある程度の軍事力を行使してでも地域的な勢力基盤を固めようとする中国との間にも、また綻びが見え始めた。本章が扱う時期のすぐその先に、中ソ対立が控え、もう一つの分断線が引かれることになる。

いずれにせよ、アジアという舞台で、米中ソが演じる国際ゲームに日本は翻弄され続け、論壇の中国論は、中国政府の発するメッセージを敏感に受け止め、中国政府に対する拒絶と支持に二分された。拒絶する側は、片面講和を選択し、日米安保を堅持し、反共主義の立場から社会主義中国に警戒する、といった態度で結集し、支持する側は、全面講和、日米安保反対、容共あるいは社会主義との共存は可能という態度で結集した。しかしながら、現実の中国を知るには、情報も見聞する機会も乏しいため、中国側の公式見解や乏しい見聞録から構成された中国像は不透明なものにならざるをえなかった。そこで、支持する側は、社会主義建設の方向性への疑念を敢えて払拭し、表層的な中国像に依拠した中国側の立場に投企し、[32]論証不十分な中国支持論を日本政府の外交政策を批判する根拠の一つに据えるようなリスクを負わざるをえなかった。

公共知識圏のなかでは、コミュニズムに絡めとられることなく、日米安保体制から脱却して恒久平和の理想を実現しようとする潮流が優勢を占めた。アジア諸民族の解放と諸国家の独立を支持し、域内での平和共存を図ろうとするアジア諸国のナショナリズムに連帯を表明し、日本国内で穏健な体制内改革を目指そうとする「中立」路線への選択であった。

前章で扱った新中国成立までは、中国は内戦を経て建国したばかりであり、中国から日本に明確なメッセージが発せられることはなかったが、本章の扱う時期になって、国交はないものの政財界を中心に日中友好人士による両国間の民間交流が細々と始まった。さらに五〇年代前半から中国に残留した日本人の大量帰国が始まり、日中国交回復を主張する強力な担い手となった。そこでの情報量は日本の中国情報が中国の日本情報を遥かに上回ってはいたが、メッセージ力は中国から日本へのベクトルの方が遥かに強力で、『人民日報』の社説や周恩来・郭沫若・廖承志といった要人の日本向けの発言は大きなインパクトを与えた。いっぽう日本から中国へのフィードバックは極めて限定されたものでしかなかったし、日本から中国に発するメッセージによって、中国側の対日戦略が大きく改変されることはなかった。このとき、中国にとっての日本は米ソ冷戦の従属変数でしかなかったのである。

第三章　日中復交論に走る亀裂　一九五六―六四
――スターリン批判・中ソ対立・台湾海峡危機・中印紛争・核実験の試練

日中関係の打開を、政治的に有効にはかろうとするならば、国交正常化への第一歩として、まず戦争終結を目標とする国民的な運動をおこし、その力で政府を動かすしか方法がないように思います。しかし、それが可能かというと、いろいろの事情からして、私は不可能に近いような気がします。戦争が未済だという事実認識さえ国民の間にうすれてゆく現状で、どうして国民的運動をおこすことができましょう。かりにおこしたとしても、結局は政争のどろ沼に足をとられる先例を追うだけではないでしょうか。

――竹内好「ふたたび日中関係について」(『世界』一九六四年三月号)

一　論壇誌の倍増と中国論の混迷

前章においては、一九四九年一〇月の中華人民共和国建国直後、中ソ相互援助友好条約締結を契機として中ソ同盟の一体化が強まり、一九五五年のアジア・アフリカ会議を一つのピークとして、中国を先導者とするアジア新興国の国際的発言力が高まり、第三勢力として国際社会にアピールしていく時期の中国論を扱った。日本政府は一九五一年のサンフランシスコ講和と日米安保条約締結を契機として占領の終わりと国際社会への復帰を果たし、西側陣営の一員として対米依存を強めていった。米ソ対立によってヨーロッパには西欧と東欧の間に「鉄のカーテン」が、アジアでは日本と中国との間に「竹のカーテン」が引かれた。そのなかで、中ソは日本に平和共存のメッセージを流し、選ばれた日本人に中国の土地を踏ませ、米軍の駐留を継続し日本の再軍備化を図るアメリカと日本を離間させ、中国の国家承認と関係修復を拒む日本政府を批判する野党陣営を支持するという、平和攻勢をかけてきた。中国自身は五三年以降、社会主義路線を明確に打ち出し、国内建設の過程で、民族資本家や知識人に対して、かなり厳しい迫害や思想改造運動を展開していることが明らかになるにつれ、日本の論壇は中国支持論と中国警戒論に二分されるようになってきた。

日本政府は日ソ関係正常化を実現し日中間の通商関係を打開した鳩山一郎首相が一九五六年末に退陣し、後を継いだ石橋湛山首相は病を得て翌年二月に辞職し、当時の外相で元A級戦犯の岸信介が政権を引き継いだ。岸は就任当初、石橋内閣の施政方針の継承を表明していたが、五七年五月の東南アジア訪問と台湾訪問での蔣介石との会談で大陸反攻支持を表明、さらに六月のアメリカ訪問などで、親米と反共・反中国の線を強く打ち出した。石橋路線からの転換と吉田路線への復帰を掲げるその非友好的な姿勢は周恩来を失望させた。

本章では、スターリンの死後開かれた五六年二月のソ連共産党第二〇回大会で、フルシチョフ首相のスターリン批判の演説が中国共産党に衝撃を与えてから、一九六五年の文化大革命につながるまでの八年間を扱う。フルシチョフ演説はハンガリーやポーランドのソ連圏からの離脱の動きと、それを鎮圧するソ連の武力介入をもたらし、中ソ論争から中ソ対立への引き金になり、中国内部にスターリン体制への疑義が生じ、中国建国の当初から囁かれていた、中国のチトー化が現実となった。スターリン批判は日本共産党にも衝撃を与え、日本の共産主義運動に路線対立と分裂をもたらし、革新勢力内部に混乱を引き起こした。かてて加えて、五八年八月の再度の金門・馬祖への砲撃、五九年三月のチベットの武装反乱に対する軍を出動させての鎮圧と中印武力紛争、六四年一〇月の原爆実験成功など、中国が呼びかける平和共存のメッセージとは裏腹の中国の行動に、賛否が交錯した。前章までの米国対中ソの対立に加えて、複雑で不透明な社会主義圏内部とその周辺との間に生じた軋轢に、日本の六〇年安保改定論議が反応して、より過激な争論の様相を呈していくとともに、単純な左右対立の構図にいくつもの亀裂が走り、論壇の中国論は混迷の渦に巻き込まれていった。

この時期の中国関連記事の言説分析を行なう上で、取り上げる総合雑誌は計一一誌あり、前章の一九五一—五五年期の五誌に比して六誌増え倍増した。具体的には、第一に、一九五七年に創刊された社会党の機関誌『月刊社会党』であり、とりわけ、中国との国交回復に向けて、党を挙げてのキャンペーンを展開した。

第二に、創価学会を母体として、政治団体としては公明会を結成した（公明党として政党となったのは六四年）宗教・政治勢力が、一九六〇年に雑誌『潮』を創刊した。

次に、論壇左右の代表的クオリティ・マガジンが同じ一九五九年に創刊された。

第三に、左派の側からは、若年層、特に全学連—全共闘系学生の固定読者を獲得した週刊誌『朝日ジャーナル』が一九五九年に生まれた。ただし『朝日ジャーナル』の草創期には、誌面構成からは特に学生読者を意識していた形跡はなく、論壇誌というよりは、すでに発行されていた週刊『世界週報』（時事通信社刊）のような国際情報誌に近かった。六〇年の安保改定に向けた反安保闘争に関わる学生運動家たちが、時事的な問題関心から手に取るうちに一般学生にも広がることで、主要読者層として学生を意識するようになったのだろう。前衛アーチストなどを巻き込みながら、マイナーなアンダーグラウンド芸術を表舞台に出し、メジャーな大衆文化にも領域を拡大していった。

第四に、右派の側からは、一九五九年一一月、「日本文化フォーラム」の右派知識人を糾合した月刊誌『自由』が、自由社から創刊された(1)。「日本文化フォーラム」とは、一九五〇年に西ベルリンに創立された二一カ国の反共リベラルの学者・知識人が集まって結成された「文化自由会議」の日本支部をつくろうと意図して、GHQに勤めフォード財団のコンサルタントをしていたハーバート・パッシンが石原萠起らにはかり、一九五六年二月に発足したものである。『自由』の創刊も、日米安保条約改定直前の時期を狙って、改定支持の世論を固めていこうとの意図によるものであろう。

第五に、すでに一九四六年に創刊され、一九五一年に停刊になっていた『思想の科学』が、五九年に面目を一新して復刊された。ちなみに第一期は一九四六年五月から先駆社より発行（全一五冊）、第二期は一九五三年一月から『芽』と名のって建民社より発行（全九冊）、続く第三期は一九五四年五月から講談社より発行、さらに第四期として、一九五九年一月から中央公論社より発行することとなったものである。ただし、意外なことに『思想の科学』には、創刊時から一貫して、中国関連記事の掲載は著しく少ない。

第六に、一九六一年一月から月刊誌『現代の眼』が現代評論社より創刊された。社長は総会屋の木島力也であるが、編集実務には関与せず、編集部には新左翼系の活動家たちが集った。おのずと誌面は過激な体制批判の路線を鮮明にし、非日共系新左翼の理論家・運動家・中国研究者の主な発表媒体となっていったが、特定のセクトを代表するような狭い党派性には囚われていない。ただ、創刊当時は政界の大物や有名大学教授を登場させ、政財界エスタブリッシュメント向けの論壇誌といった印象を受ける。

ちなみに、総合誌ではないが、アジア関連学会としてアジア政経学会が一九五三年に設立され、翌年五月には学会研究誌の『アジア研究』が創刊された。また、戦前の東亜同文会の流れを汲んで一九四八年に設立され外務省（アジア局）が主管する財団法人霞山倶楽部（一九五八年霞山会と名称変更）の会員誌として、一九五九年に中国問題専門誌の月刊『東亜時論』（一九六八年から季刊）が創刊された。翌一九六〇年四月に外務省の外郭団体日本国際問題研究所によって月刊『国際問題』が創刊された。同年五月には通産省の所管団体アジア経済研究所（アジ研）によって月刊『アジア経済』が創刊された。かくてアジア研究者・中国研究者の発表媒体は、それまでは一九四九年一〇月中華人民共和国建国と同時に独立民間団体の中国研究所（中研）から創刊された月刊の『中国研究月報』（創刊時は『中国資料月報』であったが、一九六〇年四月の一四六号よりタイトルを変更）と、第二章のはじめに言及した一九五三年に創刊され五八年に終刊となったアジア問題調査会の研究会誌『アジア問題』を数えるのみであったが、さらに多くの発表媒体が与えられることになった。

なお、この時期の論壇誌の事件として触れておかねばならないことは、『中央公論』一九六〇年一二月号に掲載された新進作家深沢七郎の奇想天外な空想小説「風流夢譚」が皇室を冒瀆したとして右翼団体に批判され、六一年二月一日、中央公論社長の嶋中鵬二宅が襲われ、夫人が重傷を負い、家政婦が殺害された、いわゆる「風流夢譚事件」である。その前年一〇月には、浅沼稲次郎社会党委員長を右翼少年が襲って刺殺した事件があり、安保改定反対運動に呼応するように、右翼テロルのきな臭い匂いが漂っていたときだった。中央公論社は二月五日の新聞紙上と『中央公論』本誌三月号に右翼のテロ行為に反対し言論の自由を確立する社告を出しながらも、二月七日の新聞紙上には嶋中鵬二社長名義のお詫びの文章を載せるという、矛盾した対応をした(2)。

そののち、中央公論社は一九六二年一月に発行予定だった思想の科学研究会編集の雑誌『思想の科学』天皇制特集号を廃棄した。これに抗議して思想の科学同人の竹内好を中心とする思想の科学メンバーらは以後、『中央公論』誌への執筆拒否を言明した。同誌編集長の竹森清は退社、代わって笹原金次郎が編集長に、粕谷一希と綱淵謙錠が編集次長になり、六八年から粕谷が編集長となった。この人事異動を通して、『中央公論』はそれまでの体制批判的なスタンスを改め、現実主義的なスタンスへと編集路線を改めていった(3)。いっぽう、『思想の科学』は裁断された天皇制特集号を復元して自主刊行し、中央公論社を離れて発行を続けていった。中央公論社内部は全共闘運動の時節とも相俟って、組合争議へと発展し、社業への不満が強まった。粕谷編集長に対しては「右旋回」させたとの批判が噴出し、「看板雑誌の編集長がやめるのは当然だろう、と丸山眞男さんが言っている」との発言が公然と労働組合員から飛び出すまでにいたった(4)。

また、この時期の論壇誌の中国関連記事について、後掲の歴年掲載本数を参照すれば一目瞭然であるが、六五九本中二三四本と三六%を占める月刊誌『世界』の記事数が、他を圧して突出している(図3-1)。この傾向はすでに前年の一九五五年から見られることである。これは、六〇年の安保改定期を見据えて、改定を進める岸政権を批判し、日中復交を提唱するという主張の記事を、キャンペーン的に集中的に掲載するという編集方針に基づくものと思われる。

さらに、規模からいえばミニコミ誌的な同人雑誌であるが、中国専門の雑誌がこの時期に創刊された。本章では数量分析においても言説分析においても、特にその記事を取り上げる予定はないものの、極めてユニークなその雑誌の性格と意義について付言しておきたい。すなわち、竹内好が編集発行人を務める「中国の会」発行の月刊誌『中国』である。「中国の会」とは、一九六〇年秋、普通社社長八重樫昊の企画によって始められた共同研究「日本のなかの中国」の参加者を母体として、安藤彦太郎、飯倉照平、今井清一、尾崎秀樹、竹内好、新島淳良、野原四郎、野村浩一、橋川文三、藤田省三、光岡玄、矢沢康祐、山田豪一、京谷秀夫などからなる同人組織である。一九六二年秋に普通社から「中国新書」刊行の企画が決まり、その別冊付録として雑誌『中国』を創刊することになった。雑誌の編集実務は竹内、橋川、尾崎、のちに飯倉照平、今村与志雄が担当し、会員向け頒布を主として一九六三年二月号から一九七二年一二月号まで計一一〇号、創刊から第六号までは普通社が刊行、第七号から一九六七年一一月の第四八号までは自主刊行を続け、四九号から最終号までは徳間書店が発行元となった。[5] 新書判で三〇頁程度の小冊子である。「中国の会」によって編集・創刊された「中国新書」の巻末に掲載された「「中国新書」刊行について」には、「「中国新書」も雑誌「中国」も、現下の日中関係の諸動向に直接に対応したものではないし、また「中国の会」も中国向けの党派的な動きではないと諒承しています。いわばそれらはみな、日本と中国と仲良しになろうという庶民の願いの、現われにすぎないと考えられます」（一九六三年一月）と書かれている。[6]

橋川文三の証言によると、「中国の会」同人と普通社社長八重樫昊を結びつけたのは尾崎秀樹と竹内好で、小冊子を発行するアイデアは安藤彦太郎と竹内あたりから出たという。自主刊行を続けた四八号くらいまでの会員数は五〇〇人前後だったというから、今でいうミニコミ誌である。[7]

毎号扉に会の「とりきめ（暫定案）」が印刷されている。

一　民主主義に反対はしない。
二　政治に口を出さない。
三　真理において自他を差別しない。
四　世界の大勢から説きおこさない。
五　良識、公正、不偏不党を信用しない。

六　日中問題を日本人の立場で考える。

このとりきめができる経緯について、竹内は、一九三〇年代に上海で創刊された林語堂主宰の雑誌『論語』の巻頭に「同人戒条」全一〇条があり、第一条にいう「不反革命」のように、すべて「不」ではじまっていることにならったのだという。「不反革命」について竹内はまた、中国では当時も今も「革命」は金科玉条で、林語堂は武漢政府の下で広報活動をやり、革命と反革命の有為転変を実体験したことで、彼なりの英知を働かせて、「不反革命」という警句をひねり出したのだろうとしている。まさに一方が正統なら他方は異端として争論やむことなき戦後日本の「民主主義」のありようを彷彿とさせる。(8)

また第二条「政治に口を出さない」というとりきめを選んだ理由について、竹内好は、こう述べている。

「政治は人を力で律するものであるが、人間の精神の全領域を支配することはできない。もし政治が、人間を全的に支配すべく企てるときは、人間が窒息するばかりでなく、政治もまた衰弱する。……

文化運動は、みずからの自律のために、政治の不当な支配を拒まねばならぬ。これは逃避ではなく、逆に政治にケジメをつけさせる道である。そのためには、みずから直接の政治効果は禁欲せねばならない。カイゼルのものはカイゼルに。それが間接に政治効果を生み出すゆえんである。」（「「政治に口を出さない」の弁」『東京新聞』一九六四年六月一八日夕刊、『中国を知るために』勁草書房、一九六七年）

「「政治に口を出さない」というのが、雑誌「中国」が政治問題をあつかわない、という意味にとられたら困る。われわれは、少なくとも私は、雑誌「中国」で多いに政治を論じようと思っている。その論じる保障のための「政治に口を出さない」なのだ。代行行為を政治から切りはなして、はじめて政治を論じる自由がうまれる。」（「ふたび「政治に口を出さない」の弁」『東京新聞』一九六四年七月二一、二三日夕刊、『中国を知るために』勁草書房、一九六七年）

かつて中国の茶館に「莫談国事」という掲示があって、これは支配者からいえば言論の制限だが、茶館からすれば何を論じようと国事ではないという言論の自由を保障するものであったとの故智を直訳したのが、「政治に口を出さない」なのだという。確かに生々しい政治ネタは避けられているものの、「分裂」「紅衛兵新聞」などの特集も組まれていて、政治的時事的な話題にも議論の場を提供するという懐の深さを示している[9]。

また、雑誌『中国』にはセンセーショナルな真相告発記事や専門論文はなく、目立たない作りであるが、毎号巻頭の「今聞古聞」のように、現在起こっていることの本質や教訓について過去の故事や文献のなかからそのヒントとなる事例を短文で探してくる企画とか、ユニークな特集記事とか、毎号欠かさず連載されている竹内のエッセイ「中国を知るために」など、他誌にはない、含蓄と創意に富んだ編集で読者を飽きさせない工夫を凝らしている。

このように雑誌『中国』は、発行部数も多くない小冊子であるから、論壇に大きな影響を与えたジャーナルではないが、中国論を発表する場としてユニークなことは、マス・メディアを通して発せられる言論ではなく、自主的で小規模なメディアにすることで、多様な言論を許容しうる場にしようとしたことと、ともすれば中国論が送り手である知識人・研究者から読者への一方通行の情報の流れになりがちであるのを、会員雑誌・同人雑誌にすることで、会員読者との顔の見える距離での双方向的な交通の場にしようとしたことにある。

竹内について、本章の検討範囲となる一九四五—七二年の期間中、取り上げる総合雑誌の中国関連記事の寄稿数は、他の寄稿者にはるかに抜きん出て最多本数の六〇篇に上っている（後掲表7-1）。竹内の場合、『朝日評論』四六年一〇月号掲載の「魯迅の死について」を嚆矢として、本書の扱う期間を通して常に一定の寄稿頻度を保っている。ただし、文化大革命の始まる頃から寄稿数が減り、六五—六八年はわずか三本と激減する。実はこの文革直後、竹内が評論家廃業宣言をしたことがその背景にあった。だが、それは公論の場としての論壇からの撤退を意味したのであって、決して中国論の筆を折ったわけではなく、『中国』という自主的なミニコミ・メディアという場に拠点を移し、継続してその政治的センスを活かしつつ旺盛な評論精神を発揮していたことは、その誌面づくりや編集の姿勢から充分に窺えるのである[10]。

この時期の総合雑誌一一誌の中国関連記事数の歴年推移（表3-1）・雑誌別掲載本数の比率（図3-1）・雑誌別論調傾向の数量分布図（図3-2）を以下に掲げておく。

表3-1をみると、歴年を通じてほぼ一定の掲載本数であるが、一九六四年のみ突出して本数が多い。これは同年一〇月の中国の核実験をめぐり、その前後に核保有の是非や日本周辺の安保問題について多くの紙幅が割かれたことによるものである。また図3-1で掲載雑誌別にみると、もともと中国関係の記事が多く掲載されてきた『世界』が三分の一以上を占め、二位の『中央公論』と併せると掲載本数の半数を超えることが注目される。左派・右派でみると、まだ左派の方がはるかに本数は多いが、三対二ほどに接近していることがわかる。

二　いっそう幅を広げた中国論の担い手

1　日中復交論を牽引した諸政党

建国時から一貫して中国を支持し、最も組織的かつ理論的に日中関係の正常化を世論に訴えてきた集団は、日本共産党およびそのシンパであった。この時期、日本共産党に次いで、最大野党の日本社会党もまた、左右両派が統一した後、一九五七年四月の当時の浅沼稲次郎書記長を団長とする社会党親善使節団の訪中以降は親中国の線を強く出し、浅沼のほか、党員の風見章[11]、勝間田清一、鈴木茂三郎などが論壇誌に積極的に寄稿している。おりしも同年創刊された『月刊社会党』では、創刊号の六月号のグラビアに、四月に訪中し毛沢東と握手している浅沼稲次郎の写真が掲載されている。浅沼は中国人民外交学会会長・張奚若との共同声明において、日本社会党の基本方針として、「二つの中国が存在することは認めない。台湾は中国の内政問題であり、台湾をめぐる国際間の緊張状態が平和的に解決されることを望む。国連の代表権は中華人民共和国に属すべきである[12]」と発言し、同号は、日中国交正常化に向けて全党的な取り組みを強くアピールする誌面づくりをしている。浅沼は五九年三月の二度目の訪中での講演では、前年の一月から一家で北京に暮らしていた民間大使・西園寺公一の助言を容れて「米帝国主義についてお互いは共同の敵とみなしてたたかわなければならないと思います」と、さらに踏み込んだ発言をした[13]。

その後を追うように、日本共産党も野坂参三議長を団長として五九年九月に訪中し、建国一〇周年の祝賀式典に参

表3-1　総合雑誌別の中国関連記事掲載本数（1956-64年）

	1956	1957	1958	1959	1960	1961	1962	1963	1964	雑誌累計
文藝春秋	4	1	4	3	1	5	3	1	7	29
中央公論	16	15	11	6	4	10	11	22	17	112
世界	12	30	50	20	29	12	28	22	31	234
日本及日本人	14	5	11	11	5	24	1	1	3	75
前衛	3	4	7	7	10	6	0	6	4	47
月刊社会党	未刊	3	1	1	1	1	4	5	1	17
朝日ジャーナル	未刊	未刊	未刊	5	6	4	5	7	20	47
自由	未刊	未刊	未刊	2	5	3	10	10	17	47
思想の科学	停刊	停刊	停刊	0	0	0	0	4	4	8
現代の眼	未刊	未刊	未刊	未刊	未刊	5	3	12	12	32
潮	未刊	未刊	未刊	未刊	未見	未見	4	5	6	15
各年累計	49	58	84	55	61	70	69	95	122	663

列し、中国共産党との共同声明を発表した。機関誌『前衛』一九六〇年一月号には、野坂の「中華人民共和国成立一〇周年祝賀行事に参加した日本共産党中央委員会代表団の報告——一一月一七日第七回中央委員会総会において」など関連記事のほか、グラビアには、五九年一〇月七日に延安を訪問して意気揚々とした風采の日本共産党代表団の蔵原惟人、野坂参三、袴田里見、などの写真が掲げられている。

政府与党については、鳩山内閣、石橋内閣と、日中関係の改善と日中貿易の発展に積極的な姿勢を示す政権が続いたが、続く一九五七年二月からの岸内閣は、日米安保堅持、中国敵視、親台湾の傾向を強く出した。とはいえ、五五年四月の日中民間漁業協定、五月の第三次日中民間貿易協定を皮切りに、貿易を中心とする民間の日中交流やさまざまな協定締結がなされた。この流れにそって、村田省蔵、岡崎嘉平太・大原総一郎・高碕達之助など、政界との強いパイプを持つ、日中貿易促進に寄与した財界の要人が多く各種論壇誌に寄稿している。与党自民党においても、石橋湛山・小坂善太郎・木村一三・松村謙三・宇都宮徳馬・古井喜実などの閣僚や国会議員たちが、論壇雑誌で岸政権に批判的な論調の、日中貿易促進、日中国交回復を訴える記事を多く執筆し、彼らの訪中記が掲載された。

図3-1　雑誌別の中国関連記事掲載総数（1956-64年）

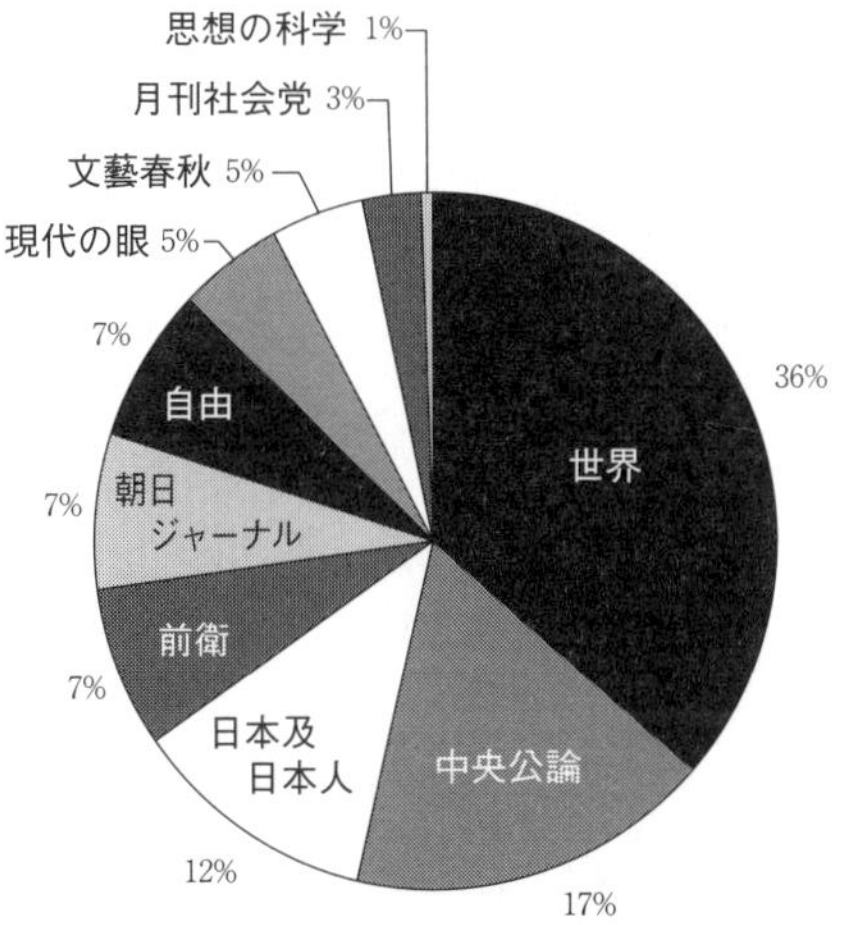

図3-2　総合雑誌10誌の論調傾向配置図（1956-64年）

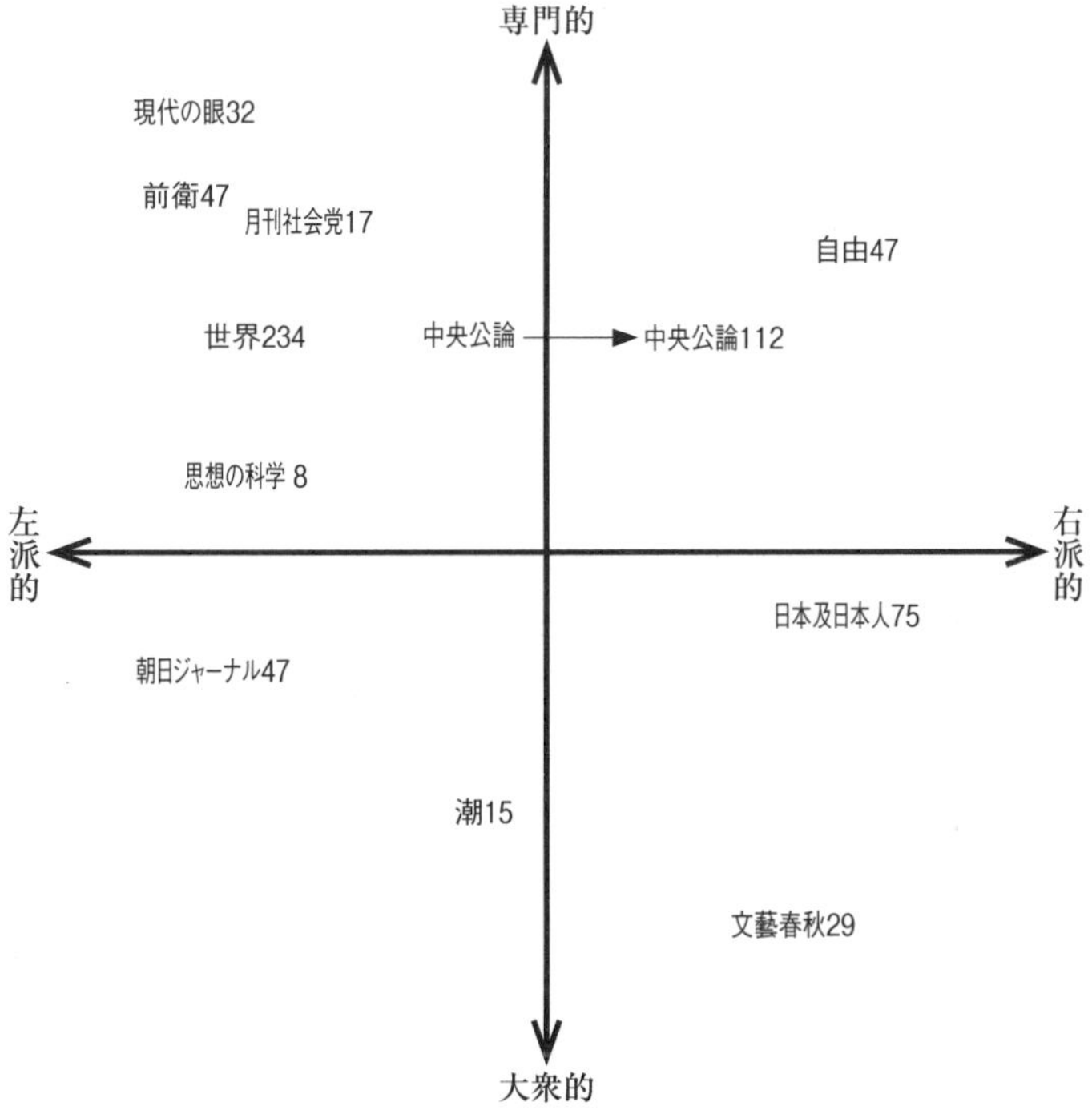

2　大量の戦犯の釈放と戦争責任論

これらの党派的発想とはやや異なる文脈で強力な中国支持論を担ったのが、元戦犯兵士の帰還者たちであった。一九五五年七月から在中国邦人の引揚げ問題と日本人戦犯の送還問題について政府間交渉が進められていたが、一九五六年の四月二五日、全国人民代表大会常務委員会において、中国に当時抑留中の日本人戦犯の寛大処理についての決定が下され、最高人民検察院は、撫順戦犯管理処を中心に一〇一七名（太原勾留の一二〇名を含む）の日本人戦犯の罪状を寛大に処理すべく、起訴免除と即時釈放・帰国を宣告した。その結果、同年六月二八日から、日中双方の赤十字会を通して、陸続と日本人戦犯の引揚げが一九六四年まで続いた。帰国後、元兵士らは中国帰還者連絡会を組織した（初代会長は藤田茂元陸軍中将）[14]。五六年の総合誌を嚆矢として、以後、彼らは論壇において中国論の強力な担い手となる。

彼ら戦犯の大量引揚げの前にすでに、戦犯容疑者として巣鴨米軍拘置所にいて釈放された元軍人遠藤三郎（元関東軍参謀、元航空兵器総局長官）の、中国視察記「軍人の見た新中国――毛政権の将来と侵略の可能性」（『世界』五六年三月号）がある。遠藤は一九五五年一一月に約一ヵ月間中国を訪れ、撫順の戦犯管理処で日本人の抑留戦犯と会見し、彼らの釈放を陳毅副総理に懇願したという[15]。

大阪毎日新聞の記者平野零児は、太平洋戦争勃発後に作家として徴用され、一九四三年、太原に山西産業の嘱託となり赴任した。敗戦を迎え残留して閻錫山の下で反共宣伝に従事し、一九四九年に太原が解放された後、戦犯として拘禁され、五六年に起訴免除で帰国した。引揚げ直後に「中共からもらった玉手箱――帰還戦犯『今浦島』の悲哀」（『文藝春秋』一九五六年一〇月号）を発表した。そこには、太原に抑留中の折、作家の村松梢風が面会に来てくれたときの喜びなどが回想され、帰国後の日本での生活感覚の違いへの戸惑いも綴られている[16]。

フィリピンで俘虜となった大岡昇平を司会に立てた、有馬虎雄、五十嵐基久、神達八郎、富永正三（以上中国での軍人抑留者）、那須信一郎、原隆男、藤田了俊、森川壽（以上、ソ連での軍人および民間人抑留者）による座談会「戦犯からみた中国・ソ連」（『中央公論』一九五六年一一月号）では、中国側の人道的で寛大な取扱いに対して、ソ連の過酷な待遇が対比的に述べられている。

ちなみに、光文社社長の神吉春夫は、中国行の旅客機内でたまたま手にした『人民日報』に日本人戦犯が軍事法廷で裁かれていること、彼らが皆心からその罪を謝しているとの記事を目にし、北京に着くと新華社記者の呉学文を通して『人民中国』日本版の編集長康大川《だいせん》を紹介され、康から戦犯による膨大な手記があることを知らされた。その手記をもとに中国帰還者連絡会によって編まれたのが『三光』(光文社、一九五七年)であり、日本軍による中国侵略についての加害者の証言が本の形でまとめられた最初の事例となった。

彼ら元戦犯たちの中国論の傾向は歴然としていて、中国侵略の直接的加害者となったことの自責・贖罪意識と、抑留中の彼らに対する中国側の温情と寛大な処置に対する恩義から、道義論としての対中戦争責任論を基礎として、一貫して日中国交回復を主張することにある。

また、中国残留の留用者の現地体験も引き続き掲載されている。例えば、医者の戦時体験・留用体験として、一九三五年に満洲の衛生技術廠に赴任し、伝染病の研究をし、そのまま東北(旧満州)で防疫やワクチン製造のための技術者養成に携わった加地信の経験を、志賀直哉、谷川徹三、廣津和郎が訪ねる記事(司会は吉野源三郎)「中国留用生活十年――加地医師に体験を聞く」(『世界』一九五七年二月号)や、日中戦争を挾んで二四年間中国に滞在し、中国建国後は外文出版社の顧問として九年間務め、六一年に帰国した菅沼不二男の手記「中国に生きた私の半生」(『世界』一九六二年二月号―六月号、五回連載)などである。

3 欧米ジャーナリストの名著

いっぽう、名著として読み継がれていく欧米ジャーナリストの数々の中国論が書籍として邦訳出版されたのも、この時期の特徴であった。ちなみに、前述した「中国の会」同人の新島淳良と野村浩一が竹内好の委嘱をうけて著わした『現代中国入門――何を読むべきか』(勁草書房・中国新書、一九六五年)のなかで、「現代中国を知るために、最初にどのような本を読んだらよいか」として選ばれた書物は、次の六冊であった。

オーエン・ラティモア『中国』平野義太郎監修、小川修訳、岩波新書、一九五〇年
ジャック・ベルデン『中国は世界をゆるがす（上・下）』安藤次郎・陸井三郎・前芝誠一訳、筑摩書房、一九五三年
W・G・バーチェット『纏足を解いた中国（上・下）』山田政仁・小川修訳、岩波新書、一九五四年
アグネス・スメドレー『偉大なる道（上・下）』阿部知二訳、岩波書店、一九五五年
エドガー・スノー『中国の赤い星』宇佐美誠次郎訳、筑摩叢書、一九六四年
竹内好『現代中国論』勁草書房・中国新書、一九六四年

最後の竹内を除き、すべてアメリカの中国研究者・ジャーナリストによる概説書でありルポルタージュである。このほか欧米系のジャーナリストによるロングセラーとなった主なルポルタージュとして、次のいくつかのタイトルを刊行順に挙げることができる。

オーエン・ラティモア『中国』平野義太郎監修、小川修訳、岩波新書、一九五〇年
アグネス・スメドレー『偉大なる道（上・下）』阿部知二訳、岩波書店、一九五五年
エドガー・スノー『アジアの戦争』森谷巌訳、みすず書房、一九五六年
アグネス・スメドレー『中国の歌ごえ』高杉一郎訳、みすず書房、一九五七年
エドガー・スノー『目覚めへの旅』松岡洋子訳、紀伊國屋書店、一九六三年
——『今日の中国——もうひとつの世界』松岡洋子訳、筑摩書房、一九六三年
——『中国の赤い星』宇佐美誠次郎訳、筑摩叢書、一九六四年（初訳は一九四六年）
アグネス・スメドレー『中国紅軍は前進する』中理子訳、東邦出版社・東邦選書、一九六五年
——『中国は抵抗する——八路軍従軍記』高杉一郎訳、岩波書店、一九六五年
アンナ・ルイズ・ストロング『中国からの手紙（一・二）』藤村俊郎訳、みすず書房、一九六五年
ニム・ウェールズ『人民中国の夜明け』浅野雄二訳、新興出版社、一九六五年
——『アリランの歌』安藤次郎訳、みすず書房、一九六五年

イアン・ミュルダール『中国人民の声』大久保和郎訳、筑摩書房、一九六五年
ハロルド・R・アイザックス『中国革命の悲劇』鹿島宗二郎訳、至誠堂、一九六六年
アグネス・スメドレー『中国の夜明け前』中理子訳、東邦出版社、一九六六年
――『中国の運命』中理子訳、東邦出版社、一九六七年

これらの作品を通して、多くの日本人に新しい中国のある種の固定的イメージが刷り込まれていった。すなわち、苦難の長征を耐え抜き（スノー『中国の赤い星』）、抗日戦争を戦い抜き（スメドレーの一連の著作）、日本が撤退してからは広い農民の支持を得て腐敗した国民党軍に乏しい武器で打ち勝ち（ベルデン『中国は世界をゆるがす』）、内戦から解放後にかけて、土地改革を通して中国の社会主義建設を推進していった（ミュルダール『中国人民の声』）。その主役は中国共産党と八路軍、およびそれを指導した毛沢東、ということであり、中心のテーマは中国革命ということになる。

このような読み継がれるルポルタージュの名作をなぜ日本人は残せなかったのか。彼ら米国を中心とする西側ジャーナリストは、自陣の友人として戦時期の解放区に入ることができたし、ストロングのように、故国を離れ生活の拠点を中国に定め、生活者としての視点を獲得しえた地の利もあるだろうし、ミュルダールのように、対外未開放地区の農村での一ヵ月間にわたる面接調査が許されるという外交的特権もあるだろう。ただそれならば日本側にも、満鉄調査部の研究員とか、朝日新聞記者の尾崎秀実とか、在野研究者の橘樸や中江丑吉、在華マルキストの鈴江言一のように、正確で精緻な調査によって中国革命の意義を見極め中国共産党の勝利を予感しえた人々がいた。だが戦時中の中国研究の大半は、中国共産党が統治する現実の中国の実態に肉薄しえない、実効性の乏しいものに映った。[17]

これら欧米ジャーナリストたちの著作が与えたインパクトについて、のちに東洋史研究者の石田米子は、「私は、戦後成年したほとんどの人たちがそうであるように、中国と中国革命のイメージを、主として欧米人のルポルタージュによって育ててきた。スノーやベルデンやスメドレーの中国革命を見る眼が、私自身の中国革命を見る眼を開かせ、養ってくれたのだ。日本で出された中国革命史の概説は、自分の知識を半強制的に整列させるのに役立ったが、

それは高等学校の世界史の授業の延長のようなものであった。いろいろの論文は、中国共産党関係の多くの公式文書を使って中共党史を研究しているが、そのほとんどには中国の民衆の苦悩と怒りへの共感などひとかけらもなく、党と革命を知識人相手に評論してみせるための内幕暴露的な関心があるばかりであった」と回想している(18)。

4　各界の日中交流記録

これに対し、日本人の中国関連の書籍として、この時期多くの訪中記が出版されている。人民公社や国営工場の視察記、各政党の代表団、元戦犯の再訪記などもある。とりわけ目につくのは作家代表団として訪中した有名作家による訪中記である(19)。戦時中に日本の抑圧的な体制と闘い、時には党派活動のなかで筆を折ることなく表現の自由を守ってきた作家や文筆家たちが、中国のありのままを伝えるという誠実な姿勢を貫こうとの意志を持ちながらも、相手方の発言や、公式発表をそのまま引き写し、中国側の意図そのままの無批判的で骨抜きの文章になっているのである。

また、日中間の直接的な学術交流がこの時期から目立って行なわれるようになってきた。歴史学研究会が編集する学術雑誌『歴史学研究』(一九三三年一一月創刊)を見ると、一九五四年から中国の歴史学界の動向紹介や、歴史学界の視察団の相互訪問に関する記事が目立ち始める。中村義「(海外動向)中国歴史学界の動向」(一九五四年二月号)は解放以後の中国歴史学界の組織・研究者・研究活動が紹介され、貝塚茂樹「(海外動向)中国歴史学界の現況」(一九五五年一月号)は中国科学院の歴史研究所や考古研究所の視察報告であり、奈良本辰也「(国際交流のために)中国歴史学会との交歓――訪華京都学術使節団の報告」(一九五八年三月号)は、百家争鳴から反右派にいたる中国歴史学界の変容の一端を窺い知ることができる。仁井田陞「(時評)新しい中国の法と道徳――中国の旅の印象」(一九五九年一二月号)は、日本法律家代表団としての著者の六度目にして戦後最初の訪中記録であり、大躍進運動や反右派闘争や人民公社の現状を視察し、高い評価を与えている。また、小倉芳彦「(海外動向)中国哲学史研究における「百家争鳴」をめぐって」(一九五七年一二月号)は、中国での中国哲学研究が唯物主義と唯心主義の二項対立的分析軸によって展開されていることを伝える。

中国の歴史学が唯物史観による中国通史の書き換えを進めていることに刺激を受け、一九五五年一二月には中国科学院長郭沫若を団長とする訪日学術視察団を迎え、日中の歴史学者が一堂に会して中国史の時代区分について討議した。同じ『歴史学研究』の仁井田陞「(ノート)中国史の時代区分と歴史的感覚――中国学院訪日学術視察団を迎えて」(一九五六年二月号)はこのときの見聞記であり、宮崎市定「(書評)鈴木俊・西嶋定生「中国史の時代区分」」(一九五七年一二月号)は中国側の時代区分論への批判的見解を記している。また歴史学研究会が一九五六年五月一二・一三日に行なった年度大会のテーマは「時代区分上の理論的諸問題」であった(同年一一月に岩波書店より大会報告が刊行された)。

一九六〇年の安保改定時期に中国では激しい日米軍事同盟破棄と日本の軍国主義復活反対キャンペーンを展開したが、北京大学教授の歴史学者翦伯賛《せんはくさん》は「(月報)「蟻」は獅子となった――日本の歴史家に送る公開状」(一九六〇年七月)で日本の歴史家に反対運動に立ち上がることを要望し、同号で歴史学研究会委員長江口朴郎名義で、公開状への返事として新安保条約採決不承認の決議声明が出されたことが伝えられた。

以上、この時期の中国論の書き手たちの傾向を、総合雑誌寄稿者の掲載本数の頻度から摑んでおきたい(表3-2)。政党関係では自民党の松村謙三が七本と宇都宮徳馬が八本、社会党委員長の鈴木茂三郎と社会党衆議院議員の勝間田清一がともに四本、日本共産党の党中央委員会幹

表3-2　寄稿者執筆頻度ランキング(1956-64年)

	人　名	掲載本数
①	竹内好	14
②	宇都宮徳馬	8
③	衛藤瀋吉，野村浩一，松村謙三，	7
④	菅沼不二男，E. スノー，竹内実，原子林二郎，桑原寿二	6
⑤	石川忠雄，佐藤昇，周恩来，A. L. ストロング，武田泰淳，谷川徹三，土井章，武者小路公秀	5
⑥	石川滋，岩村三千夫，上野稔，邱永漢，岡崎嘉平太，岡崎俊夫，開高健，貝塚茂樹，勝間田清一，亀田東伍，木島力也，西園寺公一，鈴木一雄，鈴木茂三郎，高市恵之助，高木健夫，西春彦，堀田善衛，吉川幸次郎	4
⑦	新井宝雄，猪木正道，入江啓四郎，上原淳道，小幡操，郭沫若，加瀬俊一，加藤周一，聴濤克己，土居明夫，中島健蔵，野上弥生子，林克也，藤井満洲男，松岡洋子，松本俊一，丸山静雄，宿谷栄一，蝋山政道	3

＊3本以上寄稿者に限る

部の聴濤克己《きくなみ》が三本と亀田東伍が四本を占めるなど、親中派政治家の露出ぶりが目出つ。それとの関連で、元国会議員で一九五八年一月から七〇年八月まで家族ぐるみで北京に居住した西園寺公一（四本）は、国交がない時期に民間大使として日本からの各界訪中団のアレンジをしたり、周恩来をはじめとする中国要人と訪中団との会談に同席したり、日本関連の情報を北京の対日工作組に伝達したりするほか、北京から日本語で中国の現地情報を送り、日本の対中復交を醸成する世論作り工作の役割を果たした。[20] そのほか、西側ジャーナリストとして、エドガー・スノー（六本）、アンナ・L・ストロング（五本）などの名が目を引く。あとは広義の中国学者・中国研究者と中国専門記者が大半を占める。

5　土着的コミューン——谷川雁の思想と行動

戦後日本で、毛沢東思想の影響を受けつつ独自の思想を紡ぎ、独自の社会運動を主体的に組織し展開していった最初の知識人の一人は、詩人の谷川雁（一九二三—一九五）だったと思われる。あいにく谷川は本書で取り上げる論壇誌にはほとんど寄稿しておらず、地方に生活と運動の拠点を定めて、そこで自ら創刊した独自の雑誌メディアから発信していたため、本章において他の中国関連記事と並べて紹介することはできないが、日本論壇の中国論に与えたであろう隠然とした影響の深さから、特に項目を立てて取り上げることとする。

熊本出身の谷川は詩作の傍ら九州共産党員として活動、一九五八年には福岡県中間市に移住し、上野英信、森崎和江、中村きい子、石牟礼道子らとともに同年九月、九州山口八県のサークル活動家を集めて月刊雑誌『サークル村』を創刊、そこを労働者の文藝活動の拠点とし、生活共同圏を基盤とした集団意識の創造と精神的コミューンの建設を地方都市で模索しようと活動した。当時中間市の炭鉱住宅で谷川と森崎は同居し、その軒続きに上野夫妻が住んだ。サークルどうしの交流も活発に行なわれ、谷川は『サークル村』の全国版である全国サークル交流誌の発刊を国民文化会議に提案した。文化活動家たちは六〇年安保闘争にのめりこみ、政治的対立のなかでそのプランは実らなかったが、『サークル村』（一九五九年四月号）の「よびかけ」には、本章との関連で次のような文言が含まれていることが注目される。[21]

「五四運動を発端として整風運動にいたる中国の思想・文化革命が新中国生成のモーターとなったことは今日すでに万人の認めるところである。精神の革命なき政治・社会革命が画に描いたもちにひとしいことは戦後、上から組織されたわが国の民主運動の歴史が失敗と成功をふくめてあますところなく証明している。中国民衆が数千年の官僚主義にあえて根底からの戦いをいどまねばならなかったように、われわれもまた苦しい経験のなかから、「もっと深く、もっと内側から」というよび声に耳を傾けないではいられなくなっている。」

『サークル村』は通巻二一号を数えたが、一九六〇年の三池闘争、安保闘争にぶつかり、党員の谷川らに対する共産党からの除名勧告を含む攻撃にも曝されるなかで、同年六月休刊する。

谷川は、また三池争議が敗北したあとの大正炭鉱争議において、「サークル村」主要メンバーに、大正炭鉱の労働者を中心に大正炭鉱青年行動隊のメンバーを加えて大正行動隊を結成し、ストライキなどの抗議行動を組織した。さらに、それまでの文化運動的なものから、反体制運動のためにより思想運動の線を強く出した会報『サークル村』を同年九月に再刊したが、六一年一〇月一〇日に通巻三四号を出した後、自ら解体した。

その闘争理念はブントと近かったこともあって、谷川は党を離れ、文革勃発の直前の一九六五年には一切の執筆活動をやめた。

彼は自らを知識人ではなく、沈黙の大衆へ語りかける「工作者」と位置づけ、サークル村のある西南九州の貧しい辺境の農村を「根拠地」とする。そして、革命の担い手は農民であり、本来の国民文学は、小市民文学でもプロレタリアート文学でもなく、農民の心情を刻印した文学であるとし、「生産する自然を相手どり、これを豊かにすることで食べている農民の誠実、豊富、柔軟な感性は地下水となって祖国の深部を洗い、大衆の統一結合のよりどころとなってい」ると考えた（「「農民」が欠けている」『櫂』一〇号、一九五五年一月）。

この、農民に対する無垢な傾倒には、中国農村に対する素朴なユートピア願望や、毛沢東が主導する中国の農民革命への思慕が反映されている。実際、彼の初期の詩やエッセイには、中国農村や毛沢東を題材にした作品が多い。例えば、「東洋の村の入口で」（『現代詩』一九五五年一二月号）には、こう記されている。

「民衆の理想のまぼろしはどのような現実の歴史的存在に対応しているのでしょうか。私はこれを村落の協同生活、一口にいって「東洋的共同体」の底辺であると考えます。東洋的形態とは、小さな集団である下級の共同体の上にそれらを統一し従属させる専制的な上級の共同体が存在することです。すなわちここに老子の「小国寡民」と孔子の「治国平天下」が向きあっているのです。下級のそれが「無為にして化す」民衆の横の連帯であれば、上級のそれは「礼」と「仁」で義務的につながれる家父長と家内奴隷の関係です。

日本の民衆が永きにわたってあこがれ、民衆自身が分けもっている乳色の素肌の光り……それは下級の村落共同体から流れ出し、今日の大地をなお蔽っている規模の小さな連帯の感情ではありますまいか。この東洋の村の思想こそこの世の壁の幾重を通して貧しい私のなかに流れ入った光りの本体ではありますまいか。そして西行が一本の杖にすがり、芭蕉が「その貫通するものは一なり」と叫んで求めて行った無名民衆への愛はわれしらずこの遠い源流へ向っていたのではありますまいか。総じてこれは平和と協同をめざす孤立的な、無政府的なサンジカリズムではありますまいか。民族固有の進歩思想の前期的形態ではありますまいか。」

また、「毛沢東の詩と中国革命」（『現代詩』一九五八年六月号）では、毛沢東は「文明の真の焦点を東洋の無名の町や村々の土壁に築いた人間である。老子がするどい弁証法で無の概念を駆使しつつ描いて見せた、ほとんど微積分の原理に近い価値転倒を、彼はまさに黄河の源で演じつくしたのである」と書く。また「雲よ」という詩ではこう謳う。

「雲がゆく／おれもゆくアジアのうちにどこか／さびしくてにぎやかで／馬車も食堂も／景色も泥くさいが／ゆったりとしたところはないか／どつしりした男が／五六人／おゝきな手をひろげて／話をする／そんなところはないか／雲よ／むろんおれは貧乏だが／いゝじやないか　つれてゆけよ」

ここには、民衆の理想として老子の「小国寡民」的な「東洋的共同体」の村落の協働生活への憧れが描かれている。この東洋的共同体原理の下層に横たわる中国農民の心情にこそ革命のエトスがあるとの発想は、その後に起こった驚天動地の文化大革命の影響をまともに受けて暴力革命の傾向を帯びるにいたった日本のマオイスト新左翼にみられる、アナーキーなコミューン論へとつながっていくのである。この意味で、谷川が取り組んだサークル村の実践は、日本において文化大革命が革命運動として移入された際の特異な展開の道筋の源流をなしているとも言えよう。ただその場合、谷川は能天気にアナキズム革命の成就を夢想していたわけではなく、その上には東洋的専制の儒教的統治理念が覆い被さっていることを、すでにコミューン運動の初期から看破していたことを見過ごしてはならないだろう。

三　スターリン批判から中ソ論争へ

1　フルシチョフ演説の衝撃

一九五三年三月五日のスターリン死去から三年が経った五六年二月二五日、ソ連共産党第二〇回大会における、フルシチョフの「秘密報告」(22)におけるスターリン批判の衝撃により、中国共産党首脳部たちに激震が走った。これに続くポーランドでのポズナニ暴動、ハンガリー事件へのソ連軍の介入に対し、当初、毛沢東はポーランドへのソ連の武力行使には反対し、ハンガリー事件のそれにはソ連を支持するという判断を自ら下し、ソ連のスターリン批判に対してはその行き過ぎを戒め、スターリンの誤りよりも功績を評価すべきとした。すでに中国は五三年六月に、中共中央政治局拡大会議で毛沢東の提起により過渡期総路線を敷いており、『紅楼夢』研究批判、胡風批判、丁玲批判など、思想界・文藝界に対する知識人弾圧・思想改造を進めていた。毛沢東はハンガリー事件の教訓を踏まえ、一九五七年二月二七日に最高国務会議を招集し「人民内部の矛盾を正しく処理する問題について」の報告を行ない、主に国内の人民と指導者の間、あるいは人民内部の矛盾が激化して敵味方の矛盾に転化しないよう、全党的な整風運動を展開することを決定した。フルシチョフ演説への敢然とした挑戦は、その後の毛沢東への個人崇拝、右派に対する思想弾圧、極端な社会主義路線へと中国を走らせ、思想改造運動をより徹底した極端かつ大々的なものに加速化させていき、結果として文革への道を開いてしまったのである。(23)

日本においてもフルシチョフ演説は戦後左翼運動に最初の大きな亀裂を刻むことになった。その前段として日本共産党は一九五五年の第六回全国協議会（六全協）においてそれまでの極左冒険主義・武装蜂起路線を自己批判したが、フルシチョフ演説におけるスターリン批判に共鳴した全学連に結集する学生運動家たちは、日共と一線を画す方針を確認し、五七年の日本トロツキスト連盟（後の革共同）、五八年一二月一〇日の共産主義者同盟（ブント）の結成を促し、日本共産党との対決姿勢を鮮明にし、六〇年反安保闘争を主導していく(24)。

論壇誌を見てみよう。ソビエト共産党二〇回大会について逸早く報じた総合雑誌は『中央公論』一九五六年四月号の特別付録「動きつつあるソヴエト」で、フルシチョフ演説要旨とミコヤン演説全文が掲載され、同月に臨時増刊号『ソ連の変貌と共産主義の将来――スターリン批判は世界史の方向線をどう換えたか』が刊行され、そこには中共宣伝部長陸定一の「百花斉放百家争鳴」が併載されているのが注目される。

ソ連でのスターリン批判を、その後中国側がどう受け止めたかについては、論じた雑誌は少ない。日本共産党の対応について『前衛』をみると、直近のものとしては、宮本顕治「ハンガリー問題をいかに評価するか」（『前衛』一九五七年二月号）が目につく程度である。そこではハンガリー動乱が白色テロルの反革命と規定されており、国内の反動勢力と職業的ファシストが外部の帝国主義勢力によるハンガリー攪乱政策と結託したことによる計画的武装蜂起であって、ソ連軍の軍事介入はワルシャワ条約やハンガリー政府とソ連政府の合意により正当化されるとしている。そこでは、中国側の動きについては言及されていない。中国側の対応について取り上げているのは、左派の『中央公論』『世界』と、右派の『日本及日本人』のみである。

『中央公論』は一九五六年一一月号に特集「中国はソ連とどう違うか――中国共産党第八回全国代表大会に寄せて」を組み、毛沢東の開会挨拶、劉少奇の政治報告、鄧小平の「党規約改正についての報告」を掲載している。特に注目されるのは、猪木正道、中西功、本橋渥、宍戸寛による討議「中国はソ連とどう違うか」である。本橋は中国革命が「ソヴエト革命の経験を学びながら、新しい社会主義革命のタイプを作っている」とし、中西は「中国共産党が農民と同盟して圧倒的な力を持った」とし、猪木は「中共の幹部はどうも人間を深くつかまえているのじゃないか。

それが穏歩主義にも現われてくる」と、ソ連社会主義との違いを明らかにしながら、総じて中国側に高い評価を与えている。中ソの革命路線の優劣をめぐる比較の視座が、これ以後、日本の論壇において中ソ論争を論じる際の基本的なパターンとなっていく。

毛沢東の「人民内部の矛盾」講話の重要性も当時すでに認識されており、特に敏感に反応したのが『中央公論』であった。一九五七年八月号に特集「中国——人民内部の矛盾」を組み、毛沢東講話、周恩来の政府活動報告の竹内実による全訳を掲載したうえで、講話をめぐっては岡崎俊夫(朝日新聞外報部)、古在由重(専修大学、哲学)、竹内好(都立大学、中国文学)、本田良介(国際事情研究会)による「(座談会)毛沢東論文を検討する」がその含意と真意について議論し、上出正七「新整風運動の実態」で、中国国内の「人民内部の矛盾」とは具体的に何を指すかが解説され、橋本正邦(共同通信社外信部)「ソ連・東欧にどう影響するか——ある評論家と新聞記者の対話」、山川均「人民と人民の敵——毛沢東報告を読んで」などの評論を掲載している。

いっぽう『世界』では同じく同年八月号において、毛沢東演説について、貝塚茂樹(京都大学教授)「毛沢東的な考え方——毛沢東演説を読んで」は、ハンガリー事件を契機として社会主義内部に生じうる矛盾を解決する方針を示した新「矛盾論」だとして高く評価する。それに対して、岡崎俊夫「花と毒草——「百家争鳴」はどうなる」では、毛沢東による『武訓伝』批判以降、胡風事件にいたるまで、知識分子に対する思想改造運動が党内にある種の圧迫感を醸し出していたところ、「百家争鳴」で言論思想の自由が拡大するとの期待を抱かせたにもかかわらず、ハンガリー事件とこの講話によってふたたび「毒草」刈りが始まるのではないかとの懸念を匂わせている。

岡崎論文と同様に小竹文夫「中国の文化と中共の文化政策」(『海外事情』一九五六年六月号)でも、毛沢東の「文藝講話」「新民主主義論」などを踏まえつつ、中国の文化政策は共産主義的な世界観に基づいて厳しい思想・言論・出版統制がなされており、政治が主で文化がその手段であるというところに、胡適思想批判や胡風逮捕の背景があると指摘している。ともに知識人に対する思想・言論統制に、その先に起こることになる文化大革命のような大々的な粛清・弾圧の悲劇にいたる予兆を嗅ぎ取った論考である。

いっぽう『日本及日本人』は、吉田東祐[25]の論考「毛沢東はスターリンを克服した」(一九五六年六月号)、「中共・民主主義的政策の背景」(一九五六年九月号)が注目される。吉田は、解放前の権力闘争において毛沢東は陳独秀や李立三や王明の路線に反対し、コミンテルンの指示に従う党中央の方針に従わなかったことから、早くからスターリン批判を行なっていたこと、都市の労働運動を革命の中心課題とせず、中国の広大な農民社会に着目し、「中国の農民層に国民的自覚をもたせ、敵概心にもえさせたのは、何よりも先ず日本軍の銃剣、大砲、特に飛行機からの爆弾の功績であった」と論じる。したがってフルシチョフ演説に関しては、「毛沢東はソ連でスターリン批判が始まるずっと以前から行動によってスターリンを厳重に批判していたのだ。それ故毛沢東及び彼の現在の幹部はソ連のスターリン批判によっていささかも動ぜられることはない」という見方に立つのである。

このように、『日本及日本人』はこの時期、反共を掲げつつも、概ねこのような反ソ親中の立場を示していた。そのことは、一九五七年の同誌の特集として二・三月号「民族主義運動とアジア」(一・二)」、四月号「ナショナリズムと民族運動」などが組まれているように、この時期が、一九五四年のジュネーブ会議でのインドシナ戦争の休戦決議、東南アジア五カ国によるコロンボ会議、チベット問題をめぐる中印紛争解決のための周恩来・ネールによる平和五原則の提唱、翌年のインドネシア・バンドンでのアジア・アフリカ会議開催など、前章で既述した国際社会において平和と独立を訴えるアジア諸国の発言力が増してくる時代であったことが背景にある。同誌はアジア各国で勃興するナショナリズムをアジア主義的な友邦意識で繋いでいくことを企図し、ソ連共産主義をターゲットとしながら、経済的な後発主義、アジア的な農民革命の性格が濃厚な中国革命への共感を誌面づくりに反映させていったのである。

同様に左派知識人が集う『世界』においても、引き続きアジア・ナショナリズムの時代を強くアピールし、前章に引き続いて周恩来の露出度は相変わらず高かった。「あくまでも五原則を」(一九五六年一一月二九日、インド中央議会における演説、一九五七年二月号)、「中日両国の友好を望む」(五七年二月二五日、民間放送現業者視察団、共同通信・朝日新聞特派員との会見、同年一〇月号)、日本社会党訪中使節団「周恩来総理会見記」(五九年五月号)、「毛沢東、周恩来会見記」(六一年一月二四日と二六日、社会党員を中心とする日ソ協会代表団との会見、六一年四月号)、「日本軍国主義の復活に反対する」（六一年六月二一日、日本人たちを前にしての談話、六一年九月号）などである。竹内好・石田雄・堀田善衛・加藤周一「座談会　アジアのなかの日本」（『世界』一九五八年六月号）には、こうした国際環境のなかでナショナリズムの高まるアジアと連帯していくことこそが日本の「民族的使命」であり、その出発点に日本人の痛烈な戦争体験があり、戦争責任を未解決のまま放置していてはいけない、との主張が育まれていったことが窺われる発言が散りばめられている。

2　中ソ論争に翻弄される革新勢力

フルシチョフは一九五九年九月、アメリカを訪問し、アメリカとの力の均衡による平和共存政策にシフトしていった。アメリカは台湾の国府を正式に承認し、中国の国連加入権を頑強に拒否しており、「アメリカ帝国主義は張子の虎」（毛沢東）とまで喝破されるほど、中国にとっては不倶戴天の敵であった。中国は、ソ連の方針を承服せず、ここに中ソのイデオロギー対立の形をとった長い確執が始まった。一九六〇年に入って、ソ連は中国への援助引渡しを遅らせ、挙句に三〇〇〇名に上るソ連技術者の大半を引き上げた。一九六〇年一一月一〇日、世界八一カ国共産党・労働者党代表者会議がモスクワで開催され、社会制度を異にする国家間で武力闘争以外の平和的方法によって共存を図り社会主義陣営がヘゲモニーを握っていくことを盛り込んだモスクワ声明が発表されたことに、中国は反発を示した。以後、中ソのわだかまりと対立は、一九八九年、天安門事件前夜にゴルバチョフ書記長の北京訪問で中ソ和解がなされるまで、消えることはなかった。

中ソ論争関連記事については、『世界』ではレオ・ヒューバーマン、ポール・スウィージー「中ソ論争の核心」（一九六二年三月号）がその嚆矢であり、中ソの温度差は、第三次大戦の脅威を最小限にするための行動方針の違いから来ていると分析し、中国側は帝国主義圏と社会主義圏の間の世界戦争は不可避であって、帝国主義側の指導的核心にアメリカがあって、階級闘争の立場を重視するのに対して、ソ連側は階級よりも国民と国益を重視し、帝国主義陣営に対しては、正面衝突を避け交渉や説得によって解決が可能であるとし、中国の左翼教条主義を危険視する。『中央公論』一九六二年三月号の特集「革命一二年後の中国」のなかの原子林二郎「中ソ関係の一六年」も同時期のもので、ソ連側が中国の実力や真意を見誤ってきたこと、双方の民族利益の格差が戦略の違いを生み、ソ連は長い革命経験を経て安定化に向かい、中国に比べて強硬な武力闘争の要素を稀薄にしていると、その違いを指摘する。

翌一九六三年の論壇誌の中国関連記事は、まさにこの中ソ論争に席捲された観がある。まず『現代の眼』は、中ソ論争をめぐり東西陣営の布置と冷戦構造はどう変わりつつあるのか、翻弄される日本の革新勢力は中ソどちらの側を支持すればよいのか、などの問題関心から、三月号「中ソ論争の新局面」、一〇月号「中ソ〝決裂〟と現代」の二本の特集を組んだ。

『前衛』も三本ほど単発の中ソ論争関連論文を掲載しているが、川端治「（論壇時評）ブルジョア論壇における「中ソ論争」と修正主義者の役割」（五月号）を見ると、中ソ論争に熱心な左翼陣営の知識人に対し議論を沈静化させるよう諭し、国際共産主義運動内部に亀裂が生じてアメリカ帝国主義と国内反動勢力にたいする批判が鈍ることを避けるべく、自主路線を行く日本共産党の位置取りを強調しようとしている。

『月刊社会党』には三本の中ソ論争関連記事が掲載されているが、大原亨（社会党代議士・社会主義理論委員）「中ソ論争と日本社会党」（一九六三年四月号）は、中ソ論争において中国寄りの立場をとる日本共産党との違いを際立たせ、「中国の戦争観や平和運動論にたいする友好的批判をわれわれは惜しんではなるまい。また日共などを媒体にして、中国の主張が日本の運動に持ちこまれることから生じている混乱を克服する努力をはらうことは、日本の社会主義と平和活動家の責任である」と記す。

『中央公論』は三月号で「焦点に立つ中国」を特集し、アメリカの対中政策の動向、中ソ対立から核武装へ動き始めた中国、といった論点とならんで、佐藤昇「中ソ論争と国際共産主義運動」があるほか、九月号では宇野重昭（アジア政経学会）、山極晃（横浜市大講師、国際関係論）による「資料・中ソの論争点」が掲載されている。[26]

『世界』はとりわけ中ソ論争に強い関心を示す。斉藤孝（東大講師、国際関係論）・佐藤昇（現代社会主義研究会員）・竹内好（中国文学者）・福田歓一（東大教授、政治思想史）・藤田省三（法政大助教授、日本政治思想史）「（討論）中ソ論争と現代――われわれはどう受けとめるか」（三月号）は三一頁もの長尺記事で、前半は論争の経緯と双方の言い分にみる立場の違いを分析し、後半はキューバにソ連軍がミサイル基地を建設していることに抗議した米軍が、一九六二年一〇月、キューバを軍事的に海上封鎖し、米ソ核戦争の脅威が高まったキューバ危機に際して、中国がそれまでの全面的核廃絶から核開発へと舵を切ったことについて、中国のいう人民本位の楽観主義は、「軍備を全廃して核兵器をなくすことは可能だと信じる楽観主義なのか、それとも核戦争になってもたいしたことはないと言う楽観主義なのか」という佐藤の問いをめぐって議論が交わされる。藤田は中国の核兵器は道具で主体は人間であって、階級闘争を通じない平和はありえないという硬直した一元主義は危険だとし、佐藤は国内体制や経済状態がどうであろうと、進歩と民主主義を目指し冷戦構造を打破するために軍縮すべきとし、竹内は佐藤の発想は現状追認の持てる国の論理であり、中国の核開発は国際的孤立を脱して発言力を備えるための手段であって、中国脅威論には西側陣営の黄禍論的発想があるとする。福田は軍事力優位の冷戦構造のなかで、極東が最も危ない地域になっていることから、日本は中国と西欧世界との間を媒介する積極的役割を果たすべきと提唱する。

佐藤昇・杉田正夫「中ソ論争と国際共産主義運動の将来」（九月号）は、中ソのうち、中国共産党の唱える世界革命路線の危険性に焦点を当てたもので、中国にとっては帝国主義は不変のもので、敵を固定的な実体として捉え、相互浸透を通しての変革という発想がなく、中立の存在を認めないために、極東が「冷戦の「ふきだまり」になろうとしている」と言う。

同じ『世界』の「（ドキュメント）原水禁大会における「中ソ論争」」（一〇月号）は、実際に八月一日から四日にかけて広島で行なわれた第九回原水禁世界大会が、核実験に踏み切ろうとする中国とそれを押しとどめようとするソ連の両国代表の間で交わされた罵倒合戦の実況をつたえるものである。他に埴谷雄高「死滅せざる「国家」について――中ソ対立の現在的意味」（一一月号）が掲載されている。

『朝日ジャーナル』にも野々村一雄（一橋大学）、斉藤孝（東京大学）、森恭三（朝日新聞論説委員）、小幡操（同）、蔵居良造（朝日新聞調査研究室員）による「共同討議　「平和共存」路線は戦略か」（三月一〇日号）がある。

『思想の科学』は、翌一九六四年一一月号（三二号）において、「論争のすすめ」を特集するなかで、石堂清倫「中ソ論争の展望」、いいだ・もも「「中ソ論争」の詩論的・文化論的意味」、神山茂夫「「中ソ論争」と日本共産党」を掲載している。とりわけ石堂の論考は、八頁の小編のなかに中ソ論争のはらむ問題の拡がりと本質を的確に捉えた凝集度の高いものである。中ソ論争のイデオロギー対立がなぜ国家間のヘゲモニー争いに転化しつつあるのか、アメリカのキューバ侵攻を阻止するために戦術的理論的創意を発揮せず、マルクス主義の教条的反復によってフルシチョフ批判を行なうなど、社会主義陣営を分裂させた中国のほうにより多くの問題があるのではないかとする。また国際共産主義運動の統一のために新たな革命像を創造することが求められているとし、中共が民族解放運動の線を強く打ち出したことは評価しつつも、資本主義国のプロレタリアートとの結合は弱く、第二インターナショナルの諸党と、その指導下にある労組は、伝統的にインターナショナリズムとは無縁であったとする。さらに石堂は毛沢東の指導する中国革命が後進型革命であることは明白だとし、毛沢東思想の真髄は農民をプロレタリアに近いものに変える「整風」という思想改造運動であり、整風運動を通じてマルクス主義は中国化され普及したとする。さらに石堂は、「抗日戦争をつうじて中国農民は国民として自己を組織し、ここに新しい大衆的農民的ナショナリズムが成立した」と、新たなナショナリズムを広大な農村に根づかせるに至った大衆動員の最大の組織者は、皮肉なことに日本帝国主義の侵略だったと指摘するのを忘れない。

中ソ論争について、国際・国内情勢を踏まえ、中ソ双方の主張とその意図を正確に把握し、明快な主張をしたのは、現代中国研究家として今日にいたるまで息の長い研究および言論活動を継続している中嶋嶺雄である。彼の処女作『現代中国論――イデオロギーと政治の内的考察』（青木書店、一九六四年）は、著者二八歳の東大大学院国際関係論課程在学中に書き下ろされた六五〇枚の原稿を刊行したもので、中ソ論争について、国際・国内情勢を踏まえ、中ソ双方の主張とその意図を分析し、毛沢東思想の教条性の危険を批判的に論じたものである。その題名は竹内好の名著とされる著書と同一のものを襲っているが、「まえがき」に明記されているように、竹内の著書とは「その目的も対象年代も異なる」[27]。ちなみに、本書が検討範囲とする一九四五―七二年の雑誌掲載最多寄稿者は竹内好で六〇篇あることは既述したが、第二位がこの中嶋嶺雄の四九篇である。ただし中嶋論文の嚆矢は六五年一月三日号の『朝日ジャーナル』での座談会であり、本章が扱う時期にはまだ寄稿はない。中嶋がこの後いかに論壇の中国論の寵児として旺盛に寄稿を続けていったかがわかる。

中嶋は一九五六年のフルシチョフによるスターリン批判を冷戦構造転換の歴史的エポックだとし、中国においてもまた、国際共産主義運動におけるヘゲモニーを奪還すべく、毛沢東思想が最も優れたマルクス主義の系統を引くものだとして中ソ論争を展開しようとしたと捉える。その内実は、近代の敗北と挫折の辛酸を嘗めてきた大衆の民族意識に訴えて、毛沢東の個人崇拝と中国的な道徳教化によって毛沢東思想の絶対真理化を図ろうとするものであって、「中国は現在、中ソ論争の展開過程で明らかなように、固定化された、中国革命の勝利の経験とその諸結果とを、世界革命への自己の願望の中に普遍化し、絶対化することを要求し始めている」とする。毛沢東思想が教条的信念として硬直化し体制イデオロギーになって、それへの忠誠が至上命令として強要されるような状況になることを警告する。さらに日本の中国研究者が陥りやすい罠について、こう戒める。

「われわれはもはや、中国革命がかつてもたらした巨大な重量に圧倒されているだけでは済まされないことがわかるであろう。ましてや、わが国に固有の対中国シンパシーという非合理的・情緒的モメントを媒介して中国を見ようとする通念は、いまや是正されなければならない。」(『現代中国論』一六頁)

本書には、中嶋より上の世代の先輩中国研究者に見られる中国にたいする贖罪意識と中国革命への共感が中国を正しく冷静に認識する上での阻害要因となっていることへの戒めと、中国がやがて毛沢東への神格化と毛沢東思想の絶対化へとエスカレートしていくだろうとの警告が、そのモチーフとしてある。後の中国情勢の推移と、それに対する日本の中国学者たちの混迷ぶりを考え合わせたとき、格調高い文体でまとめられたこの本の先見性に驚倒せざるを得ない。(28)

フルシチョフの秘密報告と毛沢東の人民内部の矛盾報告を皮切りに、日本の総合雑誌は中国革命とロシア革命の性格、中国社会主義とソ連社会主義の路線について激しい議論を交わしていくが、概ね中国側に高い評価を与えた。とはいえ、東西陣営の布置と冷戦構造はどう変わりつつあるのか、日本の革新勢力は中ソどちらの側を支持すればよいのか、先行きは不透明なまま中ソ対立に翻弄されていった。中ソ論争はイデオロギー論争の様相を呈する中国論へと変質していく契機となり、中国革命を経験的にではなくより理論的に捉えようとする傾向を帯びていくこととなった。

四　台湾海峡危機・中印紛争・大躍進政策の失敗

1　台湾海峡危機と日米安保改定論議

一九五八年八月、台湾海峡を挾んで中国大陸に近接した台湾側の馬祖・金門両島の国民党軍にむけて、人民解放軍が砲撃し、米第七艦隊が戦闘態勢に入るという緊迫した事態が中台間で再び起こった。『人民日報』は毛沢東の「帝国主義とすべての反動派はハリコの虎だ」との談話を掲げ、学習運動を展開した。

『世界』では急遽「台湾海峡の緊迫と日本」という特集が組まれた（一九五八年一一月号）。同特集の編集部による前文によれば、「限定戦争にとどまらず、全面的な世界戦争に移行する」危機と捉えられ、台湾海峡に出動する米軍が日本の基地を使用することになれば、「われわれの頭上に原水爆が炸裂するか否か」という事態につながりかねないとの恐怖をもたらした。事態の責任の一端は、両島の領有を主張する中華人民共和国との国交を拒否する日本政府にもあり、米軍が軍事行動に踏み切れば、日本は中国に対する侵略行為に加担することになるとした。中国をどう捉え、中国とどのような関係を結ぶか――それは、東西冷戦下の国際関係をどう見極め、日本が東西のどちら側につくのか、非同盟中立でいくのか、という選択を迫られる重大な問いとして、ますます切実感を伴ってあらゆる知識人の前に立ちはだってくる、国民的論議となった。

同特集の入江啓四郎「災厄をもたらす安保条約」は、金門島の武力衝突は本来中国の内戦であり、それが国際紛争に拡大したときに日本が巻き込まれないために沖縄から米軍基地を撤退させ、日米安保条約を改廃するよう訴える。

また猪木正道「われわれの運命をわれわれの手へ――米中紛争と日本の立場」は、金門島からの蒋介石軍の撤退を要望し、米国の中華人民共和国承認と国連加盟を促すよう、米国の対中政策の転換を図ることに活路を見出す。近藤俊清（朝日新聞調査研究室員）「台湾の現状――「演出された」台湾海峡の危機」は、台湾のインサイド・レポート風に、台湾海峡の軍事的緊張をもたらしたのは、島内の経済不振や社会不安や政治不信を糊塗するために、国民の目を外に向けさせようとした国府の演出なのだとの深読みを示す。

あたかも安保改定を目前に控えていた日本にとって、台湾海峡危機はさらなる安保論議を誘発した。加藤周一「中立と安保条約と中国承認」（『世界』一九五九年四月号）は、米軍を国内に駐留させている日本の非中立状況は第三者からみれば非独立に映るとし、中立主義に立つべく、中国承認に踏み切れとする。だがそれは米国か中国かという二者択一ではない。日本人には米国人にはない中国に対する大量虐殺という倫理的責任があり、日本はアジアの一国であって中国はアジアの中心そのものであるから、米国が中国非承認だからといって、日本がそれに同調する理由はないとする。

清水幾太郎「日中間にこそ平和的共存を」（『世界』一九五九年一一月号）では、米ソ平和共存の世界潮流のなかに日本もあり、日本にとって共存関係を通して安全を確保する具体的相手は中国でなければならないとし、その前提として、日本人の対中コンプレックスを単純化して中国を恐怖と軍事的行動の対象としてしか捉えない安保改定を阻止せよと訴える。

2　チベット反乱から中印紛争へ

チベット地方は、新中国建国の際、最も併合が遅れ、一九五一年五月に人民解放軍の武力鎮圧を背景に、中国の地方政府として成立した。そのチベットで、新中国成立前からくすぶっていた民族問題に火がつき、一九五九年三月には首都ラサでの武装反乱と人民解放軍の武装鎮圧、さらにダライ・ラマのインド脱出というチベット事件が起こった。その五年前に周恩来総理とネール首相は平和五原則を謳い中印協定を締結し、蜜月時代を内外にアピールしていたにもかかわらず、中印関係に冷たい楔が打たれた。さらに八月、かねてから国境画定の根拠をめぐって係争していた中印国境において、中印両軍が銃火を交える紛争が生じ、二度目の冷たい楔が打たれた。

チベット事件はいわば中国内部の少数民族問題という国内問題であり、平和五原則からすれば国際社会の不介入の領域であったが、中印紛争は平和五原則を主唱国どうしが踏みにじり、アジア諸国間の平和共存とインドの中立主義に冷水を浴びせる不幸な事実であり、中印双方の言い分をめぐって、どちらに正当性を認めればよいのか、日本の論壇を困惑させた。ただし、同時期に、本章で扱う一一誌の総合雑誌のうち特集の形でチベット反乱を取り上げたのは、『世界』の「チベット問題——中印間の論争をめぐって」（一九五九年七月号）しか見当たらないし、単独論文ですら、『世界』以外はほとんど見当たらない。

総じて、本書が扱う一九四五—七二年の期間中に発行された管見する限りの総合雑誌（一部中国関係の専門雑誌も含め）において、中国国内の周縁部に住む少数民族区域において発生した、移住・入植した漢族との軋轢や紛争といった、いわゆる少数民族問題について、それを論題として掲げた特集はおろか、個別記事にいたっても、ここで挙げるチベット内乱についてのわずかな記事を除き、皆無と言っても過言ではない。しかしながら、その後の研究や、公開された歴史資料・口述証言などが明らかにしているように、この時期に、チベット問題にとどまらず、内モンゴル自治区にせよ、新疆ウイグル自治区にせよ、延辺の朝鮮族自治区にせよ、少数民族問題が存在しなかったわけでは決してない。この時期の論壇を中心とした日本人には、中国の少数民族問題について、それを問題として捉える眼差しや認識枠組みが欠如していたということである。したがって論題として少数民族問題が立てられず、ひいては中国に居住する少数民族の存在自体が、中国全般に関心を持つ多くの日本人にとって視野の外にあって可視化されていなかったということである。

同号の「チベットの反乱」と題するグラビアでは、インドに逃れネール首相と並ぶダライ・ラマと、人民解放軍との戦闘によって投降し武装解除されたチベットの「叛徒」たちが対比され、「反乱平定」後、人民解放軍によって治安が回復したラサの光景が映されている。

また、五九年四月二七日のインド上院におけるネールの演説「冷戦の言葉を排す」、および演説に先立つ談話「いまこそ冷静に」を訳載している。その言い分は、ダライ・ラマのインド脱出は彼の自由意思によることであり、チベットの反乱は彼らの民族感情から出たもので、インド人がそれに同情し支持するのは、チベット仏教に対する宗教的文化的接触に由来する近親的感情に基づく本能的反応であって、政治的関心はなく、チベットに干渉する欲望は微塵もなく、平和五原則に抵触するものではない、というものである。それを受けて『人民日報』編集部の記事「チベットの革命とネルーの哲学」は、チベット反乱の平定は「一九四九年前後に中国大陸を席捲した人民大革命のチベットにおける継続である」と、それが中国の国内問題という前提を確認する。そのうえで、チベットの改革を要求するチベット民衆の要求に答えて封建的な農奴社会を変革するために、改革に反対するごく一部の「叛徒匪賊」を鎮圧したものであり、ネール首相が表明するチベット人への「深い同情」は、中国への内政干渉であり、自国領内での中国の主権行使を妨害しようとするものでイギリス帝国の植民地主義の遺産だ、と厳しく批判する。

中印の公式表明の両論併記を受けて、蝋山芳郎・加藤周一・吉野源三郎（司会）「（座談会）チベット問題と中印関係——論争をどう受けとるか」では、蝋山はチベット問題をインド国内の反中国派が策動し「チベットに名を借りたインドにおける冷戦の激化」だとし、中立主義を掲げるネール首相が国内事情の掣肘をうけて発言した国内向けのメッセージだと受け止める。加藤は、チベット問題は中央政府の主権を行使する長い過程の途上に起こった中国の国内問題であって、階級対立の視点から捉えるべきだとし、中国政府の見解に寄り添って、平和五原則とインドの中立主義には抵触しないとの立場を表明している。

現地取材の記事は皆無であるが、北京に滞在しているA・L・ストロング「若者たちはチベットへ帰る　附　ダライ・ラマ亡命の真相」（『世界』同年九月号）では、当時北京で開かれていたチベット人の蜂起と農奴制の陰惨な実態を伝える展覧会の様子を伝え、人民解放軍に従って中国に帰順したチベット人との面談を通して、農奴制からの解放の正当性を示す。さらにダライ・ラマ亡命にあたっては、一九五一年に地方政府に組み入れられる協定の交渉にあたったチベット人官僚に面談し、チベットからの漢人追放を叫ぶ「叛徒」たちによってダライ・ラマが連れ去られたこと、人民解放軍が入って「叛徒」が一掃された結果、農奴制の消滅への見通しが明るくなったとの証言を紹介している。

中ソという二大社会主義国の間に引かれた、修復不能なほどの分裂線は、ユーゴ、ポーランド、ハンガリーなど、東欧の社会主義諸国とソ連との間の不和に加えて、アジアの社会主義圏内部にも軋轢をもたらした。台湾海峡危機と中印紛争は、中国の隣接地域においても、新たな軋轢を生む発端となったのであった。

3 隙間から覗く無惨な大躍進政策

中国国内に眼を転じてみると、スターリン批判の風波を受けて、文化・学術全般に対する方針として、毛沢東は一九五六年四月、共産党中央政治局拡大会議で「百花斉放」「百家争鳴」の方針を提起し、国内は自由な空気に包まれた。しかしその直後の六月のポーランド、一〇月のハンガリーの反政府暴動は、スターリン批判の衝撃が政権に対する批判から転覆へのブーメラン効果をもたらしかねない危機として映って、中共中央は動揺を隠せなかった。一二月の『人民日報』には「敵味方の矛盾」という階級間の矛盾のほかに、「人民内部の矛盾」があるとの評論が掲載され、翌五七年二月には毛沢東は最高国務会議で「人民内部の矛盾を正しく処理する問題について」の講話を発表、五月に「事は変化しつつある」の文章が高級幹部に配布された。「百花斉放」「百家争鳴」からわずか一年もたたないうちに、「教条主義」よりも「修正主義」に、「左派」よりも「右派」に厳しく批判を加えよとの号令が下されることよって、束の間の自由な言論空間と民主的な空気は、毛沢東の「陽謀」によって酷薄な「反右派」闘争の空気へと一八〇度転じることとなった(29)。そして、一九五三年の過渡期総路線で示された社会主義化の方針は、一九五八年五月五日の第八回党大会第二回会議で社会主義建設総路線の採択によっていっそう急進化し、反右派闘争を伴う大躍進運動を展開するとして、党の一元的指導の下で人民公社化と重工業偏重の大衆動員型の自力更生モデルが推し進められた。だがそれは、折からの三年連続の自然災害もあって、一説では三〇〇〇万人とも四〇〇〇万人とも言われる餓死者が出たといわれるほど、人民に飢えと困苦を強いるものとなった。

これらの中共内部の複雑で急激な動きと中国国内の世情の変化を、日本の報道はリアルタイムで把握し報道することはできなかったが、最も強烈な印象を残したのは、一九五八年八月からの中共中央政治局拡大会議での決定による農村人民公社設立の動きで、ほぼ同時期から、総合雑誌誌上では人民公社参観の報道が活発になされるようになった。その政策と実態について逸早く情勢分析を行なったのが、草野文男「人民公社の意味するもの——中共社会主義建設と農業革命」(『海外事情』一九五八年一一月号)、同「再び人民公社について」(同一二月号)である。草野は人民公社化の目的がプロレタリア独裁の強化拡大、党と政府の支配力の徹底、社会主義蓄積の完全効率化にあるとしながらも、その真意は第一次五ヵ年計画によって発生した矛盾を解決するための手段として打ち出されたものであるとする。その結末は、大衆の負担が増すばかりで、しかも一切の私有が認められないとなると、「人民公社は冷酷な徴税と物資調達の機構に終わってしまう危険がある」と警告する。

一九五九年に入ってからは、寺尾五郎[30]「見てきた人民公社」(『世界』二月号)、A・L・ストロング「人民公社運動は拡がり深まる」(『世界』一〇月号より四回連載、一九六〇年に岩波新書として刊行)、木内信胤「現代の神話・人民公社——中共は何のために狂奔するのか」(『文藝春秋』二月号)、安藤彦太郎・寺尾五郎「(対談)中国思想と人民公社」(『中央公論』三月号)、『日本及日本人』一一月号の特集「中共の力と人民公社の現状」などが目につく。そこでは、いままさに展開している人民公社は、農民が主体となり、土地を均等に供与する空想社会主義的な中国革命を実践しているものとして捉えられている。「洋」式ではなく「土」着式のやり方で生産性を上げるという中国的生産方式が追求されていて、平均主義的で禁欲的な中国農村共同体の編成原理に合致する画期的なシステムとして、総じて共感をもって迎えられている。その農村コミューンのイメージは、やがて文革期の中国型コミューン論や中国式内発的発展論に継承されていった。

大躍進政策のスローガンとは裏腹の、大量の餓死者をともなう悲惨な現実については、中国側が正確な資料を公開せず、その実態が明らかでなかったので、ほとんど伝えられていない。計画経済の進展についてレポートした記事も また、ほとんど見当たらない。わずかに、美濃部亮吉(東京教育大学)、有沢広巳(東京大学名誉教授)、内藤勝(東京大学経済学部教授）、脇村義太郎（東京大学名誉教授）による「（座談会）ソ連・中国貿易の将来性——河合良成、鈴木一雄両氏に聞く」（『世界』一九六二年一一月号）では、中国貿易促進の主導的立場にあって、何度も訪中視察を行なってきた日中貿易促進会専務理事の鈴木一雄から、中国の国家建設のポテンシャルは飛躍的に蓄積されていると報告され、目下の難局は旱魃による凶作がもたらした「自然災害」として片づけられている。

石川滋「中国経済の開発と試行錯誤」（『世界』一九六三年六月号）では、五八年に採用された鉱工業の大躍進政策・人民公社化の結果、中国経済は「崩壊点」に近づきつつあるか「螺線状下降」をもたらしていること、その原因は、天候不順によるものではなく、指導者の下した苛酷な強制的工業化の政策ミスによるものだとの風評に言及している。とはいえ、高い人口増加率を支えるために「小高炉建設」のような小企業方式による雇用吸収力を高め、食糧・農業のボトルネックを解決するために人民公社化が導入されたと石川自身は論じ、政権側に好意的な解釈をしている[31]。

大躍進政策がもたらした人災について、論壇においてその事実を伝えたのは、主に欧米のジャーナリストたちだった。ベルナール・ユルマン（AP通信社特派員）「赤い服の国からの報告」（『文藝春秋』一九六一年五月号）では、凶作と食糧不足にあえぎ、土法式小高炉による鉄鋼生産がうまくいっていない現状をルポし、スザンヌ・ラバン（フランス女流作家・政治評論家）「中国における人間の条件——労働者・僧と労組役員・梁」（『自由』一九六二年七月・八月号）は飢餓線上から香港に流れ着いた難民たちへの面接調査を通して、過酷な労務管理と粛清の実態を伝えている。

同時期の日本人による論壇での論及としては、小竹文夫（東京教育大学教授）・宋越倫（評論家）・土井章[32]・石川忠雄（慶応大学教授）「座談会　中国大陸の現実」（『自由』一九六二年四月号）を数えるのみであるが、自然災害というよりは社会主義建設をめぐる路線対立と政策選択の誤りにその原因を求めている。

新中国を訪問した取材記や紀行文のうち、中国にとって不利益でネガティヴな評価を盛り込んだ著作としては、ロベール・ギラン[33]『六億の蟻——私の中国旅行記』(*600 millions de chinois sous le drapeau rouge*)（井上勇訳、文藝春秋新社、一九五七年）がその嚆矢と言えるだろう。この本は一九五五年の訪中に基づくルポで、向ソ一辺倒時代の中国が、物質的な成果は目覚しいものの、精神的な成果は怖気を振るうほどのもので、思想も人格もロボットのようにソ連を複写して、頭脳が平板化して昆虫さながらだと観察している。ギランは以後も「七億の毛沢東たち」(『文藝春秋』一九六五年一一月号)を発表、毛沢東への個人崇拝が進み、社会主義思想学習を通して統制が行き届いた中国の実態を伝える旅行記を通して、文革前夜の雰囲気を如実に伝えている。

ギランの本にたいしては、同じくフランス人のシモーヌ・ド・ボーヴォワール『長い歩み——中国の発見(上・下)』(*LA LONGUE MARCH—Essai Sur La Chine*)(内山敏・大岡信訳、紀伊國屋書店、一九五九年)が一九五五年秋の六週間の訪中体験を踏まえ、ギランに対して徹底的な批判を施し、同時代の毛沢東中国について全般的な観察記になっている。そこでは、「それは天国でもなければ、地獄のようなアリ塚でもなく、世界の現実の一部であり、そこでは、動物的存在の絶望的な悪循環の鎖を断ったばかりの人民が、人間的な世界を築き上げようと熱心にたたかっているのである」と全面的に中国側を支持する見方を提示する。

五　安保改定反対闘争から核実験成功へ

1　中国の日本軍国主義批判キャンペーンと日本の日中国交回復国民運動

中国情勢は内外ともに不透明度を増していったが、その間、日中経済関係は両国の積み上げ方式が功を奏して、飛躍的な拡大とは言えないものの、着実な民間貿易の伸びを示し、一九五八年三月五日には北京で第四次日中貿易協定が調印された(「日中貿易協定の背景」『世界』一九五八年六月号)。中国側の国旗掲揚権を認めるかどうかで、日中間に「二つの中国」問題が再燃すると、岸内閣は閣議で中国問題はしばらく静観との態度を確認した。その直前、一九四四年に日本軍によって強制連行され、労役中に脱走した中国人労働者劉連仁が、一三年後の一九五八年二月に北海道石狩郡当別町の山中で発見されるというショッキングな事件が尾を引いていた。さらに五月二日に、長崎市の中国展で一青年が中国の国旗を引き下ろし、日中間で外交問題化した「長崎国旗事件」の処理をめぐって、経済交流は急速に冷え込み、全面的に停止してしまった。

中国側は岸政権の姿勢について、中国敵視政策を続け「二つの中国」をつくる陰謀を策動するものであって、日中関係の政治三原則に抵触するとみなした。毛沢東は中共中央成都工作会議で、日本に対して「潜在的帝国主義」の概念を提示し、軍国主義分子としての岸信介と岸政権の中国敵視政策を結びつけ、ここに日本軍国主義復活の企図を警戒せよとのメッセージが生まれることとなった。[34]

急遽『世界』は、一九五八年一〇月号において一一〇頁にわたる長大な特集「「静観」は許されるか――断絶せんとする日中関係」を企画した。冒頭の南原繁「日中国交回復の道」は改めて日中戦争の加害責任を深く反省し自覚するよう促し、「二つの中国」論に与せず、中国との国交回復とその国連加入を政府に要望していこうと訴える。

また竹内好「中国観の破産――日中問題の考え方」は、単独講和が日中の国交回復を妨げる重大な岐路であったとし、日中関係は悪化して講和当時の振り出しに戻っていると警鐘を鳴らす。

花柳徳米衛（花柳徳米衛日本舞踊団団長）・押川俊夫（日商展出品部長）・藤浪隆之（花柳徳米衛日本舞踊団舞台工作部長）・南博（一橋大学）「（座談会）きびしい表情の中国を旅して」では、長崎国旗事件後に訪中した印象を交わす。花柳・藤浪は、以前には日中戦争の戦跡に案内されても中国側は日中戦争の被害については積極的な言及を避けていたが、今回は侵略の告発や中国人の犠牲について、はっきりと意思を表明していたと、中国側の態度の変化に言及している。

そのほか、「日中関係について　私はこう思う」として、千田是也（俳優）、堀田善衛（作家）、蝋山政道（お茶の水大学学長）、末川博（立命館大学総長）、北村徳太郎（自由民主党顧問）、有田八郎（社会党顧問）、中島健蔵（評論家）、高木健夫（讀賣新聞社編集局次長）、堀江薫雄（東京銀行頭取）、鈴木一雄（日中貿易促進会専務理事）、阿部知二（作家）、佐藤喜一郎（産業新聞社編集局長）、吉村正一郎（大阪朝日新聞社論説委員）、白神勤（讀賣新聞社編集局次長）、安達鶴太郎（時事通信社編集局長）、桜井長徳（北海道新聞社編集局長）、児島宋吉（東京新聞社編集主幹）、鈴木充（中部日本新聞社編集局長）、久保田万太郎（作家）、なかの・しげはる（作家）、岩井章（総評事務局長）、石母田正（歴史家）など、

各界の錚々たる人士が、日中関係の修復に向けて短文を寄せている。

このように経済については「二つの中国」問題がネックになって両国関係を悪化させたのに対し、政治においては安保改定が日中復交に立ちはだかる壁となった。

一九五九年秋から六〇年初頭にかけて、日米安保条約改定阻止のための学生・労働者・知識人を中心とする広汎な国民運動が盛り上がった。数万人規模の国会請願デモや交通ゼネストが何度も行なわれ、当初は国会周辺でなされていたのが、やがて国会を包囲するようになり、一九六〇年五月一九日に強行採決がなされると、日共系をのぞく参加者は国会構内突入を図り警官隊と衝突、そのさなかの六月一五日、全学連の東大生樺美智子が死亡した。

中国でもこの動きに呼応して、日本軍国主義復活反対のキャンペーンを展開していった。六〇年一月二三日には北京で日米軍事同盟に反対し日本軍国主義の復活を阻止する各界人民大会が廖承志の主催で開かれ、廖のほか郭沫若、西園寺公一などが演説をした。翌日には「米日反動派の新しい戦争と侵略の陰謀を粉砕せよ」との『人民日報』社説が掲載され、中国側発表によると、五月九日から日米軍事同盟条約に反対する日本人民の支援集会とデモが北京、天津、瀋陽など三三主要都市で行なわれ、延べ一二〇〇万人が参加した。

毛沢東主席と周恩来総理は、六月二一日、上海において野間宏を団長とする日本文学代表団と会談し、席上で毛沢東は、「日本国民が反米愛国の正義の闘争のなかでいっそう大きな勝利をおさめたことを祝った。樺美智子さんの英雄的な犠牲にたいして、毛沢東主席は尊敬の意をあらわした。主席は、樺美智子さんは全世界にその名を知られる日本の民族的英雄になった、とのべた」[35]。この毛沢東談話は、中国政府と日米安保条約を推進する自民党主流派に対抗する日本の体制批判勢力との間に、直接の気脈が通じるきっかけとなった。

本章で記事分析の歴年推移の対象として取り上げる総合雑誌のうち、この国会デモを高く評価し、強行採決に反対の意思を強く表明し、キャンペーン的な姿勢で集中的に関連記事を掲載したものは、『思想の科学』と『世界』である。『思想の科学』は一九六〇年七月号で「緊急特集・市民としての抵抗」を組み、思想の科学研究会名義で強行採決に抗議し、新条約発効以前に国会を解散し衆議院での採決を無効にすることを要求する声明を出した。声明文案は、思想の科学の拡大評議委員会での、高畠通敏、竹内好、藤田省三、鶴見和子、鶴見俊輔、久野収、原芳男、松本三之介、鶴見良行、不破三雄、加太こうじなどによる討議を経て決定された。

いっぽう『世界』もまた、一九四八年のユネスコ発表の平和声明を受けて、同年末に結成された平和問題談話会を中核母体として、サンフランシスコ講和を目前にして片面講和に反対し全面講和論を主張した。さらに六〇年安保改定時には、反対の声明や、国会での採決に反対するデモを呼びかける清水幾太郎「いまこそ国会へ——請願のすすめ」(一九六〇年五月号)など、六〇年安保反対闘争の高まりを記念するような論文も書かれた(36)。

そのさい、同誌にとりわけ特徴的なことは、安保改定反対運動とともに、日中国交回復運動を展開したことである。日中復交の呼びかけにあたっては、当時最も盛んであったのは民間経済交流であり、次に文化・学術交流であって、政府間対話や国家承認については、なかなか局面を打開できないという状況にあった。『世界』での日中復交論は、日中復交の原点に日本の戦争責任があるとの観点に立ち、日本の侵略戦争の結果として日本人が中国人に対して負った道義的責任を果たし、未済の戦争処理にあたるべしとの主張を中核に据え、日中復交に積極的に乗り出そうとしない日本政府の硬い姿勢への正面突破を狙うものであった。以後、一九七二年九月に田中角栄首相が中国を訪問し国交が正常化されるまで、同誌のこのスタンスは一貫していささかも揺らぐことはなかった。

この意味で、特集「報告　戦時下における中国人強制連行の記録」(『世界』一九六〇年五月号)は、侵略の資料の掘り起こしを通して日本人に中国に対する戦争責任を自覚させ、贖罪意識に目覚めさせることで、新安保条約受入れ心理へのブレーキにしようという意図から編まれたものであった。特集頁の冒頭には、強制連行によって労働を強いられた中国人を収容した秋田県花岡の建物の写真が掲げられている。

「読者へ——極東の新しい緊張とわが国の未済の戦争責任について」との六頁にもわたる同誌編集子の前言には、新安保条約改定を危惧するソ連・中国の声に耳を塞ぎ、「恐怖の均衡」がもたらす破局に思いを致さない日本の読者に対して、「新安保条約との関連において私たち日本人が改めて中国との関係を正確に理解し、かりそめにも誤解を生み出さないことを希望して、ここに、戦時中に四万に近い中国の良民が強制的にわが国に連行されて、不足した労働力の補充にあてられ、非人間的な虐待によって六千八百余名の死亡者と、八十余人の行方不明者を出した事件についての報告を、読者に御紹介することにした」との編集意図を明らかにする。さらに、中国への侵略戦争の結果、「殺戮された中国人一千万以上、物的損害は中国の公有財産だけで数百億米ドル」と周恩来首相の発言を引く。

記事は、敗戦後、外務省管理局が一九四六年三月一日付けで作成した「華人労務者就労事情調査報告書」に依拠して、強制連行の閣議決定から連行、管理・労役、死亡、送還の実態を要約したもので、最後にこう締めくくる。

「敗戦後十五年、われわれ日本国民は未だに、自らの手で行ったこれらの事実に関して知ることがあまりに少い。問題はまさに戦争責任の問題であり、国民としての道義の問題である。われわれはまず、民族の汚辱ともいうべきこの事実を明確に知り、相手国に対して国家としての償いをするべきであろう。不幸にして、日中間の国交は未だ回復していない。両国の関係を正常化するためには、日本政府および国民によってこの強制連行、強制労働の問題の解決と償いが行われることが、何よりも先に必要なことと思われる。」

同号で中野好夫は「この報告を読んで」として、この驚くべき報告に初めて接したとし、「心臓の血を凝結させるであろうようなおそろしい事実が、ほとんど応接のいとまもないほど次ぎ次ぎと知らされる」と慄然としたことを打ち明け、この官庁文書にみる中国人労働者に対する非人道的処置は、旧日本指導者たちの思考パターンを如実に表わし、この閣議決定の責任者として、今また政権の中枢に復帰している岸信介や賀屋興宣の名を挙げ、「このまま安易に歴史の中に葬り去ることは絶対にゆるされないはずだ」と記す(37)。

同じく同号で竹内好は「日本の独立と日中関係」として、サンフランシスコ講和に中国は招かれず、ソ連は調印を拒否したこと、アメリカは調印後もなお軍隊を日本から撤退させず基地を残していることから、中国は日本が独立を回復したとは見ていないとし、改めて安保改定がなされると中国との国交回復の「条件は一挙に永遠に失われるのである」と結ぶ。さらに竹内は、「中国問題と日本人の立場」(『世界』一九六一年六月号)においても、日本の真の独立は、「世界でただ一つの第二次世界大戦の未済部分」としての中国との「法的な戦争状態」を終わらせて国交回復を果たすことによって達成されるとする。その責務は、「民族の道義的生命の持続にかかわる」「国民的課題」にして

「日本の側の責任事項」であって、主体的に日中国交正常化を行なうよう訴える。

「中国人強制連行の記録」を受けて、『世界』では復員した戦犯たちによる回顧談を企画する。すなわち、藤田茂（元陸軍中将、第五九師団長、戦犯として中国で服役し一九五八年帰国）、国友俊太郎（元五九師団兵長、戦犯として拘留され一九五六年帰国）、五十嵐基久（元五九師団伍長、一九五六年帰国）、聞き手・谷川徹三「座談会　われわれは中国人に何をしたか――「中国人強制連行の記録」を読んで」（一九六〇年五月号）では、発言者たちの師団での「労工狩り」の実態が証言され、六〇〇万人の日本人が外地から帰国したにもかかわらず、そのような侵略の体験が伝えられていないとの反省がなされ、安保改定阻止ができるかどうかは、道義的責任に関わる問題だとしている。

また、九月号では、国交回復していない中国との「不正常な関係を、是正し、道義に立った正常な関係を樹立するためには、加害者であった私たちの認罪を明らかにすることが前提ではないか」との前言の下に、「私と中国」として「中国人強制連行の記録」に触発された読者の投稿による一一篇の中国の戦場、あるいは植民地台湾での加害と被害の体験が綴られる。この体験に触れて野間宏「「私と中国」を読んで――その意味」は、この投稿に激しく心を揺さぶられ、「日本と中国の間に置かれている、たち切られた関係が、いまなお、如何に多くの日本人を苦しみのなかにつき落しているかを、私はこれを読んではじめて知ることが出来た」との読後感を記す。

このように日本の市民の側は、『世界』の論調に見られるように、中国に対しては、中国に対する戦争責任を負った日本人の国民的課題として中国との復交に踏み切り、中国にとっての主要敵であるアメリカとの軍事同盟を打破せよとのメッセージを送った。

敗戦後から日中国交正常化がなされる一九七二年の間に発行された総合雑誌の中国関連記事おいて、最大にして最多の論題は日中復交論であるが、それが盛り上がるのは、建国後まもなくのサンフランシスコ条約交渉と日米安保締結の時期（第一章五-1にて論及）と、五八年から六〇年にかけての安保改定期と、最大のピークは七一年から七二年にかけての米中接近から日中国交回復に至る時期の三期であった（七一―七二年の日中復交論については第六章で論じる）。

その際、中国側の復交論における最大の根拠は、中国を敵視せず、「二つの中国」を認めない平和共存原則を堅持するということであった。米国帝国主義を主要にして最大の敵とみなす中国にとって、米国の極東での軍事的足がかりとなっている日米安保条約は撤廃し、日本の米軍基地は撤去しなければならないものだった。その意味で、日本の片面講和は黙許しがたいものであったし、日米同盟の強化や改定は阻止すべきものであった。その際に、米ソ両大国のどちらにも属さない非同盟の国家、あるいは各国内部の米ソ世界支配に反対する人民との連帯・共闘を唱える「中間地帯論」を援用して、日中友好人士に対して、日本内部の軍国主義復活勢力と日米同盟推進派に反対する日本国内の人民との共闘を呼びかけた。

いっぽう日本側の最大の論拠は、対中侵略の道義的責任問題に立ち返れということであった。だが、日本側の政局問題が、日米安保かさもなければ日中復交かという硬直した二者択一論となり、日米同盟堅持の自民党と日中復交の社会党はじめ野党という対決のなかに議論は解消されていくのが実情であった。

2 日本論壇の視界に入ってきた台湾・台湾人

中国にとっては、中華民国国民政府（国府）を承認し、中国の国連代表権を認めず、「二つの中国」論に与することは、絶対に容認できない禁則であった。日本とすれば、この台湾の国府の扱いこそが、日本と中華人民共和国との復交にとって最大の懸案であった。一九五八年の長崎国旗事件と人民解放軍の金門・馬祖島砲撃をきっかけとして、日本の論壇誌においては、「二つの中国」論をめぐる議論は以前にも増して活発になされた。その際、前章でも触れたように、それまでは国府の影に隠れて忘れられていた台湾の存在が日本の論壇の視界に入ってきたのは、前章（四節の4）で紹介した一九五五年に東京で台湾共和国臨時政府を設立した留日台湾人廖文毅の同年の記事がその嚆矢であった。

廖文毅の論稿を継いで、台湾問題を中華人民共和国や台湾国民政府の国内問題ではなく、台湾の住民の自決権にかかわる国際問題として論壇に訴えたのが、台湾から香港経由で脱出して、なかば亡命するような形で日本に滞在していた邱永漢の、「台湾人を忘れるな」（『中央公論』一九五七年八月号）であった。邱は国民党蒋介石政権の横暴や二二八事件のような悲惨な全島的暴動事件に触れ、アメリカの国府支持政策の無効や「台湾問題は中国の国内問題」とする日本の社会党の立場を批判し、台湾を国連の信託統治下に置くことを提案する。[38]あわせて邱は「一つの中国・一つの台湾──「二つの中国」はあり得ない」（『文藝春秋』一九五八年一〇月号）で、台湾人に対し台湾独立か中国との合併かの国民投票を行ない、「一つの中国、一つの台湾」の段階に進むことを主張する。さらに「台湾は必ず独立する」（『文藝春秋』一九六一年五月号）において、台湾人が望む台湾独立を承認することが、五〇年間統治してきた日本の道義的義務であると、一歩踏み込んだ主張をしている。

この邱永漢の一連の論考を受けて、意図的に台湾論を展開していく編集方針を立てたように見えるのが、右派の『日本及日本人』および一九五九年末に創刊された『自由』であった。

『日本及日本人』は台湾共和国臨時政府の「政府秘書長」郭泰成が「台湾共和国承認の背景──台湾は台湾人にまかせろ」（一九六一年六月号）を寄稿し、台湾共和国の承認を日米政府に迫り、同年九月号では郭のほか、岩村三千夫（中国研究所理事）、佐藤紀久夫（時事通信社外報部）、蔡季霖（台湾出身在日留学生）による「（座談会）中国問題と台湾の将来」を掲載している。

なかでも山下五郎（評論家）「ある中国知識人の苦悩」（『自由』一九六一年九月号）は、栄光と悲しみと懊悩に彩られた東アジア近代精神史のありようについて沈思黙考を迫るような深みのあるエッセイである。旧制高校時代の台湾出身の旧友が一九四九年（朝鮮戦争の前年）、中共軍の大陸制覇を目前にして国民党統治下の台湾から共産党統治下の中国に渡ったのであった。彼は日本統治下の圧政にあえぐ満洲に失望し、台湾に渡ってそこで日本統治時代を経て同胞の軍隊を迎えたが、国民党の暴虐腐敗と思想弾圧に幻滅し、侵略と暴政の限りをつくした日本に対する憎悪を抱きながら、これ以上の汚辱に耐えられずに大陸に渡った。しかし彼がその寛容さに期待を寄せた中国共産党は一党独裁に歩みを進め、粛清の嵐が吹いていた。日本の遠い空から中国知識人の民族意識の強さに思いを馳せ、旧友が権力への抵抗や批判を続けてくれていることを密かに願う、という内容である。

これに対し『世界』は台湾人当事者による台湾独立論と独立反対論を併置させるという形式をとり、また投稿による掲載という編集方針を選択することで、編集側の態度決定が前面に出ない配慮をしているように見える。張日祥・陳天麒・（聞き手）山下正雄「（座談会）台湾の現状を聞く」では、国民政府の「特務政治」の恐怖やあからさまな選挙干渉や言論弾圧などにより、外省人と台湾人の亀裂が広がり、国民政府への不信が強まり治安が乱れている実態が報告されている。

それに対し陳来明（中国台湾省留学生）「（投稿）台湾問題の本質は？——座談会「台湾の現状」にふれて」（『世界』一九六一年三月号）では、階級闘争論の立場に立ち、台湾独立論者は買弁化した土着ブルジョアジーであって、アメリカ帝国主義者と結びついて「二つの中国」論に加担しているとし、本質は「帝国主義及び封建主義的残りかすと人民との間に存在する基本矛盾」なのであって、支配者を蒋介石から廖文毅に入れ替えただけではこの矛盾は止揚できないとする。

さらに、周望暁「（投稿）一台湾人の立場から」（『世界』一九六二年二月号）では、陳来明の立場と近く、腐敗のひどい国府はすでに民心と離れているが、独立派は権益の分配に与れない台湾人の不満分子であって、「台湾人」なる民族区分の有効性が証明しえない以上、民族自決論は成り立たないとする。

王育徳（台湾成年社代表）「（投稿）ある台湾独立論者の主張」は、歴史的にみて台湾は中国領の一部ではなく、特殊な地理環境の下で特殊な歴史的変遷をたどって特殊な運命共同体をつくってきたのであり、中国人と異なる台湾人という意識は強固に存在するとし、台湾独立論を根拠づける。中共の「台湾解放」の脅威が残る限り、独力で防衛できない以上、アメリカとの集団防衛体制はやむをえないとする。

ここに、中台関係をめぐって、台湾断交中国復交論に立つ中共側、中国復交無用論に立つ国民党側と並んで、台湾および台湾人という第三のアクターが明確に浮上し、台湾人という民族区分の有効性、台湾人自決論の可能性をめぐる議論が加わった。二種類の「一つの中国」論、「二つの中国」論に「一つの中国一つの台湾」論が加わり、諸要因が絡んだ複雑な連立方程式となって、日中復交をめぐっては解決がいっそう困難な問題となっていった。

3　中国研究の安保闘争——ＡＦ財団問題

当時ケネディ政権下のアメリカの対中政策の主流は、国民党政権支持、中華人民共和国に対する国家不承認、国連代表権否認、ココム・チンコムに基づく禁輸による「中共孤立化」「中共封じ込め」政策にあった。そのような時期の一九六二年、アメリカのフォード財団から五カ年で六二〇〇万円、アジア財団からは三カ年で五五〇〇万円の研究資金が日本の中国研究者に供与され、東洋文庫がその受入れ機関となるという話が持ちかけられた(39)。文部省の研究予算だけでは十分なアジア研究は維持できない現状からこの資金を受け入れるべきだという山本達郎・東大教授、貝塚茂樹・京大教授、市古宙三・お茶の水女子大教授ら東洋史学者の意見と、アメリカの反共的なアジア政策に協力することにつながるという懸念からこれを拒否すべきだという「満鉄史研究グループ」「中国近代思想史研究会」など自主研究グループの若手研究者らの意見とが対立し、研究内容と研究者の主体性をめぐって、アジア研究者や各研究会・学会を二分するような事態になった。歴史学研究会は五月二〇日の総会でフォード財団・アジア財団からの資金供与による現代中国研究計画に対する不承認決議を採択した(40)。同年七月五日には山本ら資金受入れ側委員が招請者となって、全国から約三〇〇人の中国研究者が集まりシンポジウム「アジア・フォード財団資金問題に関する、全中国研究者シンポジウム」が明治大学で開かれた。

受入れ拒否の立場からこの問題を論壇に向けて論じたのが、竹内実（都立大学、中国文学）「ヒモをつけられた中国研究——新・伯夷叔斉論」（『現代の眼』一九六二年八月号）であった(41)。続いて上原淳道（東京大学教養学部）「中国研究者の社会的責任——日中問題解決への基本的態度」（『現代の眼』一九六三年二月号）もまた、同じ受入れ反対の立場から論考を寄せた。

ＡＦ（アジア・フォード）財団問題はまた、アメリカの中国研究のあり方や現状についての反省を迫ったほか、日本の中国研究、とりわけ伝統的な漢学・シナ学との継承性と断絶性、近代以降の日本の中国研究の特質、その近代主義的傾向、欧州の東洋学の系譜との関連性、その根底にある脅威観・蔑視観・侵略意識といった対中国観に対する反省を迫るものであった。その意味で、衛藤瀋吉（東京大学、中国政治史）、旗田巍（都立大、中国史・朝鮮史）、増淵龍夫（一橋大学、中国社会史）、野原四郎（中国研究所）による「（座談会）日本人の中国観と中国研究」（『世界』一九六三年六月号）は、日本の中国研究に対する内省的回顧となっている。

日本がこれまで培ってきた中国学および中国研究を知的資産として反省的に回顧したとき、それらの学問・研究成果は新中国の実像をどこまで精確に捉えられるであろうか。この課題に応えようとした特集が、『中央公論』一九六四年七月号の特集「現代中国観の再検討」であった。このような、中国学者・中国研究者を動員して中国の全体像を描出しようという試みは、新中国建国前夜に『世界』によって特集され、当時の東京大学と京都大学の「シナ学者」を動員した一九四九年八月号の特集「中国の現状をどうみるか――シナ学者のこたえ」を想起させる（第一章二―3にて論及）。かつての『世界』の特集では、新中国成立を目前にした中国革命の歴史的意義を重視し、仁井田陞《のぼる》（法学・制度史）、吉川幸次郎（文学）、平岡武夫（哲学）、松本善海（近世・近代史）、貝塚茂樹（古代史）などの中国学術界の重鎮ともいうべき学者たちが、中国の変革に瞠目し、自らの研究の視角を問いなおし、新たな枠組みの構築を訴えていた。

『中央公論』の特集では、冒頭に再び仁井田陞が「中国の法と社会と歴史――研究生活三五年の回顧」を書き、戦後、日本の権威主義の崩壊を前にして、中国農村の調査を踏まえ、中国の法の歴史の立て直しを考えてきたと回顧している。また、旗田巍、関野雄（東大東洋文化研究所、考古学）、坂野《ばんの》正高（都立大学法経学部、中国近代政治外交史）、野村浩一（立教大学法学部、中国近代史思想史）、武田泰淳（作家）など、坂野・野村を除き、戦前戦中の中国をよく知る世代の論者たちを中心に「（座談会）中国の試練」があり、生まれ変わった中国の何がどう変わったのかを議論している。特に野村は、現実の中国の国際政治のありようを見ていると、ナショナル・インタレストで割り切っていくようなパフォーマンスが顕著で、ナショナリズム中国という要素が強いという興味深い発言をしている。安藤彦太郎（早稲田大学、中国近代史）「近代日本人の中国像」では、明治以降の「シナ学者」中国研究者の系譜をたどりながら、その可能性と限界を指摘し、戦後は中国を客観的な研究対象とする地域研究が主流になりつつあるとの見立てをしている。判沢弘（東京工業大学、思想史）「「満州国」の遺産は何か――「満州自由国」を培ったもの壊したもの」は、「満州国」での論壇やブレーンたちのさまざまな建国構想を紹介し、「今後の新しい東亜構想のためのパン種として検討してゆく必要がある」と結んでいる。

中ソ論争は中国革命と中国近代の特質をソ連革命や西側の近代化との差異において理解する必要性に気づかせたが、AF問題はというと、これまでの新中国を見る枠組みがアメリカの反共的な近代化論であったり、文献の参照系がE・スノー、A・スメドレー、J・ベルデンなどアメリカのジャーナリストの中国ルポであったりしたことのある種の偏りに気づかせる契機となった。そのことが、日本がこれまでに蓄積してきた、近代以降の中国学・中国研究の資産に目を見開かせることに、結果としてつながった。

現代中国に対する日本の中国研究の実践的応用の試みが、『現代の眼』一九六四年一一月号の特集「現代中国の民族主義」である。巻頭の野沢豊（東京教育大、東洋史）「自力更生の歴史的展開」は、論壇誌に登場することの少ない中国近代史研究者の一人である野沢が、近代の中国革命の経験は、中国共産党が進める民衆の大連合や人民公社化にどのようにつながるかという、近現代中国の歴史経路を明らかにしようとしたものである。竹内好（評論家）・橋川文三（明治大学、思想史）・野村浩一「（鼎談）中国理解への視点」は、ここでも野村が新中国の成立過程において民族独立、民主革命が開花したことの問題を提起し、中国と日本の近代のコースにおいて、ナショナリズム形成の相違をめぐって議論している。檜山久雄（評論家）「毛沢東思想の源流」は、中ソ対立の根源を中国革命史そのものの過程に尋ねようとするもので、毛沢東「矛盾論」における矛盾の運動法則に整風運動の原理的根拠があるとし、毛の「湖南農民運動の視察報告」に、抑圧されてきた農民の解放のエネルギーを変革の基本勢力とした中国革命の発想の原型を見出す。なお、野村は本章の扱う一九四五―七二年の期間中、竹内好、中嶋嶺雄に次いで第三位の寄稿本数を記録している（二九本）。野村の総合雑誌デビューは『世界』一九六一年九月号の「二つの朝鮮と日本人――東アジアの緊張に直面して」だった[42]。

これらの論考の論調において注目すべきことは、日中関係を考え、対中外交政策を立てる際の対象として中国をとらえるのではなく、中国それ自体を客体として分析の対象とするというスタンスである。この意味で、高坂正堯（京都大学）「中国問題とはなにか」（『自由』一九六四年四月、「特集・中国問題」の巻頭論文）は、この時期に非中国専門家が日中問題ではない中国問題を論じた稀有な例である。中国問題を考える難しさは、現状の中国が二つの政府が対立していて（内戦問題）、日本が侵略を行なった国であり（戦争責任問題）、巨大な革命が行なわれている（革命問題）という三つの問題が複合していることにあると高坂はいう。そして、そのいずれにも日本が深くかかわっており、日本の中国観は分裂している。贖罪観や道義的反応によって対中政策を立てると判断を誤りがちになるため、課題の軽重と優先順位をつけて政策を立てるべきであるとする。

この論文に刺激を受けたものと思われるが、曾村保信（極東国際政治史）「現代中国論」（『中央公論』一九六四年八月号）は、現実の中国は国家としての領域の限界があいまいで、国内の支配の状況が見えにくく、近代的な政治・経済の諸原則によって明確に把握されるような擬似的国家としての「状態国家」であるとし、「日本の外交上の考え方としては、大陸に対する海洋国家の連合体を組織して、そこに少なくとも一種の均衡的な体制をつくりあげ、この体制を基礎として、しだいに中国の近代化にむかって緩慢な圧力を行使することが重要である」と主張する。

『朝日ジャーナル』での一四頁を費やした座談会、石川忠雄（慶応大学）・野村浩一・竹内実・秦正流（朝日新聞外報部長）・中嶋嶺雄（司会・現代アジア研究会）「毛沢東路線の形成と展開」（一九六五年一月三日号）は、辛亥革命から新中国建国後、当時の百家争鳴運動を経て整風運動にいたる中国革命の大きな流れを押さえ、国際情勢のなかで毛沢東から劉少奇への路線転換が始まっているとみて、中国の国益と国家理性からその内在的論理を探ろうとした、壮大な試みである。ここにもまた、ＡＦ問題がもたらした、日本の中国研究の内在的批判を反省の契機とした中国論の深まりの跡を見て取ることができる。

学術界の動きとして特記しておきたいことは、ＡＦ問題が触媒となって、歴史学研究会では「学問研究の自由と責任」（『歴史学研究』一九六二年一一月号）と「歴史研究者の主体と任務」（同、一九六三年九月号）という特集が組まれており、戦後史学の史学史的反省がなされていることである。後者では犬丸義一、太田秀通、遠山茂樹、野原四郎、旗田巍、増淵龍夫、佐伯有一ら戦前からの研究者グループと、江原正昭、久保田文次、田村貞雄、中村政則、三木靖、和田春樹、松永昌三ら戦後に研究者を志した人たちのグループによる二七頁にわたる座談会の記録であるが、犬丸が、AF問題が起こって、旗田巍などが戦中に中国の華北農村で行なった中国農村慣行調査も学問的に再検討されるべきであることが想起されたと発言していることや、全体を総括する佐伯の「後記」において、この二つの討論にみる歴史研究者をとりまく状況の変化の底流にはAF問題があると記していることが注目される。

上原淳道の言葉を借りれば、「一九六〇年が日本の国民にとって安保闘争の年であったとするならば、一九六二年は日本の中国研究者にとっては「アジア・フォード財団資金問題」の年」であって、受入れ反対運動はいわば「学界における安保闘争」であった（前掲「中国研究者の社会的責任――日中問題解決への基本的態度」『現代の眼』一九六三年二月号）。

資金受入れに傾いたのは、外務省傘下のアジア政経学会あるいは国際問題研究所などに拠る、国際政治や国際関係論を専攻する、どちらかというとパワーポリティクスの観点を重視する現実主義派の研究者であったのに対し、受入れ反対の立場を鮮明にしたのが、中国研究所を中心とした中国支持の研究者であった。アジア経済研究所および大学の中国研究者の間では両派に分かれた、というのが実情であった。この色分けが、四年後の文化大革命の勃発において、文革批判派と文革支持派にほぼそのまま重なっていくことになる。

AF問題は日本の中国研究それ自体の態度決定を迫る事件であった。そこでの学界内部の論争を経て、日本の中国研究は鍛え直され、論壇の中国論に刺激を与え、結果としてテーマの幅に広がりが出て、中国というフィールドをかなり深く掘り下げるようになるという効用をもたらした。

4　中共支持者を困惑させた中国核実験

一九六四年一〇月一六日、中ソ対立の最中、東京オリンピックに湧きたつ日本に、中ソ両国に関する二つの衝撃的なニュースが走った。フルシチョフの党書記・首相の解任と、中国の核実験成功である。アメリカによる核戦争を不可避とみなし、中ソ対立の収拾もつかないなかで、おりしも中国では核武装論が高まっており、初の原爆実験を行なった。その後、都合三回の原爆実験と六七年六月一七日の水爆実験の成功は、アジアに初めての核保有国を生み、中国の国連加盟の国際世論はいっそうの高まりを見せ始めた。

東西冷戦構造の枠組みで米中を見たとき、中国は中ソ対立が過熱化し、アメリカはトンキン湾事件で北ベトナムへの報復攻撃を行ない、ベトナム戦争拡大化の気運が高まる国際情勢のなかに置かれていた。中国はソ連の大国主義的振舞いとアメリカの封じ込め政策によって国際社会のなかで締め付けられつつも、東南アジアに対しては在地の華僑・華人などを通して政治的にも経済的にも影響力を行使していた。それによってコミュニズム勢力が国家体制の根幹を揺るがせ、一九六五年にインドネシアの九三〇事件を惹起し、中国との断交がなされるような事態を招来していた。そのなかで、中国が核保有国の一員になったということは、当時の「恐怖の均衡」体制に基づくならば、核保有をめぐる是非にかかわらず、国際政治のアクターとしての発言力と交渉力が認知されたことを意味した。

党派系雑誌では『月刊社会党』が「中国の核実験に抗議する」との党声明を発表した（一九六四年一二月号）。『世界』での関連記事の多くは基本的に専門家による核実験成功をめぐる現状分析に費やされているが、核実験に踏み切った中国のナショナリスティックな心理的動機にある種の割り切れなさの感覚を漂わせながらも同情を示すもの（竹内好「周作人から核実験まで」一九六五年一月号）、人類の恒久平和の観点から中国の方針転換に反対するもの（久野収「中国の核実験に直面して」一九六四年一二月号）、中国に核実験を踏み切らせた核保有国の責任を訴えるもの（日高六郎「中国の核実験と全面禁止への道」一九六四年一二月号）と、論調は割れている。

務台理作「中国核実験と安保体制」（『現代の眼』一九六四年一二月号）は、中国の核保有によって軍事バランスが動揺し、欧米がアジアにもつ支配力に楔を打ち、そこには日米安保体制を打破しようとする意図が含まれているとし、日本としては核武装の誘惑に乗ることなく、核の不使用に向けて世界平和の情勢をつくりだすよう努めよと説く。『自由』は一九六五年三月号で「中共の核武装と日本」という特集を組んでいる。

杉浦明平「毛沢東主席への親書」（『潮』一九六五年九月号）は、抗日戦争における毛沢東の持久戦論の見通しと戦術的指導性の正しさを認め、冷酷で容赦ないソビエト革命に比べて、中国革命の「農民的で東洋的な肌合い」に親近感を覚えるとする。しかしながら、原水爆戦争に備えた核保有戦略は、ベトナム戦争のエスカレーションを続けるアメリカ帝国主義をいっそう逆上させるだけだと、毛沢東に呼びかける形で平和共存を図る日本および諸外国の革命勢力に水を差さないようたしなめる。

『潮』は一九六四年一二月号で「激動する世界情勢」という特集を組み、衛藤瀋吉が「中国核実験と日本の平和」を寄稿している。中国が五番目の核爆発実験国になったことで、「そのたくましい自信が、夜郎自大、遼東の──(ママ)と堕し去るか、それとも世界政局の実力者として誠実に責任を果たすか、その歩み方はまさに日本の国際環境をゆさぶり、日本の運命を左右する」とし、日本は超党派的に平和の問題を検討し、底力をつけつつある中国が近い将来大国として台頭していく先のさまざまな可能性に備えよ、と説く。

中国の核実験は、それまで革新的平和勢力と見なされ、核保有はしないと公言していた中国に対する清新なイメージに疑念が生じ、ひいては社会主義への理念や信頼観がゆらいでいく契機となった。冷戦構造の帰趨を見極め、日米同盟関係をどうするのか、日中復交は無条件でやり遂げるべきなのか、核軍縮に向けてどういう取組みをなすべきか。中国論をめぐる情勢はますます複雑になり、台湾問題もこじれて、論壇は甲論乙駁が飛び交う混迷状況に陥っていった。

六　中国論に走る五本の亀裂

本章が扱う中国論の起点として定めた一九五六年当時は、中国との復交という一点において、強固な主張と一枚岩的な結束が見られた。それが中国が内外でさまざまな局面での軋轢を露呈させていくに伴い、論壇のさまざまな論争を通じて復交論にほころびが出始め、政権与党批判と日米安保改廃論の結束に幾筋もの亀裂が刻まれていった。

第一の亀裂はスターリン批判である。一九五六年の二月二五日、ソ連共産党第二〇回大会における、フルシチョフの「秘密報告」におけるスターリン批判の衝撃が、中国共産党首脳部たちに激震を走らせた。これに続くポーランドでのポズナニ暴動、ハンガリー事件へのソ連軍の介入に対し、中共内部ではスターリン体制に対する疑念が生じた。しかしながら、スターリン批判が中共独裁批判の矢となって返ってくることを恐れ、スターリン批判を徹底できず、その後の思想改造運動をより徹底した極端かつ大々的なものに加速化させていき、毛沢東への個人崇拝、右派に対する思想弾圧、極端な社会主義路線へと走らせた。日本の共産主義運動も、日本共産党の指導力とスターリン体制への批判が高まって組織分裂を来たし、日中復交運動の主力は日本共産党から日本社会党へと移っていった。

第二の亀裂は中ソ対立である。東西陣営の布置と冷戦構造はどう変わりつつあるのか、日本の革新勢力は中ソどちらの側を支持すればよいのか、日本の論壇は中ソ対立に翻弄された。同時にそれまでの中国論がイデオロギー論争の様相を呈する契機となり、中国革命を経験的にではなくより理論的に捉えようとする傾向を帯びさせることとなった。

第三の亀裂はチベット問題をめぐる中印紛争である。アジアの平和共存を主導したアジアの二大国の間の矛盾と武力衝突は、インドの非同盟中立主義の有効性に疑問を投げかけ、バンドン精神や平和五原則への疑念を生じさせた。

第四の亀裂は台湾海峡を挟んでの中国と台湾の武力紛争である。人民解放軍の砲撃と国民党軍の進駐にアメリカ第七艦隊の出動が加わって、第三次世界大戦勃発の危機を招来した。にもかかわらず、中国は核戦争を伴う米国との直接武力対決をも辞さない好戦的な態度を内外にアピールし、東西緊張緩和に向けた中国側の努力への信頼感は遠のいていった。また日米安保改定を間近に控え、安保改廃から一気に日中復交に乗り換えることのリスクが現実味を帯びていった。さらに、台湾国民政府承認か、中国承認か、「二つの中国」論かの立場の鼎立状態に、台湾自立論・独立論がもう一つの選択肢として加わった。

第五の亀裂は中国の核保有である。それまで革新的平和勢力と見なされていた中国に対する疑念が生じ、中国の平和構築に向けての真意が不透明になり、いっそう社会主義勢力への信頼観がゆらいでいく契機となった。

この時期の論壇誌の中国論に見られる最大のテーマは、日米中三国関係をめぐって、日米同盟関係の堅持か、日中国交回復に乗り出すかという、二者択一の態度決定をめぐる政策論と、それに付随する日中貿易の促進論と慎重論の対立であった。この二項対立に、政局の保革対立がぴったりと重なっていた。日中国交正常化と日中貿易促進を主張する政財界の日中友好人士や学者・作家たちは、中国への友好訪問を重ね、中国側の公式メッセージを日本側の政策課題として掲げよと世論に訴えた。いっぽう、従来の中国論の担い手に加えて、新たに『日本及日本人』『自由』『海外事情』などの雑誌を発表媒体として、反共主義的立場から中国の現状批判を行なう論客が論壇に現われてきた。

この単純な二項対立に揺さぶりをかける変動要因として、中ソ対立という社会主義圏内部の対立、台湾への砲撃再開による米中の軍事的緊張、チベット動乱による中印紛争、中国の核実験成功などがあったのである。また中国国内にも、大躍進政策の誤りがもたらした国内経済の不振や民生の不安があり、毛沢東の指導力に翳りが生じ、劉少奇体制へと移行したことで、国内建設の実績への疑念が生じた。かくて、中国の内外でのパフォーマンスへの困惑が、日中の復交と日米安保改定批判を主張していた左派陣営の亀裂を生み、日本における中国論を混迷させていった。

この直後に、文化大革命という驚天動地の事態が発生し、中国論は大混乱していくことになる。

第四章　文化大革命の衝撃　一九六五―六八
――日本に上陸した中国革命

革命は、客をよんで宴会をひらくことではない。文章をつくることではない。絵をかいたり、刺繡をしたりすることではない。そんなふうに風流で、そんなふうにおおらかにかまえた、文質彬彬で、そんなふうに温、良、恭、倹、譲ではありえない。革命は暴動である。ひとつの階級が他の階級をくつがえす激烈な行動である。

――毛沢東「湖南農民運動視察報告」（一九二七年三月、『毛沢東語録』に採録、竹内実訳）

一　論壇を席捲した文革論議

一九六五年一一月一〇日の姚文元の『海瑞罷官』批判論文に端を発した学術・芸術界の批判運動は、政府要人の更迭へとエスカレートした。翌六六年五月、北京大学に大字報（壁新聞）が貼り出され、清華大学付属中学に紅衛兵組織ができ、街頭に紅衛兵が現われると、権力内闘争は社会大衆運動へと拡大し、各地方組織や工場単位ごとに革命造反集団が組織され、奪権闘争が激化した。八月一日に第八回共産党大会でプロレタリア文化大革命に関する決定が採択され、一八日に北京天安門で文化大革命祝賀の百万人集会が開かれて毛沢東が紅衛兵に接見するや、武闘の気風は全国を覆って熱狂化した。人民解放軍が介入し、六九年四月に第九回共産党大会（九全大会）が開かれて全国の大混乱が収まるまで、無統制無軌道状態が中国全土を混乱に陥れた。

このアナーキーな気風が日本に伝染し、論壇においても事態の推移を座視してはいられないような熱気をはらむようになり、激しい論議が交わされた。とりわけ紅衛兵出現から九全大会までの時期は、日本の論壇での中国論もまた文化大革命論議一色に塗りつぶされた。

同時代の日本人の眼で文化大革命（文革）の勃発と推移を眺めなおしたとき、何よりもそれは複雑で掌握しがたい前代未聞の事態であった。辛亥革命以降の人民闘争史観に依拠して近現代中国史を捉えるとすれば、中華人民共和国が成立し、社会主義建設が着実に進められていくことで、ひとまず革命は成就されたはずであった。さらになぜ革命する必要があるのか。これまでは毛沢東を中核とする革命リーダーが人民を領導する革命であり国家建設であった。それに対して文革は、人民が自発的に立ち上がる大衆運動なのか、権力者による群衆動員型運動なのか。中国革命はソ連革命と比較して人口のマジョリティを占める農民が立ちあがる農村革命としての特徴が際立っていた。それに対して文革は、紅衛兵のような学生が主役になった都市型革命であるが、これは中国革命からの逸脱なのか、その延長線上での新たな展開なのか。

それまでの中国情報が、中共中央の権力者が発する上意下達型の指示や宣伝によって占められていたのに対して、紅衛兵や工場労働者など、庶民の生の声が、壁新聞や宣伝パンフレットなどを通して溢れかえったことも、大きな変化だった。日中間の情報回路は、一九六四年九月から日中記者交換が実施され、新聞社・通信社・テレビ局の記者が中国に常駐するようになって、現地情報が送られるようにはなった。だが取材制限が厳しく、壁新聞などの内容を伝えるその情報は断片的で統制がとれたものとはとうてい言いがたかった。

またこの時期に文学者藝術家たちは反右派闘争の再来を思わせる批判運動の標的とされ、上演・発表が許されたのはわずかな革命模範劇や文学作品に限定され、新たな創作にとっての空白時期であった。陳毅外相自身が造反派の攻撃対象となり、中国側の対日工作組の廖承志・孫平化・呉学文なども批判されて活動の場を奪われ、対日工作組は周恩来だけが外交を一手に担わざるを得ない開店休業状態となった。日中復交運動に携わってきた各界の友好人士や論者にとっても、直接往来の機会が激減した。中国建国以降、日本の中国論壇にとってのメインテーマであった日中復交論もまた、論ずる事象を見失う事態に陥った。そのような空白状態に風穴が開くのは、日本の政界各党要人の中国訪問が活発になりはじめる一九七二年の日中復交前夜のことであった[1]。

中国の国家事業にとっても、日中外交にとっても、この時期は混乱期であり空白時期であったが、日本の論壇にとっては、文革は中国論を大いに盛り上げる画期となった。田村紀雄は一九六五年一一月から六七年五月の間に市販ルートに乗っている定期刊行物（雑誌）と三大紙と書籍を中心に、長短・署名無署名を問わず文化大革命について扱った関連記事についての目録を作成した[2]。それによると、書籍四四種、雑誌・新聞記事四三八本、雑誌特集号三八号、雑誌での座談会二八本、雑誌・新聞への寄稿者二八一名に上る。田村は文革関連記事について、こう総括的コメントを記している。

「文化大革命に対するわが国社会科学者の間での理論考察はその中国における一休止と対照的に一段と進みつつあるかに思われる。この論議への参加は、広さにおいてかつてなかっただけでなく、その論点の複雑、多岐において未曾有である。五一年の講和論議、六〇年の安保問題のように「全面か単独か」「反対か賛成か」という単純なアレかコレか論議では六七年の文化大革命論議を交通整理することは不可能である。「ハンガリー動乱」が進歩勢力に苦渋をあびせ、その分解を結果したようなネガチブなものともちがう。日本の論壇はまさしく新しい事態に直面していた。（中略）文化大革命そのものは中国の内政問題であったが、そこから日本の社会科学が受けたインパクトは広く深い。論争はいま始まったばかりなのである。」

確かに文革は日本で大論争を巻き起こし、数多くの論文が発表されて論壇を活気づけ、さまざまな観点と立場から、激論が闘わされた。序章において表で示した一九四五年から七二年にいたる論壇二四誌の中国関連記事数の歴年推移を見ても、一九六六、六七年の記事数は前年を大きく上回る突出を見せ、一九四九年の国共内戦から中華人民共和国成立前夜の関連記事に次いで、戦後中国論の第二次ピークをなす。ちなみに第三次のピークが七一、七二年の米中接近から日中復交にいたる時期で、この両年の記事数は六六、六七年の文革年を遥かに上回る（表0－1、表0－

2)。第四次のピークは、未調査ではあるが一九八九年の天安門事件前後であろうと類推される。

日本の論壇において、文革はどのような脈絡で、誰によって、何について、どう報じられたのか。なぜ文革は日本の論壇にあれほどの衝撃力があったのか。日本の論壇は文革のいかなる問題に敏感に反応したのか。日本の文革論にはどのようなバリエーションがあったのか。それは雑誌の性格や論者の来歴によってどのように方向づけされ差異化されていたのか。そして文革は日本の戦後思想にどのような影響・遺産・禍根を残したのか。本章と次章では、文革から四〇年余を閲して、改めてそれらの問いを立てつつ、中国現代史の一齣としてではなく、日本の戦後思想史、社会運動史の課題として、雑誌記事の言説分析を通して文革が日本に与えた衝撃と波紋について、検証してみよう。

とはいえ、その検討課題を究明することは二つの点で困難が伴う。第一に、日中双方において文革にまつわる同時代資料はその大衆運動という性格ゆえにあふれるほど豊富にありながらも、その内容は錯雑を極めたもので、非系統的で非統制的なものであるゆえに、慎重な資料批判が求められることである。第二に、文革終結後、一九七六年一〇月の四人組の逮捕と裁判でその首謀者が断罪され、さらに八一年六月の中共中央による「歴史決議」によって文革は「長期にわたる左よりの重大な誤り」として完全否定されたため、中国においては、それ以後、文革は徹底否定の文脈からでしかたどることが許されなくなり、文革肯定の言説や詳細にわたる派閥奪権闘争の内実を究明するための資料公開が封印されているからである。日本においても中国のこの文革評価を受け、同時代で文革を支持・賛美した日本の論者は結果的に錯誤を犯したとして、批判を受けるか、あるいは沈黙を余儀なくされているのが実態である。だからこそ、文革研究に関してはなおさらに、後世の評価や後知恵からではなく、同時代資料・同時代言説に依拠した実態の解明が求められるのである。

本章および次章の表題を併せて中国語訳に変換するとするならば、「文化大革命在日本」とするのが適訳だろう。文革が日本に上陸して日本の論壇によって移入されたとき、果たしてどのような文脈で語られたのか、なぜあのような独特の展開を遂げたのかを考察しようとする意図に基づく。独特とは掲載記事の本数がこの時期急増しただけでなく、その論題についても、従来の地道な日中復交論は、実際に日中間の交流のルートを中国側が遮断して実質的な人

表4-1　総合雑誌別の中国関連記事掲載本数（1965-68年）

	1965	1966	1967	1968	雑誌累計
日本及日本人	0	2	6	3	11
文藝春秋	7	9	7	3	26
中央公論	9	32	25	7	73
世界	19	38	17	9	83
前衛	0	1	14	13	28
思想の科学	1	1	4	0	6
展望	4	6	18	5	33
月刊社会党	0	3	6	6	15
朝日ジャーナル	12	17	26	10	65
自由	13	14	15	7	49
潮	28	7	12	6	53
現代の眼	4	20	9	2	35
現代	—	—	4	0	4
情況	—	—	—	2	2
各年累計	97	150	163	73	483

的往来が乏しくなったこともあって、ほとんど影を潜めた。また中国論の担い手たちも若返り、必ずしも中国研究のアカデミシャンだけでなく中国分野以外へと範囲を広げていった。

それを単純に「日本における文化大革命」と表示すると、主体は文革論を担った日本の論者たちであり、あるいは革命運動として文革を日本で発動しようとした日本の左翼運動家たちという含意になる。むろん問題の前提自体はその通りだし、日本の論者や運動家たちの自己意識もそうだったろう。ただ本章で着目したいのは、本国での文化大革命が日本に波及したあと、本国での争点と日本での論議との間になぜあのような偏差が生じたのか、本国での文革運動の展開と日本での文革の流れを汲む反体制運動との間になぜあのような時差が生じたのかである。したがってここでの主体は、中国で発生し日本に波及した文化大革命そのものであり、問題圏としてその日本的展開を設定しているということである。中国発の文革がいかなる経路をたどり日本へ伝播し、日本で独特の展開を遂げたのか、その考察は歴史的地理的に構築されてきた日中関係の特質を解く一つの素材となりうるとの予見もまた込め

図4-1　雑誌別の中国関連記事掲載総数（1965-68年）

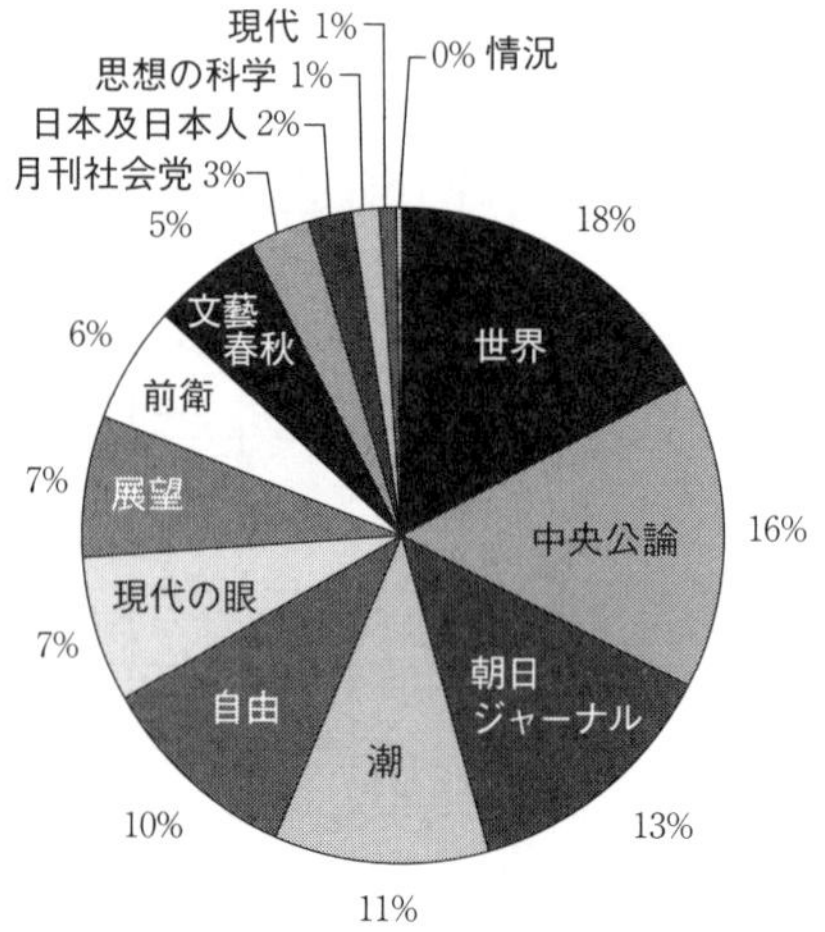

図4-2　総合雑誌14誌の論調傾向配置図（1965-68年）

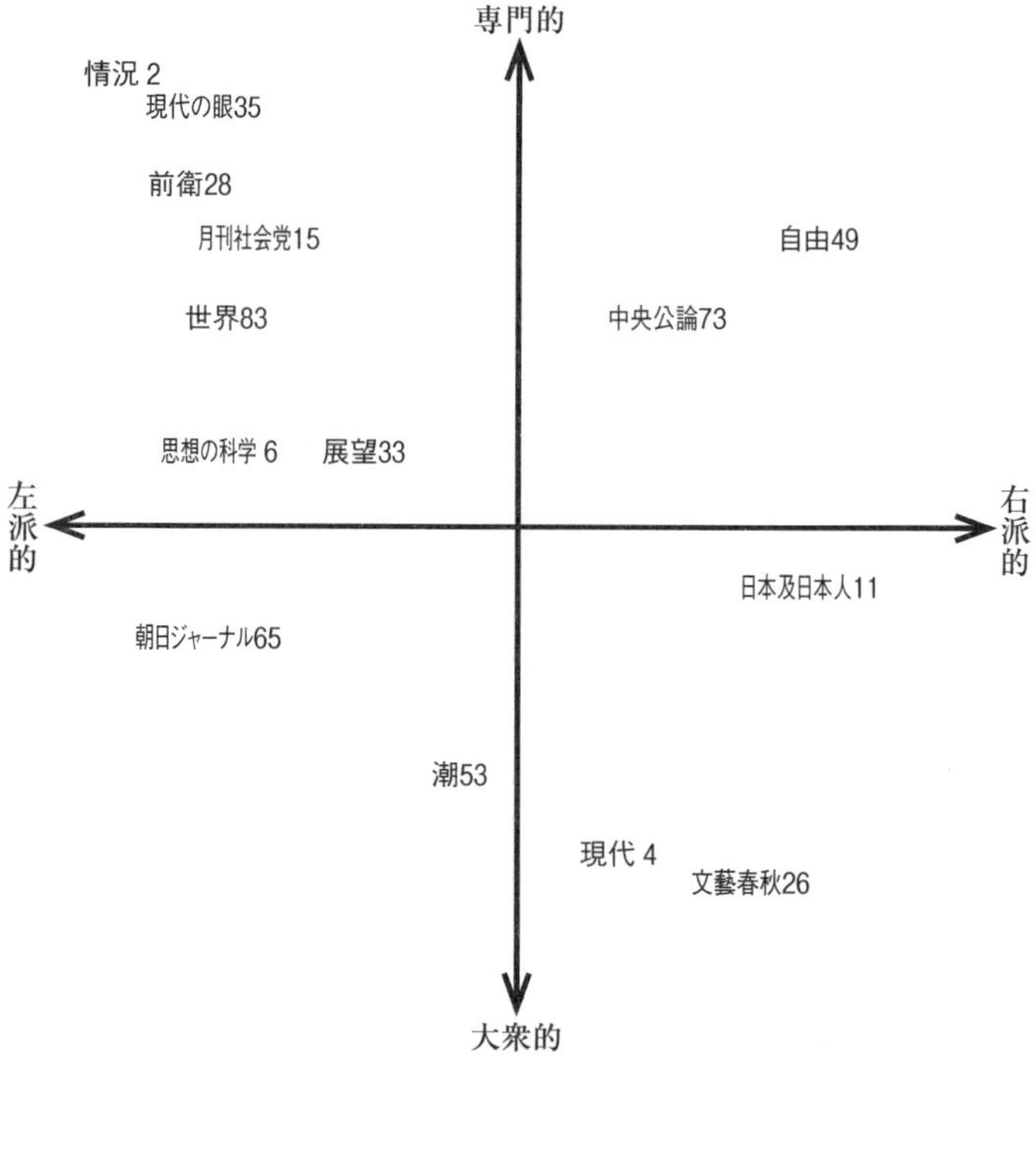

られているのである。

本章の扱う一九六五—六八年の雑誌別関連記事掲載本数の歴年推移（表4－1）・雑誌別掲載本数の比率（図4－1）・雑誌別論調の数量分布図（図4－2）を示しておく。これらのデータから、六五年から六六年に掲載記事数が一・五倍と激増しており、文革の勃発（後に見るように、とりわけ紅衛兵の出現）が関連記事の寄稿を誘発していること、記事が掲載された雑誌は『世界』『朝日ジャーナル』『現代の眼』『展望』をはじめとする左派系雑誌で六六％を占め、『中央公論』『自由』『文藝春秋』『日本及日本人』など中道・右派系雑誌を上回っていることがわかる。

この時期の執筆者を寄稿本数順にならべてみよう（表4－2）。その陣容は、日中復交のために尽力を続けている戦中世代の政治家・作家・論客、中国情報に通じた新聞記者、伝統中国に精通したシノロジストなど、それ以前の中国論の担い手たちが依然として顔を出しているが、彼らの次世代となる、敗戦時は未青年であったか、あるいは戦後世代となる新たな中国研究者が顔を出していることが大きな特徴である。新島淳良（一九二八年生）、野村浩一（一九三〇年生）、菊地昌典（一九三〇年生）、山田慶児（一九三二年生）、中嶋嶺雄（一九三六年生）などで、とりわけ中嶋は一九六五年一月三日号の『朝日ジャーナル』での座談会を皮切りに、この後、猛烈な勢いで総合雑誌各誌に寄稿し、この時期（一九六五—六八年）では他をはるかに圧倒する寄稿数を誇り、この次の時期（一九六九—七二年）においても俄然寄稿数で首位を保持している。彼らの属する世代は、総じて中国滞在経験に乏しく、現地での直接見聞・実地調査よりは文献資料・統計資料・中国の公式文書などを素材とした分析と学術的研究を主体とした、新たな中国

表4-2　掲載本数ランキング（1965-68年）

	人　　名	掲載本数
①	中嶋嶺雄	22
②	衛藤瀋吉，菊地昌典，野村浩一	8
③	宇都宮徳馬，E. スノー，吉田実	7
④	石川忠雄，柴田穂，新島淳良，松野谷夫	6
⑤	新井宝雄，安藤彦太郎，大森実，岡崎嘉平太，高木健夫，竹内実，武田泰淳，武者小路公秀，山田慶児	5
⑥	阿部知二，今村与志雄，岩村忍，貝塚茂樹，桑原寿二，曽村保信，高橋和巳，林健太郎，藤井満洲男，堀田善衛，村上薫，蝋山芳郎	4
⑦	石川滋，江頭数馬，大島康正，大宅壮一，原子林二郎，竹内好，永井陽之助，村松暎	3

＊３本以上寄稿者に限る

学者・中国研究者の一群であった。

二　封じ込められ孤立する中国

1　米中対決をいかに回避するか

北爆を契機としてベトナム戦争が激化し、中国は核武装し、一九六六年は米中対決の年になるといわれていた。日本としては日米安保条約の発動による日中対決を迫られるような事態にいたることを回避すべく、批判的知識人の間で日中国交回復の要求はますます高まっていった。一方、中国は米国帝国主義とソ連修正主義を主敵としながら、反米統一戦線の結成を目指した「二つの中間地帯論」（『人民日報』一九六四年一月一二日）を提唱するものの、頼みの第一地帯に属するアジア・アフリカ・ラテンアメリカ諸国から、その呼びかけに逆行・離反する動きが目立ってきていた。

永井陽之助「米国の戦争観と毛沢東の挑戦」（『中央公論』一九六五年六月号）は、国家間の平和を希求する上で、中国が中間地帯論を提唱した当時は、朝鮮戦争、ベルリン危機、キューバ危機、ベトナム戦争のエスカレーションなどを経て、いくつかの国際秩序観が錯綜していると見る。具体的には、ジョージ・ケナンのいう「法的道義的アプローチ」、勢力均衡による国際秩序維持、現状打破勢力のもつ国際政治観の三つだとし、戦後の限定戦争・地域紛争はこれらの国際秩序観がもたらす「状況型」と「制度型」アプローチが衝突して起こっているものとみなす。キューバ危機以降、中ソ対立が激化するにともない、アメリカはドミノ理論に依拠して東南アジア地域に力の均衡をつくり、中国の支配力の南下を封じ込め、制度型のゲームのルールに引きずり込もうとしている。それに対し毛沢東の中間地帯戦略は、外とのコミュニケーションを遮断することによって、国内唯一の資源である「人民の力」を「自力更生」スローガンによって維持しつつ、米国を「帝国主義」「ハリコの虎」「反面教師」と世界のさらし者にしてゲリラ戦のルールに引きずり込み、限定的な民族解放闘争を支援することによって全面対決を回避しようとするものだとの見方を提示する。まして、中ソ対立がいっそう軍事的緊張を高めていけば、米中ソのいずれが日本を先制的に軍事的政治的にコントロールするかということへの「予見による予防行動から」現代の戦争が始まることを肝に銘じて、「日本を極東のバルカンにしてはならない最小限度の義務をわれわれは国際社会の一員として担っている」と、防衛・安全保障についての国際的責任感を喚起する。

柴田穂《みのる》「第三世界の胎動と中国の岐路」(『中央公論』一九六六年一月号)が分析するところによると、アルジェリアで予定されていた第二回アジア・アフリカ(AA)会議は、直接的にはアルジェリアでのクーデターにより流会となったわけだが、事前準備で諸国間の不協和音が目立っていた。まず中国が会議のイニシアティヴをとろうとしたものの、参加国の多くがソ連の会議参加を支持したこと、「バンドンの結束」の母体となった中印両国が、一九五九年以来敵対関係に入ったこと、中国が会議での採択を要求した「米帝非難決議」が多くの参加国に受け入れられそうになかったこと、さらにAA非同盟一七カ国からベトナム戦争の即時停止と交渉を要求する平和アピールが提起され、対ベトナム強硬路線をとる中国にとってAA諸国がかえって足枷に映ったことなど、中国にとってAA諸国との諸矛盾が顕在化していったからだった。またインドネシア共産党への粛清・弾圧事件である九三〇事件によって、中国は東南アジアでの足がかりを失った。中国はアメリカの封じ込め政策と中ソ対立のなかで、国際的共産主義運動からも孤立を強いられていた。

かくて日本における文革劇の序幕は、米中対決をいかに回避するか、という課題設定の下に開かれた。先陣を切って、『潮』は一九六五年九月号で「米中戦争をどう回避」するかを特集した。武者小路公秀「米中対決に対処する道」(『潮』一九六五年一一月号)、同「中国封じ込めという〝国家観念〟」(『朝日ジャーナル』一九六六年三月一三日号)、若泉敬「中国の核武装と日本の安全保障」(『中央公論』一九六六年二月号)、鈴木顕介・泉鴻之・中島宏・斎田一路・林雄一郎「中国参戦の条件」(『中央公論』一九六六年三月)、入江昭「米中対決と変化の可能性」(『中央公論』一九六六年四月号)、杉江弘「米国の中国観と中国政策——その雪解けと新しい展開」(『世界』一九六六年五月号)、林三郎「海洋国家日本のアジア政策」(『自由』一九六六年一〇月号)などは、主に米国側からベトナム戦争と核武装をめぐる対中政策の変化（封じ込め強化か雪解けか）をさぐり、米中日関係の揺らぎについて論じ、日本の対中政策を提言するものである。なかでも若泉論文は三四頁に及ぶ長大なもので、「現行の中国の核武装戦略は、毛沢東戦略の必然的産物」であるとし、「中国の核武装は、明らかに中国の「中華ナショナリズム」を形成する重要な源泉となった」とともに、核保有国中国の出現は、「中ソ両国をそれぞれ中核とする、二元論的な両極的同盟体制への移行が始まっている」とする。日本としては、核武装に走らず、対中国敵視政策をやめ、「日本の安全と繁栄を確保しつつ、大陸諸国家との永続的平和共存関係を追求し、これを保持発展せしめ」よと主張する。

こういった議論の流れに抗して、加藤周一は「現代中国をめぐる素朴な疑問」（『展望』一九六六年二月号）において、中国政府は膨張主義的かつ好戦的であるという史実・根拠はないのに、そのことを前提として封じ込めなどの諸政策を立てる米国の発想に疑問を呈す。また、今日出海・大森実「対談　中国と北ベトナムの決意」（『潮』一九六五年一二月号）は、中国を視察して帰国した今と北ベトナム取材から帰国した大森が、中国封じ込め作戦の一環として北爆があるとし、アメリカのアジアに対する無理解を指摘し、アメリカの反省とベトナム戦争の自制を促す。

2　中国の孤立化をめぐる左右各派の論評

米国を中心とする国際政治の観点から現実主義的に対中政策の方向性を見定めようとするスタンスは、右派系雑誌のよくするところで、特に文革初期においては『自由』『中央公論』にこの傾向が強い。『自由』は一九六六年三月号で特集「中国を理解するために」を組み、『中央公論』は一月号で特集「現代中国の徹底的解明」を組んでいる。とりわけ『中央公論』巻頭の衛藤瀋吉、中嶋嶺雄、新島淳良、野村浩一、林三郎による「シンポジウム　毛沢東思想と国家目標」は「総論　マルクス主義と民族主義――中国革命の原動力は何か／第一部　〝中華思想〟と世界政策――民族解放と平和共存の関係／第二部　〝農民主義〟と経済建設――重工業化実現への道のり／第三部　〝人間解放〟と思想闘争――禁欲的モラルの重視がもつ意味」から構成されており、中国が直面している国際環境、中国革命の太い流れからする現在の位置、マルクス主義の観点から見た毛沢東思想など、多様な論点をめぐって、五者五様の立論を展開していて興味深い。そのうち林は現状の情勢分析から主に中国の外交的現われにみる脅威についての発言に終始しているが、衛藤は民族主義、マルクス・レーニン主義、矛盾論の三点から外在的に毛沢東思想と中国の国家目標を解読しようとし、中島は毛沢東中国はマルクス主義の国際性から逸脱し、中華的ナショナリズムが世界革命戦略として現われているために、周辺諸国との軋轢を増していると見る。新島は中国の国家目標を、伝統思想と断続した新たな展開として眺め、毛沢東思想の主観能動性と禁欲による人間解放のプログラムを内在的に解明しようとする。野村はナショナリズムとコミュニズムという観点から中国革命の特質を示し、そこから現代中国の歩みは後進被圧迫植民地主義諸民族の持つ共通情況に訴える近代化の道を示しているとしながらも、個人の確立を目指す近代的な人間解放への究極目的がないのでは、と指摘する。これら五名の論者によって、以後の文革の狂瀾怒濤の謎を解く何本かの鍵は、すでにかなり準備されていたと言えるだろう。

一方、左派系の『現代の眼』でも八月号で「中国の脅威とは何か」が特集されている。そこでの「脅威」とは、中国が孤立化を強いられるあまり義和団事件当時の中国民衆指導者のごとき排外宣伝が煽られることになりはしまいか、また毛沢東の不断革命の闘争哲学が現実味を帯びはしまいかという思想的脅威（曾村保信「米中対立の新たな様相」）、潜在的経済力への脅威（江頭数馬「中国経済将来への底力」）、核武装による軍事的脅威（栂博「核脅威への軍事戦略的見地」）などを含む。この特集での野原四郎、野村浩一、檜山久雄、山田宗睦、中嶋嶺雄（司会）による座談会「中国共産党の思想」は、先の『中央公論』巻頭シンポの第二ラウンドのようなもので、中国マルクス主義としての毛沢東思想および中国革命の歴史経路とその特殊性について、野原のような中国近代史の専門家も入っているため、かなり射程の広い議論を展開している。とくに民族主義の観点から、中国革命を農民のラジカリズムに依拠した反封建反植民地の民族解放として捉えているところに、論者の共通了解が窺われる。注目すべきは以下の中嶋の発言である。

「中国はスターリン主義的弊害をおのれの運動のなかで早くからかなり克服してきたわけですね。だが、そのためにかえってスターリン主義との自己対決を回避してしまったといえると思います。中国革命を支えた思想なり理論は、中国が社会主義建設という段階にいたり、マルクス主義の確信が国際的にも要請されるという段階に当面したとき、もう一度ねりなおされ、創造的に発展させられねばならなかった。そうすることによってもう一度「飛躍」することが必要だったと思います。この「飛躍」はスターリン主義との対決のなかでのみ可能だと思うのですが、それをしないで、延安へ戻り、井崗山へ戻り、つまり自己の革命の経験のなかへ閉鎖《ママ》に戻っていってしまったと思うのです。ここに、権力獲得後の中国共産党がたどったマイナス面があるわけで、それは「革命」ではなくまさに建設が必要なときに表面化したのだと思います。本来なら、この「飛躍」は、新民主主義という考え方の延長線上でほぼ十五年間の過渡期を経て漸進的に達成すべきものを、主観的判断に依拠して一挙にやりとげようとしたところに問題があったのではないでしょうか。その結果、プロレタリアート独裁とはいえない段階をプロレタリアート独裁といい、共産主義などまだまだとても日程にのぼり得ないときに、人民公社によって共産主義を語るところになったと思います。」（九六頁）

その後の中国の暴力と抑圧と反動を伴う曲折した歩みを回顧するとき、中嶋のこの言葉はまさに頂門の一針ともいうべき警句となりうるのである。

やや異色の評論として、中薗英助による「八路軍の残したもの」（『思想の科学』一九六五年八月号、四一号）がある。八・一五終戦当時、華北各地から北京に集結した日本軍の戦車部隊が中米連合軍に武装解除される様子を見て、まさに毛沢東がアメリカ帝国主義を形容した「ハリコの虎」さながらであったとし、日本軍が中国で人民の支持がないのに大行山脈の山岳地帯にとじこもってゲリラ戦をやろうと夢想したり、華北鉄路の沿線で「対匪工作」として「愛路工作」を計画したことは、米軍が南ベトナムで展開している「戦略村」さながらだとか、日本軍が華北で八路軍を潰滅させるためにとった「三光作戦」は、米軍が南ベトナム解放戦線地区に容赦なく砲撃戦を繰り返し掃討作戦を続けている現状を想起させるとする。日中戦争の最中に日本軍支配下の「淪陥区」（被占領地域）北京で現地邦字紙の記者をしていた中薗ならではの観察眼と言えよう。

現在、日本で通行している中国現代史の平均的叙述では、文化大革命は、国内の社会主義建設の直線的展開過程として、あるいは中共中央指導部の路線対立に伴う権力闘争として、内因論によって起点から終点まで説明されるのが通例である。[3] しかしながら、同時代の論壇誌の論調では、文革勃発の主要因は、中国の国内要因よりも中国を取り巻く厳しい国際環境という外因によるものだとの見立てのほうが遥かに優勢であった。文革内因論はむしろ文革の意味づけをめぐる中国の公式的な語りに沿ったものであって、やや時間差をおいて再構成された再歴史化によるものなのかもしれない。

三　学術文藝界の整風運動

1　郭沫若の自己批判

文化大革命は、当初は呉晗や田漢などに対する学術文藝界での批判運動として、あるいは教育改革による文化革命として（新島淳良「中国における教育の現代化と文化革命」『世界』一九六六年七月号）、局地的に開始され、やがて紅衛兵による破壊的な運動として、目を奪うような未曾有の事態へと変容していった。

日本人にとって異様に映った初期の動きは、日本留学の経験があり、日本に多くの知遇を持ち、日本からの文化方面の訪中団と会見する最高地位の人物であって、中国文化・学術界の総帥とも言うべき郭沫若が、一九六六年四月一四日に全人代常務委員会会議の壇上で発言した「わたしの政治的、歴史的、文学的著作は全部焼きすててくれ」という自己批判のニュースだった。中国文学者の竹内実は「郭沫若の自己批判と文化革命」（『朝日ジャーナル』一九六六年五月二二日号）において、郭氏自身の真意を測りかねながら、大きな文化革命のうねりが文化人批判となって現われているとし、伝統思想との厳しい断絶の線がどのあたりで引かれるのか、それによっては創造への契機を阻害することになる、と不安を表明している。

同じく中国文学者の村松暎「整風運動と中国の文化」（『中央公論』一九六六年七月号）は、「中国の近代文学は、出発点からマルクス主義との出会いに至るまで、終始政治を離れなかった」、政治に従属するものだったとし、「紅楼夢問題」「胡適思想批判」「胡風批判」「丁玲批判」と重なるに従って指導層が知識人への不信の念を募らせていったことが読み取れるとする。さらに中ソ対立は文藝にますます頑な教条主義をもたらし、『海瑞罷官』批判から郭沫若の自己批判にいたって、従来の整風運動とは異質なものへと昂じ、伝統文化の抹殺から文学の蒸発をもたらすだろうと警告する。(4)

2 党の権力層に及ぶ整風

続いて整風が党首脳部に及ぶにいたって、中嶋嶺雄は「毛沢東体制の動揺——彭真失脚をめぐって」(『朝日ジャーナル』一九六六年六月一九日号)において、党内権力闘争の可能性を明確に打ち出し、党最上層指導者(政治局員クラス)の間で、外交・軍事・経済政策をめぐる論争があり、「いきおい党中枢(政治局および書記処)に権力が集中し、その権力がいちじるしく家父長化し、官僚化している現在、政策上の論争はたちまち隠然たる権力闘争に展開しやすいのである」と見立てている。

大島康正「毛帝国の嵐のなかで」(『自由』一九六六年九月号)は、この整風吹き荒れる中国を一カ月間、中国側の招待ではなく訪問したさいの旅行記である。大島は「一大囚人の国」と表現し、文化革命が「人間を極力単純化する方向に向って進められ」ていて、その意図は危機を乗り切るために、労・農・学生に地位が上の大学教授や共産党員を叩かせ、人心を高揚させ国民の緊張感を煽るものであって、「文化革命全体が、一つの大きな道化芝居ではないか」とする。

竹内実は「毛思想学習運動の分析」(『中央公論』一九六六年八月号)において、林彪が「毛主席の書物を読み、毛主席の教えに従い、毛主席の指示に照らして仕事をし、毛主席のよい戦士になろう」のスローガンの下に鼓吹し定式化した毛沢東思想継承運動が、具体的に民衆レベルでどのような形で展開され、毛沢東思想が「活学活用」されているかを論じている。そこではいかに「矛盾論」を学習して西瓜を商品として売り捌くかとか、卓球選手団がいかに毛沢東の「中国革命戦争の戦略問題」を学習して試合に勝ったか、といった事例が紹介されていて、「政治突出」のあまり硬直した精神至上主義をもたらし、民衆の知識人不信が広がっているためか、知識人の社会的機能が無視されている実情を指摘する。竹内は中国知識人の立場に立ち、現状への憂慮を隠さない。

「中国文化革命のなかにおける知識人の扱われ方は、現在の時点という限定においてであるが、毛沢東著作の扱われ方の対極にあるように思われる。文化革命のなかで、知識人の存在が消失しているのは、知識人による権力敵視というよりは、権力による知識人への警戒のあらわれであろう。」（二六八頁）

中国における自由と民主の圧殺は、文藝界における作家の表現の自由を制限し剝奪し粛清するところから始まった。文学的感性の鋭い日本の文学者・文学研究者のなかには、そのことの異常性と危険性を、有毒ガスを逸早く感知するカナリアのように嗅ぎ取っていた人びとがいた。(5)

いっぽうで、安藤彦太郎はたまたま一九六四年七月一〇日から六六年八月二日まで北京を拠点に中国に長期滞在しており、紅衛兵出現の直前に帰国とはなったが、それまでの文化大革命の一部始終を目撃する機会に恵まれた。『中央公論』一九六六年一〇月号では、「北京日記」として呉晗批判、田漢・夏衍批判、郭沫若自己批判、〝三家村グループ批判〟から彭真失脚にいたるまでが、事実として書き込まれている。その記述はやや平淡で党中央の見解に寄り添っているように思われる。また「新しいものを創造するには、まず古いものを否定しなければならぬ」という評語に窺われるように、批判される側の知識人の思いよりは、批判する側の生活者の視点に依拠しているように見える。(6)

同様の印象は、一九六五年から二年余りを上海外国語学院の日本語講師として中国で生活した中国文学者の筧文生「上海の二年間――コミューン運動のなかで」（『朝日ジャーナル』一九六七年三月一二日号）からも受ける。当時日本にいて隔靴掻痒の思いで中国内部の不穏な情勢を注視した論者たちに比べて、生活雑記風の仕上がりになっている。

四　街頭に繰り出した紅衛兵

1　紅衛兵の衝撃

日本において「文化革命」が「文化大革命」と改称され、論壇が文革論をめぐってにわかに活気づくのは、紅衛兵の少年少女たちが「四旧」(旧思想・旧文化・旧風俗・旧習慣)打破を叫んで大挙街頭に繰り出し、天安門広場で文革祝賀百万人集会が開かれた一九六六年八月一八日を境にしてのことであった。彼らは「資本主義の道をあゆむ実権派をたたきつぶす」として、いたるところで革命宣伝のビラと壁新聞を貼り、反動・反革命と指弾して大人たちをつるし上げ、長髪や流行の服装をした市民をなじり、老舗の看板を打ち壊して革命的な名前に改めさせ、街路の名前も「長安街」から「東方紅大路」といった具合につけかえた。

竹内実「私のなかの紅衛兵」(『新日本文学』一九六六年一一月号)は、北京で暴れまわる紅衛兵の記事を見て、かつて幼年時代に中国の地方都市に住んでいたとき、当時山東出兵で排日の空気が張りつめて、中国人の子供に石を投げられたりしたり、ふざけて投げた石が近所の理髪店の親爺の剃り上げた頭に当たって血が流れたときに味わった恐怖心がよみがえったとして、こう書きとめている。(7)

「人民共和国成立以後、いつしかそれに馴れていた、法律とか、国家とか、体制とかを信じて生きる現代生活から、突如として、群集の直接的行動に、生ま身の人間一個としてむきあっていた過去の時代にひきもどされるのを感じなかったであろうか。」

全国から交通費宿泊費無料で天安門広場に集まった百万人の紅衛兵と、彼らを接見する建国のカリスマ・毛沢東が織りなす狂瀾怒濤の人間の潮を見て、一気に中国が視界に迫ってきて、これまでじっくりと一貫して中国論を練り上げ論壇で切磋琢磨してきた中国研究者を中心とする論者に、新参のさまざまな分野のさまざまな職域の論者たちが加わり、文革を通して中国を論じるようになった。まさに文革は日本人にとっても「人びとの魂にふれる大革命」(『人民日報』一九六六年六月二日社説)となった。

紅衛兵出現のほぼ直後の一九六六年一一月号に三種の総合雑誌が揃って特集を組んだ。グラビア口絵も含めて二五〇頁近い異例の紙幅(当該号全体では三四四頁)が費やされている『世界』の「中国の文化大革命と日中問題」のほか、『中央公論』の「激動する中国をどう理解するか」、『現代の眼』の「沸き立つ七億」などの特集である。翌月一二月号では『潮』が「紅衛兵の嵐――整風と革命青少年」という特集を組んだ。

まず『世界』に盛られた論考は、人民解放軍と党との関係（吉田実）、中国の対外認識（太田勝洪）、経済システム改革（小島麗逸）、学術文藝論争（竹田正彦）、科学技術改革（山田慶児）、社会変動（J・ミュルダール）、紅衛兵運動と権力・路線闘争との関係（松野谷夫）、国際共産主義運動の系列化を乱す中ソ対立が文革によって拡大・固定化することへの懸念（斎藤孝）、反西洋帝国主義というモメント（入江昭）など、今日的な文革の再検証においても発生要因として問題にされている諸テーマがほぼカバーされている。さらに、日本の対中関係の選択について、政財界・文藝界の広範な寄稿者を募り、新中国成立以降、同誌が持論として一貫して掲げてきた国交正常化の主張が展開されている。

このうち、農業の人民公社化と工業の国産化を軸とした自力更生型経済システムに着目した小島麗逸の「自立経済論」（「自立的民族経済」の建設」）は、洋式に代わる「土法」式（土着方式）経済システムを実証的に評価したもので、一九六七年九月号の山田慶児「コンミューン国家の成立――造反有理（I）」は、中国を訪問し、農村や工場や革命委員会のコミューンを視察し、「中国は一箇の巨大なコンミューンへと変質しつつある。中国は明らかに、「国家の死滅」の第一歩をふみだしたのである。新しい「国家」は国家ならざる国家、コンミューン国家とでもよぶべきものであろう」と述べ、新たな共同体原理に基づく国家モデルとしての「コミューン国家論」を打ち出し、ともに中国のコミューン型革命論、自力更生型建設論の嚆矢となった(8)。

『世界』における文革そのものの評価については、巷間言われているほど、一貫して文革武闘派の路線にべったり寄り添っていたわけでもなければ、「文革礼賛」一色に塗りつぶされていたわけでもない(9)。同特集の巻頭に置かれた安藤彦太郎、古在由重、野原四郎、野村浩一による討論「毛沢東思想とは何か――プロレタリア文化大革命をめぐって」を読むと、論者の間で、個人崇拝に依存した政治闘争としての側面から見るとスターリン式の階級闘争の行き過ぎが懸念されないか（古在）、社会主義路線から見ると中国革命の継続なのか乖離なのか（野原）、毛沢東思想の反近代反西洋の論理に普遍性を認めうるか（安藤）、意識変革や思想改造を伴う大衆運動としてどこまで中国の伝統思想や近代思想の延長線上に位置づけられるか（野村）といった問題関心が提示され、議論は充分に精錬されたものではないが、主張の隔たりがあって、新たに展開しつつある共産主義革命に対する共感と違和感の分岐点をすでに見てとることができる。

2　破壊か建設か

『中央公論』（一九六六年一一月号）は冒頭に香港で行なわれた西側ジャーナリスト、『極東経済評論』編集長デレク・デービス、マーク・ゲインと、東京銀行香港支店長石井康夫、衛藤瀋吉（香港留学中）との座談会「毛沢東の指導性と中国の将来」を置き、ゲイン、デービスともに、紅衛兵出現を党内の権力基盤が揺らぎつつある毛沢東が仕掛けた政治的動員と見ており、デービスは知識人にターゲットを絞った背景に、これまで農村の粛清に力点を置いていたが、修正主義分子が集中している都市に力点を移す意図があるとの興味深い観点を披瀝している。ついで安藤彦太郎、村松暎、竹内実による座談会「文化大革命は破壊か建設か」においては、破壊論＝村松・竹内、建設論＝安藤とくっきり二分されている。竹内は政治運動が文化人批判に波及していると憂慮し、村松は毛沢東・林彪路線の巻き返し策とみる。紅衛兵運動を粗雑で危険な群集運動とみる点で両者の見方は一致している。安藤は終始中国の現実の動きに弁護的である。同特集では見田宗介「日本の高校生は紅衛兵をどう見るか」といった興味深いテーマのもののほか、他誌に先駆けて『毛主席語録』抄訳を掲載している。

『現代の眼』（一九六六年一一月号）では、紅衛兵運動の背景を国内外の要因から、あるいは中国革命の段階論から探ろうという意図の下に特集が編まれている。蔵居良造・山田礼三・宇佐美滋・村上薫「共同討議　中国はどこに行く」は、国際的孤立化の只中でなぜ中国国内で粛清運動が起こっているのか。権力闘争か（宇佐美）、革命路線の違いか（蔵居）、ベトナム戦争への準戦体制を整えるためか（山田）、国内の経済的窮地を乗り切るための毛沢東のカリスマ化か（村上）などの諸説が展開されている。中嶋嶺雄「中国革命の現段階」は、紅衛兵運動を従来の大衆動員とは異なる暴動革命であり、軍が党主流をバックアップしながら毛沢東の個人崇拝を進めるもので、毛沢東の理論的有効性は退化した反面、「きわめて恣意的な主観的教条が絶対化され、旧社会の様々な母斑にすぎないもののなかに階級敵を見出して階級闘争を一〇〇年でも二〇〇年でも継続するというテーゼが生み出された」とする。

注目すべきは斎藤龍鳳「走れ紅衛兵」である。斎藤は、かつて映画評論家として知られ、後に武闘派マオイストになるという稀有な経歴を持つ[10]。このタイトルは反語でも揶揄でもない。いわば「極左冒険のすすめ」である。斎藤は毛沢東の「革命は暴動であり、一つの階級が他の階級を打ち倒す猛烈な行動である」との「湖南農民運動視察報告」の言葉に心酔し、紅衛兵の無軌道ぶりに日本の既成左翼が失った「変革の初心」を認め、革命を起こすには無茶やり過ぎを許す度量が必要だとし、文章を無頼派文学者風にこう結ぶ。

「青少年に乱暴狼ぜきの限りをつくさせ、なお、平然としている国を、私はうらやましいと思う。／そしてその八百長を立派に演出する毛沢東を二〇世紀きっての大政治家と見る。／文化革命に続く、紅衛兵運動を中国指導層内部の矛盾と手放しで喜ぶのは〝行きすぎ〟ではなくオッチョコチョイである。あれは国力を世界中に見せびらかしたのだ。」（一六三頁）

次章で言及することになる、その後の日本における変革運動としてのマオイズムの展開過程を追うとき、この記事は、毛沢東思想の行動主義を突出させ、一面では暴力革命容認への道を開き、もう一面では反日共の新左翼系学生運動家の武闘路線を過激化する発火点になったとも言えるだろう。

『潮』一二月号は特集の一部ではないが、ソ連研究者の菊地昌典が、「人間変革の論理と実験――中ソ文化革命の比較考察」を寄せている。菊地は、十月革命後のソ連の文化革命はその担い手たちが旧帝政時代の非プロレタリアートで、帝政ロシアの特権階級の独占物であった文化遺産を平等に分け与えようとするものであって、その不徹底な挫折したレーニン革命の後に、スターリンの個人崇拝と粛清がなされたとする。いっぽう中国の文化大革命は、毛沢東崇拝を核としながらも挫折したレーニン思想を継続するもので、「労農ソヴェトが革命直後に掲げた世界革命とインタナショナリズムを体現する共産主義的人間像」を紅衛兵の力によって大衆の模範とする試みなのだと高く評価する。菊地は一貫してこの後も造反派の動きを支持する発言を続けていく。その根拠は、同じ個人崇拝がありながらも、スターリンの場合は流血の粛清を伴っていたのに対し、中国にはそのような現象が見られないという見立てに置かれていた[11]。

特集での三本の論文、藤井満洲男[12]「文化大革命はなにを狙うか――「紅衛兵」の生まれた必然性を分析する」、城野宏[13]「「整風」とその周辺――紅衛兵の騒動まで」、松野谷夫[14]「紅衛兵運動の意味するもの」は、いずれも紅衛兵運動の出現を整風運動の延長線上に置いて中国革命の歴史的必然性として捉え、その革命性のモラルを高く評価している。この三名の筆者とも、戦時中に中国での生活経験をもつ、中国通（チャイナ・ハンド）である。中国通には「支那通」の流れを汲むどちらかというと中国の現状を冷ややかに泰然と突き放して否定的に見るタイプと、共感と贖罪意識をもって中国の現状を内在的に好意的に解釈しようとするタイプがあるが、明らかに彼ら三人は後者に属する。

紅衛兵という都市の学生たちの過激な造反劇の劇場効果によって、それまで牢固としてあった農民革命のイメージは一変し、中国専門家以外に現実中国への視界を開かせた。とりわけ当時の既成左翼以外の学生運動家たちの武闘への欲求と同調することで、運動の活気は眥《まなじり》を決するばかりの殺気へと転じていった。一九六五年末の呉晗批判から切って落とされた文革劇の序幕は、ここにきて早くもクライマックスを迎えたのである。

五　「「大宅考察組」中共を行く」

1　日本人の文革イメージをつくった大宅リポート

紅衛兵運動を、たんなる論壇ネタではなく、一般市民の関心事へと拡げ、大衆の文革イメージ形成に決定的な作用を果たしたのは、ノンフィクション界の帝王ともいうべき評論家大宅壮一のほか、三鬼陽之助（経済評論家、『財界』主幹）、藤原弘達（政界記者、政治評論家）、大森実（国際事件記者）、梶山季之（作家）それに随行の小谷正一（電通顧問）、秦豊（ニュースキャスター）ら七名からなる売れっ子作家・評論家による大宅一行査察団のルポルタージュ「大宅考察組の中共報告」であった。彼らは中国からの招待旅行ではなく自前で（当時で都合六〇万円ほど）、一般旅行客として一九六六年九月一〇日から九月二六日までの一七日間、広州・上海・無錫・南京・天津・北京・武漢など中国各地をめぐり、広州大学・清華大学で学生たちと語り合い、工場を訪ねて労働者と交流し、解放軍を訪問し、紅衛兵旋風を詳細にルポした。

最も詳細なものは『サンデー毎日』一九六六年一〇月二〇日臨時増刊「大宅考察組の中共報告」で、現地報告を委細にわたって掲載してある。それ以外にも『週刊読売』、『週刊新潮』(「大宅一家中共を行く」)、『週刊朝日』(「「大宅考察組」放談会　紅衛兵旋風を街録する」)、『朝日ジャーナル』などの週刊誌でも関連記事が掲載され、月刊誌では『現代の眼』の前述の特集で最後の香港でなされた主要メンバーによる座談会「中国は果たして脅威か」、『中央公論』の同じく前述の特集で秦豊「大宅考察組中国滞在日録」などが掲載され、大森実は『潮』一一月号においてこのときの旅行を「紅衛兵革命の内幕──生ける毛沢東の遺書」として二五〇枚のルポにまとめるなど、そのルポは論壇を席捲する勢いであった。

これらの考察報告は論壇時評でも、「さすがに第一級のジャーナリストをそろえただけあって、彼らの直観的考察はどれもこれも皆すこぶる面白い。……大宅考察組は〝招待客〟でないばかりか、批判精神に富んでいるので、彼らの報告を注意して読めば教えられるところが多い」(『朝日新聞』一九六六年一〇月二五日夕刊、論壇時評、評者は猪木正道)、「ルポルタージュとしては、大宅壮一氏の一行の書いたり、話したりしているものが、自由で率直な話し方をしているので、いちばんおもしろい」(『讀賣新聞』一〇月二四日夕刊、論壇時評、評者は田中美知太郎)などと高く評価された。

2　紅衛兵の本質を見抜く

大宅考察隊のほうは、「ジャリ革命」(紅衛兵はこどもばかりだから)、「レジャー革命」(紅衛兵は全土を修学旅行か物見遊山のように歩いているから)、「ラッキョウ革命」(つぎつぎとむいていくと何も残らない)、「毛沢東ならぬモウタクサン」「赤い孫悟空たち」など流行語も生むような、大衆迎合的な語りで仕立てられているが、三鬼などは遺書まで書き残して出立したほどの覚悟をもっていたし、藤原と大宅は中国に出征した元兵士だったので緊張感をかなり強いられていた。また北京での趙安博日中友好協会秘書長との面談では、紋切り型の対日批判を聞かされたり、日本のマスコミには独立性がないとの発言に一行は態度を硬化させ、その夜の招宴を拒絶し、面子をつぶされた中国側の怒りを買った。実際、『サンデー毎日』から彼らの報告をたどると、本質を鋭く衝いた片言隻句に溢れている。それに、ここでは大衆の喚起方法が非常にうまい」（一一七頁、藤原）

「文化革命のジャリみたいなものだと、しかしジャリにしてはアクチブで、足どりのテンポが速く積極性がある。

「文化革命の一環だと考えられているけど、やはり軍事的な一種のレジメンテーションというものの大きな計画の中で行われているものだと思うね。大宅さんは大政翼賛会といわれたんだけど、そういう性格を持ってると思いましたね。とすれば革命的より保守的な性格ももっている。革命というのはぶっこわすという表現もあるんだけど、それとは多少違うんですな。まあ強いものが弱いものをじりじりと、シラミでもつぶすようにして、そのために下のほうの階級闘争エネルギーというものを、紅衛兵というジャリといってもいいようななんにもわからない、精神的なバージン、肉体的にだけはものすごいボルテージを持っている、こういうものに訴えてきている戦略はある意味では修学旅行という巨大なゲリラのチャンスを与えて半年間サービスしといて、青年をせっせと、おだてている。けれども、この次に青年に課せられるものは、非常に過酷な国家への義務の要求といったものではないか。つまりただほど高いもんはないというような気がする」（八八頁、藤原）

「つまりこれは彼ら民族の歴史における後進性なんだ。この国の民族性というのは、いっぺんとにかく人間否定のような、人間改造をやらなきゃだめなんだということをも毛沢東は悟ったんじゃないかと思います。ともかく徹底して民衆不信に根ざしていると思うな。」（一一七頁、大森）

「革命というけれど明らかにクーデターの一種ですよ。権力を持たないものが持っているものに向かっていくのがクーデターですが、あれは、権力を持っているほうのクーデターですね」（一一八頁、大宅）

『中央公論』一九六七年三月増刊号「中国はどうなるか」の巻頭座談会、大宅壮一・高木健夫・林健太郎・臼井吉見「文化大革命を解剖する」は、冷ややかに隣国の騒乱を眺める大宅考察組的なスタイルが定着した実例である。高木は、紅衛兵には革命教育で純粋培養された純真な子どもたちと、毛沢東派が使嗾し実権派を引き回したり壁新聞を書かせたりする「全学連紅衛兵」がいると発言し、臼井は、いまは劉少奇を中心とする国家機構を壊しているが、いつまでもあの大国が人民公社のようなものだけでやっていけるわけはないのだから、あとは結局、劉少奇のやり方で収拾するほかはないだろうというような達観した発言を披瀝している。極めつけは次の大宅の発言である。大宅は日本人にとって文化大革命が徹頭徹尾中国の特産品であることがわかれば、共産主義に対する免疫ができていい教訓になると突き放した見方をし、こう述べる。

「たとえば共産主義というものは、いまではだんだんサンドイッチのようになっている。上と下にパンがあって、まん中に野菜とか肉とかが入っていて、上のほうのパンがソ連の社会主義、下のほうのパンが中国の共産主義、上と下とはいま猛烈に喧嘩している。上のパンは、下のパンは腐っていて毒だという。下のパンは下のパンで、上のパンは毒だという。上も下もパンは毒だということになると、まん中の野菜や肉だけは食っても安全だということになる。そのまん中はなにかというと民族主義ですね。共産主義ではないのですね。」(二九頁)

大宅考察組は、広範な一般読者の嗜好に合わせて俗耳に入りやすい語りのなかに紅衛兵らが席捲する文革騒動の本質を潜り込ませたルポを流布させた。このルポに感化されて大衆のなかに隣国の騒乱を眺める冷ややかな眼差しが芽生えたことと対照的に、日本での日米関係を基軸とする体制に批判的な社会運動・政治運動を展開する知識人のなかには文革への幻滅の誘いを拒否し、文革の新生面を積極的に評価していこうとする心理的機制を働かせる者も多くいた。

その一人、吉田実(当時朝日新聞外信部)はこう証言している。

「紅衛兵運動をめぐって、日本にはさまざまな論議があった。いまは亡き著名なジャーナリズム界の大先輩は、「あれはジャリ革命だ」とこき下ろした。毛沢東のやり方は、独裁者・ヒトラーそっくりだ、と言う人もいた。軍国主義時代をもろに体験し、人の世の酸いも甘いも知り尽くした人の「一刀両断」の評価であった。

だが、戦後の貧しい学生時代に毛沢東の著作に触れ、長い中国革命の過程で、彼の果たした数々の功績に感銘を受けていた私は、こうした見方に同調できなかった。毛沢東の号令で立ち上がったウンカのような紅衛兵の大群の動きに、中国社会の度し難い「封建主義的官僚主義」（フューダル・ビューロクラシー）への挑戦を感じていた。

最高指導部内で演じられていた劉少奇国家主席追い落としの動きに首をかしげながらも、それと密接に結びついているはずの紅衛兵運動には、捨て難い意義を認めようとする、なお多感な少壮期であった。[15]」

吉田のこの回想からは、大宅ら戦中に兵士だった世代と吉田のように戦中に植民地下の台湾で幼少期を過ごしていた世代との文革に対する眼差しの相違を指摘できるだろう。

ちなみに、大宅考察隊のルポとは対照的に、『サンデー毎日』の増刊と同時期に出された『週刊朝日』一九六六年一〇月一五日緊急増刊「激動する中国」は、中国側の熱気に寄り添った真面目な誌面構成となっており、批判精神・諧謔精神は全く感じられない。

六　文化大革命の日本上陸

1　決裂した日本共産党と中国共産党

宮本顕治を団長とする日本共産党代表団は、朝鮮民主主義共和国を訪問したあと、一九六六年三月、北京で共同コミュニケ草案を作成し、上海にいる毛沢東との会見で最終合意がなされる手はずであったが、ソ連修正主義非難を書き加えよとの毛沢東の要求をめぐって双方が折り合わず、コミュニケの合意には到らなかった。このことを契機として日本共産党と中国共産党は決裂し、日本共産党が自主路線を敷くにともない、多くの日共党員およびそのシンパを抱えていた日本の中国関係の学術団体・友好団体に相次いで亀裂が生じていった。

まず党を除名された西沢隆二（ぬやまひろし）[16]は、一九六六年一〇月、軍事評論家林克也、日中友好協会大阪府連合会にいた大塚有章[17]と三人で毛沢東思想研究会を発足、『毛沢東思想研究』[18]を発刊した。大塚は同年一二月に彼らと分裂して毛沢東思想学習会を結成、宝塚市に毛沢東思想学院を建設した。そのほか山口県委員会革命的左派は六六年九月頃から公然と日共を非難し中国支持の態度を鮮明にし、『長周新聞』(発行・編集人は福田正義、山口県委員会「左派」が中心となって発行している毛沢東思想宣伝のための大衆紙)、『人民の友』『革命戦士』などの機関紙誌を発行した。また山口県の地元の劇団「はぐるま座」も演劇を通して毛沢東の思想宣伝活動を行なった。[19] 劇団「はぐるま座」(中国名「日本歯車座」)は、六七年七月二三日、中国人民対外文化友好協会の招きで中国を訪問(団長・藤川夏子)、各地で参観・交流活動と公演活動を行ない、毛沢東・林彪・周恩来ら要人と会見し、一一月三〇日、帰国した。このときの訪問については、外文出版社(北京)で発行する対日宣伝月刊雑誌『人民中国』一九六八年一月号で「劇団〈はぐるま座〉の中国訪問」として特集記事が編まれている。

一九六六年一〇月、北京で日中友好協会代表団と中日友好協会の廖承志会長との間で共同声明が調印されたが、帰国後、文面が日共に対し攻撃的だとして日共系協会員から声明は認められないと批判され、共同声明支持派は大挙して協会を脱退、一〇月二六日に日中友好協会(正統)を設立した。[20]

学術界の最初の亀裂はアジア・アフリカ研究所(一九六一年、アジア・アフリカ・ラテンアメリカの国際連帯のための研究活動を進めた。所長・岡倉古志郎)に走った。一九六六年一一月九日、一三名の反日共系所員が研究所を退所した。次の亀裂は社団法人中国研究所に走った。六六年一二月二七日の理事会で、平野義太郎理事長の辞任と元東亜研究所上海事務所長伊藤武雄の新理事長就任を承認し(『中国研究月報』二二七号、一九六七年一月)、翌年二月一〇日、臨時所員総会を開き、平野義太郎、米沢秀夫、尾崎庄太郎ら、「日中友好にそう現代中国研究の妨害分子九名の除名を決定した」(同二二八号、一九六七年二月)。また中国研究所と関わりの深い現代中国学会の関東部会において「中国の文化大革命について」のシンポジウムを七月二日に開くよう決めたところ、日本共産党はシンポジウムを取りやめるよう動いた。[21]

一九六七年二月二八日、東京の善隣学生会館の一階の日中友好協会本部に会館に住む華僑学生一五名ほどが現われ、玄関ホールに貼った壁新聞の一枚を協会事務員が破ったと抗議して衝突、双方の支援者が駆けつけた。学生は協会本部前にバリケードをつくり本部内にいた六〇名ほどを監禁した。三月二日には双方の小競り合いから乱闘、流血沙汰となり、警視庁機動隊が出動する事態となった。六日、中国人学生支持の正統本部、日中文化交流協会、日本国際貿易促進協会主催の真相報告会には、東京・廖承志事務所の孫平化首席代表が出席し、痛烈に日共を批判、一一日の『人民日報』でも「日共修正主義分子の反中国暴行に抗議する」と厳しい論評を加えた。[22] 日共に対する抗議声明が文化界三五氏、中国研究所、中国研究所・中国語研修学校講師団、日中友好協会（正統）本部、井上清（京都大学教授）、東京華僑総会、中日友好協会、中国貿易関係一五団体、日中青年学生共闘会議などから出された。[23]

一九六七年の『前衛』には一四本の中国関連記事があるが、そのすべてが上記の反日共団体に対する批判・非難で占められた。日共は彼らを「反党教条主義分子」「事大主義分子」「盲従分子」などと称し、反日共団体は日共を「日共修正主義分子」と称した。批判の矛先は国内の反日共分子だけでなく、北京で日共非難の壁新聞を掲げた紅衛兵や、善隣会館事件で日共を批判する日本社会党にまで及んだ。『前衛』の非難論文は一九七〇年頃まで延々と続き、相手方に対する呼称も「毛沢東一派」「毛一派」「毛沢東気ちがい」へとエスカレートしていった。

2　神格化する毛沢東

日共が親中と反中に分裂するのにともない、それまでのスノーの『中国の赤い星』に描かれた毛沢東像以外にはさほどなじみがなかった毛沢東が、一気に親中派の神壇に上り詰めた。『毛沢東選集』『毛沢東思想万歳』[24]『毛沢東語録』などの翻訳が盛んに読まれ、彼の片言隻句、一挙手一投足が注目の的となった。

『週刊読売』一九六七年二月九日臨時増刊号「アラシのなかの中国」は、毛沢東がグラビアにも記事にも全面に露出する構成になっている。岩村忍「家父長的支配者毛沢東」は、毛沢東は伝統王朝における家父長型権力者像に重なるとし、文革は行政官僚に対する家父長主義的な懲罰のようなもので、「革命劇中の革命劇」くらいに突き放してみるとよいとする。安藤彦太郎「人間毛沢東の思想」は、「世紀の大実験」の先頭に立つ毛沢東が「マルクス・レーニン主義の最高峰」たる毛沢東思想をどう構築したのかについて、彼の英明さを強調し、彼の詩詞を引用するなどして人間的魅力を際立たせようとしている。

一貫して日中国交回復論を張り、自民党代議士として何度も訪中し、要人との会談を重ねてきた宇都宮徳馬も、毛沢東礼賛を隠さない。「文化大革命と毛沢東――七回目の訪中から帰って」（『世界』一九六七年九月号）では、毛沢東は「戦略的政治的天才」で絶大な大衆的信望を博し、彼の「中国の貧困な圧迫された人民への愛情と、中国に貧困と圧迫をもたらしているものへの怒り」が延安精神を七億の国民のなかに復活させたとして、文化大革命は米ソという外敵に対し長期人民戦争の態勢を整えるための準備行動で、「文化大革命は新中国に成長している巨大なエネルギーを、戦争エネルギーにかえる準備運動の一面をもっていることは否定できぬ」と言う。

宇都宮の礼賛ぶりに対して、猪俣敬太郎「毛沢東信仰の落穴」（『日本及日本人』一九六七年爽秋号）は、毛沢東の大衆信望が厚いというのなら、なぜ革命委員会の奪権闘争があれほど長期化し、紅衛兵との争闘が流血をともなうような悲惨なものになるのかなど、いくつかの反証を挙げて批判している。

作家の富士正晴はエッセイ「中国文化大革命の印象」（『思想の科学』六七号、一九六七年一〇月号）で、一兵卒として華南に出征中のときは毛沢東の名前も知らなかったが、復員後スメドレーやスノーの本を読んで中国共産党のあり方に尊敬と好意を抱き、毛沢東の「遊撃戦論」に感心したとしながらも、文革の中国は「好んで平地にハランをまき起したという感じがしてならない」とし、そこには「毛沢東の老齢による精神的変化があるのではないか」、老人特有の性急さによって行き詰まりを「昔とった杵づかの革命を思いついたのではあるまいか」と推測している。

この日共・反日共の全面対決は、中国にも飛び火していた。ある中国との取引をする友好商社の商社員は、広州交易会での模様をこう伝える（長瀬隆「「造反有理」の印象」『現代の眼』一九六七年一一月号）。まず善隣学生会館事件のあと、友好商社として日本国際貿易促進会と日中友好協会正統本部にカンパをさせられた。交易会では寄宿するホテルのあちこちに善隣学生会館事件の写真が張り出され、「日共宮本修正主義指導部による血の負債は血で返さなければならない――紅衛兵」「毛沢東思想で武装された中国人民を侮ることはできない――紅衛兵」と書かれていた。数日後、日中青年交流が行なわれ、「善隣学生会館における日中両国青年の戦闘的な友情！」と題される構成劇を見せられた。そこでは華僑学生に扮する紅衛兵の日本語学生と、悪役の日共学生に扮する日本人商社員との間で、事件を再現した劇が演じられた。日共学生を演じた一人は、「いくら商売のためのゴマスリとはいえ、自分が嫌になりました。もう私は二度と広州交易会には来たくありません」と告白した。

これが後の一九七二年の日中国交正常化交渉のとき、日本側が中国に対する懸念材料として提起した「革命輸出」という実態の一端を物語るものである。[25] 日共分裂後の文革礼賛の風潮について、元陸軍大佐で前公安調査庁参事官の甲谷悦雄は、インタビューに答えてこう憂慮を洩らす。

「この人たちは〝毛沢東は革命の導きの星である〟というふうに言っているんですよ。こういう人たちは商売のためか知らないけれども、知らず知らずのうちに毛沢東の紅衛兵的な、革命的なやり方を日本に持ち込んできている。これは日本の公安秩序の維持という点からみて許せない。たとえば善隣学生会館事件など、ウヤムヤにしておかないで、徹底的に実態を究明して、厳罰に処すべきものは処さなければいけないですよ。ああいうことを文化の進んだ日本の社会に持ち込まれてはたまったものではない。（中略）中共の今後の動きは世界平和の最大の禍根になると考えられます。その火元のすぐ隣にわれわれは国家生活を営んでいる。従って、その火元に対してわれわれがどういう態度をとるかということは、今後の日本の国民にとってのいちばん大きな問題です。」（本誌編集部「甲谷悦雄氏にきく　激動中国と日本の立場」『日本及日本人』一九六七年薫風号）

日共と中共の間の亀裂の深まりとともに、中国は反日共系の親中国団体を支持し、日共は反日共団体だけでなく、中国政府をも批判の対象とした。双方の批判は非難から罵詈雑言の応酬へとエスカレートしていった。[26] 日本の親中派が毛沢東中国への忠誠度を上げていくのに呼応して、日共は彼らを「毛沢東盲従分子」と非難するようになった。文革の心象をめぐり、恐怖（脅威）感と魅惑感が混在したありさまとなり、暴力性が昂じていき衝動的行動に走らせるマスヒステリア状態が醸成されていくこととなった。[27] これが今にいたるも癒えてはいない日本における文革トラウマの遠因となっている。

七　文革論のバリエーション

論壇各誌のスタンスは、「いったいこの人類未曾有の狂瀾怒濤の群集劇はどう収拾されていくのか」という問いに集約されるだろう。一九六七年三月に出された『中央公論』増刊号のタイトルは「中国はどうなるか」で、作家を中心に各界の大物に「文化大革命に就いての私の感想」を求めている。その顔ぶれから関心の大きさが、そのタイトルから困惑ぶりの一端がうかがえよう。

石川達三「何も解りません」／野上弥生子「エゴイズムの大掃除」／中野好夫「中国国民の幸福を祈る」／奥野信太郎「没有文化大革命」／柴田翔「強大な人間学的事件」／埴谷雄高「毛沢東の条件反射」／佐多稲子「気になる中ソの対立」／会田雄次「精神主義は永続しない」／椎名麟三「小さな願い」／武田泰淳「性急な判断より着実な理解を」／平林たい子「毛沢東信仰」／辻清明「革命は無慈悲な継母か」／三鬼陽之助「単純素朴さに潜む脅威」／手塚富雄「思考力を奪った人間改造」／山口瞳「わからない」／松本清張「紅衛兵の行方」／岡本太郎「ドラマの進行」

文革とはその展開がジグザグになればなるほど、奇妙奇天烈で、謎が謎を呼ぶような類の出来事だった。『自由』一九六七年四月号では石田英一郎、会田雄次、村松暎、竹山道雄など（村松を除いて中国の非専門家であるが）各界の第一人者らによる、比較文明論的観点から「中国人の謎」というそのものずばりの座談会が催されている。

各誌とも文革をめぐるシナリオの作り方は多様で、文革の構図と動因を探り、権力闘争とそれにともなう政策路線闘争の布置を見極め、その帰趨を展望してみせることで、立論の妥当性を競っている。文革批判と支持に分けて、そのいくつかの立論のバリエーションを挙げてみよう。

1　文革批判論

批判論の大半は、国際的には地政学的な現実政治論、国内的には権力政治・権力闘争論の見方に立つものである。

中嶋嶺雄「毛沢東北京脱出の真相――激動の中国より帰って」(『中央公論』一九六七年三月号)は、中嶋のこれまでの研究成果と中国観を中国社会の生きた現実によって試すべく、一九六六年一一月九日から翌年一月九日まで中国各地を旅行した記録として書かれている。その中心の記述は、一一月一二日に北京の人民大会堂でのレセプションにおける周恩来をはじめとする最高権力層の表情のコントラストから、劉少奇・鄧小平に対する批判の全面的展開を察知し、一九六五年後半以降の党内のいくつかの激しい政策論争が党権力をめぐるヘゲモニー闘争・政治闘争へと展開し文革発動にいたる中共内部の首脳層の権力争いについての詳細な政治過程を再現するものとなっている。(28)

衛藤瀋吉・岡部達味「中国革命における穏歩と急進」(『中央公論』一九六七年七月号)は、文革にいたる建国以降の流れを革命指導者における革命速度をめぐる穏歩派(劉少奇・鄧小平ら右派)と急進派(毛沢東・林彪ら左派)の政策の違いによる循環的変動という観点からたどり、とりわけ五七年二月の毛沢東「人民内部の矛盾を正確に処理する問題について」講話以降の急進政策を文革の起源とみる、長期的視野に立って書かれた、文革批判派の代表格となりうるような水準を備えた長大な説得力のある論文である。彼らは文革を「社会主義化の速度と手順をめぐって党内にあった政策論争が、時の経過とともに派閥的政治闘争にまで激化し、小鳴放、中ソ関係、ヴェトナム戦争などがもたらした危機感に刺戟されて表面化したもの」と定義する。現時点で表面上毛沢東の神格化が進み急進派の正統性があまりに強くなっているが、実際上は政治上の求心的統合力はかえって弱まっているため、流動状態と「無政府」的傾向を収拾し、穏歩化合理化を促進させなければいけないと提言している。(29)

石川忠雄・細谷千博「米中使命感の衝突時代」(『自由』一九六七年一月号)は、国際政治学者どうしらしく、パワーポリティクスの観点から冷静に中国を捉えようとする。米ソ緊張緩和という冷戦構造の変化のなかで、非同盟諸国の結束がほぐれて、中国が核を持って威信を高め、国際政治の焦点がヨーロッパからアジアに移り、半植民地的新興ナショナリズムがぶつかり合い、ベトナム戦争が局地戦化するか大規模戦争化するかが注目されるなかで、アメリカ帝国主義とソ連修正主義への対抗として国内の結束を高めようとする外圧が主に文革につながったとしている。中嶋嶺雄、衛藤瀋吉、永井陽之助、岸田純之助、菊地昌典による「シンポジウム　米中ソの変化とベトナム戦争」(『潮』一九六七年七月）も、同様にベトナム戦争と文革の関連に着目している。

桑原寿二[30]・中嶋嶺雄「中国はどこへ行く」（『自由』一九六七年三月号）の二人は先の田村紀雄の統計によると、文革期に最も発表頻度の高かった双璧である。さすがに事情通の二人だけあって、細かな情報を深読みして、権力闘争の動きを跡づけながら、実権派のほうがむしろ多数派で主流派であって、毛・林は少数派で、紅衛兵を使って巻き返しを狙っているが、大いなる無駄で将来に禍根を残すだろうとしている。

猪木正道「中国とソ連を対比する」（『文藝春秋』一九六七年一月号）は、レーニン主義と毛沢東思想を比較共産主義論の視点から分析したものである。毛沢東は中国革命を後進国革命としてスターリンから学んだとし、その特徴として、①「レーニンの〝労働者と農民との革命的民主主義的独裁〟論と毛沢東の人民民主主義独裁論との類似性」、②「社会主義的原始蓄積の理論」などの共通性を挙げ、中国の特徴として、①首脳部の粛清がソ連革命ほど進んでいないこと、②ソ連革命ではプロレタリア階級の指導性が強調されたのにたいし、中国革命は農民運動を主要な推進力としたこと、③毛沢東の人民戦争理論が突出していること、④毛沢東思想に思想改造論があること、などを挙げる。文革は下から党内反対派の思想改造を目指したもので、そのためには、毛沢東の個人崇拝が極端化することは避けられず、ソ連ほど工業化が急速に進展しないこともあって、非毛沢東化にはソ連よりも時間がかかるだろうとしている。

力石定一「〝文化大革命〟の情念と理性」（『思想の科学』五九号、一九六七年二月）は、日本の「心情左派」がコミューン型革命に感銘を受けていることに対し、「コミューン型ヴィジョンは、現実には生産力の破壊と自由の否定に帰着してしまう」と言う。対内的には中国にとって最適の路線は、経済的には民族資本の育成と小農的経営の容認による穏歩前進で生産性を上げ、政治的には連合独裁を堅持し、思想的には民主主義的非社会主義的知識人を自由な対話によって社会主義的立場に移行させていくことにあると説く。対外的にはアメリカの中国包囲網が文革の外因になっており、毛沢東路線ではベトナム問題の平和解決は望めないとし、中国を転換させるために社会主義圏の統一、日本による中国承認・経済援助が必要だとする。

次の批判論は反共の立場からの中国批判である。拓殖大学総長の矢部貞治（一九〇二—六七）は二度台湾を訪問し、蔣介石総統と会見するなど[31]、親台湾国民政府反中華人民共和国の鮮明な立場に立ち、草野文男[32]、佐藤慎一郎[33]、小竹文夫[34]など、戦中の中国を経験し、中国共産党の政策に批判的な中国学者を拓大に招聘した（小竹は東京教育大学との兼任教授）。そこで同大学に附属する海外事情研究所の機関誌『海外事情』には、草野文男「中国社会を規制する中共体制」（一九六六年四月号）、佐藤慎一郎「毛沢東の性格から見た文化大革命」（六七年六月号）、同「毛沢東とナショナリズム」（六八年六月号）など、文革批判の論稿が集中している。文革を「毛沢東一派」による知識人の抑圧排除であり、実権派からの権力奪還闘争であり、非民主的な方法による人民内部の矛盾の解決を図るものだとしている。『海外事情』寄稿者は、中国社会の実情に通じ、中国史の知識が豊富で、中国の民衆には恩義や親しみを感じているが、反共主義的なスタンスで、中国共産党（より直接的には毛沢東）には極めて厳しい評価を下すというタイプの研究者が多い[35]。

いっぽう文壇においては、文革は政治が藝術・創作活動を封殺するものであるとして、一九六七年二月二八日、作家の川端康成、石川淳、安部公房、三島由紀夫による文革抗議アピールが出された。

「中国の文化大革命は本質的には政治革命であり、時の権力によって学問、芸術の自律性が侵されていることに対し、隣邦の芸術家として左右いずれかのイデオロギーの立場を越えて抗議する。中国の学問、芸術が本来の自律性を回復するためのあらゆる努力に対して支持を表明し、また、学問、芸術を政治権力の具とするような思考方法にも反対する」（『毎日新聞』三月一日）

このアピールにあたっては、当時、安部と作家の中薗英助との間で、安部が文革に「絶対反対」だと言ったのに対して、中薗は「文革の根元には日中戦争があるという観点から、反対は反対だが「絶対」という形容は使えない」と反論したと後に回想録で記している[36]。

文革の初期から、とりわけ文藝界における批判運動・整風運動にみる創作の自由の封殺、文学者に対する批判の非人道性に着目してきた竹内実は、論壇誌に掲載されたものではないが、「毛沢東に訴う——「牛鬼蛇神」その他」

(『群像』一九六八年八月号)において、紅衛兵の過激な攻撃性は、「その背後に姿を見せぬ、真の攻撃者」がいて、「降魔の利剣としてあたえられたのが「牛鬼蛇神」という言葉であった」とし、「旧中国の愚行が、ほかならぬプロレタリアートの名において実演・再演された」ものとみなす。文革を発動した毛沢東には党内闘争を克服して自らの「絶対的権威」を確立しようとする衝動があり、そのために展開された批判運動の淵源には一九四二年に行なわれた延安での文藝座談会、すなわち「文藝講話」があるとする。結論として「若い世代によって、新しい思想運動が起こり、プロレタリアートが、その階級的責任にふさわしい組織体を形成するなら、新らしい「革命」は、『造反』をも革命するにちがいない。それは個人的威信を「政治」の代替物としないものであり、「人民」を神のごとき位置におく「神話」を必要としないものであるにちがいない」と述べ、「毛沢東思想」との訣別へと踏み込んでいく。(37)

きわめつけはマーク・ゲイン「毛沢東は間違っている!」(『文藝春秋』一九六七年三月号)で、文革という毛沢東独特の方式の原因には、一九六五年のベトナム北爆によって生じたアメリカ帝国主義との戦いは避けられないという切迫感があるとする。そこで毛沢東は、都市化した知的エリートが農村を忘れ革命の信念を失ったことを危惧し、用意周到に延安の昔に戻ることを目指した。それによって、それまでつくり上げてきた社会体制の安定性は失われ、社会の掟に対する人びとの信頼感は稀薄になった。「毛沢東が中国にもたらそうとしている革命は、新しい都市社会のもつ向上心と、中国国民の進歩したい、という熱望に真向からさからう、というまさに皮肉な、歴史に残るような計画なのだ」と痛烈な批判を展開している。

2 文革支持論

いっぽう、文革支持派のものは、松野谷夫、白石凡、野上正、新井宝雄など、大手中央新聞社の中国取材記者を中心としたレポートや、岩村三千夫、菅沼正久、新島淳良など中国研究所出身の学者の分析に集中しているが、彼らは総じて中国側の造反派のスローガンやイデオロギーをそのままなぞって報道したり、場合よっては増幅して強調したりしたものが大半で、独自の立論を提示したような論文は意外に乏しいとの印象を受ける。

現地ジャーナリストに関して、特に北京特派員について触れておこう。

元共同通信北京支局長の中島宏によると、中国建国後、日本のメディアとして初めて記者を派遣したのは共同通信で、宍戸寛が一九五三年五月から七月まで訪中し、五五年四月に共同通信の永峰正樹と朝日新聞の和田斉が北京常駐記者となったが、五八年五月の長崎国旗事件などで出国し、長らく空白時期が続いた。一九六四年四月に松村謙三・廖承志覚書に基づき日中記者交換協定が交わされたことから、日中双方が新聞、通信、放送記者を派遣することとなった。日本からは朝日・毎日・讀賣・日本経済・西日本（ブロック紙は交代）・共同・NHK・東京放送（民放各社の交代）の九社九人が北京に駐在員を置いた[38]。彼らは新聞・放送などに記事を流したほか、本章で取り上げる論壇誌にも多くの記事を寄稿しているが、内容的な深みや独自情報としての価値に乏しい嫌いがある。それは彼らに加えられた極度の取材制限が背後にあったからでもあった。

酒井寅吉「北京の報道合戦を採点する」（『中央公論』一九六七年四月号）、野上正「記者会見もダメ、旅行もダメ」（『朝日ジャーナル』一九六七年六月五日臨時増刊号）、中公編集部「北京特派員の取材生活」（『中央公論』一九六七年三月増刊号）、江頭数馬「友好の背後にある謀略」（『諸君』一九六九年七月号）、林高樹「国益を忘れた北京特派員」（『自由』一九七二年四月号）などによると、一九六七年当時、北京にいる外国特派員は四〇余名、うち日本人記者団は最大の陣容で九名。その顔ぶれは、伊藤久蔵（中日・東京）、太田浩（東京放送）、斎藤忠夫（共同）、鮫島敬治（日経）、菅栄一（産経）、関憲三郎（讀賣）、高田富佐雄（毎日）、豊原兼一（NHK）、野上正（朝日）で、その後、伊藤、斎藤、菅が帰国し、田中光雄（西日本）、藤川魏也（日本テレビ）、福原亨一（共同）、柴田穂（産経）に交代している。

彼らの多くは戦時中の東亜同文書院や外語系大学出身者であるため、中国語に堪能であることが強みであるが、記者クラブの結成は認められず、取材許可はなかなかおりず、記者会見が開かれることもなく、要人と会うことも難しかった。また、記者団は訪中旅行団以上に旅行許可がおりにくいうえに旅行が許される地区は制限され、中国人との接触が困難なうえに監視役がつき盗聴されるため、結局ニュースソースは足を棒にして街中の壁新聞の内容を書き取るしかなかった。当初は壁新聞報道が当局から奨励されたほどであったが、解放軍が介入し、劉少奇主席批判キャンページがクライマックスに達するころから、壁新聞の書き写しに制限が加わり、中国当局にとって不都合な記事を書き発表すると、記者追放・強制送還の憂き目に遭った。

実際、一九六七年九月、江頭数馬（毎日新聞）、柴田穂（産経新聞）、田中光雄（西日本新聞）は国外退去令を受け、一〇月には讀賣新聞と日本テレビの後任記者の入国が拒否され、一九六八年六月には、鮫島敬治（日経）がスパイ容疑で自宅から公安局に連行、逮捕投獄された（翌年、香港経由で帰国）。共同通信社の場合は、当時北京支局員だった中島宏に中国側から追放通告が出された。これは、一九七〇年夏に、共同通信が有力メンバーであるアジア太平洋通信社連盟（ＯＡＮＡ）第三回会議が東京で開かれることになっていて、メンバーだった台湾の中央社を招待したことによるものだった。中国側は事前に台湾を加えるのは「二つの中国」をつくりだすと何回も警告してきたが、共同側が開催に踏み切ったため、中国側は支局閉鎖で応じてきたのであった。[39]やがて一九七〇年秋には、北京特派員は朝日新聞の秋岡家栄ただひとりを残すのみとなった（翌年、日本経済新聞と西日本新聞の支局員が戻った）。

そのことで新聞界の内外から、取材と言論の自由のない国に特派員をおく意義はないとの批判が、相次いで朝日新聞社に向けられるようになった。だが、朝日新聞の広岡知男社長は一九七〇年三月二〇日から一カ月間、中国各地を回り、周恩来総理と会見するなど中国寄りの姿勢を鮮明にした。とりわけ一九七一年九月の林彪事件の折には、他紙や海外メディアが林彪失脚を報道するなかで、朝日のみが頑なに林彪失脚説を否定する記事を流し続けた。[40]

彼ら新聞界のなかの文革支持派を除き、明らかな礼賛論は、先の小島麗逸、山田慶児などコミューン革命論の系譜である。[41]とりわけ、運動面・理論面ともに広範な支持者を獲得したのは、後にまた触れることになる新島淳良である。彼の「報告・新しいコミューン国家の成立」（『朝日ジャーナル』一九六八年九月二九日号）は、六八年八月の三週間の訪中視察の記録であり、官僚制廃止、プロレタリア独裁などの実態を通して、社会のコミューン化がいっそう進んでいることが報告されている。卒業後の下放学生についての見聞もあるが、それも官僚制打破の方法として評価されている。さらに新島は、翌六九年の八月一二日から九月二日にかけての五度目の訪中を踏まえ、すでに紅衛兵は革命の主役から脱落しており、工人階級が指導層に据えられていたことから、紅衛兵についての言及は全くしなくなり、自前の「コミューン国家論」までも、地方主義と官僚主義の蔓延につながるとして「労働者国家」へと名称変更をしている（新島淳良「労働者国家に生れ変る中国——官僚主義と地方主義の克服」『朝日ジャーナル』一九六九年一〇月一二日）。

文革支持の理論的アピールということであれば、竹内芳郎「文化大革命の思想的意義——マルクス主義の視点より」（『展望』一九六七年一一月号）が白眉といえよう。竹内は文革にいたる中国革命の流れを抗日戦争から一貫したラインで押さえ、マルクス主義の視点から見ると毛沢東思想は定式からは遠いように見えるが、マルクス主義の「初心」に回帰した「人間の全体性の回復」をめざし、農民に依拠した革命という課題を成就させるもので、エリート主義・官僚主義ではなく大衆路線、紅軍の目的意識的規律性を活用したものと高く評価する。そこには毛沢東のカリスマ的権威によって大衆の高い倫理性が保持されていること、人民皆武装によって国家権力死滅の萌芽が見られることなど、「前近代」を「超近代」に転化させる可能性を秘めているとしている。

また、福田歓一は「現代中国と政治認識の問題」（『世界』一九六七年二月号）において、「戦後日本人の現代中国観が解釈の間に合わなくなった」とし、従来の中国解釈にとらわれず、文革を「後進国革命」という範疇で捉えなおし、そこでの「革命主体の論理」を積極的に評価していくことは、「日本国民がその未来を切り拓き」「主体の再生産」を目指す意味から差し迫った問題であるとした。

特筆すべきは、『思想』（五二三号）一九六八年一月号の特集「現代中国への視点」である。[42] この特集の狙いは、歴史学・社会学・経済学・法学・哲学などの諸学理から毛沢東思想と文化大革命の理論的基礎づけをすることにあった。毛沢東思想を中国ローカルの思想ではなく世界革命の理論として評価し、現実社会への実効可能性の証左として中国農村の変革の実態に着目することで、毛沢東思想を理論的に選びなおそうとする編集意図が、そこには秘められていると言えよう。とりわけ新島の論文「毛沢東における弁証法の諸問題」は、反日共新左翼活動家たちの理論信仰に応える講壇マルクス主義風の毛沢東思想解釈になっている。実際にこの論文を読み込んで行動の指針にしたという当時の学生運動家の証言もある。[43]

文革批判派のところで文壇有志の文革抗議声明について触れたが、作家で中国文学研究者の高橋和巳は、文革は彼らの言うような単なる「政治エリートによる文化弾圧」ではなく、「「大衆の蜂起」が、一国の帰趨、社会主義のあり方の帰趨、人類の可能性の試練として、おこっている」という立場に立った。文革に権力抗争としての側面があることは認めながらも、階級対立を必ずや清算し、造反運動は「少数の知識人による支配を破壊し」、労働と知識を一体化させる人類の未曾有の実験であると見ている。[44] 現在進行中の文革の実態を実体験するために、高橋は一九六七年四月一一日から一三日間、『朝日ジャーナル』特派員として生涯で最初で最後の中国訪問を果たし、工場労働者や中学紅衛兵との交流に積極的に参与し、報告記「新しき長城」を連載した(『朝日ジャーナル』「文化大革命のなかの解放軍」一九六七年五月二一日号、「上海の時計工場での見聞」五月二八日号、「激しくすすむ文化の奪権闘争」六月四日号、「菩薩信心から毛沢東崇拝へ」六月一一日号)。労働者および党組織の混乱や教育現場での伝統破壊や毛沢東への個人崇拝などに懸念が表明されてはいるが、北京では四月二〇日、おりしも首都に成立した革命委員会の熱気のなかを歩き回り、高橋をして中国古典文学に対する敬意は現代に生きる人民に対する敬意へと変化したと言わしめるような感銘に浸った。高橋にとっての文革は、「単なる権力闘争であるだけではなく、また単なる思想整風運動であるだけではなく、単なる学生の正義運動であるだけでもない。たしかに革命を志向したものと思われる。政治の頂点と、一般大衆との奇妙な協力による前人未踏の第二革命」なのだった。

ユニークなところでは、論壇誌に発表されたものではないが、戦時中に「中国文学研究会」のメンバーで、戦後も一貫して中国についての作家・評論活動を続けてきた武田泰淳と竹内好の対談「私の中国文化大革命観」(『文藝』一九六七年七月号)を挙げておきたい。戦中、北京に長期留学し、中国戦地での従軍体験を持ちながら、戦後、不可解なことに一度も訪中しなかった竹内が、一九六一年、六三年、六七年と作家代表団として訪中した武田に、訪中先の人々の暮らしや文革の実態について細かく報告を求めている。特に二人とも熱烈な文革支持者というわけではなく、とりわけ竹内は後述するように文革について不可知論の立場をとり、直接に文革に言及することは抑制している。とはいえ、心情的には文革に傾斜していたことは、その行文から容易に感得せられる。ここでは竹内・武田双方とも文藝界への整風の影響や、毛語録のカノン化や毛沢東の偶像化にみる個人崇拝の傾向については楽観的な見通しを立てて、日中国交回復への希望を述べる。論題を立てて理詰めで討論するスタイルではないが、この時期すでに竹内が文革発動の背景について、対米戦争に備えた国家防衛を目論んでいることと、中国が後進国、旧植民地の解放を目指す革命におけるリーダーシップを握り世界革命に目標を定めていることの二点を指摘していることが注目される。さらに、毛沢東は中国の国家解体を視野に入れているとの見方を提示するが、その見立てについては評価が分かれるところだろう。竹内が文革について沈黙したのは彼の中国に対する何らかの諦観や、思想的転換があったと見るべきではなく、彼が戦後一貫して保持し続けた国民的課題として日中復交の希望が遠のき、日本の論壇もそのことを喫緊の論題として掲げなくなったことへの困惑があったものと思われる。竹内の沈黙をめぐり立てられるべき問いは、なぜ竹内は文革を論じなかったのかではなく、なぜ論壇は日中復交を論じなくなったのか、ということにあるのではないだろうか。

また武田泰淳については、竹内好も同人の一人である「中国の会」編集の小冊子『中国』において、一九六七年四月一三日から五月七日まで文革のさなかの中国を訪問したさいの報告が掲載されている。竹内との対談同様、文革の背後には当然のことながら中国人の普通の暮らしが続いていること、幾重にも貼られた壁新聞の糊のにおいがプンプンする表通りを抜けて路地を歩いてみると、文化大革命は暮らしの一部に過ぎないこと、職場では通常の労働と生産の営みがあり、造反と奪権の闘争はいつの時代もどこの国でも多かれ少なかれ見られるものなのだということを、作家らしい感性で、また中国の長い歴史と複雑な社会によく通じた武田なりの視点でスケッチしている（『中国』四五号、一九六七年八月号、他に「人民間の文化交流」『日中文化交流』一九六九年五月号など）。

文革の政争劇に眼を奪われて見落とされがちな視点であるし、ともすれば文革の哲学的思想的エッセンスのみを過大評価したり過小評価したりする傾向に対し、そこに生きている人びとの生活感覚を見逃すな、というメッセージが秘められている。

3　賛否対論

新井宝雄・高木健夫・松野谷夫・武者小路公秀・本橋渥「（座談会）文化大革命のゆくえ」（『潮』一九六七年三月号）は、毎日・讀賣・朝日三大紙の各中国専門記者の前三者らしく、壁新聞の読み解きを手がかりに、党内実権派と造反派の間の権力闘争の流れを細かくたどり、毛沢東の指導性の安定度をめぐって見解が分かれている。

先の新島淳良「報告・新しいコミューン国家の成立」に続く、北沢方邦、中嶋嶺雄、新島淳良、森恭三らによる「討論　人間復権の巨大な試み」（同号）では、委曲を尽くした新島の視察報告に対し、森、北沢らは、コミューン国家からの変質を懸念しつつ、おおむね賛意を示す。それに対し中嶋は新島のコミューン論に真っ向から反論し、今の中国は毛沢東思想を唯一絶対の基準とした「一種の〝兵営国家〟[45]」だとしている。

中嶋嶺雄・新島淳良・大久保泰「座談会　燃えあがる毛沢東思想」（『現代の眼』一九六七年三月号）は、文革否定派の中嶋・大久保と支持派の新島との違いが比較的鮮明に打ち出されたものである。新島が階級分化が進む農村を中心とする社会主義教育運動を強調し、毛沢東思想は経済主義や合理主義といった近代化に対して、中国の現実に合った非近代主義的な変革を目指すものだと高く評価するのに対し、中嶋・大久保は、文革は党内勢力では少数派となった毛沢東ラインが起こした権力闘争であって、犠牲とマイナスの大きい運動であると終始否定的である。

このほか菊地昌典・中嶋嶺雄「対談　中国文化大革命と社会主義」（『展望』一九六七年三月号）も、ソ連と中国の社会主義を比較しながら、中嶋は文革の可能性について終始否定的であるのに対し、菊地は留保をつけつつ希望を託す。

林健太郎「日本における「文化大革命」の問題点」（『自由』一九六七年四月号）、中嶋嶺雄「日本知識人の中国像――左翼的知性批判」（『展望』一九六七年七月号）は、文革支持に傾きがちな知識人の思考の枠組み、発想法を取り出しながら、なぜそのように事実を誤認してしまうのか、日本知識人における主体性、心情主義の介入といった問題を指摘し、菊地昌典、新島淳良、坂本義和、竹内好、酒井角三郎、小島晋治、日高六郎などの論文を批判の俎上に上げている。中嶋によれば、左翼知識人が中国を誤認する要因として、第一に今日の中国の困難をアメリカの中国封じ込め政策とかソ連の対中政策など外在的次元に還元し、中国自身の内在的課題として問題を追求しようとしないこと、第二に中国に大国主義的な中華民族主義としての振舞いがあるにもかかわらず、中国ナショナリズムへの弱者びいきがあって、中国社会主義の内部矛盾を見抜こうとしないこと、第三に、対象への跪拝と正当化主義に陥り誤った情勢分析を導きがちなこと、第四に、変革への自己の主体性や明確なビジョンが確立されないまま、中国への期待や理想化による心情主義的傾斜のあまり事実誤認をしてしまうこと、特に中国に対しては「ヨーロッパを越えた非ヨーロッパ」（竹内好）といった過度の共感から、内在批判がなおざりになってしまうこと、などがあるという。

平井徹「「文革」賛美論のイデオロギー的性格」（『前衛』一九六九年五月号）は、当時の毛沢東路線が日共が自己批判したところの極左冒険主義的路線に接近しているとして、それに同調する日本の知識人、菊地昌典、竹内芳郎、山田慶児、藤村俊郎などを批判している。

4 シノロジストからの発言

論壇誌上ではふだんあまり現代中国論者としては登場しない伝統的中国学の学者たちもまた、盛んに文革を論じているのが、この時期の特徴である。

B・I・シュウォルツ（中国近代思想史、ハーバード大学）、中嶋嶺雄（聞き手）の「毛沢東思想の起源について」（『中央公論』一九六七年一二月号）は、『三国志演義』『水滸伝』『資治通鑑』など毛沢東が愛読する中国古典の世界を「俠」と異端の伝統として位置づけ、闘争の哲学を身につけながら、マルクス主義者以前に近代的ナショナリストとして成長し、そこにスターリン主義的な一国社会主義論を加味したものが延安精神として結実したとしている。だが、文革のような極端な考え方には否定的である。(46)

宮崎市定・貝塚茂樹・岩村忍・三田村泰助「座談会　東洋学から見た〝毛王朝〟」（『中央公論』一九六七年三月増刊号）は毛沢東を王朝の創始者に見立て、伝統的な中国思想や中国史の皇帝権力のありよう、古典的倫理観の世界から文革劇を解読しようとする。貝塚茂樹「連載随筆　中国とはなにか⑨　文化大革命の根源」（『朝日ジャーナル』一九六七年四月二日号）もまた、文革の発動を歴史的に繰り返されてきた中国官僚制の腐敗の毒素を一掃する運動として位置づけている。

なお、小島祐馬《おじますけま》[47]・桑原武夫「対談　中国文化の源流を索めて」（『展望』一九六七年三月号）は小島生前最後のインタビューとなったもので、彼の学統や中国観を回顧している。また、直接文革を論じたものではないが、彼の遺著となった『中国の革命思想　付中国共産党』（筑摩叢書、一九六七年）は、一九五〇年の既刊書の再刊ではあるものの、伝統中国の古典学者でありながら中国革命の推移を大づかみに正確に理解し、その後の文革にいたっての人民共和国の挫折を予言するかのような射程の長い警句となっている。本章の主旨からしてやや異例ではあるが、その一部を引用しておきたい。

「中国今次の革命は、民族運動としては大衆の支持をうけたが、社会運動としては社会の実情からほとんど遊離している。それはこの運動が一部の職業革命家によって領導せられ、社会運動として民衆の間から湧きあがった運動ではなかったためである。」（二一三頁）

「社会主義というものは、社会の富が異常な増大を来たし、それが一方に偏在するに至って始めて行なわるべきものである。富の異常な増大は資本主義でなくては到底それを実現することはできない。富の異常な増大なくして行なわる社会主義は、それは貧困の平等である。人間の能力に差異のあるかぎり、貧困の平等は永続し得るものではない。中国では古来しばしば土地について社会主義的政策が行なわれたにもかかわらず、それが永続し得なかったのは主としてそのためであったと思う。

　されば中国が今後社会主義政策を取ろうとするならば、土地問題など過大に評価されてはならない。そして工業の全面的かつ飛躍的なる振興こそこのさい最も要請されるべきものである。」

これらの言葉が、文革当時のものではなく、中国建国当時の革命についてのものであることを知ると、悠久の中国史に通じたシノロジストならではの見識の確かさと立論の射程の長さに驚倒せざるをえない。

小括

本章が扱った文革勃発前夜から紅衛兵の退場までの時期における日本の文革論の特質は、さまざまな立場、学理、世代、党派の論者が発言していることと、その寄稿量の多さである。その言説分析を通した総括は、引き続き文革論を専述することになる次章と併せて、次章の末尾で行なうこととしたい。

中国においては、紅衛兵が一九六八年夏に退場して下放地に散らばっていくのにともない、カリスマ毛沢東への熱狂的賛美も冷めていった。実権派の現実路線の巻き返しから権力闘争が再び顕在化し、毛沢東以後を見据えた脱文革路線への道が、毛の絶対的権威の低下という形で開かれようとしていた。

日本においては、それからしばらく間をおいて、一九七一年の林彪事件以降、支持派の旗色が悪くなり、論壇から文革支持論は消えていった。現在では文革は支持派の立場からの文革論はほとんど再評価されなくなり、先述した文革批判論の文脈でしか史実をたどられることはなくなった。そして日本における文革論の実状そのものも語られなくなってしまっている。

次章では、中国本国で文革が下火になったあと、日本ではむしろ、学生運動や非日共系左翼運動において文革の火が燃え広がっていった事実を踏まえ、論壇から運動圏へと軸足を移していく文革論議の新たな展開を追っていくことになる。

第五章　文化大革命の波紋　一九六九—七二
——中国革命からアジア革命へ

山荘でニクソン訪中のテレビ観き時代に遅れ銃を撃ちたり

——坂口弘

一　文革論議は学術圏から運動圏へ

前章では「文化大革命の衝撃」と題して、主に学術圏での文革論議の発生と帰趨をトレースした。本章では前章での議論を受け、また中国での文革の推移に応じて、日本での文革論議は新たな論題を獲得するとともに、論議の舞台をそれまでの学術圏から運動圏へと移していく過程に着目したい。その大状況の背景にはいくつかの小状況が複雑に絡まりあっていた。主な要因として、六六年の日本共産党と中国共産党の決裂によって、反日共系の新左翼運動が文革と同調しつつ日共路線に対峙するという構図をもたらしたこと、一九六八年をピークとする日本での学園紛争の熱い季節と重なっていたこと、中国が日本の軍国主義復活として激しく批判を加えた七〇年安保改定を控えていたことなどが挙げられる。

これまでと同様、この時期の本章の扱う一九六九—七二年の雑誌別関連記事掲載本数の歴年推移（表5-1）と、雑誌別掲載本数の比率（図5-1）・雑誌別論調傾向の数量分布図（図5-2）を示し、この時期の執筆者を寄稿本数順に並べた表を掲げておく（表5-2）。

表5-1　総合雑誌別の中国関連記事掲載本数（1969-72年）

	1969	1970	1971	1972	雑誌累計
日本及日本人	3	6	6	7	22
文藝春秋	5	5	16	32	58
中央公論	5	8	27	31	71
世界	31	4	49	42	126
前衛	3	3	7	15	28
思想の科学	1	0	1	1	3
展望	1	1	3	1	6
月刊社会党	1	1	4	9	15
朝日ジャーナル	16	7	42	34	99
自由	8	6	24	17	55
潮	4	9	32	28	73
現代の眼	7	21	15	8	51
現代	2	3	15	9	29
諸君！	8	16	29	37	90
情況	3	9	23	2	37
各年累計	98	99	293	273	763

表5-2　雑誌掲載頻度ランキング（1969-72年，ただし復交論関連を除く）

	人　　　名	掲載本数
①	中嶋嶺雄	18
②	柴田穂	13
③	竹内好	12
④	武田泰淳	10
⑤	野村浩一	9
⑥	岡田英弘，菅沼正久，杉森久英	7
⑦	津村喬，新島淳良，藤島宇内，イザヤ・ベンダサン（山本七平），本多勝一	6
⑧	宇都宮徳馬，貝塚茂樹，加村赳雄，桑原寿二，竹内好，中村敦夫，波多野宏一，三橋修，劉道昌	4
⑨	安藤彦太郎，入江通雅，太田勝洪，岡部達味，小山内弘，加藤周一，児島譲，小島麗逸，西園寺公　·，司馬遼太郎，城野宏，鈴木明，盛毓度，竹内実，陳舜臣，藤堂明保，中島健蔵，西村忠郎，平岡正明，松野谷夫，森川正	3

＊３本以上の寄稿者に限る

図5-1　雑誌別の中国関連記事掲載総数（1969-72年）

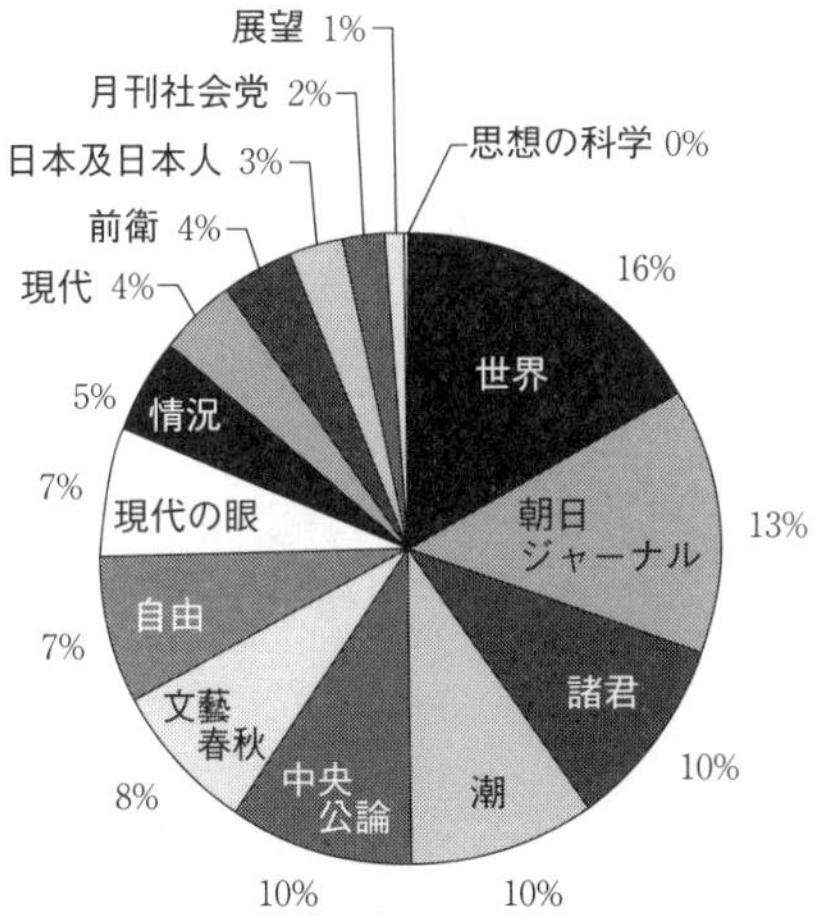

図5-2　総合雑誌14誌の論調傾向配置図（1965-68年）

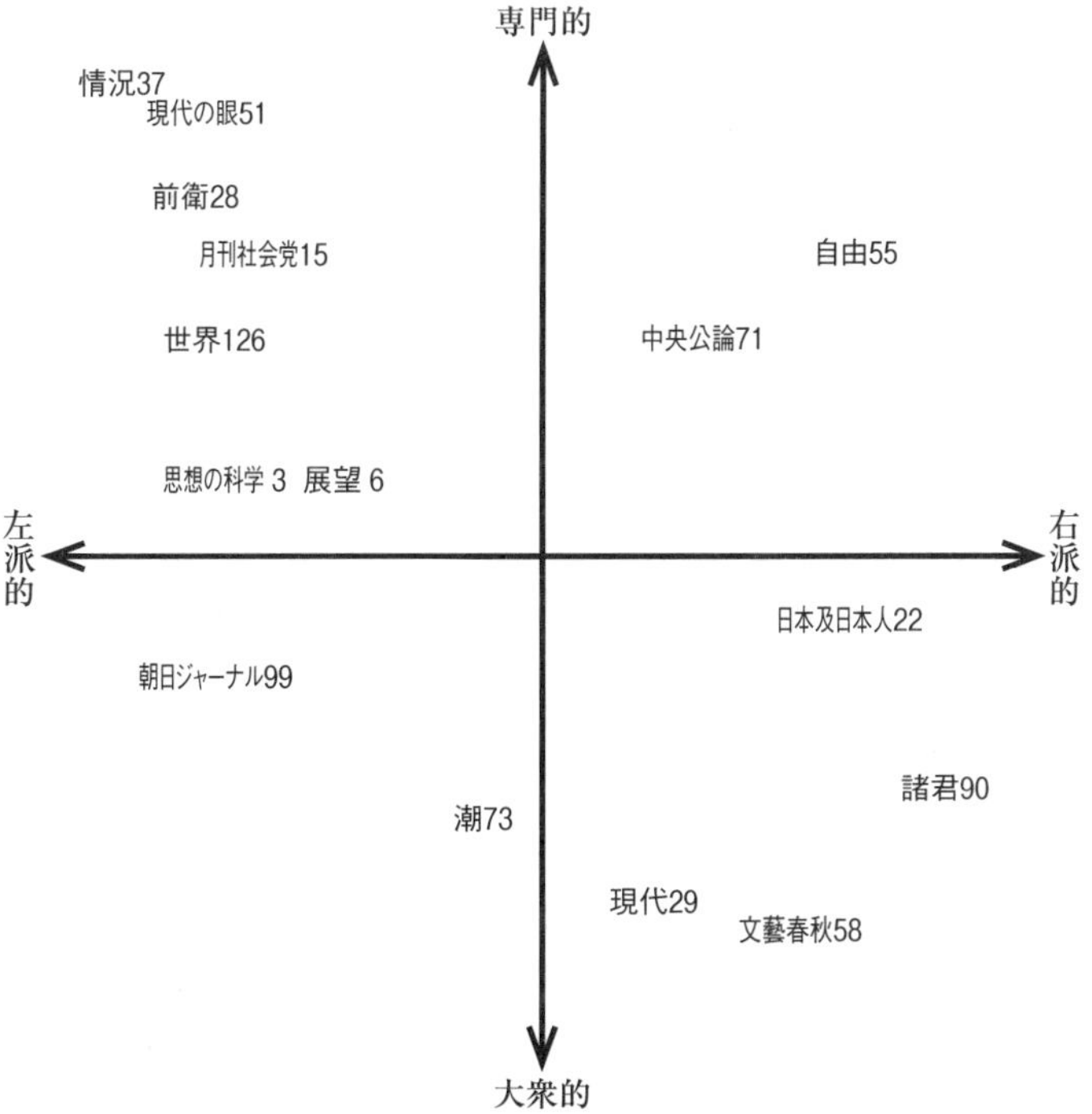

寄稿者は前章に引き続き中嶋嶺雄が最多を誇り、産経新聞社の記者で北京特派員を務めた柴田穂《みのる》が第二位である。文革勃発時期には論壇では沈黙していた竹内好が、日中復交論が盛り上がるなかで、再び独自の復交論を語るようになり、論壇での露出度を回復するようになった。

一九六九―七〇年は、それまでの膨大な文革論の勢いが収まって、掲載記事の数は減るが、七一年は前年を三倍近く上回る急増となり、その勢いを七二年も維持する。これは七一年七月のキッシンジャー米大統領特別補佐官の秘密訪中の折、近くニクソン訪中があることを電撃発表したのを受けて、日中復交論議がにわかに喧しくなるためで、米中接近から田中首相訪中にいたる復交論議が、それまでの文革論議に代わって論壇の中心テーマになっていく。そのことは次章で論じることとするが、七一・七二年の記事のうち、およそ三分の一は復交論に関する記事であって、文革論議そのものはむしろ前年に比較して下火になっていく。

掲載雑誌をみると、引き続き『世界』が掲載本数で最多を占めているが、ほぼ平均した掲載本数の分布を見せており、左派対右派の比率は六対四と、拮抗してきている。この時期創刊された雑誌として右派の『諸君』が挙がっているが、『諸君』のこの時期のメインテーマは日中復交論であることから、この雑誌の創刊に関わる諸問題は、日中復交について専論する次章で論及することとする。

二　文革と同調する学生運動

1　紅衛兵運動は終息へ

ウスリー江内の珍宝島（ダマンスキー島）の国境で対峙し緊張が高まっていた中ソ両国軍は武力衝突に到り、一九六九年三月二日と一五日に、中ソの西側国境に一五〇万人の両軍兵力が集結した。緊迫した中ソ関係が対立から国境紛争へとエスカレートするなかで、六九年四月一日―二四日、第九回中国共産党全国大会（九全大会）が開かれ、党内闘争に一応の区切りがつけられ、毛沢東の後継者として林彪副主席の権力基盤が固まったかに見えた(1)。

その折に編まれた『世界』六月号の特集「九全大会以後の中国」は、文革に対する中間的総括の意味合いを帯びるものであった。そこでの諸篇の論調を見ると、文革を中共中央指導部の権力闘争・路線闘争として位置づける視角が鮮明となり、権力闘争の帰趨を展望しながら、中国の現状と方向を理解しようとする傾向が明確に示されている。毛沢東自身が上海コミューンの自治組織化に反対し、人民解放軍が介入して治安の回復を図り、革命の主体は武装した造反派から労働者階級に移されていった。紅衛兵が街頭に出てから二年が経過した六八年八月一八日、『人民日報』の社説「決然と工農兵とつながる道を歩め」には、紅衛兵運動の先導的役割は終わった、紅衛兵は労働者・農民・兵士と結びつく道を歩めとの指示が掲載され、紅衛兵は文革の主力部隊から脱落して、全国の辺鄙な農村へと散らばっていく「下郷上山」運動に動員されていった。その結果、日本での甲論乙駁飛び交う文革談義は急速に沈静化していき、論壇においても、文革についてのネガティヴな報道・評論が目立つようになった。

ロイター通信記者アンソニイ・グレイの「北京抑留七九〇日」(『中央公論』一九七〇年二月号)は、一九六七年八月一八日、突如自宅に乱入してきた紅衛兵によって、以後二年以上自宅に軟禁され、通信が遮断されて外部との接触が禁じられ、精神的拷問を強いられた「政治的人質」の当人による幽囚の記録であり、「野蛮で、敵意と軽蔑と悪意と法外な復讐心をむき出しにした」紅衛兵たちの非人道的振舞いを余すところなく描写している。モスクワ東方学院ならびにモスクワ国立外政学院東方学部出身でソ連科学アカデミー所属のアレクセイ・ジェロホフツェフによる六六年二月から一〇月までの北京師範大学における学内の文革の実態のレポート「秘録　ソ連留学生・文革下の八カ月」(『諸君』一九六九年一一月号)もまた、学内の党組織が造反派によって打倒され、留学生の本人にまで修正主義者帰れとの罵倒が浴びせられた挙句、予定を切り上げて帰国を命ぜられるにいたる暴力にまみれた学内の混乱が綴られている。

中国では紅衛兵による群集武闘は鎮火したが、日本では一九六八年からの日大・東大闘争を頂点として全国各大学での全共闘を中心とする学生運動に武闘の火が移され燃えさかっていった。東大正門には「造反有理」「帝大解体」のスローガンが掲げられ、京大闘争でも同様のスローガンが掲げられた。神田は神田カルチェラタンと呼ばれる解放区となり、路面の敷石がはがされて投石の武器とされ、バリケードが築かれた。

2　紅衛兵運動は日本の新左翼学生運動へ飛び火

本章で取り上げる総合雑誌においては、一九六九年からあさま山荘事件の一九七二年まで、『朝日ジャーナル』が、ノンセクト・ラジカル系とブント系新左翼学生運動にかなり傾斜した編集をしており、[2]『現代の眼』においては、文革と日本の学生運動を関連づけた記事を多数掲載していることが印象づけられる。また学園紛争と七〇年安保の学生運動の風潮に抗うように、一九六九年七月号より文藝春秋から保守系の月刊オピニオン雑誌『諸君』が創刊された。『諸君』の執筆陣には、一九六八年六月一〇日、「七〇年安保を前に、進歩派に対抗して保守派文化人が結集した」日本文化会議のメンバーが多く含まれていた。[3]

武藤一羊・新島淳良[4]「文化革命と人民の革命」(『現代の眼』一九六九年四月号)は、文革勃発の初期段階から五度の訪中を重ねて、中国革命の内発的契機という観点から文革の推移を追ってきた新島と、ベトナム反戦運動を中心に世界の学生運動の共時的高揚の契機を追ってきた、特に中国に情報拠点を持たない武藤によって、日本の学生運動が文革とどこまで地続きかという問題関心をめぐって、互いの知見を交換する。武藤は北京大学で起こった現象と東京大学で起こった現象の類似性に着目し、新島は日大や東大の闘争が大学改革という文化革命を志向したことと、中国において学生という特権層に文化革命という理念が浸透し、そこから政治革命へと発展していった構造に共通性を見出す。武藤は毛沢東・林彪路線への絶対忠誠の先に新たな理論的展望が見出せていないことに留保をつけるが、「ヨーロッパや日本での中国文化大革命の意味は、まずやっぱり思想的・文化的意味なんですね。かならずしも毛沢東戦略戦術の適用の問題ではない。つまりその意味で、中国の文化大革命と先進資本主義国との革命はつながっていくし、先進資本主義の文化大革命自体は、そういう媒介なしには起こらない」と述べ、新島は「ぼくは中国文化大革命の深層構造と先進資本主義諸国文化革命の深層構造が、現代の世界革命として全く同一であるとみているわけです」(新島)と、文革を世界革命として捉える方向性で一致する。[5]

安藤彦太郎「中国文化大革命と学生運動」(『現代の眼』一九六九年六月号)は、日本の学園紛争を知ることによって、かつて文革にいたる動きを北京で実見していたにもかかわらず、他人事のように眺めていたことを反省し、かえって自分の文革理解の浅さを思い知らされたとし、双方の類比を試みる。第一に、秋田明大《あけひろ》日大議長のいうブルジョア大学を破壊して新しい大学を創造する「反大学」という発想は、毛沢東が五四運動ののち郷里の湖南に開設した「自修大学」に通じ、「「自修大学」でその萌芽をしめした「反大学」思想が、プロレタリア独裁という条件のもとで実現されようとしている」とする。第二に、学園闘争のおりに盛んにアピールされた「自己否定」の論理は、文革で林彪が強調した「自己を革命の対象とすること」とそのスローガン「破私立公」に通じるとする。

「「内なる東大の否定」といった形で日本の学園闘争が、「自己否定」の論理をつよく打ちだしてきたとき私は、たじろぎをおぼえたのも事実である。私はあらためて文化大革命のなかで幹部たちが苦しみ、たたかって自己変革の道をあゆんできた経験を、わが身にふりかえて考えざるをえなかった」と言うように、安藤彦太郎の胸中においては、学園闘争は「文化革命の端緒」なのだった。(6)

藤堂明保「文化大革命の思想と東大闘争」(『思想の科学』一九七一年五月号)では、一九六六年五月に訪中し郭沫若と面談したおり、郭が自らへの批判を口にし、やがて文革の進展にともなって、現実や大衆と遊離せず人間の体質を変えていくために資本主義批判・教育批判をするようになったことに触れる。翻って管理化・脱政治化が進んでいる日本において、企業や権力が農民を食いつぶし、日本全体が朝鮮・台湾・中国を食い荒らしてきたことをこれからの東大闘争は告発していかねばならないと主張する。

3　新島淳良のコミューン国家論におけるユートピアとディスユートピア

新島淳良「都市革命としての文化大革命――毛沢東思想とコミューンの論理」、新島淳良・太田竜・藤本進治「討論　毛沢東思想と世界革命――文化革命の本質と意義」(ともに『情況』一九六八年一二月・一九六九年一月合併号)は、日中友好正統早大支部主催による早稲田祭でのシンポジウム「毛沢東思想と世界革命」をまとめたものである。新島は文化大革命を、プロレタリアが主導しコミューンを臨時権力機構とする都市革命であるとする。新島にとって文革の内在論理を解くキーワードは、国家のなかにコミューンをつくり、そのコミューンが国家を壊していくという、「コミューン国家論」であった。そして、日本にとっての文革の意義をこう説く。

「国内にすでに辺境をもたぬ、都市化された社会、そして、高度に消費までも指導されるようになった官僚管理社会──その管理社会における都市革命として、文革は普遍的な意味をもっているのではないか。そういうものを、コミューンからソヴェトへという形で指導した毛沢東思想は、我々にとっても、現代の世界革命の理論としての意味をもっているのではないか。」

その指摘を受けて、太田竜は全世界の特権官僚を打倒せよ、藤本進治は人民の闘争目標が質的に発展するたびごとに前衛党を解体し再建せよと、文革に世界革命につながる普遍性を見出す。

元中国研究所所員で早稲田大学教授の新島淳良は、文革と日本の学生運動の相互連関について考察するさい、論壇における登場頻度と影響力から見て最も注目すべき論者の一人である。新島は、文化大革命のコミューンのエトスを日本に移入して「日本文化革命」を起こすことを目指した。「日本文化大革命ノート」（『情況』一九六九年六月号）にこう述べている。

「日本文化大革命はこのようなコミューン化を指向する、いく百万いく千万の大衆が参加するプロレタリア革命の、こんにちにおける形態であり、資本主義の心臓部でおこる現代の革命の形態である。」

当時の新島が設定した具体的闘争は「帝大解体」を掲げる全共闘の学園紛争であったが、後にその闘争課題が出入国管理法案粉砕、在日朝鮮人中国人に対する差別反対などに移っていくことは、次に論じる津村喬の場合と同様である。その間、一九七〇年一月に新島が三一書房から出版した『毛沢東最高指示』（一九六四年一月から六九年九月までに毛沢東が行なった指示・談話および毛沢東の起草になる重要な決定・通知を紅衛兵らから収集し、年代順に配列したもので、多くの未発表資料を含む）が、機密文書を海外に持ち出し公刊したとして、また資料の一部を台湾で発行された雑誌『中共研究』から採録したことなどで、中国当局者の忌諱に触れ、中国訪問は望ましくないとの示唆を受けた。そのことで、新島は中国に対して何がしかの不信感・失望感を抱くこととなるとともに、それまでの日本の文革支持派から指弾を浴びたこともあって、文革派と袂を分かつことになった。

その後、新島は、毛沢東の求めたコミューンを山岸会に求め、五〇〇〇冊ほどの蔵書をアジア経済研究所に売却し(7)、一九七三年に三重県伊賀町春日山の山岸会本部に入って個人財産を寄付し、ヤマギシズム幸福学園運動を起こすが、六年後、そこを出ることとなる(8)。後に新島は、マオイズムにおけるコミューンにユートピアを求めた当初の理解にボタンの掛け違いがあったということを、『阿Qのユートピア——あるコミューンの暦』(晶文社、一九七八年)のなかで自己批判的に回顧している。そこには、中国で紅衛兵たちの街頭での造反を目撃し、当時すでに、ユートピアと見えたものの裏側にあった暗黒面に気づいていながら、そのことを伏せたまま文革の積極的な意義を日本で鼓吹していたことに後ろめたさを感じていたことが吐露されている。

「私にとっていちばんショッキングだったのは、同じく毛沢東思想をかかげる若い人同士が、それこそ目をおおうほど残虐に殺しあいをし、拷問をするという事実だったのです。私はそのことを、まだ文章では一度も書いてはいません。とにかく、そういうことは、それまでの私の研究の図式にはいりきらないだけでなく、にんげんというものの範囲にもはいらない、というふうに感じたのです。……これが私のユートピアだろうか?」(一二頁)

さらに『私の毛沢東』(野草社、一九七九年)は、毛沢東に心酔した彼の後半生の思想と行動を回顧して、コミューン論のユートピアとディスユートピアに翻弄され続けたことの自己告白であり、懺悔の書として書かれた印象を受ける。

「私は、文革の「教育革命」——学校を閉鎖して紅衛兵に思うぞんぶんやらせたこと——に共鳴し、毛沢東のコミューン幻想に共感した。そこには、歴史上の革命(権力者の交替)を超える、人類の本質そのものを実現する革命〔「魂にふれる革命」——『人民日報』六六・六・二社説に初出〕があると思った。……いま当時書いたものを読みなおすと、理論的な混乱があったことに気付く。……コミューンと国家は絶対的にあい容れないという観点が欠けていた。私は……中国では地方のコミューン化がどんどん進行し、国家が、それを促進している、といっていたのである。/しかし、中国で実際におこったことは、むきだしの権力闘争でしかなかったのだ。」(一九三—一九四

頁）

「私は、毛沢東の求めた「公社」が、日本では山岸会にあると信じ、六年前にそこへ入った。そして毛沢東が抱いていた「供給制」＝タダ働き、ひとつ財布の共同体を日本で体験できることに胸おどらせた。／いま、私はその山岸から出てきたのだが、それはなぜか。その理由は、そのまま毛沢東のコミューン批判になるのである。（中略）／コミューンこそ、ブルジョア独裁であるとプロレタリア独裁であるとを問わず、国家とは対立するものであることを悟らなかった。」（二二九―二三二頁）

新島は一九九〇年になって、次世代の文革研究者の加々美光行と対談したさい、加々美が評価するコミューン国家論について、新島が考えていたコミューン国家論は上海と広州の革命委員会委員から聞いた話に依拠したもので、パリ・コミューン型の大衆独裁によって官僚制そのものがなくなり、思想改造がなされていくことの可能性を理論化しようとしたものだったと語っている。[9]

4　津村喬の農本主義・エコロジー論

新島と並んでこの時期注目すべき論者は、新島の学生に相当する、東大・日大闘争連帯行動委員会にいた早大生・津村喬である。「世界のスチューデントパワーと紅衛兵運動」（『中国研究月報』二五四号、一九六九年四月）で津村は、北沢方邦と羽仁五郎の直接民主主義に基づくコミューン論に共鳴を表明し、文革は都市における造反だとして、五月革命のパリ・コミューンにおける学生たちの行動様式と紅衛兵にとっての毛沢東や毛語録のシンボル作用を重ね合わせる。

一年後に書かれた「毛沢東の思想方法――日常性と革命」（『中国研究月報』二六四号、一九七〇年二月号）[10]では、すでに安田講堂は〝落城〟し、学生運動の熱気はすっかり冷めていたが、いかにすれば大衆と固く結合できるか、という問いを立て、初期毛沢東の著作（「体育の研究」「湖南農民運動視察報告」など）と行動を通して、そこから日本の戦後思想と社会運動への何らかの啓示を導き出そうとしている。初期の「喫飯問題」（いかに六億人民の腹を満たすか）を伊波普猷に出てくる「食を与ふる者ぞ我が主也」とつなげ、長沙で親の強制的な結婚に反対して自殺した花嫁に触れての毛沢東の自殺批判と、貧困に耐えられず家族心中した山奥の村人について書いた柳田国男『山の人生』での心中批判との心情の同一構造を示し、毛沢東が湖南や延安において農民を立ち上がらせた行動について、大衆の生活に入り、大衆の生活を組織し、文化革命に基礎をおいた政治革命と軍事闘争に立ち上がらせるための「作風」問題を提起していると見て、「毛沢東思想を活学活用し、日本の毛沢東思想をうちたてよう」と呼びかける。これは学生運動退潮の後に、津村が農本主義に着目して「興農塾」[11]に関心を抱いたり、反公害のエコロジー運動に入っていく予兆ともいうべき原初的思想であろう。

津村は父親の高野実が総評の事務局長であったことから、中国とは浅からぬ因縁があり、一九六四年の高校一年生のときに家族四人で父親の療養を名目として中華全国総工会の受け入れで訪中し、二カ月ほどかけて瀋陽・撫順から武漢・南京・広州まで汽車で全国をめぐった。次いで文革のさなかの一九六七年、やはり父と共に訪中して二カ月ほど滞在し、上海では一万人の若者を前に早稲田大学の全共闘について話をし、北京では紅衛兵たちの「少年自治」と「大字報」（壁新聞）や「小報」（小型新聞）を使っての「メディア革命」に触れて感銘を受ける。北京飯店に宿泊していた津村は、すぐ近くの天安門広場に通い、紅衛兵たちが毛沢東バッジを交換する光景を眼にし、自らもトランクいっぱいになるほど、「小報」を買い集めたという[12]。

その後、紅衛兵が鎮圧され非毛沢東化が進む中国の「近代化」状況を横目で眺めながら、紅衛兵たちのアナーキーなエネルギーがもつ変革への熱気と勢い、彼らの歯止めなき言論の自由と、それがもたらす街頭の騒乱状態への羨望を持ち続けた。そして「二年後に私はこれとよく似た祝祭的空間を私の大学で、封鎖して何週かの間、経験した」と書きとめている[13]。

いっぽうで、紅衛兵運動に影響を受けて、無軌道に暴動化していく日本の学生運動に対して批判的なまなざしを向ける者たちもいた。拓殖大学は七〇年安保当時、総長を務めていた矢部貞治自ら教職員と学生に忠告を発し、デモへの参加の自粛を呼びかけ、大学名を掲げての声明の発表を戒めた[14]。同大学海外事情研究所の機関誌『海外事情』の論調は反共色が濃厚であり、一九六九年五月号の特集「大陸中国」での諸論考もまた、中国の現状に批判的である。特に佐藤慎一郎「中国の学生運動——紅衛兵始末記」では、革命的陶酔に浸りやすく、権威を嫌悪しながらも権力に憧れる学生の性向と、その熱情的な行動力・破壊力を毛沢東が利用して、自らの孤立状態を挽回し、政治目的を達成しようとした底意を暴き、大陸を脱出した中山大学の紅衛兵指導者らからの聞取りから、陰惨な奪権闘争の実態を紹介している。

七〇年安保を目前にした日本の学生運動に着目した中国側は、彼らが中心となってやがて安保改定阻止の反米闘争を発展させていくことに期待を寄せた。その際、学生運動家において、日共系と反日共系学生とを峻別し、日共系には激しい批判を加えることを怠らなかった[15]。

毛沢東の「中国は世界革命の兵器廠になるべきである」という言葉さながらに、文革は日本に上陸して中国を発火点とする世界革命となっていった。日本の論壇においても、文革論の争点は中国国内の内在論理に対する探求から日本での運動論の獲得へとその目標がシフトしていった。

5　中国研究の文化大革命——CCAS

文革はさらに太平洋を越えて、アメリカの中国研究者の新たな闘争に火を着けた。一九六八年暮から翌年春先にかけて、アメリカのベトナム政策に反対するハーバード大学の大学院学生を中心とする中国研究を含めた若いアジア研究者の間から、CCAS（Committee of Concerned Asian Scholars 憂慮するアジア学者委員会）という運動体が結成された。彼らはそれまでのアメリカのアジア研究が五〇年代初頭のマッカーシー赤狩り旋風によって反共的なアジア研究に塗り替えられ、アメリカの資本主義と両立するような近代化を礼賛し、軍事・政策協力的な調査研究が奨励されていったことを痛烈に批判した。彼らに共通するモメントとしてベトナム反戦運動とマオイズムへの心情的共感があり、立論のスタンスとして米政権の中国敵視政策、対中封じ込め政策批判があり、独自の雑誌 *Bulletin of Concerned Asian Scholars* を発刊し、新しい分析枠組みの研究にもとづく言論活動を展開した。

ＣＣＡＳのマーク・セルデン（ワシントン大学助教授、一九三八年生まれ、当時日本に滞在）[16]による「報告　われわれは何を憂慮するか」と、セルデンほか幼方《うぶかた》直吉、戴國煇、小島麗逸、加藤祐三、波多野宏一を交えた「討論　批判にゆれる「アジア研究」」から構成される特集「中国研究者の造反と自己批判」（『朝日ジャーナル』一九七〇年三月八日号）は、大学紛争の最中、地域研究が純粋客観的な細分化された専門研究の傾向と、国家の政策科学としての傾向を帯びつつあることを反省し、アメリカの中国研究批判のニューウェーブを紹介するという観点と、日本の満鉄調査部など中国・アジア研究の伝統への反省という観点から、「だれのための中国研究か」という問題を提起している。

ここで注目すべきは小島と戴の両アジア経済研究所所員からの発言である。小島は、日本の中国研究の方向性についてまだ整理がついていないとしながらも、満鉄調査部の中国研究の歴史を回顧してみたい、また敗戦後の中国研究の有効な方法論の確立を模索したいと述べている。[17]戴は、日中戦争の加害責任についての日本の認識の甘さを指摘し、台湾の植民地領有の経験がありながら日本の中国研究が台湾を飛び越えているとして、植民地支配の責任を提起している。と同時に、「後進国の知識人」は「加害者の一部であって被害者の一部である」ことの自覚に欠けているとし、「私はアジア経済研究所に勤めていて、すこしいやらしいことばで言うと、わたしの故郷の台湾を切売りしているわけで、あるいは今後華僑研究をやるとすれば、わたしの身内を切売りして生活を維持しているみたいなことになるわけです」と発言している。後の日本の植民地主義研究へとつながる内的動機がうかがわれる。

同様に、竹内好、Ｆ・シャーマン、Ｍ・セルデンの「鼎談　アジアと中国を知るということ」（『世界』一九七〇年五月号）と、かなり時期は下るが、Ｍ・セルデン、Ｊ・Ｗ・エシェリック、中村義、山極晃（司会）の「座談会　中国認識の再検討――近代史研究の視点から」（『世界』一九七八年一〇月号）など、ＣＣＡＳの主要メンバーによって、アメリカ社会における文革のインパクトの事例が、回顧的語りによってではあるが、二度にわたって『世界』で取り上げられている。

ＣＣＡＳは、日本のそれまでの中国研究、特にアジア政経学会などに顕著だったアメリカ研究からの中国へのアプローチに、学問的反省を迫るものだった。政治学にせよ社会学にせよ、それまでのアメリカ発の中国研究の中核には近代化論と比較政治論があった。そこでは、アメリカ式の近代化・現代化との距離感と、アメリカ式のデモクラシーを参照系にしての差異が、中国の実態分析の基準となっていた。結局そこからアメリカを頂点とする一元的近代化論の枠内に中国を序列化していくことに帰結していった。CCASはそのようなアメリカの絶対優位に対して自己批判を迫るものであり、CCASの影響を受けた日本の研究者に、中国独自の近代化路線の模索へと誘うものとなった[18]。

CCASはまた、アメリカの大学や学界組織や研究制度における世代間闘争という側面を濃厚に帯び、中国研究がCIAやフォード財団からの資金・奨学金によって、政権の政策的意向に沿う形でなされていることを激しく批判した。日本にとってもアメリカ発の中国研究への問い直しを迫る学術運動であり、誰のための中国研究かという問題意識を再提起するきっかけとなった[19]。

三　文革からアジア革命へ——日本経済侵略批判と入管闘争

1　七〇年安保改定阻止とアジア革命

日本の学生運動に飛び火した文革の燎原の火は、一九六九年一月一九日の東大安田講堂〝落城〟を境に、大衆文化・大衆消費社会的情況に覆われて、学生の間からは急速に弱まっていった。だが完全に鎮火したわけではない。学園の火は、より過激で先鋭な形で、さまざまな火種に燃え移っていった。火種の一つは七〇年安保であり、一つはアジア革命というモメントであった。

七〇年安保改定阻止闘争[20]は、新左翼各派による群集を巻き込んだ拠点型の武装闘争であり、投石とゲバ棒中心の学園紛争から、赤軍派などは世界革命を目指し軍事理論を中核とする組織論・運動論へとエスカレートしていった[21]。

アジア革命というモメントについては、さらにこれを第三世界の民族解放闘争と、在日アジア人の人権闘争という二つの火種に分かつことができる。その二つの火種とも、共通のターゲットは、戦後復興を遂げ、東南アジアへの経済進出を通して「大東亜共栄圏」に続いて東アジア経済圏を再現させつつある日本であった。関連の論考を継続的に掲載したのは、本章で取り上げる総合誌では『現代の眼』『朝日ジャーナル』『情況』などに集中している。『現代の眼』では一九七〇年七月号「アジア安保体制と変革の条件」、一〇月号「アジアの革命と民族・共同体」と、アジア革命関連特集を畳みかけるように企画している。

七月号の特集「アジア安保体制と変革の条件」では武藤一羊・井汲多可史「アジア革命の視点」が注目される。井汲は、当時アジアで反革命的再編がなされつつある背景として、「世界資本主義の戦後史的な構造の再編過程」が継続しているとし、「アジアを一つの経済圏として、世界帝国支配の網の目に巻き込んでいった場合の中心的な責任主体みたいなものとして日本帝国主義がある」とみていた。ここには従属構造論に基づく日本の対アジア経済侵略批判がある。当時、べ平連を中心にベトナム反戦運動と安保改定反対運動を進めていた武藤は、新左翼のなすべき闘争として、アメリカ帝国主義を打破するために、「われわれ自身が沖縄を接合環として、沖縄、日本本土、朝鮮という三角のなかで、どれだけ突出した東北アジア革命への突破をなしうるか。それによって日帝の国内支配を安泰に維持するというある種の防波堤と東北アジアにひかれた防波堤とを内と外から突破しうるだろう」と言う。当時の沖縄返還闘争を背景に、冷戦の残存による東アジアの分断構造打破を視界に入れた、今日の沖縄の基地返還闘争、南北朝鮮の平和的統一構想などに連なる問題意識である。

一〇月号の特集「アジアの革命と民族・共同体」の主旨は、アジア革命とりわけ中国革命の伝統的内在的理解を通して、西洋（この場合は日本も含む）の侵略、帝国主義的支配からの脱却の内発的契機を探ろうとしたもので、八〇年代末から九〇年代にかけての、内発的発展論、内発的近代化論に通じる議論と言えよう。

同特集に盛られた論考は以下の通りである。滝村隆一「「アジア革命」と国家の原理」は、マルクス主義における国家と共同体の原理論、資本主義論の世界性と国民性、世界革命論と一国革命論について検討し、可能性としてのアジア革命論は、「共同体（民族）―即―国家」解体に取り組む「世界社会革命」の過程においてしかありえないとする観念的で気宇壮大な論考である。中国革命論において政治革命と社会革命を混同して議論し、共同体即国家論の解体を目指さずして新たな共同体の実現という目標に踊らされてしまうことで、新たな国家論あるいは超国家主義論に絡め取られてしまうことの危険を警告している。

福冨正美「アジア的生産様式の再検討」は、アジア的生産様式について、一九二〇年代以降の論争を回顧しながら古代東洋社会像の歪みを是正しつつ援用し、アジア・アフリカの社会構造について新たな世界史像を構築することを呼びかける。

小倉芳彦「東洋史学の戦後的課題」は、北一輝、内藤湖南、白鳥庫吉《くらきち》、桑原隲蔵《じつぞう》、吉野作造などの中国論、中国革命論を回顧しながら、客観性を標榜した実証研究が中国像を見誤ってきた理由を、日本とはなにか、日本にとっての中国とはなにかという謙虚な問いかけが不在であったためではないかと自問する。竹内好の「方法としてのアジア」に通じる、日本の中国研究の自己反省を迫るものである。

新島淳良「中国の伝統的共同体と革命」は、日本知識人が中国の伝統社会を日本の村落社会との類比で理解してきたことの誤解を指摘し、中国には墨家のような仁侠集団を例外として地縁共同体という要素は未成熟であったとし、中国共産党が主導する中国革命は、伝統的共同体から盟約集団への移行を目指し、文化大革命によって血縁共同体的意識の完全な払拭が行なわれつつあり、「血縁共同体からの解放八億の規模での盟約集団の形成」によって、「プロレタリア文化大革命は、中国史上はじめて共同体と社会の二重体制を克服して、社会一本にする壮大な社会革命だといいうる」という。文革についてのこの過大評価に対しては、一〇年後にアジア経済研究所の加々美光行によって紅衛兵の出身血統主義原理という反証が差し出され、文革においても、中国の旧社会において見られた血統主義的原理と同様の、出身階級本位論による国家支配の暴力的側面が顕著であったことが指摘されたことを付言しておきたい(22)。

佐藤勝己（日本朝鮮研究所）・玉城素（チョッパリの会＝日本人青年学生の在日朝鮮人との連帯組織）「「アジア革命」論の陥穽」は、韓国・朝鮮問題について対論している。佐藤は一九六五年に締結された日韓条約への反対闘争を、日本の対韓経済進出、軍事同盟化、南北統一への阻害の打破を目指しての日韓民族連帯運動であったと自己規定する。いっぽう玉城は、日本一国主義的な平和と民主主義擁護を標榜する旧左翼的運動に対する反発と、文革の階級闘争への共感から、在日朝鮮人の法的地位のリスクを負わせる出入国管理体制粉砕闘争の必要性をアジア革命的観点から主張する。そこには佐藤の、微温的な旧左翼的スタンスへの糾弾的な構えが見え隠れしている。特に対照的なのは、在日朝鮮人金嬉老が清水市で二人を射殺して寸又峡に篭城し朝鮮人差別を訴えた六八年二月の事件をめぐって、佐藤は金嬉老のような人間を二度と生まないような社会にすべきと発言するのに対し、玉城は「たった一人でも武装して迫害者に立ち向かう精神」はすばらしい、「第二、第三の金嬉老を」と敢闘精神を露わにする場面である。

中国関係の諸論稿に混じって朝鮮問題の対談が混在していることについては、アジア革命の発信地ということで、当時の時代感覚からすれば違和感はない。むしろ、当時日本にいた在日華僑の数からすれば、一〇倍以上もの人口を抱えた在日朝鮮人問題の方が、日本のアジア侵略・植民地支配の歴史やアジア人差別の現実をはるかに切実に日本人に訴えるものがあった。そのことは、一九四六年一月に設立された中国研究所に範をとって一九六一年一一月に設立された日本朝鮮研究所の設立趣意書に、「過去の誤れる統治政策に由来する偏見を清算し、日本人の立場からの朝鮮研究を組織的に開始する」と謳われているように、日本人の抑圧や偏見を告発するという姿勢においては、朝鮮研究者の方が中国研究者に先んじていたと言える。[23]

なお、佐藤はかつて金嬉老を「日本社会の民族差別の犠牲者」として、救援活動に参加しつつ法廷での特別弁護人を二年ほど務めたが、民族差別に対する殺人での報復を正当化する金との争論が発端で弁護人を解任されたという経緯があった。後に佐藤は当時のことを、「この諍いを通じて、私の金嬉老への思い込みが崩れ、彼は単なる犯罪者ではないかという認識に変化していった。と同時に、在日韓国・朝鮮人の言動を冷静に、相対化して見なければならないという反省が芽生え出した」と回想している。[24]

2 華僑青年闘争委員会と新左翼運動

七〇年安保闘争を闘うなかで、新左翼の労働者・学生は七〇年代階級闘争の課題を日本帝国主義のアジアに対する侵略反革命といかに対決するかということに置き、当面の目標を出入国管理法案の国会上程を阻止することに定めた。特にこの闘いの実体的担い手となって入管闘争をより戦闘的な形で展開していったのは、在日中国人青年によって一九六九年三月に組織された華僑青年闘争委員会（華青闘）であった。

編集部「在日中国青年・劉道昌君の場合」（『朝日ジャーナル』一九七一年一月二二日号）の劉道昌は、この華青闘および入管闘争にとって象徴人物とでもいうべき存在である。記事によると、劉は一九五〇年福建省に生まれ、六四年三月、幼いときに別れた父に遭うため母に連れられて妹とともに香港経由で渡日、一年ごとに特別在留許可の延長を受けてきたが、六七年一一月二七日、蔣経国・台湾国防部長の来日時に羽田で抗議行動に参加して逮捕され、六九年七月入管法反対の新宿駅でのハンスト参加などにより、七〇年から在留許可に制限が加えられるようになった。劉は善隣学生会館に住みながら東京華僑総会に勤務し、六七年三月二日の善隣会館では最先頭で戦い、武装した共産党員との衝突でケガを負った。大地報社（華僑総会系新聞社）の記者をしながら、親しみを感じている共産中国に帰国するか日本に残るか悩んだが、台湾出身の陳玉璽の強制送還、不法残留者として大阪入国管理事務所に収容されていた朝鮮人金賢成の焼身自殺、台湾籍華僑青年李智成の出入国管理法案・外国人学校法案への抗議の服毒自殺などの相つぐ事件に、日本での闘争を通して現実を変革する道を選んだ。

ちなみに華僑青年の服毒自殺については、筆名と思われるが、欧明による「「若き華僑青年の死」——ある反論」（『情況』一九六九年八月号）という投稿記事がある。自殺した「彼」は「われわれ左派華僑界（中華人民共和国支持）の一員だった」とし、その自殺は華僑界の内的腐敗を告発するものであって、日本にいる華僑は日本帝国主義・軍国主義が生み出したものであり、「社会主義中国の幻想とのはざまでその両義性に分裂する以外にない」、そこでは毛沢東思想すら「華僑擬制」の共同幻想性を媒介するものに過ぎないのだ、と述べている。

劉道昌については、その入管闘争への目覚めを主題にした演劇までつくられ、シナリオが、構成・中村敦夫、三橋修、演出・文責・加村赳雄「中国から来た青年——ドキュメンタリー劇　劉道昌との対話」として『現代の眼』一九七一年六月—九月号に四回にわたって連載されたほどである。(25)

一九七〇年七月七日の盧溝橋事件三三周年において、アジア人民との連帯を標榜した新左翼各派は、日本のアジアに対する民族的責任を確認するために記念の人民集会を開こうとした。集会は日比谷野外音楽堂で全共闘・反戦系諸党派を集めて行なわれたが、華僑青年闘争委員会（華青闘）が中核派をはじめ新左翼団体の差別問題への取組みに真っ向から不信の念を表明して訣別宣言を発した[26]。

華僑青年闘争委員会のメンバー螞蟻（筆名、アリの意）の「華青闘と民族解放戦争」（『現代の眼』一九七一年二月号）を見ると、フランツ・ファノン、エメ・セゼール、サルトル、魯迅などの言葉を引きながら、毛沢東思想と文革中国に心酔していることがうかがえる。在日アジア人の在留許可をめぐって差別と選別を法的に強いる入管当局、在日アジア人を生んだ日本帝国主義とそれを反省せず再び経済侵略を行ないつつある日本政府に批判の矢が向けられていることは言うまでもないが、ベトナム解放闘争、文化大革命、ブラック・パンサーなどの全世界の被抑圧民族の闘いに共感し、紅衛兵の造反精神を発揮して中華学校で暴れる在日中国人二世たちと、それを抑えつける「総会実権派」との世代間闘争の様相が濃厚に打ち出されている。また、既述したように、日本人の新左翼学生たちに向けての入管闘争への勧誘に対し、大学立法粉砕闘争を優先させ、入管闘争を放棄し、強制送還される朝鮮人を見放した新左翼への不信感も吐露している。これが一九七〇年七月七日の「七・七盧溝橋事件三三周年人民大集会」での日本人新左翼への糾弾と訣別宣言につながるのである。螞蟻は最後に魯迅の「花なきバラ」の一節を引いた後、こう締めくくる。やや長文にわたるが、引用しておきたい。

「君たちが私たちを民族主義者であるというなら、私たちはそのとおりであると答えよう。はっきりした階級的視点を持たねばならないと主張する人に、私たちの言う民族が果たして階級的でないのかと逆に質問しよう。現在の情況は帝国主義と第三世界、すなわち抑圧民族と被抑圧民族の矛盾として主要に展開されているのではないか。それらの事をいっさい理解しないで、階級的でないと批判するのは、それこそまさに階級的でないのだ。

朝鮮戦争のとき、真先に起ちあがり、祖国侵略に反対したのは、在日朝鮮人兄弟であった。いまふたたび、復活した日本軍国主義が私たちの祖国を侵略しているというときに、真先に起ちあがるのはやはり私たちだろうか。そうとも、私たちは指をくわえて見てはいないさ。そのとき日本人はまた裏切るだろうか。もう繰り返してはならないのだが。

私たちが国際主義を叫ばなくなり、日本人を糾弾してばかりいるからといって、私たちが国際主義や日本人との連帯をあきらめたのではけっしてない。それを求めるからこそ、そうしなければならないのだ。もう日本に住み続けるのにいやけがした同胞たちも多いことだろうが、私たちは、あくまでも、日本にしがみついていかねばならない。私たちが日本で解放を勝ち取らないかぎり、この日本で流された同胞の血は報われることがなくなってしまう。

しかし、私たちが闘っているのは死んでいった同胞や、私たちの孫やその孫のためにではないのだ。それはまさに、私たちが生きるために、死んだ自分が生き返るために、いま闘うのである。飲んだくれの父と、さげすまれた母と、気の狂った姉妹と。自殺した弟と、そして私たち自身のために。」

かれら華僑二世青年たちの闘争目標は、台湾出身の在日中国人留学生で中華人民共和国の国籍を求める劉彩品の在留許可（ビザ）獲得闘争や、公務員の国籍条項によって失職させられた在日中国人保育士徐翠珍《すいちん》の解雇反対・職場復帰闘争へと進んでいった（竹崎富一「徐翠珍問題──在日中国人への抑圧構造」『現代の眼』一九七二年七月号）。

また、華青闘の闘いは、マルクス主義の理論を踏まえながら、階級闘争よりもレーニン主義的な帝国主義に対する民族解放闘争へと傾き、とりわけマオイズムを強烈な中国ナショナリズムの呼びかけとして受け止めていた。在日中国人たちの闘争形態は、第三世界の民族解放闘争の連帯から、居住国での民族差別反対闘争・権利獲得闘争へ、さらに自民族のエスニシティをめぐるアイデンティティ・ポリティクスへと向かうものであった(27)。

では、中国系華僑社会内部において、一九六九年に忽然と現われて消えた華青闘はどう受け止められていたか。同時代資料から探ってみると、中華人民共和国系の東京華僑総会が月二回発行している『華僑報』では、一九七〇年に掲載された次の一連の記事見出しのように、華僑総会は華青闘を華僑社会の「破壊分子」として厳しく糾弾している。

「「華青闘」の暴徒　愛国団結破壊に狂奔──総会執行部を監禁」「「華青闘」なる一部破壊分子　三つの罪行──見逃せぬその本質と手口」「官憲の後楽寮捜査を招いた「華青闘」の責任を追究」「怒りと糾弾の声──愛国団結への攻

撃破壊は絶対許さぬ」(四月一五日号)、「「華青闘」の本性を暴露——外部の力かり寮占拠謀る」「「華青闘」の破壊行為は米日反動に奉仕するもの」(五月一日号)、「「華青闘」問題について　後楽寮自治委が声明——万難を排して闘争を堅持」(八月一五日号)。

これらの記事の内容から、華僑社会内部での暴力を伴う激しい闘争があり、一九六七年二月の善隣会館事件以降も「華青闘」のメンバーが寮に残り、寮生同士の間に対立が深まっていたことが窺える。

今日、華僑社会の歴史において、この華青闘の活動は、公式の記録としては書きとどめられていない。日本華僑華人研究会が著わし、東京華僑総会会長、留日華僑聯合総会初代会長を歴任した陳焜旺主編の『日本華僑・留学生運動史』(日本僑報社出版、中華書店発行、二〇〇四年)には、七〇〇頁近い大著でありながら、「華青闘」については全く言及がなく、華僑史のなかにその史実は残されていない。わずかに「善隣学生会館事件」についての記載のところで、次の数行を書き留めるに過ぎない。

「寮生と各地から駆けつけた華僑青年学生の一部および反日共の各派日本学生の中に、「日本帝国主義論」や「世界革命論」を盛んに主張するグループがおり、彼らと祖国を熱愛し祖国を擁護して華僑の正当な権益を守り、愛国運動を推進しようとする華僑青年学生との間に対立が生じた。

闘争本部は青年学生たちと話し合い、今は日共反中国分子と断固闘い、「ニセ日中」を会館から追い出すことが最も主要な任務であり、また四月の新学期には学生はすべて学校に行くべきであるとの結論を相互に確認した。」(四六八頁)(28)

3　対アジア再侵略批判キャンペーン

学園闘争のあと、在日華僑の入管闘争支援に関わった、津村喬の論考に着目しよう。津村はこの時期、『現代の眼』に「第三世界のイメージ」(一九七〇年五月号)、「「他者」としてのアジア——日中国交回復のための統一戦線と階級形成」(一九七〇年七月号)という論考を立て続けに寄せている。前者にみる津村の内なる第三世界とは、日本人の在日朝鮮人への差別攻撃、台湾先住民に対する武断支配に対する報復として起こった霧社事件、自決権を奪われた台湾人、差別的な出入国管理体制など、日本の植民地支配に淵源する諸問題と、現下の内なる差別体制がもたらす、「〈日本〉の近代はアジア人民の血と屍の上に築かれて来た」というイメージに彩られている。さらに後者では、六〇年安保から七〇年安保闘争への一〇年でプロレタリアートのなし崩し的解体、私生活主義のバラバラの個々人への解体などが進行していった情況の変化を踏まえつつ、日本資本主義の対アジア侵略的進出にともない復活しつつある侵略的ナショナリズム、出入国管理体制による在日アジア人の「見えないゲットー」化、「日台条約破棄、日中国交回復」の統一戦線の結成など、新たな闘争目標を掲げる。論文の最後には一九七〇年七月七日の盧溝橋事件記念集会をこう呼びかけている。

「国民的統一戦線の形成は、永続的文化革命のゲリラ闘争と相互に媒介しあうことによって、反動政治に真の熱い危機を招来せしめ、アジア人民への重ね重ねの負債をいくらかでも返済する日本人民の闘争の七〇年代前半における最良の形態であると私は考える。そのために偉大な七〇年代最初の七・七〔一九三七年七月七日に日帝のアジア中国全面侵略の発端となった蘆溝橋事件がおこった〕にあたって、「中国派」とかナニ派とかがよりあつまるというせまい了見を捨てて、真の国民的課題として日本のアジアにたいする民族的責任を確認する記念集会がもたれ、それが創意ある自発的活動の新たな出発となることを、私は強く望む。」

津村はここで、近代日本の対アジア軍事侵略と植民地支配の延長線上に民族差別を固定化する入管体制があり、日本の「民族的責任」に無自覚で、安易に国際主義や世界革命を唱える新左翼に対する不信感を表明している。このように津村が入管闘争を通して日本のアジア侵略批判や、在日外国人差別批判を展開した背景には、先述した、高校・大学時代の長期にわたる訪中で体験した、南京の虐殺博物館での日本軍国主義批判についての展示や、父・高野実の日中戦争に対する贖罪の告白などが、その思想的中核になっていた[29]。

次に『朝日ジャーナル』では、入管闘争を含む日本の対アジア再侵略批判キャンペーンの線を濃厚に押し出している。

日高六郎（司会、八・一五記念集会実行委員会）、三橋修（同上）、佐藤勝己（日本朝鮮研究所）、田中宏（アジア文化会館）、塚越正男（中国帰還者連絡会）、中西功による「〝七〇・八・一五パネル討論「わたしたちとアジア」〟」（『朝日ジャーナル』一九七〇年八月三〇日号）は、七〇年八月一五日という、安保自動延長がなされて再びアジア侵略の批判と対日不信が高まるという状況のなかで、在日の台湾人、朝鮮人が入管体制の壁と戦わざるを得ない現状を憂慮し、アジアへの排他的優越感や蔑視観を克服することが再び侵略戦争に加担しない歯止めになるとのねらいから企画されたもので、入管闘争や在日アジア人の権利保護運動に関わる現場から声を集めている。

その一年後にも八・一五集会が開かれ、『朝日ジャーナル』に掲載された。すなわち、田中宏、藤井治夫、尾崎秀樹、津村喬による「〝七一・八・一五集会「いま、私たちは……」〟」（『朝日ジャーナル』一九七一年九月三日号）である。会場からの発言者を列挙してみると、満洲・中国への侵略批判について発言する主婦、ベトナム反戦のアジテーションをする「ベトナムを考える会」メンバー、台湾の自決権を訴え強制送還されようとしている台湾人、自衛隊違憲を訴え司法修習生の卒業式を混乱させたため罷免された修習生、NHK中国語講座の内容をめぐりNHKに謝罪を迫る中国語学習者連絡会議メンバー、日本の軍備増強と新入管法に反対する台湾華僑、中国人に対する残虐行為を告白する中国で捕虜となった戦犯、軍需産業に手を伸ばそうとしている日本企業に反対する三菱反戦株主会メンバー、沖縄青年委員会メンバー、ベトナム反戦大泉市民の会メンバー、予備役自衛官闘争を続ける全国叛軍行動委員会連絡会議の自衛官などである。アジアに対する日本のかつての武力侵略・植民地支配と、現在進行しつつある経済侵略に対する批判のボルテージは、一年前と比べ明らかに高まり過激化している。[31]

一方この時期、このさまざまな具体的闘争課題を追った反政府系諸集団の多元的な抗議行動を反映して、訪中団もかつての友好人士・友好団体のお定まりの友好訪問とは違った多彩な団員から構成されている。むろん、そこには日共系の政府批判派は含まれていない。

例えば、柴田喜世子（救援連絡センター事務局）・宮本繁（岡山県酪農政策協議会）・北沢洋子（AA人民連帯委員会）「座談会　草の根交流体験記」（『朝日ジャーナル』一九七一年二月二六日号）といった、農民を含む庶民の訪中報告記があり、周恩来との会見を果たしている。北沢洋子については、日中貿易の輸出入組合に勤めた後、アジア・アフリカ人民連帯機構に加わり、一九五九年から六七年までカイロの同事務局に勤務し、六七年九月から六九年一一月まで中国平和委員会内部にある北京の同事務局に勤務したという経歴を持ち、中国研究者でもなければいわゆる中国派とも言いがたいし、ましてや文革派でもない。五四年のジュネーブ会議以降のアジア・アフリカの時代における平和共存・民族解放運動の系譜に位置づけられる社会運動家であって、彼女のような存在が、文革末期におけるアジア革命という社会思潮のなかで、中国論の一翼を担うことになったことは、注目しておいていい。先に引いた武藤一羊なども、民族解放よりは世界革命の方にウェイトを置いているが、この系譜に位置づけられるともいえよう。二人は一九七三年に、NGOのアジア太平洋資料センター（PARC）の設立において合流することになる。(32)

飯島愛子（侵略＝差別と闘うアジア婦人会議専従者、基地と闘う日本婦人訪中団秘書長）は、一九七〇年一二月二四日―翌一月二二日の訪中記（団長は松岡洋子）として「中国文革が変えたもの」（『朝日ジャーナル』一九七一年六月二五日号）、「女らしさ、男らしさ」（『世界』一九七一年五月号）を発表し、文革によって女性解放が実現した中国の実態を報告している。同じ訪中団では三里塚闘争の地元農民も招かれ、長谷川たけ（三里塚婦人行動隊長）「三里塚農民中国を行く」（『潮』一九七一年五月号）という記事を残した。

関連記事として加瀬勉（三里塚農民運動活動家）「三里塚と中国に生きる」（『中国研究月報』二九五号、一九七二年九月）も挙げておこう。加瀬はアメリカの資本の海外膨張政策のもとで飛行場と航空網が日米軍事体制に組み込まれることに反対するという論理から空港反対運動に加わり、日本各界青年代表・農民代表として訪中している。「毛沢東を中心とする七億中国人民は、ベトナムの偉大な後方であるばかりでなく、三里塚の農民の偉大なる後方でもあった」と連帯感を表明している。

また、仲吉良新（沖縄訪中団団長、県労協議長）、福地曠昭（同副団長、教職員組合書記長）、吉田勇（団員・全軍労委員長）、村上寛治（司会・編集部）による「座談会　沖縄解放の戦士　中国をゆく」（『朝日ジャーナル』一九七二年二月一八日）は、本土復帰なった沖縄の反戦・反基地闘争の指導者たちの訪中報告で、沖縄がアジアに向けた基地であり、中国はいわばアメリカ政府にとっての仮想敵国にされている以上、軍事基地撤去と日本軍国主義阻止がない限り、真の日中友好はないというスタンスである。

4 『情況』の中国革命論

一九六九年に創刊された『情況』では、文革に対しては、森川正「中国ソヴィエト論」（一九七〇年五月号）、同「中国の赤色軍事コミューン」（一九七〇年六月号・九月号）など、コミューン論に着目してその世界革命性を理論的に展開しつつ、日本の革命運動論につなげようとする意図が一貫して明確である。具体的な闘争課題としては、劉彩品「日本人の「あなた」と中国人の「わたし」」（一九七〇年一〇月号）や、津村喬「〈国家の壁〉に穴をあける闘い（上）――入管行政と在日外国人の基本的人権についてのノート」（一九七〇年八月号）、同「ラディカリズムとナショナリズム――〈媒介者〉としての入管闘争の構築へ」（一九七〇年一〇月号）、劉君の闘いを支持する闘争委員会・在日中国人青年共闘会議「劉道昌君の闘いを断固支持し「新入管法」を粉砕せよ！」（一九七一年四月号）のように、入管闘争に照準を当てている。

同誌は一九七一年に増刊号「革命中国特集」を刊行している。多角的に現代中国を読み解こうとしているが、菅沼正久「過渡期についての毛沢東思想」、藤村俊郎「社会主義革命論――人民革命と社会主義」、太田勝洪「中国対外路線と現代世界」、若代直哉「中国における経済政策の転換と農業」、内田剛「日本独占資本と日中貿易」、浜勝彦「七〇年代中国の挑戦」、井上清「日本帝国主義と中国」、藤堂明保「中国の国づくり――〈人民公社〉を手がかりに考える」など、基本線は当時の中国共産党の公式的見解に寄り添うものばかりで、新味は感じられない。石田米子「民主主義革命期の農民闘争――中国革命期の主体形成」では、太平天国から義和団へと農民戦争・農民反乱を通して反帝国主義・反封建主義の闘争が展開されて辛亥革命が導かれたとし、農民をプロレタリア意識に目覚めさせ広範に立ち上がらせ革命の主力としたのが中国共産党であり、「農民の生活を組織することをよびかけた毛沢東路線のみが、農民の革命的な力量をほりおこし、農民を急速に革命の隊列へ組織していくことができた」と高く評価する。その一方で、それらの革命勢力を弾圧した洋務派、ブルジョア的改良派を革命の阻害要因とする。これは当時の中国共産党の公式的革命史観・人民闘争史観に沿った見方である。

それらの特集記事のなかにあって異彩を放っているのが、武田泰淳・野村浩一「対談　せまられて梁山に登る——中国人民における「過去」と「現在」」である。戦中の中国への出兵体験を持ち、戦後も作家代表団として中国を訪れた武田と、つい最近初訪中から帰ったばかりの野村の間で、武田は中国の農民の飢餓と困窮の絶望状態から、農村への定着と人民公社化という変化のなかで、日本人の間尺で安易に日本の農村との対比で理解しようとしてもリアリティを摑み損ねるとし、野村は中国革命や毛沢東思想のリアリティは中国人民に立脚して具体的情況のなかで具体的適応として捉える必要があるとし、どこまで中国人民の顔に肉薄できるかが問われているとする。また、武田は『情況』編集部によるインタビュー「歴史における〈造反〉の意味——紅衛兵と全共闘が問うたもの」のなかで、聞き手の編集部に対して、「あなたたちに何かわれわれを全面的に否定する根拠があって欲しいわけですね。そうじゃなかったら、革命というものは全然できないわけでしょう」と不満を表明する。新左翼運動を代弁して聞き手は、大衆の思想の急進化・革命化を進めて権力を打倒するのだとするが、これに対し武田は、若い世代はそのための理論を確立していないし、全共闘は内部に芯のない組織であって、組織として対抗すれば既存の組織に敗れるだろうと、新世代へのもどかしさを隠さない。

文革の火は、学生運動から労働者へ、全共闘から新左翼諸派へ、学園紛争から個別闘争の陣地戦へとその火種を移し、闘争の形態は過激化しつつも規模は縮小化・分散化していった。そのさい日本における文化大革命を担った人間は、広範な全共闘系学生から、日本という異郷で民族差別反対・権利獲得のための闘争を続ける在日中国人・コリアンと、彼らを支援する新左翼諸党派の日本人たちへとシフトした。そして、民族差別問題への積極的な取組みは、学生運動・日米安保反対運動からアジア革命への転機をもたらした。やがて在日中国人・コリアンたちは、自民族のエスニシティをめぐるアイデンティティ・ポリティクスを世代間闘争の形で展開していくいっぽうで、新左翼は日本のアジア再侵略批判の武力闘争へと突き進んでいくことになる。

一九六八年の学生運動・学園紛争は、世界同時多発的な運動だったと言われる。確かに、運動それ自体が共時的に起こり広まったという事実は認められるし、またその運動はノンセクト・ラディカルの青年が中心であって、上の世代への異議申し立て運動という世代間闘争の様相が強かったという共通点は指摘できよう。しかし、運動の争点については一様ではない。特に、同じように敗戦国として侵略戦争の加害の罪責を背負っていながら、片やドイツの同時期の学生運動は、旧世代の父親たちの世代が自国の民族浄化の忌まわしい過去に向き合ってこなかったことへの異議を唱え、過去の克服という観点から、ナチズムをめぐる旧世代を告発する世代間闘争という性格を帯びていた。

それに対して、日本の学生運動は、当初は自国の戦争責任や加害の事実を問い直そうという契機はほとんどなく、卑近な授業料値上げ反対闘争から、抽象的な反米・反安保闘争へと、闘争の熱気ばかりが先行して争点が曖昧だった。日本の学生運動が、日本の戦争責任批判、日本のアジアへの経済侵略批判、アジア革命支持、という争点を獲得するにいたるには、文化大革命の直接的影響下で、マオイズムの反帝国主義的階級闘争観を世界革命のための闘争理論として受容していったことが、一つの大きな契機となったのである。そのさい、国内における在日の朝鮮人・中国人の民族的差別の現実に眼を向けることで、反体制運動の現実感覚がもたらされたのであった。

四　内なる中国革命

1　『諸君』の本多勝一批判

一九七一年のキッシンジャー秘密訪中に端を発する米中接近は、東アジアの冷戦構造を揺さぶる衝撃を与え、日中国交回復へのロードマップがにわかに現実味を帯びてきた。かくて、米中接近後の一九七一―七二年の中国関連記事は前年をはるかに上回る洪水のような数に達し、その大半を米中日関係と日中国交正常化の現状分析と展望が占めた。実際に、七一・七二年の中国関連記事総数五六六本中、米中接近と日中復交を論題に掲げた記事は一九五本で三四％に及ぶ。

米中接近から日中復交にいたる時期において、国際情勢をどう分析し日本はどのような外交政策をたてるか、日中間の終戦処理にともなう戦争責任や賠償責任問題にどう対処するか、その問題は、戦後の日中関係を考える上で、極めて重要な課題を突きつけるものである。ただ、それらの日中復交論の関連記事は、本章の文革論議とはテーマを異にするためここでは言説分析の対象とはせず、復交論について専論する章を次章に設けて検討に付すこととしたい。

前章と本章の「文化大革命の衝撃と波紋」というテーマに即したとき、膨大な日中復交論の傍らで、寥々たる数ではあるものの、中国の変化の内在論理に迫る中国革命の問い直しがなされていたことを見過ごしてはならない。日本から発せられる、日本と日本人にとっての「内なる中国」「内なる中国革命」とでもいうべき問いである。日中はいかにして和解し国交を回復するのか。その課題が現実に眼前に迫るさなかで、なおも文革という位相から日中問題のリアリティに向き合ったとき、文革は中国革命への再考を促し、中国理解により深い掘り下げを迫り、そのことがまた新たな視座を獲得する契機ともなったのである。

『朝日ジャーナル』一九七一年九月二四日号、一〇月一日号、一〇月八日号の竹内好、橋川文三、陳舜臣、大島渚による連続座談会「日本人の中国認識」は、九・一八事変、辛亥革命前夜、日清戦争前夜と、日本と中国の関係史を溯りつつたどり、歴史の変化にともなう日本人の中国像、中国学者の対中認識、革命家たちの対中関与などの軌跡を追ったものである。同誌はまた一九七二年一月一四日号から一二月二二日号まで中国に関わった近代日本の人物誌として「近代日本と中国」を全四五回途切れることなく連載した。同誌九月二四日号からは、本多勝一「中国人の「軍国日本」像」の三回連載が載っており、本多はこの時期『朝日新聞』でも「中国の旅」を連載中で、のちに『中国の旅』(朝日新聞社、一九七二年)、『中国の日本軍』(創樹社、一九七二年)として単行本化された。

本多のこれらの連載と書籍は、現地取材による被害者の証言によって日本の対中侵略の加害の実態を鮮明に描出したもので、日本人のそれまで主流を占めていた反戦意識・厭戦感覚を、加害責任を踏まえた反戦観へと転轍する上での記念碑的作品となった。

これら一連の本多の対中侵略の告発記事に対し、『諸君』一九七二年四月号ではイザヤ・ベンダサンこと山本七平が反論を展開し、それに本多が再反論するという応酬が、以後も引き続いて『諸君』誌上でなされていった。また南京事件について、虐殺などなかったとする右派の自虐史観封殺キャンペーンの嚆矢となった鈴木明「「南京大虐殺」のまぼろし」も同四月号に掲載されている。『諸君』を一つの拠点としてその後展開されていく反中国的言説は、米中接近から日中国交回復にいたるこの時期に、本多勝一批判として始められたのであり、その意図は、日中復交にとって加害責任を認めるか否かという最大の争点をめぐって、加害の事実そのものを否認しようということにあった。

日中復交前夜の論壇において、最大の論点は、加害の事実認定と、戦争責任の認罪・謝罪をめぐる、有無論・是非論であった。その際、地政学的見地から見た現実政治の国益最大化論としての復交是非論は措くとして、復交推進論の最大の論拠は、加害の事実を自己告発し、戦争責任を自覚することにあった。かくて、『潮』『世界』『朝日ジャーナル』を中心に、加害の証言をめぐる特集がこの時期立て続けに企画・特集されていった。そして、復交推進論に対しては、台湾との断交論を批判し、台湾との外交関係を堅持する主張が対抗的に対置されていった。そのことは次章で詳述したい。

2　中国革命の問い直し

野村浩一「中国革命と革命中国――中国を訪れて」(『世界』一九七一年九月号)は、一九七一年六月中旬から七月初めにかけて、著者が日中文化交流協会が組織した訪中団(団長は白石凡)で初めて訪中した三週間の記録であるが、訪中記の体裁をとらず、過ぎ去りつつある文革中国の動態と本質に迫ろうとした、簡にして要を得た、文革の歴史的中間総括となっている[33]。すなわち伝統的王朝権力から中国共産党による統一権力への転換は、「人民大衆とりわけ圧倒的多数の農民大衆に基礎をおき、そのエネルギーを思い切って自由に発揮させるような権力の在り方を創り出すほかないことは、毛沢東にひきいられた中国共産党が、まさにその歴史的実践の中から、身をもって学びとってきた事実であった」とする。また、文革は党内の走資派に対する闘いとして展開されているが、社会そのものを制度的に改変してはいないこと、毛沢東思想の旗印を掲げて唯一の統一性と一貫性を保持した集団として解放軍が介入し、人民公社や五七幹部学校のような幹部再教育の試みによって、解体しつつあった共産党を立て直し民衆の大連合を果たそうとしたものであることを指摘する。かくて野村は、中国の革命史のなかで深い歴史的意味をもつ「人民」という存在形態に歴史的画期を見出し、現代中国の固有の質として、その全過程に刻印された「人民主義」に立つ「人民社会」が、現代世界に強烈な問いを提起していると述べる(34)。

いっぽう竹内好は、一九五〇年代以降、コンスタントに中国記事を発表しつづけ、論壇に大きな影響を与えてきたが、文革に関しては一貫して不可知論の立場を貫いた。竹内は一九六三年頃から「このころになると、つくづく言論の弱さと、自分の無力を思い知るようになって、筆が重くなった。もう国交回復も半分以上あきらめた」(『竹内好評論集』第一巻、筑摩書房、一九六六年、四二〇頁、著者解題)と打ち明け、以後、執筆の主軸を時評から歴史エッセイに移していった。侵略戦争に関わる歴史的責任に向き合おうとせず、正規の国交もない状態で、安易に戦前からの既成の枠組みでしか文革の動向を報道しないメディアの姿勢に、日本人の「精神の怠惰」を感じ、歴史上の失敗の教訓が生かされていないことに失望を覚えていった。彼が文革について論評することを拒んだのは、文革という対象に対する正確な認識が得られないからではなく、中国の近代、日中戦争の歴史にたいする反省から主体的に文革の意味を探ろうとする内在的契機が日本の論壇に乏しいと感じられていたからだった(「〝わからない〟という意味」『月刊社会党』一九六八年八月号)。

竹内好と山田慶児の「対談　中国――国家と根拠地」(『展望』一九七一年一〇月号)で竹内は、国交回復については依然として悲観論を露わにしているが、山田による、日本の中国学における「シナ学」と「シナ通」との間の亀裂が中国についての正しい認識を妨げてきたとの発言を受けて、ジョセフ・ニーダムの中国論に触発されて、「今や中国文明が西洋文明にチャレンジしている、それに対して西洋文明がどういうレスポンスをするかというふうにとらえる」というところに着目している。翻って、中国文明の新しいチャレンジとして今の中国の新しい事態を受け止める日本人は少なく、中国を内在的に理解しようとせず、自分たちの思考の枠に無理に当てはめようとしていると嘆く。そこで竹内が着目するのは、根拠地による国家の解体である。人民公社は党と人民との間でコミュニケーションを図り、人間疎外を防ぐための根拠地のようなもので、それらコミュニティの連合体が国家であって、いま中国は国家解体の方向に向かっているという。次に山田からは、中国の自然観は機械論的な粒子論ではなく、オーガニックな波動論であって、発展モデルも直線的ではなく波型史観であって、文革の不断革命論もそこから導かれると語られる。

次いでそのJ・ニーダムの来日に合わせて、市井三郎と山田慶児との三者でなされた「座談会　中国の思想と科学」(『世界』一九七一年一二月号)も興味深い。山田は一二世紀の朱子学を中核とする宋代の性理学が「感応の無限連鎖反応系」として自然をつかんでいて、それが場(フィールド)の理論と通じるとの発言をし、それを受けてニーダムは、中国における場の理論や波動の理論にみる遠隔作用を認める自然哲学は、カトリック宣教師たちによってラテン語に翻訳されヨーロッパに伝えられたと指摘する。また、朱子学における理について、ヨーロッパにおいては物質と精神を相互対立的にみるが、中国においては理と気を相即的で切り離せないものとして見て、物質のないところに形式はなく、形式を伴わない物質もないと言う。ニーダムによると、その背景には中国にはヨーロッパの教会と皇帝のような聖俗の対立がなく、聖俗両面の指導者たる中国皇帝のありようがあるとする。近代化の行き詰まりは人間機械論的な物質論的世界観から有機体論的なものへの質的転換を促しているとし、弁証法的唯物論は、もとをたどると中国帰りのジェズイット会の神父たちと親しかったライプニッツが中国の伝統思想にヒントを得て、それがヘーゲル、マルクスへと伝えられて体系化されたものだと言う。さらに市井は、中国の伝統的思想の特異性が現在の中国社会主義に物質的生産と精神性の調和をもたらしていると提起し、ニーダムは文革には宗教的情熱を伴う倫理的動機づけがあるとし、山田は「破私立公」という信条による自己の律しかたに宗教的情熱を感じ、毛沢東への個人崇拝はモラルの高まりにつながる希望があると述べる。

3　中国革命と現在――『現代の眼』特集

『現代の眼』一九七一年九月号の特集「中国――革命と現在」は、米中接近後、総合雑誌がこぞって米中接近の背景にある国際情勢の読み解きと、日中国交回復に向けての日本の外交戦略という関心に極端にシフトしていくなかで、唯一、依然としてというべきか、中国革命のもたらすインパクトを日本がどう受け取るのかについて徹底的に議論した特集企画である。八本すべてが対談から構成されていて、主題は中国革命とロシア革命の比較、文革の世界史的意義、世界革命の観点から見た文革と毛沢東思想、中国革命と日本との関わり、入管闘争を通しての日本批判、中国革命における軍の役割など多彩なもので、論者も専門家と活動家を組み合わせ、中国革命を単なる研究対象としてではなく運動論の指針として問い直し、それを世界革命へと繋げる方法を模索する。

冨岡倍雄・菊地昌典「革命史における価値の転換」は、中ソ革命比較において先進革命と後進革命、都市プロレタリアート主体の革命と農民主体の革命、物質的価値を重視する革命と精神的人間的価値を重視する革命という対比から、両人とも中国革命への共鳴を表明する。

井上清・須田禎一「世界史の中の文化大革命」は、文革はピューリタン革命、フランス革命などあらゆる現代史上の革命の頂点にある革命であり、プロレタリア的人間解放を成し遂げたと手放しの絶賛を惜しまない。

新島淳良・岩田弘「毛沢東思想と中国過渡期社会」は、中国革命はインテリ層が薄い、農民層が厚いという後進的社会において、労農民主独裁からプロレタリア社会主義革命へと二段階革命戦略を打ち出した普遍性のある革命で、革命戦略としても毛沢東路線は正しく、それに日本発の革命の力を加味すればアジア全体に革命を輸出する力を獲得できるとする。

菅沼正久・太田竜「永久革命としての中国革命」は、中国革命の起源を秦帝国以前の戦国時代に求め、その闘争主体を封建制を打倒し共産主義を目指す農奴に置くという太田の破天荒な見方に対し、菅沼は革命の起源を五四運動に求め、プロレタリア階級に主体を置くという、この当時の常識的な解釈で反論する。中国革命には周辺諸国諸民族への抑圧構造がはらまれていること、マルクス主義には人類が自然を搾取することによって生じる自然破壊について考えが及んでいないこと、米中接近によって共通の利害が生じ、やがて中国は変動を抑制する現状維持的勢力として巨大な反革命勢力へと変じていくだろうという、太田の見方が注目される。

北沢洋子・劉道昌「在日中国人にとっての日本」はＡＡ人民連帯運動に関わる活動家の北沢と、先に紹介した入管闘争の当事者である劉とが、かつて同じ通信社に働く同僚でもあったことから、互いの活動の来歴を語り合いながら「日帝の再侵略阻止」「民族解放を闘うアジア人民との連帯」を訴える。とりわけ劉の日本政府への批判、日中友好人士への不満など、総じて日本社会への敵愾心ともいうべき不信感が全面に出ているのが印象的である。北沢洋子によると、入管当局と在留許可をめぐって紛擾が絶えなかった劉道昌は、このあと永住許可を得たという[35]。

山下龍三・湯浅赳男「人民解放軍と〝世界赤軍〟」は中国の紅軍の歴史的形成と毛沢東の第三世界における統一戦線論について論及するが、表題の「世界赤軍」構想については立ちいった言及はない。

『現代の眼』のこの特集で最も深い問いを突きつけているのが、竹内実・津村喬「日本人にとっての中国」である。そこには中国侵略にたいする日本人の戦争責任、入管闘争が突きつけた在日外国人の法的地位の不平等、自国民の植民地体験を国民の経験として引き受けられない日本人の度量のせまさ、日本人にとっての文化大革命という観点の稀薄さなど、重たく深い問いが重層的に突きつけられている。津村は竹内実の『日本人にとっての中国像』（春秋社、一九六六年）が日中関係を考えていく上でのアドバイスになったとし、アジア革命論の流行のなかで、定型化された贖罪意識に日本の問題を集約させてしまって、そこに竹内が抉り出したような「日本体験」が活かされていないとする。竹内は入管闘争を日本の歴史意識という層位から問い返そうとするならば、その経験として想起すべきは、日本人が歴史上アジアの民衆と同じレベルに位置した瞬間としての、八・一五以後引き揚げるまでの開拓団の「難民」たちの存在ではなかったかとする。しかしながら、日本人の間にその体験は十分に浸透していないとし、戦後日本の民衆意識として戦争責任という意識を明示化する営みを積み重ねていく必要を訴える。ただ文革について両者の見立てはなかなか焦点を結ばない。文革を思想的に捉え返すとすれば、中国大衆の日常生活の位相での変化をなかなか推測しがたいという困難がつきまとうが、竹内は〝進んだ大衆とおくれた前衛〟という局面が出現しながら、なぜ〝進んだ前衛とおくれた大衆〟という平常の形態に回帰していくのかという問題を回避してはいけないとする。いっぽう津村は、日本の再侵略の事態のなかで、「中国の民衆が陰の部分に押し込んでいた日本体験の全面的総括が再開された」とし、日本人としては文革万歳・毛主席万歳というふうには問題を立てられないとする。ただし、中国革命あるいは毛沢東思想における日本要因ということについては、津村は中国と日本の近代の相互性を重視し、「毛沢東思想そのものが、逆説的にいえば、日本帝国主義が生み出した、と言ってもいいほどの日本人民の革命実践あるいはその非存在と密着して形成されてきた」と強調する。それに対し、竹内は日本人が中国の民衆に加えた侵略行為の意味は大きく、戦後日本の民衆運動が生み出したものは大事にしたいとしながらも、「確かに中国の現代の思想形成にとって――これは毛沢東思想といわず――日本の侵略というものは大きな意味があったと思うんだけど、ぼくは中国思想というのはそれ自体独自の形成力・生命力を持っていて、最近では、もう毛沢東は日本のことなんか眼中にないんじゃないかという気がしているんです」と一定の留保をつける。(36)

同様に、野原四郎・野村浩一「近代百年の中国経験」は、やや放談風に流れている印象があるが、いまだにわれわれにとって十分に応答しえてはいない問いかけがなされている。そこには、近代の日本人は中国革命の意味が理解できず、スノーやスメドレーやミュルダールのような中国現代史のすぐれた記録が残せないまま中国社会を素通りしてしまうのではないか（野原）、中国革命に関与した日本人は、インターナショナリズムにつながる民族主義という性格を帯びた中国革命の意味をつかみ損ねて失敗したのではないか（野村）という苛立ちのようなものが流れている。野原の最後の発言を引用しておこう。日中の民族の差異で人間性の高低を論ずる発想には一定の留保が必要だろうが、その発言から、われわれは日中戦争、抗日戦争、中国革命といった日中現代史の同時期の三層構造をいまだにつかみ損ねていることに想到せざるをえないからである。

「抗日戦争とは何か、抗日戦争とはわれわれにとって戦争だけであった。そしてある意味では日本側にとってこの戦争は、ほんとうは何か始末がつかなくて、やり出した戦争だった。ところが、中国側にとっては抗日戦争であると同時に即革命の一段階であった。そのことは非常にはっきりしている。中国側にとっては、新民主主義という過渡期政権が成立する過程であった。戦争というのはネガティヴな面がある。だけど、ポジティヴな面が中国側にはちゃんとあった。革命というものは前進的に社会の発展を切り開いていく一つの運動なんだから。ところが、われわれにとって、この戦争はまったくネガティヴな存在なんだ。だから、その点の対照的な意味も、考えておかなくちゃならないと思うな。

それから、最後の段階においてわれわれが考えなきゃならないことは、やはりさんざんこれもいわれたことだけども、つまり日本が中国に負けたという意識がないという問題。アメリカに負けたんだという意識はあったけど、中国に負けたんじゃないんだという意識、これは一体何だろうということだ。やはりこれは中国に負けたんだ、一体どこで負けたんだ、それはどの点なのかということ、その点がまだあまりはっきりしないね。たとえば、両民族の間で人間性の高さが、全体的にいって、この戦争を通じて、まず段違いな開きを生じたんじゃないのか。われわれは、この戦争を通じてますます「公」に不信をいだくようになったが、向こうはその反対です。」

生活者の視点から文革の実態を内側からレポートした稀有な記事として、福建省生まれで渡米して帰化しハーバード大学を修了し同大学の教官になったヴィクター・ニィーが、一九七二年三月二九日から五月二三日まで中国に滞在したさい、北京大学の教授、学生、その他の人びととの二日間の交流・対話の記録をまとめた「北京の知識人は何を考えているか」(『中央公論』一九七二年二月号)がある。文革前後でのカリキュラムの変化、「下放」の現実、北京大学内の武装闘争の実態、文革の回顧と将来への展望などが、北京大学の学生や教授の口から語られていて、今からすれば大変貴重な同時代の現地報告となっている。

中国であらわになった権力闘争としての文革劇の現実に隠れるようにして、記事の数量は少ないが、改めて中国の変化の内在論理に迫るような中国革命の問い直しがなされていた。いっぽうで、日中国交回復を視野に入れて浮き足立った外交論議と同時並行して、日本の対中侵略の加害の実態を通して、日本国と日本国民の戦争責任論が論壇の課題に据えられるようになった。それに対抗して右派は、反自虐史観と台湾断交批判論を通して反中国・復交論批判キャンペーンに乗り出していくのである。

五　日本における文革の顚末

1　真相伝わらない林彪事件

一九七一年九月一三日、中国首脳部ナンバーツーで、毛沢東の後継とされていたはずの林彪がクーデター計画に失敗し、モンゴルで墜落死した。文革の賛否両派にとってまったく予想外の出来事であったが、とりわけ文革支持の論陣を張っていた論者たちにとってそのショックは大きかった。

徹底的な情報管制が布かれたため、事後しばらく報道がなく、真相は国民に知らされなかった。『讀賣新聞』で確認してみると、同年一〇月一日に前日のタス通信での「モンゴル領の奥地　中国機ナゾの墜落」なる記事が出たあと、一一月一三日夕刊で前日のタス通信が伝える「林彪副主席の後退説」の記事が出て、林彪の死が伝えられるのは、翌七二年七月二八日夕刊の「林彪の死　毛主席が確認？——外モンゴルで乗機墜落」にいたってのことであり、その全貌が明らかになったのは、翌日の記事「林彪の死　事実だった〝九月異変〟」である。

論壇誌にはじめて真相らしきものが発表されたのは、管見の及ぶ範囲では、柴田穂「毛沢東と周恩来」（『中央公論』一九七二年三月号）あたりだろう。そこで柴田は、林彪を中心とする権力奪取の陰謀と中国軍用機のモンゴル墜落を結びつけ、林彪失脚のシナリオを描く。さらに「動き出した周恩来「実力者」時代」（『諸君』一九七二年一〇月号）において、林彪失脚の背後にあるのは、「毛主席の〝後継者〟として毛沢東路線を推進しようとした林彪路線と、毛路線と文革から脱皮しようとする周恩来路線との対立が基本要因であった」として、林彪事件後、脱文革、非毛沢東化を進める周恩来体制へと移行しているとの見方を提示する。さらに三留理男「中国単独撮影記　現地で聞いた林彪事件の真相」（『中央公論』一九七二年一〇月号）は、中国国内の筋から聞いたこれまで伝えられなかった真相として墜落死のことを紹介している。

林彪事件は、毛沢東思想を鼓吹し、一九六九年四月の九全大会以降、毛沢東の正式な後継者と認められた実力者が、こともあろうに毛沢東の暗殺クーデターを図り、発覚して謎の死を遂げるという、もしそれが事実であるならば驚天動地の不可解な出来事であった。しかし、事件後から七二年内の論壇には、ほとんどこの事件を専論したものはおろか、論評したものすら数少ない。確かに、真相が明白になるまで一年近くを要したが、文革にいたる熱気を思えば、この無反応ぶりは意外である。

というよりも、理解する術がなく、声が出なかったのではあるまいか。そもそも中国に関しては国交がない上に情報量が過少で、情報の大半をプロパガンダが占めているようななかで、中国の現状と進路を支持する主張をするということは、ある種の投企的行為であった。さまざまな風波や曲折を経て、予見は外れ、期待は裏切られながらも、投企に投企を重ね、発言のたびごとに抱えるリスクは膨らんでいった。さらに文革支持者は、中国内部の激しい路線対立にも屈することなく、過激な武闘に賛意を示し、自ら日本において暴力を是認する闘争に参加することもあった。しかし、林彪事件にいたっては、もはや理解不能で、投企すべきカードは手元に残されてはおらず、話者は狼狽し戦意は喪失してしまい、中国革命に投企する熱気は急速に冷めていった、というのが当時の実感ではなかっただろうか。

日本共産党と中国共産党との分裂以後、日共派会員を追い出し、文革支持派によって占められることになった中国研究所が発行する機関誌『中国研究月報』の当時の誌面を見てみると、林彪事件については、論評どころか報道すらなされていない。一九七一年から月報の頁が明らかに薄くなり、論評抜きの翻訳ものや資料・ドキュメント集が多くなり、研究論文が姿を消し、編集後記に刊行遅延のお詫びが出るようになった。「いま、われわれ中国研究所の中国研究はひじょうに立ちおくれていると云わざるを得ない。それは、中国の実態掌握において立ちおくれているばかりでなく、日本人民の中国認識の諸要求をみたすうえでもいえる」(『中国研究月報』二七六号、一九七一年二月号)、「当研究所の研究機能としての能力のはなはだしい衰弱」(『中国研究月報』二八七号、一九七二年一月号「編集部よりお詫びとお知らせ」)と研究活動の沈滞が吐露され、編集委員に企画立案の素材も動機づけも稀薄になって、会員に研究グループの問題別構成を公募するような事態に立ち至った。これは問題解決どころか、問題発見能力を失い、編集機能が自壊していく研究組織の危機的状況を物語るものといえよう。

2　連合赤軍あさま山荘事件の戦慄

米中接近と林彪失脚を境として国内の文革派は封じ込められ、周恩来を中心とする穏健派が台頭するにともない、文革熱はすっかり冷めていった。いっぽう日本では、武闘派新左翼、とりわけマオイスト集団であるML派[37]の流れを汲む武装集団「人民革命軍」の公然組織として一九七〇年八月に結成された中京安保共闘（革命左派）は、翌月に結成された関西系主体の共産主義者同盟＝ブント過激派の赤軍派と合体し、七一年七月一五日、統一赤軍（連合赤軍）を結成、七二年二月、あさま山荘にメンバー五人が人質を取って立て籠もり銃撃戦を展開し、全員が逮捕された。やがて連合赤軍のリンチ事件が発覚し、殺害された犠牲者は一四人に上ることがわかり、日本中に戦慄を走らせた。

ML派の前身の社学同（社会主義学生同盟）委員長の河北三男は熱烈な毛沢東主義者で、六四年一〇月に中国が核実験に成功すると「万歳！　万歳！」と狂喜したほどだった。[38]彼が中心となって組織した『礬鐘』編集委員会は文革を熱烈に支持し、日共・中共分裂後は六八年三月、日共を除名された神奈川県在住の元党員グループの神奈川左派（日本共産党左派神奈川県委員会）へと発展解消し、日中友好協会（正統）と接近して、日中国交回復を掲げ、日中友好活動に従事した。

のちに連合赤軍最高幹部となった永田洋子は、日共シンパからML派を経て神奈川左派に加わり、京浜安保共闘の指導者となった。[39]永田は六六年一〇月に『毛沢東思想研究』創刊号が出されたことを知り、毛沢東思想への関心を抱き始め、赤軍派との共闘にあたって彼女自身が同派に関心を寄せたのは、同派に武装蜂起、軍建設、毛沢東「持久戦について」の評価があることも大きかった。[40]七二年二月、彼女は森恒夫とともに妙義山アジト付近で逮捕され、死刑判決を受けた。

同じく革命左派出身で、連合赤軍のリーダーとなり、永田と結婚し（まもなく離婚）、あさま山荘に最後まで立て籠もり、逮捕され死刑判決を受けた坂口弘の場合もまた、『偉大なる道』の朱徳将軍を通して中国に惹かれ、神奈川左派に加わり、日中友好活動に携わった経験をもつ。あさま山荘で山荘の女主人を人質に立て籠もった七二年二月二八日夜、坂口らは山荘のテレビでニクソン米大統領が北京空港を降り立ち、出迎えの周恩来首相と硬い握手を交わす中国訪問の様子を見る。後に坂口はこの時のことをこう回想している。

「それは、われわれの武装路線を根底から覆すショッキングな出来事であった。だが、われわれの未熟な頭はこうした背景を何一つ理解することができず、ただ画面に映るニクソン訪中風景をジッと見詰めるだけであった。[41]」

中国革命との関連でとりわけ重要なのは、赤軍派出身の森恒夫の存在である。森は、坂口と離婚した永田と結婚し、山中をアジトに戻ろうと永田と彷徨するうちに逮捕され、七三年一月一日、東京拘置所で自殺した。

森は、中国革命と毛沢東に心酔し、毛沢東が指導した一九二七年一〇月の秋収蜂起から井岡山での解放区建設にいたる闘争を、コミンテルンの指導に拠らずに、農村根拠地に基づいて党と軍の基礎をつくったとして高く評価した。そこから、毛沢東の指導する建党―建軍遊撃戦を媒介とする人民革命戦争を赤軍派の軍組織化の指導思想にしようとし、一九七一年から拳銃の強奪などを繰り返し、銃を使用することで殲滅戦の戦術問題への視座が開かれ、目的意識的な革命戦士の共産主義化・党化へと高められていくこと、すなわち「銃による殲滅戦」論・「銃の物神化」論(銃を使用することで軍の組織的・継続的攻撃力を生み出し、「メンバーから攻撃性、計画性、組織性、即ち軍事的能動性を引き出す」)を提唱することになった。[42]

この森の「銃と人の結合による共産主義化論」に刺激されて、革命左派側は、遊撃戦争を組み立てるために中国に行くとの方針を立てる。永田は革命左派内での中国行きをめぐる議論のなかで、「遊撃戦争の根拠地問題を解決するためよ。それに、日本では銃の訓練もできないから」……「中国に行って、思想的・政治的に学び、党建設を目指しているのにもかかわらず、戦闘団的傾向を持っている私たちの問題も解決したいからよ」と発言している。[43] 結局、日本で闘うべきとの理由で赤軍派から中国行きに反対され、山を使おうという坂口弘の発意に従い、山と都市を結びつけて活動することで根拠地問題を解決しようとした。そして各地に山岳ベースを建設し、掠奪した銃を使った共同軍事訓練を行なうのであるが、それが発端となって「総括」をめぐっての同志へのリンチ殺害を重ねる惨劇に手を染め

ていくのである。(44)

3　日本共産党の中共批判

当然、明らかになった彼らの所業にさまざまな批判の矢が浴びせられることになるが、一つの典型的な批判は、「連合赤軍の学生らの行動はいくら憎んでも足りないくらいであるが、しかし彼らは、いわば革命思想特に毛沢東のそれに踊らされた操り人形である」(『自由』一九七二年五月号、巻頭言)という、暴徒化したマオイストという見方であった。

かねてから反日共親中派の活動家を「毛沢東盲従集団」と称していた日本共産党は、連合赤軍事件に絡めて反毛沢東宣伝を一気呵成かつ大々的に展開した。それまで『前衛』には、一九六八年の文革派反日共分子に対する日本共産党の批判キャンペーン以降、中国関連記事はほとんど掲載されなくなっていた。その上、日本共産党主流派の活動は妨害され、中国からも「宮本修正主義集団」と呼ばれ指弾されていた。そのネガティヴ・キャンペーンのお先棒を担ぎ暴力革命を鼓吹して回った連中の成れの果てが、この連合赤軍事件だと言わんばかりの勢いで、一九七二年五月号の『前衛』には八本もの批判論文が並べられた。

榊利夫(『前衛』編集長)「毛沢東盲従の自己破産」において榊は言う。

「「連合赤軍」なるものは、まさに、毛沢東の「人民戦争万能」論、「唯武器」論の〝実行部隊〟として生まれた毛沢東盲従の徒党であり、北京からの直接・間接の支持・激励をうけながら妄動をエスカレートし、その帰結として「あさま山荘」事件があり、大量殺人事件がおこっているからである。(中略)「連合赤軍」の凶行と破産は、毛沢東路線とそれへの盲従のあらたな破産を劇的にしめす最大の「決算書」にほかならない」

赤軍派の武装闘争に日本国内は愕然とし、公然と行なわれる極左武装闘争は急速に沈静化していった。いっぽう中国側は、よど号ハイジャック事件に触れて、訪中の貿易代表団に対して行なった周恩来の次の談話のように、この赤軍派を支持するメッセージを流していたのであった。

「九人の学生が飛行機を朝鮮の平壌にもっていった。万国博の最中で佐藤も大いにあわてふためき、運輸次官を派遣し、解決にあたらせたが、学生たちは平壌に行き亡命を許された。日本の修正主義者は彼らをトロツキストと悪口いっている。修正主義者たちはゆきすぎた行動をトロツキストとかアナキストとか呼ぶが、青年運動は初期には過激になるものなのだ。そうでなければ革命などどうしてできるだろうか。(笑いながら)私たちのようにおとなしくしていたのでは革命はできない。(中略)私たちが指導して立上がった紅衛兵たちにも、ゆきすぎはあった。しかし、私たちは彼らを支持し、教育し、彼らにプロレタリアの政策を理解させるようにした。(中略)劉少奇のいう「従順な道具」であってはこまるのだ。以上、多少なりとも毛沢東同志の思想と意見を伝えることができれば光栄だ。どうかみなさんも連合して敵にあたってほしい。」(周恩来の友好貿易七団体代表への談話〔要旨〕一九七〇年四月一五日、北京・人民大会堂で、『朝日ジャーナル』一九七〇年五月二四日号)

また、前社会党代議士および戸村一作委員長ら三里塚闘争訪中代表団と会見した周恩来は、日本の新左翼運動について、次のような見解を明らかにした。

「新左翼は立派ではあるが、情勢の中で敵を区別して、どういう性格をとるのか見定め広範な人民を率いるという点で、まだきわめて不十分なものがあるといえよう。昨年は新左翼に属する人たちとも北京で話合ったが、彼らには左に片寄りすぎた面があり、革命的な人が新左翼を指導する必要があると感じた。日本共産党修正主義は問題にならない。日本共産党左派は、はじめ、三里塚の人たちに接近することを恐れていたので、私たちはむしろ正しく指導すべきではないかと提案した。」(『朝日新聞』一九七二年三月三〇日夕刊)

「中国の「五・四運動」は指導する人がいなかったので何度も誤りを犯した。しかしいまの日本はこれと違っており、一九六〇年にはアイク訪日を阻止した。この闘争のなかで、樺美智子さんが犠牲になった。宮本顕治は彼女をトロツキストと呼んだが、われわれは帝国主義と戦った英雄と考えている。」(『讀賣新聞』一九七二年三月三〇日夕刊)

4　坂口弘の自己批判

これらの記事を見て、獄中の坂口弘は、後にこう回顧している。

「この周発言は、日本の新左翼運動を好意的に評価していた中国が、われわれの連合赤軍事件をどう評価するのか、内外の注目を受けてなされたものである。それで各紙は大きく取り上げたのであるが、最も注目したのがわれわれ連合赤軍関係者だったことは言うまでもない。文字通り奈落の底に沈んだわれわれは、すがるような気持ちで周発言を読み、そして地獄で仏に逢ったような励ましを受けたのだった。ただ現在から見ると、三里塚闘争の進め方について具体的助言をするなど、周発言に日本の内政に干渉する一面があった事実は否定できない、と私は思う。[45]」

逮捕された坂口弘にとって、取調べを受けていた一九七二年五月一五日には沖縄返還協定が発効して沖縄が本土に復帰し、佐藤政権が倒れて田中政権が誕生し、九月には日中国交回復の実現を目のあたりにすることになる。[46]ベトナム戦争は続いていたが、一〇月に第四次中東戦争が勃発し、国際政治の焦点がますますベトナム戦争から離れていくことを痛感した坂口は、革命左派の最高指導者に獄中から手紙を書き、「武闘の客観的条件は無いのではないか」との真情を吐露した。[47]

坂口は死刑判決を受けた後も中国問題に対する関心を持ち続けている。控訴審が結審した一九八六年頃から短歌をつくり始めた坂口は、中国の同時代事件に着想を得た作品を断続的に詠んでいる。

「山荘でニクソン訪中のテレビ観き時代に遅れ銃を撃ちたり」
「囚われし湖底のごとき獄舎にも日中復交のうねり寄せ来し」
「文革の理論くつがえりわが思想足の下から揺らぎけるかも」
「忘られぬ四・二六の社説かな民主化運動を動乱とせり」（一九八九年四月二六日付『人民日報』社説）
「六四の戦車の轍に赤き薔薇散りておるべし北京の夏よ」（一九八九年六月四日、北京虐殺記念日）
「生きておれば北京殺戮もありたれど主義の破れる目覚めもありりぬ」

「送還に抗議する声の静もりぬかの亡命者の無事を祈れる」
「紅衛兵たりし人の本読みおれば身につまさるる極左の惨」
「中国の内部を穿つ本なれば文革世代の今をまず読む[48]」

坂口にとって、毛沢東死去、四人組逮捕、文革の終結は、これまで正しいと信じていたものが次々と覆る最も深刻な出来事だった。さらに深刻なのは、一九八九年の第二次天安門事件である。このとき坂口は、「プロレタリア独裁の正体を見た思いがした」という。そして彼のなかで思想の激変が起こり、天安門事件はその三〇余年前のハンガリー動乱であり、文革はさらにその三〇年前のソ連の大粛清であり、新中国建国はまたさらにその三〇年前のロシア革命であって、中国の社会主義は東欧・ソ連の社会主義に三〇年遅れていたこと、革命左派に属していたときは中ソ論争で中国支持の立場を鮮明にしていたが、ソ連側が正しかったことを思い知らされることとなったという。坂口の抱いた悔恨に満ちた結論はこうであった。

「結局、われわれが正しいと信じた社会主義は、時代遅れの過激な社会主義であった。われわれの破綻は、理論面でとうに運命づけられていたようである。……社会主義は経済を発展させることが出来なかった。歴史発展の必然的な産物などではなく、大いなるユートピアにすぎないことがあからさまになってしまったのである。この冷厳な事実は、これからも私のような元社会主義信奉者の思想をさらに揺さぶってくるものと思われる[49]。」

国交回復翌年の一九七三年以降の中国関連記事を探索することは、本章の守備範囲を超えている。学園紛争の熱気は急速に冷め、七〇年安保闘争はうやむやのうちに大衆消費社会的状況のなかに飲み込まれ、体制批判的な知識人の声は大衆に届かなくなり、論壇誌の神通力は失われていった。日中関係や日米中をめぐる国際関係の記事の洪水にあって、中国そのものの内在論理を問うたり、日本人にとっての変革主体を求めて中国の問題を問うたりする記事は乏しくなっていった。中国専門家ではない学者や、日中復交論を主唱してきた政財界の主要人物は中国論の担い手から幕後に退き始め、情勢分析の専門家、いわゆるチャイナ・ウォッチャーが書き手の大半を占めるようになった。観察家・傍観者によって書かれていく中国論は、自己の思想信条を賭けた投企としてではなく、事実認定をめぐる実証として展開され、日本にとっての中国は、関与や相互依存の対象ではなく、客観的な観察の対象となっていった。

林彪事件と連合赤軍事件によって、日本においても世界革命思想・運動組織論としてのマオイズムの火は消え、日本にとって中国革命の創造的契機は、不可逆的に失われていった。日中国交回復が達成された後も、直接取材・公式訪問のルートが拡大していくことで、中国関連情報は日本のマスコミを変わることなく賑わせてはいたが、文化大革命の熱気は急速に失われていった[50]。中国革命史は学びではなく研究の対象となり、毛沢東の著作は変革の理論としてではなく中国史の傍証史料として読まれるようになった。これ以後の日本にとっての中国像は、国交回復がなされ、相互交流が実現して接近した対等の関係になっていくのとは裏腹に、内在的創造的理解の対象としての「内なる中国」から、観察対象としての「外なる中国」へと遠ざかっていったように映る。また、それまでの甲論乙駁飛び交う諸々のイメージが乱反射するそれまでの中国像は、モノトーンの殺風景な中国像へと集約されていったようにも見える。一例を挙げると、日中国交回復以後、とりわけ改革開放政策以降の中国の現状分析について多く見られた特徴は、中国のあらゆる政治動向を中南海の政局動向に還元し、要人を保守派と改革派に分けて動向分析の根拠にしていくような傾向のことだ。そのようなことは一般読者にはどうでもよいことだっただろう。主な中国論の担い手の交替と、それに伴う中国像の変容は、中国という存在そのものが一般読者から疎遠になっていく一つの要因をつくってしまったのではないだろうか。

六　文革期中国論の特質と推移

文革勃発から日中復交にかけての一九六五年から七二年にかけて、六五年から六八年までは主に学術圏・知識社会において、六九年から七二年までは主に新左翼系の運動圏において、文化大革命の熱気が日本に上陸し、衝撃と波紋が広がっていった諸相を、総合雑誌の中国関連記事（六五—六八年は四八三本、六九—七二年は七六三本）を素材に、論壇の中国論の変遷として、二つの章に分けてたどってきた。第四・五章の結論に代えて、日本論壇における文革論の特質を摘出してみよう。

第一に、その関連記事の掲載本数の多さである。とりわけ紅衛兵が登場する六六年夏以降は、文革論が急増していった。文革の嵐は、日本人の中国認識回路における活動電位を急激に高め、文革熱は即座に沸点に達した。それだけでなく、実に多彩な人々が文革を論じた。この時期に膨大な中国論を担った書き手の集団を、その出身・来歴から八つに分類し、その論調の特徴を概述しておこう。

①戦中は現地調査員として中国に生活し、帰国後は中国研究者として執筆活動を続けた、現状分析を中心に中国論を展開したマルクス・レーニン主義、毛沢東思想系の研究者。主に中国研究所に集い、中国の現状に肯定的で、文革に共感を抱き、文革造反派の動きに一定の理解を示す。林彪事件後、中国の現状を追認するような分析のあり方に対しては抑制的となった。

②中華人民共和国建国から一貫して日中復交を提唱し、そのための政策立案と民間交流に尽力してきた政財界の要人たち。

③文革そのものには距離をとりながらも、中国には侵略の贖罪意識を抱き、国家建設へのシンパシーを表明し、一貫して日中復交を強く主張した一群の人々。一九五六年以降引き揚げてきた戦犯帰還者、竹内好を中心に小規模な同人として結成された「中国の会」会員、訪中代表団などでしばしば訪中の機会を得た作家・文化人など。

④北京を中心に中国に常駐し取材した特派員。取材制限や入国拒否の後は日本で記事を執筆するほかなかった。戦時中の東亜同文書院や外語大学出身者で、敗戦後中国から引き揚げたという経歴を持つものが多い。現地に駐在する限り、取材上の制約から中国の公式見解を大きく逸脱する記事を書くことは少ない。

⑤シノロジスト（中国古典学者）。論壇への登場頻度は低いが、文革論に関しては比較的活発な発言を行なった。伝統中国との比較から、あるいはその連続性から現状を捉えようとする傾向が強い。どちらかといえば京都大学支那学系統が優勢である。

⑥現代中国論者。各大学の政治・経済学部など社会科学系学科、アジア経済研究所・国際問題研究所などシンクタ

ンクに属する。権力分析・国際情勢分析にもとづく現実主義的なスタンスをとり、文革に対しては権力闘争・国際的孤立化の巻き返しの観点から一定の距離をとり、冷静かつ客観的に捉える傾向が強い。とりわけ拓殖大学海外事情研究所に集う論者たちは、反共主義の立場から、文革反対のスタンスを強硬に表明した。彼らのうちの地域研究者が文革後にはチャイナ・ウォッチャーとして、中国論者のマジョリティを構成していった。

⑦新左翼活動家・理論家。文革期のみに現われた中国論者で、毛沢東思想、中国革命を運動論・組織論として日本に移入し、闘争へと動員しようとする強い志向性をもった。七二年二月の一連の連合赤軍リンチ事件の後、組織の分裂・解体とともに、中国論関連の論壇から消えていった。

⑧反中国論者。反共主義あるいは日本無罪論の立場から文革を批判し、日本の中国侵略の事実を矮小化し、戦争責任論には否定的なスタンスを示す。米中接近・日中復交の頃から主に『諸君』に寄稿し、罪責論者への批判という形で日本の左翼知識人批判を展開する。

以上、多種多様な書き手を擁した時期という意味で、この文革期は特筆すべき時期であった。だが、総合雑誌などの寄稿状況から見ると、日本の論壇からは、林彪事件を契機として①の文革支持の中国研究者が退場し、⑤のシノロジストは古典文献研究に沈潜し、連赤事件を契機として⑦の新左翼活動家が退場し、国交回復を契機として、所期の目的はひとまず果たしたということで②の人びとが退き、特権的に訪中がかなない要人と接見できたことでそれまで訪中報告の情報価値が保証されていた③の一群の人々の寄稿数が減っていった。かくて、これ以降、中国報道については引き続き④の一群の人々が担い、中国論のマジョリティは、ほぼ「チャイナ・ウォッチャー」なる役割認識の下に⑥の一群の人々が占める勢いを見せ、⑧の反中国論者がそれに加わるという形で、親中対反中の構図へと移行していったように見られる。

第二に、中国に対する過剰反応が見られた。この時期は国交断絶期であって、日中間の情報回路・認識回路は狭く、単線的かつ一方向的なものであった。日本から中国への情報回路に比べて、中国の対日回路は対日工作組が専ら管掌する一元的なものであって、中国から日本へのフィードバックは極めて限定的なものであるという、著しい情報の非対称性を見せていた。そこで日本では、中国の些細な事実に過剰な意味を読み込んだり、相手からの支持を期待するあまり相手への過度の忠誠を示したりするために、誤読を増幅させるような、浮わついた中国論も目立った。中国から明確な指令を受けているわけではないのに、中国での文革の推移に過剰に反応し、日本の論壇や報道界で正負両面において増幅した見解やイメージを流すこととなった。

いっぽう、中国側も建国以後、日米安保批判、日本軍国主義批判で一貫していたが、必ずしも正確に日本の政府与党批判勢力の実態を認識し分析していたとはいえない。例えば、先述（本章三−3）の「座談会　草の根交流体験記」の団員による訪中報告記では、中国側は日本の新左翼系運動家たちの闘争を従来の対米従属論からのみ見ていることに対して団員は、中国側の日共批判の観点は横滑りしていて実態を正しく捉えていないのではないか、日本に関する情報は、反日共主流派の山口県左派共産党員の流す偏った情報にのみ依拠していて、充分な情報収集と正確な情報分析ができていないのではないかとの印象を語っている。そこで、日本での入管闘争などに主体的に関わっていないのに中国側の日本軍国主義批判を日本に来てオウム返ししている日中友好人士がいることなどへの批判を中国側に表明した。それに対し、周恩来首相は訪中団に、「日本の情勢は複雑です。日本の革命は、みなさんが考える問題で自分たちがとやかくいうべきでない。内政干渉になりますからね」と答えた。日中間の国交は閉ざされたままである上に、特に日本から中国への情報の通路が狭く偏っていて目詰まりを起こしていたことが察せられる。

第三に、中国論者間に深い亀裂が刻まれた。第二の特徴とも関連するが、がんらい、戦後の日本の論壇において中国論を担ったのは、戦後初期においては、多くは日本共産党およびそのシンパであって、そこには党派的思考が色濃く反映されていたが、何度かにわたって、党派性に関わる亀裂が中国論者たちの間を切り裂いた。亀裂の発生を時系列順にたどると、

①一九五五年の日本共産党第六回全国協議会（六全協）における極左冒険主義・武装蜂起路線の自己批判
②一九五六年二月二五日のソ連共産党第二〇回大会でのフルシチョフ「秘密報告」におけるスターリン批判
③一九六〇年一一月一〇日にモスクワで開催された世界八一カ国共産党・労働者党代表者会議に端を発する中ソ対

立

④一九六四年一〇月一六日の中国核実験の成功

などであった。一九六六年三月の文革初期の中国共産党との決裂は、それらの亀裂に加えて、さらに深く決定的な亀裂を刻むこととなった。論壇内部の中国論の対立を過激化させた上に、運動体だけでなく研究組織内部にも亀裂が走り、暴力を伴う修復不能な激しい対立が生じた。

第四に、文革は紅衛兵の出現とともに、従来の中国像の転換をもたらした。それまでの農民革命のイメージから、若者が主役の清新な都市革命へとイメージ転換がなされ、同時期に盛り上がりを見せていた日本の学生運動に新風を吹き込んだ。すなわち、毛沢東思想は運動理論として再解釈され、「造反有理」が学園紛争の標語に掲げられるなど、新左翼学生運動への同調作用・増幅作用をもたらした。と同時に、中国型コミューン論や自立的経済論など、独特の観点を獲得し、その知見は、以後の共同体論、内発的発展論へと展開していく契機となった。

また、マオイズムに心酔した若い世代の在日華僑から、過去の日本帝国主義の中国侵略と、当時の日本の東南アジアへの経済的再侵略に対する告発が発せられた。彼らの告発の声と行動は、ベトナム反戦運動や沖縄の本土復帰運動などとも連帯する形で、新左翼学生を中核に、市民運動層にかけて、日本の日米軍事同盟体制に反対し、アジアの人々への差別を糾弾し、アジアとの共存を訴える文革に同調した運動と論調を高めていく契機となった。さらに、文革の推移とともに中国革命の内在論理へのさまざまな探求を通して、日本が培ってきた中国研究の伝統と資源について、また、近代以降の日本にとっての中国経験の歴史的意義について、ひいては日本の近代そのものについて、問い直す機運と研究の深まりが見られた。

紅衛兵批判、林彪事件などを契機に中国国内では文革が沈静化に向かい、日本でも新左翼運動が自壊することで、文革熱は急速に冷え込み、文革論議は論壇から消え、文革支持の論客は沈黙した。やがて一九七六年一〇月の四人組逮捕、八〇年一一月から翌年一月までの林彪・四人組裁判を経て、一九八一年六月に中共中央による「歴史的問題に関する決議」が下され、文革は「重大な誤り」だったと公式に全面否定されるに至って、文革の正当性根拠を保持することはますます困難になった。

その後、中国においては、文革を支持する言説の出版は公式に認められていない。全面否定する言説は許されているが、具体的な歴史事実の詳述は禁じられている。そこで公式の歴史においては、文革の一〇年は歴史そのものが抹消されて語られるという空白が生じている。

そのような中国現代史の「隠蔽」を、日本の論壇は表現の自由の侵害、言論・出版の制限として、しばしば批判や冷笑の話柄に仕立てがちである。しかしながら、日本での文革論議の内実もまた、同時代人の証言が乏しく、回顧的研究の試みも充分になされてはおらず、今にいたるもなお知らされていない。日本での文革論議の最中に刻まれた亀裂は、まだ修復されてはおらず、日本の論壇が負った傷口は塞がっていない。その結果、同時代を知らない世代にとっては、論争があったという事実すら知る機会に恵まれていない。日本においても中国と同様、文革は歴史化されていないのである。

確かに、日本での文革論争が過熱化していくに伴って、戦後、中国論を公論として発する時点から埋め込まれていた党派的思考を呼び醒まし、同時代中国に対する冷静な事実認識を曇らせたことは否めない。だが、論壇での文革論議は、日本の中国認識に転機をもたらし、そこで得られた知見が戦後思想の資源の一部を構成している事実もまた、なおざりにしてはならない。対中認識の軌跡をたどり、中国論のストックを経験的学知として確認する上での作業の一環として、文革論を学知の実践的文脈のなかに位置づけて、学界の共有資産の系譜学的リストを作成しておくことは、正しい中国認識のあり方を確認し、今後、同じ轍を踏まないためにも必要なことである。また、そこでの議論の広がりと深まりを、一時期の中国研究の総括としてだけでなく、戦後日本の精神史のなかに位置づけていくことは、中国論を専門研究者の専有物のみに閉じ込めておかずに、公共知識人の思想課題として再定置し、公論の議題として取り戻していくためにも、不可欠の作業であろう。

第六章　日中復交と歴史問題　一九七一―七二

――戦争責任論を中心として

日清戦争以来、日本人と日本軍が中国で何をしてきたか。私たち日本人が何十年間も知らされてきたのは、ご存知のように、日本軍や日本財閥や天皇の側にとって都合のいい事実ばかりであり、正義の味方としての「皇軍」の姿ばかりであり、南京大虐殺のとき何も知らされぬ民衆がやらされたのはチョウチン行列であった。そしてもっと驚くべきことは、敗戦後になっても、基本的には知らされないで二〇数年間も過ぎ去ったという事実であろう。このままでは、わが祖国は世界の嘲罵と憎悪のマトでしかない最低民族になりかねない。なんとか最低民族になるようにと、私たちは文部省やＮＨＫなどによって毎日教育されている。

この最低民族化教育を、なんとか拒否したい。そのためのひとつの方法は、反動政府が知らせたがらない事実を、私たちの手によって掘り起こし、知ることである。そのような事実を、広範な日本人の常識とすることができるようになれば、最低民族化教育にとっても大きなブレーキになるだろう。

――本多勝一「自序　教育される側の論理」（『中国の日本軍』創樹社、一九七二年）より

一　歴史問題の萌芽としての日中復交論

これまで一九四五―七二年の中国関連記事の論題と内容を、五つの時期に区切って調べてきた。通覧してわかることは、日本の論壇にとっての最大の関心事は、この時期が日中断交期であったことから、ある意味では当然のことであるが、国交回復をどう実現するかということにあって、論題別に集計してみると、国交正常化についての論考が最も多いという事実である。とりわけニクソン、キッシンジャーの電撃訪中から日中国交回復にいたる一九七一・七二年の時期は、四五―七二年を通じて総合雑誌での中国関連記事の掲載総数二五五四本中五六六本と最も多く（七一年二八六本、七二年二六三本。ちなみに七〇年は九九本）、五六六本のうちほぼ三本に一本を占める一八七本は復交関連の記事である。

具体的な検討は次節以下で詳しく行なうが、日中復交論の内容の中心的論点は、日本の対中国戦争の加害責任論と地政学的国際関係論・国益論からみた復交是非論の二つに大別できる。このうち戦争責任論は、敗戦直後から七二年の日中国交正常化交渉にいたるまで一貫して見られ、戦争責任の内実の明確化、加害に対する反省と謝罪、賠償問題の解決などを通して、日中間の法的な意味での戦争状態をどう終結させるか、未解決の終戦処理をどのように行なうかということをめぐって議論がなされた。

地政学的復交是非論議は、中華人民共和国建国の一九四九年から講和問題が議論される五一年にかけてと、安保改定問題が議論された一九六〇年前後と、七〇年の安保改定から米中接近・日中復交の七二年にかけての三つの時期に集中的になされた。日中国交回復は、日本と中国にとって戦後を終わらせるための一大事業であった。すなわち、日本にとっては片面講和のサンフランシスコ条約・日華平和条約・日米安保体制の見直し、近隣アジア諸国への軍事的侵略から経済的搾取への連続性に対する批判であり、中国にとっては米中ソの平和共存の模索、日本の軍国主義復活への警戒論であった。そこでの核心は台湾問題であり、「一つの中国」か「二つの中国」か、台湾断交への是非をめぐる議論であった(1)。

一九九一年の湾岸戦争とソ連の解体、翌年の中国国内の鄧小平南巡講話による市場経済化の加速あたりを契機として、日中間にはさまざまな歴史問題が噴出するようになった。最初に問題が顕在化したのは一九八二年の歴史教科書問題であるが、九〇年代以降の歴史問題の特徴は、第一に、教科書問題に止まらず、南京虐殺事件をめぐる事実認定、首相による靖国公式参拝、「従軍慰安婦」制度の国家責任、尖閣列島(魚釣島)の領土帰属、日本の閣僚の失言・妄言、労働者の強制連行についての補償、細菌戦や空爆による民間人被害の補償といった個別具体的なイッシュ—として歴史問題が噴出し、両国間の政治・外交の争点となっていること(2)。第二に、日中の矛盾が新聞・雑誌やインターネットのメディアを通して民間の争論の形で伝えられて、民族主義・愛国主義に火を点ける形で対立が煽られ、その後、政府間でその調停・解決に乗り出すというパターンになっていることである。

この歴史問題発生の源流をたどると、田中首相訪中の一九七二年九月二五日、歓迎晩餐会の席上での田中首相の発言「多大のご迷惑をおかけした」(添了很大的麻煩)をめぐり、翌日の会談で周恩来首相からあまりに軽すぎる発言だと反発されたという「迷惑」発言問題に行き着く。さらに、九月二六日午前の大平正芳・姫鵬飛日中外相会談で、高島条約局長による、一九五二年に日本は台湾の国民政府との間で日華平和条約を締結したことをもって、日本と中国との間の戦争状態は集結したとの発言に対して、午後の田中・周首相会談で、周首相が高島局長の発言をとんでもない話だと非難したことにもたどり着く(3)。前者の論争は日本の侵略戦争の加害責任に関わり、後者の論争は全中国を代表する政府の合法性をめぐっての台湾問題に関わるものである。一九七二年九月二九日の日中共同声明のポイントは、この戦争責任問題と台湾問題に日中両国政府が合意し、賠償放棄という形で戦争状態を終結させたことにある(4)。

そこで、本章では、この共同声明をそれまでの日中間の戦争責任論と復交是非論(本章では両者を総称して「日中復交論」とする)が行き着いた一つの決着点として見据えた上で、日本の論壇が中国との復交を成し遂げるための国内的障害、両国間の障害、国際環境の障害をいかなるものとして認識し、それをいかに克服しようとしたのか、そのなかで歴史問題と台湾問題がどのように浮上し、それらをどのような原則を立てて解決しようとしたのか、また解決を

表6-1　総合雑誌別中国関連記事のうち日中復交論の占める割合（1945-72年）

雑誌名	1971	1972	雑誌総計	復交論総計	復交論比率（%）
日本及日本人	6	7	13	12	92
文藝春秋	16	32	48	12	25
諸君	29	37	66	28	42
自由	24	17	41	18	44
中央公論	27	31	58	23	40
世界	49	42	91	48	53
潮	32	28	60	8	13
朝日ジャーナル	42	34	76	29	38
月刊社会党	4	9	13	10	77
前衛	7	15	22	7	32
現代	15	9	24	8	33
思想の科学	1	1	2	0	0
展望	3	1	4	2	50
現代の眼	15	8	23	1	4
情況	23	2	25	1	4
年別総計	293	273	566	195	34

拒む言論や勢力との間にどのような論争があったのか、第一―五章までと同様の手法で、明らかにしたい。ただ時期的に同一時期のものを扱うために、取り上げる記事や、言説分析のための論点に重複が出ることは避けられない。主に論じるのは第五章の文革論で詳論を避けておいた一九七一―七二年の記事が中心になることを断わっておきたい。

第四、五章同様に、数量分析のサンプルにする総合雑誌は一五誌であるが、雑誌ごとに類別してみると、表6－1のような結果が得られた。ここから、『中央公論』『世界』のような中道から左派寄り路線の雑誌と、『自由』『日本及日本人』『諸君』のような右派系雑誌は、中国関連記事に占める復交関連記事の比率が比較的高いが（とりわけ『日本及日本人』は九二％ときわめて高い）、『現代の眼』『情況』のような新左翼系雑誌はその比率が低い（ともに四％）ことがわかる。これは、新左翼系雑誌では日中の政府間関係についての論議よりも、文革論とそれを踏まえた世界革命論に関心の重点がある

図6-1　総合雑誌15誌の論調傾向配置図（ただし復交論に関する記事のみ，1971-72年）

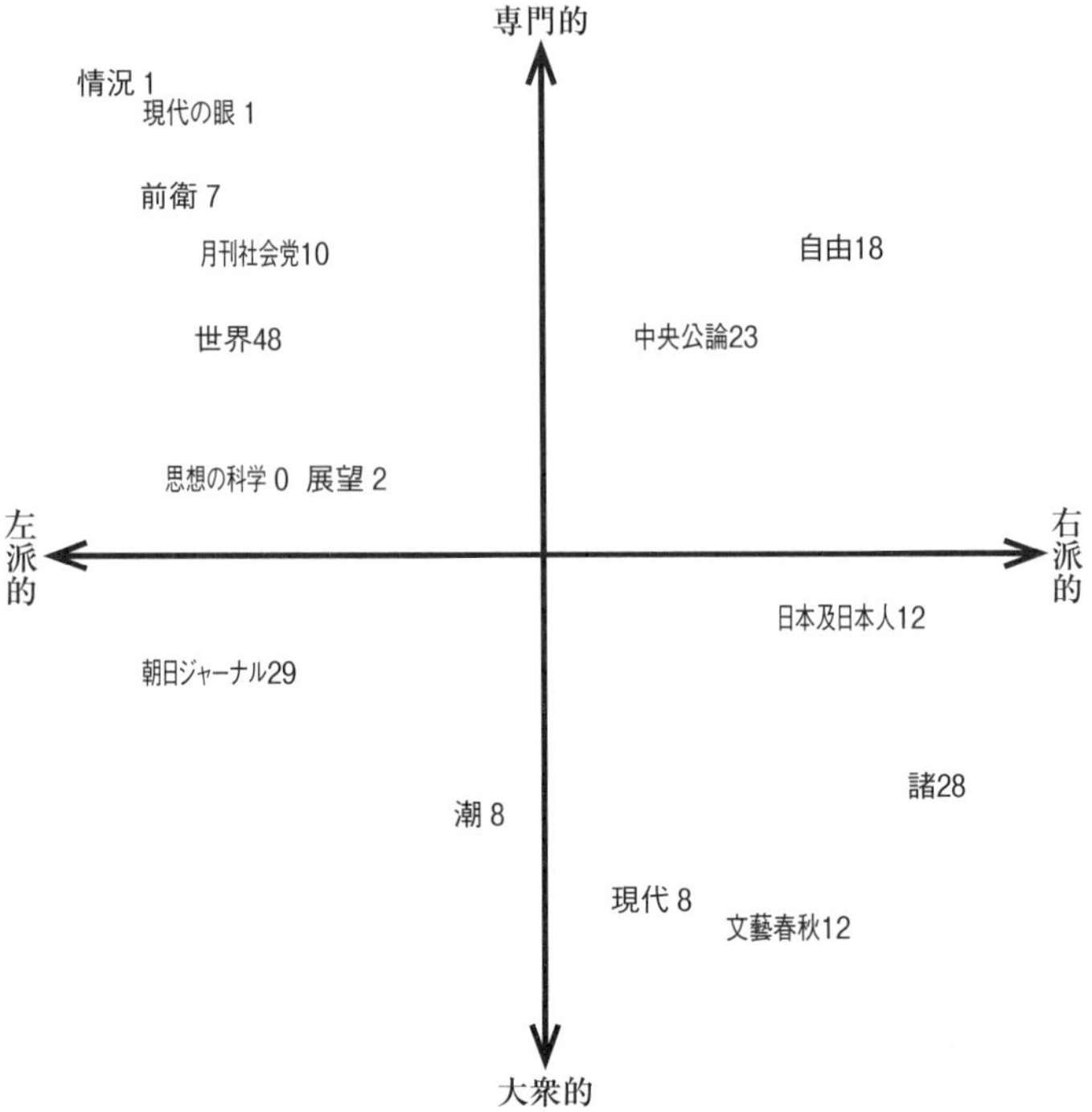

ことによる。復交論関連記事に限定して、雑誌別論調の数量分布図を掲げておこう（図6－1）。左派系一〇六本、右派・中道系一〇一本と、本数において全く拮抗していることが見て取れる（このことについては本章六－3で後述する）。

以降、一九四五―七二年の日中復交論を概観し、先の第五章では言及を避けた一九七一―七二年の日中復交に関しての関連記事に絞って言説分析を加えていく。この時期の復交論は大きく実利派と道義派に分けられ、前者は復交を外交的見地からいかに行なうかという方法の選択として議論を立て、後者は歴史的見地から何をおいても行なうべきものという優先課題として議論を立てるという傾向が見て取れる。また、各誌ごとに編集方針の違いや論調の違いがかなり明確に色分けされている。そこで、これまでの章の言説分析の手法とはややスタイルを変更して、実利派復交論を三節で、道義派復交論を四節で取り上げ、原則として各誌ごとに論稿をまとめて分析を加える形で論述を進めていきたい。その前に、二節で、一九四五年から一九七〇年までの復交論関連記事の論点・論調の歴年推移を再度確認し、また七一—七二年の復交論を読解する上で、現実の米中接近から日中復交にいたる情勢の推移をたどっておくことにする。

七〇年代初頭までのこの時期は、九〇年代以降のようないわゆる歴史問題は具体的な形で顕在化することはなかったものの、これらの雑誌に掲載された論文の言説分析を行なうことは、その後に継起した歴史問題を客観的に考察し、正しく処理するために、日中間で積み重ねられてきた経験的知見を再確認する作業にとって、有用な視座と素材を提供することになるであろう。以後、日本の敗戦後の日中復交論の系譜を時系列的にたどり、とりわけ米中接近から田中首相訪中にいたる時期に洪水のように掲載された復交関連記事の言説分析を通して、日中復交論のバリエーションを析出し、復交にいたるどのような課題を見出し、どのような解が打ち出されていったのかをたどる。その復交にかかわる諸論に、今日もなお終息する気配を見せていない歴史問題の萌芽を見出し、先人たちの知的格闘の軌跡を明らかにすることで、紛糾する歴史問題への解もまたどのあたりにあるのかを探りたい。

二　日中の戦争責任区別論

1　中国政府の対日政策の原則

第一章で一九四五—五〇年の中国関連記事を扱った際、主要な中国情報源として、欧米ジャーナリストの中国報道の翻訳転載と、中国滞在者の復員後の帰還報告があることを指摘した（二-1・2　中国論者の交替）。後者の中国報道の担い手の多くは、延安を拠点にした解放区における日本人反戦同盟出身の捕虜兵士であり、彼らは中国共産党の指導者や八路軍の活動に接しつつ、その一次情報を伝えた。さらに、この時期の中国論の主要論題として日中戦争の敗因と日本の加害責任についての論議があり、そこにおいても、戦後論壇で最も早く加害責任を訴えたのは、延安の解放区にいた元日本兵捕虜や解放連盟の兵士たちであったと指摘した（三　敗戦）。この中国発の中国論の流れについては、第二章の一九五一―五五年の中国関連記事において、五三年の第一次中国残留日本人大量送還のさい、敗戦後も中国政府に留用された日本人の現地報告が量的に多くの比重を占めたが、そこでも中国政府の政策を高く評価する論調が優勢を占めていたことに継承されていたことを言及しておいた。さらに、より直接的には第三章で五六―六四年の記事を扱ったさい、五六年からの日本人戦犯の大量送還以降、戦犯容疑で残留を命じられた日本人による帰国後の現地報告により濃厚に反映されていたことを述べた。

これらの帰還日本人たちの中国論の多くは、反戦同盟出身者の場合は日本軍の加害責任への呵責が、元戦犯たちの場合は中国侵略の加害者となったことの強烈な自責・贖罪意識が基底にあった。さらにその対中戦争責任論の背後には、毛沢東を中心とする中共・八路軍の抗日戦争戦略論があった。

改めてこの抗日戦争論の構造を踏まえたうえで、その後の中国政府の対日政策の原則と方針がどのように策定されたのか、本章の雑誌記事の言説分析の作業とは離れるが、日本の復交論を考える際の重要な参照系となるため、確認しておきたい。

中国政府は、階級分析論の立場から日中戦争で蒙った巨大な災難と損失の加害責任は日本の一部の軍国主義者・反動勢力にあり、大部分の日本人民は戦争の被害者であって、前者は敵、後者は友人という「区別論」の観点に立って、抗日戦争の戦略と、建国後の対日政策方針を決め、日本の軍国主義復活の動きを批判し、平和・民主勢力を支持し、戦犯問題を処理してきた。

この「区別論」の起源として、中国共産党の文献において最も初期に確認できるのは、一九三八年五月の毛沢東の「持久戦論」であろう。(5)

「中日戦争は中日両国を改造するであろう。中国が抗戦を堅持し、統一戦線を堅持しさえすれば、かならず、ふるい日本を新しい日本にかえ、ふるい中国を新しい中国にかえ、中日両国の人も物も、ことごとく、今度の戦争のなかで、また、戦争のあとで、改造されるであろう。われわれにとっては、抗戦と建国とをむすびつけてみるのが正しい。日本も改造されるだろうというのは、日本の支配者たちの侵略戦争が失敗し、日本の人民革命がひきおこされる可能性があるという意味である。日本人民の革命勝利の日こそ日本が改造されるときである。これは中国の抗戦と密接に関連しており、知っておくべき前途である」[6]

「どのような条件のもとでなら、中国は日本帝国主義の実力にうちかち、これを絶滅することができるのか。それには三つの条件がなければならない。第一は、中国の抗日民族統一戦線の完成である。第二は、国際的な抗日統一戦線の完成である。第三は、日本国内の人民および日本の植民地人民の革命運動の興隆である。中国人民の立場からいえば、三つの条件のうちでは、中国人民の大きな団結が主である。」[7]

この頃、毛沢東はまた「資本主義国家の政府と資本主義国家の人民の区別を忘れてはならない」[8]とも述べており、区別論の発想がみられる。また、この区別論は日本に対してのみ適用されるのではなく、次の談話からもわかるように、あらゆる帝国主義勢力について適用されるべき原則とされている。

「われわれはアメリカ人民とアメリカ帝国主義分子を区別しなければならず、アメリカ人民は良いが、悪人は帝国主義分子である。イギリス・フランス・ベルギー・ポルトガルも同様だ。人民は良いが、帝国主義分子は悪い。われわれはいまこの二種類の人を区別することを学ばないといけない。」[9]

「われわれがアメリカ帝国主義に反対するのは、帝国主義分子に反対されるのに限られるのであって、アメリカ帝国主義分子とアメリカ人民をはっきりと区分しなければならない。この観点はわれわれ中国では長くはっきりせず、数十年も騒いで漸く次第にはっきりした。それ以前は、おしなべて中国を侵略する国の人はすべて悪いとみなして、そこにいわゆる排外政策がうまれた。はっきりしないといけないとしたのは、やはり五四運動以後のことだ。共産党が成立してから、少しマルクス主義を読んでからはじめて、われわれは世界がどのようなものなのかをはっきりさせて、政治構造・社会構造を知ることができるようになったのです。」[10]

この区別論は、八路軍の捕虜となった日本兵士に対する処理の原則として活かされ、公安部が日本人捕虜の取扱いについて規律の整備を行なった。また、華北各地の日本人反戦同盟（一九三九年に成立、一九四四年に発展的に解消し、新たに日本人民解放連盟が成立）、日本人覚醒連盟（一九三九年、山西省南部で、杉本和夫、小林武夫、高木敏雄らの日本人捕虜によって「めざまし」という名称で始まった）、日本労農学校（一九四一年、反戦同盟の幹部養成を目的として中共の政治部の指導の下に延安に設立、校長野坂参三）などが、日本兵捕虜の優遇政策と反戦教育を実施していたさいに依拠すべき準則とされた[11]。

公安部長で一九三七年に設立した延安の抗日軍政大学の副校長であった羅瑞卿は、「持久戦論」が書かれた一九三八年当時、大学の講義において、こう語っている。

「われわれの仇敵は悪虐な日本帝国主義だけであって、広範な日本人民や兵士とは、是非とも友達にならなければいけないし、敵軍の捕虜を手中におさめれば、われわれの抗戦力が直接増加するに等しく、それはまた仇敵すなわち日帝に対しては逆に最も重大な致命的打撃であることを知るべきである[12]。」

当時、延安の解放連盟にいた佐藤猛夫はこう証言している。

「日支戦争は、決して日本人民と中国人民との戦争ではなく、日本の軍部財閥の利欲から発動された侵略戦争であって、一般日本人民は欺瞞され、強制されて戦っていたのである。だから一旦、彼等が捕虜となり武装を解除されたら、彼等は、やはり平和的な勤労人民であり、これを外国の友人として待遇すべきであるといふのが、中共八路軍新四軍の信念であり方針であった[13]。」

日本の敗戦から新中国成立にかけての外交戦略においては、中共の対日政策は、日本のファシズム勢力・軍国主義を除去し、民主制度の樹立を援助することにあった。毛沢東は日本敗戦直前に、「連合政府論」（一九四五年四月二四日）において外交問題を論じるなかで、対日政策についてこう述べている。

「われわれは、日本侵略者がうちやぶられ、無条件降伏したのちには、日本のファシズム、軍国主義、およびそのうまれる政治的、経済的、社会的原因を徹底的に消滅するために、日本人民のすべての民主主義勢力が日本人民の民主主義制度を樹立するのを援助すべきだと考える。日本人民の民主主義制度がなければ、日本のファシズムや軍国主義を徹底的に消滅することはできず、太平洋の平和を保障することはできない[14]。」

日本の講和問題が浮上した時期の一九四九年一月、中国共産党は日本人民と中国人民との親善を主張し、講和条約をめぐる新しい日中関係についての方針をこう定めている。

「一　日華両国は密接な関係をもっている。東亜の二大国は、緊密な友好関係を打ちたてねばならない。今や中国人民の全面的勝利が近く達成されるという事実によって日華両人民の関係に新たな展開が生れた。

二　将来、日本は中国人民と講和条約を結び、経済的・政治的関係を樹立することになろう。

三　中国人民が日本人民と真の密接な友好関係を結びたいと希望していることは、疑う余地がない。が、かかる友好関係は、日本の侵略者がつねに語った日華親善と根本的に異なる。自ら自由をかちとった新中国は、ポツダム宣言を忠実に守り、日本の民主化と反動勢力の復活防止を援助するであろう。

四　日本を導いて中国との真の密接な友好関係を打ちたてるに最も適した資格あるものは、日本の民主的要素、すなわち、日本共産党および中国人民の血で手がよごれていない他の民主主義分子である。[15]」

さらに、中国政府は一九五〇年二月に調印された中ソ友好同盟相互援助条約の第一条で、日本を仮想敵とした集団安保に基づく軍事同盟の性格を打ち出した。そして、日本人民を団結させ、日本共産党の革命闘争を支援し、共にアメリカ帝国主義と日本の反動派の結託に反対し、日本の侵略が再現されることを防ぐ政策をとった。

一九五二年の時点で、毛沢東は中ソ同盟体制を踏まえてこう述べる。

「現在、日本軍国主義が復活し、日本の侵略勢力が再び台頭しているときに当って、中国とソ連の堅い友好同盟は共に日本とその他侵略行為において日本と結託するいかなる国家の再度の侵略をも制止し、東方と世界の平和を防衛する有力な保証である。[16]」

同年一二月一日、中国政府は北京放送を通じて中国に残留する日本人が三万人おり、送還の交渉に応じると発表したが、中国政府関係者は、新華社記者の「彼等の中国での情況はいかなるものか」との質問にこう答えている。

「日本軍国主義政府は過去に発動した八年の侵華戦争にて、我国人民に忘れがたいとてつもなく大きな罪をなした。しかし我国の人民ははっきりと日本軍国主義者はかつても、またこれからも我国の仇敵であるが、日本人民はわれわれの友人であることを見きわめ、我国の人民は友好的な態度で在華の法を守る日僑に接している。彼等はすべての法を守る外僑と同様に、我が人民政府の保護を受けている。我が公営私営企業で働く日僑職員は、我国労働法令の保護と労働保険の待遇を享受している。彼等の生活は日毎に充実して豊かになり、最近数カ月、日僑は多額の資金を日本にいる家族の生活費として供出しているのは一つの証明である」[17]

このような経緯のもとに、毛沢東を核心とする第一世代の指導部は、一九五五年三月、対日工作の総方針・総政策を固め、日中の友好関係の回復と発展を対日政策の重要な位置に据え、中共中央政治局「中共中央の対日政策ならびに対日活動方針および計画について」を打ち出した。この方針は、周恩来首相の許可を得て王稼祥中聯部（党中央対外連絡部）部長が中心となってつくられたが、当時王稼祥の政治秘書になったばかりの張香山・元中聯部秘書長が、その概要を明らかにした。それによると、

①米軍の日本からの撤退、日本に米軍の軍事基地を置くことに反対
②平等互恵の原則に基づき、中日関係を改善し外交関係の正常化につなげる
③日本人民を取り込み、中日両国人民の友情を打ち立てる
④日本政府に圧力をかけ、アメリカを孤立させ、日本政府の対中関係の変更を迫る
⑤間接的に日本人民の反米に影響を与え支持し、日本の独立・平和・民主運動を要求し、貿易・漁業・文化などの民間往来によって両国の友好感を高め、政官関係の発展の方針と計画につなげる

の五項目から成っている。[18]

この頃、対日正常化を呼びかけた周恩来総理は、正常化実現のために二つのネックがあると見ていた。すなわち、一つは日本が米国の中国封じ込め政策を突破して実現に踏み切ることができるかどうか、もう一つは中国人民の感情問題であった。そこで人民を説得するために、周恩来を中心に党、政府、軍幹部が検討し、「侵略戦争を画策し、命令し、発動したごく一部の軍国主義者と、一般の日本国民、命令され動員された一般兵士を分ける」という区別論に立って、戦争の責任はごく一部の軍国主義者にあり、一般の日本国民、一般の兵士には責任はなく被害者だというこ

とを、党、政府、軍の幹部を総動員して、人民に説得・教育したという。[19]

それまで中国はバンドン会議の平和十原則のように、アジア・アフリカ・ラテンアメリカの第三勢力による、大国の干渉をうけない平和共存の道を国際社会に向けてアピールしてきた。それが一九五七年以降の中ソ対立と米ソ平和共存、五九年の中印紛争によって、アジアの新興諸国相互の結束が崩れ、バンドン会議体制は破綻し、米ソの東西対立の中間に入ることで結束して国際的発言力を担保するという非同盟中立の独自性が揺らぐこととなった。そこで、毛沢東は一九六〇年頃から、新たな中間地帯論を唱えることになる。それは、従来の国家・空間単位で帝国主義勢力＝敵とその圧迫者＝友を分けるのではなく、一国の内部に帝国主義者や軍国主義者とそれに抵抗・反対する人民がいることを区分して捉え、樺美智子を反米闘争のシンボルとして讃えたように（第三章五－1）、人民との連帯を訴えるという主張であった。中国側の国際情勢に対する認識に変化が生じ、米帝国主義に反対する日本の人民との共闘を訴えるようになったのであった。[20]

一九六〇年以降の毛沢東には、中国を訪れた第三世界からの友好団体や要人に対して、共闘して帝国主義勢力を打破しようという発言が目立って多くなる。関連の文献を、『毛沢東外交文選』から拾ってみる。とりわけ日本からの訪中団に対する発言（＊印を付す）が際立っているのが特徴的である。

「いまは帝国主義がわれわれを恐れる時代である」（一九六〇年五月三日、前掲）
「日本人民の日米軍事同盟条約反対闘争を固く支持する」＊（一九六〇年五月一四日）
「圧迫された人民は屈服しない」（一九六〇年五月一七日）
「アメリカ帝国主義は中日両国人民の共同の敵である」＊（一九六〇年六月二一日）
「日本人民の闘争の影響はとても深遠である」＊（一九六一年一月二四日）
「日本人民の前途は明るい」＊（一九六一年一〇月七日）
「中間地帯国家の性質はそれぞれ異なる」＊（一九六二年一月三日）
「われわれとあらゆるアフリカ国家の人民との関係は良い」（一九六三年五月三日）

「アメリカ黒人の人種差別反対闘争を支持する声明」（一九六三年八月八日）

「圧迫された人民自らがすべて立ち上がらなければならない」（一九六三年八月九日）

「中間地帯には二つある」＊（一九六三年九月、一九六四年一月、七月）

「中国人民は日本人民の偉大な愛国闘争を支持する」＊（一九六四年一月二七日）

「歴史から見たアジア・アフリカ・ラテンアメリカ人民闘争の前途」（一九六四年七月九日）

「アメリカ帝国主義分子とアメリカ人民をはっきりと区別しなければならない」（一九六五年一一月二五日、前掲）

以上の文献から、該当する発言の部分を三例挙げておく。

「過去の戦争は独占資本の政府や軍国主義者たちが責任を負うべきであって、日本の人民が責任を負うべきものではありません。人民がなぜ責任を負わねばならぬ必要がありましょうか。もし負わねばならぬものとするなら、みんなが日本人民に対して反対しなければならなくなってしまう。これはとんでもないことです。過去の戦争は事実上独占資本の政府が第一に人民の意思に反し、第二に人民をだまし、第三に人民を強迫して肉弾として狩りたてた戦争だったからです。……日本の『皇軍』が大半の中国を占領していたからこそ、中国人民にとっては他に出路がなかった。それだから自覚して、武装しはじめたのです。多くの抗日根拠地を作って、その後の解放戦争において勝利するための条件をつくりだしました。日本の独占資本や軍閥は『よいこと』をしてくれた。もし感謝する必要があるならば、私はむしろ日本の軍閥に感謝したいのです。」（「日本人民の闘争の影響はとても深遠である」）

「日本人民と中国人民は良き友人です。われわれは団結の範囲を広げて、すべてのアジア・アフリカ・ラテンアメリカ及び全世界の帝国主義と各国反動派を除く九〇パーセント以上の人民と団結しなければいけません。われわれは積極的に彼らに働きかけ、あらゆる機会をつかまえてその国に働きかけるので、あなた方もそのようにしていただきたい。もし全世界に二七億の人口があれば、一〇パーセントは二億七〇〇〇万人で、残る二四億三〇〇〇万人と団結しなければなりません。」（「日本人民の前途は明るい」）

「わたしは全世界の白色・黒色・黄色・褐色など各色人種の労働者・農民・革命的知識分子・開明的資産階級分子

とその他の開明的人士と連帯して、アメリカ帝国主義の人種差別に反対し、アメリカ黒人の人種差別反対闘争を支持することを呼びかけます。民族闘争とは、結局のところ一つの階級闘争の問題です。アメリカで黒人を抑圧するのは、白色人種のうちの反動統治集団だけです。彼らは白色人種の絶対多数を占める労働者・農民・革命的知識分子とその他の開明人士を代表することは決してできません。目下、全世界の絶対多数の民族と人民を抑圧・侵略・威嚇しているのは、アメリカを始めとする一握りの帝国主義者と彼らを支持する各国反動派です。彼らは少数で、われわれは多数です。全世界三〇億の人口のうち、彼らはせいぜい一〇パーセントにも満たない。わたしは全世界の九〇パーセント以上の人民の支持の下で、アメリカ黒人の正義の闘争は必ずや勝利すると確信します。巨悪の植民主義・帝国主義制度は黒人を奴隷として売買することで栄えてきたものですから、黒色人種が徹底的に解放されることで必ずや終わりを告げます。」（「アメリカ黒人の人種差別反対闘争を支持する声明[21]」）

さらに周恩来は、一九七二年七月、田中内閣成立後、国交正常化にともなう国民に対する宣伝教育の準備に取りかかったが、その焦点は、賠償請求放棄の理由をいかに国民に説明するかということにあった。そこで周恩来は指示を出し、各地民衆の賠償放棄に対する反応を集め、日中戦争でとくに被害が大きかった地方の党委員会と外事組は、九月上旬から田中訪中を受け入れ、賠償請求を放棄する問題を中心に、民衆への説得を行なう宣伝教育キャンペーンを展開した[22]。

なお、この区別論は、国民政府もまた依拠しており、その原則が顕著に表現されたのが、一九四五年八月一五日、日本のポツダム宣言受諾後に蒋介石主席・軍事委員長が重慶において全国国民におこなった次のラジオ放送演説である。

「われわれが一貫して、正義に背いて戦いをはじめた日本の軍閥を敵とし、日本の人民を敵としないと声明してきた。いまや敵軍はわれわれの盟邦によって打倒された。われわれは厳しく彼らに責任をもたせ、あらゆる降伏条件を忠実に実行させなければならないが、しかしわれわれはけっして報復を企図してはならない。ことに敵国の無辜の人民に侮辱を加えてはならない。われわれはただ、彼らがナチス軍閥によって愚弄され、かり立てられたことに対して憐憫の情を示し、彼らをして錯誤と罪悪を自省せしめるだけである。もしも暴行をもって敵の従来の暴行に答え、侮辱をもって彼らの従来の誤った優越感に答えるならば、恨みに報いるに恨みをもってすることとなり、永久に終始することはなく、それはけっしてわれわれ仁義の軍の目的ではないということを知らねばならない。このことは、われわれ一人一人の軍民同胞が今日特別に注意しなければならないことである。(23)」

ここでもまた、蒋介石は、日本の軍閥と「無辜の民」を区分し、日本国民を被害者とみなして「憐憫の情を示」せとしている。(24)

2　日本側の対中戦争責任論と復交論

このような中国側の日中戦争論に対して、あるいはそれに呼応して、日本側は日中戦争をどのように認識し、加害責任をどのように受け止めつつ、日中国交回復論を打ち出したのであろうか。

戦争責任論については、日本人総体の戦争体験としては、一九四一年の日米開戦以降の太平洋戦争を思い浮かべるケースが多く、連合国とりわけアメリカとの対戦によって、全土への空襲、沖縄の地上戦、広島・長崎の原爆の惨禍などによる被害体験が強く印象づけられている。敗戦体験としても、アメリカとの戦争に敗れたという意識が強く、敗戦責任を軍部・政府の戦争指導者に帰する東京裁判史観と、国民総体に帰する一億総懺悔論とが混在してきたというのが実情であろう。

したがって、中国と戦ったという日中戦争の意識や、中国に敗れたという対中敗戦意識は、比較的稀薄であった。そのうえ、もっぱら日本一国を敵国として抗戦八年を戦った中国の抗日戦争観とは、公式の歴史の語りの上からも、国民の意識の上からも大きな隔たりがある。

とはいえ、中国に暮らし、とりわけ旧満洲において、ソ連の対日参戦の直接的攻撃を蒙った開拓団の居留民は、日中戦争の被害者として自らの戦争体験を記憶しているだろうし、そのほか在留居民や中国戦線への出征兵士もまた、中国との単独戦争として、今次の戦争を語り記憶するケースが圧倒的であろう。本書が扱う日本で公刊された中国関連記事は、執筆者の来歴からいって、当然のことながら、この日中戦争観の枠組みによって書かれたものが大半である。

日中戦争に対する回顧と反省は、すでに敗戦直後の一九四五—五〇年の間に公刊された多くの記事においてすでになされているが、それらはすべて「中国の「惨勝」と日本の「惨敗」」の構図のなかに嵌め込まれたものであった（第一章三「敗戦」参照）。「日本の惨敗」に関しては、満洲への元開拓民たちの悲惨な被害体験と日本人官吏たちに対する敗戦責任の告発の記事を除いては、日本の加害責任への贖罪意識を表明し、敗戦責任を日本の政府と軍部の侵略政策と知識人の対中認識の錯誤に求めた。併せて日本への報復を自重するよう呼びかけ賠償放棄の方針をたてた、蔣介石の「以徳報怨」演説への恩義を表明するという思考経路が一般的であった。

また、この時期は、延安の解放区に居留した反戦同盟の日本兵捕虜や戦犯が多く寄稿していたため、その戦争責任論には、中国共産党が依拠するごく一部の軍国主義者と広範な日本人民という区別論の枠組みが濃厚で、日本人民に対してはファシズム打破の民主革命の主体として立ち上がることを呼びかける傾向が強かった。国共内戦を経て、中華人民共和国が成立したころは、日本はＧＨＱの主力をなした占領者のアメリカから単独講和要請を受けていたが、中国論者たちは日中戦争を終結させ終戦処理をするうえで、中国の国家承認と国交回復を含む全面講和論を主張した。さらに一九五六年からは日本人戦犯の引揚げが続き、帰国後元兵士らは中国帰還者連絡会を組織し、中国侵略の直接的加害者となったことの自責・贖罪意識と、抑留中の彼らに対する中国側の温情と寛大な処置に対する恩義から、対中戦争罪責論を基礎とした日中復交論を主張した。

政府側については、与党自民党は吉田政権から岸政権を経て佐藤政権にいたるまで、鳩山内閣・石橋内閣・池田内閣の柔軟路線はあったものの、基本的には日米関係基軸路線と台湾政府支持を表明し、中華人民共和国の国家承認はしないものの、政経分離を掲げ、経済面ではバトル法やココムに違反しない程度の日中間貿易を民間交易の形で黙認した。

それに対し、一九五二年の帆足計、高良とみ、宮腰喜助ら国会議員の北京訪問と第一次日中民間貿易協定の署名を皮切りに、日本共産党、日本社会党、自民党左派（池田正之輔、松村謙三、古井喜実、藤山愛一郎、宇都宮徳馬など）、財界人（村田省蔵、高碕達之助、岡崎嘉平太など）、文藝各界の要人の訪中が相次ぎ、日中友好の促進と日中復交論を展開した。彼らはおしなべて中国侵略に対する贖罪意識を持っていたが、日中戦争の加害責任については、彼らの目立った発言はない。これは、おそらくこの時期、中国側は日本との友好関係の促進と復交を優先課題においていたために、中国側から戦争責任問題をこれらの友好人士たちに提起することには抑制的であったこと、訪中団の団員たちは中国側の区別論からすれば友人であることは明白であることから、戦争責任論を提起する必要を認めなかったためであったろう。ただし、一九五八年の長崎国旗事件の折は、中国側の態度が硬化し、両国間の経済交流は一時完全に停止した。中国側は当時の岸首相を軍国主義分子と認定し、岸政権の中国敵視政策を批判した。この時期の日本からの各種訪中団に対しては、中国側は日本軍による戦争被害の問題を訪中団員に厳しく提起するというようになった。

知識人による記事が目立つようになるのは、一九六〇年の日米安保改定を目前にして、長崎国旗事件の余波もあって、改定阻止のための論陣の一環としての中国論が寄稿されるようになる一九五八年あたりからで、中国側も日本での安保改定阻止の運動に呼応して、日本軍国主義復活反対キャンペーンを展開した。論調の布置としては、日米関係との優先順位、台湾政権との外交の継続性、国際情勢分析などから、日中復交については、積極派・大義名分派（左派）と消極派・静観派（右派）に分かれたが、総合雑誌に掲載された記事の数からすれば、復交積極論が消極論を遥かに圧倒していた。総じて両派とも国交回復の必要性は認め、あからさまな国交不要論はほとんど見られなかった。

ただ例外は、そこに台湾および台湾の中華民国政府の存在が絡んでくる場合であった。とりわけ、一九五四年と五八年の台湾海峡を挟んで中台の軍事的緊張が高まった時期を画期として、日中復交への否定的意見が誌面に目立つようになった（第二章四－4、第三章五－2参照）。一つの立場は台湾国民政府側に依拠した台湾断交反対論あるいは日中復交無用論を唱えるものであった。この立論を支えたのは、岸信介を元祖とする賀屋興宣・椎名悦三郎など自民党の親台派保守政治家であり、その流れを汲む藤尾正行・渡辺美智雄・中川一郎ら若手自民党政治家が青嵐会を結成して田中政権の日中復交の抵抗勢力となった。彼らの日中復交反対論の根拠は、終戦時に蔣介石が訓諭した「以徳報恩」の恩義に背かず反共を貫くという姿勢にあった[25]。もう一つの立場は、台湾住民の意思を尊重せよとの台湾人自決論・台湾自治論・台湾独立論であった。

知識人の復交論の論拠の一つは、日本の対中侵略戦争の道義的責任を主体的に行ない、終戦処理を全うせよとの主張であった。なかでも、この一九六〇年前後の時期から日中復交がなされる一〇年余りの間、日中国交正常化論を主唱したのが竹内好であった。竹内は、「中国問題と日本人の立場」(『世界』一九六一年六月号)において、日本の真の独立は、国民の道義的責任として中国との未済の終戦処理を主体的に行ない、中国との国交回復を果たすことで達成されるとした。自ら代表となって一九六〇年に「中国の会」を結成し、一九六三―七二年の間、同人誌『中国』(竹内好責任編集)を発行し(総計一一〇号)、国民主体の日中国交正常化を提唱する論陣を張った。

中国共産党は日本の戦争責任について、抗日戦争の当初から、一部の帝国主義者と被害者たる広大な人民とに二分する戦争責任区別論を掲げ、中国と直接的なつながりの深かった日本人もまた、この区別論を援用しつつ、侵華戦争の贖罪意識に支えられた復交論を主張した。それに対し、竹内好をはじめ日本の知識人に見られる日中戦争観は、日本という国家および日本人という国民が総じて中国戦争の加害者として、すべての日本人がその加害責任を負うという発想の磁場のなかにあった。同じ区別論でも、日本と中国を加害者と被害者の関係に二分する発想は、中国側の区別論とは異なるものであり、一九四五年から六〇年頃までの初期の戦後論壇に見られる日中戦争論とも趣きを異にするものであった。この新たな区別論が日本で打ち出された背景には、一九五八年以後の長崎国旗事件・安保改定直前にあって、対中戦争処理を行ない、片面講和に反対して全面講和を実現するという目的意識により、日本人全体に贖罪意識による対中復交論を覚醒させようとの動機が作用していたことが推察されるのである。

3 米中接近から日中復交へ――一九七一―七二年の論壇

日中復交は米中接近がもたらした副産物であったし、米中接近は長引くベトナム戦争とエスカレートする中ソ対立の局面を収拾すべく、米中ともに国際環境の変化を模索しているなかで見出された共同利益に基づく選択であった。日本の論壇において、米中間の新たな局面を逸早く伝えたのが、米民主党上院議員マイク・マンスフィールドのモンタナ大学での講演をまとめた「ヴェトナムを越えて——米中関係の打開を」(『世界』一九六八年六月号)で、ベトナム戦争に終止符を打つために対中接近の有効性を訴え、そのためには台湾問題の解決に踏み出す必要があると説いた。さらに、米共和党上院議員の意見書M・ハットフィールド「転換を迫られる中国〝封じ込め〟」(『世界』一九六九年五月号)は、中国孤立化と封じ込めというアメリカの対中外交政策の見直しと、中国を正式に国家承認し、台湾問題の解決を図るために、中国側の真意を理解する誠実な姿勢が求められることを慎重な筆致で主張した。

一九七〇年一〇月カナダ、一一月イタリアが中国と外交関係を樹立し、一一月二〇日、国連総会で、中国代表権問題について、「中国招請・台湾追放」決議案において賛成票が反対票を上回り、アメリカ国連代表は中国非難を避け、中国をめぐる国際関係に転機が訪れた。毛沢東は一二月一八日、エドガー・スノーと会見、ニクソンの訪中歓迎の意を伝えた。翌七一年三月、名古屋で世界卓球選手権大会が行なわれ、中国代表団長が米国チームの訪中受入れを発表、[26]米国チームが四月一〇日から一七日まで、中国を訪問した。報道陣の一員として随行したAP通信社極東支社東京駐在員J・ローデリックの「毛沢東のつくった万里の長城」(『文藝春秋』一九七一年七月号)は、本人にとって二三年ぶりになる中国訪問の印象を伝えている。

日本の論壇において米中接近の予測を逸早く告知したのは、松尾文夫「ニクソンのアメリカと中国——そのしたたかなアプローチ」(『中央公論』一九七一年五月号)であり、公表されたのはアメリカのピンポン外交の直前であった。松尾は、執筆当時のアメリカがベトナム戦争へのエスカレーションを見せながらも中国に対する多彩な「微笑攻勢」を展開するその真意は、ベトナム撤退を見据えてアジアへの軍事介入の縮小を図り、対中関係最大の懸案である台湾問題のフリーハンドを手中に確保しつつあることから、中国との関係改善に乗り出すことにあり、そのことが、内向きの超大国のエゴイズムとしての「ニクソン・ドクトリン」から導き出されるとの見立てをする。そして、日中の場合は戦争終結処理の問題から手をつけなければならず、そのうえ日華・日韓関係の条件に縛られているので、はるかに米中接近の可能性のほうが大きいとの見立てを示す。

一九六四年から六九年まで、共同通信特派員としてニューヨークとワシントン支局に勤務したあと、東京の外信部にいた松尾の脳裏には、ワシントン時代に足繁く通った国務省において、日本部よりも質量ともに優れたスタッフを擁した中国部のたたずまいが連想されていた。当時の中国部は、オールド・チャイナ・ハンドが赤狩りの五〇年代、六〇年代前半に共産中国への過剰反応をし中国を喪失した受難時代とは様相が一変し、中国への敬意を隠さないニュー・チャイナ・ハンドたちの生気に満ちた表情が溢れていた。そこに松尾は米中接近を予期し準備する米国側の動きの変化を察知したのである。(27)

一九六九年一一月、訪米した佐藤首相とニクソン大統領との会談で、沖縄返還に伴う朝鮮半島と台湾地域の平和と安全の維持、沖縄基地の使用の制約を受けない形での沖縄施政権返還などを盛り込んだ佐藤・ニクソン共同声明が発表された。共同声明発表直後の一一月二八日の『人民日報』は、「米日反動派の罪悪的陰謀」と題する社説を発表、「米帝国主義と日本反動派はいま彼らの軍事同盟をいっそう強化し、新しい侵略戦争の画策と準備に拍車をかけている」(28)と激しく非難した。さらに翌年六月、佐藤政権により日米安保条約の自動延長が発表されると、いっそう中国側の反発を招き、「復活した日本軍国主義を打倒しよう——中国人民の抗日戦争勝利二五周年を記念して」(一九七〇年九月三日『人民日報』『解放軍報』社説)を嚆矢として、サンフランシスコ条約締結、一九六〇年安保改定に次ぐ日本軍国主義批判キャンペーンが展開されていった。確かに、日米共同声明は、中国側が日中国交正常化の条件として提示していた、中国を代表する合法政府としての中華人民共和国の承認、台湾の法的地位、日華平和条約の廃棄を謳った復交三原則に鋭く抵触するものであって、中国側の警戒は高まった。(29)

このように日中関係にとって厳しい情勢ではあったが、中国をとりまく国際情勢が前述のように逆風から順風に風向きが変わりつつあるなかで、マスコミでは「バスに乗遅れるな」のムードが高まり、政界においても日中復交への雪崩現象的な動きが加速していった。一九七〇年一二月九日、自民党の藤山愛一郎を会長として国会議員の過半数を超える超党派議員三七九名からなる日中国交回復促進議員連盟が発足し、一二月一三日には、公明党の呼びかけにより日中国交正常化国民協議会（世話人代表蜷山道雄）が発足した。翌七一年に入って、二月一一日、藤山愛一郎一行と岡崎嘉平太を団長とする日中覚書貿易交渉団が中国を訪問した。帰国後、岡崎は「障害と展望と確信と——日中覚書貿易交渉を終えて」（『世界』一九七一年五月号）を発表、「日中国交回復は、今日ではもはや「必然」のこととなっていると、私は考えている。国際情勢の動きから見ても、また中国自身の歩みから見ても、この国をこれ以上国際社会から隔離し封じ込めようとする〔米国の〕政策は全く時代錯誤のものになっているといわざるを得ない」と書いた。

七一年二月二六日には社会党・総評を中心に、中島健蔵を議長とする、諸団体の連合組織である日中国交回復国民会議が結成された。社会党は日本共産党が中国共産党と決裂状態にあるのを睨みつつ、野党内で他に先駆けて日中国交回復促進を党の外交政策の基本方針に据え、七〇年八月に佐々木更三元党委員長を団長とする訪中団を送り、一一月一日には成田知巳党委員長を団長、石橋政嗣を副団長とする第五次訪中団を送り、日米安保条約廃棄、「日台条約」破棄を含む四原則を謳った共同声明に調印した。七一—七二年の党機関誌『月刊社会党』は、七一年の中国関連記事四本のうちすべてが、七二年は九本のうち六本が、日中復交関連の記事で占められた。七二年一月号では「特集アジアの中の日中問題」が組まれた。

この一九七〇年末からの日中復交に向けての堰を切ったような日本国内の政財界の動きは、一九五二年四月末の帆足計らの訪中以降、日中貿易促進議員連盟やその後の日本国際貿易促進協会の発足と、各界代表団の相次ぐ訪中など、第一次日中民間交流蜜月期をはるかに上回る活発なものであった。

そして、一九七一年七月、キッシンジャー米国家安全保障問題担当大統領補佐官が秘密裏に訪中して周恩来首相と会談、ニクソン米大統領は七月一五日、翌年五月までに訪中することを全世界に電撃発表した。日本政府にその知らせが届いたのは、ニクソン演説開始のわずか三分前という、まさしくニクソン・ショックだった。さらに一〇月にもキッシンジャーは訪中した。この米中首脳の接近により、日中国交回復へのロードマップは決定的に現実味を帯びていった。キッシンジャー第一次秘密訪中の直後、ニューヨーク・タイムス社副社長のジェームズ・レストンは周恩来首相に北京で会見し、彼の「周恩来会見記」が『中央公論』一九七一年一〇月号に掲載された。七月のキッシンジャーとの会談の線に沿っての発言であり[30]、周恩来は国連復帰問題についての「一つの中国」論と台湾解放の原則を明瞭に打ち出すとともに、日本軍国主義復活に対する憂慮をかなり厳しい調子で表明しており、「米国は、日米安保条約を無期限に延長することによって、日本の軍国主義への発展を助長してきました」というように、日米安保条約について、この段階ではまだその撤廃を示唆していることが注目される。また同時期に中国と北朝鮮を回って周恩来首相、金日成首相らと会見したフランス人ジャーナリスト、J・ラクーチュールの「(インタビュー)米中接近とアジアの新情勢――朝鮮・ベトナム・日本」(『世界』一九七一年一〇月号)もまた、周総理の日本軍国主義反対のメッセージの真意についてその印象を語っている。

一九七二年二月二一日、米大統領ニクソンが中国を訪問、二八日に上海で共同コミュニケを発表した。それについての分析がひとしきり論壇を賑わせた後、米中接近の後の国際政治の舞台に上るのは日本であることがいっそう際立つことになり、論壇の関心は日中復交は是か非か、その外交指針と時機はどうあるべきかという、現実に差し迫った問題に集中していった。

この後、日本からは、国交正常化を目指して、民社党訪中団(三月二九日)、公明党訪中団(五月七日)、社会党訪中団(七月一二日)など各党委員長級を据えての野党訪中団、藤山愛一郎、古井喜実、田川誠一ら自民党議員の訪中が相次ぎ、中国側との非公式の具体的折衝を重ね、政権成立直後の田中角栄が訪中の即断を下すきっかけとなる、竹入義勝公明党委員長訪中(七月二五日)へとつながるのであった[31]。

七月の自民党総裁選挙で、佐藤首相の後継者と目されていた福田赳夫を破って、日中復交への不退転の決意を内に秘めた田中角栄が当選し、田中内閣が成立した。八月三一日、田中首相は、ニクソンとハワイで日中関係の正常化問題や貿易不均衡をめぐる会談を経て、九月二五日、ニクソン大統領の頭越し外交の後塵を拝する形ではあったが、日本政府代表団として中国を初めて訪問した。平和条約の締結まではいたらなかったが、米中の場合と同様に、共同声明が出された。しかも米中の両論併記型の上海コミュニケと違って、双方の一致点を謳ったものであり、米中の場合は政府の接近という合意に終わったが、日中の場合は、さらに踏み込んで正常な外交関係への復帰という大きな成果をもたらした。

論壇では、この日中国交正常化をめぐる訪中前からの交渉過程と共同声明の分析、あるいは訪中での歓迎宴会での両国首相の挨拶を中心とする訪中の評価などをめぐって、多くの論稿が掲載された。総じてこれらの日中復交関連記事について、主張の違いや論調の振幅はあるものの共通して流れる問題意識には、日中復交を日本人の国民的課題として重く受けとめようとしていること、日本政府に対してそれまでの対米追随から自主外交への転換を求めようとしていること、日本の近代百年の視座から、あるいは戦争状態を終結させて戦後を終わらせる画期として、その歴史的意義を捉え返そうとしていることがある。

三　実利主義・現実主義的日中復交論

1　『日本及日本人』――復交消極論

本節では実利派の見地から復交の是非を問う型の論稿について分析を加えることとし、『日本及日本人』『自由』『文藝春秋』『諸君』『中央公論』の諸雑誌を扱いたい。

まず『日本及日本人』では、神谷不二《ふじ》・岡部達味《たつみ》「(対談)日中ムードの虚妄と日本の進路」(一九七一年陽春号)の編集部が付したリードに、この型のスタンスが如実に見て取れる。

「日中問題は七一年の大きな課題であり、復交ムードまた日増しに盛り上がろうとしている。しかし、その論拠の殆んどは狭少な道義論や心情論にとどまって何が国益になるかという根本義と政治力学が欠落し、中共の一方的策謀にのせられている。これでは真の日中和平など求め得べくもなかろう。では、日本の進路の選択はいかにあるべきか、その原点をさぐる……」

対談は、現下の国際情勢と中国自身の変化を探り、中国とアメリカの対日評価も動揺しつつあり、台湾問題をめぐっては台湾自身に二つの中国を受け入れる胎動とアメリカに台湾放棄やむなしのムードが漂っていると指摘する。その上で日中問題はすなわち台湾問題だとの前提のもとに、国連の中国承認問題をめぐるいくつかのシナリオを挙げる。神谷は日本の対中政策は「戦時中の行為に対する贖罪論、つまり道義論」「同文同種から始まるような、一種の日中連帯論。つまり心情論」ではなく、日本にとっての国益とは何かという外交問題として割り切って理性的に処理すべきだとし、政府与党の積み上げ方式は限界に来ているし、社会党や自民党の一部の議員の日中関係推進論者のような青写真なき民間外交はやめよと説く。岡部もまた現状打開への量的変化から質的変化を必要とする段階に来ているとし、中華人民共和国とのチャンネルなしですませる現状のままでは、コストも犠牲も非常に大きいので、国交正常化はなんらかの形でしなければならないとする。

続いて同誌の「特集　中国問題の鞍部と日本の選択」（一九七一年盛夏号）では、今川瑛一「米中関係の日本への教訓」が、米中ソの虚虚実実のかけひきに学び、日本は外交の現実感覚を研ぎ澄まし、アメリカの追随ではなく独立した自主外交への道を歩めと説く。松田定久「「バス乗遅れ論」を告発する」は、日中復交ムードに煽られて「恰も弱者が強者に対するような怯懦と諂《へつら》いの、主体性のない、卑屈極まる土下座外交の哀れな姿」を呈しており、中国は「日本に向ってはいよいよ狂暴な恫喝外交の顔と変わっている」とし、日本は軽挙妄動を慎み、中国の国情を慎重に検討したうえで日中問題を解決すべきとし、中国国内の政治の混乱と経済の崩壊寸前の実態を指摘する。阿鳥羽信「法理論か現実か――台湾への主権の所在」は、国際法上からも事実上からも、台湾に関する限り主権の主体は国民政府にあることを説く。日本は「自主外交」をせよ、「土下座外交」をするな、中国は「恫喝外交」をやめよ、という今も繰り返されている現実政治・国益重視派の典型的な反中言辞のパターンは、復交前夜当時から使われるようになったことが、これらの論稿から明瞭に窺える。

さらに同誌の一九七二年秋爽号は、七月に発足した田中内閣に焦点を絞り「田中経綸の実相と二ヶ月目の評定」との風変わりな特集を組むが、実態は日中正常化交渉へのブレーキをかけることにあった。横田康夫「心情的外交の迷妄と陰影」は田中新首相が外交にかけては素人だとのネガティヴ・キャンペーンの体裁をとり、中国への心情的な前のめりが国を誤るとして、体制を異にする国との友好には越えられぬ一線があること、譲歩しすぎてはならないと釘を刺す。桑原寿二「動機の至純性を問う」は体制も歴史的伝統も異質な中国との共存は難しく、毛沢東と周恩来の路線は不安定なものであると説き、台湾と断交すれば中国民族との信義に背くことになると警告を発する。

2　『文藝春秋』と『諸君』——復交積極論者への批判

『文藝春秋』は、がんらいある確固とした主義主張を一貫して主張する論壇系雑誌というよりは、話題性重視の論壇・文壇ゴシップ雑誌という性格が強い。ただ、日中復交論に関しては、国益を優先する実利主義的立場から、復交にはより慎重かつ消極的であるべきとのスタンスを強く打ち出し、復交のマイナス面を強調する姿勢を見せ、復交積極論者の熱気に冷水を浴びせるような論稿が目につく。

いっぽう、『諸君』は日中復交が盛んに論じられるようになる一九六九年の七月号から、文藝春秋より創刊された。創刊を手がけた当時の社長池島信平は、「創刊にあたって」において「新しいオピニオン雑誌」だと謳い、田中健五初代編集長は「大いに論争をおこし、論壇、読物に新風を吹きこみ、そしてなによりも既成のイデオロギーにとらわれない自由な立場を維持しつづけたい」と書いている。のちに田中は、「リベラル・コンサーバティブの危機感みたいなものが社会の底辺にあったこと」と、池島が編集長を務めた『文藝春秋』が大部数の巨大雑誌になりすぎたために、本来の総合雑誌をつくりたかったこと、その意味で競争誌は『自由』だったこと、などが創刊の背景にあると証言している[32]。確かに七〇年安保を目前にして六八年六月に結成された、「進歩派に対抗して保守派文化人が結集した」日本文化会議のメンバーが多く含まれていたため[33]、論調は明らかに右寄りではあるのだが、明確な思想信条に基づいた一貫性のある主張というよりは、時の常識や論壇の主流に対するアンチテーゼを打ち出すという意味で、『文藝春秋』のような眼の付け所の面白さをねらった、自由奔放で遊び心を忍ばせた話題性重視の手法が生かされている。

当時の論壇が明らかに左派主流であったことから、結果的に右寄りの論調に傾いたわけであって、がんらいは右派論壇の雄というよりはむしろ、主流派の表ではなく裏面を見せるというようなスタンスであったと捉えておいたほうが現状に即していよう。創刊当時の中国関連報道は、文革支持と日中国交促進の記事が主流であった状況から、結果的に中国の専制性・後進性・言論の不自由などマイナス面を強調したり、中国礼賛の復交雪崩現象を揶揄し批判する反中国的記事が誌面を飾ることとなった。

『諸君』の特徴は、主流化・常識化したある議論に対する反論や反証の形で論争を挑むスタイルの記事が多いことである。掲載する論稿ごとに立論の論拠が違っていたり、場合によっては主張に矛盾があったり対立したりしていても、結果としてある主流の議論が論破される効果をもたらすことができれば、編集方針にかなうことになるわけである。そこに論理一貫性や民族右翼のようなある確固とした主義主張や思想信条があるわけではなく、左派の優勢な言論（「進歩的文化人」）や組織に一矢を報いるべく俗耳に入りやすいターゲットに絞って、山本七平、渡部昇一、岡田英弘、江藤淳などの人気執筆陣からなるスター・システムを活用してネガティヴ・キャンペーンを仕掛けていくという手法であったことは、歴代編集長も認めている。一方で、桐島洋子、上之郷利昭、柳田邦男、本田靖春など気骨のフリーライターもここから育っていった[34]。

文革と日中復交の双方についての反対論の急先鋒は、創刊当時から岡田英弘と並んで『諸君』中国関連記事のメイン・ライターであった中嶋嶺雄で、一九七〇年五月号から「香港通信」が始まった（七一年四月号まで全一二回連載、同年文藝春秋より『中国を見つめて――私の香港通信』として刊行）。第一回は「日中は対決せよ！」と『諸君』らしい鬼面人を驚かすタイトルになっているが、要するに日中関係についての浮き足立ったマスコミの報道姿勢を戒め、中国への警戒心を怠らず、まともな主張と批判によって真正面から中国と論争すべきだと主張している。

石川忠雄・安藤彦太郎「（論争）日中関係　総懺悔か対決か」（『諸君』一九七〇年六月号）は、タイトルどおり実に明快な、道義派と実利派の論争である。安藤は日本人と中国人の間の断絶感が復交を難しくしているとして、経済進出によるアジアのナショナリズムの刺激を避け、日米安保の核の傘を離れ平和を志向し、中国の革命運動を内在的に理解せよと主張する。石川は、経済活動の交流は必要だし、中国も日本の資本や技術を通じて自国の近代化を考えているのだから、安保条約を廃棄し日本のなかにナショナリズムの空気が膨張して単独核武装に突き進んだら、そのほうが中国にとって危険ではないか、中国は閉ざされた社会で、交流はおろか理解すら難しい、と主張する。双方の言い分は平行線のままである。

キッシンジャー秘密訪中と、ニクソン訪中の電撃発表を受けて、『諸君』では一九七一年九月号で「特集　米中接近をどう受けとめるか」を組む。福田恆存・神谷不二「(対談) 日本人の外交感覚」では、福田が米中接近の報道過熱を戒め、中国は内政的にも外交的にも弱体化した状況を挽回するために対米接近に踏み切ったのであって、日本は中国に対する幻想を捨て、募る対米不信を抑えて、日本の国益を自主的に守る外交手腕を持てとする。そして、中国べったりの批判の矛先を、中国寄りの政策に舵を切った公明党と、「国際政治の冷酷さに無知」で政治を道徳的に見がちな日本のインテリに向ける。それに対し神谷は国際政治の立場から、日本は多角的外交感覚をもって星雲状態にある日中関係がクリアになるまで、また国民的合意が形成されるまでは、軽挙妄動を慎めと説く。中嶋嶺雄「米中共存時代と日本」では、五〇年代の米ソ冷戦時代、六〇年代の米ソ共存と多元化時代から、七〇年代は米中共存の時代になると展望した上で、米中双方の接近の思惑を考察する。とりわけ、中国は国内的には非毛沢東化へとつながる可能性を秘め、革命原則よりも中国自身の国益を優先し、アメリカのアジアからの撤退の本格化を読み取り、「新しいアジアの国際秩序をめぐって、そこで中国の影響力を最大限に行使しようとしている」とする。このような米中共存時代は、台湾問題をはじめアジアにおける日中対立構造を浮き彫りにしていくこととなり、日本独自の外交原則を立てて、厳しい環境に立ち向かうしかないと言う。衛藤瀋吉「日中関係より米中関係」では、米中共存の時代潮流に対する中嶋と同様の認識に立った上で、日本は俗耳になじみやすい道義論や善悪二元論をやめ、対中外交に複数のルートでアプローチしたり、政府の要路者の発言が一貫しないなど、相手方を困惑させるような外交シグナルをやめて、北京政府との交渉力を強めるために中嶋以上に、日米が協調するよう訴えるところに特徴がある。とりわけ台湾断交に追い込まれる事態を予想しつつも、それが苦汁の選択であることを自覚せよとして、こう言う。

「日中関係はドライに割り切ってすむものではない。日本が大国主義を振りまわして、台湾や韓国を冷然と見捨てることによって成立するのは、みせかけの日中友好にしかすぎないというのが私の信念である。いかに反動と罵られようと、台湾と北京との板ばさみに苦しみを感じない日本人は中国問題を語る資格はないだろうと私は見ている。」

『文藝春秋』では永井陽之助「日中復交の〝虚〟と〝実〟」(一九七二年二月号)を掲載し、マスコミの日中復交論の雪崩現象に釘を刺した上で、徹頭徹尾、多角的勢力均衡論の立場から米中接近の真意を探る。その上で米中双方は、短期的には米軍の完全撤退によるベトナム問題の解決と、中ソ対立の打開が接近の推進力となり、長期的には日本の勢力拡大に対する共通の懸念があり、中国の日本軍国主義批判はその外交的表明であって、だからこそ、「アメリカは台湾防衛の公約は棄てないし、日米安保条約は重要であるという印象をつよく日本側に与えつづけようとするだろう」との慧眼を見せる。

『諸君』らしい編集がなされたのは、一九七一年一〇月号の「特集　中国ブームの中の公明党＝創価学会」である。当時の日中復交ムードのなかで、それまでの台湾政府支持から一転して北京政府支持を打ち出し、訪中団を送り、日中復交のための五原則を含む共同声明を発表した公明党にターゲットを絞り、その対中急接近の背景には、創価学会＝公明党のそれまでの出版妨害事件が暴露・糾弾されたことによる名誉失墜を回復し、党利党略から野党共闘へと方針転換を図ろうとしたことにあるとする。内藤国夫「「公明党の素顔」は変ったか」では、中国政策の転換の背景に公明党と創価学会の内部事情を探り、木村重明「中国にしてやられた公明党」では、それまでの台湾支持からの転換と、訪中団受け入れから訪中にいたるインサイド・ストーリーを通して、結局のところ中国側のペースに乗せられていった実情を暴露する。正木良明(公明党政策審議会長)・漆山成美(東京新聞論説委員)「(対談)なぜ中国に接近するか」では、漆山が「公明党のやり方では贖罪論が先行して国益が見失われている」として、日華条約廃棄の正当性根拠や、中国側の日本軍国主義批判の論拠をめぐって、正木の言い分を論破しつつ、「中国側の巧妙な政治的計算」に乗せられて共同声明まで出してしまったことで、外交交渉にあたる政府のフリーハンドを小さくしたと批判する。以後、『諸君』は断続的に創価学会批判を執拗に繰り返していくこととなるが、その発端は、この時期の創価学会＝公明党の対中接近への転換に対するネガティヴ・キャンペーンにあったのである。

ニクソン訪中で発表された米中共同声明については、『諸君』一九七二年五月号で「特集　米中共同コミュニケ、もう一つの読み方」を組み、創刊後、今日まで、『諸君』の中国批判記事の常連執筆者となる岡田英弘と中嶋嶺雄が寄稿している。岡田は、「かくして北京は屈服した」で、米中接近の意義を声高に言い立てるマスコミ報道に冷水を浴びせるように、その中身は米中双方の言い分が併記されただけの新味のないもので、双方が合意した平和五原則は一〇年間空文となった古証文であるから、たいした合意が得られなかった証左であり、ポイントの台湾問題ではむしろ譲歩したのは中国側だとし、二月二八日に上海でニクソンを見送って北京空港に戻った周恩来を歓迎する演出を国内向けにしているところを見ると、毛沢東―周恩来の米中提携路線によって混乱した政権を安定させようとすることに米中接近の真意があり、反対する根強い勢力が残存しているのだとの穿った見方を披瀝する。中嶋は、「米中会談の真実と残像」で、ニクソン訪中劇と米中コミュニケを見る限り、イメージの政治の効力に幻惑されてムード先行になっていると戒め、国際政治が多極化・流動化するなかで、米中間の合意の意図は台湾問題を含むアジアの現状凍結にあり、その背後にはアジアにおける最大の現状打破勢力であるソ連を共同で抑えるねらいがあったと見る。日本は日中関係の長期的安定と、アジア諸国への多元外交の一環として、「独特のエモーションや使命観ないしは情緒的一体感」によって復交を急がずに、「ある程度の迂回アプローチ」をとってでも、いくつかのイッシューごとの「ミニマム・コンセンサス」を積み上げて、双方の国民大衆がともに納得しうる理解と合意に依拠して行動せよと説く。また一九七一年九月号の特集同様、福田恆存、神谷不二による対談が企画されたが（「新聞は騒ぎすぎる」）、例によって、ニクソン・ショックも中国ブームも新聞のつくりだした幻想で、それに政府、野党、国民も踊らされているとの福田の見立てと、神谷による米中外交秘術の読み解きとの応酬である。

江藤淳「米国がダメなら中国もダメよ」（『文藝春秋』一九七二年九月号）は、沖縄返還と繊維問題をめぐる日米の軋轢が、日米離間を目論む中国の対米接近の機運を高めたとし、田中首相訪中を前に、日中の頭越しに外交をした米国に対する腹いせに使うな、日本人は中国熱に浮かされて中国を反米感情のシンボルにしてはならないとして、こう警告している。

「最近の中国の日本接近は、米中接近という大きなコンテクストの枠内でおこなわれた動きであり、中国にとっては大前提は米国との和解であって、日本との和解はいわばその系にすぎないからである。

もし、日本国内に米国をとるか、中国をとるかという心理的選択が成立しているとしても、中国にとっては日本をとるか、米国をとるかという選択は決して成立しない。米国との和解は中国の生存に直接の影響をあたえるが、日本との和解は間接的な影響しかあたえ得ない。核超大国である米国と、単に経済大国に過ぎない日本とでは、中国の安全に及ぼす力は同日の談ではないからである。」

田中訪中の前後にも、『文藝春秋』『諸君』は数多くの関連論稿を掲載している。中嶋嶺雄「友好の機　熟すればこそ」（『文藝春秋』一九七二年一〇月号）（関連の同趣旨の論稿として同「周恩来はなぜ日中国交回復を急ぐか」『現代』同号）は、周恩来は権謀術数の政治手腕に長けた政治家であり、その深謀遠慮を読み解くと、ソ連の中国包囲網を解き、林彪事件後の内政を固めていく上で経済大国日本との協力は不可欠と見て、日中正常化の合意を早く取り付けたいのは中国側であると見る。したがって日本側とすれば、「今日、日中関係の正常化は、たんなる戦後処理的外交懸案ではなくなっていることについての認識」が必要であり、「日中復交こそ、わが国が戦争責任という立場から身を低くして和を請うべき聖なる課題」とする多くの心情主義者たちの姿勢を戒め、「ウェットな心情の中で対象にべったりとつんのめってゆくことは、日中関係の長期的な安定に資するものではなく」、「周恩来を中心とする中国側の非常にきめの細かい長期戦略に耐え得るだけのビジョンを日本側が持ち得ている」ことが試されるとする。

『諸君』の一九七二年一〇月号は「日中復交　もう一つの発言」を特集し、そのなかの横田康夫（元東京新聞論説委員長）「日中問題・田中首相への建白書」は、政界と大新聞の「日中復交の大合唱」に対し、もっとクールダウンして、時勢に迎合せず、「国益と国際信義を生かす日中国交正常化の道を探す」よう勧める。とりわけ日華平和条約は有効であり廃棄すべきでないと強調する。

同年九月一日の田中・ニクソンのハワイ会談と共同声明については、『諸君』一一月号で「ホノルルから北京への条件」を特集し、江藤淳「ハワイ会談の光と影」では、田中首相は、政治的には対米協調主義という国益と、経済的にはアメリカと東南アジア諸国という二つの生命線を放棄して、「自民党の先細りを中国問題でプレイ・アップする」意図から、ナショナリスティックな世論に引きずられ、対米強硬の自主外交に踏み切ろうとしている、これはアメリカからみれば三国同盟の立役者となって太平洋戦争に突入していった松岡洋右のように映っていると、前のめりの日中復交姿勢の危険性を訴える。加藤寛（慶応義塾大学教授）「中国市場は幻想である」では、中国経済の実態についても将来性についても、過度の期待を抱くなとし、中国の意図は技術と資金を最も手近に入手できる国として日本に狙いを定めているのであって、日中共同市場は日本側の持ち出しが大きく、また中国の統制経済システムでは保護貿易化に帰着することとなり、メリットは小さいとし、日本の中国傾斜を戒め、「日本のいく道は、アメリカを保護主義においこまず太平洋諸国と手を結んで、日米共同市場を作る努力が必要」だとする。

田中訪中を受けて、『諸君』は一九七二年一二月号から三号続けての中国特集となる「日中復交 忘れられた背景」を企画した。福田恆存・高坂正堯「（対談）条約が破られるとき」では、日中共同声明をめぐって、国益重視派＝高坂と、原則固守派＝福田との間で、評価が割れている。焦点は日華条約廃棄＝台湾切捨てに絞られている。高坂は台湾切捨ては「背に腹はかえられない」やむをえない事情があって、中華人民共和国の国連復帰で中国唯一の政府としての合法性が得られ、日米条約については中国は黙認するとしたのだから、がんらい限定条約だった日華条約を破棄して中華人民共和国と平和条約を結ぶのは筋が通っているとして、この共同声明を外交技術的によくやったと高く評価する。これに対し福田は、高坂の見立ては「「法匪」的自己正当化」だと批判し、日中戦争の正面の対戦相手は蔣介石政府の正規軍であって、中華民国政府と結んだ日華条約には法的有効性があるとし、台湾切捨てによって「中共一辺倒」になれば、「日本人としての誇りとか、国家意識が弱まり、失われていく危険」を指摘する。石川忠雄「日中共同声明の読み方」では、田中内閣が成立して中国が復交に積極的な姿勢に転じたことの背景を解説し、共同声明に盛られた、戦争責任問題、台湾の領土権、戦争賠償問題の重要な三つのポイントを指摘したうえで、共同声明の成果は中国にとってより現実的なメリットが大きいから、日本は中国へのオーバー・コミットメントを避けて、「安保条約で主たる保険をかけて残りの部分を外交によって補ってゆくという手段をとるべき」と説く。

以上、見てきたように『文藝春秋』『諸君』ともに、日中復交反対論の主な論拠は二つあった。一つは対米協調路線の堅持と台湾との関係維持であったが、日中共同声明で日米安保が中国側で黙認された以上、主たる拠り所は台湾問題での理非曲直を糾すということに絞られていった。もう一つは、大新聞を中心に日中復交急進ムードで世論を煽動したことへのバックラッシュとしてのマスコミ偏向批判であった。

台湾問題については、岡田英弘「嵐のなかの中華民国」（『諸君』一九七一年一一月号）が、訪台レポートを寄せ、遠山景久（ラジオ関東社長）「台湾はどこへ行く」（『諸君』一九七二年四月号）は、中国の国連参加と台湾の国連からの追放を受けて、台湾独立論者を代弁するように、「台湾は中国の領土ではな」く中国に併合されないとの論陣を張る。

田中訪中の直前に『文藝春秋』編集部は、台湾を訪問して蒋経国（中華民国行政院院長）に会い、断交させられる当事者の肉声を伝える（「中華民国　断腸の記」『文藝春秋』一九七二年一〇月号）。また訪中のさなかには、先に「南京大虐殺」のまぼろし」を書いた評論家の鈴木明が台湾に飛び、「台湾のいちばん長い日」（『文藝春秋』一九七二年一二月号）を寄稿し、田中訪中についての台湾各地各層の庶民の反応をじかに伝える。ここには台湾を忘れるなとの原則の確認とともに、マスコミが取材と報道の力点を集中させるちょうど裏側に話題を求めようとする、迎合と非妥協の皮膜を往還する『文藝春秋』なりの在野精神・批判精神が活きている。杉森久英「中華民国の憂鬱」（『諸君』一九七二年一二月号）もまた、田中訪中の最中での長尺（全四四頁）台北紀行である。

中国寄りの「報道偏向」へのバッシングについては、文革支持を打ち出した学者・評論家・記者群と、中国礼賛に傾斜した一連の報道を展開した『朝日新聞』に対する批判キャンペーンを、その後の『諸君』は独壇場のように展開していくことになる。それについての論述は、本書が扱う一九七二年以降の記事となるので、差し控えておきたい(35)。

3　『自由』――復文慎重論

『自由』では日中復交について、復交の前後に二度にわたって大討論会が企画されており、同誌の復交論関連論文は、ほぼそこに集中して掲載されている。一九七一年一〇月号「特集　中国問題にどう対処するか」（全一三二頁）、と一九七二年一二月号「特集　日中復交とその後にくるもの」（全一〇五頁）の大型特集である。

前者には、「わが国の対中国政策はどうあるべきか。米中接近という新局面のなかで、わが国の国益を優先させつつ日中国交を確立するため、国際情勢・中国の外交姿勢・台湾問題・日中貿易など、対中交渉に臨む際の条件および原則を、斯界一八名の権威が、二日間にわたって討議した全記録」との編集部によるリードが付されている。出席者は、石川忠雄（慶応義塾大学教授）、伊藤喜久蔵（中国問題研究家）、今井彬（フジテレビ解説委員）、入江通雅（京都産業大学教授）、岡部達味（都立大学助教授）、神谷不二（慶応義塾大学教授）、河上民雄（東海大学教授）、蔵居良造（朝日新聞中国アジア調査会員）、桑原寿二（中国問題研究家）、佐伯喜一（野村総合研究所長）、佐伯彰一（東京大学教授）、柴田穂（サンケイ新聞外信部次長）、関嘉彦（都立大学名誉教授）、花井等（京都産業大学助教授）、林三郎（東海大学教授）、前田寿夫（防衛庁防衛研修所主任所員）、三好修（毎日新聞編集局顧問）、蝋山道雄（上智大学教授）である。

第一討議のタイトルに「アジアをめぐる四極構造」とあるように、国際政治のアクターとして米中ソ日のパワーバランスが四者の利害によってどう交錯しているかをゲーム理論的に考察する姿勢と、中国国内の変化を脱文革の方向で捉える視線が全体を貫いている。とりわけ注目されるのは、柴田穂が、中国の対外政策の変化に中国の国益という観点から分析を加え、毛沢東の革命路線からの後退と脱イデオロギー化（神谷のいう〝デマオゼーション・アンダー・マオ〟）の転換を見て取っていること、石川忠雄が、中国の対日政策について、日本軍国主義批判は見られるが、それが単独では論じられずに、アメリカ帝国主義の従属という問題と切り離されていないことに緊張緩和の兆しを探りつつ、「日米安保条約の廃棄が、日中関係正常化にあたってゆずることのできない絶対的条件になるとは考えない」として、台湾問題の処理がミニマム要求だと述べ、議論は日華条約など台湾問題の解決に集中していくことである。

日中共同声明が出された後の、『自由』一九七二年一二月号の「特集　日中復交とその後にくるもの」は、「日中の国交回復はすべてを解決したとは言えぬ。国交回復の背景を分析すると同時に、それがなげかけた波紋を検討し、ますます様々なギャップを露わにしている多極化世界に対応した日本外交の進むべき道を追及する」とのリード文が編集部によって付けられている。出席者は、石川忠雄（慶応義塾大学教授）、今川瑛一（アジア経済研究所主任研究員）、衛藤瀋吉（東京大学教授）、小野正孝（日本青年会議所会頭）、神谷不二（慶応義塾大学教授）、岸田純之助（朝日新聞論説委員）、佐伯喜一（野村総合研究所長）、佐伯彰一（東京大学教授）、佐瀬昌盛（成蹊大学助教授）、中嶋嶺雄（東京外国語大学助教授）、花井等（京都産業大学助教授）、林三郎（東海大学教授）、本間長世（東京大学助教授）、三好修（京都産業大学教授）、矢島鈞次（東京工業大学教授）、山崎正和（劇作家）である。

シンポジウムのタイトルは「日本外交の新しい道――コミュニケーション・ギャップをめぐって」とあるが、そのタイトルから通常予想される、日中復交後の外交課題といったような内容とはおよそかけ離れた問題関心によって議論が展開されている。議論の前提には、日中復交後、「国際政治の多極化」（林三郎）が招来し、三極・四極ないし五極構造の勢力均衡型に変わりつつあるなかで、またその場合のパワーの概念も、軍事的なものから非軍事的で総合的なものへとシフトしつつあること、日本は戦後はじめて多極化の荒波に放り出され、対米一辺倒から脱して自主的な多角外交に打って出なければならなくなったという大状況の共通認識がある。そのうえで、国際コミュニケーションの課題をどうこなしていけばいいのかという問題をめぐって議論が集中する。具体的に論題を列挙する。

①ナショナリズムとインターナショナリズムが交錯し、国際紛争が複雑化するなかで、日本の自己像が曖昧であるだけでなく、自己像と他者から見た日本像との間のイメージ・ギャップが大きくなる。たとえば日本の軍国主義に対する中国の手厳しい批判にどのように対処すればいいのか、欧米の人種主義的な偏見からくる対日警戒論をどう解きほぐせばいいのか、東南アジア諸国にとって、日中復交が経済大国日本と大国化する中国との結託と映って、中国への潜在的脅威が増幅される契機とならないか、そのために東南アジアへの経済進出が今後一層の緊張をはらむことにならないか。

②米中接近と日中復交を比較すると情報収集能力と分析能力に大きな開きがあるが、インテリジェンス機能をどう強化すればいいのか。

③国民の世論形成においても海外への情報発信においても、決定的に重要な役割を果たすマスコミの海外コミュニケーション能力をどう高めればよいのか。

④ヨーロッパのような成熟した市民社会や共通の価値観に欠けているアジアにおいて、合理主義的なパワーゲームをどう展開していけばいいのか。

⑤今後日中関係が、政治経済はじめ各方面で緊密化・多角化するなかで、いかにして文化摩擦の増大を防ぎ対日不信を解消していけばいいのか。

⑥今回の日中復交においては与野党の議員や議員団体の暗躍が大きな役割を果たした。官邸・官僚主導ではなく民間外交ルートを使っての外交政策の決定過程をどう評価すべきか。

議論の争点はあまり明確には見出せないが、唯一見解の相違が対照を見せているのは、日中復交の結果、日本外交が自由に行動しうる可能性は大きくなったのか狭まったのかという点である。石川は、アメリカの力が総体的に低下するなかで、アメリカと友好関係を保持しながら自主的に処理しなければならない部分が増えてくるならば、日本の行動範囲は拡大したことになり、国益にとってプラスだとするのに対し、中嶋は、米中コミュニケに比べて日中コミュニケは曖昧な部分が多く、また小異として残された安保体制や日台断交後の日台関係など問題を先送りにした部分に不安が残り、当面日本外交の行動余地は却って狭まる可能性のほうが大きいとする。ただ双方とも、中国へのオーバー・コミットメントを慎むこと、日中親善へと傾斜しすぎていくと逆効果になるという見解で一致する。

4 『中央公論』――復交積極論

『中央公論』の日中復交論は、公明党の主導で結成された日中国交正常化国民協議会の代表世話人である蝋山道雄を主軸に執筆陣を構成しており、実利主義的なアプローチから現実政治に影響を与えうる世論形成を目指すスタンスをとっている。ただし、同じく実利主義のスタンスをとるが復交には消極的な『日本及日本人』に比べて積極論を展開し、『自由』のような価値中立的な乾いたゲーム論的な現実政治論に比べて日本には復交すべき責務があるとの道義的な前提にもある程度依拠した、日本の積極的関与を提唱するところに特徴がある。

一九七一年二月号の「特集　日中国交回復への道」では、蝋山道雄「なぜ中国を承認すべきか」が、佐藤政権の冷戦的外交パターンからの脱却を言いつつ、対中贖罪論からの倫理主義的復交論もまた、戦後世代が増えるにつれて説得力が弱まるとし、中国や東南アジア諸国の日本に対する軍国主義復活の懸念を払拭すべく、平和外交に努め、中華人民共和国の承認に踏み切れとする。石橋政嗣（日本社会党書記長）・藤山愛一郎（日中国交回復促進議員連盟会長）・波多野宏一（司会・朝日新聞編集委員）「（座談会）国交回復への主体的条件」では、中国に対する戦争加害の道義的責任をベースにしながら、復交のために日米安保条約廃棄を主張する石橋と、吉田書簡の廃棄や国連の中国代表権問題あたりから着手すべきとする藤山との間の温度差が見て取れる。

蝋山道雄「再び中国問題について——ひとつのアポロギア」（『中央公論』一九七一年一一月号）は、七一年七月のキッシンジャー訪中とニクソン大統領の訪中計画の電撃発表によって、対米和解への転換を受け止めた上で、パワー・ポリティクスの立場から、米中ソの核保有大国による三極構造論から世界の構造を理解し、米中平和共存に向かう情勢のなかで、日本の外交政策の建て直しが迫られているとする。

ニクソン訪中の直前に同誌は、一九七二年三月号（発売日の関係で論稿は訪中直前のもの）で「米中ソ時代の人と戦略」の特集を企画した。同号の河合秀和・永井陽之助・松尾文夫「（座談会）ニクソン訪中後の政治地図」は、米軍がベトナムから撤退し、中国封じ込め政策をやめ、アジア各地から兵を引き始めるとなると、日本はそれまでの冷戦の受益者として、韓国・台湾とアメリカの媒介者として振る舞っていればいいというわけにはいかなくなるし（永井）、バスに乗遅れるなとばかり中国ブームに浮かれていてもいけないとし（河合）、多極時代の進路を定めなければいけないという共通認識の下に議論が展開される。六九年の日米共同声明はアメリカのアジア防衛が身軽になって中国へのフリーハンドが蓄えられたのだとし（松尾）、いっぽうで日本の防衛負担が増し、沖縄返還も含め中国からは軍国主義復活に映るという誤解を招きかねないという（永井）。さらに、日本は大国ゲームのプレーヤーになろうとする意識を自制し、日米中ソの利益は「完全に一致しないということを前提にした上で、一致する利益を発見していくという平凡なことをやらなければならない」（河合）として、日中復交ムードに煽られてのバンドワゴン・メンタリティからの脱却を説く[36]。

次に田中訪中直前の『中央公論』一九七二年一〇月号では、「特集　日中関係の新段階」が企画された。竹内好・小島麗逸・津村喬「（座談会）日中国交回復とは何か」は、老壮青の三者会談風の仕立てになっているが、三者とも日中間の国交回復とは「日本が国家レベルで戦争終結宣言をし、過去の歴史を認めることが最前提になる」（小島）との点で合意を持ちつつも、津村は戦争の加害責任を日本の民族的責任という形で捉え返せと、やや厳しい条件を突きつけるのに対し、小島はアジア諸国を搾取する経済システムが戦前と戦後で変わっていない以上、経済構造を変えない限り、日中の対等な関係を結ぶのは難しいとする。いっぽう竹内は日華平和条約は認められない以上、講和にあたってはポツダム宣言に立ち戻るしかないといい、日中問題をめぐっては保守も革新も翼賛体制状態にあるとして、尖閣列島の領土問題がポイントになるだろうという見立てをする。

同号の衛藤瀋吉「大国におもねらず小国も侮らず」では、幕末から明治にかけての日本人の中国観には憧れと軽蔑が同居し、「唇歯輔車」「同生共死」の日中一体論が底流にあるために、親近感があると同時に、思うようにならないときには近親憎悪に似た対応を示してきたとする。そこで、日中国交正常化を迎えるにあっては、利害錯綜する日中間の友好を永続させるために、日華条約改廃などの北京政府の要求に対しては、大国におもねらず、台湾に対するきめ細かい取扱いをし、事態の変貌をひっそりと冷静に迎える姿勢が必要だと説く。

日中共同声明をめぐって萩原延寿「三つの共同声明――走り書的断章」（七二年一一月号）は、日米共同声明、米中共同声明の延長線上に日中共同声明を読み解いたもので、日米同盟存続について日本の軍国主義復活の抑止力の機能を果たすかもしれないという認識を中国が持つようになったことで、「米中間に暗黙の合意があった」との想定をする。一九九九年に機密解除されたニクソンと周恩来の会談記録と、二〇〇一年に機密解除された周恩来とキッシンジャーの会談記録の内容からすれば、まさに肯綮に中《あた》る見立てである[37]。その上で、外交交渉としても日中共同声明の中身それ自体もよくできていると評価している。萩原が引いた中島健蔵の「日中国交の正常化ができれば、それでやっと自分たちの世代がしたことの後始末がつき、あの戦争に直接関係のない若い世代の諸君に悪い遺産や負債をのこさないですむ」との言葉は、中島・萩原ら戦中世代の良心的知識人の共通の思いであったろう。

断交を迫られた台湾については、かつて一九五七年に同誌に「台湾人を忘れるな」を寄稿した邱永漢が一九四八年に台湾を脱け出して香港に逃げて以来二四年ぶりの帰郷報告「新しい日台間に外交関係は要らない」(七二年一一月号)を掲載、今日のアジアの平和はサンフランシスコ体制によってもたらされ、韓国と台湾が共産主義に対する防波堤の役割を果たし、アメリカが核の傘に下に入れてくれたおかげで日本は軍事支出を抑えて経済建設に専念できたのだとし、日中復交はそのような日米関係を崩し、日本経済に寄与するどころか弊害をもたらすとして、「古靴のようにあしらわれた国民政府や台湾人の心に残された傷口はそんなに簡単にはなおらない」と書く。

有賀貞「日米関係における中国」(『中央公論』七二年一二月号)は、一九世紀末の対中門戸開放政策からワシントン体制を経て満洲事変にいたる時期のアメリカの中国政策をたどり、中国をめぐって日米対立の構図がつくられてきたことを認めつつも、アメリカのアジア政策の中心は中国で、日米関係は中米関係の関数にすぎない、米中接近は米中合作による日本孤立化の策略だとの巷間を賑わすニクソン・ショック論に対して、日本の対米不安には根拠が薄いとする狙いから書かれたものである。アメリカの対中接近は、むしろ中国中心主義からの脱却であり、事実、ニクソン訪中後、米中関係の実質的な積み上げはさほど進んでいないとする。その上で、ニクソンの頭越し外交が対米従属を潔しとしない日本の左右両翼が持つナショナリズムを刺激して、それへの反撥から日中接近への傾斜を加速している実情は、アメリカから見れば一種のアジア主義の方向をとろうとしているように映りかねないとし、「戦前のように対中政策それ自体が日米間の重大な対立要因となる可能性はきわめて少ない」のだから、日米が互いに相手の中国接近の意図に過剰な不安を抱かないような相互理解が必要だと説く。

同様の現実主義的立場からの他誌の論稿を補足しておくと、加藤周一「外交不在四〇年――君子和而不流、中立而不椅」(『朝日ジャーナル』一九七一年一一月一二日号)は、日本は米国追随の外交から離れて外交の自主性を回復することが重要な前提で、世界の米中ソの三極構造に似て、極東では米中日の三極構造があり、日中接近が実現すれば米中優位の構造は米日中平等の関係に変わるだろうとする。

現実主義派内部の論争として、蝋山道雄・入江通雅「（対談）「日中国交は必要ない」「いや必要だ」」（『現代』一九七一年五月号）は、日中復交をめぐる現実主義派の積極論と消極論の対論である。蝋山は、日本は中国敵視政策をやめ、戦争状態を終了させるために復交が大義である、そのための機は熟したとするが、入江は、日本が降伏文書に調印したときに中華人民共和国は存在しなかったから法的な戦争状態は存在しない、中国の核を保有した強大な軍事力と貧弱な経済力からすれば、復交には慎重であったほうがいいとする。

四　道義主義的日中復交論

1　『世界』——復交推進論

戦争責任に対する贖罪意識や、戦争状態が未了のまま放置されている道義的責任を強調して、復交に踏み切ることを訴える傾向の強い雑誌が、『世界』『潮』『朝日ジャーナル』である。

『世界』は一九四六年の創刊以来、一貫して中華人民共和国の正式承認、中国を含む東西両陣営の旧交戦国との全面講和、そして日中国交正常化を訴える論稿を掲載してきた。七〇年代初頭から、米中接近のドラマを傍観しながら、同誌では再び日中国交回復の主張が濃厚に打ち出された。そこでの牽引役は、政界では日中国交回復促進議員連盟の宇都宮徳馬、財界では日中覚書貿易事務所理事長の岡崎嘉平太、文化界では日中文化交流協会理事長の中島健蔵、ほかに西園寺公一、竹内好など各界の友好人士たちであった。一九七一年だけでも、「日中交流への課題」（五月号）、「米中外交の急転換と日本」（九月号）、「日中講和の原点に立って」（一〇月号）の三本の関連特集が組まれ、国交正常化交渉の助走態勢に入った感がある。

とりわけ一九七一年九月号の特集以降はニクソン訪中計画発表の後であり、このあたりから『世界』の論稿もまた、アメリカ外交の変化や国際政治の情勢変化を読み解き、復交の指針を示そうという現実主義的なアプローチをとるものが目立つようにはなる。だが、基底にあるのは一貫して道義論である。

一〇月号の特集では、中島健蔵「日中講和への前提をなすもの」は、「日中国交回復運動の原点は、侵略戦争によって、日本が中国人民に限りない苦痛と損害を与えたことに対する反省にあると信じている」としたうえで、米中接近のいま、民間ではなく日本政府が国交正常化に踏み切るべきと訴える。太田勝洪「「日本軍国主義の復活」と中国」では、中国側から見た日本軍国主義復活の危惧の論理を、具体的な事象に即して解説する。小林文男「台湾問題・もう一つの視点――「五〇年支配」は生きている」では、日中復交実現のための障害として台湾問題については、日台条約が「二つの中国」をつくる要因になっていること、蔣介石への恩義論は歴史の真実を踏まえていないことを指摘する。さらに、「我々はなぜ自らを告発するか――中国関係元戦犯の手記」で、復交実現のために日本人の贖罪意識を喚起すべく、元戦犯五名の手記を掲載している。とはいえ、加害責任の義務遂行を論拠とする限りにおいて、その「日中講和論」は日米講和、日米安保条約改定時期の対中国交回復論と比べて新味はない。竹内好「尻馬には乗れない」は、「日中間の国交回復は不可能だと思います」、佐藤・ニクソンの日米共同声明で、日中国交回復の「最後に残った一縷の望みを断ち切られました」とし、日本は国家承認や講和の前に、中国との戦争終結の処理に踏み切らなければならなかったのに、フランスにもカナダにも、アメリカにまで先を越されたと絶望的なエッセイを発表しており、頭越し外交にすっかり白けきった空気のなかでの無力感を隠そうとしない。

ちなみに、その後の竹内好の復交論について付言すると、ニクソン訪中後、にわかに日中復交が現実味を帯びる展開へと急旋回する事態となって、気を取り直して復交のための原則論を掲げるようになる。竹内は一九六五―六八年の時期、本章の扱う総合雑誌での中国関連記事の寄稿数が累計三篇のみというように激減する（第三章一参照）。しかし、六九年以降、寄稿数を回復し、七二年まで累計一七篇を数えるにいたり、中嶋嶺雄に次ぐ第二位となる。『朝日ジャーナル』一九七二年九月一日号の「特集　日中関係の再出発」に竹内は「講和の原点」を寄稿し、講和の原点は日本が受諾したポツダム宣言にあり、中華人民共和国の法的根拠は抗日戦争期の統一政権にあるため、ポツダム宣言を構成する連合軍極東委員会との法的連続性は担保されていること、翻ってサンフランシスコ平和条約はダレス＝吉田外交の遺産であって、日米安保条約と日華平和条約と一体のものであって、中国側が日華平和条約の破棄を要求している以上、この体制を変えなければいけないのだ、と主張する。

このことは、竹内が編集代表を務める「中国の会」の会員制小冊子『中国』五七号（一九六八年八月）の「特集国交回復の条件《資料と解説》」で表明されていた。久野収との対談「それでも〝正常化〟に反対はできない――国交回復のための原点」（『潮』一九七二年一〇月号）においても、日中関係を正常化するために日中講和を果たし平和条約にもっていくための原点を確認している。日本政府には、かつて中国に対し宣戦布告なしの侵略をし、敗戦後は在日中国人の財産を凍結させて強制送還し、台湾の亡命政権を正統政府とみなして講和をすませるという欺瞞に対する責任があり、その上で竹内は「今回は、戦後あるいは戦前からの対日関係を洗い出して決済をつける唯一の機会」として、ポツダム宣言を国交回復の原点とした日中講和を目指すべきだと主張する。実際に日中共同声明の第三項後段には、「日本国政府は、この中華人民共和国政府の立場を十分理解し、尊重し、ポツダム宣言第八項にもとづく立場を堅持する」との文言が盛り込まれている。ポツダム宣言第八項とは「「カイロ」宣言ノ条項ハ履行セラルベク又日本国ノ主権ハ本州、北海道、九州、四国及吾等ノ決定スル諸小島ニ局限セラルベシ」である。

『世界』での復交論に戻ろう。

野村浩一「日中関係の思想的構造――われわれにとっての「中国問題」」（七二年八月号）は、日中復交は戦後日本の最重要課題であり、法的になお継続する中国との戦争状態を早く終止させる上で未済の問題の一つとして尖閣列島の領土問題を取り上げ、「開発問題、領有問題そのものに含まれる意味合いに真正面から取組むことこそが、まさに国交回復の要件ではないのか」と迫る。そして復交は政治家の政治的課題へと目下収斂しつつあるが、近代の日中関係の捉え返しを迫るような「全人民的な課題」なのだとする。

ニクソン訪中の半年後、一九七二年九月末の田中首相訪中に際して、首相にメッセージを託すかのように、『世界』一九七二年一一月号の特集「日中講和の思想と条件」が出される（実際の刊行日は首相訪中直後）。「日中首脳会談に思う――両国民の友好のために」では、末川博、田中慎次郎、白石凡、杉捷夫、西春彦、竹内実、武田清子など、多彩な執筆陣が復交にまつわる真情を寄稿し、対中友好ムードの高揚感がある。とりわけ竹内実「戦争責任について」は、日中戦争以降の中国側が公式に表明する日本の侵略による損失として、人的損害一〇〇〇万人以上、物的損害五〇〇億ドル以上という数字を挙げ、賠償額に換算すれば五二兆円になるとの試算を示した上で、それほどに「赦されることのない罪」であり、「日中国交回復は、その罪が〈贖えない罪〉であることを認めたうえでの、〈贖い〉の一端である」とする。戦争責任は日本の近代の歴史過程を《心の問題》としてとらえなおすことからはじめなければならず、日本の中国に対する侵略を、歴史の教科書に明確に記載し、「〈歴史事実〉として日本の民衆のあいだに定着させなければならない」と訴える。そのほか、論文の柱となっている石本泰雄「日中関係の法的構造」、加藤周一「道義上の問題二つ」、大江健三郎「受身はよくない――いわゆる「戦後の終り」にむけて」などは、中国をめぐる講和問題の戦後史、日本の戦争責任問題など、中身は道義論の原理原則の確認に留まっている。

田中訪中直後は、早くも松下宗之「日中共同声明の性格と背景――残された課題は何か」（一九七二年一二月号）が、共同声明にいたる外交交渉の事前折衝から舞台裏までを、かなり詳細かつ正確に交渉過程を伝え、「双方首脳が知恵を出しきった政治的労作」であって、「日本外交にとって貴重な教訓であり、その意味で歴史的な外交文書」だとの高い評価を下している。その一方で、日高六郎「日中友好未だ成らず」（同号）では、冒頭から田中訪中について、「先人の労苦によって切りひらかれた道があり、さらに時の勢いがあった。田中首相はそれに乗っただけである」との悲観的評価を下した上で、「日米安保体制はやはり厳存している」という事態に何ら変化は加えられないまま対米従属状態が継続され、日中共同声明に戦争のおわびが明記されながら「反省の内実ゼロ」のありさまで、新中国成立以来、『世界』の一貫した宿願であった日中国交回復は、米中国交樹立という大国間のパワーゲームに促される形で、いわば他律的に成就されたという冷厳なる現実をつきつける。中国が従来政経不分離を主張してきた通り、国交回復を期に「いまや日本の大独占企業が一せいに北京へ出むく形勢となった」のは事実であるが、「道義的責任を具体的に実行していく」ための「国民の意識変革」と「実質的内容」を伴わない限り、「日中友好未だ成らず」だとの原則論を崩さない。

台湾問題に関しては、『世界』は常に特集のメインを構成することはなく、中国問題に随伴する副次的課題として、抑制的な扱いをする傾向にある。日中復交交渉では台湾問題の処理が最大の懸案であったが、記事としては、杉野駿介「台湾に見る〝造反〟——胎動する自由への希求」（七二年三月号）で、雑誌メディアなどで国民党批判の言論が目立ってきていること、編集部「日中正常化をめぐる台湾の対応」（七二年一二月号）で、やはり雑誌メディアにおいて、台湾断交に踏み切った日本政府への批判や民族的侮辱感が横溢していることを伝えるのみであり、現地取材でありながら要人インタビューではなく街頭取材で、後者は匿名記事であるなど、やや腰の引けた構えになっている。

2 『潮』——復交キャンペーン

『潮』もまた、政財文化界の要人を動員して、日中復交へのキャンペーン的な記事を畳みかける。その背後に、創価学会・公明党の方針が見て取れる。復交のシグナルとして、一九六八年九月八日、創価学会会長池田大作が創価学会学生部総会で日中問題についての講演をし、中華人民共和国を正式に承認し、国連に復帰させること、直ちに日中首脳会談を行なうことなど、国交正常化を主張した[38]。その講演に対して、竹内好は「わが痛憤の記——戴季陶の「日本論」と日中友好への道」（『潮』一九六九年四月号）において、「戦争終結のできない現状を日本民族の道義の問題として、民族の良心の痛みとして、改めて問題にされた点に私は深い感動を受け」たと述べた。

これ以後、公明党は前述したように、一九七〇年一二月一三日、日中国交正常化国民協議会を発足させ、キッシンジャー秘密訪中一週間前の七一年六月一五日、竹入義勝委員長を団長とする公明党第一次訪中団が中日友好協会代表団とともに訪中し、中華人民共和国政府は唯一の合法政府、台湾は中華人民共和国の領土の不可分の一部、「日蒋条約」は不法であり破棄されなければならない、の三原則を含む復交五原則を明記した共同声明に調印するなど、日中国交正常化にむけて積極的な動きをとっていく。これが下支えとなって、一年後の七二年七月二五日、竹入委員長みずから北京を訪問、周恩来・廖承志と会談する。その席で賠償請求放棄が周恩来から表明され、また日中共同声明にあたっては日米安保条約に触れない方針が示され、周恩来の談話記録「竹入メモ」となる。この竹入メモが、帰国後、時の大平外相、田中首相に手渡され、田中訪中を決意させることにつながるのである。[39]

山口一郎「日中関係――攘夷と開国」(『潮』一九七一年四月号)、野村浩一「歴史のなかで透視する」(一一月号)のほか、藤山愛一郎(日中国交回復促進議員連盟会長)らの訪中団報告として、藤山愛一郎・宇都宮徳馬(日中国交回復促進議員連盟)・黒柳明(日中国交正常化国民協議会)・武者小路公秀(上智大学教授)・野村浩一(立教大学教授)・岡部達味(都立大学助教授)・蝋山道雄(司会・上智大学教授)「(座談会)三たび訪中に何をもっていくか――日中国交回復のためのはるかな進路を求めて」(五月号)では、藤山は中米関係も日中復交問題も、当面の問題は台湾問題に絞れるとし、「一つの中国」論に立って、日華条約破棄ができるかどうかがポイントだとする。成田知巳(日本社会党委員長)・竹入義勝(公明党委員長)「(対談)佐藤内閣をどう追いつめるか」(一一月号)では、成田は侵略戦争の後始末をする責任があるという根本的な立場を忘れてはならないと言い、竹入は中国の日本に対する軍国主義復活の懸念を真摯に受け止めようとし、野党共闘によって国民世論を喚起し、日中国交回復を勝ち取る政府の実現を目指そうという成田のスローガンに賛意を表する。西園寺公一(日中文化交流協会常任理事)「北京は日本に賠償を要求するか――この懸案について中国滞在一三年で見聞したこと」(一九七二年三月号)では、復交交渉にあたっての幾つかの懸案について、中国側との太いパイプを持ち、北京で「民間大使」を二一年間務めた西園寺なりの見立てを披瀝する。すなわち、「日華平和条約」破棄が前提であること、賠償請求権は保持しつつも賠償要求が出るかどうかは不透明、日本側の尖閣列島の領土権主張は根拠なしといった事項である。

3 「掘井人」たちの功労に注目

なお、ここに復交論をめぐる実利派にも道義派にもまたがる論稿として見落としてはならないのは、とりわけ日中復交には政界財界を問わず、復交運動を粘り強く支えてきた陰の功労者、中国側のいう「水を飲むときには井戸を掘ってくれた人のことを忘れない」というときの「掘井人《チュエチンレン》」の存在に焦点を当てたものである。日本の日中復交論の系譜をたどるとき、これらの論稿を特記しておきたいのは、復交の実現にあたってはこれら功労者によって建てられた信頼関係と経験という人的要素が強かったということ、米中接近によって突然実現したわけではなく、中国建国直後から日中の友好人士たちによって受け継がれて積み上げられてきた実績を基礎としてもたらされたものであるということ、これらの「掘井人」らはいずれも日中戦争の加害責任について深い憂慮を抱き日中復交への堅固な信念を貫いた人格高潔な人士たちであったこと、などを再確認しておく上で貴重な証言となるからである。

とはいえ、日中復交の日を待つことなく、共同声明調印の情景を瞳に焼きつけることなく世を去った「掘井人」も少なからずいた。大島清「大原総一郎と中国」(『世界』一九七二年三月号)では、一九六三年八月にビニロン・プラント対中輸出を実現させ、六八年七月に死去した倉敷レイヨン社長大原の事績を振り返る。

永島勝介「高碕達之助と中国」(『世界』七二年四月号)は、満洲重工業開発株式会社総裁として満洲で終戦を迎えて一九四七年に引き揚げ、戦後は六三年からのLT貿易の日本側責任者として日中間の貿易を促進させ六四年二月に死去した高碕について、その中国との経済交流をめぐる経済人としての生涯を回顧する。

また日本人ではないが、延安滞在中に毛沢東、周恩来ら中国共産党最高首脳たちと親交を結び、日中戦争を報道し、戦後は米中接近に重要な役割を演じながらも、ニクソン訪中直前の七二年二月にスイスで客死したエドガー・スノーについては、笹本駿二「スノーが残した日本への忠告——スイス・エザンスを訪ねて」(『世界』七二年四月号)、松岡洋子「米中関係とスノーの死」(『中央公論』七二年四月号)などの追悼関連記事がある。

むろん高碕を継いでLT貿易をMT貿易として日中関係の改善に政治生命を賭してきた松村謙三自民党顧問が、七一年八月に死去したことも銘記しておかねばならない。

かつて大東亜省参事官として上海で終戦を迎え、上海の日本人居留民の送還事業の日本側の責任者として業務を全うして引き揚げ、戦後は一九六二年に初めてLT貿易発足で高碕に同行して訪中し、爾後、覚書貿易を支えてきた岡崎嘉平太(日中覚書貿易事務所代表)は、「障害と展望と確信と——日中覚書貿易交渉を終えて」(『世界』七一年五月号、本章二-3で既述)、「中国に賭けたわが半生の記」(『中央公論』七二年一〇月号)を寄稿した。

田中訪中の直前に日本側復交案を携えて北京を訪問し、廖承志・蕭《しょう》向前・周恩来らと会談し密かに事前折衝した古井喜実《よしみ》（自民党代議士・衆議院議員）は、その経緯を綴った「日中国交正常化の秘話」（『中央公論』七二年一二月号）を寄稿している。また、藤山愛一郎（日中国交回復促進議員連盟会長）は、訪中する田中首相へのメッセージとして「北京交渉の基礎」（『中央公論』七二年一〇月号）を寄稿し、北京交渉のポイントは台湾問題と過去の戦争問題にあるとして、戦争責任について敗戦国であるという立場だけは忘れるなと釘を刺す。

五　加害責任と自虐史観批判

1　『潮』――国民の加害責任

四節で挙げた一九七一―七二年の時期の道義論のうち、とりわけ日本の中国に対する加害の事実を強調することで読者に日中復交の道義的責任を強く自覚させようとする論稿の多くは、『潮』と『朝日ジャーナル』に掲載された。国民の贖罪意識を喚起させることで戦争責任問題と日中復交を直接つなごうとする編集方法は、既述したように、『世界』一九六〇年五月号の特集「報告　戦時下における中国人強制連行の記録」で試みられたことだった（第三章五-1）。当時は、安保改定期にあたり、日本での反対運動とともに、一九五八年の長崎国旗事件を契機として冷え込んだ日中関係を立て直すべく、民間の日中復交運動が盛んになっており、中国側は盛んに日本軍国主義復活反対キャンペーンを展開していた。同様に、米中接近後、日中復交へと各界要人たちの動きも世論も急傾斜している時期において、復交のための条件を確認し、歴史の真実を糊塗することなく正常化の道を歩むための言論啓蒙活動がなされたわけである。

『潮』の場合、特筆すべき復交キャンペーンの編集方針として、総力を挙げて国民の戦争責任を告発する取組みを毎号のように連続的に行なった。それは各月のシングル・イッシューの特集だけで優に一〇〇頁を超し、寄稿者もまた一〇〇人を上回る分量のものを集めて立体的に構成し、強力なメッセージ性を持たせていくという、質量ともに驚異的な企画である。それがなまなかな企画力や組織力で果たせるものではないことは、その誌面づくりに横溢する意気込みと物量の迫力から容易に想像がつく。

その嚆矢が、一九七一年七月号の特別企画「大陸中国での日本人の犯罪　一〇〇人の証言と告白」（全九八頁）であった。特集企画にあたって、次の編集部コメントが付されている。

「かつて日本軍が大陸中国で犯した〝蛮行〟こそは、長く掘り起こされずにきた〝タブーの巨塊〟であろう。この中国および中国人のメンタリティの最深部に食い込む侵略者への閉ざされた怨念と、加害者としての日本人の開かれるべき贖罪のありようは、残念ながら、国民レベルでの勇気ある議論としての展開が一度もなされていない。

この侵略体験が一方的に、しかも意図的に隠蔽されたまま、世代から世代へ持ち越されていいものか。中国との国交回復が世界的な広がりをもって展開されつつある今日、日本がそのさいおかれている条件は、けっして諸外国と同じではありえない。それを知ることは、たんに日本軍国主義の悪夢をむし返し、必要以上に後ろ向きになって、興味本位にあげつろうことではない。

この企画は、ムード的な日中友好が叫ばれる今こそ、こうした問いを基軸として、より大きな歴史的パースペクティブのもとに、真の日中関係樹立のための発条としてとらえたものである。――本誌特集部」

報道界・学術界・政財界など各界の識者や、加害者の元軍人、被害者の中国人など総勢一〇〇人の証言を集め、併せて元軍人で畳業を営む小山一郎氏の手記「殺・焼・略の三光作戦に参加した」を載せている。

巻頭のロベール・ギラン（『ルモンド』紙極東総支局長）と武田泰淳の「（対談）なぜ中国は革命博物館を見せたがらないか」は、戦争責任・戦後責任問題を考える上で、非常に重要な幾つかの論点が明瞭に指摘されている注目すべき対談である。

すなわち、日本とギランの国籍であるフランスがともに他国侵略の汚れた手を持っていたことを確認したうえで、戦争の過去にこだわりながら和解を目指すヨーロッパと違って、中国は悲惨な記憶を棚上げして人民の日本人に対する憎しみや反日感情を爆発させないよう注意し、日本は加害の事実を忘却する傾向にある（ギラン）、ドイツのナチの残虐行為と比べて日本人には中国で働いた残虐行為についてあまり知らされていない（ギラン）、日本人はソ連・

アメリカ・イギリスといった先進国に対する敗戦意識は強いが、中国に対する敗戦意識は強くない（武田）、あるいは直視しようとしない傾向にある（ギラン）、それは日本の中国に対する伝統的敬意を転倒させていわば生徒が先生を虐殺してしまったような負い目が深層にあるからではないか（ギラン）、北京政府は日本人民と日本政府を分けて考えるが、日本の庶民の加害体験とそぐわないのではないか（武田）、あるいは中国人の内的心理とは違うのではないか（ギラン）、戦後の中国は日本の軍国主義復活に恐怖感を抱いているが、戦後日本人の厭戦感とそぐわないし、反戦思想にもとづく組織の団結も強まっている、ただし、戦後日本の対米追随による戦術的平和論や、生活の安楽を享受したいという平和愛好ムードなどがないまぜになっていて、それと軍備増強の実態とが乖離しているのではないか（武田）、歴史的遺産としての対中戦争責任について、次の世代に後始末させるのは理不尽である（武田）、先代が残した誤解や対立を消して平和と協調を実現していくことが遺産の受け継ぎ方になるだろう（ギラン）、といった論点である。

ここには、記憶と忘却、国民史と自分史をめぐる語りの乖離、戦争責任の主体と和解の方式、戦後平和論の系譜学的考察、日本とドイツの戦争責任の比較など、現在も続く議論につながる貴重な知見がちりばめられている。戦争責任や歴史問題をめぐる議論は、一九八二年の歴史教科書問題が起こってから事後的に取り組まれたわけでも、冷戦の終焉後にはじめて気づかれたわけでもなく、日中復交の前夜に、すでに同時代人によって問題の核心に触れられていたことをここに銘記しておきたい。

その翌月七一年八月号には特別企画「日本人の侵略と引揚げ体験――集団自決と惨殺の引揚げ体験」（全一三四頁）が組まれ、「引揚げ者一〇〇人の告白」として一〇〇人の手記が集められている。さらにそれとは別に五味川純平、大島渚、立花隆などが寄稿している。これは七月号とは対照的に、中国戦線における日本人の被害者意識に焦点を当てたものである。巻頭の竹内好・鶴見俊輔「（対談）本当の被害者は誰なのか」では、日本人の引揚げ体験のすべては悲惨ではあるが被害者意識で固まっていて、国家を相対化する、あるいは国家に対抗する思想が育っていないこと、同時に強制連行されたアジアの人々への想像力が働いていないこと、あるいは引揚げ者が丸裸で帰郷するさいにずいぶんとアジア人に助けられたことを忘れていることに注意を喚起する。

翌九月号は特別企画「日本人の朝鮮人に対する虐待と差別＝植民地支配と強制連行の記録」（全一五一頁）が組まれ、「日本人一〇〇人の証言と告白」の手記が掲載された。関東大震災の朝鮮人虐殺の当事者、強制連行の担当者、苛酷な労務管理の関係者など、四〇〇人を超える人々に取材をしてまとめたという。特集企画にあたって、次の編集部コメントが付されている。


「ピンポン外交以来、中国問題の急ピッチな解決への展開がクローズアップされるなかで、日本人にとっての朝鮮および朝鮮人の問題がいっこうに意識されてこないのはいったいなぜなのか、という疑問をもちました。

たしかに日中正常化は急務であります。しかし、朝鮮と日本との宿命的な現状は、外交レベルをはるかにこえた〝日本人〟すべてにとっての、より総体的な問題であるという意識がどこまでいきわたっているか。

日本人の植民地支配と差別の体験は、対朝鮮人において、いっそう集中的になされたものであります。しかも、それが今日にいたるまで日本および日本人の体質、精神構造に深くかかわっており、この悪夢の不毛の歴史に学ばずして、日本の将来は切りひらかれていかないとさえ思われます。

虐待と迫害を加えてきた日本人ひとりひとりによる証言と告白を通して、その実態を明らかにするとともに、あえて暗い記憶を白日のもとに引き出してみました。」


その後も毎号、「……一〇〇人の証言」特集は続き、一九七二年に入って、五月号は特別企画「日本で中国人は何をされたか＝強制連行された中国人と加害者日本人一〇〇人の証言」（全一九二頁）が組まれ、「中国人強制連行と日本人の生きざま──「労工狩り」から虐殺の使役まで、被・加害者一〇〇人の証言」の手記が集められている。巻頭には鶴見俊輔が「事実を前にして思うこと」を寄稿している。日本の教科書に中国人の虐殺や労働者の強制連行の事実を書き入れて、「自分の国家と国民から被害をうけた側から自分たちを照らしだしてみる」ことで、広く日本人の間にある米国には負けたが中国には勝ったという思い込みを打ち破り、そうすれば「自分の国の存立の根拠はいかに薄弱なものであるか、ということが国民の前にあきらかになる」と言う。

以下、特集タイトルのみ掲げておく。

一九七二年八月号特別企画「裁かれていなかった戦犯」（全一五九頁）、メイン記事は「生きのびた戦争犯罪人　ＡＢＣ級一〇〇人の証言」

一〇月号特別企画「日中交渉と田中内閣への疑問」（全一二七頁）、メイン記事は「道義はどこへ行ったか！　在日中国人と三光作戦の旧軍人は訴える」。中国人の犠牲者や日本人の元戦犯らの記事を寄せ、日本の加害責任を告発している。復交における謝罪と賠償責任を迫るねらいを見て取ることができる。

一一月号特別企画「日本人の中国体験＝一億火の玉から総なだれへ」（全一〇一頁）、メイン記事は「戦後日本人の中国言行録」として、マスコミでは朝日新聞・讀賣新聞・毎日新聞・ＮＨＫなど七社を対象に、一九六四年に日中記者交換が実現してから日中復交まで、中国問題についての報道姿勢について、報道記事の内容と変化を追い、同様に政界の要人と財界の主要企業の対中国の取組みや発言についてまとめたものである。

2　『朝日ジャーナル』――近代日本の中国認識と日本軍の加害責任

次に『朝日ジャーナル』は、新左翼学生という当時の主要な読者対象を意識して、この時期は同時進行している文革関連の記事の割合が大きいが、七一年七月のキッシンジャー秘密訪中とニクソン訪中発表の後は、文革関連記事よりも復交関連記事の比率が高くなっていく。

復交記事で特徴的なのは、日本人の中国に対する歴史認識と加害責任を問い質すという姿勢を強く打ち出していることで、二つの連載記事がその役割を分かち合っていた。

すなわち、一つは一九七一年九月二四日、一〇月一日、一〇月八日の三号にわたる竹内好、橋川文三、陳舜臣、大島渚による連続座談会「日本人の中国認識」で、九・一八事変、辛亥革命前夜、日清戦争前後の三つの時期について、日中関係史を溯上し、歴史の変化にともなう日本人の中国像、中国学者・思想家たちの対中認識、革命家たちの対中関与などの軌跡を、討論形式で追うものである。この連続座談が、一九七二年一月一四日号から一二月二二日号にかけて全四五回の長尺連載「近代日本と中国」につながる。日中関係を考える上で重要な歴史上の人物を各回ごとに二人ずつユニットで取り上げ、さまざまな著者が人物評伝風に論じるものである。

もう一つは「日本人の中国認識」と同時期に同じ三回にわたって連載された、朝日新聞編集委員の本多勝一による「中国人の「軍国日本」像」の連載である。同時期の八月末から一二月にかけて、本多は同じ取材源をもとに『朝日新聞』紙上で「中国の旅」を長期連載し、『週刊朝日』『アサヒグラフ』にも関連記事を寄せている。これらはのちに『中国の旅』（朝日新聞社、一九七二年）、『中国の日本軍』（創樹社、一九七二年）として単行本化された。

この本多の連載は、それまで日本人の多くが抱えていた反戦意識・厭戦感覚を、加害責任を踏まえた反戦観へと転轍する上での記念碑的作品となった。

一九七二年二月二一日のニクソン訪中・米中共同声明後は、『朝日ジャーナル』も国際政治や外交の視点を取り入れた記事が目につくようになる。極東通のフランス人ジャーナリスト、ロベール・ギランは田中訪中直前の中国を訪ね、「周恩来時代の中国」（一九七二年八月一八日号）で、林彪が去り、毛沢東の個人崇拝の風潮が衰え、柔軟な現実主義的外交と多様化と開放の方向に向かう内政を基調に「脱毛沢東化」が進み、周恩来時代が到来しつつある中国の実情を報告する。もはや中国をとりまく風景は文革の騒乱を脱しているのだとの印象を読者は強く持つであろう。

一九七二年三月一〇日号の「緊急特集　米中共同声明――その論理と背景」では、関寛治（東京大学教授）・竹内実（中国文学者）・宮地健次郎（朝日新聞論説委員）「（シンポジウム）「北京以後」の世界」が組まれ、多極化した世界のなかでアメリカの対中接近におけるベトナム戦争終結の思惑を探り、中国が国際舞台に登場する意義、ニクソン・ショックがいかなる日本の政治的選択を迫るかなどをめぐって議論が展開されるが、日本に外交原理がないこと、日清戦争以後の近代日本の歴史をどう捉えなおすかが問われているとする。

この、歴史問題の延長上に日中復交の意義を見出そうとするスタンスは、田中訪中の直前の九月二九日号「（特集）「なしくずし国交回復」への危惧」でもよく表現されている。竹内実「耳を掩うて鈴を盗む」では、国交を促進し実現する根底にあるべきなのは中国侵略に対する贖罪感であるのに、日台条約をたてにとって日中の戦争状態の終結は確認済みだとの見解を政府側が用意しているとか、経済界が雪崩をうって中国詣でをしていたり、中国が日本に対して戦争賠償を求めないだろうとの憶測などからして、日本側は論理の一貫性を求めず、なしくずし的に国交を回復したのだとすれば、中国にゆくゆくは二重の負債を負っていくことになる、と警告する。前田俊彦「風雲にうごかされず…」は、本多勝一『中国の旅』が伝えるような万人坑を直視し中国人民が蒙らなければならなかった運命を歴史として受け止めるならば、その償いは陳謝だけではすまないとする。さらに、さねとう・けいしゅう（聖徳短大教授）・戴國煇（アジア経済研究所員）・山口一郎（神戸大学教授）・西園寺一晃（朝日新聞中国アジア調査会）「（座談会）七億の隣人にとっての日本」では日清戦争前後からの日中関係をたどりながら、歴史感覚の違いについて指摘し合い、日本軍の残虐行為に対しては人民と政府を区別して考える国民党・共産党を問わず共通する中国側の発想を確認し、歴史を忘れてはいけないという歴史教育の効果が庶民にも徹底しているとし、日中復交の気構えへとつなげている。

一九七二年九月二五日の田中首相訪中以後は、『朝日ジャーナル』は一〇月六日号「（特集）「日中新時代」をとらえる視点」、一〇月一三日号「（特集）アジアに覇権を求めず」、一一月一〇日号「（特集）日中復交をみるアジア人の目」、一二月二九日号「（特集）近代日本と中国」など、復交交渉と共同声明をめぐる検証を畳みかける。そこでの関心は戦争終結についての謝罪と賠償問題、台湾問題のうち、前者に集中しており、日中の歴史問題の視座から問い直すという方向性が明確に見て取れる。

3　『諸君』──加害責任否定論

前項で掲げた、本多の一連の『中国の旅』としてまとめられたルポルタージュに対し、早速論壇の内部から批判の矢が放たれた。すなわち、『諸君』一九七二年一月号でイザヤ・ベンダサン（山本七平）が、一九七一年五月号から連載が開始されていた同氏の「「日本教」について」（一九七二年一〇月号まで一五回連載）の第九回連載として、「朝日新聞の「ゴメンナサイ」」なる批判論文を展開し、それに本多が反論し、さらにイザヤ・ベンダサンが再反論するという応酬がなされたのである。そのあとは同誌で、本多勝一「イザヤ・ベンダサン氏への公開状」（二月号）、イザヤ・ベンダサン「本多勝一様への返書」（三月号）、本多勝一「雑音でいじめられる側の眼」（四月号）、イザヤ・ベンダサン「本多勝一様への追伸」（四月号）、イザヤ・ベンダサン「広津氏の四原則と「中国の旅」」（五月号）、イザヤ・ベンダサン「「百人斬り」と「殺人ゲーム」」（六月号）、「本多勝一氏とおしゃべり鸚鵡」（八月号）とつづく。一五回の連載のうち、計六回が本多批判のために費やされた（一九七二年、文藝春秋より『日本教について――あるユダヤ人への手紙』として刊行）。

いずれも長文の連続した応酬のため、論点は多岐にわたるが、初発のイザヤ・ベンダサンからの批判は、本多は虐殺事件を告発していながら、直接手を下した責任者を告発せずに、「われわれ日本人」の責任だとしている、日本人だからといって直接責任のない日本人があやまれば、責任解除になるわけでも債務義務が放免されるわけでもない、そのことをわからずに、下手人の名も責任者の名も公開しないなら、それは「対中国一億総ざんげ」をしろと全日本人に言っているのと同じだし、本多は「殺される側」の同情者のように振舞ってはいるが、犯人隠匿者として責任者の共犯者にされても抗弁の余地はないのだ、という趣旨であった。

これに対し本多は、イザヤ・ベンダサンのいう日本的謝罪の無効性については、つとに自ら指摘してきたことだとし、中国側の戦争責任論の根拠となる「階級」とは何かを徹底的に知り、その上で軍国主義者と一般人民を分けるいわゆる区別論を踏まえれば、お詫びすることは筋違いだとしている。このことについては、イザヤ・ベンダサンが本多への反論を開始したと同時期の『月刊社会党』一九七二年一月号に、「中国に過去の日本を「謝罪」してはならない」を掲載済みであり、またそこでは責任を追及され謝罪する主体はわれわれではなく、天皇を頂点とする一握りの軍国主義者だとしている。本多は、イザヤ・ベンダサンの批判を受けるまでもなく、すでに回答を示している。

この時点でのイザヤ・ベンダサンの意図は、軽々しく謝罪を口にする日本人の「日本教」の特殊性を批判することにあり、加害の事実自体を問題にしてはいなかった。とはいえ、次第に本多が南京での取材においてある中国人からの聞書きで紹介した南京「百人斬り」の単一事例をめぐって、「語られた事実」と「事実」は同一ではないという論理が「日本教徒」には理解できないという説法を前面に立てて、加害の事実の信憑性を問題にするようになっていく。ちなみに当該事件は事件発生の一九三七年一一―一二月当時、「百人斬り競争」として日本でも報道され、加害者とされた二人の少尉は、戦後国民党によって南京で裁判にかけられ、死刑が宣せられ処刑されていた。さらに、なぜ『朝日新聞』掲載時にこの二少尉の実名を伏せたのかとのイザヤ・ベンダサンからの詰問に対しては、二度目の反論で、当初、『朝日新聞』での連載時に「百人斬り競争」について実名を伏せたのは新聞社のデスクのしたことで、本多にその意図はなかったこと、事実単行本化される際は実名で記述される旨を述べている（実際に単行本では実名で表記された）。

『諸君』一九七二年四月号には、鈴木明「『南京大虐殺』のまぼろし」も掲載され、その後、後継記事として鈴木による「向井少尉はなぜ殺されたか――南京「百人斬り」のまぼろし」（同年八月号）、「向井少尉はなぜ殺されたか・補遺」（一〇月号）が掲載された。そこでもまぼろし説の焦点は、「百人斬り競争」に絞って、事件が事実なのか、歪曲・誇張された伝聞記事かどうかということを検証しようとしたもので、南京事件そのものの事実性を真正面から問うものではなかった。だが、やがて鈴木は、「南京・昭和一二年一二月」（一二月号）、「同（続）」（一九七三年一月号）と関連記事を立て続けに寄稿し、南京事件の事実性そのものへの疑念を突きつけるようになっていく（一九七三年に文藝春秋より『「南京大虐殺」のまぼろし』として刊行）。

『諸君』あるいは一九七三年に創刊されるサンケイ新聞社発行の『正論』などで展開される右派の論調は、加害の事実それ自体を否定したり矮小化したり、日中戦争における通州事件など中国軍の日本居留民に対する無差別攻撃への非難で日本側の加害と被害の帳尻を取ろうとしたりするなど、侵略責任を小さくし、日本の戦争責任論の正当性を崩すという手法に特徴がある。本多勝一は、このような傾向に対し、「加害者としての記録の必要性」（『現代の眼』一九七二年九月号）において、こう指摘している。

「問題の本質は、数字や個々の事実の揚げ足とりではなく、日中戦争が日本の帝国主義による侵略だったという事実にあります。ところが侵略者の側がこういうとき熱中する常套手段は、まず正確な「数字」や「目にみえる証拠」を求め、それと侵略された側の主張との食いちがいをあげつらい、最後に「だから事実はなかった」「すべてがマボロシだった」「結局は侵略軍も悪くはなかった」とする詭弁術です。」

以後、『諸君』の反中国キャンペーンは、「南京虐殺はなかった」のほか、一九八二年の歴史教科書問題、一九八三年の七三一部隊を扱った森村誠一『悪魔の飽食』の写真不正使用問題などをターゲットにして、論争をしかけていく。さらに、朝日新聞、日本共産党、創価学会などの組織への批判も展開していった。

いずれにせよ、対中国侵略の事実への疑念や否定、あるいは加害責任の無効性などをあげつらい、ひいては日本軍による虐殺などなかったとする右派の自虐史観封殺キャンペーンを発端とする反中国的言説は、米中接近から日中国交回復にいたる時期に、『諸君』を拠点として、本多勝一の一連の「中国の旅」連載記事をターゲットにした戦争責任論批判として始められたのであった(40)。

本書では、これまで一九四五年から一九七二年の日中復交までの時期の中国関連記事を見てきたが、確かに中国の現状に対して批判的な一連の記事はあったし、その批判記事を編集方針として掲載していこうとするいくつかの雑誌もあった。だがそれは反中国的ということではなく、中国の共産主義的イデオロギー、端的にいえばマオイズムに対する批判や嫌悪から中国の現状を批判しているのであって、中国という国家あるいは文明体系そのものを批判しているわけではなかった。戦争責任問題に絞っていえば、日本に対中侵略戦争の責任はないとか、ましてやその事実すらなかった、などという言説は、それまで誌面を飾ったことはなかったのである。この時期に『諸君』という雑誌媒体でそのような言説が登場する背景には、一九七一年から始まった日中復交へのカウントダウンを前に、日本側の条件としてつきつけられた戦争責任に対する応答責任と、加害に対する認罪と、与えた損害に対する賠償問題に対して、日本人の態度決定と世論形成が迫られていたという現実があったことを押さえておきたい(41)。

六　歴史問題の起源としての戦争責任論

1　本多勝一のルポ「中国の旅」

ここで日中戦争をめぐって日本の論壇で歴史問題論争の発端となった本多勝一のルポルタージュ「中国の旅」について一項を設けて検証したい。

『朝日ジャーナル』での本多勝一の連載は、第一回の記事によると、「戦争中の中国における日本軍の行動を、中国側の視点から明らかにすることだった。それは、侵略された側としての中国人の「軍国主義日本」像を、具体的に知ることでもある」（一九七一年九月二四日号）との意図から、現地取材による被害者の証言によって対中侵略の加害の実態を克明に描出したものである。この時期にそのようなルポルタージュがどういう動機から試みられたのか、いかにしてそのようなルポルタージュが実現したのか、当時、論壇を中心に物議を醸し、読者からの国民的ともいうべき大きな反響を呼んだ「中国の旅」について、本多の著作群、本多へのインタビュー、および本多より貸与を受けた「中国の旅」取材ノートなどの資料を用いて明らかにしておきたい[42]。

本多の中国取材は一九七一年の六月一一日から七月一九日にかけて約四〇日間行なわれた。本多は、後に『中国の旅』として単行本化されたさいに、取材の動機として以下の五点を挙げている。すなわち、

①日中国交に際して、中国に侵略した日本の過去について国民に知らせる努力をする。
②中国侵略とは具体的に何であったかを一般の日本人に知らせ、靖国神社復活運動のような動きを起こさせないようにする。
③ベトナム戦争のソンミ事件報道のような取組みを実践する。
④広島・長崎・東京大空襲のような被害の告発と記録はなされているが、侵略したアジア諸国への加害者としての記録はなされていない。
⑤中国人が日本の軍国主義復活を警戒する歴史的・心理的背景を理解する上で、戦争中の日本軍の行為を知っておくことが必要だ[43]。

取材の動機に触れて、後に本多はこうも語っている。

「「中国の旅」の取材を思い立った動機は前述のようにベトナム戦争ですが、さらに検討していくと、第一に、日

中国交回復を問題にするとき、中国を侵略した日本の過去について不問にしてはならないという思いがあった。また、ジャーナリズムは日本の侵略の過去を正面から取り上げていなかった。そのため、戦争中の中国人の被害について日本人は抽象的にしか認識していませんでした。三番目には、日本人にとって広島、長崎、東京大空襲等々の被害の記録を残すことはもちろん大事ですが、それと同時に加害の記録を残すこともっと大事ではないかと考えていました。[44]」

とりわけ本多にとって重要な動機は、同時代に進行していたベトナム戦争にあり、米軍がソンミ事件のような残虐なことを行なっていることに触発されて、その米軍と同様の情況にあったのが日中戦争における中国での日本軍だったことに気づき、取材を思い立ったという。本多にとっての『中国の旅』は、それまでの北極圏のイニュ民族、ニューギニア高地人など、極限の民族への取材四部作に代表される探検的冒険的なルポから、ベトナム戦争を契機として、取材テーマを同時代の政治的問題へと転換する過程のなかで生まれた作品であった。そこには、「日本は日清戦争以来、中国に対して一貫した敵視政策――というよりも侵略政策をとってきたのですが、日清戦争以来もう一〇〇年近くなるというのに、一九四五年の敗戦まではもちろん中国側の言い分など毛ほども報道されなかった。それだけならともかく、それは戦後になってからもあまり変わらないのです。中国側の目で見た日本軍の姿がどんなものだったか。戦後でもついにやっていない」、「当の日本にとっての〝ベトナム戦争〟は中国の場合ではなかったのか」との問題意識が基底にあった。[45]その意味で『中国の旅』は本多のベトナム取材の記録である『戦場の村』（朝日新聞社、一九六八年）の続編であり、『戦場の村』を受けて米兵たちの故郷であるアメリカ本国への取材を試みた『アメリカ合州国』（朝日新聞社、一九七〇年）の後継作品である。[46]

記者・本多は他の彼の膨大な報道記事同様、当事者である、この場合は日本軍の被害者への直接取材による聞書きを試みて、このルポルタージュを仕上げた。では、実際の取材はいかなるものであったか。取材がなされた一九七一年は、中国では文化大革命のさなかであった。なぜそのような国内混乱の時期に、日本と国交がない国で、それまで日本人どころか世界中のジャーナリストの誰も試みたことのなかった中国人民への広範囲で組織的な直接取材がいかにして可能であったのか。ましてや本多はこのときが初の訪中経験である。まず何よりも筆者の問題関心はそこにあった。

取材の経緯については、『本多勝一集二〇　調べる・聞く・書く』の「八『中国の旅』の取材――とくに聞き書きについて」で比較的詳しく述べられている。それによると、本多は取材企画を会社（朝日新聞社）に提出し、取材のルートをつけるため、「裏工作」としてそれまで面識のなかったぬやま・ひろしこと西沢隆二を中国側への取材申入れの仲介役とした。ぬやまは徳田球一の娘婿であるが、日本共産党と中国共産党の決裂時の一九六六年に日共を除名され、日共からは「毛沢東盲従分子」とのレッテルを貼られていた。中国路線にたって毛沢東思想研究会を結成していて、毛沢東主席に近づくことができるほど、中国の党中央と直結していた数少ない日本人の一人だった（毛沢東没後九日の一九七六年九月一八日に死去）[47]。表向きは貿易商社・五同産業の社員として中国と日本にいたが、「職業的革命家」として政治的活動をしていた。

本多がぬやまに中国との交渉役を依頼したのが一九七一年一月で、このときは日本の事務所に連絡をした[48]。ぬやまは承諾し、中国側の取材許可が得られたのはその年の四月であった。それまで中国取材を手がけたことのなかった本多は、毛沢東に近づくことのできたぬやまと接触しつつ、中国取材の手がかりをさぐった。表側のルートは朝日新聞社外信部を通しての正攻法によるもので、その時の窓口は、朝日新聞北京支局駐在員の秋岡家栄であった。当時、北京駐在を許された記者は、秋岡のほかは日本経済新聞と西日本新聞の記者しかいなかった。

取材ノートによると、三月二〇日に秋岡からの受信文書があり、西沢の推薦を受けたのは結構だが、朝日新聞記者としての行動であるから、社長か局長クラスの申請が必要だとの連絡を受ける。取材には当時編集委員であった本多のほか、同僚の政治部記者古川万太郎と併せて取材申請をしており、古川は中国側との太いパイプを持つ自民党の古井喜実代議士を紹介者として立てた。中国側の窓口は外交部の新聞司であったが、秋岡が本多の取材を依頼した先は中国共産党中央対外連絡部（中聯部）であって、取材許可を下したのも中聯部であり、取材許可の電報は恵比寿の中日備忘録貿易事務所（LT貿易を改称したMT貿易＝覚書貿易の取決めに従って中国側が東京に設置した弁事処＝事務所で、日本側が北京に設置したのが日中覚書貿易事務所）にも来た。五月一七日の秋岡から編集局長あて受信文書で、中国側からの取材許可が確認され、同日の別の受信文書で、取材計画として本多の場合は「日本軍国主義の告発」、古川の場合は「日中担当記者の一人として中国事情の理解を深める」ことを取材目的に掲げることを助言された（古川の取材は後に『「ニイハオ」の国――ルポ　中国の民衆の中にはいって』現代史資料センター出版会、一九七二年、としてまとめられた）。

取材企画がこのように実現したことの背景として、本多はその年の四月に中国のピンポン外交が始まって、西側諸国に対する積極的外交攻勢を始めたことと(49)、当時の朝日新聞社広岡知男社長以下、一九七〇年以降、積極的な中国報道姿勢を鮮明に打ち出してきたために中国側の協力が得やすかったことを挙げている(50)。実際、広岡社長自ら、同年三月二〇日に自民党代議士松村謙三を団長とする訪中使節団に同行して約一カ月間中国各地をめぐり、帰国後四月二二日の朝刊に「中国訪問を終えて」と題する署名記事を掲載し、翌年元日の紙面には「日中復交」への提言を掲げた。その姿勢に日本新聞協会などから、自由に取材のできない中国に特派員を送っても何の意義もないとの批判を受けながらも、朝日新聞社はかなり中国に傾斜した精力的な報道姿勢を内外に明らかにした。米中接近の直接の要因となった一九七一年三月二八日からの名古屋での世界卓球選手権大会にあたっても、朝日新聞は中国卓球選手団の身元引受人となり、日中交歓卓球大会を後援した(51)。

朝日のこのような中国報道の姿勢は、結果的に本多の記事を本紙において一九七一年八月二六日から一二月二五日まで、夕刊に四〇回もの連載（「平頂山」「万人坑」「南京事件」「三光政策」の四部構成から成る）がなされたほか、『朝日ジャーナル』『アサヒグラフ』などの系列雑誌でも大々的に連載扱いするなどの破格の扱いをすることにつながったと見られる。当時を振り返って本多はインタビューで、「取材をしておいて（朝日新聞社が）いい加減な扱いをしたら中国に対してまずいでしょう」と言った。実際に取材ノートによると本多は、朝日本社の編集局長（当時は後藤基夫）・編集局次長・外報部長あてに中国側の対応についての報告公電を何通か送っている。

本多の実際の取材にあたっては、外交部新聞司外国人記者担当副課長の馬毓真《いくしん》が直接の窓口の担当となって協力の約束が得られ、遼寧省革命委員会外事組の単用有が通訳を担当し、最初の取材先である瀋陽以降、本多の中国取材の全道程に同行した。七一年六月一一日から七月一九日まで、四〇日間にわたる中国取材の行程や取材の段取りや実際の取材活動がどのようなものであったのかについては、『中国の旅』でその都度記述されているし、前述の「『中国の旅』の取材――とくに聞き書きについて」でも、筆者が貸与を受けた取材ノートをふんだんに引用・転載しつつ再現されているので、ここでは詳述はしない。要は文革のさなかの中国にあって、中国共産党の党組織が活動停止しているため、各取材先の省あるいは村単位の革命委員会が受け入れをし、取材相手を選定し、現地のホテルや村の会議室などに本多を招いて被取材者への聞取りのセッティングをしている。

本多へのインタビューによると、本多は新聞司の馬氏に取材先の希望は伝えたが、それは東北地方（旧満洲）に行きたいなどといったおおざっぱなもので、取材地や取材相手の具体的で細かな依頼はしなかったという。依頼をしたくても、取材に先立ってそのような具体的な知識を持ちあわせていなかったし、取材準備として本多は日本の対中侵略についての事前学習や日本での聞取りなど、ほとんどしていなかったという。すでに日本で公刊されていた『三光』（光文社、一九五七年）に眼を通すとか、元戦犯の組織する中国帰還者連絡会（中帰連）への取材をしたのかどうか確認したが、特に事前には読んでおらず、元戦犯への事前の連絡もしていなかったという。被害者である中国人への取材が目的なのであって、「事前に会ったり話したりしたことはなかったと思います。彼らの言ったことはすでに本で発表になっているのですから。それに私の取材目的では日本人の言うことを聞いても仕方ありませんから。先入観もない方がいいし」ということだった。『中国の旅』をまとめるにあたっては、中国侵略に関しての文献調査や日本での追加取材がなされているが、それらは帰国後、記事執筆時になされたものであった。

このように、企画の実現には困難があったが、取材そのものは取材相手を探さなくても中国側でそろえてくれたから、「ある意味では楽な取材[52]」であったし、ベトナム戦争の戦場取材のときのような生命の危険はなく、「はるかに安全な取材だった[53]」。現地に赴くとホテルや事務所に予め取材相手が何人か集められていて、「座談会」が開かれる。本多は通訳を交えて録音をしメモを取り自ら撮影をしながら、徹底的に一人一人に聞取りをし、時には現場に案内してもらい、取材を続けた。本多は彼のルポの一貫した姿勢として評論や主観を極力排して、疑問がなくなるまで当事者に徹底的に聞取りをし、現場を見聞して得られた情報を歴史的事実として確定させていく作業をここでも行なった。とはいえ、実態はといえば革命委員会が設定したカゴのなかの取材であり、取材先や取材相手についてはほぼすべて革命委員会が事前に準備をし取り揃えたもので、本多の主体的選択が介在する余地はほとんどなかった。本多の側にも、おおまかな取材先の意向を伝えた程度で、さらに細かい取材場所や具体的な被害者の人名など、事前に依頼するほどの詳細な予備知識が取り立ててあったわけではない。

確かに、取材目的の名目が「日本軍国主義の告発」であり、過去の日本軍の侵略の実態を明らかにすることであったことは揺るぎのない事実である。だが、ここで本書との関連で気づくことは、本多が行なった取材の内容と、結果として書き取られた取材報告には、当時現実に進行中であった文化大革命の影が色濃く反映していることである。

新聞・雑誌での連載時や単行本『中国の旅』としてまとめられた際は、直接日本軍の問題とは関わらないこととして省かれたが、『本多勝一集一四　中国の旅』に収録する際には、同じ訪中時になされた当時の中国に関わる取材記録もまた増補されている（それらは別に『戦争を起こされる側の論理』現代史資料センター出版会、一九七二年のなかに、「中国の旅から」として収められている）。具体的には冒頭の「入境――北京へ」「文革の教育」(54)「労働者と農民」「東北地方へ」と「郭沫若氏との会見」の五篇である。(55)

本多は戦争中の日本軍の行動についての取材を東北地方から始めるに先立ち、香港から広州、長沙を経て北京に到着してからの一〇日間（全取材日程の四分の一を占める）、北京大学、師範大学附属第二中学などで学生や紅衛兵と交流して文革期の教育の実態を見聞し、北京郊外の黄土崗中国ハンガリー友好人民公社で人民公社の農民と交流し、北京内燃機関工場で工場の革命委員会を通じて工場労働者と交流する。前四篇はこの際の参観記録である。直接の取材目的と外れるこの参観活動について、本多は新聞司の馬毓真から取材協力の約束が得られた後、直接担当の新聞司の王振宇が出張から帰ってくるまでの間の措置だったと書いているが、(56)中国側としては、本多に日本軍関連の取材に先立ち、中国の模範的な革命モデル地区を訪問させ、革命学習をさせておこうとの意図があり、そのための口実ではなかったかと思われる。

実際に北京に入る前に広州で『紅色娘子軍』の映画を観たり、北京で周恩来の朝鮮・ベトナム訪問などの記録映画を観たり、上海では現代京劇『紅灯記』、南京では舞踏劇『白毛女』を鑑賞するなどしており、これらの革命模範劇について、いずれも強い感動を覚えたと取材ノートに記している。また六月二二日には北京で新華社の人から中国の現状と文革路線についての長いブリーフィングを受けており、一〇頁にわたる詳細なメモが残っている。

取材ノートを手繰って興味深いのは、連載や単行本にするときに採用しなかった、取材メモではない書き付けが散見されることで（本多の取材ノートは後に記事に採録した部分には鉛筆で斜線を引いているが、それらには斜線が引かれていない）、各地の革命委員会での式典や宴会での相手側の挨拶の筆記や、本多が話したであろうスピーチの草稿が残されている。そこには当時の中国側の日本軍国主義や佐藤政権批判についての公式見解が披瀝されているとともに、「日本軍国主義の告発」という取材の原則に沿った上での、本多の取材を通しての日本軍国主義に対する見解が明確に見て取れる。

以下に取材ノートからその実例を引いてみることとする（速記のための簡略表記は改め、筆記の際の明らかな誤字は訂正しておく）。

六月二五日瀋陽、革命委員会リーダーの人民解放軍の挨拶より
「本日、あなたの御来訪自身、日本の革命的人民が、過去の侵略をまだ忘れていないことの証明です。……四〇年前、中国を侵略したことは、日本反動政府の指示による犯罪であって、人民の望みではなかった。私たちは、いま日本軍国主義に反対するに際して、決して、過去の日本軍国主義の犯罪を忘れませんが、同時に、日本人民の中国革命を支持してくれていることも忘れません。」

六月二七日撫順、本多の挨拶より
「（声がふるえて、うまくでてこない）こういう酷い日本軍。そこから来た日本人をみれば、撲り殺したいと思うのは、普通であれば当然だ。だが、偉大な毛沢東思想は、真の敵が何であるかを中国の人民に教えた。私が撲り殺

されずに、こうして詳しい様子を聞けるのも、そのためであろう。この毛沢東思想を私たちも学んで、日本人民の敵でもある反動を倒すことこそが、日本人民に可能な唯一の中国人に対する謝罪だと見る。」
六月三〇日鞍山（大石橋）、張慶涛氏（大石橋マグサイト鉱山革命委員会副主任）の挨拶より
「この仕事は大変重要な仕事になる。大きな貢献です。本多の革命的精神に、私たちは学ばなければならない。……中日両国人民は、元々隣邦で、伝統的に友邦です。これによって友好がもっと進む。……共に闘えば必ず打ち破ることができる。」
七月一一日南京、本多のメモより
「日本の恐るべき犯罪を聞いて言うべき言葉なし。そのような日本軍と同じ日本人として、いかに直接の関係はなかったとはいえ、私は強い責任を感じる。この責任を果たす道は、過去の日本に対して謝ることではなく、今の日本に対して闘うことだ。……」
七月一〇―一二日（日付不明）南京、本多
「……今度皆様の話を詳しく聞いて、想像以上のひどさに、もはや言葉がないくらいです。今日まで自分が死ななくて本当によかったと思う。というのは、こういう重大な日本の罪悪を日本人民に暴露できないで死んでいたら、死んでも死にきれなかった。私は、この日本がこの鬼悪魔の行為をしていた頃、五歳だった。たしかに、この罪悪に直接の責任はないかもしれない。しかし、今の日本の反動と、そのバックにあるアメリカ帝国主義に対して、もし何も闘わないなら、それは私たちの大きな責任になる。この報道によって、日本の人民が一層強く日米反動に対して闘うようになることは確実です。ありがとう。」
七月一二―一五日（日付不明）上海、本多のメモより
「日本では〈南京虐殺〉の噂は有名だけれど、しかしそれも具体的なことは分かっていない。まして、上海その他のことも、反動政府の弾圧によって隠され続けてきたので、全く人民に知らされていなかった。しかし、今日皆さんのお話を聞いて、日本がいかに中国の到る所で犯罪を犯してきたか、具体的に、さらによく理解できた。実は昼

飯は遠慮でなく、胸がつかえて食べられなかったのです。日本の人民がこのような恐ろしい鬼、悪魔のような行為を知ることは、反動政府の軍国主義政策に対するはかりしれぬ強い打撃を与える原動力になる。ということは、反動にとっては、この報道は大変恐れているもので、それだけ弾圧は厳しいと思います。そんなものは皆さんの受けた苦しみに比べたら、全く小さなことだ。断固として闘うことを、固く約束します。」

これらの取材の過程で書き付けられた本多の、必ずしも中国側へのリップサービスだけとは思われない真摯な語りからは、日本人読者向けに書かれた『中国の旅』だけからは必ずしも明快には伝わってこないメッセージが看取される。それは被害者から加害者の末裔に向けて加害の事実をつきつけられたことの動揺とショックであり、中国人民に向けられた加害の事実を報道することの使命感と責任意識の発露である。まして、『中国の旅』は本多の単身取材であるから、日本軍の侵略の直接の被害者たちに取り囲まれて、加害者である日本人は本多ただ一人という、ちょっとした言葉の誤解がそれまでの相手の微笑を一瞬にして憤怒の表情に凍りつかせかねないような、極度の緊張を強いられるなかでの、日本人としての中国人に向けての発言である。

ここで注目すべきことは、その責任意識の発露において、打倒の対象としての一部の軍国主義者と、共闘の対象としての人民という区別論に基づく毛沢東思想の思考経路がそこには明確に作用していることと、佐藤政権を軍国主義的な反動勢力として、ニクソン政権を帝国主義勢力として激しく批判していた文革路線の学習効果が反映していることである。[57]同様の記述は、公刊された『中国の旅』本文に引かれた中国人被害者の肉声のなかからも跡づけることができる。例えば、下記のような字句である（出典は朝日文庫版）。

「中国で犯したかつての日本の罪悪は、軍国主義の罪悪であって、日本人民の罪ではありません。毛主席の教えに従って、私たちは現在も日本の人民と反動政府を見分けています。その反動政府の中でも、政策の決定者と従わされている人びととは区別しなければなりません。私たちがこうした過去の体験をあなたにお話ししたのは、日本人民に対する中国人民の友誼のあらわれでもあるのです」（二六二頁）

「私たちは世界の被抑圧民族・人民と固く団結して、インドシナ人民を断固支持し、日本軍国主義反対の革命勢力を支持し、米帝に反対する世界の革命的行動を支持するものです。世界の勝利は革命的人民の側にあり、もちろん日本人民の側にもあります」(二九六頁)

このような区別論が本多の言動に表出される大状況として、前述したように(第三章五-1)、一九六〇年代初頭以降、毛沢東は反対陣営内部に敵とその被圧迫者・抵抗者を区別して、被圧迫者・抵抗者の側を連帯すべき友とするという、新たな中間地帯論を打ち出していたことがある。さらに、六〇年代末から、米ソ平和共存路線に危機感を感じた毛沢東が、対外政策の舵を米中接近へと大きく切り、ニクソン訪中を模索していた時期にあたっていたことも作用していただろう。

事実、本多が現地取材のさなか、北京の盧溝橋から南京の虐殺現場をめぐっていた七月九日から一一日にかけて、米大統領補佐官のキッシンジャーは、秘密裏にパキスタン経由で中国を訪れていたのであった。このとき、ニクソン訪中の電撃発表がなされ、ニクソン・ショックが日本政府を凍りつかせ、日中復交へと政府のみならず財界も論壇も雪崩を打っていくようになる。もし、本多側からの中国政府への取材依頼が田中訪中が決定した後であったら、日本の右派の反発を煽り日中復交ムードに水を注しかねない「日本軍国主義の告発」という取材の大義名分は、中国側には受け容れられない条件であったかもしれない。

後に本多は「中国の旅」での取材体験を回顧して、こう述懐している。

「日中戦争を取材しているうちに無知から次第にいろいろ分かってきて、エドガー=スノーではないけれど「目覚めへの旅」ですね。それによって天皇問題だとか、加害と被害の問題だとか、つまりは日本がいかに無責任な国か、それが外国との比較の上でも次第に分かってきたと思います(58)。」

訪中前はほとんど日本軍の行為について、侵略の事実を明らかにして加害責任を告発するという明確な意図は持ちつつも、具体的な史実については、予断と偏見を避ける意味もあっただろうが、事前の予備知識を十分にもたずに現地に乗り込んだ。取材を積み重ねながら、本多は、各地の革命委員会との交流と革命学習を通して、文革の理念への共鳴板を胸中に組み込みつつ、中国人民の被害者の立場に立って、日本の軍国主義を告発する思考の範型を備えていくこととなったことが推察される。

本多はまた、「中国の旅」での取材体験をこのようにも回顧している。

「そこで、文革ですけど、最初中国に行って私たちが理念を聞いたときには非常に感心したんですよ。日本なんかで大問題となっている社会現象などでも、文革の理念に解決の糸口がみえたりした。教育問題も含めてね。だからこそ当時の西側の学生運動や知識人にも影響を与えたのでしょう。ところがあとになってみると実態はとんでもないことだったと。当時はまだわからなかったわけですけれども。しかし文革に就いては、私は今でも理念自体は悪いと思われないいんですね。それがどう狂ってああなったのか。[59]」

国交なく内政は混乱を極めていた中国への四〇日間にわたる直接取材という本多の快挙と、その成果としてのルポ『中国の旅』の偉業は、何よりも本多のジャーナリスト魂ともいうべき報道への熱意が核となって成し遂げられた。とはいえ、その強烈な取材動機だけでは取材企画は実現しなかっただろう。中国側の西側諸国との関係改善への政策転換、朝日新聞社と中国との間の信頼関係というその核を取り巻く幸運な状況が、取材を成立させたもう一つの要因であった。またさらに俯瞰してみると、中ソ対立―米ソ共存―米中接近という国際的な気候のなかで、幾層もの彩雲が折り重なる一瞬の晴間を衝いて訪れた巧まざる奇跡の産物だったと言えるのではないだろうか。

取材それ自体は、本多が訪中後、中国の内在論理を会得する準備期間を経た上で聞取りをし、中国側は革命委員会を母体にして取材者を揃え、本多は彼らの口述を詳細に記録することで、さほどの困難を伴うことなく進行していった。本多がその直前に行なっていたベトナムやカンボジアでの取材では、敵・味方・その中間のなかへと分け入って、しかも本音か宣伝かデマかの見究めを迫られながら、戦火の下で決死の取材を続けなければならなかった。少なくともそのときの取材と比べれば、格段に効率よく成果が得られ、日本人に侵略の加害意識に目覚めさせることに成功した記念碑的ルポルタージュが生まれることとなった。本多が帰国後、『月刊社会党』一九七二年一月号に「中国に過去の日本の犯罪を「謝罪」してはならない」を書き、中国側の区別論に立って日本の加害責任を論じたのは、「中国の旅」で体得した中国側の戦争責任論の内在論理からすれば、ごく自然な認識枠組みであったことが理解できる。

実際に「中国の旅」は、本多の言葉を借りれば連載時からすでに「強烈で深刻な反応が数多くあった」[60]。その反響は九五％ほどは圧倒的な支持で、残りの五％は疑問か反対の手紙であったという。だが、よくぞ報道してくれたという支持と、このようなことは戦争につきものだったのだ、なぜあえて恥を晒すのかという反感とに分類するだけでは、本多の作品が喚起する歴史問題の複雑さを考察するとき、やや単純な二分論に過ぎるのではないだろうか。

被害当事者の声を忠実に再現し、被害の現場に立って証言を検証し、歴史事実として定着させようとする本多のルポルタージュそれ自体は正しくまっとうな方法であろう。確かに本多は細菌戦研究の当事者など、日本人加害者に対する事後の取材を行ない、加害者の言い分にも目配りをしている。では、日本人が中国人に代わって中国側の論理に立って、被害の事実を日本人に突きつけて日本軍の行為を告発することで、能事畢《のうじおわ》れりとなるのだろうか。直接兵士としてあるいは銃後の協力者として戦争に加担することはなかったにせよ、加害者の末裔としての発話の位置に踏みとどまって、何らかの罪悪感や責任感を表出する語りの途はなかったのだろうか。

当時、「中国の旅」に着目していた津村喬は、本多の聞書きを「貴重な仕事」と評価しつつも、本多が言い続けてきた「殺される側の論理」の延長線上にある仕事として位置づけ、「侵略者には侵略される側の心理や論理は理解しえない」として、「侵略民族の壁を突破して、「殺される側」に接近し」、「他者」の側に立つという本多のスタンスに、違和感を覚えていた。レヴィ＝ストロースがかつて試みた、「異質の世界」についてコミュニケーションを通して「メッセージ（諸事実、諸関係）の背後のコードに達する（decoding）」という人類学者の知的営為に照らすとき、本多は「アジアと日本の、そして日本国内の入り組んだ「異なる文化」の錯綜の中で」、「日本人民の、日本文化からの「異化」」を目指すのではなく、「政治的意識の水準で発せられた同化」を強要していると見立てる。

そのような見立ては、津村自身、高校生の若さで一九六四年という早い時期に中国を訪れ、南京の虐殺博物館を見てきたことからくる体験の耐性によるものでもあっただろう。また「中国の旅」連載当時に入管闘争に主体的に関わるなかで、日本人の「民族的責任」として問題を立てて以来、「在日朝鮮人なりの「代弁者」となることがないよう、もっとありていにいえば在日朝鮮人・中国人を利用してひとをオドシにかけることをしないよう、一応の自戒を持って来たつもりだった」というように、新左翼運動を潜り抜けた者の、運動家の負面に対する防御的な政治感覚によるものでもあっただろう。(61)

ちなみに、『中国の旅』以後、本多は、一九八三年一一月二五日から一二月二七日までと八四年一一月から一二月にかけて、さらに八七年に、南京虐殺に絞って南京およびその周辺諸都市への再取材を行なっている。そのうち一九八三年の取材は、『南京への道』(朝日新聞社、一九八六年)として刊行され、その後の取材の一部と併せて朝日文庫版『南京への道』(朝日新聞社、一九八九年)として刊行される。さらに日本での取材・調査の成果として、その後一九九四年に『週刊金曜日』において間欠的に発表したものを追加して南京虐殺関係の自身の一連の著作を集大成したものが、『本多勝一集二三　南京大虐殺』(朝日新聞社、一九九七年)である。また、南京虐殺とは別に、本多は、朝日新聞退社後、一九九五年に一〇日間、東北地方(旧満洲)への取材旅行を行ない、『週刊金曜日』一九九五年七月一七日号から五回の連載にまとめた。

2　責任・謝罪・賠償

本章二節で、日本人は、国民全体が中国戦争の加害者であり、その加害責任を負うという発想に絡めとられやすく、その被害者/加害者の二分法は、中国側の一部の帝国主義者/広大な人民という二分法の発想とは異なるものであるとの見方を示しておいた。この戦争責任論をめぐって見過ごされがちなボタンの掛け違いが、『諸君』での戦争責任をめぐる本多勝一とイザヤ・ベンダサンとの論争の遠因になっている。

すなわち、イザヤ・ベンダサンは、本多が中国の現地を取材して、日本軍の被害を直接蒙った中国人の証言を集めて報道し、その直接の加害者の罪状と実名を公開しないということは、本多を含むすべての日本人がその責任を負うことになるのだとして、本多の軽率さを批判した。それに対し、本多はわれわれ日本人すべてが、ましてや戦争のとき子どもだったり戦争を体験しない次世代の日本人までが加害者ではないし、謝罪することはないのだとし、中国の区別論に依拠して、最大の加害責任者は天皇だとする。ここにイザヤ・ベンダサンは本多の言説を日本人＝加害者、中国人＝被害者と曲解し、その曲解に対して本多は自説を加害者＝天皇を頂点とする一握りの軍国主義者、被害者＝中国人民と日本人民と捉え返していることがわかる。

ただし、ここで問題は、直接自分が犯したわけではない過去の罪をめぐって日本人のすべてに罪過が課せられるわけではないし、すべての日本人が謝罪する必要はない、というところまでは首肯できたとしても、たとえば被害に遭った中国人を直接前にして、中国側の区別論に依拠して、一部の軍国主義者を除く一般の日本人民の一人として、自分も被害者だと言い切れるかどうか、また、このような加害の結果をもたらしたことに対して、自分に責任はないと言えるかどうかである。例えば、一九七一年半ばからの『潮』の畳みかけるような特別企画では、日本人の中国戦場での三光作戦をはじめとする紛れもない加害や、朝鮮人・中国人の強制連行をはじめとする虐待や差別の記録が白日の下に曝された。このような罪過の多くは、当時の草の根の日本人が直接手を下したものである。そのような冷厳な事実を前にしては、一般の日本人といえどもある種の恥辱の念に襲われることを余儀なくされるであろう。そして、中国との復交にあたっては、このような加害の結果に対して、謝罪や賠償などを伴う何らかの責任を負わされているというメッセージを多かれ少なかれ受け取らざるを得ない。そのようなメッセージを拒絶してしまいたい心理がバネになって、「戦争とはそういうもの」とか「いや、そのような事実はなかったのだ」という右派の抗弁の常套句が生じてもくるのである。

ポイントは、過去に日本が中国で行なった加害と与えた損失についての罪過と、その罪過に対する償いと責任を、日本人という国民あるいは民族のもとに同一視することを自明のこととする発想法にある。中国では広範な日本人に対して、しばしば「あなた方には罪はない、われわれと同じ被害者だ」という説法で相対する。しかし、通常、「あなた方には責任はない」という言い方はしない。そこには、再三指摘してきた中国側の「一部の軍国主義者／広大な人民」という区別論が踏まえられている。

では、一部の軍国主義者と広大な人民を分かつ基準とは何だろうか。仮に東京裁判のA級戦犯が一部の軍国主義者として、では現地裁判で裁かれたBC級戦犯はどうなのか。これらの裁判で「人道に対する罪」「平和に対する罪」に問われた者がすなわち一部の軍国主義者として認定されるのだとすると、認定されなかった者は自動的に「広大な人民」の範疇に組み入れられるのか。日本国民全体にとっての「集団の罪」というのはありえないのか。戦争に協力した、あるいは戦争に抵抗しなかった、反対しなかったという人の罪は問われないのか。もし問われるのだとすればその罪を問う主体は誰か。そう自覚する当事者か、それとも被害者が認定するのか、そのどちらでもない第三者か。これらは戦争責任の主体の区別(戦争指導者/交戦国の国民/個人)の問題であり、それぞれの区別に応じた罪過があり、その罪過に応じた責任が伴ってくるはずである(62)。

これら戦争責任の主体とはまた違った位相の区別論もある。それは罪と責任の区別である。罪があれば当然のことながら責任は伴うが、直接の加害者ではなくとも責任は生じる、あるいは罪の意識は稀薄であっても責任は伴うという主体もありうる。日本人に即していえば、戦争犯罪があって戦争責任のある日本人と、戦争犯罪はないが戦争責任はある日本人があるということである(論理的には戦争犯罪も戦争責任もないという日本人もありうる。たとえば戦争終結後に事後的に日本国籍を取得した民族的出自を異にする日本人などはそれに相当しよう)。

イザヤ・ベンダサンと鈴木明を嚆矢とする反中国論・加害無効論・自虐史観批判論に連なる右派言説は、これら二種類の区別論を踏まえずに、対中侵略について、一部の軍国主義者と広範な日本人ということを同一視しがちである。また、日本人における罪過と責任ということを混交して理解する傾向にある。そのために、日本人あるいは日本軍の行なった侵略行為あるいは戦争犯罪を認めてしまうことが、日本人の過去と未来をつなぐ同一性の担保を毀損することに帰結するという強迫観念に囚われてしまうこととなる(63)。

このような同一民族・同一国民において、世代間で罪と責任の連続性はあるのか、罪と責任は継承されるのかという問題が浮上してきた背景には、既述したように、政治的には日中講和のための条件において、戦争責任問題の解決を迫られたということが一つにはある。そしてもう一つ考慮すべきことは、日中復交時、敗戦後四半世紀を超えて、いよいよ敗戦時に責任能力を問えない幼児だった世代(本多は一九三二年生まれ)、あるいは戦争を知らない世代が、日本の人口構成比でマジョリティを占めるようになってきた状況下で、戦争体験の風化と、戦争に対する現実感覚の減退という、いわゆる戦争の記憶の問題がせり上がってきたということである。

この戦争の記憶の問題について、敗戦後から一貫して日中復交とそれにまつわる戦争責任の問題は議論されてきたにもかかわらずこれまで充分に顧慮されてこなかったのは、議論する主体が、戦地であろうと銃後であろうと、おしなべて戦争を自ら体験し、戦争体験が身体感覚に染みつき、記憶の問題を自問する必要がなかったためである。その問題に気づき始めたのは、一九七一年の米中接近以降の日中復交論議・戦争責任論議で、戦争責任に対する自覚それ自体が果たして国民にとっての復交の主な原動力たりうるかどうかという問いが立てられるようになってからのことであった。たとえば本章三節の復交積極論として『中央公論』の事例を挙げたさい、蝋山道雄は、中国問題に対する日本人の態度の一つとして「過去の侵略行為に対する贖罪が行なわれるべき」との倫理的観点があるとしつつも、「この観点の潜在的弱点としては、時代の推移によって戦争体験をもたない世代が増えるにつれて、説得力が弱くなるということである」(「なぜ中国を承認すべきか」『中央公論』一九七一年二月号)と、冷めた見方を提示している。

その意味で、本多の『中国の旅』をはじめとする一連のルポや、『潮』の国民の戦争記憶をめぐる一連の証言特集は、この戦争から遠ざかりゆく新しい世代にとって、加害の事実をつきつけることによって、記憶としての戦争の問題を提起し、次世代が戦争の責任をどう自覚し継承するかという課題を提起するという意義を伴うものでもあった。

ここに想起されるのは、田中訪中に際して『世界』が組んだ「特集　日中講和の思想と条件」に寄稿した竹内実「戦争責任について」の記事である。竹内実は、日中戦争がもたらした「赦されることのない罪」「贖えない罪」を償う責任の一端として、日本の近代の歴史過程を歴史教科書に明確に記載し、「〈歴史事実〉として日本の民衆のあいだに定着させ」ることを主張した。つまり、罪を負った主体が、罪を犯さなかった次世代に、自らの行為を事実として客観的かつ冷静に教え、次世代の人間が同じ過ちを犯さないようにすることで、前の世代は過去の行為の加害責任を果たし、後の世代は過去の行為の結果責任と未来に対する責任を果たすということである。

さらにいえば、罪を負った世代とその次の世代の間で、〈歴史事実〉を共有する努力を継続しつつ、この〈歴史事実〉の下で被害を蒙った隣人たちとこの〈歴史事実〉を共有し、歴史の教訓を導き出すことが、次のステップになるだろう。このかつての敵と我の間の〈歴史事実〉の共有を通して、被害者と加害者の間の〈歴史和解〉のステージに入ることが可能になるのではないだろうか。これこそが一連の平和構築のプロセスであると考える。

3　積み残された戦争責任問題

とはいえ、日中戦争の戦争責任をめぐる議論は、日中復交の成就によっては解決されなかったし、いまだにその議論は盛り上がりこそすれ終息する兆しは見せていない。その最大の要因は、一九六九年末の中華人民共和国の国連代表権問題に端を発して、一九七一年の米中接近から七二年の日中復交にいたる一連の過程において、現実の日中首脳の国交正常化をめぐる外交交渉がなされた際に、日中双方の国益調整というパワー・ポリティクスの主文脈に対して、法的な戦争状態を終結させ正常な関係を樹立するという道義の論理が副次的文脈に置かれたことにある。

本章で一九七一―七二年の論壇の復交論を概観したさい、三節の実利主義的・現実主義的日中復交論の立場に立つ『日本及日本人』『文藝春秋』『諸君』『自由』『中央公論』の復交関連記事の総計一一八本、四節の道義主義的な日中復交論の立場に立つ『世界』『潮』『朝日ジャーナル』『月刊社会党』の復交関連記事の総計一〇四本と、数量的に実利派と道義派が拮抗していることから、論壇に限っていえば双方の立場が対等かつ等量に論じられていたことが察せられる（表6－2）。

外交の現場での日中国交正常化交渉の軌跡をたどってみると、たしかに、周恩来総理の表明した賠償放棄の決定には、「三光作戦」でひどい目にあった大衆に対する中国側首脳の粘り強い説得を必要とした。また、日中首脳会談第一日目の晩餐会で、田中首相の「多大の迷惑をおかけした」発言が巻き起こした中国側の強い反発をめぐって、翌日からの首脳会談は紛糾した。結局、共同声明で戦争責任に対する日本側の態度表明を盛り込むさい、「日本側は、過去において日本国が戦争を通じて中国国民に重大な損害を与えたことについての責任を痛感し、深く反省する」との字句にまとまるまで、かなり厳しく綿密な検討が外相会談でなされた。

表6-2　雑誌別の復交論の論調タイプ

派別	論調	該当雑誌	タイプ	掲載本数	派別本数
実利派	復交積極論	『中央公論』	ⓐ	37	118
	復交中間論	『自由』	ⓑ	18	
	復交消極論	『日本及日本人』	ⓒ	10	
	復交批判論	『文藝春秋』『諸君』	ⓓ	53	
道義派	講和優先論	『世界』『月刊社会党』	ⓔ	67	104
	戦責優先論	『潮』『朝日ジャーナル』	ⓕ	37	

しかしながら、北京政府との間に国交正常化が実現した大状況としては、日本側にはニクソン・ショックとして受けとめられた米中接近が日中講和のあり方を決定づけていた。すなわち、中国側には台湾問題を解決するという積年の宿願に道筋がつけられ、アメリカは泥沼化するベトナム戦争の終結への障害を取り除くことができ、米中双方にソ連との確執に連衡することで優位に立つとの共同利益が合致した。そして、日本の軍国主義者の野望を再び復活させないために、アメリカは日本に対する軍事的掣肘を決して放棄しないという、いわゆる「ビンの蓋」論を持ち出し、中国側がそれを受け入れて最終的な米中合意の素地がつくられた。それが、日本側が日中国交回復交渉において最も懸念した日米安保条約の温存ということとの実情だったわけで、日米安保条約維持の黙認ということは、竹入公明党委員長の秘密訪中によって、周恩来総理からの確約の形で田中訪中に先んじて表明されていた。

だが、田中首相以下日本側首脳は、その確約の背景に、キッシンジャー秘密訪中の折に周恩来総理との間で、中国側の日本軍国主義復活への懸念とアメリカ側の日本の潜在的軍事力への懸念がすでに米中双方の間で交わされ確認されていたことを、交渉の現場では気づいてはいなかった。むしろ日本側がより細心の顧慮を要したのは、復交の条件として中国側から提示された三原則に同意する上で、必然的に台湾断交のために苦渋に満ちた台北との関係処理を行なうことを余儀なくされることだった。圧倒的に親台派の多い自民党代議士からの反発が懸念されるなか、田中首相はじめ政府首脳と関係官僚は国内政治の軋轢を覚悟して、対中国国交と対台湾断交の不退転の決意を迫られたのであった(64)。

また、戦争責任をめぐっても、日本側が最も懸念し、論壇においてもとりわけ右派が復交の諸条件のなかで最も過敏に反応した賠償問題について、すでに一九六四年に周恩来をキャップとする日本組のなかで中国は対日賠償請求権の放棄を決定していたし[65]、田中訪中の前に秘密訪中した竹入公明党委員長に対して、周恩来から毛沢東主席の意思として賠償請求権の放棄を伝え、「賠償を求めれば、日本人民に負担がかかります。そのことは、中国人民が身をもって知っています。……負担を人民にかけることは良くない。賠償の請求権を放棄するという事を共同声明に書いても良いと思います[66]」と明言していた。

むしろ日中首脳会談で賠償問題をめぐって争点になったのは、賠償問題はサンフランシスコ条約で解決済みだし、日華平和条約がある以上、中国に請求権があることは認められないとの外務省側の発言をめぐってであった。この発言に対し周恩来が憤慨したのは、日本側が中国大陸での戦争被害は日華条約の適用範囲外にあるとの認識に立っていないことであり、ひいては台湾側の合法性問題に抵触するからであった。そこでの対立は、中国側が共同声明の案文において「日本国に対する戦争賠償の請求を放棄する」と、請求権の「権」を脱落させる譲歩で決着を見た[67]。

かくて日本が中国に与えた戦争の損害をめぐっては、賠償放棄を事前に確認しておくことによって賠償問題をいわばやり過ごし、謝罪の文言をめぐって日中間での綱引きがあった他は、中国側に日本側の戦争責任についての認識と反省を深く問い質すような局面はなかった。かつて竹内好が掲げた「国民の道義的責任として中国との終戦処理を主体的に行い、中国との国交回復を果たす」との国民的課題は、国際政治の大潮流と、台湾問題の荒波によってかき消されるように首脳同士で決着がつけられるなかで、有耶無耶のうちに雲散霧消したのである[68]。

だが、このときの有耶無耶な形での決着は、問題が解消されたのではなく、その後に積み残されたままとなり、賠償問題に関しては民間の対日賠償請求とか対中ＯＤＡ論争の形で再浮上し、戦争責任問題に関しては教科書事件や閣僚の失言妄言が起こるたびに歴史問題として再浮上していくことになるのである。

七　日中復交論から歴史認識問題へ

日本側の日中復交論は、国共内戦を経て中華人民共和国が成立したその時点から一九七二年の国交回復にいたるまで継続してなされて、日本政府にとっては戦後外交の最大の課題であったし、論壇での中国論としても最大のテーマであった。とりわけ七一年の米中接近以降は政財界の日中復交に向けての動きが雪崩を打ったように活発になり、論壇でも夥しい復交論議がなされた。

本章の主要範囲となる一九七一―七二年の二年間における総合雑誌の中国関連記事寄稿者の掲載本数頻度から、その復交論の担い手の特質を探ると（表６－３）、以下の三つの集団に類別し、それぞれ次のような主要寄稿者を挙げることが可能である。

表6-3　執筆者掲載頻度ランキング（1971-72年，ただし復交論のみ）

	人　　名	掲載本数
①	中嶋嶺雄	9
②	岡崎嘉平太	7
③	神谷不二，竹内好，松尾文夫	5
④	衛藤瀋吉，太田勝洪，藤山愛一郎，三好修，山極晃	4
⑤	石川忠雄，伊藤茂，岡部達味，加藤周一，桑原寿二，武田泰淳，永井陽之助，林三郎，福田恆存，宮地健次郎，森恭三，吉田実，蝋山道雄，蝋山芳郎	3

＊３本以上寄稿者に限る

１　主に政財界の「掘井人」と目されるような、複数の復交ルートにおける交渉当時者・関係者。岡崎嘉平太、藤山愛一郎、伊藤茂など。

２　中国問題を研究対象とする国際政治・国際関係論・中国政治・中国経済などの専門家・研究者。中嶋嶺雄、神谷不二、衛藤瀋吉、太田勝洪、山極晃、石川忠雄、岡部達味、永井陽之助など。

３　中国専門あるいは外交・国際問題の新聞記者。松尾文夫、三好修、宮地健次郎、森恭三、吉田実など。

復交論の特徴は、その論調によって、実利重視の立場と道義重視の立場の二派に截然と分けられる。実利派にとっての実利とは主に国際情勢に対する分析に基づく国益の評価を言うが、国益に対する判断に応じて、復交に対しては積極論と中間論と消極論（慎重論）に分かれる。この消極論はさらに、純粋な消極論と復交推進論批判とに傾向が分かれる。一方の道義重視派はおしなべて積極的に復交を支持するが、道義の内実として復交を急ぐ前に中国に対する加害責任を強調する戦争責任重視型復交論と、戦争責任と国際情勢論をブレンドし復交を何よりも優先させる講和型復交推進論に分かれる。この二派の大別に依拠した上で、掲載された復交論関連記事の雑誌別傾向を、表６－２でⓐ―ⓕに分類しておいた論調のタイプに応じて類別してみよう。

ⓐ—ⓓは中道・右派系雑誌で、現実政治の動きを観察して国益最大化の観点から復交の是々非々を論じる傾向が強い。

ⓐは復交支持の立場を堅持しつつ国際環境の変化と現実政治の動静を見極め対応すべきとし、日本が中国に対して負った歴史的責任をいかに果たすかという発想が底流にある。

ⓑは復交の是非については中立的に比較衡量する姿勢が強い。

それに比して、ⓒⓓは復交のデメリットを強調し、復交慎重論・消極論を打ち出す傾向が強い。

ⓒは国益重視の立場から復交積極論への批判を展開するが、その際の論拠は、道義的観点から中国に譲歩しすぎるのは日本の国益を損ない、日本外交の自主性が失われ、日本の国威を衰退させるということにある。北京政府への歩み寄りは「土下座外交」につながり、北京政府からの「恫喝外交」に屈することになるとの発想が濃厚である。

ⓓは外交・安保に関しては対米協調路線の堅持、終戦処理・日中関係に関しては台湾との関係維持の立場に立ち、政財官界およびマスコミこぞっての復交ムードを拒むことに主眼がある。なかでも『諸君』は、戦争責任論・加害責任論に対抗して修正主義的あるいは戦争責任否定論的な言説を繰り返すネガティヴ・キャンペーンの手法を採る。

ⓔⓕは左派系雑誌。

ⓔは道義的に日本政府に復交政策を選択するよう迫り、サンフランシスコ条約の片面講和・日華平和条約を見直して日本と中国の間の戦後処理を主体的に推進することに主張の重点を置く。

ⓕは日本の中国に対する加害責任を強調し、国民に道義的責任を強く自覚させようとする。

関連論稿は少ないが、新左翼系雑誌の『現代の眼』について言及すると、ニクソン訪中はアメリカの帝国主義的野望のなせるわざであり、みせかけの和平や、政治的経済的実利主義の隠れ蓑になっている無批判的な中国ブームに騙されてはいけない、日本はアメリカへの追随を断ち切り、中国人民の反帝統一戦線に加わるべく、国交正常化に踏み切れという論法をとる（井上清「中国にとっての訪中の意義――中国の対外政策とニクソン訪中問題」一九七一年九月号、浅野雄三「ニクソン訪中の帝国主義的幻想」同上、蝋山芳郎・関寛治「（対談）米中会談とアジアの解放戦争」一九七二年五月号、津田道夫「思想史としての日中問題――無批判的中国ブームの陥穽を衝く」一九七二年六月号など）。

さらに、雑誌ごとの傾向分布をまとめよう。

まず、関連論文の掲載本数は、既述したようにⓐ―ⓓが総計一一八本、ⓔ・ⓕが総計一〇四本と、ほぼ拮抗していた。

書き手としては、研究者・学者はⓐ―ⓕの全般にまたがっているが、交渉の当事者・担当者は主にⓐⓔⓕに寄稿している場合が多い。

論壇での論争は、ⓐ―ⓓとⓔⓕの間では国益と道義の比重ないしは優先順位をめぐって争われ、とりわけⓓとⓕの間で加害責任の有効と無効をめぐって激しく闘わされた。

現実の正常化交渉はⓑの提起した諸論点を勘案しながら、解決の方向としては主にⓐの線で展開されていき、短時日のうちに復交は実現した。その際、ⓔⓕの提起した論点は、正常化交渉の際には、副次的な交渉課題にしかならなかったが、国交正常化が実現したことで解決したわけではなく、以後もⓓとⓔⓕの論争は歴史問題として持ち越され、日中間の対立の火種となっただけでなく、日本の論壇内部に禍根を残すことになった。そしてⓓの言説は、右派が専有する日本無罪論、あるいは中国政府に対する反日ナショナリズム批判の系譜として日本の論壇の反中国言説の一つの源泉となった。

ⓒの復交消極論の論拠は、国益の観点から中国側にメリットが大きく日本側に少ないというものが多いが、一部に、中華民国台湾政府支持および台湾断交批判を論拠とするものがある。台湾支持の論拠は、国民党政府支持論だけでなく、台湾独立・台湾自決支持派論もあり、ⓓの多くもまた親台湾反中国の立場を共有している。台湾問題は米中和解においても日中復交においても、双方の認識に隔たりを残しており、中国内部においてもいまだに解決を見てい

ない。以後、ⓒⓓは対米協調、日米安保重視、あるいは反共主義に基づく中国軍事脅威論の系譜として、今にいたる日本の論壇の反中国言説のもう一つの源泉となっている。

ⓓとⓔⓕの論争が復交後に再現したのは、一九八二年の日中戦争の記述（「侵略」「進出」「侵攻」）をめぐる第一次歴史教科書検定問題事件、八五年の中曽根首相による靖国神社公式参拝問題、八六年の高校教科書『新編日本史』をめぐる第二次歴史教科書検定問題、八七年の「二つの中国」につながる光華寮問題などであった。これらの問題はいずれも、戦争責任問題と台湾問題という、日中復交の中核に据えられた両国間の原則問題に関わる(69)。

さらにそれが単なる両国関係を超えて、リージョナルな歴史認識問題として噴出するのは、九〇年代の東欧諸国の体制転換とソ連の解体などによる冷戦体制の崩壊以降のことであった(70)。

九〇年代以降の歴史認識問題の現われについて付言しておくと、第一のきっかけは、自衛隊の海外派兵をめぐる論議であった。一九九一年一月、湾岸戦争に対する国際貢献のあり方をめぐって、ＰＫＯ多国籍軍に自衛隊が参加することで軍事力の貢献を図ろうとする日本政府に対し、アジア各国から日本が再び軍事大国化することへの懸念が表明された。そこで海部首相は四月に東南アジアを歴訪し、侵略戦争に対する反省を表明した。さらに九三年、細川首相は所信表明演説で「侵略行為や植民地支配」に対する「深い反省とおわびの気持ち」を述べ、九五年、敗戦五〇年後の終戦記念日に、村山首相は「植民地支配と侵略によって、多くの国々、とりわけアジア諸国の人々に対して多大の損害と苦痛を与え」たことへの反省とおわびを談話として発表した。

第二のきっかけは、「従軍慰安婦」問題についての被害者の告発だった。九一年一二月、元韓国人「慰安婦」が名乗りを上げて日本政府を被告とする補償請求の裁判を起こすと、日韓政府の二国間交渉による問題解決の枠組みを超え、瞬く間にアジア各地に被害者の告白と告発が広がった。さらに被害者の声は拡大し、日中戦争時の日本軍による細菌戦の被害について中国本土での現地調査がなされ、九六年には遺族から日本政府に謝罪と補償を求める訴訟が起こされ、人道に対する罪を追及する国際的な市民運動としての広がりを見せた。九九年には、米国の州議会で戦時中の日本企業における強制労働の被害者が、日本企業を被告とした訴訟を認める法案を可決し、集団訴訟がアメリカを越えて組織される兆しがあるとともに、政府ではなく民間主導による日本の加害責任の告発が頻発するようになってきた。

第三のきっかけは、第一第二の動きとも連動して日本国内でナショナリズムが台頭したことだった。一九九五年に教師と教育学者の有志を中心に発足した「自由主義史観研究会」、翌年には、そこから派生して、賛同する右派系マスコミ・政財界・右翼団体の支持を得て「新しい歴史教科書をつくる会」が結成された。そこに蔓延している「新国家主義」「新保守主義」は、グローバル化のなかの経済的停滞感、外交上での国家プレゼンスの衰退感と相俟って打ちひしがれた国民の沈滞ムードに元気を与えてくれるような気分にさせた。彼らは近代日本のネガティヴ・イメージを匂わせる言説を「自虐的」と非難することで対立軸を硬直化させ、論壇やマスコミにおいて、戦後初めて保守的言説が体制批判的論調を凌ぐ勢いを見せ始めた。それに対して、韓国・中国を中心としたアジア諸国からは、二〇〇一年度検定用の扶桑社版中学歴史教科書に対する仔細な修正要求が民間主導でなされ、政府がそれを外交問題化するという第三次歴史教科書問題が起こった。これに反応して、日本では民間の右派保守層が内政干渉だと批判し、政府も当初は教科書検定の結果には干渉できないとの原則を表明しながらも、結局は中韓両国政府からの修正要求に一部応じざるをえなかった。ただ、実際の教科書採択においては、採択単位となる自治体の教育委員会のなかには当初は採択の方向に動いた地区もあったが、地域住民の抵抗などの民意を反映して、極めて低い採択率に留まった。

これらの経緯から、九〇年代以降の歴史問題の特徴は、第一に冷戦後のアジアの国際環境の変化によって日本の軍事力が直接アジアに出て行くことへの懸念が、アジアの側から過去の侵略の記憶とオーバーラップして表明されたことであり、第二に政府主導ではなく民間主導で歴史問題が日本に突きつけられているということであり、第三に日本の側に「自虐史観批判」「国益重視」という形でナショナリズムの高まりが見られたことである。

すなわち、冷戦後の国際環境の変化にともない、日本はかつて侵略した国との関係を直接調整することを迫られ、日本の過去の侵略の事実についての認罪と謝罪という積み残された問題への応答を被害国の被害当事者から突きつけられるという事態に直面した。そこでは日本の加害責任をめぐる狭義の歴史問題と、国際情勢の変化に日本がどう対応していくかという国益問題という二筋の水脈が合流して一筋の大流になる様相が現出したのであって、復交期の中国記事における実利論と道義論の系譜が合流して、広義の歴史問題を形づくるようになったのである。

その後も歴史問題は終息の兆しを見せてはいない。二〇〇一年小泉首相の靖国神社公式参拝をめぐって、中国・韓国からの激しい反発があった。A級戦犯が合祀された場所に首相が公式参拝することは、中国の区別論から見ると戦争を指導した一握りの軍国主義者の名誉を回復し、日中戦争を正当化しているように映る。東京裁判や中国での戦犯裁判において、さらに日中共同声明において遵守された戦争犯罪処理のための原則を踏みにじることは、アジアの犠牲者に対する哀悼と罪責の念を無視した行為として受け取られる。二〇〇五年には日本の国連安保常任理事国入りの動きが活発化したことを標的として、同年春には中国主要都市で「憤青《フェンチン》」(怒れる若者)による反日デモが繰り返された。

二〇〇七年には沖縄「集団自決」訴訟が提訴されると、歴史教科書から一斉に「集団自決」の記載が抹殺された。教科書会社(教科書執筆者)は教科書採択を優先し、文科省調査官の検定意見書に反論しなかったことから、歴史教育界・学術界の独立性が確保されておらずに司法と行政が優位に立つ実態を露呈してしまった。論壇の批判力も弱く、沖縄県民の怒りが高揚して決起するまで、報道すらまともになされなかった。国民意識をめぐって沖縄と本土で裂け目ができ、米軍上陸の犠牲となった沖縄からのまなざしを封じて、本土の消費型の内向的なナショナリズムが露呈している。

南京事件の「まぼろし説」も消え去ろうとはしていない。歴史認識問題が内向型ナショナリストの専売特許になって、歴史教育界・歴史学会は、南京虐殺はあったかなかったか、あったとすれば何万人か、盧溝橋事件は日中のどちらが先に発砲したか、「従軍慰安婦」の募集に国の強制的関与があったか、その証拠はあるかないか、という狭い土俵に引きずり込まれて資料探査の労力を費消し、非生産的な議論で貴重な時間を奪われている。日本の侵略の事実を隠蔽し、侵略と植民地支配についての責任を軽減しようとする傾向に対して、受動的に対抗言説を重ねているのが実情である。

アジアの民間から告発の声を受けた日本では、復交時の復交消極論・復交批判論にみられたような、対米協調・日米安保堅持に依拠した国益重視型の反中国言説と、反日ナショナリズム批判に依拠した国威重視型の反中国言説とが相俟って、復交時とは国際環境が大きく変貌したにもかかわらず、変りばえのしない加害責任無効論や日本無罪論が繰り返されている。

歴史認識問題を日中間の紛争の火種にせず、ステレオタイプ化された陳腐な国民・国家イメージの再生産に手を貸さず、近代史・中国観を問い直し、鍛え直していかなければならない。そのためにも、戦後の日本論壇のさまざまな局面で、種々の論題をめぐって中国論者たちが奮闘してきた過程で積み上げ獲得してきた英知と学知を、改めて省察する必要がある。そのさい、支配者の一方向的なまなざしからではなく、学説や学問制度に安住した回顧でもなく、日中相互交渉の場において環流するありようとして、その実践的文脈に着目していかなければならない。そのようにして、日中双方が共有しうる歴史認識としての地歩を築いていくことが、今こそ求められている。

終章　戦後日本の中国論における担い手と論題
――総合雑誌関連記事の歴年推移を通して見た認識経路

一　研究の方法とねらい

日本人にとって中国とは何か、それはいかなる歴史的現在として眼前に顕現しているのか、その中国はどこに向かおうとしているのか。

その問いを立て、何らかの解を導く資格を有するのは、今日では通常は中国学者・中国研究者とみなされている。中国研究者は、中国の生きた現実に直接足を踏みいれず、一定の距離を置いて、特定の言語と分析工具を駆使して、観察者・傍観者として、観察主体の主観を排した客観的中国像を構築することを学究上のモラルとしている。その反面、今日、中国論が中国学者・中国研究者の取り扱う領分とされてしまったことによって、日本人にとっての中国像の最大の形成要因である庶民や国民の中国認識が、充分には顧慮されなくなってしまった。一般国民の中国認識は、学問的精査を経ない粗い印象批評として、あるいは正確な中国認識にとっては夾雑物でしかない感情論として閑却される傾向にあり、せいぜい世論の動向をたどるための調査データとしてしかみなされなくなっている。

いつから中国論は中国学者・中国研究者の専有物となったのだろうか。

本書では、次の三つの究明すべき課題を設定した。

一　日本における中国論の担い手は、いかなる人びと、いかなる執筆陣、いかなる集団であったのか。

二　中国のいかなる事象が、論題として対象化され、設定されたのか。

三　種々の中国論を通して、日本における中国像の形成と転換はいかになされたのか。

そのための素材として、一九四五年から七二年にかけての、日本が敗戦し中国から撤退してから中国と国交を結ぶまでの国交断絶の二七年間に発行された、総合雑誌二四誌に掲載された中国関連記事二五五四本を集めた（序章・図0-1）。これまでの中国像は、主に学術界で流通する中国研究史や学説史として、学術専門誌での論文や学術専門書でのストックを素材として形成されてきた。しかし、そこから得られた知見は、せいぜい中国研究の学術界に限定した中国論の総体と言いうるにすぎない。日本人にとっての中国像の総体を把握するためには、中国論の現われる現場を、中国研究・中国学の学術界から、より一般国民に近い領域に下ろしてくる必要がある。

そこで、本書では専門研究者だけでなく一般国民も容易にアクセスすることが可能な総合雑誌というメディアに注目した。総合雑誌は論壇の最も集約的な発表媒体であり、論壇は公共知識人によって構成される、公論を論述し公衆に流布させるアリーナだからである。雑誌の選定にあたっては、月刊誌を中心に、読者数や読者層が限定された同人誌や専門学術誌ではなく、ある程度以上の発行部数のある、商業ベースに乗った総合雑誌であること、右派から左派までのさまざまな論調と、専門から通俗にわたるさまざまな読者層に広がる、雑誌と出版社の多様性が確保できるよう留意した。

総合雑誌に寄稿する公共知識人によって論壇で展開された中国についての公論を時系列的・系統的に集積して定量分析した。さらに、設定された論題はいかなるもので、いかなる解答の道筋がつけられて読者に態度決定を迫ったのか、論題と論調のバリエーションを探るにあたって、総合雑誌に掲載された中国関連記事の論題と論調の変遷を時系列的にたどって言説分析の手法で示し、中国論の布置を構造的に摘出することを試みた。その際、中国論の担い手たちの群像をその属性によって類別化し、類型毎の中国論者の変遷をたどることとした。また、彼らが設定した論題とそれへの解答の筋道を知ることは、中国という意味空間を解読する作業に等しいとして、そのための分析工具として複数の「認識経路《パーセプショナル・チャネル》」モデルを抽出することとした。そして、経路の形成と変容のパターンを時系列的に示すことで、一般国民が中国像を形成する上で参照した中国認識のための言論の布置を、掲載された関連記事の分析を通じて構造的に摘出することを試みた。

二　中国論の担い手たちとその推移

表7－1は一九四五—七二年の二四種総合雑誌に掲載された中国関連記事について、三本以上寄稿した執筆者の寄稿本数順一覧であり、表7－2はそのうち一〇本以上寄稿した執筆者の掲載本数の年度別推移を示したものである。これらの寄稿者をその来歴・属性・論調に応じて、一一のカテゴリーに類別化し、カテゴリーごとの論壇での寄稿数の定量データを踏まえた露出度から、その消長と変遷を時系列にたどったものが図7－1である。以下、このカテゴリーごとに、属性の特徴、中国論の特質とパターンを概観しておきたい。

従来の中国研究の主流は書かれた記事の中身を分析対象にするものであって、必ずしも書いた人の属性を分析対象の主流にはしてこなかった。だが、一般読者は、通常何について書いているのかという表題情報よりはむしろ、誰がそれを書いているのかという著者情報を重視して閲読する傾向がある．本書においては公論形成と世論への影響というテーマを掲げていることもあり、執筆者の属性を究明課題として重視したのである。

①日本共産党を中心とする社会主義者系親中派

延安を中心に捕虜となった日本兵らが結成した日本人反戦同盟や日本労農学校のメンバーが、帰国後盛んに解放区における中国革命の実情を伝える記事を書いた。また、戦時中のアジア調査・研究機関であった満鉄調査部や東亜研究所などに所属し、社会運動や共産主義運動に参加した運動家や共産党員が加わり、活発な中国論を展開してきた。とりわけ中国記事の寄稿数において圧倒的優位を保持したのは、一九四六年一月に設立された独立の民間研究所である中国研究所（中研、初代所長は元東亜研究所嘱託の平野義太郎）の所員たちであった。

これらの中国論の書き手に特徴的なことは、その多くが日本共産党およびそのシンパであることで、中国共産党を支持し、単独講和と日華条約締結に反対し、左翼運動と日中国交回復運動の担い手となったが、そこには党派的思考が色濃く反映されていた。彼らの論稿が国共内戦から中華人民共和国成立と講和条約までの中国関連記事を支えてきたが、一九五〇年にコミンフォルムによる日共批判を受けて日共内の路線対立が顕在化し、最大野党の日本社会党が日中復交に乗り出すのを契機に、また、五〇年代に入って、中国研究者の幅が広がり、彼らの中国情報に対する比較優位性が低下するにつれ、論壇への露出度は低下していった。さらに文革発生時の一九六六年三月に日共と中共の関係が決裂してから、日共系の所員は中国研究所を去り、総合雑誌での寄稿数はいっそう減少した。中研に残った所員も七〇年代に入って文革論議の熱気が去ると、ほとんど論壇に登場することはなくなった。主な寄稿者は、岩村三千夫、平野義太郎、中西功、鹿地亘、野坂参三などで、安藤彦太郎、藤島宇内なども、どちらかといえばこの系統に含めてよいだろう。

②**欧米ジャーナリスト**

中国での現場取材が可能なアメリカを中心とする欧米のフリージャーナリストや新聞社の特派員あるいは特約記者で、とりわけ国共内戦期に在華日本人が引き上げ、報道機関が空白になったさいに、彼らのルポや報道記事が盛んに日本で発行されているメディアに翻訳転載された。それまでの伝統的中国イメージから、巨大新生国家・新中国の清新なイメージへの転換において大きな役割を果たした。主な寄稿者は、エドガー・スノー、アンドリュー・ロス、アグネス・スメドレー、アンナ・ルイズ・ストロング、ジャック・ベルデンなど。

③**政財界親中派**

一九五〇年代に入って中国側が日中の民間交流によって国交回復を促すとの対日政策方針を打ち出すと、一九五二年の初訪中をきっかけとして、最大野党の日本社会党と財界親中派を中心に対中交流ルートを開拓する動きが起こり、日本共産党や与党自民党においても議員訪中の動きが活発化して、財界人もこれに呼応した。彼らは日米同盟を基軸として台湾との関係維持を進める吉田首相─岸首相─佐藤首相路線に反対し、日中貿易推進論を主張し、日中国交回復を訴える記事を多く執筆し、田中政権の日中国交正常化の道を開くことに寄与した。五〇年代以降、国交回復にいたるまで、常に一定の寄稿数を維持してきた。主な寄稿者は、宇都宮徳馬、松村謙三、古井喜実、藤山愛一郎、風見章、村田省蔵、岡崎嘉平太、西園寺公一など。

④中国残留日本人

一九五三年三月の五〇〇〇人弱の残留日本人を皮切りに、断続的に技術指導者、労働者など民間邦人の引揚げが続いた。帰国後、彼らは積極的に中国の生活実態を報告する記事を寄稿したが、総じて中国政府の建国事業を高く評価している。さらに、一九五六年四月に中国で抑留中の日本人戦犯の寛大処理についての決定が下され、撫順と太原の戦犯管理処を中心に日本人戦犯の引揚げが一九六四年まで続いた。帰国後元兵士らは中国帰還者連絡会を組織し、中国侵略の直接的加害者となったことの自責・贖罪意識と、抑留中の彼らに対する中国側の温情と寛大な処置に対する恩義から、侵略の加害責任を訴え、日中国交回復を主張する中国支持の強力な担い手となった。寄稿者は多いものの、体験者の証言であるため、一人当たりの寄稿数自体は多くない。

⑤反共中国論者

戦時中、日本軍部あるいは国民党に協力し、中共の破壊工作に携わった比較的特異な経歴を持つ一部の人々で、戦後は民間の研究機関や大学の教員として中国研究に転じた一群の人々がいた。彼らの多くは、矢部貞治総長時代の拓殖大学に招聘され、同大学に附属する一九五五年に設立された海外事情研究所に関わり、その機関誌『海外事情』に多く寄稿した。中国社会の実情に通じ、中国史の知識が豊富で、中国人民には恩義や親しみを感じているが、反共主義的なスタンスで、中国共産党（より直接的には毛沢東路線）には極めて厳しい評価を下し、台湾の国民党政府を支持する傾向が強い。とりわけ文革については激しい批判を展開した。彼らのうちには鍋山貞親や佐野学など日本共産党から転向した者も含まれていた。主に右派雑誌の『日本及日本人』『自由』に寄稿している。主な寄稿者は、桑原寿二、草野文男、小竹文夫、上別府親志、吉田東祐など。

⑥反中国論者

一九七一年のキッシンジャー秘密訪中に始まる米中接近以後に、彼らの多くは日中復交消極論・慎重論・否定論を展開した。その受け皿となったのが、六九年に創刊された『諸君』であった。そこでのテーマの多くは、対中侵略と加害の事実それ自体を否定したり矮小化したりして侵略責任を小さくし、日本の戦争責任論の正当性を崩す意図から出たもので、日本軍による虐殺などなかったとする右派の自虐史観封殺キャンペーンの源流となっている。日本無罪論や反共主義や台湾断交反対論がその根拠となっている。七二年までの寄稿数統計では浮上してこないが、主な寄稿者は、イザヤ・ベンダサン（山本七平）、鈴木明、岡田英弘、杉森久英など。現在では⑤と⑥の境界は曖昧となって、ともに右派雑誌を中心として中国批判を展開する主要な勢力となっている。

⑦現地ジャーナリスト

一九六四年の日中記者交換協定により、新聞・通信・放送記者が中国に派遣され、特派員として北京を中心に常駐し取材した中国記事を送った。彼らの多くは敗戦後中国から引き揚げた元学生、現地調査員、ジャーナリストで、戦時中の東亜同文書院や外語大学の出身者が多かったため、中国語に堪能で、現地事情に詳しかった。ただ、取材上の制約が厳しく、現地に駐在する限り、中国の公式見解を大きく逸脱する記事を書くことは少ないのが通例で、総じて現状肯定的な立場をとった。ただ帰国後、編集委員や論説委員として寄稿する際は、取材制限から解放され、取材制限の忌諱に触れて追放処分になったなどの経緯から、政権批判的な立場をとる者も多い。主な寄稿者は、柴田穂、吉田実、新井宝雄、高木健夫、松野谷夫、大森実など。

⑧現代中国研究者

各大学の政治経済法学など社会科学系学科、アジア政経学会・日本国際政治学会・日本政治学会などの学会組織、アジア経済研究所・国際問題研究所など公立の研究所に属する現代中国分析の専門研究者たち。その多くは、年齢構成から国交断絶期に大学を出て研究職に就いたため、現地の滞在経験は乏しく、統計資料や現代中国の公式文献などを素材にした権力分析・国際情勢分析を行ない、現実主義的な中国論を展開した。総じてアメリカでの研究の影響を多く受ける。戦前だと事情調査と呼ばれた研究スタイルで、戦後は地域研究と呼ばれるようになった。彼らが文革後のチャイナ・ウォッチャーのマジョリティを構成し、文革後の現代中国論はほぼ彼らによって一本化されていき、結果として中国論の多様性の喪失をもたらした。主な寄稿者は、中嶋嶺雄、野村浩一、衛藤瀋吉、石川忠雄、石川滋など。

⑨シノロジスト（古典中国学者）

文学・思想・哲学の領域で主に文献学的手法で伝統中国観との連続性で現状を捉えようとする傾向が強い。どちらかといえば京都大学支那学系統が優勢である。がんらい論壇誌への登場頻度はさほど高くはないが、中華人民共和国成立時や、ＡＦ財団問題が発生した際や、文革期には積極的に発言した。しかし、伝統中国と同時代中国との乖離が顕著になるにしたがって論壇での発言が控えめになり、研究対象それ自体についても現代中国を遠ざけるようになり、中国古典の文献学的研究に特化するようになっていった。主な寄稿者は、吉川幸次郎、貝塚茂樹など。

⑩新左翼活動家・理論家

文革が勃発した後に、一九六八年の日本の学生運動の高まりのなかで論壇誌に登場するようになった。運動論・組織論として毛沢東思想、中国革命を日本に移入しようとする志向が強いが、一九七一年の林彪事件と七二年の連合赤軍事件を機に、文革やマオイズムへのシンパシーが失われ、暴力的・破壊的な側面が際立ってくると、論壇から消えていった。新島淳良、津村喬などの中国論が彼らに影響を与えた。

⑪現代中国文学者・作家

竹内好を中心に小規模な同人として戦時中に武田泰淳や岡崎俊夫らを交えて結成され、敗戦直後に千田九一と岡崎俊夫が中心となって復活された「中国文学研究会」や、戦後結成された「中国の会」メンバーのほか、武田泰淳や堀田善衛といった戦中の中国現地滞在の経験を持つ作家、あるいは中島健蔵が理事長を務める日中文化交流協会の派遣で作家代表団としてしばしば訪中し、訪中記を寄せた野間宏・中野重治・大江健三郎など。総じて中国に対して現状肯定的であるが、文人的興味からの現状観察にとどまり、政治的党派性は強くない。文革後、竹内好は同時代中国への評論活動から遠ざかり、文革が終わってからは作家たちは訪中記録の稀少価値がなくなり、論壇からは姿を消していった。竹内実は「中国文学研究会」にも「中国の会」にも深く関わらなかったが、どちらかといえばこのカテゴリーに属するだろう。

以上、中国論の担い手たちの属性と論調の相関関係について概括した。話者の関心圏のなかからどのような論題《アジェンダ》が設定されてきたのか、そのような論題はいかなる内的・外的要因によって立ち上がったのか、論題に対する態度表明にいかなるバリエーションがあったのか、論調は執筆者の属性・学問背景・中国体験の来歴などによっていかほどの有意性があるのかについて、ある見通しを得ることができた。その折々の論題設定と論調のバリエーションは、その後も論題が世情に応じて変化しようとも、経路依存的に繰返し現われる法則性があるように見受けられる。言説の背景にある発話者の中国に対する志向性や位置関係が、中国論の特質の規定要因として大きく作用することに、ここに改めて思いいたるのである。

表7-1　掲載本数順寄稿者一覧（1945-72年，３本以上寄稿者に限る）

順位	人　　名	掲載本数
①	竹内好	59
②	中嶋嶺雄	48
③	野村浩一，E. スノー	26
⑤	吉川幸次郎	24
⑥	武田泰淳	23
⑦	貝塚茂樹，岩村三千夫	22
⑧	柴田穂	21
⑨	宇都宮徳馬	20
⑩	衛藤瀋吉	19
⑪	竹内実	18
⑫	周恩来，岡崎嘉平太，桑原寿二	17
⑬	鹿地亘	16
⑭	石川忠雄，平野義太郎	15
⑮	新島淳良	14
⑯	吉田実	13
⑰	新井宝雄，蝋山芳郎	12
⑱	加藤周一，高木健夫，波多野宏一，松野谷夫，中西功，石川滋	11
⑲	安藤彦太郎，大森実，菊地昌典，杉森久英，藤島宇内，武者小路公秀，A. ロス	10
⑳	太田勝洪，岡崎俊夫，岡田英弘，西園寺公一，林三郎，原子林二郎，藤井満洲男，松村謙三，山極晃	9
㉑	阿部知二，岡部達味，菅沼正久，曽村保信，高市恵之助，中島健蔵，イザヤ・ベンダサン（山本七平），堀田善衛，松岡洋子，松本俊一，毛沢東，森恭三，山田慶児	8
㉒	入江啓四郎，大内兵衛，奥野信太郎，尾崎庄太郎，R. ギラン，斎藤秋男，土井章，永井陽之助，野原四郎，藤山愛一郎，村上薫，小島麗逸	7
㉓	猪木正道，入江通雅，加瀬俊一，邱永漢，佐藤昇，菅沼不二男，鈴木一雄，鈴木茂三郎，武田清子，谷川徹三，津村喬，西春彦，野坂参三，林健太郎，苗剣秋，本多勝一，三好修，本橋渥，山口一郎	6
㉔	浅野雄三，内山完造，大久保泰，岡倉古志郎，小幡操，郭沫若，勝間田清一，神谷不二，岸田純之助，木下順二，城野宏，A. L. ストロング，田尻愛義，陳舜臣，H. ディーン，仁井田陞，西村忠郎，J. ネール，野上正，古井喜実，D. ベリガン，松尾文夫，松本重治，三橋修，吉野源三郎，蝋山政道，蝋山道雄，和田斉	5
㉕	今村与志雄，岩村忍，上野稔，内田健三，江頭数馬，江口朴郎，小山内宏，開高健，風見章，加村赳雄，亀田東伍，河部利夫，木島力也，具島兼三郎，久野収，倉石武四郎，W. コステロ，胡蘭成，坂野正高，宍戸寛，白石凡，鈴木明，盛毓度，高橋和巳，立木洋，橘善守，鶴見俊輔，寺沢一，中薗英助，中丸薫，中村敦夫，中村翫右衛門，野上弥生子，萩原延寿，橋川文三，林克也，林雄一郎，福田恆存，丸山静雄，南博，村田省蔵，村松暎	4
㉖	秋岡家栄，有沢広巳，淡徳三郎，飯塚浩二，石橋政嗣，石浜知行，泉鴻之，市勢正幸，伊藤茂，井上清，今川瑛一，入江昭，岩井章，上原淳道，幼方直吉，大江健三郎，大島康正，大宅壮一，岡田芳政，岡本正，尾崎秀樹，香川孝志，川崎巳三郎，蔵居良造，桑原武夫，高坂正堯，高臨渡，古在由重，児島襄，小竹文夫，小谷秀二郎，小林信，今日出海，斎藤龍鳳，佐伯喜一，坂本義和，佐多忠隆，佐伯彰一，実藤恵秀，佐野学，須田禎一，司馬遼太郎，田所竹彦，陳毅，陳鵬仁，津田道夫，都留重人，土居明夫，藤堂明保，聴濤克己，長洲一二，中西治，中野好夫，南原繁，野々村一雄，W. G. バーチェット，畑中政春，秦正流，花井等，林理介，日高六郎，平岡正明，J. フロム，帆足計，松本清張，宮川寅雄，宮地健次郎，森川正，宿谷栄一，山田宗睦，O. ラティモア，脇村義太郎	3

表7-2　掲載記事の年別分布（10本以上寄稿者に限る）

人名 (　)内生年	計	45	46	47	48	49	50	51	52	53	54	55	56	57	58	59	60	61	62	63	64	65	66	67	68	69	70	71	72
竹内好(1910)	59		1	1	2	1	3	4	5	5	2	1		2	2		2	1		2	5	1	1		1	1	3	6	7
中嶋嶺雄(1936)	48																					1	3	10	7	6	8	7	6
野村浩一(1930)	26																	1	1	3	2	2	4	1	1	2	1	6	1
E. スノー(1905)	26		4			4	1				3		1	1		1		1		1	1	3	1		3	1			
吉川幸次郎(1904)	25	1	3	1	2	1	1	1		1	3	4		2				1	1					1	1				1
武田泰淳(1912)	23												1					1		1	2	2		3			1	9	3
貝塚茂樹(1904)	22		1			1		1		2	3	1		2						1	1	1		3			1	2	2
岩村三千夫(1908)	22		1	1	2	7	2		1		1			1	1			1		1							1		
柴田穂(1930)	21																							1	5	2	3	4	6
宇都宮徳馬(1906)	20															1		3	1	1	2	1	1	3	2	4		1	
衛藤瀋吉(1923)	19																	1		2	2	3	2	2	1		1	1	4
竹内実(1923)	18												1				1	2	1	1		1	2	1	1	1	1	2	3
周恩来(1898)	17										3	6		3				2					1				1	1	
桑原寿二(1908)	17															1		1	1	1	2		1	2	1	1		3	3
岡崎嘉平太(1897)	17							1											1	1	2	2	2		1			4	3
鹿地亘(1903)	16		11	1		2				2																			
石川忠雄(1922)	15																1		2	1	1	4	1	1			1	1	2
平野義太郎(1897)	15		3			7		1	3												1								
新島淳良(1928)	14																	1		1			1	2	3	3	2	1	
吉田実(1931)	13																				1	3	2	2				4	1
新井宝雄(1919)	12								1							1	1		1			1	2	2			1	1	1
蜷山芳郎(1907)	12							1			1					1		1				3		1		1		1	2
加藤周一(1919)	11														1	2							1	1			1	2	3
高木健夫(1905)	11								1			1			2					1	1		2	2	1				
松野谷夫(1921)	11																1						3	3		1	2	1	
中西功(1910)	11		6			3							1														1		
石川滋(1918)	11								1	2			1				1		1	1		2	1	1					
武者小路公秀(1929)	10																				5	2	2				1		
安藤彦太郎(1917)	10															1					1		3	2		2	1		
大森実(1922)	10																					2	2	2			2		2
菊地昌典(1930)	10																						7	1					2
杉森久英(1912)	10																											8	2
藤島宇内(1924)	10																						2				1	5	2
A. ロス(？)	10					3	1		1	1				1	1							2							

図7-1　中国論の担い手の属性の歴年消長概念図

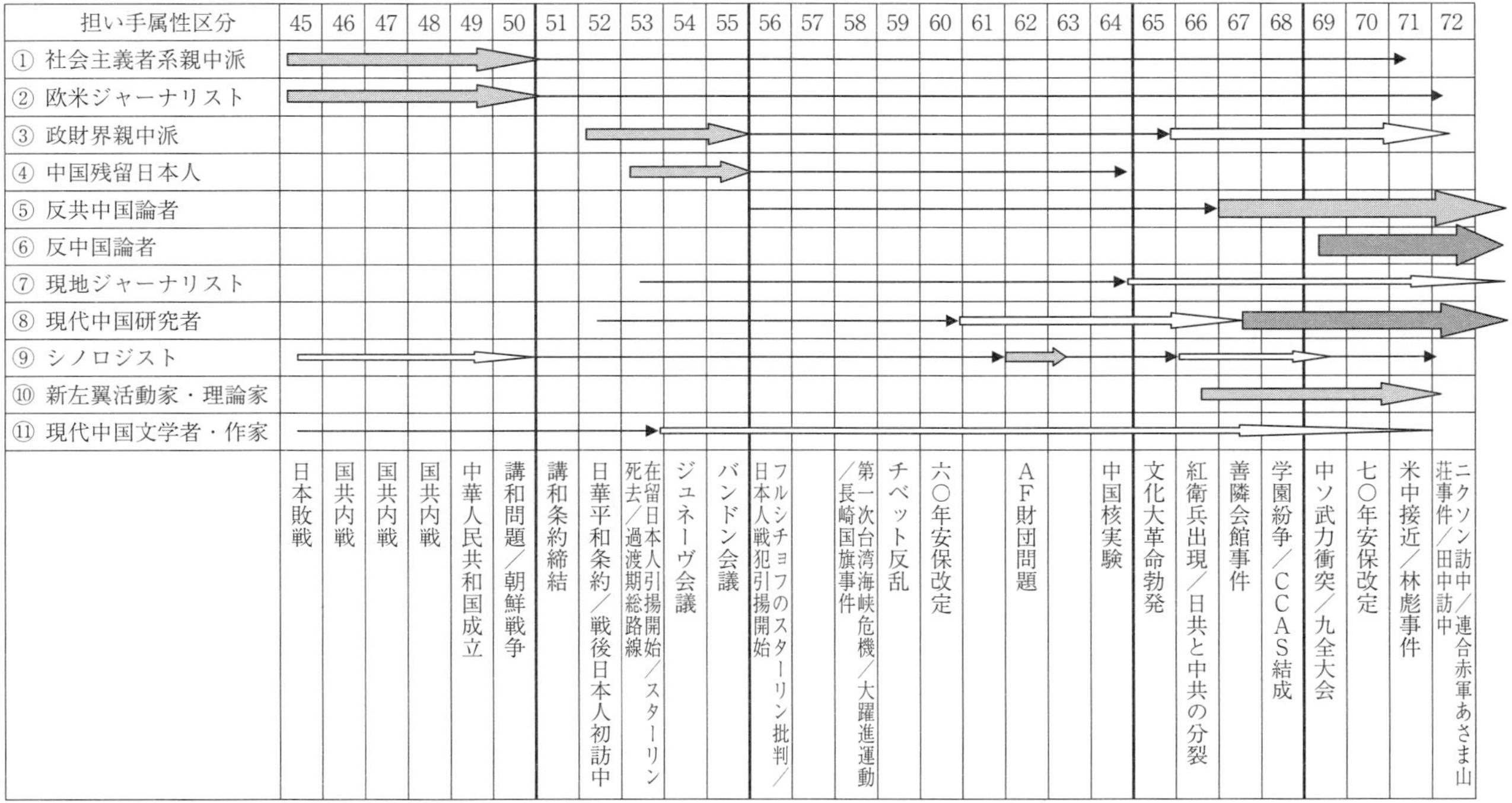

＊矢印の太さは登場頻度の多さを，矢色の濃さは存在感の強さを示す

三　中国論の論題と中国認識経路の変遷

前述の中国論の担い手たちは、中国で生起する万象のうちのいかなる事象に光をあて、いかなる視座からいかなる中国像を切り取ってきたのか。その中国像は、中国を取り巻く内外の情勢と環境の変化に応じてどのように転変し、日本人の多種多様な中国観を形成し、中国についての知見を蓄積してきたのか。次に各時期に設定された論題と論調の広がりを通して、本書で設定した五つの時期区分ごとにその変遷を見てみよう。そのさい、メディアを通した世論形成のメカニズムを究明するための作業工具として、本書では「認識経路」という分析工具を案出し方法的に活用した。

本書の第二の究明課題である中国論の論題設定と論調の諸類型と経年変化を概括するにあたって、以下にこの「認識経路」の諸類型を本書で設定した五つの時期区分ごとに抽出する。そして、各時期の各中国論の言説分析を通して得られた経験的知見を、それぞれの対中国「認識経路」に映った明示的コードとしての「中国像」はいかなるものか、それは「認識経路」のタイプによってどのようなイメージの諸相を現出したのかという観点から整序し、その時系列的変化をたどる。その作業はまた、中国像の形成と転換という本書の第三の究明課題に対する応答にもなるであろう。

第一期　理論化志向と理想主義を帯びた新中国像（一九四五―五〇年）――〈現状分析型認識経路〉と〈学理研究型認識経路〉の並存から〈党派思考型認識経路〉へ

敗戦後日本は、中国から撤退し、GHQ／SCAPの占領下に置かれ、朝鮮戦争を迎えた。日本の論壇にとってこの時期の主要な関心論題は、以下の四点に集約できよう。

①日本は、敗戦・中国内戦・米ソ冷戦のはざまで、自国の敗戦と中国の戦勝、日中戦争における侵略の加害責任を

どう捉えていたのか。
②日本は、国民党と共産党の軍事力・政策立案能力・国民の支持などを比較衡量しつつ、中国の内戦の推移をどう見ていたのか、国共どちらに政権獲得の正統性／正当性があると見ていたのか。
③日本は、中華人民共和国という国家の誕生を、土地革命を中心とする中国革命の流れのなかにどう位置づけようとしたのか。
④米ソ冷戦のなかで、朝鮮半島が米ソ熱戦の舞台へと焦点化しようとしているとき、日本は講和問題を控えて、まだ政権の骨格が明瞭には把握できない新中国とどのような外交関係を結ぼうと構想したのか。

日本にとって中国問題とは、講和をめぐる片面か全面かの国内闘争の結節点に位置する、国際社会への再帰の命運を決する問題であった。

戦前から戦中にかけて、日本の中国論を担ったのは、シノロジスト、現地事情のリサーチャー、中国文化・中国事情に精通した「支那通」、軍部の中国情報機関、現地駐在の記者などであった。それは本書で採用する分析概念を援用すれば、事情調査のリサーチャーによる、現地調査に基づくデータを社会科学的に分析する〈現状分析型認識経路〉と、漢学者・支那学者らシノロジストによる、中国古典の専門学科内での文献学研究を行なう〈学理研究型認識経路〉に大別できる。敗戦後、中国大陸からの撤退・引揚げに伴い、軍関係者は武装解除で除隊した。リサーチャーはフィールドを失って研究テーマや所属機関の変更を余儀なくされた。シノロジストは伝統的中国観への自省とそこからの転換を迫られ、伝統的中国観の枠内にとどまるか、そこから脱却するかで逡巡し、しばし論壇から沈潜した。「支那通」は誤った対中認識を流布し中国像を歪めたとして指弾され、駐在記者は引き揚げ、現場取材の特権を失った。

そこで中国論の主流の座を占めたのは、当時中国共産党と最も近い位置にいた日本共産党党員かそのシンパの中国研究者で、その多くは現地事情のリサーチャーか、現地駐在記者の出身であった。彼らは現代中国語を解し、延安を根拠地とする解放区を情報源とし、中国共産党が主導する中国革命と解放軍が主体となった内戦の動向を、中共の人民闘争・革命史観の観点から毛沢東思想に依拠して伝えた。中華人民共和国が成立してからは、社会主義イデオロギーの観点から、中ソを一枚岩として中国の国家形態を説明し、日本の人民革命へとつなげようとして、対中復交を唱え、片面講和に反対し、対岸に霞む隣邦中国に、敗戦と占領を経て国際社会に復帰する自国の新たな国家像を投影した。

彼らの流す中国論は中共の公式文書と公式イデオロギーにほぼ全面的に依拠しており、自ら開拓・構築した情報回路は閉ざされ、現地に生活する日本人からの直接情報が得られないため、同時代中国の動向を生活実感として把握した記事を送ることができなかった。そのため、中国共産党の公式文献、とりわけ毛沢東の代表的著作を援用して中国革命の成功や人民解放軍の軍事的勝利を根拠づける傾向が顕著で、強い理論志向性を伴った。主に革命中国の現実を伝えるのは、終戦後も駐在することや訪中が可能だった連合国の欧米ジャーナリストによるルポの転載記事で、とりわけ毛沢東や周恩来などトップリーダーたちの素顔を伝える記事に関心が集まった。したがって、この時期の中国関連情報のリソースは、それまでの蔣介石率いる国民党系から毛沢東率いる中国共産党系のものへとシフトした。

敗戦直後から国共内戦を経て講和にいたるこの時期において日本人に映った中国像は、清新な新中国イメージであった。アジアで最大の共和国が自力で革命を成就し、日本に「惨勝」し、軍事的に優勢でアメリカの多大な支援を受けた国民軍を内戦で撃退したという事実が、その潜在力への過剰な期待をもたらし、国民党の腐敗・堕落・人民の離反といったネガティヴ・イメージが中共に対するポジティヴ・イメージを増幅させた。やがてそのイメージに社会主義という赤色化と、土地改革を通して立ち上がる農民という土着化のイメージが付加されていき、社会主義と人民というフィルターを通して中国像が造形されていくこととなった。と同時に、中国革命の成果を日本の社会主義勢力の伸張につなげていこうという日本共産党が主導する人民革命路線が、中国論に党派性を織り込むこととなり、過度の理想主義で中国像を塗りこめる傾向を帯びることとなった。この時期は、このような、社会主義者系親中派による、〈党派思考型認識経路〉を通してみた中国論が主流であった。

第二期　中ソの「平和攻勢」に動揺する論壇（一九五一―五五年）――平和共存・非同盟中立を目指す〈アジア連帯型認識経路〉

米ソ冷戦が本格化し、資本主義陣営と社会主義陣営の第一次台湾海峡危機が起こり、冷戦は熱戦に転化した。国際情勢のなかで、中国は新民主主義から社会主義へ、連合政府から共産党を中核とする党国体制《パーティステート・システム》へと政権の輪郭が明確になるに従い、中国をめぐる国際的勢力分布とイデオロギーの対立構造は中国と台湾の二分化に重なっていった。日本はむしろこの冷戦ならぬ熱戦を受益者として享受し、サンフランシスコ講和条約と日米安保条約を契機に占領状態の終結と国際社会への復帰を果たし、戦後復興と経済成長への足がかりをつかんだ。いっぽう、論壇においては平和を撹乱するアメリカへの戦争協力に対する批判が渦巻いた。

かくして中国は「向ソ一辺倒」、日本は「向米一辺倒」の際立った対照を見せつつ、中ソは日本に「平和攻勢」を強めた。と同時に、西欧帝国主義・植民地主義の残滓、西側のデモクラシー、ソ連型コミュニズムという三種の思潮に挟まれながら、アジア諸国が次々と民族の独立と建国を成し遂げていった。そのなかで、ジュネーブ会議・コロンボ会議・バンドン会議などの国際舞台で、第三勢力のリーダーとも言うべきネールの主唱する「集団平和」と周恩来の主唱する「平和五原則」という新たな平和共存のメッセージが、国際社会にアピールし、インドシナ休戦や中印協定などの成果を挙げ、民族解放のナショナリズム精神を梃子に国際的発言力を増していった。

この時期の主要論題は次の三点に集約できよう。

①アジアに新興国家が簇生し、アジアの独立と平和の潮流が高まり、国際的発言力を強める中国の動きを見据えて、サンフランシスコ講和を契機として国際社会に復帰した日本は、「アジアの孤児」とならないために、アジアのナショナリズムをどう評価するか、中国との関係修復をいかに図ればよいのか。

②いっぽうで中国は社会主義化を鮮明にしつつあり、思想改造運動のような自由と人権の圧迫と受け取られかねない事態も進行し、台湾海峡で砲撃戦が起こった。はたして日本は赤色中国との平和共存が可能かどうか。

③中ソ共同で日本に対し平和攻勢を強めるなかで、中国はソ連の衛星国になるのか、いずれ離反するのか。

国交のない日中間において、政財界に日中貿易を部分的に解禁し、単独講和の現状を修正しようとする動きが見られたいっぽうで、共産主義警戒論と日中国交慎重論も高まっていった。中国をめぐる論壇の論議は二分する動きを見せ始め、中国と台湾とで依拠する陣営を分かちつつ、一種の代理プロパガンダ論争の様相を呈していった。

国内での日米協調派の論客は、中ソの平和共存論はアメリカの孤立化を狙った平和攻勢であり、反共主義者は国民党が統治する台湾の立場を顧慮し自由主義陣営の結束を乱すなと批判した。また、中国国内で進む社会主義路線と知識人に対する整風運動について、人権弾圧ではないかとの嫌疑と、新しい人間像建設のための産みの苦しみだとの見方が交錯した。

この時期の日本の公共知識人は、中国が流す民族独立と平和共存のメッセージに呼応して、戦争の惨禍を経験し、米軍基地供与などで間接的にアジア熱戦に手を貸している日本が、コミュニズムに絡めとられることなく、日米安保体制から脱却して真の自立を達成し、侵略の加害責任を負うアジアから孤立することがなく、恒久平和の理想を実現する現実的な筋道を模索していた。一九五二年以降、細いものではあるが中国との人的往来の経路が開かれ、非対称的ではあるが日中間の情報経路が整備されていった。そこで接する対日工作関係者の日本へのメッセージには「平和共存」と「米国帝国主義批判」が込められ、帰国後は「中立」路線の中国論が展開された。ここに、日米安保反対と全面講和を唱える体制批判の陣営に、平和主義・中立主義に立つ体制内改革論者が加わり、彼らによる〈アジア連帯型認識経路〉が開かれることとなった。

第三期　日中復交論に走る数本の亀裂（一九五六―六四年）――日中復交を目指す〈指令呼応型認識経路〉

フルシチョフのスターリン批判をきっかけに中ソ対立が顕在化し、台湾海峡危機、中印紛争、中国核実験、大躍進政策の失敗などにより、中国と国際社会との間の軋轢が増し、中国論をめぐる論壇の左右対立が明確化していった。スターリン批判から中ソ論争へと、隣接する二つの社会主義大国が対立を深め、さらに中国が内憂外患を抱えるなかでの失政が露わになるなかで、日本の革新勢力は六〇年安保改定反対運動を自主的に展開しながらも、運動に亀裂が生じ、日中復交と安保改定をめぐり論壇の保革が対立の様相を深めていった。

この時期の主要論題は、はっきりと論争の形をとって展開され、それまでの左派陣営の強固な中国復交論に綻びが見え、体制批判と日米安保改廃論の一枚岩に、次に掲げるような五本の亀裂を走らせることになった。

①スターリン批判は中国共産党を右派に対する思想弾圧、いっそう過激な社会主義路線へと走らせるとともに、日本共産党の組織分裂を来たした。

②中ソ論争から中ソ対立へと路線対立が激化するなかで、社会主義には中国とソ連の二つのタイプがあることに気づかせ、その優劣が論じられるようになり、次第にイデオロギー論争の様相を強め、修復しがたい中ソ対立に翻弄されるようになった。

③チベット問題と国境線をめぐって、アジアの平和共存を主導した中印両大国が武力衝突し、インドの非同盟中立主義や平和五原則への疑念が生じた。

④台湾海峡を挟んで中国と台湾が武力で対峙し、アメリカの艦隊出動が加わって、第三次大戦の危機を招いた。中国はアメリカとの核戦争をも辞さない態度を内外にアピールし、東西緊張緩和に向けた中国への信頼感が揺らいだ。日本では日米安保改定を間近に控え、安保廃止から日中復交へと一気に転換することへのリスクが表明された。

⑤中国が核を保有し、中国の平和構築に向けての信頼に疑念が生じた。

このような亀裂が刻まれるなかで、中国に対する支持論と警戒論、日中復交の積極論と慎重論という保革対立に翻弄されて左派陣営が動揺し、中国論は次第に混迷のスパイラルに入っていった。

一九五〇年代半ば以降、中国側は対日工作組の陣容を固め、日本側は日中友好協会をはじめいくつかの友好団体を組織するようになり、日中間に人的交流と情報交換の回路が、細いものではあるが築かれるようになり、日中友好人士が日中復交という目標を見据えて言論界に進出するようになった。彼らは政治家・財界人・学者・作家・芸術家など、職能はさまざまであったが、それぞれの職業分野で相対する中国側の人士との往来を、頻繁にというわけにはいかないものの継続していった。

彼らの役割は、復交への逆流となるような日本側の動きに対して批判を加え、復交を目指して流す中国側のメッセージに呼応して、復交のための政策課題を提示していくことにあった。この時期から日中友好人士を中心する、〈指令呼応型認識経路〉を通しての中国認識が形成された。具体的には一九五一年の吉田首相の吉田書簡、一九五八年の長崎国旗事件に際して岸内閣がとった「静観」の態度、六〇年と七〇年の日米安保改定などの折々に中国側が展開した日本軍国主義復活批判キャンペーンに呼応して、中国敵視政策反対、日米安保条約撤廃、「二つの中国」反対の姿勢を鮮明にし、時の政権に異議申し立てをすることであった。その主張は単純明快で、政策志向性の強い一点突破型のものであったために、多くの運動家・野党・労働組合などとの連帯を獲得することができた。そのいっぽうで、与野党の保革対立の構図のなかに組み込まれて、政局の変動のなかに運動が解消されていくことになりがちであった。

その際に、中国自身が抱える諸矛盾が国内外の事件や問題として噴出した際に、彼らはおのずと中国側を弁護する役割をも担わされることとなり、そのつど自らの陣営の支持者たちが取り崩されていく事態を防ぐことはできなかった。具体的には人民解放軍が馬祖・金門を砲撃した台湾海峡危機、平和共存を謳ったはずのインドとの国境武力紛争、大躍進政策の無残な失敗、恒久平和の願いに冷水を浴びせるかのごとき核実験などであった。中国側のメッセージを忠実に受け取った日本側は、中国自身の不可解な動きに当惑して、中国支持の旗幟を下ろす者も現われるなかで、中国の現状を弁護することは自己矛盾を抱え、投企的言説のリスクを背負いこむことを覚悟しておかなければならなかった。

後の一九七一年の林彪事件などは、中国支持者たちが毛沢東の後継者と仰いだ指導者のクーデターが発覚して亡命を企てて事故死するという、投企的言説における自己矛盾への耐性が限界値を超えたような事態であった。さらにこの先に展開される批林批孔運動までをも含めて、中国の公式イデオロギーを墨守し擁護し続けることは難しく、論者の立場をいっそう危ういものとし、〈指令呼応型認識経路〉はますます先細っていった。とはいえ、その時はすでに日中復交は成し遂げられ、いずれにせよ、この認識経路は、すでに命脈が尽きかけていた。

この経路を通して最も重要なメッセージは、日中戦争における中国侵略の道義的責任を忘れるなということであった。この誓約のごとき信念こそが、一九七二年の日中復交を果たす上で、民間における最大の動機づけとなり推進力となった。このメッセージを国民的課題として逸早く据え、一貫してそのことから中国論を組み立てて発してきたのが竹内好だった。彼自身は戦後、中国を再訪することなく特定中国人との直接的往来を経験することもなかったが、それだけに中国側の指令に呼応するのではなく、あくまで国民の課題として、戦争の道義的責任を果たして未済の終戦処理にけりをつけて日中復交を実現させるというメッセージを執拗に論壇から発し続けた。そこから日本の近代の問い直し、近代認識を審問する上での参照系としての中国近代との比較を、歴史学の課題として掲げたのであった。

第四期　文化大革命の衝撃（一九六五―六八年）——新左翼運動家の〈革命同調型認識経路〉と中国研究者の〈内発的発展重視型認識経路〉〈客体観察型認識経路〉

文化大革命が起こり、とりわけ紅衛兵が出現する一九六六年夏以降は、日本の中国研究者に衝撃を走らせ、中国論議が活発になり、中国論の担い手の層が広範に広がっていった。文革は紅衛兵運動の熱気とともに日本に伝播し、論壇と学術界に文革の賛否をめぐって甲論乙駁が飛び交い、六六年三月の日本共産党と中国共産党の決裂が日中復交論を推進する日本の革新運動の組織と理論に深い亀裂を生み、暴力をはらんだ収拾のつかない事態に発展していった。おりしも学生運動が高まりを見せ始め、紅衛兵たちの集団的運動は、従来の中国革命にまとわりついていた農民運動のイメージを都市型の青年運動のイメージへと転換させ、特権階級に対する奪権闘争は、前の世代の大人や大学当局への異議申し立てへと駆りたてる熱気を煽った。

この時期の記事の主要論題は、次の四点に集約できよう。

①文革の要因は何だったのか。当時は権力闘争論よりは中国の国際的孤立からの脱却を目指すという外因論が優勢を占めていた。

②文革の勃発後、学術界における郭沫若の自己批判から知識界、権力層へと整風運動がエスカレートし、粛清の様

相を呈していったことをどう捉えればよいのか。

③紅衛兵が街頭に飛び出すと、日本の文革論議は中国専門家を超えて論陣が拡大した。この紅衛兵らの集団的暴力行為の真相と本質は何か。都市学生の過激な造反劇の劇場効果によって、それまでの農民革命イメージが一変し、日本の学生運動の熱気と同調して、日本の文革論は熱気を帯びていった。と同時に、冷ややかな眼差しでこの騒乱を眺める論客も少なからずいた。

④中共と日共の決裂は、それまでの左派陣営の亀裂に加えて、決定的に修復不能な亀裂を刻んだ。はたして文革は中国革命の延長線上に位置づけられる内発的な革命運動なのか、それとも保守派に対する造反派の奪権闘争なのか。

武闘の気風が日本にも伝播し、ここに新左翼系運動家による、〈革命同調型認識経路〉が開かれた。文革支持派たちは、いっそう過激化し、がんらい埋め込まれていた党派性が突出し、過度の理想主義化、あるいは過度の理論信仰へと走り、毛沢東を革命リーダーとして神格化し、毛沢東主義を世界革命の運動論として理論化した。文革批判派たちは、文革を国際的には地政学的な現実政治論から、中国国内的には権力闘争論から観察し、追いつめられた毛沢東ら造反派が巻き返しを図ったものだと見なした。

中国事情に精通した研究者のなかには、単に中国情勢を客観的に観察し分析するだけでなく、日本や欧米の文化とは異なる中国文化の独自性を探索して法則化・言語化しようとした個性的な中国研究者たちがいた。彼らは文革の創造的契機を他山の石として学び取ろうとし、ここに〈内発的発展重視型認識経路〉が形成された。たとえば文革初期の人民公社・工場・革命委員会・紅衛兵組織に着目しコミューン論を展開した山田慶児、コミューン国家論を立てた新島淳良、「土法」式（土着方式）の自力更生型経済システムに着目し自立経済論を展開した小島麗逸、毛沢東の指導する農民運動に着目し農本主義・エコロジー運動を展開した津村喬などである。これらは後の内発型発展論の源流となっており、地域経済論や複線的近代化論はそのバリアントである。彼らに先行するかたちで谷川雁は、中国の農村社会に東洋的共同社会の原型を見出して、地域を生活共同圏の観点から活性化しようと試みた。そこで、毛沢東の根拠地論を地域に根ざした精神的コミューン建設に活かして、地元の筑豊で文藝サークル運動を起こし、炭鉱労働者たちの労働運動を再組織化しようとした。谷川は毛沢東思想や中国革命のエトスを、日本の思想運動に根づかせた最初の思想家・社会運動家といえるかもしれない。

またこの時期は、中国での生活経験を持たない、戦中派から戦後派世代の中国研究者が大学を卒業し、教職や研究機関に就くようになり、論壇での発言を活発に行なうようになる時期でもあった。彼らは戦前世代と比較して、対中侵略の道義的責任意識が稀薄で、極力感情論を排して、現実主義的にあるいは実利的な国益重視の立場から、冷静かつ客観的に中国を分析する姿勢が強かった。その分析工具もアメリカ移入の最新の社会科学理論を援用したもので、中国の内発的発展論や伝統的中国観からも比較的距離をおいて、中国土着の概念や用語を使わずに、非専門家に中国事情を明快に解説することを旨とした。彼らのアプローチは、いわば〈客体観察型認識経路〉で、戦中に現地調査研究を行なった事情調査派の〈現状分析型認識経路〉に通じる認識経路に拠った。彼らは中国に殊更に強い思い入れがない分、中国の現状批判をすることへの抵抗感は比較的小さかった。そこで、地政学的な見地と国益本位の実利主義的発想から、是々非々で中国に対する政策方針を策定し、世論の喚起を行なった。

第五期　文化大革命の波紋（一九六九―七二年）――〈革命同調型認識経路〉の消失と〈客体観察型認識経路〉の専有化

中国では六八年夏に紅衛兵が退場し、六九年春の九全大会を契機に文革が下火になった。それに対して日本では学術界や論壇から運動圏へと軸足を移し、文革の影響下に反体制的運動が激化し、全共闘を中核とする学生運動や華僑青年闘争委員会（華青闘）を中核とする在日華僑二世の人権運動や非日共系新左翼運動において、文革の暴力革命の火が燃え広がっていき、ますます党派性を濃厚に帯びていった。一九六八年の学園紛争において、文革は「造反有理」のスローガンに象徴されるように、学生主体の都市型コミューン運動として体制批判のボルテージを高めることとなった。マオイズムは武装革命の理論的支えとなり、『毛沢東選集』は革命のカノンとなった。

この時期の主要論題は、次の四点に集約できよう。

①都市型コミューンを学生運動に適用して大学という権力組織を破壊し、国家権力を解体することはいかにすれば可能か。
②七〇年安保改定阻止のための武装闘争を世界革命へと高めていくことはいかにすれば可能か。
③在日中国人学生たちや新左翼学生たちの間で議論された論題として、日本の東南アジアへの経済進出を、アジアへの再侵略あるいは日本軍国主義復活の観点からいかに告発・糾弾するか。
④主に学術界で設定された論題として、近代日本をどう再認識すればよいか、中国革命の内在論理とは何か、対中侵略を反省し、いかにして終戦処理をすべきか。

紅衛兵退却や林彪事件によって中国国内で文革が沈静化し、日本では学園紛争の熱気が急激に醒めて新左翼運動が大衆消費社会化のなかで自壊し、七二年二月の連合赤軍事件によって武装闘争路線が自滅すると、中国革命を日本変革の創造的契機にしようという熱気は冷め、世界革命の思想的理論的支柱としてのマオイズムの命脈は断たれた。以後、〈革命同調型認識経路〉は日本では消失し、内在的創造活力の源泉としての中国像は萎んでいった。この流れに呼応するかのように、同時代の中国へのアプローチは、チャイナ・ウォッチャーと称する、現代中国研究者たちによる、〈客体観察型認識経路〉へとほぼ一本化されていった。

なお、ここで第一期において言及した、〈学理研究型認識経路〉に依拠し中国研究を続けるシノロジストたちのその後の動きについて付言しておくと、戦後しばらく論壇からは退いて講壇（アカデミズム）での学究活動に沈潜したあと、彼らが再びその学問的立場から同時代中国への論評に乗り出していく二つのきっかけがあった。第一に、一九四九年の中華人民共和国の建国、六六年の文化大革命など、驚天動地の事態に対し、これまで日本の中国学が蓄積してきた資産を掘り起こし、中国の長い歴史それ自体のなかに変化の前例となる解を見出そうとしたこと、第二に、六二年のＡＦ（アジア・フォード）財団問題、六八年のＣＣＡＳ（憂慮するアジア学者委員会）運動などに際して、戦後の現代中国研究がアメリカ移入の地域研究として出発した結果、対中政策の道具として研究成果が利用され、その結果、反共主義的な中国封じ込め政策に中国研究が加担していることに気づき、誰のための何の研究なのかとの自問を迫られたことだった。

日中復交論と歴史問題（一九七一―七二年）

一九七一―七二年は、米中接近をきっかけにして、論壇に賛否入り乱れての日中復交論議が洪水のように溢れ、日中復交を国民的課題として達成しようと呼びかける動きが強まった。賛成派の多くは侵略戦争の責任を主体的に果たし、中国との講和を積極的に結ぶ道義論の立場に立ち、反対派の多くは現実政治の得失を考慮して日米同盟関係を重視し、台湾との断交を躊躇する実利主義的立場に立ったが、現実政治の観点から日中復交への転換を図ることが日本の国益に適うとの見方もあった。復交論の争点は戦争の責任・謝罪・賠償問題と台湾問題であった。戦争責任論に対しては加害責任否定論が戦後初めて提示され、今日の歴史認識問題における対中批判の一つの源流となった。かくて七二年一〇月の日中国交回復を迎えた。

これら八種の認識経路は、本章の二節で掲げた一一種の執筆者が帰属する属性と大いに相関性がある。とりわけ執筆者が中国専門家（China-proper, China-hands）の場合、戦前からの中国研究のアプローチである学理研究型（discipline-oriented approach）と現状分析型（research-oriented approach）があるが、そのいずれに属するか、いずれの潮流を指向するかで認識経路の複合的な諸類型が形成される。

とまれ、これらの対中認識経路は、日中間に正式の国交がなく、情報回路が極めて限定され、人と情報の交流が制限され、かつ非対称的な日中関係という制約された条件のなかで、日本が広大な中国の万象に照射した、か細い幾筋かの光の束でもあった。ついに一九七二年に国交正常化を果たし、七八年に平和友好条約を締結し、中国の改革開放政策によって人と情報と物資の往来は規模を大幅に拡大していった。情報回路にいまだ制限はあるものの、情報量は格段に増加し、情報回路も拡大し複線化して、認識経路を取り巻く二国間環境も国際環境も大きく変貌した。

今の日本の中国論は、現代中国研究者による〈客体観察型認識経路〉を経由して切り取られた中国論によってほぼ専有され、中国像もまた、ほぼ一色に塗りこめられている。外在的な客体としての中国像が肥大化していき、中国は学ぶ対象から眺める対象となった。中国を正しく観察し分析し解説する特権を与えられていると認知されているのは、ほぼこの現代中国研究者に局限されているのが実態である。そこでは主に中国という地域の動向、とりわけ中国政府の動向をデータ化された客観的情報に依拠して観察し、現代中国の実像を実証的に分析し正確に把握することが本務とされる。彼ら一群の研究者は中国観察者＝チャイナ・ウォッチャーと称され、現地語を使いこなし、豊富なデータ、独自の取材源、専門知識を特権的に駆使できる技能を有する専門家集団であった。

いっぽう、〈学理研究型認識経路〉は、現代中国との接点を見失ったまま今日にいたっている。いまや学界においては、中華人民共和国以降の現代中国および同時代中国研究は〈客体観察型認識経路〉に依拠する地域研究者の領分、それ以前の古典中国・伝統中国（一部近代中国）は、かつての「漢学」「支那学」に淵源し〈学理研究型認識経路〉に依拠する中国学者の領分と、研究領域を棲み分ける形にほぼ固定化しており、相互の協働や対話の契機は見出しにくくなっている。

この二つのタイプの認識経路に加えて、一九七二年以降は直接交流が可能になって、中国各地に自由に行けるようになり、長期滞在型の現地調査の条件が整いつつある。中国側からの情報公開も、いまだに統制された、不十分なものではあるにせよ、徐々に進むようになった。中国という版図、あるいは意味空間によって排他的に区切られた閉鎖的中国像ではなく、いっぽうでは日中間の対等な相互交流が進み、いっぽうではとりわけ九〇年代以降、グローバル化のなかで政治経済文化の各分野で日中双方に国際社会の一員としての自意識が高まり、また他者からもそのように振る舞うことが期待されるようになってきた。そうなると、従来の中国観察家たちが、排他的な媒介によって中国という閉鎖領域を現状分析によって切り取り、その個別的中国像を加算していくことで構築されてきた中国像の限界が露呈してくる。(1)

こうして中国通の専門家集団のみによって寡占されない、日中の多種多様なアクターによる新たな日中間の双方向的で相互対称性のとれた情報交換・知識集積・相互認識の醸成が可能になり、日中の間で〈相互対称型認識経路〉が育まれてきた。九〇年代以降は、いっそう民間セクターや経済界での〈相互対称型認識経路〉が拡大しているのが特徴である。とはいえ、中国に対する認識経路の変遷は、新たな中国観・中国像をもたらす創造的契機になるとともに、二国間の新たな矛盾をも抱え込む契機となる。

このように概観しうる一九七二年の国交回復以降の中国認識経路の研究は、歴年推移を定点観測するための新たな素材の発見と調査を踏まえて、次なる研究課題として設定されていかねばならない。とりわけ国交回復後においては、総合雑誌の世論形成力が減退していくため、本書のように、雑誌記事を主要な素材として中国をめぐる公論を代表させるのは無理がある。テレビや映画など画像メディア、九〇年代以降のインターネット、企業派遣や国際結婚による現地生活者などの情報圏からも、分析のための多種多様な素材を多角的に集めてこなければならない。

四　戦後日本が論じた同時代中国の布置

本書は、時代の制約を受けながらも、戦後日本の公共知識人によって獲得された中国認識の輪郭を、一九四五年から七二年にかけての国交断絶期における中国についての同時代時評を集積することを通して忠実に再現するという課題の下に着手された。むろん公共知識人だけが中国に関する公論形成の担い手だったわけではない。たとえば日中友好商社の社員とか、日中友好協会の会員とか、学生運動や社会運動の活動家など、草の根の中国関係者もまた、中国論の発信力・伝播力は劣るものの、中国像の形成に大きな役割を果たした。彼らの役割と機能の実態を研究対象として分析するには、そのための新たな素材と方法論を模索していかなければならないだろう。

とまれ、公共知識人を主なターゲットとして、そのための素材の収集と分析を経て、中間的結論を導き、いまその基礎的作業を終えようとしている。ここに改めて中国論を担ってきた先人たちの営為に思いを致し、ある種の感慨を禁じえない。その営為は、中国という一衣帯水の向こうに見晴るかす巨大な意味空間を同時代の動態のなかで見究めようとする、なまなかではない呻吟を伴うような遠大な企てだった。

その感慨とは、突飛なことのように聞こえるかもしれないが、国共内戦期から中華人民共和国成立前後にかけて生まれ、定着した「新中国」という言葉に表徴されているように、新生中国という存在に仮託された、日本人の強烈なまでの自国・自国民の独立への希求である。裏返していえば、真の独立を果たしていない、不完全な状態を払拭したいという主体的で切実な生存欲求である。直接的かつ限定的にいえば、占領状態から非対称的な同盟関係へと移行したアメリカに対して、その庇護からの独り立ちを欲求する日本人の脱占領地化願望である。そのことが、断絶したままの中国との関係を回復しなければ済まないという使命感を喚起させた。その底には、中国に対してとんでもない錯誤を犯したことへの贖罪感があり、日本国民の多くが分かち持つ伝統的な親中国感情と、それに相反して近代以降に芽生えた対「支那」蔑視感情があり、共産主義への期待感と警戒感がある。一九五〇年代半ばのアジア・アフリカ諸国が民族独立と平和共存を国際社会にアピールした時代は、「中立主義」という言葉が、それらの相対立する感情を拮抗させつつ融和させる恰好の精神的紐帯となった。だがその理想主義が現実と切り結んだ時代精神となったのは束の間に過ぎなかった。

試みに、同時代中国論に相等するものとして、日中復交論が喧伝されたその四、五年前から日本のマスコミを賑わせていた、沖縄返還論を想起してみてはどうだろう。沖縄は日本国内で唯一、第二次大戦中に米軍による「鉄の暴風」と形容された凄まじい地上戦がなされた激戦地であり、戦後はそのまま米軍と基地が残り、日中復交の年の七二年五月に施政権が返還されるまで、二七年間、アメリカの軍政下にあった。沖縄もまた、国交未回復の中国と同様、戦後日本の欠損状態を露呈した存在であり、しかも沖縄の住民には熱い祖国復帰願望があった。沖縄住民の惨禍と長期間の占領状態を招いてしまったことへの自責・贖罪の念や、アメリカからの自立欲求なしには、この当時の日本の公共知識人たちによる沖縄返還論はありえなかっただろうし、政治家や官僚などの外交当事者による、ジョンソンおよびニクソン政権との安保や通商問題が複雑に絡んだ厳しい外交交渉もありえなかっただろう。

同時代の言論活動は、対象が動き、対象を動かす周囲の情勢が刻一刻と止まることなく動いている以上、固定的見解ではありえない。また、予見的言説である以上、その結果によっては的中もあれば錯誤も免れない。いずれにせよ、リスクを負った投企的行為であることは確かである。とりわけ中国の場合、新しい国家であり、権力層の基盤が不安定で、米ソの二大大国との関係が複雑な上に国際社会との軋轢が大きく、予見不能の事態が起こったり、権力層の不可解な行動があったりなど、当惑するような局面が少なからずあった。そのたびに日本人の中国論は大きな振幅を見せ、中国論者たちの間にさまざまな方面から幾筋もの亀裂が刻まれていった。戦後日本の中国論はまさに満身創痍の状態に晒されてきたと言ってよい。

本書は、予見不能ともいうべき事態に直面しつつも継続する同時代論評を集積し分析したものである。同時代的認識枠組みによって構成される意味空間に対して、事後的に明らかになった歴史的事実や後代の研究成果を交えず、執筆者や論者の知りえた情報圏の外の情報や知識を介在させずに、諸言説を分析した。結果に依拠して論評の成否を後追い的に解釈したり、後代の論評によって歴史の後知恵で整理したりするような研究姿勢は峻拒するよう自戒したつもりである。

しかしながら、中国論の担い手たちの営為とその言説をもっと俯瞰することで見えてくる実像もあるだろう。本書では、担い手と言説の動向に愚直なまでに寄り添おうとしたために、これらの言説を相対的に位置づけることは十分にはできていない。相対化するための、中国論以外の言説、たとえばアメリカ論とか日本論といった、隣接領域の言説空間への目配りもまた欠けている。この時期の中国論の系譜をより長期的な時間軸のなかで相対化するような、戦前・戦中の中国論と、国交回復以降の中国論との比較考量に取り組む余裕もなかった。

そういった本書が成し遂げられず後に残されたいくつかの研究課題のうち、二点を挙げておきたい。

第一に、一九四五年から七二年までの敗戦から日中国交正常化にいたる国交断絶期の中国論が、戦前・戦中のそれまでの中国論とどう質的・量的に変化したのか、あるいはかなりの連続性が認められるのか、あるいは変化に歴史経路依存性はあるのか、ということについて、本書では十分な見通しが得られていない。

とはいえ、そのために採用すべき資料と方法は、本書と同じやり方では成し遂げられまい。まず雑誌についてはとりわけ戦前と戦後でその面貌を一新している。継続して発行されていたのは、『中央公論』『文藝春秋』『改造』『日本評論』くらいであり、しかも戦前・戦中は戦後以上に膨大な中国論を掲げる雑誌が発行され、発行地も国内に留まらず、中国において発行されていた邦文および華文の雑誌が膨大にある。そのうえそれらの雑誌の収蔵状況は戦後の雑誌ほど整っていないという研究上の困難が横たわっている。また七二年の国交正常化以後の変化についても、若干の展望を記すに留まっていることは前述したとおりである。

第二に、序章において、中国に関する公論・世論は「対中政策決定に何らかの影響を与えてきた」との見立てを表明しておきながら、その後の本書においては、公論・世論が環流する場所として、読書圏を中心とするメディア空間に検証の範囲を限定し、狭義の政治空間について検討の対象とはしなかった。そのため、論壇で展開され集積されたさまざまな中国論が、実際に政府の対中政策決定過程にどのような影響を及ぼし、現実の日中関係をどのような比重で規定したのかについては、そのことを実証する方法論的検討もしていないし、そのための有用な素材も集積していないし、分析も加えていない。

にもかかわらず、本書が日本の対中外交をめぐる国内政治についてではなく、日中関係をめぐる国際政治学的研究に多少なりとも寄与しうることがあるとするならば、従来の日中関係研究の主流であった、両国の政策決定過程に着目する国際政治・国際関係論的手法に対して、非国家的要因を重視し民間のマス・メディアの存在と機能に着目した文化史的研究手法を採り入れることによって、日中双方の相互イメージや認識枠組《フレームワーク》みによる相互認識について、わずかばかりの示唆的考察を提示できたことにあるかもしれない。とりわけ本書が扱う時期は日中断交期であり、公式の外交関係が成立しておらず、民間の非公式的交流・民間の公式的交流・政府の非公式的交流が混在し、政府の公式的交流を代替していたため（中国でいうところの「以民促官」「人民外交」）、従来の国家間関係に基づく二国間関係の権力政治過程の分析手法を補い、あるいはそれに代わる手法が求められた。

とはいえ、日中関係を規定する非国家的要因として相互認識という概念を掲げておきながらも、この時期に、日中の純粋な意味での民間往来は望むべくもなかった。序章で断わったように、当該時期においては日本と中国では相互認識のための情報量が格段に異なり、関心度も著しく落差があって、両者の関係は相補的どころか著しい非対称性を呈していた。相互認識作用を知るための共通の素材として総合雑誌を活用したものの、それは日本で発行されたものに限定されている以上、日本発信の一方通行の対中認識に過ぎない。いっぽう、中国側の発行するこの時期の雑誌はといえば、日本関連記事は寥々たるものであるし、そもそも中国には日本の総合雑誌に相当するものが、この時期は発行されていない。日本側には民間の対中世論が形成されていたが、中国側の民間の対日世論を探る手立ては皆無に等しく、実際に存在しなかったとさえ言いうるかもしれない。従って日中間の相互性は保証されておらず、日本の対中国認識は検討できても、中国の対日本認識については、本書では極めて限定的な担い手、端的には外交部や共産党の対日工作組での単線的な認識経路しか摘出できていない。

いま、それらの本書の重大な限界と今後に残された検討課題は自覚しており、少なくとも第二の課題については、実際にささやかな研究を進めつつあるところである。と同時に、この時期の日本の知識社会における中国認識の布置がいかなるものであったのか、中国研究の研究動向や回顧的整理の対象としてではなく、中国論が公論として日本社会に流通し、何らかの中国に関する世論を形成することによって、思想界・言論界・運動界に及ぼした知的達成の輪郭をトレースすることによって、ある道筋をつける端緒は提示しえたとの感触を持っている。その作業はあたかも、一冊の『戦後日本思想・中国編』とでも名づけうるアンソロジーを編集するようなものでもあった。

今後は、これらの中国論を、社会思想・社会運動・隣接諸学理との影響関係に留意しながら、戦後日本の思想史・精神史の文脈上に再定置することが試みられていかねばならない。そのためにも、経験知としての中国論の蓄積が回顧され、獲得された知見が戦後日本の知識社会の実践的文脈のなかに位置づけられ、中国に関する学知の系譜が、学界の共有資産として認知され、今後の対中認識のあり方を展望する際の一助となることを願ってやまない。

注

序章

（1）J・K・フェアバンク『中国回想録』蒲地典子・平野健一郎訳、みすず書房、一九九四年、一七五頁。
（2）ここで言うところの「日本人」、後に言うところの「中国人」というのは、国籍や民族の違いに還元される差異ではなくて、主に日本／中国に居住し、主に日本／中国の価値体系に従って観察し思考する人の区分名称という程度の意味である。したがって、国籍や民族成分のような排他的二分法や明確な境界線が設定されるものではない。むしろ双方の居住来歴や価値体系が絡まりあっているために、境界はグレーゾーンになっているし、一個人のなかで、双方の価値体系を共有し、状況に応じて帰属感が遷移する場合もありうる。
（3）中国という他者認識をめぐって生ずる差異の要因については、山室信一「面向未来的回憶——他者認識和価値創建的視角」中国社会科学研究会編『中国与日本的他者認識——中国学者的共同探討論』中国科学文献出版社（北京）、二〇〇四年、での議論にヒントを得た。
（4）加々美光行『鏡の中の日本と中国——中国学とコ・ビヘイビオリズムの視座』（日本評論社、二〇〇七年）は、日本の学術界・知識界が中国を見誤ってきた原因を探求したものである。第一に、戦後の中国礼賛派の多くが、中国研究において戦後日本の進路を批判し、日中両国の戦後処理を終わらせて関係修復を図る「目的論的価値判断」が働いていたため、中国に対する主観的な思い入れを強くし、文革を全面的に肯定してしまうような過誤を犯してしまったこと。第二に、その痛手から、その後、新しい中国学がめざすのは、目的論を排し、「価値自由」的な客観性に埋没するという定見を持つにいたり、アメリカ移入の地域研究の影響を一方的に受けることになったこと。第三に、そのため結果的に研究対象である中国に対して研究成果の影響力を有しえない、内閉的な研究に歪んでしまったとしている。そこで、日本と中国という主体間の対立・協調の相互連動作用を他者認識の視座の中心にすえて研究する、「コ・ビヘイビオリズム」を提唱する。その意味で、加々美の主張は、本人も引いているように、溝口雄三『方法としての中国』（東京大学出版会、一九八九年）で展開された日本の中国学が、中国は観察の客体でしかなく、対話の契機を欠いたままの「中国なき中国学」であることの批判の論拠に通じるものがある。本書においても、加々美のいう「目的論的価値判断」による中国認識のありようと、それによる誤認の問題については、まさにその渦中の過度の「目的論的価値判断」の類例に事欠かない時期であるから、本論で全面的に展開することになるだろうし、「コ・ビヘイビオリズム」の提唱についても心情的には支持するものである。しかしながら、本書で扱う時期は国交断絶期であって、日中間の相互連動性が著しく制約されざるを得ない条件下で、いわば遠くに霞んだ中国という客体を類推するようななかでの中国認識を強いられた。したがって、この時期の中国論を検証するさいに、「コ・ビヘイビオリズム」論を分析工具として援用すると、国交回復を経て、大量の人と情報の流通が可能になった時期の研究者の後知恵で、先人たちの中国認識の限界を裁断してしまうことにもなりかねないと危惧している。したがって、本書の分析対象に「コ・ビエイビオリズム」論を適用することには慎重でありたいと思う。

(5) 戦後の日中関係を概述した毛里和子『日中関係　戦後から新時代へ』（岩波新書、二〇〇六年）では、一九九〇年代半ばから日中双方でナショナリズムの高まりと共振現象が見られることに、それまでの両国間に友好と利益が共存していた時代からの構造変動を読み取っている（一五四頁）。さらに二〇〇五年の中国群集による反日デモで、日中関係は新段階に入ったとする。その理由として、「「大衆」や「世論」が日中関係に大きな影響を及ぼすアクターとして登場してきたこと」（二〇五頁）、「イシューが重層的になり、しかもその間に複雑な連関ができていること」（二〇六頁）を挙げている。

(6) ハーバーマス『公共性の構造転換』細谷貞雄訳、未来社、一九七三年、第六、七章（Jürgen Habermas, *Strukturwandel der Öffentlichkeit: Untersuchungen zu einer Kategorie der bürgerlichen Gesellschaft*, Neuwied (Luchterhand), 1962)。

(7) W・リップマン『世論』掛川トミ子訳、岩波文庫、一九八七年（Walter Lippmann, *Public Opinion*, 1922)、ギュスターヴ・ル・ボン『群集心理』櫻井成夫訳、講談社学術文庫、一九九三年（Gustave Le Bon, *Psychologie des foules*, 1895)、ガブリエル・タルド『世論と群集』未来社、一九六四年（Gabriel Tarde, *L' Opinion et la Foule*, 1901)、戸坂潤『日本イデオロギー論』岩波文庫、一九七七年、『世界の一環としての日本（一・二）』平凡社・東洋文庫、二〇〇六年。

(8) マンハイム『イデオロギーとユートピア』高橋徹・徳永恂訳、中央公論新社、二〇〇六年（Karl Mannheim, *Ideologie und Utopie*, Schulte—Bulmke Verlag, Frankfurt am Main, 1952)。

(9) メディア言語の記事分析の意義については、大石裕『ジャーナリズムとメディア言説』勁草書房、二〇〇五年、第一、四章を踏まえた。

(10) 佐藤卓己『輿論と世論——日本的民意の系譜学』新潮社・新潮選書、二〇〇八年、引用は三二頁。

(11) 池島信平（文藝春秋新社編集局長）・佐藤観次郎（元『中央公論』編集長、衆議院議員）・畑中繁雄（元『中央公論』編集長、日本評論新社編集長）・吉野源三郎（『世界』編集長）「（座談会）綜合雑誌をめぐって」（『中央公論』一九五五年五月号）。

(12) 注11の座談会で、畑中繁雄は、大衆の擬似アカデミズムを崇拝するスノッブ趣味が総合雑誌の普及を支えていることを裏づけるような体験的知見をこう披歴している。「〔総合雑誌の形態がなぜ日本でできあがったかについて〕もっと基本的にはやはり日本の独特な社会的な条件、歴史的な約束にもとづいているんじゃないかと思われるんです。学問・知識の社会的偏在、こういうものが、一般大衆の学問・知識にたいするコンプレックスに、極めて特殊なものを植えつけてしまつたんでしょうね。とにかく学問というものは、崇高な、なにかやんごとないものだ、解つても解らなくても、抽象的で、しかもときには高踏的でさえある、そういうものの載つている雑誌を、ただ持つているだけで、自分も、そういうやんごとない世界にお仲間入りしたような気分になつちやうんだな。むしろ学問を実践的に批判すべき大衆が、かえつて学問の奴隷になつているんじゃないですか。だからこそ、綜合雑誌が売れてきたんだろう。僕らの先輩編集者の感覚は、そのことをちゃんと勘定に入れているんだよ。また、僕らだつて、いままでは、その点にあぐらをかいていた」。

(13) 注11の「綜合雑誌をめぐって」での畑中の冒頭での発言。

(14)『出版年鑑二〇〇八』出版ニュース社、二〇〇八年、一の四〇、二七七頁。

(15) 美作太郎「雑誌ジャーナリズム論」日本ジャーナリスト連盟編『ジャーナリズム入門』銀杏書房、一九四八年、一四九頁。

(16) 加藤秀俊「総合雑誌に注文する」『中央公論』一九六〇年一一月号。

(17) 加藤周一「総合雑誌の役割——その変化と将来について」『潮』一九七二年一二月号。

(18) 美作前掲(注15)、一二九頁。

(19) 大石前掲(注9)、第一章。

(20) 粕谷一希(『中央公論』元編集長・評論家)・田中健五(『文藝春秋』元編集長)・安江良介(『世界』編集長)「(座談会)総合雑誌の世界」『流動』一九七九年七月号。

(21) 近代日本における総合雑誌の盛衰について、明治草創期から七〇年代半ばまで、各誌の創刊、停刊の流れや、各誌の特色などを時系列的にたどった成果として、出版史研究会「総合雑誌百年史」(『流動』一九七九年七月号)がある。

(22)『国民之友』が日本独特の総合雑誌という形態の先駆であることについては、中野好夫「徳富蘇峰と『国民之友』——『国民之友』雑感」(『中央公論』一九七五年一一月号)でも指摘されている。

(23) 植田康夫「総合雑誌の盛衰と編集者の活動」『「帝国」日本の学知　第四巻　メディアのなかの帝国』岩波書店、二〇〇六年。また、大正デモクラシー期に論壇が成立したことの事情については、山田宗睦「論壇は実在したか」(『現代の眼』一九六二年六月号)でも触れられている。

(24) 戸坂潤『思想と風俗』(平凡社・東洋文庫、二〇〇一年)特に「思想的評論について」「評論に於ける分析型と主張型」など。

(25)『日本読書新聞』一九四六年六月二六日号「出版界の動向昭和二一年上半期」。

(26) 休廃刊のデータについては前掲(注21)「総合雑誌百年史」一六一頁、に拠る。

(27) 加藤周一、前掲(注17)論文。

(28) 林健太郎「論壇派閥の解消のために」『自由』一九六三年二月号。その一カ月前の『中央公論』一九六三年一月号に、高坂正堯は「現実主義者の平和論」を発表し、『世界』で非武装中立論者を展開した加藤周一や坂本義和を批判した。「総合雑誌論壇の形成——潮流は「理想」から「現実」へ」(『讀賣新聞』一九九五年八月三〇日)は、六〇年安保と六〇年末の大学紛争が、論壇の主流が進歩・理想主義から保守・現実主義へと転換する画期だと見ている。

(29) 七〇年安保期の総合雑誌をめぐる構造的変容については、『週刊読書人』一九六九年七月二一日号の「ワイド特集〈造反時代の総合雑誌〉——オピニオン・リーダーは〈幻想〉か」で報告されている。

(30) 中国には日本での「論壇」に相当するものを見出しがたく、あるとしても目下成熟過程にあるといえよう。そこで、中国からみた日本の学術・思想の特質から論壇の形成とその危機に着目した稀有な論稿として、孫歌「論壇的形成」(『読書』一九九七年一二月号、北京・三聯書店)を挙げておきたい。孫歌によると、日本では論壇が伝統的に知識層の自由で独立した公共の活動空間として確保されている。しかしながら、社会との接点を失わずに現実を考える緊張感と危機意識を保持し、アカデミズムの専門家と評論家の間の対話を続けていかないと、日本においては学業の専門性と分業化が閉鎖的な専門者空間の形成を誘発し、自由な知識空間の形成を阻害しがちである。そのことを中国の雑誌編集者は他山の石として戒めよ、と述べている。

(31) 「新路線探る「しにせ」——曲がり角の保守系論壇誌」『朝日新聞』二〇〇七年八月二二日。

(32) 「月刊誌 冬の時代——相次ぐ休刊、雑誌の今後は」『朝日新聞』二〇〇八年九月一三日。

(33) 「「諸君!」六月号で休刊 冬の時代の論壇 出口どこに」『朝日新聞』二〇〇九年三月一九日。

(34) 岩波書店で創業以来刊行されてきた中国関連公刊物を素材にして、「現地調査派」と「学理研究派」という中国研究の二つの系統から近代の日本の学術的成果をトレースした試みとして、馬場公彦「出版界の現場から見た日本中国学の変遷——岩波書店の刊行物を中心に」(日本中国学会編『中国学への提言 第五八回日本中国学会講演録』日本中国学会、二〇〇七年)がある。

(35) 竹内好「内輪ばなし」(中国を知るために一四)『中国』一五号、一九六五年二月号。

(36) 一例として、「日中イメージ共同世論調査」(一九九二年一一月実施)と、「日本・米国・中国における世論とマス・メディアに関する調査」(日米は一九九三年一〇月、中国は九四年一月実施)に基づく研究論文として、真鍋一史「日中関係と世論」(増田弘・波多野澄雄編『アジアのなかの日本と中国——友好と摩擦の現代史』山川出版社、一九九五年)がある。

(37) 吉田裕・川島高峰監修『時事通信占領期世論調査』第一〇巻『ソ連の原爆開発、中共進出、永世平和(一九四九年一一月)』大空社、一九九四年、一〇—一一頁。

(38) 時事通信社編『戦後日本の政党と内閣——時事世論調査による分析』(時事通信社、一九八一年)、時事通信社・中央調査社『日本の政党と内閣——時事世論調査による分析』(時事通信社、一九九二年)。ただし、一九六〇年六月から八一年六月までの調査統計をまとめた前編著には、好きな国／きらいな国についての統計表は掲載されていない。

(39) 本郷一二「若者は中国嫌い？——共同通信の世論調査から」『中国』五一号、一九六八年二月号。またＮＨＫ放送世論調査所編『図説　戦後世論史　第二版』（日本放送出版協会、一九八二年）によると、一九七二年一一月の国交回復直後に『東京新聞』が全国有権者三〇〇〇人（有効率八三％）を対象に中国のイメージに関する世論調査を実施している（一八〇—一八一頁、二四三頁）。

(40) 一九八二年から二〇〇二年の間に、日中各国あるいは両国双方で行なわれた世論調査の概要と調査結果については、魯義『中日相互理解還有多遠——関於両国民衆相互認識的比較研究』（世界知識出版社〔北京〕、二〇〇六年）の「第二章　従輿論調査看両国民衆相互認識的現状」において一覧することができる。

(41) 中華人民共和国成立前までの昭和期日本の文学作品において中国がどのように描かれているのかを時系列に検証した中国研究所での先駆的な研究として、竹内実「昭和文学における中国像」（『中国研究月報』一〇六号、一九五六年一二月）がある。

(42) クリストフ・コッホ『意識の探求（上・下）』土谷尚嗣・金井良太訳、岩波書店、二〇〇六年（Christof Koch, *The Quest for Consciousness: A Neurobiological Approach*, Roberts & Company Publishers, Eaglewood, Colorado, 2004）。

(43) この「認識経路」という分析概念を案出するにあたっては、上田信の論文「村に作用する磁力について——浙江省鄞県勤勇村（鳳渓村）の履歴」（『中国研究月報』四五五—四五六号、一九八六年一月—二月号）からヒントを得ている。ただし、上田は勤勇村村民の生産関係や行政組織や祭祀活動を調査し、複数ある経路の束のうち、村の同族関係の経路に電流が流れると村民にある秩序ある社会結合がもたらされるという結合原理モデルとして「経路」という概念を用いているのであって、本書で用いる「認識経路」は、上田の定義や含意を踏襲したものではない。

(44) 呉学文・王俊彦『廖承志与日本』（中共党史出版社〔北京〕、二〇〇七年、一一六—一一九頁）、呉学文『風雨陰晴——我所経歴的中日関係』（世界知識出版社〔北京〕、五五—五六頁）。また、毛里前掲書（注5）では、中国人の若手研究者の「中国の日本研究はじつは〝対日工作〟なのです」という声を紹介するとともに（iii頁）、「中国共産党および中央政府が、体系的で具体的な対日政策を作り上げていた形跡が見えない」（二一頁）との見方を提示している。

(45) 一九九〇年代に始まる中国政府のパブリック・ディプロマシーの取組みについては、青山瑠妙『現代中国の外交』（慶應義塾大学出版会、二〇〇七年）の第六章四節「中国のパブリック・ディプロマシー」に詳しい。

(46) 石善涛「邦交正常化前的中日民間外交研究述評」中国社会科学院日本研究所・中華日本学会『日本学刊』（北京）二〇〇八年第三期、一四七—一四八頁。

(47) 中華人民共和国建国から現在までの、経済界・文化界・学術界などの民間交流の概要と歴史的変遷について概括的にまとめたものとして、王仲全・孫煥林・趙自瑞・紀朝欽『当代中日民間友好交流』（世界知識出版社〔北京〕、二〇〇八年）がある。

(48) 中国社会科学院日本研究所・中華日本学会『日本学刊』（北京）二〇〇六年増刊では、日本研究の歴史と現状（胡令遠「中国的日本研究——現状、特色与問題」）、中国各地の二二の日本研究専門機関の沿革が紹介されている。

(49) 一九七〇年代の日中間の双方向性構造にみられる政府と民間の間の非対称性については、金煕徳『中日関係——復交三〇周年的思考』（世界知識出版社〔北京〕、二〇〇二年、二三一—二三二頁）にも同様の指摘がなされている。

(50) 一九四七年から毎日新聞社が毎年継続している「全国読書世論調査」によると、一九四七年から七六年にかけての「いつも読む月刊雑誌・ベスト二〇の年次別表」のなかで、本書が対象とする総合雑誌二三誌のうち、『文藝春秋』『中央公論』『世界』『改造』『展望』『朝日評論』などが、ある年度のランキングに顔を出しており、このうち『文藝春秋』は通算のトップ、『中央公論』は一〇位である。毎日新聞社編『読書世論調査三〇年——戦後日本人の心の軌跡』毎日新聞社、一九七七年。

(51) 内容分析の方法論を解説した実践的教科書として、クラウス・クリッペンドルフ『メッセージ分析の技法——「内容分析」への招待』三上俊治・椎野信雄・橋本良明訳、勁草書房、一九八九年（Klaus Krippendorff, *Content Analysis: An Introduction to Its Methodology*, Sage Publication, Inc., 1980）があり、シンボルを介したコミュニケーションの実態について、受け手の認識メカニズムを「コード」「システム」などの概念を用いて行なうデータ解析の手法が解説されている。そのほか、有馬明恵『内容分析の方法』（ナカニシヤ出版、二〇〇七年）、清水和巳・河野勝『入門　政治経済学方法論』（東洋経済新報社、二〇〇八年）なども参考になる。

(52) 例えば新聞記事であれば、日刊でサンプル数が大きく、紙幅は雑誌記事に比べて短く、論点も限定されているから、主題分類、主題に応じた数量分析、主張傾向の数量的処理は比較的容易であり、内容分析になじむ。実際に、内容分析の手法を使った新聞記事の事例研究として衛藤瀋吉「日華緊張と日本人——一九二五年から二八年までの朝日と日日の内容分析」（坂野正高・衛藤瀋吉編『中国をめぐる国際政治——影像と現実』東京大学出版会、一九六八年）などがあるが、論調をシソーラスの評価測定法を使って単純な二分法の処理にしているため、論調傾向を単純化して数量化することはできても、言説分析のようなメッセージ解析の複雑なバリエーションや解釈の深みを読み取りにくいという難点がある。

(53) テクスト分析の手法で、文化大革命に関する主にいくつかの回想録を素材に、文革の記憶の集合化・個性化とその忘却についての言説分析を行なったひとつの成果として、福岡愛子『文化大革命の記憶と忘却——回想録の出版にみる記憶の個人化と共同化』（新曜社、二〇〇八年）がある。この本の一部でも同様に文革論の言説を扱っており（第四・五章）、研究方法についての先行事例として啓発を得た。ただし本書では文革を扱う場合、同時代資料を分析対象とするのに対し、福岡は後代の回想録に見る記憶のあり方を分析していること、本書ではサンプル数を多く確保して数量的傾向をテクストの論調分析に絡ませているのに対し、福岡の場合は研究素材の数量を限定して、個々のテクストに密着した個性記述的なテクスト分析の手法を採用しているという手法の違いがあり、その結果、概念化においては、結果的に本書の類例化と福岡の個別化という方向性の対照を見せているように思われる。

第一章

(1)『日本読書新聞』一九四六年六月二六日号「出版界の動向昭和二一年上半期」。

(2) CCDによる雑誌検閲の実態については、山本武利『占領期メディア分析』(法政大学出版局、一九九六年、二九一—三三七頁)を踏まえた。それによると、当初は事前検閲制で、一九四七年末以降、事後検閲に以降したが、引き続き事前検閲が義務づけられた雑誌は二八誌あった。ちなみに、本書で取り上げる雑誌のうち、『潮流』『中央公論』『改造』『世界』『世界評論』『前衛』『中国研究』はその二八誌に含まれる。

(3) 戦前から戦後への中国論の継承と断絶を考察するにあたっては、当然のことながら、本書と同様の総合雑誌に掲載された中国関連記事という素材を用い、同様の方法論に基づいて戦前の学術・言論活動を調査し、戦後のそれとを比較する作業が欠かせない。しかしながら、本書ではその作業がなされておらず、今後の課題としたい。戦前から敗戦直後にいたる学術界の中国社会論と論壇の中国認識論を論争史の形で回顧した先行研究として、前者については岸本美緒「中国中間団体論の系譜」(『岩波講座「帝国」日本の学知 第三巻 東洋学の磁場』岩波書店、二〇〇六年)を、後者については西村成雄「日中戦争前夜の中国分析——「再認識論」と「統一化論争」」(同)を挙げておきたい。

(4) あわせて、どのような中国イメージが日本の一般国民のなかに醸成されていったのかについても考察してみたいが、この時期は、まとまった世論調査など国民の中国意識や中国イメージを把捉する材料が不足しており、その知見を得ることは困難である。

(5) 一五誌の書誌情報としては、各雑誌の創刊号の創刊の辞あるいは編集後記、プランゲ文庫マイクロフィッシュでの各雑誌のプロフィール、紅野敏郎・栗坪良樹・保昌正夫・小野寺凡『展望戦後雑誌』(河出書房新社、一九七七年)、福島鑄郎『戦後雑誌発掘——焦土時代の精神』(洋泉社、一九八五年)などを参考にして作成した。

(6) 敗戦直後のこの時期、GHQによる出版社への用紙割当てにあたって、CIE(民間情報教育局)が日本の出版界の戦争責任を追及し、体制翼賛的で戦争協力の著しい出版社に対しては業務停止や経営陣の刷新などの処分がとられたこと、あるいはCCD(民間検閲部)による事前検閲があったことから、右派的な言説それ自体を発表しにくい情況にあったことは押さえておかねばならない。出版界の戦争責任追及については、さしあたり、赤澤史朗「出版界の戦争責任追及問題と情報課長ドン・ブラウン」（『立命館法学』六号、二〇〇七年）が参考になる。

（7）『改造』休刊の経緯については関忠果・小林英三郎・松浦総三・大悟法進『雑誌『改造』の四〇年』（光和堂、一九七七年、二五六—二七二頁）。また、『中央公論』『改造』が一九四四年に加えられた弾圧、所謂横浜事件について、最も初期のまとまった論考として、黒田秀俊（元中央公論編集長・改造社編集部長）「敗北の言論——中央公論・改造解体の真相」（一・二）（『評論』一九四九年一一・一二月号）がある。

（8）『前衛』については法政大学大原社会問題研究所叢書『証言 占領期の左翼メディア』（御茶の水書房、二〇〇五年）の「証言九 『赤旗』創刊のころ」に、同誌の創刊当初の編集事務を務めた寺尾五郎のインタビューがあり、参照した。

（9）『思想の科学』の沿革については、思想の科学研究会『思想の科学会報』第一巻（一九八二年）に詳しい。

（10）『民主評論』については、前掲（注8）法政大学大原社会問題研究所叢書「証言八 『民主評論』と有賀新」に同誌の創刊に深く関わった有賀新のインタビューがあり、参照した。

（11）『日本読書新聞』一九四六年八月二一日号に掲載された出版協会が一九四六年七月に行なった「雑誌輿論調査集計」（投票総数二〇六二人中、男八七％で女一三％、都市部五七％で町村部四三％、年齢層のトップは二二歳から二五歳の青年層五〇二名、次位が一九歳から二一歳の四七五名であった）によると、二〇位までのランキングのなかで、本書で取り上げる雑誌について、それぞれ上位順に「現在読んでいる雑誌」で『世界』『中央公論』『展望』『改造』『時論』『新生』『文藝春秋』『世界評論』が、「読みたい雑誌」で『世界』『改造』『中央公論』『展望』『文藝春秋』『時論』『月刊新日本』『朝日評論』が、「読ませたい雑誌」で『世界』『中央公論』『改造』『展望』『時論』が、「読ませたくない雑誌」で『新生』『前衛』が、「今年になって一番感心した雑誌（の月号）」で『世界』『展望』『改造』『思索』の該当号が挙げられている。

（12）編輯責任者の一人安藤彦太郎によると、終戦直後、自宅が空襲で焼け、出身大学の早稲田大学で中国語の教鞭を執っていた実藤恵秀のところに寄宿していた折、実藤から戦争に反対し支那学的ではない手法による中国評論を集めた雑誌を出すことを持ちかけられ、編集同人として加わったこと、同じく同人の内山基は実藤と同年の友人で実業之日本社の編集長であったことから、内山を編集兼発行人として実業之日本社から刊行することを決めたという。そのころ、安藤は中国研究所に実藤とともに呼ばれ、所員に加わることを求められ入会したという。『新中国』の編輯責任者は内山を除きすべて中研の所員であり、執筆者の多くもおのずと中研所員で占められている。安藤彦太郎インタビュー、二〇〇八年四月二日。また同様のことは、さねとう・けいしゅう『中国人 日本留学史』（くろしお出版、一九六〇年、五七五頁）にも見える。

（13）一九三〇年生まれの野村浩一（立教大学名誉教授）は、自己の学問形成について回顧した証言のなかで、一九五〇年に大学の法学部に入った後、中国研究に入った動機について、こう述べている。

「それはやはりその頃、中国でいわゆる「ニュー・チャイナ」が生れたということでしょう。「ニュー・チャイナ」とか「新中国」というのは、非常にシンボリカルな表現で、現在からみればかなり大時代的な感じもたれるかも知れませんが、とにかく東アジアにおいて二〇世紀の半ばに、何かこれまでとは全く違った体制が生まれたという問題は、広く知的関心の対象だったといってよいでしょう。私にとって、そういう問題は潜在的にかなり強くあったと思います。その当時、新中国——中国革命に圧倒的なイメージを与えていたのは、これもよく言われることですけれど、やはりエドガー・スノー（Edgar Snow）の *Red star over China* です。そういう潜在的な関心が存在した。」（野村浩一「戦後・近現代中国研究の中で」『中国——社会と文化』二三号、中国社会文化学会、二〇〇八年、二二五頁）

(14) これら五冊は、新島淳良・野村浩一『現代中国入門——何を読むべきか』（勁草書房・中国新書、一九六五年）のなかで、「現代中国を知るために、最初にどのような本を読んだらよいか」として選ばれた書物でもあり、同書において日本人の著作として選ばれたのは、竹内好『現代中国論』（初版は河出書房・市民文庫、一九五一年、勁草書房・中国新書、一九六四年）のみであった。

(15) 青山和夫はじめ、本書で扱う著者の履歴については、当該著者が著わした書籍に記載された略歴情報のほかに、共通する資料として『近代日本社会運動史人物大事典』全五巻（日外アソシエーツ、一九九七年）を参照した。

(16) 王芃生の抗日宣伝工作については、松浦正孝「日中情報宣伝戦争——大亜細亜協会と王芃生を中心に」（松浦編著『昭和・アジア主義の実像——帝国日本と台湾・「南洋」・「南支那」』ミネルヴァ書房、二〇〇七年）を参照した。

(17) 日本人の反戦諸団体の沿革については、香川孝志「捕虜から反戦兵士へ」の解説（現代史の会発行『季刊現代史』四号、一九七四年八月）、野坂参三『亡命一六年』（時事通信社、一九四五年）、『野坂参三選集（戦時編）』（日本共産党中央委員会出版部、一九六二年）の「延安の思い出」「日本兵士代表者大会と日本人反戦団体大会の開催」、鹿地亘『中国の一〇年』（時事通信社、一九四八年）、香川孝志・前田光繁『八路軍の日本兵たち——延安日本労農学校の記録』（サイマル出版会、一九八四年）などを参照した。野坂がコミンテルンからの派遣で延安に来たこと、労農学校にはソ連共産党の支援があったことについては、野坂の自伝では明らかにされておらず、和田春樹『歴史としての野坂参三』（平凡社、一九九六年）に拠ったほか、山極晃『米戦時情報局の『延安報告』と日本人民解放連盟』（大月書店、二〇〇五年）第二章「八路軍の捕虜政策」・第三章「日本労農学校」で専論している。また山極晃へのインタビュー（二〇〇九年五月六日、本書所収）でも補った。

(18) 前出『雑誌『改造』の四〇年』によると、六月号のこの記事は「占領軍検閲課から大削除を命ぜられた」（二〇二頁）とあるが、プランゲ文庫のマイクロフィッシュで同記事を確認した限りでは、そのような箇所は確認できなかった。

(19) 加藤哲郎・一橋大学教授の教示によると（二〇〇九年一〇

月一日)、中共七全大会での野坂の演説がなされたのは、一九四五年四月ではなく五月であり、また四月二三日の開幕時に毛沢東・朱徳に次いで演説したとされているが、実際には外国党を代表しての短い儀礼的な挨拶で、「民主的日本の建設」は五月二一日にモンゴル族の中共中央委員のウランフー、朝鮮独立同盟代表の朴一禹(当時延安の朝鮮革命軍政学校副校長)などとともに外国人ゲストとして発言したにすぎないという。加藤のHP(http://homepage3.nifty.com/katote/maonosaka.html)参照。

(20)鹿地の同タイトルの記事「中国からのお土産」が『自由懇話会』一九四六年八月号にも掲載されているが、これは同懇話会(常任理事は帆足計)での講演録と質疑応答を起こしたもので、内容的には別ものである。

(21)例えば、小笠原素は日本降伏後に長春で国民軍に二度、中共軍に二度囚われた戦犯で、最後は中共によって釈放された。その経験をもとに、「中共獄中雑記」(『雄鶏通信』一九四九年三月一日号)を発表し、主に中共の戦犯に対する処遇や印象を記している。土地改革や急激な革命方式はさほど民心を捉えていないと評価は厳しいが、「国民党には大陸的な中国人らしい巾のひろい温情があるが、甚しい堕落もある。中共には明日の苦闘への決意があり、それだけにはげしく、するどく、血ぶるひを感ぜしめる冷たい所があるが、伸びる若々しい溌剌とした正しさがある」と国共を比較した記述もあって貴重な証言となっている。また、片岡良一「北京から東京まで」(『中央公論』一九四六年七月号)は、年末に引き揚げてくるまでの北京での生活ぶりを書きとめたものである。片岡は敗戦後の一九四五年一〇月二〇日まで大東亜省から派遣されて北京師範大学文学院日文系・北京大学文学院日文系に兼務していた。

(22)宮島義勇著・山口猛編『「天皇」と呼ばれた男——撮影監督宮島義勇の昭和回想録』愛育社、二〇〇二年、四〇六—四二七頁。このほか、北京の「徳田機関」の実態を証言したものとして、当時「平党員」として「徳田機関」の宣伝機関であった自由日本放送の任務に従事した元NHK職員の藤井冠次による『伊藤律と北京・徳田機関』(三一書房、一九八〇年)がある。

(23)楊大慶「中国に留まる日本人技術者——政治と技術のあいだ」真保晶子訳(劉傑・川島真編『一九四五年の歴史認識——〈終戦〉をめぐる日中対話の試み』東京大学出版会、二〇〇九年、一一三—一三九頁)での、各種統計を踏まえた概観による。

(24)阿部良之助の記事に対しては、平野義太郎「中国革命の理解を妨げるもの」(『中国研究』一九四九年一〇月号)が、阿部の批判は旧い日本知識層の階級的性格の限界で、旧い中国観や旧い優越感を捨てきれず、人民の革新的エネルギーも新しい中国へと生まれ変わる人民革命の意義も理解できないのだと、典型的な頭ごなしの政治的反宣伝の体裁で批判を加えている。また竹内好は、阿部の技術は「温室でそだてられた寄食的な技術であって、不毛な中国の原野には移植できぬことを中国人は本能的に見抜いているのかもしれない」との感想を記している(『現代中国論』河出書房・市民文庫、一一五頁)。

(25)『中国研究』創刊号(一九四七年六月)の「中国研究の現

況」と、同誌四号（一九四八年六月）の「中国研究全国学生連合会の歩み」および編集後記参照。
(26) 中国研究所の沿革、所員の来歴、思想的傾向については、末廣昭「アジア調査の系譜——満鉄調査部からアジア経済研究所へ」（『岩波講座 「帝国」日本の学知 第六巻 地域研究としてのアジア』岩波書店、二〇〇六年）を参照した。
(27)『中国評論』創刊号（一九四六年六月号）の編輯後記。そこには発足時の中国研究所所員八六名の名簿が掲げられている。さらに一九四六年九・一〇月号には追加の名簿二三名が掲載されている。
(28) 岩村三千夫「連合政権の基本的性格」は、プランゲ文庫によると六箇所"delete"（削除）処分がなされている。それらを復元すると、「なぜならば、この官僚資本主義の特長は、一方において外国の（判読不能）」、「外国の資本主義が中国に入つてきていらい、外国資本は中国での経済活動をするために、一部の中国人商人や資本家を、自分の代理人とし、また自分の部下にする。この種の外国資本の代理人であるブルジョアジーが、いわゆる買弁資本である」、「かかる原則は、第一にすべての独占資本の支配をも封じているこれによつて、外国の独占資本の支配をも封じている。これによつて労働者階級を抑圧する（判読不能）」、「都市の近代経済についていいえば、革命の勝利後も、中国経済は外国資本の鋭い注目のなかにあることを知らなければならない。かれらは、中国の政治に少しでもゆるみがあれば、あらゆる手段で中国経済を操縦しようとしている。したがつて、新民主主義の国家は、民族独立の擁護のために、ますます一部の（判読不能）経済を操縦することに警戒しなければならない」、「抗日戦争のもとで、国民党と共産党を中心とする連合政権ができたとすれば、それはどういう性格をもつていたか。第一に、それは明白な反帝国主義の政権であつたといいうる。もちろん、そのときでも、国民党はイギリス、アメリカの援助はうけつづけている。しかし戦時中には、これらの国々も、反帝国主義の戦いに参加していたのであるから、それによつて、この連合政権の反帝国主義的性格はうすめられない」といった字句である。
(29) この『世界』特集号については、馬場公彦「戦後日本における対中認識回路の変容——雑誌『世界』関連記事に見る」（中国研究所『中国研究月報』六四三号、二〇〇一年）、同「出版界から見た日本中国学の変遷——岩波書店の刊行物を中心に」（『第五八回日本中国学界講演録 中国学への提言』日本中国学会、二〇〇七年）においても取り上げた。
(30) 竹内好の漢学・支那学批判は、直接的には竹内照夫「所謂漢学に就て」（『中国文学月報』五号、一九三五年七月号）への反駁として書かれた「漢学の反省」（同八号、同年一〇月号）に顕著に現われているが、竹内好は同誌編集人として創刊の精神に漢学・支那学を否定して現代中国文学を学問として独立させることを掲げていたことは、「中国文学の廃刊と私」（『中国文学』九二号、一九四三年三月）に明らかである。なお竹内好の「漢学の反省」に対して、研究会同人である武田泰淳は、「新漢学論」（『中国文学月報』九号、一九三五年一一月）において、竹内の漢学批判をやや行き過ぎだとして、「漢学はむやみに打倒さるべきものではない。その中には優秀な東洋学の芽生えも見出される」と述べている。

(31) 竹内好編『現代日本思想大系　第九巻　アジア主義』筑摩書房、一九六三年、「解説　アジア主義の展望」一一—一九頁。

(32) 野沢豊「アジア研究の戦前・戦後」歴史学研究会編『アジア現代史　別巻　現代アジアへの視点』青木書店、一九八五年、一六—一七頁。

(33) 北京での鍋山・草野らの行動については、加藤哲郎（一橋大学教授）の教示を得た。鍋山貞親『私は共産党をすてた』（大東出版社、一九四九年、二〇一—二二三頁）、国松文雄（元朝日新聞特派員）『わが満支廿五年の回顧』（新紀元社、一九六一年、二三五—二三六頁）参照。

(34) 吉見義明「占領期日本の民衆意識——戦争責任論をめぐって」（『思想』八一一号、一九九二年一月号）は、プランゲ文庫を使って日本人の戦争責任論を抽出した先駆的試みであり、したがって本章で扱う時期の雑誌にほぼ重なる。特に当該論文の「三　アジアに対する責任論」では、中国に対する戦争責任について論じた記事を数件取り上げている。

(35) さねとう・けいしゅう『中国人　日本留学史』くろしお出版、一九六〇年、「あとがき——わたくしと中国」。

(36) 満洲開拓団関係の人口統計については、加藤聖文「満洲体験の精神史——引揚の記憶と歴史認識」（劉傑・川島真編前掲（注23））七五頁注三に拠る。

(37) 延安の日本人民解放連盟での日本兵捕虜による宣伝・宣撫工作活動の実情については、一九四四年六月から四五年八月まで、延安へのアメリカ軍事視察団による軍事情報収集活動のリポートを発見し翻訳した山極前掲（注17）の『米戦時情報局の『延安報告』と日本人民解放連盟』、山極晃『米中関係の歴史的展開　一九四一年—一九七九年』（研文出版、一九九七年）第三章「アメリカ軍事視察団の延安訪問」、および山本武利編訳『延安リポート』（高杉忠明訳、岩波書店、二〇〇六年）を通してその詳細を窺い知ることができる。

(38) 労農学校教育幹事を務めた。山極前掲『米戦時情報局の『延安報告』と日本人民解放連盟』六六頁。

(39) 延安の労農学校の学生で、日本軍医隊の前中尉、山田一郎と名を換え、太行地区の平和病院の副院長だった。山極前掲（注17）『米戦時情報局の『延安報告』と日本人民解放連盟』一一一頁。

(40)『季刊現代史』通巻四号、八六頁、一九七四年八月一五日、現代史の会発行。さらに、日本人捕虜政策の実際については、新井利男資料保存会編『中国撫順戦犯管理所職員の証言』（梨の木舎、二〇〇三年）に詳しい。なお、一九五六年四月、全国人民代表大会常務委員会で抑留中の日本戦犯の寛大処理についての決定が下され、最高人民検察院は、撫順戦犯管理処を中心に日本人戦犯の起訴免除と即時釈放・帰国を宣告し、陸続と日本人戦犯の引揚げが一九六四年まで続いた。五六年以降、彼ら中国から復員した日本人元戦犯兵士は論壇において日本の侵華戦争責任の告発と日中国交回復の主張の強力な担い手となっていく。その立論の源流にはこの解放連盟や延安の労農学校があった。そのことはまた第二章二－1と第六章二－2において論じたい。

(41) CIEの戦争有罪キャンペーンについては、有山輝雄『占領期メディア史研究――自由と統制・一九四五年』柏書房、一九九六年、二三六―二五九頁参照。

(42) ちなみに以後、一九五六年から七二年までの総合雑誌一五誌に掲載された中国関連記事数のデータによれば(ただし雑誌の終刊や創刊があり、データに採用する雑誌の種類は同一ではない)、第二次ピークが文化大革命勃発の一九六六年(一五〇本)・六七年(一六三本)、第三次ピークが米中接近から日中国交回復にかけての七一年(二九三本)・七二年(二七三本)。おそらくそれ以後の第四次ピークは八八―八九年の民主化運動から天安門事件に至る時期と類推される。

(43) 西里竜夫(一九〇七―八七) 中国で中国共産党に入党し新聞記者として情報分析と反戦活動をしていたが、四二年南京の自宅で特高に検挙され、中西らとともに東京に護送された。四五年一〇月釈放後、日本共産党に入党。

(44) 中西功の中国共産党史執筆の経緯、引用については、中西『中国共産党史――ソヴェート革命時代』(北斗書院、一九四六年)のはしがきに拠った。

(45) 石浜知行(一八九五―一九五〇) 一九二八年、左翼教授として九州帝大を追放され讀賣新聞社に入社、日中戦争後は軍の報道班などで軍務に服し、敗戦後九州帝大に復職、経済史専攻。

(46) プランゲ文庫で確認すると、『評論』一九四九年三月号の記事の中西と高市の発言において、日本は経済援助を受けながらも為替が立たないし通貨管理ができていないことを引合いに出して、解放地区では幣制統一と通貨が安定していると語った部分が、'criticism of SCAP'(連合軍最高司令官批判)だとして、削除処分を受けている。

(47) 尾崎庄太郎(一九〇六―九一) 徳島県生まれ。東亜同文書院卒業、「プロ科」の支那問題研究会に参加し、翻訳などで活躍。一九三五年、岩村三千夫とともに上海で讀賣新聞上海支局臨時雇員、三七年天津支那問題研究所、三九年満鉄北支経済調査書嘱託、検挙投獄で四五年一〇月出獄、以後、中国研究所の設立に奔走。四六年一月、同研究所の創立メンバー。『毛沢東選集』の翻訳出版に携わる。またこのとき、日本共産党に入党。六七年中国研究所除名後は日共系の日中友好協会に関係した。関係者の証言を付した自伝『われ、一粒の麦となりて――日中戦争の時代を生きた中国研究家の回想』(結書房、二〇〇七年)がある。

(48) 具島兼三郎(一九〇五―二〇〇四) 九州帝大法文学部卒、満鉄調査部入社、支那抗戦力調査の中心的メンバーの一人、四二年満鉄事件で検挙投獄、釈放後四五年六月帰国、中国研究所創立に参加。四八年九州帝大法文学部教授、法学部長。

(49) 苗剣秋 一九〇三年生まれ。満洲鉄嶺出身。奉天派のブレーン・トラストの一人。一九二三年、第一高等学校卒業後、東京帝国大学文科社会学科に入学、三一年、天津市社会局科長、三四年、天津市税務署長を経て張学良の相談役、四六年、駐日中国代表部専門委員、『重慶商務日報』記者・『自由中国新聞』

記者として日本で文筆活動に従事。知日家にして国際共産党および中共研究家（『朝日評論』一九四九年一二月号編集部リードおよび外務省アジア局『一九六二年版　現代中国人名辞典』外交時報社、一九六二年、による）。

(50) 閻錫山（一八八三―一九六〇）　日本の士官学校に学び、山西軍閥の領袖となり、国民党軍を率いて日中戦争を戦い、内戦でも太原の孤塁を守り、行政院長を務めた後、中共軍による広東陥落後台湾に渡り、行政院長兼国防部長を務めた。

(51) 戦争直後の日本からはほとんど死角に入ってしまっていた台湾での文学活動についての貴重な作家の報告として、呉濁流「台湾文学の現況」（『雄鶏通信』一九四九年一月一日号）があり、二二八事件の影響や日本語文学の禁制などがあって、沈滞している台湾文学の現状がうかがわれる。

(52) 新中国の建国についての当時の新聞記事を見ると、中央紙のいずれもがトップ記事ではなく、存外小さな扱いとなっている。『朝日新聞』は当時全四面で、一九四九年一〇月一日は一面の左下隅に「きょうから成立祝賀　中華人民共和国政府」、翌二日は一面トップ下に「主席に毛沢東氏　宋女史ら六名を副主席に選挙　中華人民共和国成立」、『日本経済新聞』も全四面で、一〇月一日は一面右下隅に「政治協商会議終る　人民共和国の樹立へ　大会宣言発す」、翌二日は一面中央に「政府主席に毛氏　中華共和国首脳決る」とある。単に国民的関心の実態を示すのであろうか、それとも特派員などを置けない閉ざされた情報網のなせるやむをえない扱いだったと見るべきであろうか。

(53) 陳祖恩「虹口集中区の日本人たち――上海日本人居留民の送還と処置」袁雅瓊・川島真訳（劉傑・川島真編前掲（注23）、八三―一一二頁）。

(54) 一九五一年一二月から五三年六月まで、時事通信社の香港特派員として駐在していた石川滋（一橋大学名誉教授）によれば、赴任当時香港で発行されていた新聞には、純英国系の中立紙として『サウス・チャイナ・モーニング・ポスト』『チャイナ・メール』、国民党系英字紙として『ホンコン・タイガース・スタンダード』、中共系華字紙として『大公報』『文匯報』、国民党系の『香港時報』『華僑日報』『星島日報』『工商日報』、第三勢力系のものとして『中声晩報』、反国府反中共を標榜する『掃蕩晩報』、親米反共の『自然日報』『天文台』『自由人』、前国府副総統で蒋介石と確執中の李宗仁系『新生晩報』、中国本土で発行されている北京の『人民日報』、漢口の『長江日報』、上海の『解放日報』『上海大公報』、天津の『進歩日報』『天津日報』などがあったという（石川滋「宣伝都市香港」『世界週報』一九五二年一月二一日号に拠る）。当時、石川は『解放日報』『長江日報』『進歩日報』『南方日報』（広東）『ロンドン・タイムズ』『ニューヨークタイムズ』などをよく読み、西側の記者と積極的に情報交換をしていたという（石川滋インタビュー、二〇〇九年六月四日、本書所収）。石川の香港記者時代の総括として、石川滋「竹のカーテンをのぞく一七カ月」『世界週報』一九五三年六月二一日号がある。また、一九六九年二月―七〇年一月に香港駐在（香港支局長）し、一九七〇年五月―九月、七二年一月―七五年四月、八〇年一〇月―八四年六月に北京駐在（北京支局長）した共同通信社の中島宏によると、当時の北京と比べて香港では多種多様な新聞が閲覧できたこと、反共も親共も発想が自由なインテリがたくさんいて、彼らと接触して貴重な情報を入手できたこと、などから、北京にいるよりも香港の方が中国のことがよく分かったかもしれないという（中島宏インタビュー、二〇〇九年六月五日、本書所収）。

（55）山極晃『米中関係の歴史的展開――一九四一年―一九七九年』（研文出版、一九九七年）第六章「トルーマン政権の台湾政策」。

（56）山極晃によれば、『中国白書』のアチソン報告の原案となる現地視察報告を書いたジョン・S・サーヴィスは、一九四一年五月からは重慶のガウス大使の秘書官として、四三年五月からは重慶のスティルウェル将軍の司令部付として中国情報の収集と分析にあたり、国民党の権力基盤は脆弱であるのに対して共産党は広大な人民の支持を集めつつあることを報告した。四五年四月、本国に召還されたサーヴィスは、六月、政府の秘密文書持出しのいわゆる「アメラシア事件」の嫌疑で逮捕（不起訴）、さらに五〇年のマッカーシー旋風でオーエン・ラティモアらとともに主要攻撃目標の一人され、上院外交委員会の聴問会に喚問された。山極晃「ある外交官の悲劇」『中央公論』一九六五年七月号。

（57）細川嘉六（一八八八―一九六二）　一九二〇年大原社会問題研究所に入所。二七年、尾崎秀実と中国革命研究会を開く。三九年、風見章の経済的協力により、尾崎とともに支那研究室を設け、主事となる。四二年『改造』に発表した「世界史の動向と日本」が陸軍報道部に摘発され検挙投獄。四七年、第一回参院選で共産党全国区議員として当選。五一年、風見とアジア問題研究所を設立し主宰、別に、国際事情研究会を創立、五〇年、日中友好協会の設立につくし、日中国交回復国民会議幹部として五八年「反省声明」を公表、北京を訪問して公式に日本の侵略戦争を謝罪した。

（58）中国研究所編『中国の日本論』潮流社、一九四八年の序（平野義太郎）二―三頁。

（59）占領期雑誌新聞・雑誌情報データベース。作成代表・山本武利（早稲田大学教授）で、フリーユースのデータベースとしてネット上で公開されている。

（60）キーログの中身については前掲（注2）の山本『占領期メディア分析』付録三参照。

（61）北京の「徳田機関」の実態を証言した数少ない資料として、北京で活動中の伊藤律の除名処分を受けて「伊藤律スパイ説」の当否をめぐる真相究明に焦点化した一連の著作がある。刊行順に並べると、藤井冠次（元NHK職員。当時「平党員」として「徳田機関」の宣伝機関であった自由日本放送の任務に従事）『伊藤律と北京・徳田機関』（三一書房、一九八〇年）、川口信行・山本博『伊藤律の証言――その時代と謎の軌跡』（朝日新聞社、一九八一年）、西野達吉『伊藤律伝説――昭和史に消えた男』（彩流社、一九九〇年）、伊藤律『伊藤律回想録――北京幽閉二七年』（文藝春秋、一九九三年）などが挙げられる。このほか、五〇年代に北京で日本共産党に入党し、その後、中共中央編訳局で『毛沢東選集』日本語版の翻訳作業に従事した川越敏孝に取材し聞取りをした小池晴子『中国に生きた外国人――不思議ホテル北京友誼賓館』（徑書房、二〇〇九年）なども参考になる。

第二章

（1）新華社論評「対日講和をはやく準備せよ」一九四九年六月二〇日、「対日講和問題についての周恩来外交部長の声明」一九五〇年一二月四日、「人民日報社説　米国の日本再武装の陰謀を粉砕し、対日全面講和を闘い取れ」一九五一年一月二八日、「アメリカおよびその従属諸国のサンフランシスコ対日講和条約締結に関する周恩来外交部長の声明」一九五一年九月一八日、「日本の吉田政府が国民党残存反動集団との講和条約締結をアメリカ政府に保証したことにかんする外交部章漢夫副部長の声明」一九五二年一月二三日、など。石川忠雄・中嶋嶺雄・池井優編『戦後資料　日中関係』日本評論社、一九七〇年、一三―二〇頁に拠る。

（2）『日本及日本人』以外の右派雑誌として、拓殖大学海外事情研究所が一九五五年一〇月に創刊した月刊機関誌『海外事情』がある。同研究所は、当時の拓大総長矢部貞治がアジア諸民族との連携を求めてアジアの調査研究の機関を設立するとの独自の構想の下に設立されたもので、寄稿した研究員や拓大教授を中心とする執筆者は、その大半が戦時中の中国経験が豊富で、現代中国に対して反共的という立場から批判的なスタンスをとるという独特の傾向が認められる。ただ創刊の時期に鑑みて、記事分析の対象としては次章以降で扱うこととする。ちなみに同誌一九五五年の中国関連記事数は五本である。

（3）アジア問題調査会、アジア協会、『アジア問題』の沿革については、末廣昭「アジア調査の系譜――満鉄調査部からアジア経済研究所へ」（山本武利ほか編『「帝国」日本の学知　第六巻　地域研究としてのアジア』岩波書店、二〇〇六年、五一―五七頁）を参照した。

（4）「五〇年問題」に関する関連文献は、日本共産党中央委員会五〇年問題文献資料編集委員会編『日本共産党五〇年問題資料集（一―三）』（新日本出版社、一九五七年）、日本共産党『日本共産党の五〇年問題について』（新日本出版社、一九八一年）に収められているほか、戦後社会運動未公開資料集刊行委員会編『戦後日本共産党関係資料』（マイクロフィルム版、不二出版、二〇〇七年）に、そのごく一部が収められているが（特に『北京人民日報社論　日本人民解放の道――中共機関紙に発表された日本問題論文集』民主新聞社刊行、一九五〇年、など）不明の点も多く、今後の史実解明への努力が求められる。

（5）西園寺公一長男・西園寺一晃へのインタビュー、二〇〇九年五月二二日、本書所収。

（6）岩村三千夫「戦後日中友好運動の歩み」（『中国研究月報』一八〇号、一九六三年二月、四頁）には、日中両国民間人の往来数の統計が掲げられている。出所が明らかでなく、「厳密な数字ではないし、日本側部分には純粋の商用で訪中した人々の数が相当にはぶかれている」との注記があるが、本章にかかわる年度の数字を引用しておく。それぞれ日本側の訪問者／中

国側の訪問者に分けると、一九四九年度一団体六名／〇団体〇名、五〇年度〇団体〇名／〇団体〇名、五一年度五団体九名／〇団体〇名、五二年度一一団体五〇名／〇団体〇名、五三年度一六団体一三九名／〇団体〇名、五四年度二一団体一九二名／一団体一〇名、五五年年度五二団体八四七名／四団体一〇〇名。

(7)『週刊朝日』一九五三年一月二五日号「同胞三万人　中共引き揚げの背景」四―一〇頁。

(8) 木村の手記は木村荘十二『新中国』(東峰書房、一九五三年)にまとめられ、彼の目に映った三反五反運動や知識分子への思想改造運動の実態を知ることができる。

(9) この一九五三年の時期に単行本にまとめられた中国からの引揚げ者たちの記録として、在華同胞帰国協力会機関紙共同デスク・朝日新聞社出版局共編『新しい中国――帰国者の体験から』(朝日新聞社・在華同胞帰国協力会)、日本子供を守る会共編『帰ってきた子供たち――中国帰国児童作文集』(講談社)、理論編集部編『はたらくものの国――新中国をつくる原動力』(理論社)などがある。

(10) 李徳全(一八九六―一九七二)　馮玉祥夫人。クリスチャン。夫の死後も女性政治家として国際的に活躍。一九四九年四月、中国民主婦人連合副主席、一〇月中央人民政府衛生部部長、中国紅十字会会長、五四年一〇月と五七年一二月には中国紅十字会代表団団長として来日。五八年四月国務院衛生部部長就任後、一二月に中国共産党に入党。山田辰雄編『近代中国人名辞典』霞山会、一九九五年に拠る。

(11)「人民日報社説　日本と中国との正常な関係の回復について」一九五四年一二月三〇日、「人民日報社説　日本人民は二つの道に直面している」一九五五年二月二六日、「天津大公報社説　鳩山一郎に質問する」一九五五年三月一九日、「日本新聞・放送関係中国訪問代表団の質問に対する周恩来の回答」一九五五年八月一七日、「人民日報オブザーバー論評　日米歓談を評す」一九五五年九月二三日、「人民日報社説　中日国交正常化の促進に努力せよ」一九五五年一〇月一九日、「人民日報オブザーバー論評　鳩山首相の言明を歓迎する」一九五六年四月一日、など。石川忠雄ほか編前掲書(注1)、四六―六五頁に拠る。

(12) 帆足計(一九〇五―八九)　東大経済学部卒業後、日本経済連盟に入る。学生時代に社会科学研究会に属して学生運動に参加した経験から、軍部の経済政策と意見が合わず、一九四四年に憲兵隊に捕えられ敗戦まで獄中に拘束。解放後、日本産業協議会専務理事、経済復興会議幹事長などを務め、中日貿易促進会、日中友好協会の設立にも協力。四七年の参院選で無所属で立候補し当選、訪中後の五二年衆院選で左派社会党から出馬し当選、六九年まで代議士として日中友好・復交運動と経済政策の分野で活躍した(古川万太郎『日中戦後関係史』原書房、一九八八年、二六頁)。

(13) 帆足は中ソ外遊の経験を『ソ連・中国紀行』(河出書房、一九五二年)、『見てきた中国』(岩崎書店、一九五三年)にまとめている。

(14) 帆足ら三名の初訪中や日中議連結成のいきさつについて

は、波多野勝・清水麗『友好の架け橋を夢見て――日中議連による国交正常化への軌跡』(学陽書房、二〇〇四年)の第一・二章に詳しく書かれている。また、劉建平「中日〝人民外交〟的挫折　過程研究与結構分析」(『開放時代』〔広州〕二〇〇〇年第二期、七七頁)にも関連の記述がある。

(15) このとき周恩来は村田に「革命は輸出できない」と表明した。劉建平同論文、八一頁。

(16) 古川万太郎『日中戦後関係史』原書房、一九八八年、一一一—一一三頁。

(17) 中村翫右衛門(一九〇一—八二) 一九三一年、河原崎長十郎とともに劇団前進座を創立し、新演出の大衆向け歌舞伎の開拓に努力。戦後共産党員となり、レッドパージの対象となり、公演中、住居侵入の罪に問われたため、ひそかに中国に渡って、一九五二年から三年間北京に滞在したのち、劇団に復帰した。中村ほかの日本人のプロフィールについては、『近代日本社会運動史人物大事典』(日外アソシエーツ、一九九七年)、『朝日人物事典』(朝日新聞社、一九九〇年)、臼井勝美ほか編『日本近現代人名辞典』(吉川弘文館、二〇〇一年)などを参照した。

(18) 南博の北京での平和会議の記録は『中国――ヨーロッパを追い越すもの』(光文社、一九五三年)にまとめられた。

(19) 団員の訪中記として大谷瑩潤(函館大谷高等学校名誉校長、参議院議員)『新中国見聞記』(河出書房、一九五五年)があり、団長の安倍能成の序文が付されている。なお大谷は、一九五三年七月から始まった中国人俘虜殉難者の遺骨送還にも尽力し、中国人俘虜殉難者慰霊実行委員会の責任者として活動している。

(20) 桑原武夫は訪中記として『ソ連・中国の印象』(人文書院、一九五五年)をまとめた。

(21) 前掲岩村三千夫(注6)「戦後日中友好運動の歩み」二頁。

(22) 当時の親中派たちのことを日中貿易実務を通して知る北沢洋子は、彼らのことを総称して「良識あるアジア主義者」と呼んでいる。本書所収、北沢洋子インタビュー、二〇〇八年一〇月二九日。

(23) 『中央公論』復刊時に中央公論社社長をしていた嶋中雄作が病気療養中であったため、蝋山に『中央公論』の編集顧問を依頼した。中央公論社ではほかに『婦人公論』は谷川徹三が、出版部は林達夫が編集顧問を依頼された。その体制は、雄作の死去に伴い、次男の鵬二が社長を継ぐ一九四九年頃まで続いたという。粕谷一希・元『中央公論』編集長インタビュー、二〇〇九年六月一一日。

(24) 蝋山が満洲事変後に「東亜協同体論」に傾斜し、戦後アジアにおけるナショナリズムの台頭を重視して国際協力体制に組み込むことを模索し、やがて近代化モデルとしての日本近代化再評価にいたる一貫した思想的課題については、酒井哲哉「「東亜協同体論」から「近代化論」へ――蝋山政道における地域・開発・ナショナリズム論の位相」(酒井『近代日本の国際秩序論』岩波書店、二〇〇七年、一一九—一五九頁)で説得的に論じられている。

(25) 貝塚茂樹『古い中国と新しい中国』(創文社、一九五四年)

のなかの「民主主義の挫折と内藤博士の予言」にも同様の叙述がある。
(26) 当時、石川滋は時事通信社の特派員として香港に赴任していた。石川は、報道界でも論壇でも学術界においても中国経済のマクロ動向分析を精力的に展開していく。石川滋インタビュー、二〇〇九年六月四日、本書所収。
(27) 張群(一八八九―一九九〇) 台湾総統府資政。四川省出身。日本の陸軍士官学校留学。その間蒋介石と起居を共にし、無二の知己となる。一九一一年に帰国し、辛亥革命に参加。二六年以後は蒋介石に従い、三五年外相として満洲事変後の対日交渉を担当。三八年行政院副院長、四〇年四川省主席。戦後は国共停戦協定国府側代表として、G・C・マーシャルと援助を受ける交渉を行なう。四七年行政院院長、渡台後、五〇年総統府資政、五四―七二年総統府秘書長を務め、蒋介石の側近のなかで最高のブレーンとして活躍。七二年辞任したが、政界の長老として影響力を持つ。親日派の代表的人物として知られ、台湾当局の対日政策決定に大きな影響力を発揮。『中国人名辞典』(日外アソシエーツ、一九九三年)に拠る。
(28) 思想改造運動と文学芸術運動の起源と展開についての同時代における体系的な研究は、倉石武四郎を研究代表とする文部省科学研究費による綜合研究「中国の変革期における社会・経済・文化の相関関係の研究」の研究課題の一つとしてなされている。研究分担者は文学・芸術運動については小野忍、斎藤秋男、米沢嘉圃、思想改造運動については山口一郎、神谷昌男である。倉石武四郎編『変革期中国の研究』(一九五五年、岩波書店)の第二章「中国の新文学および近代芸術の伝統と創造」、第三章「中国旧思想にたいする変革運動の展開」の二章に、その研究成果がまとめられている。
(29) 総じて貝塚は、中国の旧伝統から新伝統への転化は中国共産党の革命方式や中共の指導思想である毛沢東哲学によって、地についたかたちでスムーズになされていると見做しがちで、貝塚前掲書(注25)のなかの「中国の伝統」「中共の歴史的背景」などに顕著に見られるように、毛沢東の「実践論」を王陽明の行動主義が転換したものとしたり、中共の土地革命の成功を古代の井田制や均田制とのアナロジーで理解している。また、胡適宛の公開書簡については、岡崎俊夫「中国知識人の転身」(『展望』一九五一年五月号)でも言及されているほか、他の作家・学者・教育者の転身についても事実のみを伝えている。岡崎は人民大衆の感情を無視してまでも一挙に向ソ一辺倒に引きずっていくことで、「鬱積した感情が爆発」しないだろうかとの危惧を漏らしている。
(30) 王瑶『現代中国文学講義』は、清華大学・北京大学での中国新文学史講義ノートとして一九五二年末に刊行されたが、その後「胡風反革命事件」が明るみに出た。この本は実藤恵秀らの共訳によって河出書房から一九五五年刊行されたさい(全五冊)、日本版への付記に「著者として、ひじょうに不安を感じている。というのは、この本が、ただ質的に低いというだけでなく、内容に原則的ともいえる誤りを犯していたからである」と記し、各冊の巻末では、原著にあった胡風からの引用と関連記述の一切を削除し、削除した字句を細大漏らさず明記するという、異様な仕立てになっている。

(31) 資料については、日本国際問題研究所・中国部会編『新中国資料集成　第四巻』(日本国際問題研究所、一九七〇年)の資料四五—五二参照。

(32) 本書では戦後日本論壇の中国論に見られる特質として、それが「投企」的要素の強い言説であることを、以後もしばしば指摘することになるだろう。ここで「投企」(project, Entwurf)なる術語について一言しておくと、哲学用語としては、ハイデガーが導入し、現象学を中心に現代哲学において使用されるもので、『岩波哲学思想辞典』(岩波書店、一九九八年)の「投企」の項(一一五六頁)によれば、「日常的な行為から科学的な思考にいたるまで、現存在のふるまいはすべて、何らかの〈可能性〉を未来へ向けて投企することである。……後期のハイデガーは、現存在のふるまいの可能性を描き出す投企が、時代に固有な存在のあり方に制約され、逆に投企されているという〈存在史〉の立場をとった。サルトルは、投企の能動的側面を強調して、自己の可能性を選択する〈対自〉の投企が状況に意味を与える源泉だとし、他方メルロ＝ポンティは、あらゆる主題的選択や思考の基底には、より一般的な〈身体的実存〉の投企があるとした」と定義されている。この「投企」という術語を選ぶにあたっては、山室信一の「あるべきアジア」の地域秩序を構想する際の言説のあり方を「投企」と名づけていることに範を得ている。具体的には次の叙述を踏まえている。「現実の対外行動や外交において生じた断絶や飛躍、矛盾を明らかにするための視角が投企であり、本書では、自己の置かれた国際秩序や国力などの現存在としての制約を踏まえて、その現状の変更を未来への投射として企てる言動を投企とみなす、と定義しておきたい。つまり、投企という視角から捉えられるアジアとは、「思い描かれたアジア」と「現に在るアジア」とが交錯する場において、既存の空間秩序をいかに改編して自らが構想する「あるべきアジア」として地域秩序を設定していこうとしたか、その言動に焦点を当てて明らかにしようとするものであり、ここではプロジェクトすなわち達成課題やアジェンダとしてのアジアがいかなるものと設定され、実際にそれが政策として運動として、誰のどのような企図にそって、いかに担われつつ、いかなる軌跡を描いたかを歴史的に辿ることになる」(山室信一『思想課題としてのアジア——基軸・連鎖・投企』岩波書店、二〇〇一年、二三頁)。

第三章

(1) 上丸洋一「「諸君!」創刊への道　下——戦後保守と雑誌「自由」」『AIR21』(朝日総研レポート)一八九号、二〇〇六年二月、七七—八〇頁。

(2) この「お詫び」文について、中央公論社社史では、嶋中鵬二社長が「風流夢譚」を皇室のプライバシー侵害であって重大な名誉毀損に当たると捉えていたことに対する、嶋中なりの筋の通し方だったのだとしている(『中央公論社の八〇年』中央公論社、一九六五年、三五四—三五五頁)。「風流夢譚」掲載当時、同社単行本編集部にいた粕谷一希もまた、同作品は皇室のプライバシーに関わる問題を含んでいるため、載せるべきではなかったという思いだったという。粕谷一希インタビュー、二〇〇九年六月一一日。

(3)『中央公論』をめぐるこのあたりのいきさつは、当時編集部にいて『思想の科学』の編集事務を担当した中村智子による『「風流夢譚」事件以後――編集者の自分史』(田畑書店、一九七六年)、同じく編集部の京谷秀夫「『中央公論』の崩壊感覚」(『現代の眼』一九七九年八月号)、「風流夢譚」事件直後の一九六一年一月から『中央公論』本誌編集部に配属になり、編集次長・編集長を務めた粕谷一希『中央公論社と私』(文藝春秋、一九九九年、一〇四―一二一頁)などに詳しい。同じ社員であっても、当然のことながら事件の受け止め方は一様ではない。

(4)中村智子同書、および粕谷一希『作家が死ぬと時代が変わる――戦後日本と雑誌ジャーナリズム』(日本経済新聞社、二〇〇六年、一一八―一二二頁)。粕谷によると、「右旋回ではなく正道に戻しただけ」(同、一一九頁)、「これまで左傾化していたのを戻しただけ」(粕谷一希インタビュー、二〇〇九年六月一一日)との認識である。

(5)「雑誌「中国」と「中国の会」のこと」『中国』四九号、一九六七年一二月、に拠る。

(6)中国新書は次のタイトルが一九六三年に普通社から刊行されたが、業績不振のため続刊不可能となり、一九六四年四月、勁草書房に譲渡された。

竹内好『現代中国論』(解説 高橋和巳)/宇都宮徳馬『日中関係の現実』(解説 京谷秀夫)/尾崎秀樹『近代文学の傷痕』(解説 橋川文三)/陶晶孫『日本への遺書』(解説 須田禎一)/武田泰淳『わが中国抄』(解説 開高健)。

(7)橋川文三「『中国』百号と私」『讀賣新聞』一九七二年二月一〇日夕刊。

(8)竹内好「五分の魂――とりきめについて」『中国』四〇号、一九六七年三月号。

(9)創刊時から『中国』の編集実務に携わり、一九六八年四月から七〇年二月まで編集長を務めた飯倉照平によると、普通社社長の八重樫は元平凡社勤務。会員誌で当初は数百部の発行であったが、徳間書店発行の後は一部書店にも置かれ、三〇〇〇部ほどの発行だったようだ。創刊時は尾崎秀樹がかなり編集に関与し、安藤彦太郎、新島淳良、野原四郎、橋川文三らが強力な編集スタッフだったが、やはり竹内のリーダシップが大きく、営業的には赤字で、竹内自身がかなりの出資もしていたという。取決めの「一 政治に口を出さない」については、同人、特に新島が強く反対したという。七二年に同誌は終刊となったが、その理由については、日中国交回復が曲がりなりにもなされ、一区切りついたのと、竹内の人生設計のなかで、魯迅の全訳を手がけたく、そちらに力を注いでいきたいという意向が強かったためではないかと推測している。他の人が編集を引き受けてくれるのなら、やってほしいという気持もあったようだ。飯倉照平講演「竹内好と雑誌『中国』」二〇〇八年七月二〇日、首都大学東京にて。

(10)竹内好の評論活動と雑誌『中国』の編集との関わりについては、上野昂志「竹内好――〝欠如〟への絶えざる問い」(『現代の眼』一九七九年八月号）で論じられている。

(11) 風見章（一八八六―一九六一）早大政治学科卒業後、朝日新聞記者、ロイター通信主筆、信濃毎日新聞取締役を経て三〇年衆議院議員に当選、近衛文麿のブレーンとして第一次近衛内閣書記官長、第二次近衛内閣司法大臣を歴任、敗戦後、戦争責任を問われて公職追放となったが、五二年の総選挙に無所属で当選、五五年に左派社会党に入党、左派両派の統一実現に尽力。政界復帰後は中日貿易促進議員連盟の改組に協力し、村田省蔵、石橋湛山、平塚常次郎、北村徳太郎らと日本国際貿易促進協会の設立、日中・日ソ国交回復国民会議の結成に尽力、同理事長となった。五八年の日中諸交流断絶後に訪中し、帰国後アジア・アフリカ連帯委員会の改革を手がけ、代表委員として活躍、日中文化交流協会の設立にあたっても、西園寺公一、細川嘉六らとともにその推進に協力した（古川万太郎『日中戦後関係史』原書房、一九八八年、四四頁）。

(12) 石川忠雄・中嶋嶺雄・池井優編『戦後資料日中関係』日本評論社、一九七〇年、六七頁。

(13) 石川忠雄ほか編同書、一一六頁。浅沼の演説のこの発言は、『近代日本社会運動史人物大事典』（日外アソシエーツ、一九九七年、西園寺の項目）によると西園寺が浅沼に託したものだったというが、蕭向前『永遠の隣国として――中日国交回復の記録』（竹内実訳、サイマル出版会、一九九七年）によると、五八年の日中国交回復国民会議代表団の訪中のさいに団長の風見章が打ち出したものだという（同書、八二頁）。

(14) 日本人戦犯の中国側の処理の委細については、新井利男資料保存会編『中国撫順戦犯管理所職員の証言』（梨の木舎、二〇〇三年）などに記されているほか、楊正光主編、張喧編著『当代中日関係四〇年』（時事出版社〔北京〕、一九九三年）、一九五六年の項を参照した。

(15) 遠藤ら元軍人たちの中国訪問については、遠藤三郎など『元軍人の見た中共――新中国の政治・経済・文化・思想の実態』（文理書院、一九五六年）にまとめられている。

(16) 帰国後すぐに、平野零児『人間改造――私は中国の戦犯だった』（三一書房、一九五六年）がまとめられた。

(17) アメリカ人ジャーナリストの著作が戦後日本人の中国観に与えた影響については、安藤彦太郎・今村与志雄・西順蔵「中国を理解するための本」（『展望』一九六七年六月号）においても言及されている。

(18) 石田（旧姓山下）米子「アグネス・スメドレーについて――私が今日感ずること」（『中国研究月報』二五〇号、一九六八年一二月）。中国研究を志すにあたってアメリカ人ジャーナリストの著作に強い影響を受けたことは、野村浩一、山極晃、小島麗逸、中嶋嶺雄などのインタビュー（本書所収）においても異口同音に表明された。

(19) 中島健蔵『点描・新しい中国――北京・天津・広州』（六興出版部、一九五七年、日中文化交流協会理事長としての訪中記録）、中野重治『中国の旅』（筑摩書房、一九五七年、一九五七年秋に第二回中国訪問日本文学代表団＝山本健吉、井上靖、十返肇、堀田善衛、多田裕計、本多秋五、中野重治、中島健蔵が参加）、亀井勝一郎『中国の旅』（講談社、一九六二年。中国人

民対外文化協会と中国作家協会の招待により一九六〇年五月、野間宏、松岡洋子、開高健、大江健三郎、白土吾夫らとともに訪中し、六一年六月中国人民対外文化協会の招請により、井上靖、平野謙、有吉佐和子、白土吾夫らとともに訪中したときの記録。毛沢東と会見したときの印象も綴る）など。

(20) 西園寺一家が北京に居住するいきさつや、北京での任務については、長男の西園寺一晃へのインタビュー（本書所収）、二〇〇九年五月二二日、を踏まえた。

(21) 谷川らのサークル村活動については、大嶽秀夫『新左翼の遺産——ニューレフトからポストモダンへ』（東京大学出版会、二〇〇七年）の第七章「ポストモダン思想家としての谷川雁」、『谷川雁の仕事』（河出書房新社、一九九六年）、大沢真一郎「戦後サークル運動の到達点は何か——「サークル村」の展開過程に即して」（『思想の科学』一九七一年別冊三、一一五号）などを参照した。「よびかけ」の引用は、大沢論文からの重引。

(22)『世界週報』一九五六年七月一日号に「フルシチョフ秘密演説全文」が掲載されている。

(23) フルシチョフ演説、ポーランド、ハンガリー事件の衝撃については、丸山昇『文化大革命に到る道——思想政策と知識人群像』（岩波書店、二〇〇一年）を参照した。丸山は、文革の契機をフルシチョフ演説と捉える視点をとっている。

(24) 一例として、谷川雁・吉本隆明・埴谷雄高・森本和夫・梅本克己・黒田寛一『民主主義の神話——安保闘争の思想的総括』（現代思潮社、一九六〇年）では、吉本の「日共は……安保闘争の実践的な阻害者」（五二頁）というように、各論者とも反日共新左翼に同調する立場で反安保闘争を展開したというスタンスは共通している。また、当時の左傾学生たちにとってハンガリー事件がソ連に対する信頼を揺るがせ、スターリン評価をめぐり動揺を与えたことについては、たとえば和田春樹『ある戦後精神の形成　一九三八—一九六五』（岩波書店、二〇〇六年、二二三—二四一頁）に詳しい。六全協以降の新左翼運動の流れについては、絓秀実『革命的な、あまりに革命的な——「一九六八年の革命」史論』（作品社、二〇〇三年）、大嶽前掲書（注21）、に拠った。

(25) 吉田東祐（とうすけ、一九〇四—八〇）一九二七年東京商科大学卒。一九三六年渡華。上海華字紙『申報』論説委員長、元武漢革命政府外交部長陳友仁の秘書歴任。終戦時近衛文麿の密使として和平工作に奔走。終戦後愛知大学財務理事を経て関東短大教授。著訳書にエドワード・フューター『概観世界近世史』（学芸社）、『重慶政権の分析』（日華両文、申報社）、『中国の再認識』（日華文化協会）、『上海無辺——一つの中国現代史』（中央公論社）、『周仏海日記』（訳註、建民社）、『民衆の生活からみ見た中共』（東洋書館）、『中国革命の一〇八人——毛沢東とスターリンの対決』（元々社、一九五六年）、『二つの国にかける橋』（東京ライフ社、一九五八年）などがある（『中国革命の一〇八人』略歴より）。加藤哲郎（一橋大学教授）によると、本名は鹿島宗二郎で、スウェーデン公使館付武官の小野寺信が一九三八—三九年、支那派遣軍作戦部で中国共産党と国民党CC団のインテリジェンス活動（小野寺機関）をしていた際、蔣介石政権との和平工作に従事していた、共産党の転向者だという（「討論　特集テーマをめぐって」二〇世紀メディア研究所編『インテリジェンス』九号、二〇〇七年一一月）。

(26) 山極は国際問題研究所に在籍した一九六三年に、研究所のプロジェクトで中国共産党の資料集成（『新中国資料集成』全五巻、一九六三―七一年、『中国共産党史資料集』全一二巻、一九七〇―七五年）にかかわり、渡米して中共とコミンテルン関係の資料を収集していたことから、中ソ論争に対する基礎知識と関心があった。山極晃インタビュー（本書所収）、二〇〇九年五月六日。

(27) 中嶋は竹内の『魯迅』や『現代中国論』をすでに読んでいて、中嶋の『現代中国論』刊行時に岩波書店の編集者を通して竹内好に同書の書評の依頼をしたが、竹内は結局依頼に応じなかったという。中嶋嶺雄インタビュー（本書所収）、二〇〇九年六月二二日。

(28) 中嶋によると、『現代中国論』は当時、氏が傾倒していたトリアッティやグラムシなどのイタリア・マルクス主義の構造改革路線に依拠しつつ中国の急進主義的なマルクス主義を論評したこと、中国建国後の政策方針の曲折が、毛沢東の思想的立場からの逸脱であること、という二つの観点から現代中国への批判を目指したものだという。同インタビュー、二〇〇九年六月二二日。

(29) 「百花斉放」「百家争鳴」から「反右派」への国内の動きについては、丸山昇前掲書（注23）の一〇章「百花斉放・百家争鳴」、一一章「反右派闘争」を踏まえてまとめた。

(30) 寺尾五郎（一九二一―九九）室蘭生まれ。一九四一年早稲田大学文学部哲学科入学。四〇年、早大左翼弁論部事件で検挙。四三年、学徒出陣でチチハルの航空隊に配属。四五年七月、関東軍憲兵隊に逮捕、内地に護送。同年一〇月、GHQの指令により非転校のまま出獄。日本共産党に勤務、宮本顕治の秘書となり、『前衛』創刊を準備。五一年、国際派分派との理由で除名。五二年復党、五三年神山派として除名。六一年、安藤彦太郎・旗田巍らと日本朝鮮研究所を設立。六〇年以降の中ソ論争では中国側に立ち、六七年七月除名（法政大学大原社会問題研究所叢書『証言　占領期の左翼メディア』御茶ノ水書房、二〇〇五年、三二七―三六六頁）。

(31) 論文執筆当時、石川滋はアジア経済研究所の委嘱で、中兼和津次や小島麗逸らとともに、中国の国民経済のマクロ分析の共同研究を主宰しており、後に『中国経済発展の統計的研究』（全三冊、一九六〇―六二年）としてまとまった。当時の中国には『人民日報』くらいしか現地情報がなく、参照可能な統計資料は決定的に不足していたが、石川は五〇年代に統計工作編輯委員会が発行していた『計画経済』『統計経済』を購読しており、それらを頼りにして、それ以後に断片的に出されるわずかな資料やデータを解読して経済分析を行なったという。石川滋インタビュー（本書所収）、二〇〇九年六月四日。

(32) 土井章（一九〇五―九九）一九二七年大阪外国語学校支那語部卒業の後、大阪市天津調査所、三三年満鉄入社、昭和研究会・東亜政治研究会、三八年東亜研究所出向、四〇年同上海事務所、四三年南京海軍武官府、戦後は日本エカフェ協会調査部

長、アジア問題調査会理事、昭和同人会事務局長、大東文化大学東洋研究所教授（末廣昭作成「アジア調査研究関連人物データ」による。『「帝国」日本の学知　第六巻　地域研究としてのアジア』岩波書店、二〇〇六年、所収）。

(33)ロベール・ギラン　一九三七年上海、一九三八―四六年東京に駐在し、終戦の翌日、広島・長崎の廃墟を訪れた最初のフランス人記者。フランス帰国後、四七年ハノイ、インドに駐在、四七年ルモンドに入り、四九年上海駐在の後、五五年『ルモンド』中国特派員、六四年三たび訪中。インドシナ戦争、朝鮮戦争、金門危機、バンドン会議などを取材。夫人は日本人（「私はアジアを選んだ」『朝日ジャーナル』一九六七年六月五日特別増刊号）。

(34)劉建平「中日〝人民外交〟的挫折　過程研究与結構分析」『開放時代』（広州）二〇〇〇年第二期、八八―八九頁。

(35)日米安保改定時期における中国の一連の日本軍国主義批判については、楊正光主編、張暄編著前掲書（注14）、一九六〇年の項、および石川忠雄ほか編前掲書（注12）『戦後資料日中関係』一四三―一七五頁参照。毛沢東談話の翻訳は石川ほか同書一七一頁に拠った。

(36)平和問題談話会の沿革については、『世界』一九八五年七月臨時増刊号「戦後平和論の源流――平和問題談話会を中心に」に詳しい。

(37)桑原武夫は「中国人強制連行の記録」に触れて、「これは楽しい読み物ではないが必読である。なぜなら、中国は日本に千万の国民を殺され、またここに示されたような非人間的取り扱いをうけたのにかかわらず、友好の手を差しのべていたのだ。それを岸首相がはらいのけたことを忘れ、中国が長崎の国旗事件でにわかに感情的に走ったと思いやすいからである」と、当時の情勢にからめた評語を寄せている（『朝日新聞』一九六〇年四月二〇日、論壇時評）。

(38)日中文化交流協会理事長の中島健蔵は、邱の論文を読んで、「日本人に置き去りにされた台湾人の不幸を、このようにつきつけられると、やはりギクリとするのである」と述べている（『朝日新聞』一九五七年六月一七日論壇時評）。

(39)当時の現代中国研究者全体に対する政府支出の研究費は年間総額三〇〇万円ほどだったという。西順蔵「研究の自由を守れ――再論中国研究者と〝ヒモツキ資金〟」（『図書新聞』六六一号、一九六二年六月三〇日、西『中国思想論集』筑摩書房、一九六九年、所収）。

(40)AF財団問題の当時の関連記事として、「（時評）東洋文庫にたいするフォード財団・アジア財団の資金供与をめぐって」（『歴史学研究』一九六二年九月号）、山下米子「アジア・フォード両財団による近・現代中国研究計画と、これに反対する運動について」（同一九六五年一月号）などがある。

(41)竹内実自身は当時、AF財団問題にさほどの関心を抱いておらず、学術団体が政治問題に関与することに違和感を抱いたという。竹内実インタビュー（本書所収）、二〇〇九年五月二日。

(42)このとき同誌への寄稿を依頼したのが、同誌編集部の安江良介であって、安江とは、坂本義和・上原淳道らとの小さな研究会の席上で初めて会ったという。野村浩一インタビュー(本書所収)、二〇〇九年五月二一日。

第四章

(1) 呉学文・王俊彦『廖承志与日本』(中共党史出版社〔北京〕、二〇〇七年)は五〇〇頁に近い大冊であるが、文革中の廖承志のことは、わずかに「廖承志は〝文化大革命〟の衝撃を蒙り、仕事の持ち場を離れざるを得なかった」(三五九頁)と記すのみである。その後、一九七二年四月、自民党顧問の三木武夫の訪中のさい、周恩来の要請で入院中の北京病院から人民大会堂に連れ出され、郭沫若とともに三木と会見し、同行した日本国際貿易促進協会関西本部専務理事の木村一三の来訪を受けた際の様子を、「彼〔木村〕はあの颯爽とした廖公の勇姿の頭髪が真っ白になり、ふくよかな体躯が一回りやせ細っていることに驚いた。もとの中山服はだぶだぶに見えてしまったが、眉宇の微笑は昔のままで、率直明朗で親しみのある中に熱情が火のようにたぎっている姿は変わらなかった。木村一三は感激のあまり廖承志の胸中に飛び込み号泣した」(三六四頁)と記している。また、文革当時、中日友好協会副秘書長・廖承志事務所東京連絡処首席代表で、一九八六年以降九七年まで中日友好協会会長を務めた孫平化は、一九六七年四月に東京から帰国した直後に批判を受け、山東省の五七幹部学校に入れられ、丸五年間公務から離れざるを得なかった(孫平化『私の履歴書 中国と日本に橋を架けた男』日本経済新聞社、一九九八年、一二八―一三四頁)。また、一九六二年より七三年まで朝日新聞政治部記者として日中関係の取材・報道にあたった古川万太郎は著書『日中戦後関係史』(原書房、一九八八年)において、一九六四年一一月の佐藤政権成立から七〇年末の米中接近の兆しにいたる佐藤政権の時期を叙述した第七章の題名を「実りなき長期政権――暗い谷間の日中関係」としている。

(2) 田村紀雄「文献総目録　文化大革命をどう捉えたか」『週刊読書人』一九六七年六月一二日―七月三一日号。

(3) 小島晋治・丸山松幸『中国近現代史』岩波新書、一九八六年など。

(4) 当時、『中央公論』編集部次長であった粕谷一希もまた、郭沫若の自己批判が最初に接した文革報道だったとしているが、このとき「これは権力闘争だ」と社内で大声を出して、文革を支持する社内の「精神革命論者の顔がさっと青ざめたのを今でも覚えている」と回想している。粕谷一希『作家が死ぬと時代が変わる――戦後日本と雑誌ジャーナリズム』日本経済新聞社、二〇〇六年、一五五―一五六頁。

(5) 文藝界に対する中国当局の弾圧について、その端緒であって最も大々的に展開されたのが、一九五五年の文藝評論家胡風に対する逮捕粛清事件である。この胡風事件を、ほぼ同時期に思想の弾圧・自由の圧迫として批判的に論評したものとして、小竹文夫『中国の思想問題――胡風事件をめぐって』(大学出版協会、一九五六年)を挙げておきたい。

(6) 安藤の中国在住時の日誌はのちに『中国通信　一九六四―一九六六』(大安、一九六六年)として刊行された。

(7) 竹内実は一九二三年に山東省の張店という田舎町で生まれ

た。家は和風旅館を経営していた。その後三四年に新京（今の長春）に転居し、四二年に東京に行くまで中国で暮らした。竹内実インタビュー（本書所収）、二〇〇九年五月二日。

(8) 文革支持者はコミューン国家論に依拠して国家の死滅をもたらすであろうとの展望を示すのに対し、やや後に中嶋嶺雄は、中ソ対立の展開を見ながら、対立の背景には双方の赤裸々な国家理性をむき出しにしたナショナル・インタレストの衝突があり、ソ連の「全人民国家論」も中国の全民皆兵制度においても、そこに国家死滅の契機はなく、中国の場合は無定形な大衆に基礎を置いた毛沢東崇拝の高まりとともに、大国主義的な中華民族主義への道に至るであろうとしている（中嶋「国家の死滅は可能か」『中央公論』一九六八年一月号）。

(9) 稲垣武『「悪魔祓い」の戦後史』（文藝春秋、一九九四年）の第八章「毛沢東の魔術」、第九章「文革礼賛の終焉」などにおいて、『世界』所掲の記事五篇が、文革をはじめ共産中国礼賛の見本として槍玉に挙げられている。直接『世界』のみを指弾したものではないが、「［フルシチョフのスターリン批判、ハンガリー動乱、チェコ事件などを契機として］落ちた偶像、ソ連に代わって、六〇年—七〇年代に進歩的文化人らが拝跪の対象としたのが、文化大革命に揺れる共産中国だった。四九年一〇月の中共の中国大陸制圧が、進歩的文化人らを狂喜させたことは疑いなく、それがますます共産主義勢力の世界制覇と日本の共産化への期待あるいは内心の恐怖を増幅させたことは疑いない」（あとがき）といったような評価に、文革礼賛論的な先入観を見て取ることができる。

(10) 斎藤龍鳳（一九二八—七一）父は満州国の役人、少年時代は退学処分寸前の乱闘事件を起こし、特攻志願。航空隊を脱走し復員。戦後共産党に入党、武装闘争に加わる。五六年『内外タイムス』入社、やがて映画評を担当し、六三年から『映画芸術』に定期寄稿。六六年から新左翼（ML派）に接近、六七年の善隣会館闘争で毛沢東支持を表明、六八年に日大闘争参加。全共闘運動退潮以後は生活と精神の不安定から薬物中毒に染まり、七一年ガス中毒によるショック死。経歴は『なにが粋かよ——斎藤竜鳳の世界』（創樹社、一九七二年）略年譜による。

(11) 菊地昌典「毛沢東主義とスターリン主義——社会主義建設のための二つの独裁」『朝日ジャーナル』一九六八年五月五日号。

(12) 藤井満洲男（一九〇九—九五）一九五八年まで中国在住。

(13) 城野宏（一九一三—八五）日中戦争後、山西省で八路軍と戦い敗戦。閻錫山の帰来に伴い山西省に残留、閻軍と残留日本軍が合体して共産党軍と四年の激戦を戦い、一九四九年四月太原陥落により戦犯となり、太原監獄、撫順監獄と収容され、一九五六年以降は中国各地の見学を許され、一九六四年三月釈放、帰国（略歴は城野宏『中国の発想』潮新書、一九六八年、同「私は中国で最後の戦犯だった」『潮』一九七二年八月号に拠る）。

(14) 松野谷夫（一九二一—九三）台湾生まれ。一九四三年上海東亜同文書院卒。朝日新聞入社。一九五七年北京特派員。その後外報部。著書、『忘れられた国』『一二歳の新中国』『新中国を動かす人々』『中国の指導者——周恩来とその時代』など。

(15) 吉田実『日中報道——回想の三〇年』潮出版社、一九九八年、八八頁。

(16) 西沢隆二(一九〇三—七六) 詩人。日本共産党の指導者。筆名ぬやま・ひろし。東京に生まれる。二高を中退後、一九二六年中野重治らと『驢馬』を創刊、プロレタリア文学運動に加わり、三〇年日本プロレタリア作家同盟書記長となる。三一年日本共産党に入党し、『赤旗』の地下印刷に従事する。三四年に検挙され、満期後も予防拘禁所に入れられ、四五年一〇月に政治犯釈放で出獄する。党の中央委員となるが、五一年の追放命令で地下に潜行し、中国へ亡命する。五五年に帰国し、六全協で常任幹部会員に選出されるが、日中両国共産党の対立のなかで日共の自主独立路線を批判して、六六年除名される。その後、大塚有章、林克也らと毛沢東思想研究会を結成し、中国派として日本共産党の批判を続けた。夫人の摩耶子は、日本共産党書記長を務めた徳田球一の娘である。徳田は五一年にぬやまと同様、北京に密かに渡り、五三年に北京で客死した。著書に『ぬやま・ひろし選集』がある(『戦後革命運動事典』新泉社、一九八五年)。なお、映画『日本の夜と霧』(大島渚監督、一九六〇年)のなかで盛んに歌われている「わかものよ」はぬやまの作詞による。

(17) 大塚有章(一八九七—七九) 山口県生まれ。一九二〇年早稲田大学政治学科卒。一九二八年社会主義運動に参加、一九三三年東京にて逮捕入獄。一九四二年満期釈放、旧満映に入る。一九四五年在中国・日本人民新聞役員となる。一九五六年帰国(大塚『新中国物語——中国革命のエネルギー』三一書房、一九五七年)。なお、大塚の姉は河上肇(京大教授)夫人で、妹は末川博(立命館大学総長)夫人(有吉佐和子「日本にもある毛沢東思想学院」『諸君』一九六九年七月号)。

(18) 「一九六六年一〇月、日本共産党から除名された中央委員・西沢隆二(筆名ぬやま・ひろし)、日中友好協会常任理事・大塚有章、軍事評論家・林克也の三人が同人となって発行。日本共産党内反対派をよそおう左派方式に反対、別個の中央部をもった全国的な党の結成をめざした。一貫して党中央を攻撃、親中国共産党・反日本共産党運動の全国統一組織結成に動いたが、その方針をめぐって、福田正義、原田長司ら山口県委員会、〝左派系〟との協力を主張する大塚派が脱退し打撃を受けた。『毛沢東思想研究』では山谷暴動、東大闘争などを積極的に取り上げ、その闘争支持を通じて、民青—日共を「闘争の破壊者、学内機動隊」と批判した。ML同盟と近く、安斎庫治も一時同会に加わったが、やがて対立し離れた」(『戦後革命運動事典』新泉社、一九八五年)。

(19) 山口県反日共左派の活動実態については、反対宣伝記事であることを踏まえたうえで、「山口県における反党盲従分子との闘争の二年間」(『前衛』一九六八年一二月号)などが参考になる。

(20) 竹内静子(『エコノミスト』編集部)「日本の革新陣営への波紋」『中央公論』一九六七年三月増刊号。

(21) 『中国文化大革命と日中団体分裂の真相——両国人民友好の妨害者は誰か』日中友好協会(正統)本部、一九六六年。

(22)「日本に上陸した文化大革命」『朝日ジャーナル』一九六七年三月二六日号。
(23) 光岡玄「善隣学生会館流血事件の意味するもの」『中国研究月報』二二九号、一九六七年三月。
(24) 中国では「内部学習」用として一九六九年八月に出された『毛沢東思想万歳』にはいくつかの版本が出されているが、覆刻版が現代評論社から一九七四年に出されている。このとき企画・編集を担当したのが現代評論社編集部の単行本部門にいた中村公省であった。中村は後に、この『毛沢東思想万歳』のほか、北望社から一九七〇—七二年にかけて出版された『毛沢東集』全一〇巻、『毛沢東選集』などを定本に用いて、現代評論社から『毛沢東最新講話シリーズ』全六巻（矢吹晋編訳『毛沢東　政治経済学を語る——ソ連《政治経済学》読書ノート』、竹内実編訳『毛沢東　文化大革命を語る』、矢吹晋編訳『毛沢東　社会主義建設を語る』、藤本幸三編訳『毛沢東　人間革命を語る』、太田勝洪編訳『毛沢東　外交路線を語る』、竹内実編訳『毛沢東　哲学問題を語る』から成る）を一九七四—七五年にかけて出版した。その後、中村は現代評論社を退職し、一九八三年に中国関連専門出版社の蒼蒼社を設立、現在も社主を務めている。『毛沢東思想万歳』はまた、衛藤瀋吉を世話人とする東京大学近代中国史研究会により翻訳がなされ、一九七四—七五年に三一書房より『毛沢東思想万歳（上・下）』として刊行された。
(25) 一九七二年九月の国交正常化をめぐる田中—周恩来会談で、「革命輸出」をめぐって田中首相が懸念を表明し、周総理が「革命は輸出できない」と応じたことは、石井・朱・添谷・林編『記録と考証　日中国交正常化・日中平和友好条約締結交渉』（岩波書店、二〇〇三年、五九頁）を参照。
(26) 石川忠雄・中嶋嶺雄・池井優編『戦後資料日中関係』（日本評論社、一九七〇年）の第五期（一九六五・一〇—一九六九）に、日共と中共の間で応酬された非難の諸文書が掲載されている。
(27) 群集心理の機制については、ギュスターヴ・ル・ボン『群集心理』櫻井成夫訳、講談社学術文庫、一九九三年（Gustave Le Bon, *Psycologie des foules*, 1985）を参照。
(28) この論文が中嶋の『中央公論』での初登場となるが、当時編集次長をしていた粕谷一希は、清水幾太郎を通して中嶋と知り合い、「中国文化大革命の際、私がもっとも信頼した中国分析家の一人」としている（粕谷『中央公論社と私』〔文藝春秋、一九九九年、一六九頁〕、粕谷一希インタビュー、二〇〇九年六月一一日）。後に本論文を含む文革期の著作をまとめた『北京烈烈』（筑摩書房、一九八一年）が刊行されると、それを読んだ台湾の李登輝が中嶋との会見を申し込み、中嶋と李との親交のはじまりとなったという。粕谷『作家が死ぬと時代が変わる——戦後日本と雑誌ジャーナリズム』（日本経済新聞社、二〇〇六年、五八一頁）、中嶋嶺雄インタビュー（本書所収）、二〇〇九年六月二二日。
(29) この衛藤・岡部論文について、当時掲載誌『中央公論』編集長をしていた粕谷一希は、「文革当時の中国の混乱した状況を前にして、衛藤さんのように きちんと中国のことを説明し切るというのは本当ではないのでは。それにくらべて中嶋君の方が本当ではないかとおもった。それから衛藤さんには余り（原稿を）頼まなくなった」と話した（粕谷一希インタビュー、二〇〇九年六月一一日）。また、衛藤とは七つ年下の同じ中国研究者の野村浩一は、「こういう研究もありうるなあと思いましたが、そのことについて議論したいとは思いませんでした。「穏歩と急進」というのは、分りやすいことは分りやすいですが、歴史がそういう風に動くことはあるもので、それほど新鮮味は感じませんでした」と話した。野村浩一インタビュー、二〇〇九年五月二一日、岡部達味インタビュー、二〇〇九年七月八日も参照（ともに本書所収）。

(30) 桑原寿二（一九〇八—二〇〇一） 東亜同文書院、東京外国語学校中国語科卒業後、北京に留学。「満洲国」協和会の県工作員の後、中華民国新民会、華北政務委員会に勤務。一九四六年、引揚げ後、社団法人国際善隣協会亜細亜資料室、東京外国語大学講師を経て、『問題と研究』出版代表兼綜合研究所中国部長。中国関係の著書多数。伊原吉之助編『賢人が見つめた中国——桑原寿二論文集』（産経新聞ニュースサービス発行、扶桑社発売、二〇〇二年）に、その主要論文がまとめられている。

(31) 矢部貞治「国民政府訪問の感想」（『海外事情』一九五六年一一月号）、「台北訪問雑感——再び台湾を視察して」（同一九五七年一二月号）。

(32) 草野文男（一九一五—九六） いわき市生まれ。一九三五年北京留学。帰国後、東亜経済調査局員、参謀本部嘱託、外務省嘱託。一九三九年、法政大学中退、四一年、中央大学中退。外務省情報部・調査部・調査局をへて北京在勤、中国研究。戦後帰国してからは、鍋山貞親、佐野学、風間丈吉ら日本共産党転向組が矢部貞治を担いで結成した「世界民主研究所」の事務局長を務め、一九五五年、拓殖大学に赴任。著書、『支那辺区の研究』（国民社、一九四四年）、『国共論』（世界思潮社、一九四七年）、『中国戦後の動態』（教育出版、一九四七年）、『中共の全貌』（上別府親志との共著、共栄社、一九五一年）、『現代中国革命史——人民政府の成立について』（小竹文夫との共著、弘文堂、一九五八年）、『中国経済の構造と機能』（御茶の水書房、一九八二年）、『現代中国経済史研究』（御茶の水書房、一九八五年）など。草野と世界民主研究所とのかかわりについては加藤哲郎（一橋大学教授）の教示を得て、加藤「情報戦のなかの「亡命」知識人——国崎定洞から崎村茂樹まで」（二〇世紀メディア研究所『インテリジェンス』九号、二〇〇七年）を踏まえた。

(33) 佐藤慎一郎（一九〇五—九九） 東京生まれ。青森県師範二部卒業。一九二五年旅順郊外の水師営公学堂（中国人小学校）勤務の後、北京留学、大連公学堂（中国人小学校）勤務、三二年、満洲国民政部、三七年満洲国大同学院、四〇年満洲国総務庁企画処、総務庁官房、建国大学研究員などを経て、敗戦後、共産軍よって二回、国民党によって一回、それぞれ逮捕され、死刑判決を受けたものの釈放され、四七年帰国。五九年、拓殖大学海外事情研究所勤務。七六年定年退職。著書、『満洲及満洲人』（満洲事情案内所、一九四〇年）、『魔窟・大観園の解剖

（極秘）』（一九四一年頃？・）（満洲国刑務総局保安局、発行所や著者名は明記されていないが、『佐藤慎一郎選集』に付載の著作年表に著書として採録されており、一九八二年、原書房より復刻刊行された）、『新中国の命運をかけた人民公社』（鋼書房、一九五九年）、『毛沢東〈万歳〉と〈万砕〉』（大湊書房〔大阪〕、一九七九年）、『中国大陸の農村と農民から〈中国〉を見る』（大湊書房、一九八五年）、『佐藤慎一郎選集』（選集刊行会、一九九四年）など。

（34）小竹文夫（一九〇〇—六二）　金沢市生まれ。東亜同文書院卒業後、同書院で語学教師として教鞭を執り、京都帝国大学文学部史学科を卒業し、一九二八年、再び上海の東亜同文書院教授となって中国史の講義と研究をし、一九四六年同大学解散まで在任した（当時上海では小竹の寓居に作家の武田泰淳が下宿していた）。上海には前後二〇年を過ごした。帰国後、金沢大学教授、東京文理科大学教授、東京教育大学教授を歴任し、拓殖大学海外事情研究所理事、拓殖大学兼任教授を務めた。著書に『近世支那経済史研究』（弘文堂、一九四一年）、『支那の社会と文化』（弘文堂、一九四八年）、『中国社会』（三省堂、一九四九年）などがある。

（35）海外事情研究所と近縁関係にあるともいうべき研究会組織として注32で触れた世界民主研究所がある。これは日本共産党から転向した鍋山貞親（一九〇一—七九）が一九四六年に設立して代表理事を務め、理事として、矢部貞治、草野文男、高山岩男、赤松要など（高山・赤松は兼任教授）、拓殖大学関係者のほか、戦後中国から帰国した上別府親志などが名を連ねた。鍋山も草野も戦時中、軍の参謀本部から中国に派遣されて、中共政権破壊工作に携わった。一九五一年に機関誌『主張と解説』を発行、後に『新生亜細亜』誌が創刊され、ともに草野が編集を担い、草野が拓大に就任した際、『新生亜細亜』誌は海外事情研究所に移管され、一九五五年に『海外事情』と改題された。文革期の『主張と解説』もまた、上別府親志、鍋山貞親、草野文男などが、毛・林体制批判、紅衛兵運動批判を骨子とする文革批判の論稿を数篇寄せている。

（36）中薗英助『過ぎ去らぬ時代　忘れ得ぬ友』岩波書店、二〇〇二年、四九頁。

（37）竹内実はさらに、君臨するものと従属するものとの旧中国の変わることなき関係を、毛沢東と中国共産党との関係になぞらえ、『毛沢東と中国共産党』（中公新書、一九七二年）を著わす。すなわち「〈毛沢東〉と〈中国共産党〉は本来、べつべつのものである」（二四一頁）とし、「〈君臨する存在〉対〈率いられるものの集団〉という中国の歴史の無限反復のなかに位置づけられた」（七頁）構造を示しており、中国共産党は「中国文明の永遠の型としての〈官僚制〉の末端に、現時点において位置する」（二四一頁）とみなしている。

（38）中島宏インタビュー（本書所収）、二〇〇九年六月五日。

（39）共同通信が追放通告を受けた経緯については、中島宏「回想のピンポン外交」（『東亜』四一〇号、二〇〇一年八月号）を参照し、中島へのインタビュー（本書所収）、二〇〇九年六月五日で確認した。

（40）朝日新聞百年史編修委員会『朝日新聞社史　昭和戦後編』

朝日新聞社、一九九四年、三六七―三六九頁、四七二―四七八頁。

(41) 小島麗逸はさらに、文革の可能性を高く評価し、「中国――都市化なき社会主義は可能か」(『世界』一九七四年一一月号)という長大な論文を発表した。のちに小島は、文革期に経済関係の論文を何篇か書いたことに触れて、現地資料は『人民日報』『紅旗』などがあるだけで、統計資料は皆無に等しかったと述べた。また、文革を支持する立場に立ったことの要因について、大学生の頃、スノーとかスメドレーなどを読んで中共へのいい印象を持っていたこと、岳父が大連で工場長をしていて、岳父を通して敗戦後大連に来た八路軍が日本人に対して、ソ連兵のような粗暴な振舞いがまったくなかったことや、日本人技術者の留用要請を整然と行なっていたと聞いていたこと、稗田憲太郎という敗戦後に北京の中国医科大学に外国人招聘教授として残った人の聞取りをしたこと(稗田憲太郎「中国における医学をめぐって――八路軍に医学を教え、八路軍に学んだ記憶」『アジア経済』一一巻九号、一九七〇年)などを挙げて、「中国共産党は清潔だという印象を与えることになって、それ以後の私の中国研究にきわめて重要な影響を与えました」と述べた。小島が実際に訪中して現実の中国を見聞するのは一九七三年の訪中団が初めてだった(団長は安藤彦太郎)。小島麗逸インタビュー(本書所収)、二〇〇九年四月二六日。

(42) 特集の陣容は下記のようになっている。西順蔵「思想の言葉」/石川滋「「開発の経済学」と中国の経験」/内田芳明「ヴェーバー宗教社会学と中国問題」/福武直「中国・インド・日本の農村――アジア農村比較社会論のための覚書」/大塚久雄・竹内好「〈対談〉歴史のなかのアジア」/福田歓一「日本にとって中国とは何か」/小倉芳彦「現代中国と中国〈専門家〉――竹内好氏の発言をめぐって」/藤村俊郎「過渡期階級闘争の理論と毛沢東思想」/新島淳良「毛沢東における弁証法の諸問題」/菅沼正久「農村人民公社論」/浅井敦「現代中国法の理論」/斎藤秋男「中国における教育改革――その展開と問題点」/幼方直吉「中国研究における否定と継承の問題――仁井田陞『中国の法と社会と歴史』によせて」/池井優「アメリカの「中共」像」/中西治「ソ連共産党の対中国観――二〇回党大会以後の中ソ関係」。

(43) 明治大学の学生だった河野福次は、この新島論文について、「我々は、安保以降の総括思想であり、日本革命への貢献論文であるものとして、新たにパンフレットなどを作り、学習会等を通じて、毛沢東思想を新たに把え返した」とし、毛沢東やプロレタリア文革を世界に普遍的な影響を与えうる「世界革命の砦たる人民の役割を問い返す運動として」位置づけなおしたとしている。佐竹茂(マスコミ反戦書記長・元都学連委員長)・新島淳良・河野福次(明治大学学生解放戦線)・高野威(日中友好協会〈正統〉早稲田大学支部)・岸本五郎(毛沢東思想共闘戦線)「〈シンポジウム〉毛沢東思想と日本の学生運動」『中国研究月報』二五四号、一九六九年四月)。

(44) 高橋和巳「知識人と民衆」堀田善衛編『講座中国Ⅳ これからの中国』筑摩書房、一九六七年、六一、六八―七二頁。

(45) 「兵営国家」(すべてが軍事目的を優先する思考・体制)に

ついて、中嶋は別の論稿でこう解説している。「「兵営国家」という概念は、たんに軍事独裁ということではなく、私はそこにレーデラーやS・ノイマンがいう「大衆国家」と共通した性格を加味して考えているのだが、それは一方に家父長的なカリスマ体制が存在し、他方には道徳主義的・イデオロギー的に教化された多数の無定形な大衆が存在する国家だといってよい。しかも中国の場合、道徳主義的な大衆の教化は、一人ひとりの大衆に、大衆からの孤立感とか、勧善懲悪的かつ精神主義的な意識をもたせることによっておこなわれているのであり、このようなチャネルを通じて人間を変革してゆこうとしているのであって、それだけに大衆が国家に馴致していく状況がますます濃厚になりつつあるといえよう。しかも、閉鎖的な環境のなかで、社会のなかにたえず「敵」を発見し、無定形な大衆の情緒をかきたて、憎悪と怨恨を政治的エネルギーの源泉として、それに基づく外交政策が生み出されるのが「兵営国家」としての中国の現実なのである。だが、こうした国家であればあるほど、中国という民族国家のもつ客観的な要求、つまり強大な工業国になろうとする要求と現在の中国の国家的現実との矛盾は、今後きわめて深刻に露呈するのではなかろうか」(「文化大革命の本質とその意味」『アジア・クオータリー』一巻一号、一九六九年四月)。「大衆国家」化について、当時、中嶋はレーデラー、ノイマンによるナチスの大衆国家批判論を読んでおり、「国家の死滅は可能か」(『中央公論』一九六八年一月号)において、ソ連や中国では国家の死滅どころか、「社会主義ナショナリズム」「大国主義的な中華民族主義」が強まりつつある傾向を指摘していた。兵営国家論に基づく文革批判をベトナム反戦運動の盛んなアメリカの国際会議で行なったところ、アメリカの学者から嘲笑されたという。中嶋嶺雄インタビュー(本書所収)、二〇〇九年六月二二日。

(46) シュウォルツはこのとき来日しており、『中央公論』編集部を通して竹内好との会談を希望した。竹内と会った感想を編集部員が問うと、シュウォルツは「竹内さんは毛沢東を魯迅の延長上で考えている。魯迅のような抵抗精神を持った男はそのまま生きていたら、毛沢東にたいする最大の敵対勢力になっただろう」と話したという(粕谷一希インタビュー、二〇〇九年六月一一日)。粕谷はまた竹内について、「中国への加害者としての自責の念」と「革命中国の成立への虚心な共感と喜び」と「革命的ロマンチシズム」が同時代中国に対する「決定的錯誤」を生んだと見ている(粕谷『対比列伝――戦後人物像を再構築する』新潮社、一九八二年、五五―五六頁)。

(47) 小島祐馬(一八八一―一九六六) 一九〇七年東京帝国大学法科大学卒。一九一二年同文科大学卒。一九三一―四一年、東京帝大教授。

第五章

(1) この一九六九年国慶節前後の中国政治指導層の変化については、柴田穂「〝毛沢東以後〟にそなえる中国」(『文藝春秋』一九七〇年、五月号)がその状況を伝えている。

(2) 足立正恒「トロツキズムと小ブルジョア急進主義の接点――『朝日ジャーナル』のトロツキズム弁護論」(『前衛』一九

六九年四月号）では、この時期の『朝日ジャーナル』の反日共的ラジカリズムの傾向を「心情的トロツキスト」路線として批判している。

（3）上丸洋一「保守系でゆきましょう――「諸君！」創刊への道　下」（『ＡＩＲ21』（朝日総研レポート、一八八号、二〇〇六年一月、八九頁）。なお、同様に日本文化会議のメンバーが多く執筆することとなる保守系雑誌『正論』（サンケイ新聞社発行）は、一九七三年の創刊であり、本書がカバーする年代の後のものなので、本書では取り上げない。

（4）新島淳良（一九二八―二〇〇二）東京生まれ。幼時より病弱で、四八年旧制第一高等学校を中退。五三年、中国研究所所員となる。早稲田大学、東京都立大学の講師を経て六八年に早稲田大学政治経済学部教授となり、七三年に退職するまで、中国文学・中国語・歴史学・現代中国論などの講座を担当。六四年初訪中ののち、六七年に二度、六八年に一度、六九年に一度と計五回訪中。大学退職後、山岸会に参画し七四年にヤマギシズム幸福学園を創立。七八年、山岸会を出て、新島私塾を経営（『私の毛沢東』野草社、一九七九年）。

（5）武藤一羊が初めて訪中したのは一九七三年で、訪中団の団長は安藤彦太郎だった。武藤が中国について専述する記事を書くのも一九七三年以降で、最初の論文は、訪中体験を踏まえて書いた、「中国共産主義との対面　上「自力更生」考」「中国共産主義との対面　下「為人民服務」考」（『思想の科学』一九七三年一〇月号・一一月号）である。武藤は、当時、世界的な規模で起こっていた学生運動を、政治的権威に対する学生の社会的反乱として評価していたものの、文革については毛沢東の権威の下で紅衛兵などが反乱をやることの自己矛盾を批判的に見ていたという。武藤一羊インタビュー（本書所収）、二〇〇九年五月二〇日。

（6）安藤は、当時、文化大革命を評価する立場から多くの発言をしているが、のちにその動機について自問し、こう綴っている。

「第一点は、日中戦争の時期に、私が中国研究者として歩みはじめたこと。当時、日本には中国への無理解と侮蔑が満ち満ちておりました。そのなかで、学生時代、私は中国人留学生たちに、日本語を教えるアルバイトをしていて、かれらを通して日本では語られない、中国の人びとの心情や新しい動向を断片的ではありますが、知ることができました。「支那事変」が始まって、かれらが一斉に帰国したことで、私は「失職」してしまいました。結局、別のアルバイトを見つけ、大学は卒業しましたけれども、事変前夜、中国人留学生たちと接触した経験は忘れることができません。南京陥落のさい、真情のこもった最後の私あての手紙を投函し、それが私の手もとに届いたという悲痛な経験をしました。そんなこともあって、偏見を持たずに中国を、より深く理解しようと、私は自分自身に言いきかせてきました。そのような心がまえをつよく持っていたことが、のちに、「文化大革命」を過大に評価することにつながったのかもしれません。

第二点は、私が中国革命に感動し、中国の社会主義に期待を寄せていたこと。それゆえ、「文革」の運動をよりよき社会主義社会を創出するための「党」の自己浄化運動としてとらえようとしたことを挙げなければならないでしょう。

第三点は、私がちょうど北京に滞在していたときに「文革」がはじまり、その初発の運動を直接体験したこと。「大字報」による民衆の激しい異議申し立ての運動を眼のあたりにして、感動しました。その直後、私は帰国しましたが、そのときの感動が、その後の「文革」の展開を、考える際の原点となっていたように思います」(二〇〇八年八月二二日付けの筆者への手紙)。

第三点に関しては、文革が始まった当時、北京にいて造反団のデモを塀によじ登って眺めていたこと、抑圧されていた庶民の心情からすれば、彼らの不満や怒りには共感したと語った。安藤彦太郎へのインタビュー、二〇〇八年四月二日。

(7) このときの蔵書の売却に立ち会ったのが当時のアジア経済研究所研究員の小島麗逸で、小島によると、蔵書の大半は中国で発行された書籍やパンフレットで、思想・文学関係のものが多かったという。新島は山岸会に入会するにあたって、それまでの中国研究を捨てるという思想的理由で売却に踏み切ったのだという。小島麗逸インタビュー(本書所収)、二〇〇九年七月九日。

(8) 新島の毛沢東思想への接近から山岸会入会と脱会の遍歴については、自伝的作品「毛沢東思想とヤマギシズム幸福学園」(『辺境』二次二号、一九七四年)、『子どもを救え――ヤマギシズムと幸福学園を語る』(無尽出版会、一九七四年)、『阿Qのユートピア――あるコミューンの暦』(晶文社、一九七八年)、『さらばコミューン――ある愛の記録』(現代書林、一九七九年)、『私の毛沢東』(野草社、一九七九年)などに詳しい。なお、『子どもを救え』は、かつて日大全共闘書記長でマオイストが集うML派に属し、当時編集者をしていた田村正敏が、出版社との仲介をして刊行されたものであった。

(9) 新島淳良・加々美光行『はるかより闇来つつあり――現代中国と阿Q階級』田畑書店、一九九〇年、四八―五一頁。

(10) 津村は高校時代に中国研究所に通い、新島淳良の連続講座などを受講していたという。津村喬インタビュー(本書所収)、二〇〇九年五月一日。

(11) 北海道標津郡標津町にあり、一九七六年入植。酪農を中心に数世帯の営農家が暮らす(津村喬『全共闘――持続と転形』五月社、一九八〇年、九一―一〇五頁)。

(12) 津村喬インタビュー(本書所収)、二〇〇九年五月一日。

(13) 津村喬前掲(注11)『全共闘――持続と転形』二一八―二一九頁、二八八―二九四頁。

(14) 『拓殖大学八〇年史』(編集・草野文男)拓殖大学創立八〇周年記念事業事務局発行、一九八〇年、四一三―四二四頁。

(15) 例えば下記の『人民日報』社説など。

「猛烈な勢いでまきおこる日本の進歩的な学生運動は、宮本修正主義集団の裏切り者としての正体をよりいっそうあばきだした。革命の隊列内にまぎれこんだこのウジ虫どもは、闘争中の学生大衆を「暴力分子」とののしりながら、もう一方ではその黒いしろものをさかんに売り歩き、「大学紛争の根本的な原因」は、「大学管理の非民主性」にあるだけなのだから、「全学協議会」を設けて「話合い」を行なうようにしさえすれば、「紛争」は解決できる、などといいふらしている。彼らは、佐藤反動政府に、欺瞞的ないくらかのつぎはぎをして、旧秩序を維持するよう献策するとともに、日本の進歩的な学生運動を改良主義のわき道にひきこんで、大衆の革命闘争を破壊しようとたくらんでいる。だが、宮本修正主義集団のこうした恥知らずの売渡し行為は、広範な学生大衆に見破られてしまった。学生大衆は、現在の日本の腐敗した教育制度は米日反動派の反動支配の産物であって、古い教育制度を根本的に変えるには、米日反動派の支配をくつがえさなければならないということを知っているのである」(「まき起る日本人民の闘争の新しいあらし」『人民日報』評論員、一九六九年一月二七日、翻訳は『北京周報』より)。

(16) 武藤一羊によると、この時期セルデンは日本で研究論文を書いていて、ジョン・ダワー、ハーバート・ビックス、ダグラス・ラミスなどとともに「外人べ平連」を結成し、武藤らが始めた『英文安保』に寄稿していたという。武藤インタビュー(本書所収)、二〇〇九年五月二〇日。

(17) 小島麗逸は地域を地域の非居住者・異邦人が理解するための方法について早くから自覚的であった。彼の初期のエッセイ「アジアを理解すること——二年間の香港滞在を終えて」(『アジア経済』四期七号、一九六三年)では、中学まで台湾で日本人教育を受け、後に国民党政府の高等学校教育を受けてからアメリカに留学し、アメリカでしばらく教職に就いてから、一九六〇年の初め、一生を北京で送るべく一家全員で北京に引き揚げたものの、一〇カ月の生活で耐えられなくなり、香港に出て教職に就いている夫婦との会話から稿を起こす。夫妻は北京での生活の苦しみ、行動の不自由への不満を述べ、小島は日本が戦時下の生活苦を経て苦難と努力の末に近代化を遂げた経緯を話し、「苦難を乗り越えて国造りをする闘志」が大切だと応答したのにたいし、夫妻から「それは部外者の言うことだ」、「外国人の眼から物を見ていらっしゃる。中国人の苦しみはおわかりにならないですね」と言われ、地域研究者として「心の中のすべてが崩れ去ってゆく思いだった」と述懐している。そこで、「超越主義」的なまなざしが現地人との連帯を切断させ、生活感覚を理解しそこねる危険と、「客観主義」を標榜することで現地人への同情を遮断し、研究成果への打算が研究対象の地域への権威主義を生むことの危険を指摘する。そこから、研究主体の意識と研究客体の大衆の意識とを結ぶために、研究主体は自己の精神構造への厳しい反省の下に「自己の問題を引き出しそれを通して地域の研究客体および研究目的を設定すること」との教訓を導き出す。その後に小島が展開していくことになる自立経済論の発想を示唆している。

(18) 中国近代政治史研究者の山田辰雄(慶応大学名誉教授)は、CCAS発足当時、一九六六年から六八年まで州立ワシントン大学に留学し、アメリカの中国研究を学んでいた。六八年五月のコロンビア大学での学生運動を目撃し、欧州に渡って同時期のパリの五月革命を実体験し、八月にソ連軍がチェコスロバキアに侵攻したときはそれを目撃しようと、近くのウィーンにまで入った。山田はCCASに現地で触れて共感し、帰国する際にはそれまでのアメリカの中国研究を捨てて、西洋の近代化論とは違う中国近代の特殊性を究めることに研究の重心を置くことを決意したという。山田にとっては、文革もまた西欧的近代化への一つの挑戦として位置づけられている。山田辰雄インタビュー、二〇〇九年五月一一日。

(19) CCASのインパクト以前に、一九六二年のAF財団問題(アメリカのフォード財団から多額の研究資金が日本の中国研究者に供与されるとの申し出に対し、当時の日本の中国研究者に受け入れ容認と拒否をめぐる激論が交わされた事件)もまた、アメリカの中国研究の枠組みを批判的に問い直し、日本の中国学・中国研究の資産に眼を見開かせる契機となった。そのことについては、第三章五-3で「中国研究の安保闘争——AF財団問題」という項目を設けて論じておいた。

(20) 時系列的に並べると、一九六七年二月　砂川基地拡張阻止闘争、労働者・学生がデモ、機動隊と衝突/一〇月　佐藤首相訪ベトナム阻止羽田闘争、新左翼学生と機動隊が衝突/一九六八年一月　エンタープライズ佐世保寄港阻止闘争/三月　三里塚闘争、労働者・学生・市民が参加、機動隊と衝突/一〇月米軍燃料タンク車阻止のため新宿駅占拠/一〇月二一日　国際反戦デー闘争。新宿・防衛庁・国会などでデモ。機動隊と激突し騒乱罪適用/一九六九年四月　沖縄デー闘争。都内各所で機動隊と衝突/一一月五日　赤軍派、大菩薩峠で首相官邸襲撃の軍事訓練中、五三人が一斉逮捕/一一月　佐藤訪米阻止闘争/一九七〇年三月三一日　赤軍派九人、日航機「よど号」ハイジャックで北朝鮮入り(絓秀実『革命的な、あまりに革命的な』作品社、二〇〇三年、巻末の関連年表を参考にした)。

(21) 赤軍派の軍事論について内在的に解説した当時の論文として、中山敏雄「新左翼軍事論の再検討」(『現代の眼』一九七〇年五月号)、福岡徹(共産主義者同盟赤軍派中央人民組織局)「赤軍派インタヴュー　世界革命への飛翔」『現代の眼』(一九七〇年六月号)などがある。

(22) 加々美光行『資料・中国文化大革命』(りくえつ、一九八〇年)、後に『歴史のなかの中国文化大革命』(岩波現代文庫、二〇〇一年)に収録。

(23) 日本朝鮮研究所では、六二年から六八年にかけて上原専禄、幼方直吉、旗田巍、宮田節子、安藤彦太郎、金達寿、遠山方雄、四方博、など総勢二五名による連続シンポジウム「日本における朝鮮研究の蓄積をいかに継承するか」を開き、日本人の朝鮮研究・朝鮮観について討論している。その記録は、一九六二年一月に創刊された定期刊行物『朝鮮研究月報』に掲載され、後に旗田巍編『シンポジウム・日本と朝鮮』(勁草書房、一九六九年)にまとめられた。

(24) 佐藤勝巳「さらば『現代コリア』、われらかく闘えり」『諸君!』二〇〇八年二月号。

(25) 当時、劉道昌や華青闘をよく知る立場にいた北沢洋子は、新左翼系の日本人や紅衛兵運動にかぶれた華僑二世によって、その不安定な在留資格に眼をつけられていわば担がれたのが、陳玉璽であり劉道昌であって、結果としてアジアの諸問題に眼を向けることになったことはよいが、その運動の動機が正しかったかどうかは疑問だと証言している。北沢洋子インタビュー

（本書所収）、二〇〇八年一〇月二九日。

(26) 絓秀実によると、「華青闘は、毛沢東主義を掲げた在日中国人学生を中心に、六九年三月に入管法国会上程を契機に結成された組織だが、六八年の前哨の一つとして知られる善隣学生会館闘争を担ったグループが多く合流していた」。集会の準備会で、華青闘が日本の新左翼の入管法問題への取組みの甘さを指摘して退席したことから、準備会は一転して新左翼諸党派の民族問題に対する取組み批判へと集中していった。この糾弾の声を上げたのが、本章二-4に挙げた津村喬の影響下にあった、「東京入管ストライキ実行委員会」である。集会当日はこの津村系ノンセクト、在日中国人・朝鮮人活動家による新左翼糾弾集会と化し、新左翼諸党派は民族差別問題への積極的な取組みへの転機となったとし、「これ以後、ニューレフトの課題は差別問題、民族問題、エコロジー問題、フェミニズム等々の多様な「陣地戦」に、決定的にシフトしたのである。また、それによって諸党派の「機動戦／正面攻撃」路線がリアリティーを持ちえないことも明らかになった。ここにおいて、ニューレフトの党派としての存在理由は、実質的に喪失したのである」（絓秀実前掲（注20）『革命的な、あまりに革命的な』第一三章「一九七〇・七・七という「開戦」」三二七頁）。なお、絓の前掲書は、言うところの一九六八年革命即ちニューレフトによる世界同時革命的なパラダイム転換がもたらされたさい、ニューレフトによってそれまではスターリン主義ないしは「アジア的ディスポティズム」の一変種とみなされていた毛沢東主義が導入されたことに必然性があったと見る。論壇の中国論の流れを追う限り、絓のこの見方は首肯できる。

(27) 森宣雄『台湾／日本　連鎖するコロニアリズム』（インパクト出版会、二〇〇一年）終章「日台植民地主義の連鎖」の一七九―二〇三頁において、華青闘の入管闘争から七七告発にいたる内部の動き、華僑総会との葛藤、新左翼に対する不信感などの流れが論じられており、華青闘運動の過程で、民族の断絶のなかにある二世三世が、「ディアスポラ（離散）としての存在性が反帝闘争―社会運動において主体化されてきた」ことの意義を強調している。しかし、その遺産は、現在の「国境を越えて展開する排外主義をめぐる問題情況」においてこそ想起されるべきでありながら、その経験が忘却されつつあることに注意を喚起している。

(28) 『日本華僑・留学生運動史』については、廖赤陽・武蔵野美術大学教授から教示を得た。在日華僑社会はいま、善隣会館事件や華青闘運動についてどう捉えているか、当時、同世代の青年であった事情をよく知る横浜在住のある華僑第二世代の女性（匿名）にインタビューした。彼女によると、文革の少し前から毛沢東思想の影響を受け、文革は「魂に触れる革命」だと感動し、思想改造が必要だと思ったとし、一九六七年二月からの善隣会館闘争については、日中友好協会が反中国的行為をすることに義憤を覚え支援をしたこと、また日本政府の出入国管理法案・外国人学校法案にも反対の抗議をした。だが、善隣会館事件から尾を引く華青闘については、当時も今も共感できず、以前は一緒に華僑青年活動をしていたが、日本の新左翼の学生に毒されて事を荒立てて過激になっていったのではないか、また、華僑のコミュニティに育っておらず民族教育を受けていない日本の地方在住の中国人青年が多かったのではないか、横浜のような古くからの華僑社会に育った者はあのような行動には走らないものだ、との見方を示した。彼女のような横浜在住の華僑は、がんらい政治には不干渉の態度をとっていたが、一九五二年に横浜中華学校に台湾から送られた校長が突然乗り込み、日本の武装警察と台湾海軍が突入して在校生徒八〇〇人を追い出した、いわゆる「学校事件」で、政治に対する関心と日本政府に対する警戒心が強まったことが、これら一連の事件に対する政治的感覚を鋭敏にした背景としてあるのだと話した。二〇〇八年一月一七日、横浜にてインタビュー。

(29) 津村喬インタビュー(本書所収)、二〇〇九年五月一日。

(30) 一九七〇年一〇・一一月分の「中国語講座」のテキストにおいてNHK側が「八大人胡同」「南小街」「東安市場」「民族文化宮」「白毛女」などの単語を、政治的に大陸寄りだとの無用の誤解を招きたくないということから、架空の名前に書き換えるよう要求したことで、研究者から批判の声が上がり、担当講師は七一年二月、番組を降り、結局、藤堂明保が講師になり、教材執筆は香坂順一・菊田正信という北京寄りの人たちになった事件。毎日新聞社編『日本と中国』毎日新聞社、一九七一年、一一六―一一八頁。

(31) 『朝日ジャーナル』のこの記事で、津村喬は赤瀬川原平の連載イラスト『櫻画報』での「アカイアカイアサヒアサヒ」掲載号の自主回収事件に触れて朝日新聞批判をした発言が削除されたとして、「日中関係の基本問題――八・一五集会での発言」(『情況』一九七一年増刊号)において削除された発言部分を採録している。津村によると、このような発言を行なったのは、当時、新左翼に同調的だった『朝日ジャーナル』に対する要求水準を高めて、朝日の姿勢を確認しようという意図があったという。津村喬氏インタビュー(本書所収)、二〇〇九年五月一日。

(32) 本書所収の、北沢洋子インタビュー、二〇〇八年一〇月二八日、および武藤一羊インタビュー、二〇〇九年五月二〇日。

(33) この折りの野村の訪中記としては、他に野村浩一「歴史のなかで透視する」(『潮』一九七一年一一月号)もある。ただし野村自身は、初めて中国大陸に足を踏み入れて気持が舞い上がってしまったため、今では読み返す気が起きないと言う。野村浩一インタビュー(本書所収)、二〇〇九年五月二一日。

(34) のちに野村は中国革命について、中国共産党が農民を中心に広範な大衆のエネルギーを汲み取って勝利したその大衆路線の思想を評価したことは、動かしがたい事実であるし、正しいと思っている、しかし、中国共産党が権力を掌握してからは、人民に支えられ人民に通じる核心として党が据えられるという大衆路線ではなく、実際には人民を率いる存在になったとし、自分は権力としての党の問題、イデオロギーとしての毛沢東思想の問題を当時は正確には捉えていなかったとしている。野村浩一インタビュー(本書所収)、二〇〇九年五月二一日。

(35) 北沢によると、劉は当時、在留許可を一カ月単位で更新しなければいけない不安定な境遇にあったのを、自民党代議士の宇都宮徳馬の紹介で身元引受人を立てて永住許可を得たという。同インタビュー（本書所収）、二〇〇八年一〇月二九日。

(36) 竹内実は「われわれにとってのアジア――流出する民衆の型」（『中央公論』一九七二年二月号）において、国家に回収されずにアジアに流出していく民衆の思想について書いている。また、津村喬は、竹内との対談当時、日中復交が政治日程に上っていたからこそ、再度戦争責任のことを取り上げなければならないと考えていたという。津村喬インタビュー（本書所収）、二〇〇九年五月一日。

(37) 日本マルクス・レーニン主義者同盟（ML同盟）。機関紙『赤光』を発行。共産同（共産主義者同盟＝ブント）内一分派としての旧共産同ML派を源流とする。マル戦派の結成に対抗し、一九六四年四月、新しい前衛党結成のため共産同ML派を結成し、東京の共産同内主流派の立場を維持したが、日韓決戦を呼号し、闘争の敗北後しだいに孤立化し、六五年三月、第二次共産同結成にあって統一派と反対派に分裂した。少数派であった残存ML派は、親中共派として毛沢東思想による武力革命を主張し、文化大革命の高揚に支えられ、街頭における解放戦線軍団による実力闘争と、主導的に戦った東学館闘争―横国大闘争を経て独特の二重権力論を掲げ、日大闘争―東大闘争などの学園闘争を闘った。六八年一〇月、日本マルクス・レーニン主義者同盟と改称し、同時に学生組織も社学同ML派から学生解放戦線となった。東大全共闘行動隊長今井澄、日大全共闘書記長田村正敏、ゲバルト・ローザと呼ばれた柏崎千恵子ら多くの全共闘活動家を生み出したが、七〇年六月決戦以降、サンディカリズム的傾向の党的歯止めとしての「整風運動」の結果、内部対立を激化させ、多くの小グループに解体していった。残存グループはその後、日本労働党などの親中国党派や、解放委員会を経てマル青同などへ移行した（『戦後革命運動事典』新泉社、一九八五年）。

(38) 坂口弘『あさま山荘　一九七二　上』彩流社、一九九三年、一二八―一四二頁。

(39) 高木正幸「連合赤軍と「新左翼」運動」『朝日ジャーナル』特集「連合赤軍事件の意味するもの」一九七二年四月四日。

(40) 永田洋子『一六の墓標　下』彩流社、一九八三年、一六五頁。

(41) 坂口弘『あさま山荘　一九七二　下』彩流社、一九九三年、九〇頁。

(42) 森恒夫著・高沢皓司編『銃撃戦と粛清――赤軍問題資料集』（新泉社、一九八四年）二七―二八、一八一―一八三、二四四―二四五頁。この本は森が七二年二月一七日に逮捕された後、四月一三日から五月二日にかけて東京拘置所で書いた「自己批判書」である。そこでは「銃の物神化」という用語は使われていないが、坂口弘同書『あさま山荘　一九七二　下』一九三―一九四頁、永田洋子前掲（注40）『一六の墓標　下』一〇六―一〇九頁において、森について言及された際に用いられている。「銃の殲滅戦」論については、赤軍派出身の連合赤軍活動家であった植垣康博の自伝『兵士たちの連合赤軍』（彩流社、一九八四年。新装版、二〇〇一年、二六五―二六六頁）にも言及がある。一般的には革命左派はマオイストが多いが、赤軍派は必ずしもそうではない。ただし、植垣の場合は、森と同様に、赤軍派出身でありながら強く毛沢東の思想的影響を受けている。とりわけ毛の軍事関係の論文は、革命戦争を学習する上で「きわめて重要な位置を占めていると思われた」（植垣同書、一〇六頁）としている。

（43）前掲（注40）『二六の墓標　下』一九三頁。

（44）永田洋子『氷解　女の自立を求めて』（講談社、一九八三年、一三四―一三五頁）、坂口弘前掲（注41）『あさま山荘　一九七二下』一八〇頁。なお、ドキュメンタリー映画『赤軍―PFLP・世界戦争宣言』（若松プロダクション製作、一九七一年製作、若松孝二・足立正生監督）は、連合赤軍結成直後に（映画では結成式での会場の現地録画も収められている）、世界武装革命のためにPFLP（パレスチナ解放人民戦線）との共闘を呼びかけるべく、アラブ・ゲリラたちの日常をパレスチナの現地で撮影したプロパガンダ・フィルムである。そこには、当時すでに現地にいた重信房子の独白も収められていて興味深い。とりわけ本章との関連で注目されるのは、PFLPの兵士たちが野外で車座になってアラビア語版の『毛語録』や『毛沢東選集』を読んでいる光景が長時間にわたって映されていること、中国語による「インターナショナル」の歌がフルコーラス（全四番）でBGMに流されていること、パレスチナ・ゲリラたちが訓練に使い入念に手入れをしている銃やロケット砲や弾丸などの武器の映像が繰返し流されることである。連合赤軍におけるマオイズムの浸透の深さ、「銃の物神化」論などの実態を裏づける同時代の映像資料といえよう。

（45）坂口弘『続あさま山荘　一九七二』彩流社、一九九五年、二三九頁。

（46）拘置所のラジオで日中共同声明と田中首相の帰国報道を聞いた永田洋子は、日本政府が中国と国交を正常化することなど考えられなかったのが、「そのありえないと思っていたことが、私たちの闘いの敗北直後に、私たちが打倒しようとした当の相手によって実現されたのである。……何か悔しかった」と回顧している（永田洋子『続二六の墓標』彩流社、一九九〇年、一七六頁）。

（47）坂口弘前掲（注45）『続あさま山荘　一九七二』二四一―二四六頁。

（48）坂口弘『坂口弘　歌稿』朝日新聞社、一九九三年。

（49）坂口弘前掲（注45）『続あさま山荘　一九七二』三一六―三一八頁。

（50）戦後、日本共産党を除名された哲学者の梅本克己が、元「新いばらきタイムス社社長」で当時、東風社社長であった遠坂良一と行なった『対談　毛沢東思想と現代の課題』（三一書房、一九七二年）のまえがきにおいて（対談は一九七二年四月―一一月に月刊『東風』に連載された）、梅本は当時の状況についてこう述べていている。「事文化大革命にいたっては、あれほどジャーナリズムをにぎわしたにもかかわらず、すでに林彪失脚と同時に行方不明となったかのような言も流れ出した頃である。そうとなれば、この雑談もまた、それはそれなりに乗りかかった舟である。簡単に切り上げるというわけにはもいかなくなってしまった」。

第六章

（1）呉学文・林連徳・徐之先『当代中日関係（一九四五―一九九四）』（時事出版社〔北京〕、一九九五年）の序文では、「中日関係発展の過程のなかで、摩擦や曲折も起ったが、その根源を究めれば、主には日本の中国侵略に対する認識問題と台湾問題の二大問題に行き着く」（七頁）と記されている。また、金熙徳『中日関係――復交三〇周年的思考』（世界知識出版社〔北京〕、二〇〇二年）においても、「台湾問題と歴史問題は、中日関係の最も重要で最も敏感な二大問題である」（八九頁）と述べている。

（2）中国側が告発する日本の対中侵略戦争の加害責任、戦後責任に関わる個別の具体的案件とその概要については、蘇智良・栄維木・陳麗菲主編『日本侵華戦争遺留問題和賠償問題（上下）』（商務印書館〔北京〕、二〇〇五年）に詳しい。

（3）石井明・朱建栄・添谷芳秀・林暁光編『記録と考証 日中国交正常化・日中平和友好条約締結交渉』岩波書店、二〇〇三年、五六、四一四頁。

（4）金熙徳前掲書（注1）では、中日共同声明に結実した日中関係の原則を「七二年体制」と称し、その中身は「日本は侵華戦争を反省し、中国は対日友好の大局から戦争賠償を放棄し、両国が「歴史を鑑とし、未来に向う」の精神に基づいて相互関係の健全な発展を押し進める」ことだとし、両国の未来は「七二年体制」の核心的原則を堅持し遵守することができるかどうかにかかっている、と述べている（八七―九六頁）。

（5）区別論の源流に毛沢東「持久戦論」があることについては、二〇〇八年一月一二日に、石井明・東京大学名誉教授から、「「二分論」の起源というと、小生は毛沢東の『持久戦論』を思い出します。学生時代から、日本の進攻が続いていた時期に日本に勝てる道筋について、よくここまで書けた、すごいと思ってきた著作です。抗戦において、日本の人民及びその他の被抑圧民族の援助を勝ち取るため努力するよう訴え、また、日本の戦争は進歩を阻む不正義の戦争であり、日本人民を含む世界人民は反対すべきであるし、いままさに反対もしている、とも述べています。日本兵に対する工作にも注意を払うよう主張し、「殲滅」が戦争過程を短縮し、日本兵と日本人民を早く解放する条件の一つでもある、とも述べています。「区分論」の萌芽を見ることができる、と思います」との教示を得た。

また、毛沢東の区別論については、馮昭奎・林昶『中日関係報告』（時事出版社〔北京〕、二〇〇七年）の第一四章「毛沢東与我国対日外交」の三二四―三二七頁にも指摘がある。

いっぽう、山極晃は区別論の起源をさらに一九二〇年代の国共内戦時代にまで遡らせることができるとし、「打倒すべき敵は軍閥、悪質地主などごく少数で、軍閥軍の大多数の士兵は騙され、強制されて戦っている人民、つまり潜在的な味方だという考え方です。だから軍閥の軍隊が降伏した場合には、一部の軍閥、悪質分子は処罰するが、大多数は紅軍に再編するか、釈放して故郷に帰す政策を取ったわけです」と語った（本書所収の山極晃インタビュー、二〇〇九年五月六日）。

（6）毛沢東選集刊行会訳『毛沢東選集 第三巻』三一書房、一九五六年、一七一頁。

（7）同書、二四九―二五〇頁。
（8）「自力更生を主とするとともに、外援を勝ち取ることをゆるがせにしない」（一九三八年一〇月）中華人民共和国外交部・中共中央文献研究室編『毛沢東外交文選』中央文献出版社・世界知識出版社（北京）、一九九四年、一七頁。
（9）「いまは帝国主義がわれわれを恐れる時代である」（一九六〇年五月三日）同書、四〇一頁。
（10）「アメリカ帝国主義分子とアメリカ人民をはっきりと区別しなければならない」（一九六五年一一月二五日）同書、五七五―五七六頁。
（11）日本人捕虜の厳重処罰と寛大政策の実際については、新井利男資料保存会編『中国撫順戦犯管理所職員の証言』（梨の木舎、二〇〇三年）、日本人の反戦諸団体の沿革については、野坂参三『亡命一六年』（時事通信社、一九四五年）、「日本兵士代表者大会と日本人反戦団体大会の開催」（『野坂参三選集　戦時編　三三三―四五』日本共産党中央委員会出版部、一九六二年）、和田春樹『歴史としての野坂参三』（平凡社、一九九六年）を参照した。
（12）「八路軍の捕虜政策について」『季刊現代史』通巻四号、八六頁、一九七四年八月一五日、現代史の会発行。
（13）佐藤猛夫「「皇軍」との闘争」『中央公論』一九四六年三月号。
（14）『毛沢東選集　第四巻』新日本出版社版、三八三頁。なお延安にいて取材活動を続けていたエドガー・スノーは、『アジアの戦争』（森谷巌訳、みすず書房、一九五六年）（*The Battle for Asia*, Random House, Inc. New York, 1941）において、侵略者日本軍の「ファシスト的帝国主義」と文明国中国との戦争という見立てをしている。
（15）一九四九年一月一九日新華社社説、平野義太郎「中共外交の原則と日本」（『世界評論』一九四九年四月号）より重引。
（16）「抗日戦争勝利七周年を祝ってスターリンに当てた電報」（一九五二年九月二日）前掲書（注8）、一五四頁。
（17）楊正光主編、張暄編著『当代中日関係四〇年（一九四九―一九八九）』時事出版社（北京）、一九九三年、二一頁。
（18）「中共中央の対日政策活動についての方針と計画」（一九五五年三月一日）、張香山『日中関係の管見と見証』鈴木英司訳、三和書籍、二〇〇二年、および「張香山回想録　国交正常化二五年目の証言（上・中・下）」（構成・堀江義人）（『論座』一九九七年一一月・一二月号、一九九八年一月号）の、上篇一九二―一九三頁。また、馮昭奎・林昶前掲書（注5）、三二四―三二五頁にも関連の記述がある。
（19）西園寺一晃「印象深い周恩来総理の話――日中国交正常化前史として」石井明ほか編前掲書（注3）、二五〇―二五三頁、西園寺一晃インタビュー（本書所収）、二〇〇九年五月二三日。
（20）一九五八年の米ソ平和共存、五九年の中印紛争などをきっかけに、六〇年頃から毛沢東がそれまでの中間地帯論を変質させた新たな中間地帯論を唱え、日本の人民との共闘路線を強く打ち出すようになったことについては、加々美光行・愛知大学現代中国学部教授からの教示を得た。加々美インタビュー（本書所収）、二〇〇九年五月二六日。

(21) 三つの例句の引用は、中華人民共和国外交部・中共中央文献研究室編『毛沢東外交文選』中央文献出版社・世界知識出版社（北京）、一九九四年、四六〇―四六一頁、四八二頁、四九五―九六頁より。第一の例句の訳文のみ、石川忠雄・中嶋嶺雄・池井優編『戦後資料　日中関係』（日本評論社、一九七〇年、一九二頁）に拠る。

(22) 朱建栄「中国はなぜ賠償を放棄したか――政策決定過程と国民への説得」『外交フォーラム』一九九二年一〇月号、三八―三九頁。呉寄南（上海国際問題研究所日本研究室主任）は、当時、中国共産党の若手党員として職場の労働者への説得工作にあたった経験を語っているが、説得に対して「日本にだまされるな」と訴えられるなど、民衆の抵抗を受けながらも、納得が得られたのは「二分論」が功を奏したからだとしている。若宮啓文『和解とナショナリズム』朝日選書、二〇〇六年、二八―二九頁。

(23) 日本国際問題研究所中国部会編『新中国資料集成』（一九六三―七一年）第一巻、日本国際問題研究所、一一三―一一四頁。

(24) 家近亮子によると、この蒋介石国民党の区別論と、毛沢東共産党の区別論は、その発想は似ているが、毛沢東は蒋介石に比べてより日本国民の革命性に期待をかけていたという違いがあり、またこの区別論の発想から、国民党も共産党も日本の加害責任に伴う賠償請求権放棄にいたるが、その意図と政治的プロセスは大きく異なるという。家近亮子・松田康博・段瑞聡編著『岐路に立つ日中関係――過去との対話未来への模索』（晃洋書房、二〇〇七年）の第一章「歴史認識問題」（家近執筆）において、蒋介石と毛沢東の区別論の違いについて言及されている（二三―二四頁）、また家近亮子『日中関係の基本構造――二つの問題点・九つの決定事項』（晃洋書房、二〇〇三年）の「七　蒋介石の「以徳報怨の演説」――日中間の戦後処理の原点、国家間無賠償の決定」において、対日賠償請求権の自発的放棄を決意させた国際情勢認識と戦後構想について述べられ（一三一―一三六頁）、「九　日中国交回復――台湾断交と歴史認識問題の発生」において、日中国交回復のおりの周恩来による無賠償決定の要因は台湾問題にあることが指摘されている（一七七―一八四頁）。

また、中国社会科学院の歴史研究者と面談した際、この区別論について質問したところ、ある研究者から「国民党も中国共産党もともに主張したが、来源は異なる」との返答を得た。その返答を継いで別の研究者からは、「共産党の階級論が発想と理論の基礎の一つにあり、全体を分割して二つにしたり多数にしたりして、その中の一部を孤立させたり、攻撃したり、団結したりするのが闘争戦術の一つなのだ」との見方を示された（二〇〇八年一一月二八日、北京にて）。

さらに、山極晃による中国共産党の区分論の淵源の見方については、本章注5を参照されたい。

(25) 若宮前掲書（注22）、一三八―一五一頁。

(26) 米国卓球チームの訪中受け入れについてのスクープ記事を送ったのが当時、共同通信外信部の中島宏ら取材チームだった。中島宏「回想のピンポン外交」(『東亜』四一〇号、二〇〇一年八月号)、中島宏インタビュー(本書所収)、二〇〇九年六月五日。

(27)「ニクソンのアメリカと中国」を執筆した当時の状況については、松尾文夫へのインタビュー(本書所収)、二〇〇九年四月二九日、による。また、松尾文夫「米中和解三〇周年に想う」(『外交フォーラム』二〇〇二年五月号)に当時の『中央公論』編集担当者の塙嘉彦との記事掲載にいたるやりとりが回想されている。

(28)訳文は、朝日新聞社編『資料・日本と中国　四五―七一』(朝日市民教室「日本と中国」第八巻)朝日新聞社、一九七二年、二〇八頁。

(29)日米共同声明と復交三原則という両立しがたい現実を前に、中国側との正常化をめざしての外交交渉に日本側がどのように腐心し対応しようとしたかについては、正常化交渉当時、外務省条約局条約課長であった栗山尚一「日中国交正常化」(『早稲田法学』七四巻四号、早稲田大学法学会、一九九九年、四一―五四頁)において詳しい証言がなされている。

(30)周恩来とキッシンジャーの会談内容は、『周恩来キッシンジャー機密会談録』(毛里和子・増田弘監訳、岩波書店、二〇〇四年)にほぼその全貌が記載されている。

(31)別枝行夫「日中国交正常化の政治過程――政策決定者とその行動の背景」(『国際政治』六六号、日本国際政治学会編、一九八〇年、有斐閣発行)は、日中復交の実現にあたって重要な要素となっていたのは、正常化に向けての国内の民間世論の高まりにあるのではなく、米国の対中政策転換を中心とした国際環境の変化であり、与野党議員ら「非正式接触者」を含む政策決定者の関与が大きかったとして、その立場からの事例研究となっている。

(32)田中健五・安藤満・川又良一・竹内修司・村田耕二・堤堯「歴代編集長全員集合!」『諸君!』一九八一年七月号。

(33)上丸洋一「保守系でゆきましょう――「諸君!」創刊への道　下」『AIR21』朝日総研レポート、一八八号、二〇〇六年一月、八九頁。

(34)前掲(注32)。

(35)『諸君』に掲載された主な記事タイトルと掲載号のみ挙げておくと、伊藤喜久蔵「朝日新聞と中国報道」(一九八〇年一二月号、全七〇頁)、西義之「日本文革派文化人銘々伝　日本の四人組は何処へ行った?」(一九八一年三月・四月号)、辻村明「朝日新聞の仮面――「論壇時評」の偏向と欺瞞をつく」(一九八二年一月・二月号)、佐々克明「読者が逃げていった中国報道偏向の失敗――内側から見た大新聞の実態　病める巨象・朝日新聞私史　第八回」(一九八二年一〇月号)、伊藤喜久蔵「中国へは物言えぬ大新聞」(一九八五年一二月号)など。

(36)永井陽之助は早急な日中復交に反対し、「迂回的アプローチ」を唱えていた。当時、永井は、中国よりソ連の方が怖い、ソ連と平和条約を交わしていないうちに、中国と復交するのはまずいと話していたという。粕谷一希インタビュー、二〇〇九年六月一一日。

(37)『ニクソン訪中機密会談録』(毛里和子・毛里興三郎訳、名古屋大学出版会、二〇〇一年、四五、四八―四九、一〇一―一〇三、一六六―一六七頁)、前掲(注30)『周恩来キッシンジャー機密会談録』(一九三―二〇一頁)。

(38) 南開大学周恩来研究センター著王永祥編『周恩来と池田大作』周恩来・鄧穎超研究会訳、朝日ソノラマ、二〇〇二年、三〇―四二頁。

(39) 竹入・周恩来の会談記録と、竹入メモに至る証言については、石井明ほか編前掲(注3)『記録と考証 日中国交正常化・日中平和友好条約締結交渉』のなかの「竹入義勝公明党委員長・周恩来総理会談」(三―五一頁)、竹入義勝「歴史の歯車が回った 流れ決めた首相の判断」(一九七―二一一頁)参照。

(40) 当時、中嶋嶺雄は、『諸君』編集長の田中健五から、本多勝一『中国の旅』批判をもちかけられ、多忙を理由に断わったことがあったという。中嶋嶺雄インタビュー(本書所収)、二〇〇九年六月二二日。

(41) 『諸君』誌上での本多勝一と山本七平のような南京事件の糾弾派と否定派の論争や、鈴木明の南京事件「まぼろし説」については、笠原十九司『南京事件論争史――日本人は史実をどう認識してきたか』(平凡社新書、二〇〇七年、第三章)で取り上げられている。笠原の「現在におよぶ南京大虐殺否定論の氾濫を考えるとき、一九七〇年代に「言論・報道界」のなかの『南京大虐殺否定の構造』……が形成された」とし、その主要な舞台が『諸君』(一九六九年創刊)であり『正論』(一九七三年創刊)であったとする見立ては、一九四五―七二年の総合雑誌に掲載された中国関連記事の言説の歴年推移を追った本書の作業を通しても確認できることである。

(42) 本多勝一の著作群の大半は、『本多勝一集』(全三〇巻、朝日新聞社、一九九三―九八年)にまとめられている。そのうち本章の問題関心に関わるものとしては「一四 中国の旅」「二〇 調べる・聞く・書く」「二三 南京大虐殺」「二四 大東亜戦争と五〇年戦争」「二九 ドイツ民主共和国」に関連の記載がある。本多へのインタビュー(本書所収)は、二〇〇九年四月二七日、東京にて行なった。「中国の旅」取材ノートは、取材時に記録用に利用され、後に合本された大学ノート全八冊(そのうち末尾の一冊は中国取材の直後に、日本を経由せずになされたアルバニアへの取材ノート)である。

(43) 本多勝一『中国の旅』(朝日文庫、一九八一年一〇―一二頁)、『本多勝一集一四 中国の旅』(朝日新聞社、一九九五年、八―九頁)。

(44) 本多勝一「「中国の旅」をなぜ書いたか」『世界』二〇〇三年九月号。聞き手は田中宏、内海愛子、大沼保昭。

(45) 「『中国の旅』の取材――とくに聞き書きについて」(『本多勝一集二〇 調べる・聞く・書く』朝日新聞社、一九九六年)二八八―二八九頁。

(46) 『中国の旅』が『戦場の村』『アメリカ合州国』の続編であることについては、本多へのインタビューで確認したほか、本多勝一『新・アメリカ合州国』(朝日文庫、二〇〇三年、一二九―一三〇頁)にも関連の記述がある。

(47) 五同産業はぬやまの摩耶子夫人が開いた貿易商社であった

という。一九六七年に会社は設立された（司馬遼太郎『ひとびとの跫音　下』中公文庫、一九八三年、一二三頁）。西園寺一晃インタビュー（本書所収）、二〇〇九年五月二二日。

（48）日本の事務所に連絡をしたことについては、本多へのインタビューによる。ただし、本多がぬやまとどのようにして面識を持つにいたったかは、現時点で明らかになっていない。

（49）本多前掲（注45）「『中国の旅』の取材」二九一頁。

（50）本書所収の本多へのインタビューによる。

（51）朝日新聞百年史編修委員会『朝日新聞社史』昭和戦後編、朝日新聞社、一九九四年、四七二―四八〇頁。

（52）本多前掲（注45）「『中国の旅』の取材」二九三頁。

（53）本多勝一「中国に過去の日本の犯罪を「謝罪」してはならない」『月刊社会党』一九七二年一月号。

（54）『本多勝一集一四　中国の旅』に収められたときの見出しは「中国の教育」となっている。

（55）『中国の旅』には確認できただけでも四つの版本がある。①朝日新聞社、一九七二年の単行本、②『本多勝一集一〇』すずさわ書店、一九七七年、③朝日新聞社・朝日文庫、一九八一年、④『本多勝一集一四』朝日新聞社、一九九五年、である。①③は③で写真の収録点数を減らしている他は行文はほぼ同じ、②④は若干の収録写真の異同があるが、行文はほぼ同じだが、④で五カ所ほど文章を削除したところがある。

（56）前掲（注43）『本多勝一集一四　中国の旅』九頁。

（57）本多が中国取材をした直前の六九年まで北京に暮らし、文革当時北京大学の留学生であった西園寺一晃は、文革のとき進められていた教育によって、「悪いのはひと握りの軍国主義者で、日本の国民は同じ戦争の被害者だ」とみな教えられていたと証言している。西園寺一晃インタビュー（本書所収）、二〇〇九年五月二二日。

（58）大西巨人・粟屋憲太郎・本多勝一・『朝日ジャーナル』編集部（司会）「〈座談会〉現代史をつかみとる難しさ」での本多の発言。『朝日ジャーナル』（一九八四年一〇月一二日号）、『本多勝一集二四　大東亜戦争と五〇年戦争』（朝日新聞社、一九九八年、九三頁）。

（59）本多勝一「『天安門の虐殺』への道――古川万太郎氏との対話」『朝日ジャーナル』（一九八九年六月三〇日・七月七日・一四日号）、同上『本多勝一集二四』一七五頁。

（60）本多勝一「意見書　私の調査した南京大虐殺」『本多勝一集二九　ドイツ民主共和国』朝日新聞社、一九九七年、四一五頁。

（61）津村喬「〈同化〉する者の眼」『中央公論』一九七二年二月号、津村喬インタビュー（本書所収）、二〇〇九年五月一日。

（62）馬場公彦『『ビルマの竪琴』をめぐる戦後史』（法政大学出版局、二〇〇四年）の第三章「竹山の戦争責任論」、第四章「戦後知識人群像と戦争責任論争」は、戦後知識人の戦争責任論の系譜について、東京裁判における竹山道雄の戦争責任論を中心に考察したものである。

（63）日本人の多くは罪咎と責任を区別しないために、開かれた対話の道を拒否し閉ざすことになってしまっているということについては、村上淳一「罪咎・謝罪・責任」（『ＵＰ』一九九七年一〇月号、四七—四八頁）から示唆を受けた。村上は、いわゆる「自由主義史観」の歴史教科書で日本人が愚劣な民族であると書くことが国家の誇りを傷つけるのだという発想について、「戦時中の蛮行・非行を認めれば「日本人は世界一淫乱で愚劣な民族であるということ」になるという発想、非行者たちと民族とを混同するディフェレンシエイトされない発想こそ、矜持をもって対話の道を歩もうとするドイツの知識人が極力拒否しようとするものであり、被害者たるユダヤ人も、知識人であるかぎりこれを正当に理解していると思われる」と書いている。村上の立論からは、ドイツ語においては日本語において同じく「責任」と訳される用語に、「シュルト（Schld）＝罪咎」と「ハフトゥング（Haftung）＝責任」の二種類があるが、日本人はこの区別が曖昧であること、政治的な「シュルト（Schld）＝罪咎」を問われるとき、個人的罪咎と「集団的罪咎（Kollektivschuld）」の観念を認めねばならず、その際の集団として国民と民族があり、それぞれ罪咎と責任の適用範囲が異なることの教示が得られる。また、ドイツのヤスパースやヴァイツゼッカーの罪責論を踏まえ、罪と責任をめぐる重要で興味深いドイツ人の発想の一端を知ることができ、中国と日本の戦争責任をめぐる区別論を考える上で貴重なヒントが与えられる。とはいえ、これらの含意の区別に対しては、中国においても日本においても、言語的にも文化的にも必ずしも鋭敏ではなく、これらの用語を厳密に使い分けるのは議論を複雑化させ、混乱させてしまうおそれがあるため、本書では本格的に論じることはしていない。

(64) 日中国交正常化をめぐる戦争責任問題の処理と日米安保の保持にいたる交渉過程とその背景については、馬場前掲書（注62）の一九五—一九七頁で論じ、記述に重複がある。そこでの考察にあたっては、添谷芳秀「米中和解から日中国交正常化へ——錯綜する日本像」（石井明ほか編前掲〔注3〕『記録と考証』所収）と前掲（注30）の『周恩来キッシンジャー機密会談録』一九三—二〇一頁を参照した。

(65) 朱前掲（注22）「中国はなぜ賠償を放棄したか」三一頁。

(66) 石井明ほか編前掲（注3）『記録と考証』一四頁。

(67) 朱建栄「先人の開拓　二一世紀への示唆——日中国交正常化と平和友好条約を再検証する意義」（石井明ほか編前掲〔注3〕『記録と考証』四一三—一六頁）と、朱前掲（注22）「中国はなぜ賠償を放棄したか」三〇—三八頁参照。

(68) ただし竹内好自身は、田中訪中直後に、最初の宴会での「多大のご迷惑」は侵略をした相手に対して「軽すぎる」表現との不満を持ったが、共同声明の内容自体は「ほとんど予期のとおり、というよりも、予期以上のものだった。よくもここまでやれた、というのが正直な印象である」、「外交文書として破格の、簡にして要をつくした、国際関係に新例を開く底のものではないかと思う。中米共同声明より数段まさる」との思いを綴っている（「迷惑——中国を知るために一〇一」『中国』一〇九号、一九七二年一一月号）。

(69) 八〇年代の日中間の歴史問題の経緯と日中政府間での事後処理がどのようになされたかについては、古川万太郎『日中戦後関係史』（原書房、一九八八年、四五一—四八四頁）に詳述されている。

(70) 以下、九〇年代以降の歴史問題については、馬場公彦「ポスト冷戦期における東アジア歴史問題の諸相」(早稲田大学アジア太平洋研究センター『アジア太平洋討究』四号、二〇〇一年、八八―八九頁) において、荒井信一「『失われた一〇年』と歴史認識問題」(船橋洋一編『いま、歴史問題にどう取り組むか』岩波書店、二〇〇一年) を踏まえつつ論じた。

終章

(1) 日中復交以降、チャイナ・ウォッチャーが中国論を専有するようになることと、九〇年代以降に対中認識経路が変容することについては、『世界』の関連記事を踏まえて、馬場公彦「戦後日本における対中認識回路の変容――雑誌『世界』関連記事に見る」(『中国研究月報』六四三号、二〇〇一年九月、三二一―三六頁) でも論じておいた。

証言編

総解説　新中国に投企した人びとの肖像

序章において、本書で究明すべき主要課題の一つとして「中国論の担い手はいかなる人々、いかなる執筆陣、いかなる集団であったのか」ということを掲げた。言説分析編においては、二五〇〇本あまりの中国関連記事に即して、中国関連の記事を書いた著者の経歴・所属、執筆内容、発表媒体などから推察して、中国論の担い手の諸類型を書き手の属性や論調に応じて分類するよう努めた。

だが、書かれた内容や付記された著者の経歴は、その記事を発表した当時の著者の思考パターンを摘出するよすがにはなるが、ではなぜそのような思考経路をたどるにいたったのか、記事だけからは著者個人の来歴や著者の学問的系譜が判然とはしないため、著者の対中国アプローチの蓋然性・必然性を考察するには必ずしも十分ではない。また、たとえ中国に関わる著者の来歴をある程度踏まえたとしても、それが中国論の主張内容や論調をどのように方向づけたのか、書かれた言説のみからトレースすることは、想像の飛躍を余儀なくされる危険性が伴う。

ここに執筆当事者に対する聞き書き、オーラル・ヒストリーの意義があることに鑑み、言説分析編の他に証言編を設けて、執筆者の口述証言資料と、証言内容を傍証する文字資料に依拠して、「中国論の担い手はいかなる人々、いかなる執筆陣、いかなる集団であったのか」という第一の課題に別の角度から光を当てることを思い立った。さらに、「中国のいかなる事象が問題として対象化され、論題として設定されたのか」という第二の課題について、言説分析編における書かれた内容からのアプローチではなく、書いた当事者の自己解説を通して接近することも有効と考えた。

とはいえ、個々の執筆者への聞取り作業は、個々の記事の解読以上の困難を伴う。

まず累計一四〇〇名近い膨大な数の寄稿者がいる。物故者も多い上に、連絡先が不明の方も多い。ようやく接触できたとして、インタビューを受諾してくれるか、記憶が鮮明かの保証はない。人選にあたっては、取材依頼を承諾していただけそうな方々のうちから、本書でカウントした記事のうち、ある程度掲載本数の多い人に絞り（表7－2の寄稿頻度の多い著者のうち、中嶋嶺雄・野村浩一・竹内実・石川滋・安藤彦太郎の五名にインタビューを行ない、前四名のインタビュー記事を採録した）、特定の所属団体や属性に偏らないように配慮した。その結果、二五名ほど選出した（そのうち二名ほどは取材に応じてもらえなかった）。ここに一五名のインタビュー記事（＊印は採録者）を採録するにあたっては、参考文献一覧に掲げるインタビュー・リストのうち、採録することを前提にインタビューが行なわれたもの、採録の許可が本人から得られたもの、採録する情報価値が十分にあると判断されたもの、本人がインタビュー記録を確認し、内容の正確さを確保できたとみなしうるものに限っている。実際に多くの証言者がかなりの手を入れてくださることになったが、その修正は原則としてそのまますべて採用し、インタビューの時間は、おしなべて二時間ほどで（場合によっては追加的面接を含む二度のインタビューを行なったものもある）、原則としてインタビューの全文を採録している。

具体的に彼らの属性を終章の図7－1でのカテゴリーに従い分類すると次のようになる。

一　現地ジャーナリスト……＊本多勝一・＊松尾文夫・＊中島宏

二　現代中国研究者……安藤彦太郎（歴史学）・＊石川滋（経済学）・＊山極晃（歴史学）・＊野村浩一（思想史）・＊岡部達味（国際関係論）・＊小島麗逸（経済学）・＊中嶋嶺雄（国際関係論）・山田辰雄（歴史学）・＊加々美光行（思想史）・石井明（国政関係論）

三　新左翼活動家・理論家……＊武藤一羊・＊北沢洋子・＊津村喬

四　（政財界）親中派／中国残留日本人……＊西園寺一晃

五　現代中国文学研究者……＊竹内実

さらに、これらの論者の記事を掲載した諸雑誌・出版社の編集者として、粕谷一希（『中央公論』編集長）・島村ヨハネ（『世界』編集部）・中村公省（現代評論社編集部）などの諸氏にも聞取りをした。編集者は著者情報や掲載の経緯などについて、守秘した方がよいとの職業倫理を持ち合わせていることが多く、インタビュー記録を残してはあるが、ここに採録することはせず、あくまで記事が掲載されるまでの編集の方針や経緯を知るための補足材料として活用するにとどめた。

この他のカテゴリーとして、「社会主義者系親中派」は活発に寄稿した時期が早く、存命している当事者は少ない。「欧米ジャーナリスト」「反共中国論者」は存命の該当者に心当たりがなく、「反中国論者」「シノロジスト」は一九七二年以後に頻繁に寄稿するようになった人びとの心当たりはあるが、それ以前にしばしば寄稿した健在の方々の心当たりがなかった。「政財界親中派」と「中国残留日本人」はこの時期の雑誌発表当時にすでに中高年に達しており、結局のところ、双方の立場にある程度またがる稀有の存在として西園寺一晃氏しか該当者を見出すことはできなかった。結局のところ「現代中国研究者」にかなり集中してしまうことになったのは、そこに今にいたるまで中国論者が集中している分布の現状からしてやむをえないことだろう。

従って、これら一五人の証言は、数量からしても属性からしても、満遍なく聞取りをした悉皆調査的なものでは毛頭ない。質問にあたっては共通質問票を予め用意することはなく、それぞれの証言者の実情に即した随意形式の質問で、ショート・センテンスからなる一問一答形式というよりは、かなり発言時間の長い記述式のもので、応答に応じて質問内容をかなり即興的に選んでいく体のものが多い。従って、定量的分析の素材としては使用に堪えないものである。

質問は当時掲載された関連記事の内容についての学説的解釈や、価値判断をめぐる議論には、あまり踏み込まないようにした。それは、中身の評価は飽くまでも書かれた言説に基づいて言説分析編で行なうべきものであり、その評価を当事者との間で事後的に行なうことは、同時代的発言にともなう投企性を重視したい本書のねらいから逸脱する危険性があると考えたためである。

とはいえ、本書の究明課題と質問者自身の問題関心へのこだわりから、こちらの質問項目にはある程度の共通性があった。すなわち、①生い立ちや成長過程が中国観・中国像の形成にどのような影響を与えたか、②学者・研究者の場合、どのような学統を継ぎ、どのような学風を持つ先生に師事し、どのような学問的系譜に属するのか、③同時代の中国情報はいかなるルートを通して入手し、いかなるツールを用いてその情報を分析したか、④当時の論壇をどのように見ていて、どのような論者から影響を受けたか、といったことである。証言の配列は年齢順としているが、とりたてて深い他意はない。証言ごとに、証言者の略歴―インタビュー―解説の三部建てで構成されている。

表7-2に掲げた寄稿頻度の高い著者についてみても、石川忠雄（二〇〇七年没）・衛藤瀋吉（二〇〇八年没）・加藤周一（二〇〇九年没）の諸氏が最近相次いで鬼籍に入られ、面談の機会を永遠に失った。また二〇〇八年四月二日にご自宅でインタビューを行なった安藤彦太郎氏は翌〇九年一〇月二七日に鬼籍に入られた（享年九二歳）。このほか、寄稿頻度はさほど高くなくともさらに証言を残すべき多くの著者がいるであろう。たとえば丸山昇氏（二〇〇六年没）などにも、書き残したものだけからは十分に解明しきれない諸事実・諸問題について、口述証言を得ておきたかったとの悔いが残る。とはいうものの、接触できる範囲の関係者には、最大限の努力を払って聞取りを行なったつもりである。

これまでは、このような日本の中国論についての批判的回顧については、現代中国研究者によってなされるのが通例であった。本書ではむしろ、日本の戦後思想史において中国という巨大な隣国の存在がどう意識されてきたのか、戦後日本の言説に対する規範的拘束力として歴年変化を追いながら抽出し、戦後日本の思想潮流における中国的要因《チャイナ・ファクター》を突き止め、戦後日本精神史の一側面を記述することを研究の意義の主眼に据えた。

通常日本の研究者は自らのメモワールを残すことには禁欲的で、弟子筋による聞取りなどの形でまとめられることはあるが、従来の証言録の多くの場合は顕彰的な性格が強く、研究素材としては物足りないものが多かった。本書においても、言説分析編で展開したような立論の補助的立証という目的から出発したために、限定的なアプローチにならざるをえなかった。とはいえ、戦後日本の中国論の担い手たちのさまざまな来歴を聞き取ることで、戦後の中国研究の複線的系譜を明らかにしうる端緒にはなったかと思う。このような記録を、共通の質問項目と個別の質問項目を組み合わせながら進行させせるようなある統一的方法で、もっと大量にストックさせせていくことによって、戦後の諸学知の系譜学を構築していくことが可能になるだろう。

これら二五名の証言と一五名の採録記事を通して、ある種の感慨と相俟って、この時期の中国論者に共通する典型的肖像が描出できるように思われる。まず何よりも彼らにはそれまでの旧中国を眺める尺度を捨てるか、いったん留保せざるをえなかったために、新中国という新たな巨大な対象と徒手空拳で格闘するような清新さがそこには感じられた。ただ巨大な対象に向かっては実にさまざまな経路があって、対中国アプローチは中国と直接関わった年代や、ディシプリンや、所属する研究機関・学統の違いに応じて、非常に複線的で多元的だった。そして、ある種のリスクを背負うことを自覚しつつ同時代的発言を敢行するという投企的行為を自らに課す倫理的高潔さが、そこに醸し出されていた。総じて、この時期の日本人にとっての中国像そのものが、青春期のような瑞々しさと荒々しさに彩られていたように映るのである。

なお、インタビュー記事のなかで、著作や関連文献や人物の肩書に関する書誌情報は（　）で、筆者（馬場）による補足は〔　〕で、文中に注記した。

また、口述資料としてなるべく現場の口吻を忠実に再現するよう心がけたため、敬語については表現の不統一が見られる。敬称は口吻を活かして再現したが、「解説」では一部を除き原則として略した。

1　石川滋　学究派ジャーナリストからマクロ経済学者へ

二〇〇九年六月四日　東京杉並区のご自宅

石川滋（いしかわ・しげる）　一九一八年山口県生まれ。四一年東京商科大学卒業、華北交通株式会社、四二年兵役、四五年八月、華北交通株式会社解散につき退社。一一月、時事通信社入社（時事研究所所員）。五一年、同社特派員として香港赴任。五四年アジア政経学会常務理事。五六年二月、時事通信社退社、八月、一橋大学経済研究所助教授。五七年、経済学研究のためハーバード大学東アジア研究センターにて東アジア・フェローとして研究。六一年、一橋大学大学院経済学研究科担当。六二年、第一回日米民間人会議出席のためアメリカ出張、帰路インド訪問。六三年、一橋大学経済研究所教授。六五年、中国訪問。七二年、一橋大学経済研究所長。八二年、青山学院大学国際政治経済学部教授。九四年、青山学院大学定年退職後、城西大学教授。著書、『中国における資本蓄積機構』（一橋大学経済研究叢書、岩波書店、一九六〇年）、編著『中国経済の長期展望』（全四巻、アジア経済研究所、一九六四―七一年）、『中国の国民所得と資本形成』（日中経済協会、一九八四年）、『開発経済学の基本問題』（岩波書店、一九九〇年）。

――東京商科大学ではどのような研究をなさったのでしょうか？　どうして中国経済を志したのでしょうか？

東京商科大学の私の先生の高橋泰蔵先生は貨幣的経済理論ですから、私もケインズやハイエクになじんできました。私は専らマクロ経済学的アプローチから、七〇年代初めまではとにかく中国の国民所得を把握したいと思っていました。別に中国研究をやろうと思ったわけではないのです。

一九四一年に東京商科大学を卒業したとき、大木穆彦君という北京生まれ北京育ちの友人がいて、後に朝日新聞の経済部記者になりましたが、彼の影響もあって、満鉄調査部に行こうかと迷ったのです。結局、満鉄の出先が華北交通だというので、そこに入りました。その時の風潮もあって、日中の友好は簡単に可能だというユートピアの志を持っていました。それが中国との一生との付合いの始まりです。その一年後に現役入隊でした。

――華北交通で現地の調査研究をされていたのではないですか？

いいえ。貨物列車の車掌でした。天津から山海関や済南あたりまで貨物を引っ張っていました。

——中国語は話せたのですか？

残念ですが中途半端に終わりました。いまだによくしゃべれません。私の中国語は難しい議論になると筆談になります。

——応召は現地華北ですか？

広島です。幹部候補生の試験を受けさせられ、主計となりました。

——除隊、終戦ですぐ時事通信社に入られましたが、どういう経緯だったのですか？

終戦の八月に華北交通は解散し退社しました。当時は強気というか恐れ知らずというか、情勢が落ち着くまで、国際的なニュースの先端にいたほうがいいと考えたのです。別にもともとジャーナリストになろうと思っていたわけではありません。しばらく防府の田舎にいて、東京に出てきて、一橋大学の山中篤太郎教授の紹介で、同盟通信の後身の時事通信に入ることが決まりました。時事通信には当時、報道局長に松方三郎氏、外信部長に長谷川才次氏がいましたが、長谷川さんのところに行くことが決まりました。

時事通信に入りますと、中国をやりたいということが知られていて、すぐに中国関係のニュースを扱うところに配属されました。そこに中国からの報道を分担していた入江啓四郎先生がおられて、先生は時事研究所というのを運営していて、先生の薫陶を受けました。入江先生は人格的な意味で大変尊敬に値する立派な人でした。その頃すでに私は岩波書店の『思想』とか、東大の東洋文化研究所の『東洋文化』とか、一九五四年に創刊されたばかりのアジア政経学会の『アジア研究』に書いていました。

——ジャーナリズムの仕事をしながら、アカデミズムの世界でも活動されていたわけですね。

一九五〇年頃から私のアカデミック・キャリアが始まりますが、それは入江先生の影響です。入江先生は同盟通信社のジュネーヴ支局長時代に、第一次大戦の講和条約の研究で外交史学会、国際法学会にデビューして、学会員の仕事を続けておられました。私は先生にずいぶん励まされました。入江先生は早稲田大学の出身で、その後、早大教授になります。息子の入江昭さんはその気風を受け継いでいます。

その頃、都留重人先生が時事通信にゼミナールにいらっしゃいました。その後、私の学友で朝日新聞の経済部記者をしていた大木穆彦君に連れられて赤坂の都留重人さんの書斎で都留さんに会う機会があったのです。五五年に体を壊して慶應病院にしばらく入院したとき、都留先生からのお誘いを受けて、時事通信社を辞めて一橋大学に就職したのです。ですから私は普通の記者育ちとはかなり違いますね。

——先生は一九五一年一二月から五三年六月まで、香港に特派員として赴任されます。その間、『世界週報』で確認しただけでも「現地報告」を中心に、一五本ほど精力的に寄稿なさっています。それらの記事を拝見しますと、香港という地の利から、多様な新聞資料を使っていることと、香港にいた西側の記者と頻繁に

情報交換をされていた印象を持ちました。

私の手法は徹底した資料吟味です。当時香港の特派員で『ロンドン・タイムズ』『ニューヨーク・タイムズ』などを読んでいたのは私くらいだったでしょう。東京外大の中国語科出身の人がほとんどでしたから。当時、香港には毎日新聞社は東亜部長の橘善守さんやそのあと論説委員をした村上剛さん、讀賣新聞社は東亜同文書院出身の釜井卓三さんなどがいました。香港から帰ってから書いた「竹のカーテンをのぞく一七カ月」(『世界週報』一九五三年六月二一日号)は、懐かしい記事ですね。

——香港では香港とか大陸で発行されている華字報もかなり読んでおられたようですが。

上海の『解放日報』『長江日報』、天津の『進歩日報』、広東の『南方日報』などをよく読んでいましたね。中国語は入江さんのところで覚えました。中国からの通信は碼電〔漢字を四桁の数字化して表示する電報〕専門の中国人がいまして、虫食い状態の中国語を持ってくるのですが、それで読む力は鍛えられました。軟らかい小説などになりますとだめですが、読解は大丈夫です。

——確認したところ、論壇に最初に寄稿されたのは一九五二年二月号の『中央公論』ですか?

『世界』の「世界の潮」にもよく書いていましたよ。あれは匿名記事ですが。担当は竹田行之さんで、非常に親しくしていました。岩波らしい方でしたね。

——当時、総合雑誌で中国経済を論じる方は少なかったですが、どうやって統計資料を集められたのでしょうか?

論壇は左右両極端に割れていてせめぎあっていましたね。私は中国研究所ができた頃、あの雑誌(『中国研究月報』を指す)にしばしば書いていました〔『中国研究月報総目録』社団法人中国研究所によると、「満洲地区中共の経済政策」三号、一九四七年六月、「国民党政府の戦後土地政策」四・五号、一九四七年七・八月、「四川の哥老会」七号、一九四七年一〇月号、「中国における集団農場について」一一・一二・一三号、一九四八年三・四・五月号、など〕。というのは、中国研究所に資料があったので、新聞や通信社の人には資料を使わせてくれたのです。書庫で調べものをしていると、盛んに喧々諤々の喧嘩のような議論が聞こえてきました。あれは文革のときだったのではなかったでしょうか。

中国研究所の会員にはなっていません。私は政治的に左右の議論や衝突に巻き込まれないよう、自分の研究環境を保つようにしてきましたし、方法もそう通してきました。文革のとき共鳴して強い影響を受けた人もいましたが、どうも話がおかしいと思っていました。大躍進の時もそうでした。穀物が豊かに稔ったというので、稲穂の上を歩いたりとかね。

——中国研究所は一九四六年一月に設立されたときから、明確に新中国寄りの姿勢を打ち出していました。そこに与すると自分の中立性が保てないという意識だったのでしょうか?

それはっきりとありましたね。政治的にニュートラルでないと、当時の政治情勢からするととても客観性は保てませんでした。私は方法的にマクロでしたし、マクロから見ることを方法的にも目的としても身上としていました。

中国を研究しようと思い立ったときにも、国民所得からアプローチするのが一番やりやすかった。私が中国研究を始めたときは、一九四九年の革命直後でしたし、今までの中国に関する論壇・学会のアプローチを根本的に見直さないといけないという状況でした。そのとき私がなしうることは、マクロで中国の経済の変化を構造的に押さえていくことしかないということを自覚していました。

――当時、同じような手法で中国経済にアプローチする方は、日本にも世界にもおられなかったのではないですか？

日本には全くいません。家族ぐるみのつきあいをした友人のアレクサンダー・エクスタイン（一九一五―七六）もまた中国の国民所得推計から中国経済の研究をした人です。彼とは一九五二年に香港で初めて会いました。その後、五八―五九年にハーバード大学に行くのですが、そこのフェアバンク教授が所長を務める東アジア研究所に彼がいました。

――一九五四年に設立されたアジア政経学会には最初から加入されましたか？

これも入江先生のご推薦によるものです。私は時事通信にいる最初から常任理事で、常務理事会に出ていました。それくらい入江先生は私のことを買ってくださったのでしょう。ともに入会した五歳年下の衛藤瀋吉君は大学院の学生でした。他に四歳年下の石川忠雄君がいまして、われわれ三人は同時代人でした。アジア政経学会は設立以来のかかわりでリーダーシップを取るというわけではありませんが、私は中立性という意味では最もはっきりしていたでしょう。

――アジア政経学会はアメリカの研究を意識した研究スタイルでしたね。

そうですが、政治的にアメリカ一辺倒ではなく、学問的にはニュートラルでした。一九六二年にフォード財団問題がありました。私は受け入れ反対の人から見れば、反対陣営に見えたかもしれませんが、特にそのことで批判されたことはありませんし、実際に財団から支援を受けたこともありません。

――日中民間貿易が進むなかで、中国経済の研究を求める国際貿易促進協会とか、通産省とかから、日中貿易の政策上の関与を要請されたことはありますか？

そのようなことは全くありません。稲山嘉寛さんが主宰する日中貿易を促進する日中経済協会があって、その前身でしたか、中国アジア貿易構造研究センターというのがありましたね。当時としてはあまり一般的な注目はひかなかったと思います。稲山さんは旧い時代の代表的人物で、彼らは中国に対するguilty consciousnessを持っていました。私などはその最後の世代でしょう。山内一男さんなども早々と私に接触してきて、研究メンバーの一人として一緒にやってきました。宮崎義一さんも加わっていました。稲山さんに招待されて山内さんと上野の料亭でごちそうになったことがあります。

――先生はアジア政経学会のほかに一九五九年に設立されたアジア経済研究所でも、中国経済の長期展望などで大きなプロジェクトを進めておられます。それまでに初代所長の東畑精一先生との面識はあったのですか?

それまでに面識はありません。アジ研(アジア経済研究所)ができたばかりのときに、中兼和津次君や小島麗逸君など三人ほど若い中国研究者の指導をよろしく頼むといわれました。私自身の七〇年代にいたるまでの仕事は、中国自身がどのような概念で国民経済の生産・支出・分配の構造を明らかにしているのか、経済の各部門の実際の状況を明らかにしようとしたのです。『中国経済発展の統計的研究』全三冊(一九六〇―六二年)、『中国経済の長期展望』全五冊(一九六二―七〇年)がその研究成果です。

『中国経済発展の統計的研究』については、上智大学のロバート・バロン教授が編集をしてくれて、英文の形で六五年に刊行されました("Long-term Projection of Mainland China's Economy: 1957–1982," in *Economic Bulletin for Asia and the Far East*, United Nations, Vol. XVI, No. 2, September 1965)。『中国経済の長期展望』の成果は一九八四年に日中経済協会で出しました。国内で関心を持っている方はあまりいませんでしたが、国際的にはM・エルマンに評価されました(『社会主義計画経済』佐藤経明・中兼和津次訳、岩波現代選書、一九八二年、一七〇頁)。

私は、われわれの持っている西欧的な国民統計に接合するような国民所得の枠組みで新しい中国を構造的に押さえようと思いました。私の手法は、中国自身がどのような国民所得計算の概念と方法を持っているか、それにしたがってどのような数値が出てきたのかを調べることにあり、それを超えた独自推計はしていません。自分の持っているツールで事実を理解したいと思っていたのです。

J・ガーリーは私の研究について「彼〔石川〕の研究の多くを、中国の国民所得勘定の諸概念と方法論にかんする議論、および現実の公式数値の紹介に当てている」、そしてタ－チュン・リウとクンチア・イェは、私の国民所得の推計数値について、「石川は料理を用意したが、リウとイェは不服のあまりその多くを台所に戻してしまった」(『中国経済と毛沢東戦略』中兼和津次・矢吹晋訳、岩波現代選書、一九七八年、一二九―一三〇頁)と言っています。ガーリーは*American Economic Review*の編集者を長くして、スタンフォード大学の経済学部にいました。

――先生は一九六五年九月に戦後最初に訪中されますが、戦後の中国とのかかわりはどうだったのですか?

アジア経済研究所で訪中の話を聞きました。当時調査研究部長をしていた原覺天さんが団長で、日中旅行社の団体旅行《ツアー》です。北京・武漢・上海・杭州をめぐりました。その後、中国社会科学院と日本学術振興会による研究者交換計画によって、一九八一年九月二七日から一〇月二〇日に北京・上海・天津を訪問しました。そのとき社会科学院経済研究所の副所長をしていた黄輔祁さんが受け入れてくれて、その後の長いお付合いが始まりました。その後、八五年八月に日中経済協会の団長として訪中し、九六年一二月に館龍一郎さんや小宮隆太郎さんと一緒に日中経済関係についての研究交流のために訪中しました。

——先生は文革の時期以降はほとんど論壇に寄稿されていませんね。

文革はとてもお付合いできない感じでしたからね。不完全競争論の理論で知られたミセス・ロビンソンというイギリスの経済学者がいて、文革に精神を鼓舞されましたが、その後文革の負の側面を知るに及んで、立場を正反対に換えることを表明しました。そのロビンソンの文革をサポートする論文を論評したことがあったくらいです（「「私心」と斗う中国経済——ジョーン・ロビンソンの中国報告について」『日中経済協会報』九号、一九七四年三月）。文革にお付合いできなかったものですから、勉強の時間を経済開発論・経済発展論に割くことができたのです。

——文革までの頃は、中国経済を論評するといってもデータや資料が決定的に不足していたと思うのですが、先生は主に何に依拠されていたのですか？

『人民日報』がデータ的な拠り所でしたが、一日が終わって国立の駅に向かう道すがら、いったい今日は何をしたのかと思うことがしばしばでした。いくら読んでも『人民日報』にはデータが出てきませんから。他には五〇年代の『計画経済』『統計経済』（統計工作編輯委員会、月刊）がとても貴重なもので、頼りにしましたね。内山書店から個人で買っていました。一九五八年の大躍進失敗の経済大混乱の後に資料が途絶した時代でも、それらを頼りにしてわずかな資料を解読することができたのです。アジ研の小島麗逸君や中兼君とは一緒に統計調査をしました。中研には菅沼正久君がいましたし、関西には加藤弘之君など若い研究者が出始めていました。

——それらの雑誌のデータに信憑性はあったのですか？

専門家を読者として発行されていますから、信憑性を疑うとすれば限りがありませんが、明らかに歪曲しているようなケースは見つかりませんでした。

——今の中国経済について、どのような関心をお持ちですか？

二〇〇六年の一二月末から体調不良で外出をしていません。机に向かう分には差し支えないのですが、最近は少し怠けた方がいいかなと思っています。最後のまとめで中国経済を総ざらいしています。

いまの問題意識は、なぜ中国は効率性を気にせずにわが道を歩んでこのような成果を上げてきたのかということです。効率を重んじるような方向転換をしたロシアが一〇年のマイナス成長で、成長の大きな窪みとなりました。その後石油の値上がりがあって持ち直したものの、ロシアの経済は不安定です。そのロシアとの比較をしてみたいです。もう一つはインドとの比較です。インドは民主的な政治体制ですが、あまりにも多様であり、極端に貧困です。今度の金融危機で打撃は大きなものがあります。

中国が着実にわが道を進んでいることを際立たせるためには、ロシアとインドとの比較が、補論的であれ欠かせないと思います。それをどのようにまとめようかと考えています。

解説

石川滋は本書が扱う範囲で、一九五二年から六六年まで、中国経済論を中心に一一本の記事がある。インタビューを行なった方々のなかでは、安藤彦太郎（一九一七年生まれ）と並んで最高齢である。インタビュー採録にあたっては、高齢のため、石川のチェックを経ることはしていないが、石川より恵贈された、「石川滋教授略歴および業績」（『城西大学大学院研究年報』一九号、二〇〇三年）と「中国経済研究の事始め」（原稿、二〇〇八年八月二〇日）の資料に依拠して照合作業を行なった。

石川の弟子にあたる小島麗逸から「ちょっとしたミスも見逃さない厳格な先生」と聞いていたし、石川の著書は経済統計を数式処理した横組みの学術書ばかりなので、専門の話題に入ったらつらいだろうなあ、と案じながら、井の頭線沿線の閑静な住宅街の御宅にお邪魔し、専門書が整然と収められた書架に囲まれた応接室でお話をうかがった。その脇の書斎には、書きかけの原稿が机上に置かれていたような気がする。体調を崩してから出歩くこともなくなり、ちゃんと質問に答えられるかどうか心配だとおっしゃっていたが、話題はこちらの関心と理解力を察知してか、経済学説に踏み込むことはなく、ご自身の経歴をゆったりと訥々と回顧された。記憶はしっかりしていて、厳格な風格は削ぎ落とされて、篤実なアカデミシャンという印象を強く持った。

弟子の小島が一橋大学で村松祐次（一九一一—七四）と石川に師事したのに対し、石川はインタビューでは一橋大学の前身の東京商科大学において高橋泰蔵（一九〇五—八九）が指導教授だったと言っている。さらに、「中国経済研究の事始め」によれば、その他に根岸佶（一八七四—一九七一）の「東洋経済事情」の講義を受講し、当時の住まいが近所であったことから、個人的な指導も受けたという。時事通信社時代には入江啓四郎の薫陶を受け、入江について「先生にとっては国際ニュースの多くの切片が、クリッピングに値する研究資料だった。人格、広い意味の識見をあわせて、入江先生は私が接した最高の学者の一人であり、研究者としての出発点でその指導を受けたことはこの上ない幸であった」（「中国経済研究の事始め」）との印象を書きとめている。入江は石川の研究者としての本領を見抜き、ジャーナリストとしてだけではなく、アジア政経学会で研究者としてのキャリアを積ませた。そして石川に研究職のポストを用意したのが都留重人・一橋大学経済研究所所長であり、中国経済研究のプロジェクトの推進と後進の研究指導を委嘱したのが東畑精一・アジア経済研究所所長であった。

石川の研究業績とその手堅い手法を見ると、特派員として報道の最前線で旺盛に取材記事を送っていた前歴のあることは意外の感が強い。石川は先輩上司にあたる入江をジャーナリストとしてよりはむしろ研究者として評価し、また香港支局では欧米記者との情報交換を重視し、香港で購買されていた新聞各紙を比較考量しながら中国情報にアクセスした。こういうスタイルは、日本の中国報道記者の多くが伝統的に、そして今もなお語学のスペシャリスト出身であることからすれば、珍しいタイプである。

石川が積極的に論壇に中国経済論を寄稿した時期は、統計情報が秘匿され、市場経済ではなく計画経済システムが布かれていた。この制約された条件のなかで、石川は中国経済の伝統的な仕組みを押さえた上で、政府のプロパガンダや、中国という文明風土の特殊事情に惑わされずに、『人民日報』などで断片的に現われた経済指標を手がかりに、物流と数量データに眼を凝らし、マクロ経済的アプローチから国民所得推計を行ない、組織的マンパワーを動員して産業別セクターの経済統計を集積し、中国経済の長期展望を行なってきた。同時代の研究者で石川のような中国経済のマクロ経済分析を行なったものはおらず、石川の学問的業績は海外、特に欧米の学界によって高く評価された。

石川の書架には今もインタビューで言及されていた『計画経済』『統計経済』がきれいに合本されて収められていた。これを携えて石川は五七年八月、ハーバード大学東アジア研究センターのフェローとしてアメリカに赴いたのであった。

「一九五八年から一九七七年（毛・周死去の年）にいたる中国は、これらの情報がほとんど完全に秘匿、或いは管理の下におかれた時代であった。それに先立つ一九四九—一九五七年の間にはそれらは、意図的ではないものの、政府自体が情報の収集・管理の能力に不足していた。しかしその能力を構築するための真剣な努力が「国家計画委員会」および「国家統計局」を中心として繰り広げられ、その努力とともに成果として新しい統計用語の概念、定義および数値が『統計工作』、『計画経済』、『労働』やその他各部門の機関誌を通じて次々に公表されていた。統計情報が管理される時代に入って後は、何らかの数字情報を土台にもたねばならない分析は、一九五八年以前の時期にえられた数量的分析の上に定性的情報による趨勢の判断を重ねて推測するよりほかなくなった。中国はそのような時代に入ろうとしていた。」（「事始め」）

石川の学風を一言でいえば、電話でおっしゃっていたように、「自分の持っているツールで、ニュートラルな立場から、真実を客観的に明らかにしたい」ということに尽きよう。

文革の勃発した六六年以降、石川は論壇での発言を控えるようになり、活動拠点を学術圏での研究に絞っていくことになる。代わって論壇での中国経済論を継ぐ恰好になるのが、石川の弟子にあたる小島麗逸であった。

2　竹内実　一身で日中二つの生を生きる

二〇〇九年五月二日　大阪駅前のビル

竹内実（たけうち・みのる）　一九二三年中国山東省生まれ。一九四九年京都大学文学部中国文学科卒業、東京都立大学助教授、京都大学人文科学研究所所長、立命館大学教授、北京日本学研究センター教授、杭州大学教授などを歴任。京都大学名誉教授。九二年、福岡アジア文化賞（国内学術部門）。専門は中国文学、現代中国論。著書、『毛沢東　その詩と人生』（武田泰淳と共著、文藝春秋新社、一九六五年）、『日本人にとっての中国像』（春秋社、一九六六年）、『中国　同時代の知識人』（合同出版、一九六七年）、『中国の思想――伝統と現代』（NHKブックス、一九六七年）、『現代中国の文学』（研究社、一九七二年）、『毛沢東と中国共産党』（中公新書、一九七二年）、『増補　毛沢東ノート』（新泉社、一九七八年）、『現代中国の展開』（NHKブックス、一九八七年）、『中国文学最新事情』（萩野脩二と共編著、サイマル出版会、一九八七年）、『毛沢東』（岩波新書、一九八九年）、『毛沢東語録』（平凡社ライブラリー、一九九五年）、『中国　歴史の旅』（朝日選書、一九九八年）、『新版　中国の思想』（NHKブックス、一九九九年）、『北京』（文春文庫、一九九九年）、『中国　長江歴史の旅』（朝日選書、二〇〇三年）、『中国――欲望の経済学』（蒼蒼社、二〇〇四年）、『岩波漢詩紀行辞典』（岩波書店、二〇〇六年）、『コオロギと革命の中国』（PHP新書、二〇〇八年）、『中国という世界』（岩波新書、二〇〇九年）

――北京で先生の著作集が出ましたね。

全一〇巻です。編訳者は程麻さんで、かれの本名は程広林。广と林を合体させてペンネームにした。中国社会科学院の文学研究所。佛教大学の吉田富夫先生が招いて知り合いました。日本に二、三度来ているうち、わたしの著作集を出すと言いだしたので、「わたしの文章など価値はないからやめなさい」と忠告したのですが、二、三年して北京日本学研究センター主任教授として北京に行ったら、友誼賓館に泊まっていたわたしを訪ねてきて、「北京図書館所蔵の著作をすべて調べた。コピー代がばかにならない」と言うのです。徹底的に第一次資料を調べる態度に胸を打たれ、せっかく一生けんめい調べておられるのに「価値がない」と水をかけるのは失礼だと反省しました。その後、交流基金などに申請して日本に来て、関西の図書館はほとんど調べ、わたしの全著作リストをつくり一〇巻に翻訳・編集して、出版社も見つけたのです。そのうち毛沢東の詩詞については張会才先生の訳があり、それをいれました。

文聯出版社から出版され二〇〇六年に完結しました。現在は版元品切れで全巻揃わないようです。

最初は二、三冊まとめて出版され、そのとき出版記念会が中国の慣行だというので、北京大学にいた林振江さんにお世話になりました。会場には武者小路千家・千宗守家元のお軸を飾って雰囲気をまとめ、カルビー株式会社の松尾聰会長（当時）、中田康雄ＣＥＯ（現在）、北京大学のカルビーの講座に出講された立花隆先生にも出席していただきました。カルビーはかねて北京大学との文化交流に熱心で、その関係から林振江先生にもお世話になったのです。

程麻さんのおかげで全著作の目録ができました。程麻さんは私の評伝も準備していますが、来日の旅費と滞在費の工面がつきません。

いっぽう、日本でわたしの著作集を出してあげようという話が桜美林大学教授・北東アジア綜合研究所長の川西重忠さんからあって、拙文を出版します。文化大革命、うごく中国、映像と文学というまとめで、全三冊、各巻約三〇〇頁。いずれも同時代の中国を論評した拙文です。それぞれ「解題」もつけました。私が文革について当時どう受けとめたかについての経緯も補足します。すでに原稿を渡し、初校はおわりました。紀伊國屋書店が販売して下さるとのことです

――先生のお生まれは済南ですか？

「お生まれ」などといわれると恥ずかしいですが、山東省のいなかまちの張店というところで、いまの地図では淄博（ツーポ）と記載されています。当時のことは「私のなかの紅衛兵」（『新日本文学』一九六六年一一月号）に書きました。

――お父様はどんなお仕事をなさっていたのですか？

父は日本人向けの旅館を開いていました。地主が馬賊に拉致されたのを父が救出したのが縁で、土地を貸してくれたのだそうです。いま考えると四合院を一つそっくり改造して純和風の部屋が二つ、ほかはタタミ敷きの部屋が二部屋ありました。父はわたしが五歳のとき亡くなり、あとは母が経営していたのです。いちど馬賊が泊まったことがあります。小学校から帰ってくると、母が「馬賊が泊っているから見てきなさい」というので、その部屋に行ってみると、畳の上にゴロッと横になって阿片を吸っていました。母の話では、その晩、土地の金持とか警察署長とか有力な商人を呼んで賭けマージャンをして、みんなが負けて、賭け金を馬賊にやって帰ってもらったそうです。金をやらなければ掠奪されるからです。もしかすると、かつて地主を拉致した馬賊で、馬賊は地主をつうじてこの日本人旅館に泊ったのでしょう。張店の日本人は四、五〇人はいたでしょうか。山東ブームは消え、残り火を守るようにして細々と暮らしていた。

山東ブームというのは、第一次大戦でドイツが負けて、日本人が山東省に出てきたのですね。当時は、新占領地の青島はなかなか人気があったようです。張店から分かれる鉄道の支線に炭鉱があり、そこの日本人社員が町に出るとなると、青島は距離があり、遠いので、近くで日本料理が食べられるとなると張店のわが旅館しかない。

そのうち満洲国ができたので、母は新京（今の長春）に移住したのです。康徳元年（昭和九年、一九三四年）の三月のことでした。アパートを建てた。小学校卒業のとき、わたしは体が虚弱だったので担任の先生から「大学までの進学は無理だ、商業学校に行きなさい」と言われて、新京商業に入り、一年休学したけれども、昭和一七（一九四二）年三月に東京の二松学舎専門学校に入学した。翌年文科系の徴兵猶予がなくなり、一二月、「学徒出陣」で豊橋の工兵隊に入営しました。入隊して四カ月で陸軍病院に入院、ずっと日本国内だった。終戦の二カ月前に除隊、もう満洲に帰れず、翌年、京都大学に入学したのです。

――中国で暮らしておられたので中国語はできたのですか？

そのような日中関係ではなかった。中国語をしゃべれる日本人はまわりにいませんでした。日本人は中国語を学ぼうとしなかった。必要なときは片言の中国語で指示していた。小学校三年になった時、母が中国語を習わせようと思いつき、張店の日本人の青年三、四人が始めていた中国語を学ぶグループに加わったのですが、一カ月ほどすると、わたし一人しかいなくなった。それでわたしの家庭教師をお願いした。その先生にはいまも感謝しています。当時は教科書らしい教科書はなく、『急就篇』という会話の本が教科書で、ただ先生のくちマネをして、先生のあとについて声を上げて読み、同じように発音できるまで、くりかえしマネをして言いなおし、発音をおぼえたのです。

――京都大学時代の先生はどなたでしたか？

倉石武四郎先生です。東大との兼任で、京大の先生方は両方に出講する倉石先生をたぶん嫌っていたのでしょう、制度が変わって兼任を認めないと文部省が決めた。そうすると、倉石先生のいない教授会で、東大専任の決議をした。私も倉石先生にくっついていく形で東京に出て、東大の大学院に入りました。学部につづいて育英会の奨学金の貸与をうけた。これは大学院修了後、すべて返済しました。

――倉石先生の中国語は身につきましたか？

当時の大学生は、学部とか大学院で語学をものにしようという考えはなかった。ご質問の「身につく」とか、「つかない」とかがどういう疑問なのかわかりません。大学で中国語を学ぼうとわたしは考えたことはないのです。たぶん戦後の新制大学のカリキュラムが外国語を身につける教育をうたったので、こういう質問になったのでしょうね。一九四六年に謝冰心先生が来日されました。ご夫君は文化人類学者の呉文藻先生です。倉石先生は謝冰心先生の児童文学の一冊を戦争中に翻訳しておられたので、わたしをつれて有栖川公園の近くの謝先生のお宅を訪ね、東大出講を依頼されました。

謝先生の授業は中国語で、老舎の『二馬』など、一段読んではその箇所の面白い点などに解説を加えた。聴講する人は中文以外からも来て、教室はまあまあの入りだったけれども、じつは皆さんは中国語の聴き取り能力がない。倉石先生に命じられ私が通訳をしました。あるとき、講義の始まるまえだったか、謝先生がわたしになにかと質問され、「アルバイトしながら勉強している」と言うと眉をひそめられた。わたしはそのように人から同情されたのは初めてで、謝先生がほんとうに同情して下さっているのがわかって、「あっ、これがヒューマニズムというものか」と感じました。それからわたしに日本語を習いたいという代表団のある方を紹介して下さって、その方のアルバイト代もよかった。わたしがとにかく大学院生活がつづいたのは一つは謝先生のおかげです。いまも感謝しています。

京都大学を卒業した年に新中国ができた。サンフランシスコ条約締結の翌年の一九五二年に、わたしは生まれてはじめてデモに参加し、メーデーの隊列が皇居前広場に突入して死者が出るという事件があった。このとき亡くなった高橋さんは夜学の中国語講習会に来ていて、わたしのクラスにも出席していた。謝冰心先生は、この前後にはご主人の呉文藻先生が国民党政府の代表団を辞められていたようで、中国大陸に帰ることになった。もちろんわたしたちにはそんな話はされず、アメリカの大学から招聘が来たのでという名目で日本を離れて香港に行き、香港からはアメリカに行かず、北京に行かれました。中国本土では大喜びで大歓迎されたようです。この行動はわたしたちにかなりの影響がありました。

——中国学は誰に習われたのですか?

吉川幸次郎先生の杜甫の講義を聴講しました。吉川先生はずっと東方文化研究所におられたのですが、わたしが二回生のとき、文学部の教授になられ、文学史の講義も担当され、そのときのノートはずっと持っていました。杜甫についての授業では、杜甫を力説されているのはわかりましたが、そのよさがわかりませんでした。わたしは大手拓次とか萩原朔太郎とか北原白秋とか宮沢賢治とかにかぶれていて、杜甫のよさがわからなかった。「中国文学は人類の遺産だ」と教えられました。貝塚茂樹先生の古代史の授業もとっていましたが、声が小さくてよく聞き取れませんでした。

——京都では青木正児先生の授業は受けられましたか?

青木先生は一学期は病気休講で二学期から聴講しました。先生の授業はよかった。しかし、自分に気持の余裕がないとああいう研究はできないですね。あるテーマを追うのに便利な類書を活用するといったことは教わらなかった。東京でメーデー事件の影響を受けて、その後、左傾して北京から入る『人民文学』を読むようになって、自分は現代中国をやるんだと決めていたものの、国際関係論などの講義は文学部になく、「現代」について考えていなかった。『人民文学』の文学作品や『文藝報』の評論が「大衆」を持ち上げるので「大衆」に関心をもつようになった。しかし観念的で中国の民衆の生活はよく知らなかった。中国にいたとき「大衆」に触れていなかったと反省した。地主と小作人の関係など、小学生に分かるはずはなかった。

――中国の当代文学はどこで学ばれたのですか？

ご質問からすると、大学で「現代文学」という講義があったようにとられているようですが、まだ海のものとも山のものとも分からなかったのです。東京へ行ってしばらくしてから『人民文学』が入荷するようになり、これを読みました。倉石先生の配慮で東大の助手の部屋に机を置かせてもらいました。倉石先生が、留学生の孫君に方言の手引きをしてもらいましたが、照れくさくてあまり坐っていなかった。東大の中国学には宇野精一先生や加藤常賢先生もおられましたが、講義は聞いていません。

――当時、東大に丸山昇先生はおられましたか？

わたしの大学院の二年か三年の時に駒場から数名、上がってきました。教養学部で中国語を専攻し中国語ができるという触れこみだったのですが、じつは全然できない。そのうち丸山君は日本共産党の選挙応援かなにかで逮捕されて、わたしは東大の救援活動に使われた。たぶん細胞のキャップだったT君に「留置場に会いに行け」と命じられました。T君は人に命令するのが上手だった。卒業すると『赤旗』記者になりました。丸山君に面会に行くと、警官がそばに立ち会っているので、わたしは暗号のつもりで中国語で話しかけたのですが、いま思うと丸山君は聞きとれなかったのですね。駒場では工藤篁《たかむら》先生が教えておられたのですが、独特の教授法で、原文の一字一字問題提起して議論するやりかたで、カリスマ的に学生の心をつかんでいました。しかし中国語は身につかない。倉石先生はわたしに発音を教えるように命じられ、東大の中文図書室で一、二回教えましたが、学生が来ないのでやめになった。ついで倉石先生の主宰で開いていた神田の夜の中国語の講習会があり、わたしは初級を担当していました。倉石先生はそこに「出席して竹内に発音をならいなさい」と言われていたのですが、一、二回でだれも来なくなった。いま漢詩で活躍しておられる石川忠久先生が、一、二度神田の講習会に出席されたのを覚えています。

丸山昇君は一貫してわたしに親近感を持ってくれたのです。丸山君に確かめたかったのだけど、文革が始まってから『赤旗』が一ページ使って新島淳良批判をした。何の用だったか忘れましたが、渋谷で丸山君のクルマに乗せてもらった。丸山君は座席の下からこの『赤旗』をとりだして見せてくれた。もしかしたら丸山君が書いたのではないかと思うのです。その文章を確認したかったのですが、日本共産党も、中国共産党を批判するのに、中国共産党のやり方で、まずインテリ批判からはじめたのではないか。

――そのころ『人民文学』はどのようにして入手したのですか？

東大の研究室に売りに来た人がいて、手渡しで購読できるようになった。たぶん香港経由の国際郵便物として入ってきたのでしょう。そのうち「大安《だいあん》」という店もできて、『毛沢東選集』も入荷するようになった。届くのに一週間以上かかっていた新聞が、京都大学の人文科学研究所に就職した一九七〇年代、二日で届くようになって驚きました。文革の時期には香港の亡命中国人が『展望』という雑誌を出していました。中国の政治を人間関係で見るのに特色があり内部の派閥に詳しい。これも取っていました。

――いつから航空便で『人民文学』を注文したのですか?

さっきも言ったように、『人民文学』と『文藝報』を東大の研究室に持ってきた人がいた。航空便ではなかったでしょう。いつから航空便になったか覚えていません。この二つは創刊号から文革による休刊号まで揃え、京都産業大学に入れました。文革のときの『人民日報』『光明日報』の揃いは京都大学東洋学文献センターに入っています。一〇〇冊のスクラップ・ブックになっています。他のわたしの蔵書は福岡市総合図書館に寄贈しています。第一回の寄贈は八〇〇〇冊ありました。竹内実文庫といいます。

――当時他にどういう人が同時代の雑誌を講読していましたか?

気にしていなかったから分かりませんが、いなかったでしょう。H君なんか、駒場時代から『新日本文学』と関係があって、当然のような顔をしてわたしから借りていって、『新日本文学』にかっこいい論文を書いていました。その議論はうまくまとまっていてなるほどと感心した。M君も大学で処分をうけていたとき、岩波書店の『文学』に頼まれたと言って、倉石先生がわたしを呼んで「資料を貸してやれ」と言われて貸しました。先生はわたしに執筆させる気はまるでなかった。いまおもうとわたしはバカにされていたのでしょう。わたしは夜学の中国語初歩の講師だった。

――当時、中国文学研究会には加わりませんでしたか?

加わりませんでした。そういう集まりがあるのも知らなかった。岡崎俊夫、千田九一、小野忍、武田泰淳、竹内好さんとかいましたが、別世界の人と思っていた。あとで知ったのですが、T君、H君そのほか次の世代(わたしの世代)の人がそういう有名な人にくっついて群れをつくっていた。わたしはそれを知らなかったのです。中国研究所にいたとき、武田さんが原稿を書く助手がほしいといって、野原四郎さんに話し、野原さんからわたしに話があって、手伝って、宋慶齢のことを調べ、原稿の下書きを書いてアルバイト代をもらいました。武田さんにはわたしは親近感を持っていました。

そのあと、竹内好先生が慶應大学から東京都立大学に招かれ、慶應の学生だった松井博光君も都立大学に来て、わたしも同じ職場で、二人とも助手をしていて魯迅の会の集まりにも出ました。

――最初の著書になる『毛沢東　その詩と人生』(文藝春秋新社、一九六五年)の出版は、武田泰淳さんとの共著ですが、どういう経緯だったのですか?

偶然です。青木功一さん(当時文藝春秋新社の編集者)が都立大学出身だったためか、都立大学に拾われたばかりのわたしに親近感があったのでしょう。たぶん極東書店かで出版されたばかりの毛沢東の詩集を見つけてきて、「これを訳しなさい」と言った。社長の池島信平は左翼嫌いなので、青木さんは、武田泰淳さんに共著者になってもらうことを思いついて、武田さんに頼んだ。青木さんも編集者になりたてで、がんばってくれました。

わたしは、そういうことを知らず、仕事にかかり、まず詩を訳した。当時は「漢文」が勢力があった。中国の古典にはまず訓読をつけた。訓読は日本語の文語ですから、それをまたふつうの日本語に訳して意味がわかるようにした。いわば二度、翻訳をして手間をかけたのです。しかしわたしは、きっと毛沢東の詩は引用されるだろうから、引用句だけで意味が分かる訳にしようと思い、詩の訳は日本文としての文語脈はいくらか残し、自由に訳をつけた。たとえば毛沢東の「望断」に「(空飛ぶ雁を) まなこ (眼) こらし消ゆるまでみぬ」と訳をつけた。当時公表された詩は三七首で、まずこれにぜんぶ訳をつけたのですが、これを青木さんが武田さんに見せたところ、青木君を通じて武田さんの返事は「これでよい」ということでした。永井荷風とか上田敏のフランス詩の訳が好きだったので、その格調を生かした。武田さんは詩の訳も本文の解説も一字も訂正しませんでした。二カ所ほど歴史的記述について訂正意見をのべただけです。まもなく武田さんが中国に行かれるというので、『星火燎原』という回想録のシリーズや、抗日戦争・国共内戦時期の地図などを買ってきてもらいました。武田さんは北京の軍事博物館で買われた。中国の人たちは武田さんがゴッソリ資料を買うのを不思議そうに見ていたそうです。革命戦争の経過など、わたしは紅軍の兵士にインタビューするつもりで『星火燎原』の回想録をひらいて書きました。

——共著となっていますが、武田さんは書かれていますか?

武田さんは「あとがき」だけは書きましたが、本文は一字も書いていません。

——確認したところでは、先生が論壇に登場されるのは、『中央公論』の一九五六年一一月号が初めてですね (「中国における政治のリアリズムと文学のリアリズム——蕭軍批判をめぐって」)。

そうですね。蕭軍には安部公房さんが目をつけていて、わたしに示唆してくれたのです。安部さんは「現在の会」というのをやっていて、私はその会に加わった。安部さんの『けものたちは故郷をめざす』は蕭軍の「三人行」がヒントになったのではないかとわたしは思っています。

——中国研究所に入るきっかけは何だったのですか?

東大大学院で論文を出した後、中国研究所に、(いまおもえば)「就職」した。中国研究所は岩村三千夫さんが牛耳っていて、かれの発案で若手も入れようということになって、佐藤剛弘君 (?) がまず入所し、佐藤君を通じてわたしと新島淳良君を入れた。交通費だけ支給されて、原稿を書くと原稿料をもらった。

新島君は旧制東大中退で、研究所の二階にちゃんとかれの机がありましたが、わたしの机はありませんでした。新島君は「ぼくがいないときは使っていいよ」と言ってくれました。同じ時期に就職して、どうして差があるのか（いまおもうと不思議ですが）、新島君の父上は『山と渓谷』誌の出版社社長でした。新島君はアッというまに倉石先生の主宰する中国語講習会の講師になり、講習生には人気がありました。あるとき、研究所の狭い階段ですれちがったとき、すごい目で睨まれたことがあります。わけが分からなかった。どうしてか、いまでも分かりません。わたしが都立大学に就職したとき、別れの色紙のよせがきに、「よきライバルたらん」とサインしてくれ、わたしは初めてそういう人間関係があるのかと分かった。そのうちかれは早稲田大学の安藤彦太郎先生と親しくなり、北京のシンポジウムにも参加しました。

　中国研究所の刊行物に『中国研究月報』というのがあり、最初に『月報』に書いたのが「中国の大衆娯楽」でした。ほかに材料がなかったのです（七六号一九五四年六月号、新島淳良と共著、それ以前に竹内が『中国研究月報』に寄稿したものとして、七〇号一九五三年一二月号特集「新中国とソ同盟の援助」での「両国文化交流の成果」がある）。そのうちに「中国像」というテーマを思いついた。日本の近現代文学で中国がどう描かれたか、あとをたどった（「昭和文学における中国像」『中国研究月報』一〇六号、一九五六年一二月）。どういういきさつか、こまかいことは忘れましたが、法政大学の西田勝さんが積極的に興味を示してきて、半分書くといってくれましたが、けっきょくかれは書きませんでした。それでわたしが『月報』一冊ぜんぶ書いた。そのうち春秋社がまとめて出してくれました（『日本人にとっての中国像』一九六六年）。

――中研には竹内さんと同様の研究をなさる光岡玄さんがいらっしゃいました。

　光岡君はあとから入ってきました。愛知大学出身で愛大の先生の紹介で入ってきた。ふたりで市ヶ谷駅近くで原水爆反対の署名を集めた。ところが、その年か翌年に中国が原爆実験をした（一九六四年）。わたしは光岡君に、「署名してくれた人に署名を返しにいこう」と言った。そして『新日本文学』に中国の原爆実験を非難する文章を書きました。いま思うと、それほど信念があったわけではなく、たんに原水爆反対という考えでした。それから、わたしは中国側から問題視されるようになったのですが、そういう「日中関係」は知らなかった。日本の論壇ではすでに毛沢東批判が始まっていましたが、わたしは政治問題については文章を書いていません。

――当時は中国の政治については激しい論議がありましたが、なぜあまり発言しなかったのですか？

　そういう議論になじめなかったのです。社会科学系統の学者が議論していたけれども、理解できなかった。予備知識もなかった。議論の前提になる発想もなかった。のちに『毛沢東と中国共産党』を中公新書で書きました（一九七二年）。それは毛沢東と中国共産党は二つが別々で、中国共産党は毛沢東に率いられていると書いた。中国共産党を官僚の集団として考えた。いまでも愛着がある本ですが、当時は編集担当者に「書評は出ませんよ」と言われました。これには中国共産党とコミンテルンとの関係は書いていない。資料がなかったからです。いまならボロジン〔コミンテルン駐中国代表のロシア生まれのユダヤ人〕などを例にして、第一次国共合作の初めから、コミンテルンが指導し、影響を与えていたと書くでしょう。

――「昭和文学における中国像」を『月報』に書いたときの所内の反応はいかがでしたか?

校正刷のとき、「中国像」が「中国」となっていた。割付けを担当していた鶴田さんが削ったのでしょう。わたしはもとにもどした。

岩村三千夫さんはあまり賛成ではなかったようですが、口に出して言わなかった。岩村さんは讀賣新聞の上海特派員だった方で、西安事件のとき、蒋介石は生きているという見通しをいち早く日本に報道したと、わたしに語った。尾崎庄太郎先生など、左翼の生き残りがたむろしていました。わたしはいわゆる「友好運動」は戦中と戦後がつながらないと思っていました。子供のころ、シナ、シナとバカにする大人を見ましたから。日本のインテリに不信感がありました。戦争中、いわゆる宣撫班に加わり軍刀をさげていた方も(友好協会に)おられたようです。捕虜を斬ったとバクロされた方もいた。それで文学作品を通じて中国を見たのです。そういうことを、当時の日中友好運動をする人たちは古傷に触られるので認めたくなかったのでしょうね。私は中国像と戦争責任・戦争賠償の問題をやっていこうと思ったのです。

――一九四五年からサンフランシスコ条約ができるまであたりの日本の中国論には、日本共産党にかかわった人の書いたものが大変多かったように見えます。先生は日本共産党には加わらなかったのですか?

メーデーにさそわれて、はじめてデモで歩いたのですが、このときの刺激が強く、やたら興奮して、その年一九五二年に入党した。そして六二年に脱退届を出しました。はじめは下宿していた地域の、脱退したときは都立大学の細胞にいて、都立大学の細胞は脱退を認めてくれたのですが、代々木の本部は認めず、除名の通知をよこしました。そのとき安部公房たちも除名処分を受けていますが、相談したわけではありません。わたしははじめ居住していた町内の細胞で、ビラ貼りとかそういう作業ばかりやらされていました。分裂騒ぎを体験して新日本文学会に入ったというふうに誤解されているかもしれませんが、そういうことはありません。新日本文学会のどの派閥に入るなど、考えなかったのです。無知だった。

――その前の日共五〇年問題についてはどうでした?

東大の中文研究室に出入りしていた学生諸君はほとんど国際派で、かれら(H君など)の宮本顕治崇拝はすごかった。しかしわたしは東大細胞には所属していなかったし、分裂騒ぎは知らないのです。

――日共との関わりにおいて、中国研究所内部ではどうでしたか？

一九六六年に日共と中共との決裂騒ぎがあって、所長の平野義太郎を所員が追い出したようです。このときは、わたしは中国研究所とも日中友好協会とも文化交流協会とも無関係でした。紛争のこまかいいきさつは知りません。

私は、その前後、ＡＡ作家会議に顔を出していましたが、中国からの報道などでＡＡ作家会議にも「修正主義分子がいる」などと書かれて、ＡＡ会議とも縁を切った。ＡＡには堀田善衛さんががんばっていましたが、やがてスペインに行きましたね。日本の文化界の代表になって中国に行く話も一時はあったようです。西園寺公一さんは一九五八年に一家を挙げて北京に移っていました。くわしいことは知りません。

――ＡＡ作家会議の堀田善衛さんや野間宏さんは、中国とも浅からぬ縁のある方々ですが、付き合っていましたか？

私は深い関係ではありませんでしたが、堀田さんにはバーベキューの集まりなどに招いていただいたことがあります。野間さんは新日本文学会（新日文）と対立する『文学の友』という雑誌を出していて、わたしに親近感を示してくれて、雑誌に寄稿を頼まれましたが、この雑誌はまもなくつぶれました。安保のとき訪中した文学代表団にわたしが入れてもらったのはどういういきさつだったのか、たぶん野間さんの推薦だったのでしょう。

野間さんから聞いた話では、彼は日本共産党内で近代主義者だとレッテルを貼られて、宮本顕治に呼び出されて、自分を批判する集会に出ていた。そのうち宮本百合子がこんな会には耐えられないと言って、野間批判の集まりは消えたということです。「近代主義」は、当時の日本の左翼のインテリのあいだではマイナスのイメージだった。竹内好さんも「日本共産党は近代主義だ」とレッテルを貼ったと記憶します。

なぜそんなに近代主義批判をしたのかというと、戦中の「近代の超克」から来ているのでしょうね。日本の近代はダメで、これが戦争を引き起こしたというわけです。「近代の超克」での「近代」は何かというと、ヨーロッパ文明、とくにフランス文化です。ナチス・ドイツがパリを占領した。そうすると日本のインテリはがらがらっと自信を失った。「ナチス・ドイツはりっぱだ」とまでは言えなくて、「近代の超克」という概念をもちだした。「超克」して「日本主義」にもどったといえるかもしれません。けれども、「日本主義」の内容が正体不明でした。横光利一は戦中戦後とくに「日本主義」にとりつかれていたけれど、彼のいう「日本主義」の文化の原型ははっきりしない。このように、わたしは、じぶんではまとめているのです。

――同じ都立大学に勤めていながら竹内好先生との接点があまり見られないのですが、どういうお付合いでしたか？

都立大学に就職したのは、中国語の講師が欠けていたからで、この人事は永島栄一郎先生が私に声をかけてくれたのです。永島先生は学生に「中国語の先生に誰かいないか」と尋ね、中国語講習会で私のクラスにきていた学生が私の名を挙げた。

「魯迅友の会」は、慶應大学を辞めて都立大学に移っていた松井博光さんが世話役をしていて、声をかけられて出席したことがあります。会で報告をしたこともあります。私はあちこちで講演を頼まれると、見聞した人民公社の話をしていたのですが、竹内好先生に、「人民公社をあまり持ち上げない方がいい」という意味のことをいわれた記憶があります。香港に亡命したインテリがいて、好氏に会って食糧難のことを話したりして、実情が分かっていたのでしょう。

一九四四年に出た好さんの『魯迅』を京都で読んだとき、よく分からなかった。自分で勝手に魯迅像をつくっていると思いました。魯迅は「絶対的矛盾の自己同一だ」と西田哲学ばりのことを書いていますね。その前年に武田泰淳の『司馬遷』が出た。あれに好さんはショックを受けたのではないでしょうか。『司馬遷』にも結論はないのです。ポオの『ユリイカ』というのを持ってきて結論にしています。ただしわたしに『ユリイカ』が分かっていたというわけではありませんが。

――竹内好先生から先生に何か仕事のお願いをされたようなことはありましたか?

それもない。家族ぐるみで中国研究所にいて暮らしていた浅川謙次先生から聞いた話では、竹内好が戦争末期に「日本共産党に入党したい」と言ってきたことがあるそうです。あるいは小野忍さんから聞いたのかなあ。好さんが小野さんにそんなことを言うことはないと思うけど。

竹内好さんは、外務省文化事業部の補助金で北京に留学したことを、当時は一言も書いていないですね〔のちに高橋和巳との対談「文学　反抗　革命」『群像』一九六九年三月号、一四六頁で語っている〕。しかし、これは私の勝手な想像かもしれません。そのことが悪いというわけではありません。都立大の私の人事には、竹内好先生、松枝茂夫先生ははじめ賛成ではなかった気配がありますが、これは私のたんなる想像です。

――先生は一九五八年に訪中されていますが、そのときが戦後の訪中の最初ですか?

メーデー事件の後、一九五三年夏に天津に行ったのが最初です。七月二日に神戸港を出航した、中国人俘虜殉難者の遺骨五五一柱を送還する特別仕立ての船でした。中国は外国船に中国語の通訳を乗船させることを義務づけたので通訳が必要でした。日本の仏教界に日本に強制連行され死去した中国人の遺骨を返還するという運動があり、東海汽船の黒潮丸を借り切って中国に行ったのです。外務省が陰ながらかんで、私を通訳にという話があり、行きました。船の通訳ですから北京には行けなかった。天津では海員クラブに行ったり、街を歩いたりしました。感激しましたね。

遺骨を迎えて廖承志さんが演説をしましたが、それを聞き、わたしは涙をながしました。

次に日中友好協会の東京都連が地方議会の議員によびかけて、四七人の訪中団を組織しました。和田和夫さん（ペンネーム）が事務局長で、通訳をつれて行こうということで私が選ばれた。そのときはじめて北京や上海や重慶や瀋陽に行きました。一九五五年一〇月、「六大都市議員代表団」という名称だったかな。団長は北島義彦氏です。東京都の自民党の議長でした。瀋陽の工場で、工場長が「日本が持っていったので工場は惨憺たる状況になりました」と言うと、北島さんは「そんなことはない、ソ連が持っていったのだ」と反論した、彼のことは今でも尊敬しています。

ときどき幼年時代をおもいだし、つくづくわたしは中国の田舎者だったと考えることがあります。日本でも田舎者で、学歴社会のことを知らなかった、中国についての学問があることも知らなかった。

——一九五八年の訪中はどういう経緯ですか？

長崎国旗事件があった。長崎で展覧会かなにかあって中国の国旗が飾られていたのを「右翼」の男がひきおろし、引き裂いたかどうかした。それで中国は、ただちに、一切の交流を断ってきた。日中友好協会の役職にあった、もと上海か大連かで満鉄調査部部長だった伊藤武雄、日本共産党の長老の細川嘉六が、それに誰だったか加わって、国旗事件について反省のアピールを出したのです。友好運動を進めるのについて、中国の好意に甘えていた、それが長崎の国旗事件のような事件を起こした、われわれは反省しなければいけないという趣旨だったようです。これを受けて、中国が招待したのです。それで通訳が必要だという伊藤さんの発案でわたしが加えられた。九月二四日出発の日中国交回復国民会議代表団（団長・風見章）です。北京で話しあいのあと、成都、重慶、武漢、三峡下りをして、鄭州を経て北京に帰りました。大躍進、土法製鋼、人民公社を進めていました。東京農工大学のO先生も同行し、深耕・密植を肯定した。わたしは専門家の意見として傾聴したのです。

——帰国後、そのO先生らと『現代の眼』の座談会に出ていますが（「人民公社と日本の農業」一九六一年七月号）、それは木島力也さんからの依頼ですか？

直接依頼されたわけではありません。とにかく顔を出した。木島力也氏は社長で、総会屋という噂でしたが、話をしたことはありません。木島さんは左翼ではない。編集部は左翼的な動きに敏感に反応しました。あるとき執筆者何人かを銀座に連れて行ってくれて焼肉かなにか食べさせてくれました。狙いはペンクラブの松岡洋子さんで、執筆してくれ、ペンクラブの有名人にも声をかけてくれ、と一生懸命口説いていました。

——そのときの担当者は？

榊原さんでしたかね。そのうち現代評論社の編集者として毛沢東を熱心にとりあげた、いま蒼蒼社社主の中村公省氏と知り合った。かれは独立して、社名を考えてくれと頼まれて、『荘子』の「天の蒼蒼たる」からとった。

——一九六二年にアジア・フォード財団問題が起こったとき、竹内さんは早く批判の文章を出されています。

はじめ、反対の提案に接したときは唐突な印象で、わたしは賛成せず、学術研究の団体がなぜこんな政治問題をやるのかとハガキでよびかけた研究会に返事した。放置しておけばよかったのに、このハガキがもとで憎まれた。東大のある先生の研究室でこれの提案者といっしょになり、離れて坐っていた提案者に聞こえよがしにアテコスリをいわれた。運動がひろがって、わたしもなるほどと思って『現代の眼』に頼まれるままに書いたにすぎません。火付け役ではありません。当時は中国包囲網とかいわれていて紋切り型の批判でした。

そのころは、東洋文庫〔AF財団基金の受入れ機関となった〕はそれほど利用していませんでした。『毛沢東集』〔北望社〕をやるときにお世話になりました。国共内戦期に国民党が共産党の関係資料を没収し、これの写真をワシントン図書館に送った。ワシントン図書館はすべてマイクロフィルムにして世界中の主な図書館に配った。六七年ころ、都立大の大学院生に呼びかけて、毛沢東の全訳をやろうじゃないかと提案した。都立大学の中文の学生の二、三人が廊下に机を一つ二つ出してバリケードのつもりのようだったので、何か勉強の材料にと思ったのです。ちょうど北望社が出版をはじめて、エリクソンの『アイデンティティ』を出していて、出版を持ちかけたのです。

毛沢東を訳すのは難しいというので、わたしは原文で出版しようと提案した。助手をしていた市川宏と藤本幸三両君に呼びかけたところ、両君は毛沢東思想研究会をつくって、学生諸君が東洋文庫に通った。そしたらマイクロフィルムが読めない。ソビエト区の出版物は謄写版印刷で油がにじんで読めない。読めないところは、わたしが東洋文庫に出かけ解読した。毛沢東の決まり文句があるから、上下のつながりで熟読玩味すれば見当がついた。出版するとき、売れる部数をみんなで話しあい、わたしは国内二五〇、海外二五〇部と見積もった。海外の方が注文が多かった。中国語は国際語になったと感じました。一〇巻、とにかく出しました。

——都立大には「民話の会」がありましたね。

村松一弥先生、当時助手の飯倉照平先生が中心でした。六〇年安保で竹内好先生が辞職し、学生は竹内好にあこがれて都立大学に入ったので、わたしなどはどうでもよかったのでしょう。市川宏君らは「柿の会」という集まりをやっていました。徳間書店の徳間康快氏が竹内好に主宰してもらって『中国』という雑誌を出し、かなり影響力があった。さらに「中国の思想」という古典シリーズを出版したのですが、わたしはそれにもかかわりませんでした。

——文革が起きると、岡崎俊夫さんとか、小竹文夫さんとか、村松暎さんが批判的な発言をしていました。

ここに名前のでた方は、すでに業績があり、中国観も確立しておられました。暎さんはいちどお宅に参上した記憶があります。さっぱりした方でした。村松梢風の息子さん〔四男）ですね。梢風は上海事変のころの上海に行っていて旅行記を書いている。村松暎さんは文革中の中国に行って、紅衛兵の本部も訪ねています。紅衛兵はエリートの息子たちのグループがまず出現して、それにおくれて一般の、コネのない紅衛兵が出現、派閥争いをしていた。はじめに出現した派閥を江青たちが利用した。村松さんが訪ねたのはどちらだったか知りませんが、責任者がいなくて要領を得ない。大宅壮一も訪中していますね。村松さんは『紅楼夢』についての論文が『人民文学』に掲載されています。『人民文学』に日本の学者の論文が掲載されたのは珍しい。

小竹文夫さんは同文書院の教授でした。京都大学で学んだ東洋史の秀才です。『中国経済史研究』という著書があって、和辻哲郎の『風土』に引用されていますが、中国の社会についての見解は当たっていますね。武田泰淳さんは小竹さんの家に寄宿していた。

――小竹さんとの交流は？

これもないです。新京商業を卒業して、わたしは同文書院か北京大学に進学しようと思い、荷物もまとめた。実現していれば、どうなっていたことか。岡崎さんは何かの会でお顔を拝見しました。若い人が集まっていて、わたしはとくに話すこともなかった。丁玲の「霞村にいた頃」を訳しておられましたが、わたしはその初版本を入手していて、一般に普及しているのとはちがうことをちらっと話したら、それをH君が自分が知ったことのように岡崎氏に話した。わたしはすぐ二人のうしろにいて、聞いてしまった。

――先生は一貫して中国を文人を中心とする知識人批判を通して見てこられました。

『群像』に「毛沢東に訴う」（一九六八年八月号）を書きました。中国語版『竹内実文集』の第二、三巻には『毛沢東その詩と人生』をはじめ、毛沢東を論評した文章を収めてありますが、翻訳は張会才さんで、先日、初めて張先生の訳文を原文と対照して読んだら、検閲に引っかかるようなところは一部省かれていました。まあ、一つの態度ですね。

中国の田舎者というコンプレックスがあるのかもしれません。通訳としてちょくちょく中国に行きましたが、たぶん同じ若い世代のなかには、それをこころよく思わない人もいたでしょうね。中国のエライヒトから特別に目をかけられたとかいうことはありません。廖承志さんは、わたしが通訳をしているのをそばで聞いていて、間違いを訂正して下さったことがあります。「大陸間弾道弾」などの中国語ははじめて耳にして、それをすぐ訳せといわれてもムリでした。

六〇年六月に野間宏さんが団長で日本文学代表団が訪中したときは周揚に会いました〔このとき竹内は北京の『大公報』一九六〇年六月一一日に「水に落ちた犬を打て」を寄稿している〕。

文革が始まって、私はそのときから、知り合った中国の人や、わたしがほめた中国の作家が批判されたからといって、中国の尻馬に乗って彼らを批判するようなことはしない、原稿料をくれた出版社、ごちそうしてくれた編集者は批判しない、といったいくつかの戒律を自分でつくりました。

その点、N君はぱっと切り替えることができた。中国がエリート教育をしているということを聞くと、中国の教育はすばらしいと言って学会で報告し、その翌年劉少奇路線が批判されると、ぱっと切り替えて、この教育制度を批判する。そういうことがあって、わたしは現代中国学会を退会したのです。中国研究の学会とはすべて関係を持っていないのです。六六年ころ文革が発生し日本で友好運動の分裂さわぎがあったときには、わたしはどんな団体ともすべて関係がなくなっていました。

――その後の訪中はいつですか?

一九六〇年以降行っていなくて、次に行ったのは一九七九年で、一九年間、まあ二〇年間、中国とは無関係だった。文革が始まったとき、一九六六年に朝日新聞が文革視察団を組織して、武田泰淳、高橋和巳、菊地昌典など錚々たる人を組織して視察団を送りました。当時は、中国から招待状が来て、はじめて出発できた。私の名前は新聞社から中国に通知されたはずですが、招待状になかった。

――都立大学から京都に移ったのはどういういきさつですか?

文革のときは東京にいて、一九七三年に京都に移った。都立大学は一九七〇年三月に辞表を出してやめて無職だった。無職だったので、京都大学には「就職」したつもりだったのです。京都大学に話があったので都立大学をやめたわけではありません。わたしを推薦してくださった方、積極的に推進してくださった方には、いまも感謝しています。自分は中国革命に何も貢献していないと、自分なりに考えていたのです。文革にも近づかなかったのに、文革批判として文革にかかわっているように見られていました。宮本顕治批判のビラを送りつけてくれた人もいますが、宮本顕治にくっついていたわけでもない。そのうち六八年ころから学園紛争が起こりますが、学生とも距離を置いていました。学生は学校を封鎖していたので、機動隊が入ってこないよう、機動隊反対の声明を書けと言われたのですが、書きませんでした。

――津村喬さんが一九七一年に先生を早稲田の集会に呼ばれましたね。

津村さんはなつかしい。

七一年は都立大を辞職した翌年ですね。あとで知ったのですが、津村さんは総評の高野実の息子さんで、早稲田の盧溝橋記念の集会にわたしを呼んでくれました。盧溝橋事件は、日本では七夕の日で、「七七」は、わたしにとっては自然の風景の一コマでしたが、日本の侵略戦争はよくないと発言しました。学生が「いまもっとも願っていることは何ですか」と聞くので、「家庭の平和です」、と答えると、ワッと笑った。雰囲気は良かったです。津村さんはのちに新日本文学会に入って、「魯迅と第三世界」などを企画しました。これにはわたしは無関係でした。津村喬さんとの接触は七一年が最初で最後です。

——津村さんは先生の『日本にとっての中国像』に感銘を受けていたようですが、新左翼との関わりはありましたか？

全くないです。その後、当時「赤軍派」だったというO君が立命館大学にたずねてきてくれて、いまもつきあいはありますが、これは政治的な関係ではありません。

——一九七一、七二年頃の日中復交論のときには、日本の戦争責任について積極的に発言されていますね。

いまおもうと、自民党（つまり日本の主流の人たち）は戦争賠償を気にしていたのですね。田中訪中のときに公明党の竹入氏が下交渉をして、周恩来が賠償請求しないと言明したので、竹入氏から話を聞いて田中氏も安心して訪中しますね。そこのところが、わたしにはよくわからないのです。賠償するのは日本のプライドが許さない、といわんばかりです。なぜあれほど戦争賠償を気にしたのか。賠償によって日本経済がたちゆかなくなると危惧したのか。社会の気風として戦争中にシナ、シナといってバカにしていた。子供心に反対でしたね。国交回復と賠償問題の二つを、自分としては柱にしようと思っていた。日中友好協会も国連加盟をうたっていましたが、自分たちの責任は全然追及していませんでした。

——日中国交回復はどう見ていましたか？

国交回復は念願していて、これが実現したときはよかったと思いました。田中訪中には感激した。

共同声明を一生懸命分析して「賠償を求めない」と書いているが、それは「賠償を請求する権利はある。（しかしその権利を行使しない）」ということで、彼らは日本に賠償させる権利は持っているのだ、ということをわれわれは忘れてはいけないと書きました。中国としては田中訪中による国交回復の声明は、日本の国会の批准がないから、「日華条約」と同じように国会批准がほしかったのでしょう。それで出してきたのが「平和友好条約」です。これをひき受けたのが園田直外務大臣で、すごい意気込みでした。自民党の主流は反対だったのですね。新聞も雑誌もテレビも特集を組みました。いまは国際的な環境が変わったから、この条約だけで交流や交渉ができるわけではない。

——竹内好さんも、国交回復においては国民の課題として戦争責任の問題を忘れてはならないと発言していますね。

そうです。若い世代に属し、集まりにも加わっていた秋元君というひとが、竹内さんを慕う若手の仲間と、とある宴会かなにかの席で、好さんにズバリ質問した。「日本は勝つと思っていたのですか」と。竹内さんは答えず、苦い顔をしていたと、噂で聞いたことがあります。

法政大学の益田勝実先生が、いま筑摩書房から「全集」ともいうべきシリーズを出版していますが（『益田勝実の仕事』二〇〇六年）、かれはクリスチャンで、二松学舎で知り合った。天皇より「神」（キリスト教の神）が上だと、わたしに言ったことがあります。さいきんの同窓会の文集に地図と文章を寄せていますが、地図には「井岡山《せいこうざん》」という地名を入れている。戦争中に兵隊に向かって、「井岡山」について、兵隊に「脱走したければ井岡山に行け、この山のむこうだ」と語ったと、戦後にかれから聞きました。かれは東大国文学研究室にいて、国文学の同人誌を出していた。東大文学部の階段で立ち話をしたのです。地図にこの地名を記したのも、日本人では益田君がはじめてでしょう。おととし井岡山のシンポジウムにわたしは参加し、『コオロギと革命の中国』（PHP新書、二〇〇八年）に書きましたが、陣地の跡に迫撃砲があった。弾は三発しかなくて、二発は湿っていて、一発しか発火していない。これを農民に渡して毛沢東は福建省に向かった。これしか武器がなかった。中国の近代史はそういうことはあまりくわしく書かない。そのことをPHP新書に書きました。

二〇年間、中国と断絶して訪問しなかったのは、いま思うと、研究者としてはマイナスだった。当時のなりゆきでこうなってしまった。はじめから二〇年さきを予想していたわけではありません。

はじめ、わたしは自分なりに原則を立てようと思い、周恩来が「日中貿易の三原則」などと言っていたのをマネて、自分で考えた。

一　自分の心のなかに「チュウゴク」がある。これを対象として研究しよう。
二　机の上の研究をすすめよう。
三　中国人のいるところに「チュウゴク」がある。

右の二には、中国に行くことが考えられなかった、当時の心境が反映しています。三は台湾とか華僑とか、いろいろ身分や出身を問う空気がイヤだったからです。しかしいまとなると、現地の旅行もしているので、二は修正する必要がある。とにかくこの三原則で自分で自分を激励していたのです。

解説

竹内実との面談時間は二時間強ほどであったが、音声を起こし、こちらである程度整理した原稿にかなり綿密に赤を入れてこられたために、結果として元の原稿を大幅に増補するインタビュー記録となった。しかも、その赤入れ作業が五回繰り返されるという熱の入れようであった。びっしりと余白に書き込みのある原稿が届くそのたびごとに、自分の足跡を後世に残す意気込みが強烈に伝わってきた。そのためか、このインタビューは、どこか自伝的文学作品のような読後感を残すものとなっている。

竹内には本書の範囲で総計九本の関連論稿がある。竹内が語る自身の中国研究の来歴は極めて独特のもので、同時代の研究者にその体験を共有あるいは比較しうるような人は稀である。訥々とした語り口を聞いていると、中国の山東省の「田舎町」にコロニーの子として生まれ幼少期を過ごしたことが決定的要因となって、いわば竹内の中国に対する認識経路に、この田舎町の風土が決して拭い去れない形で刷り込まれていて、女手一つで異国の土地で竹内を育てた母への恋慕のような感情がそれをくるんでいるような印象を受ける。

一九歳のとき、今でいう帰国子女として初めて日本に来て、学究生活に入ってからの竹内の研究環境は、本人によればあまり恵まれたものではなかった。威勢良く学界や運動圏に飛び出していく同輩たちを横目で睨みながら、時流に置き去りにされていくエトランジェの孤独感を味わっていた。同世代の日本人研究者のなかでは比類なき卓越した中国語能力を持ちながら、そのネイティヴ感覚が、かえって小さな研究者社会への参加を阻害する要因になっていたことが打ち明けられる。中国研究所・AA作家会議・現代中国学会・中国の会など、いずれも居心地の悪さを感じながら加わり、やがて離れている。中国の現状を追認し、時には賛美し、中国の変化を察知しながら変転していく親中派インテリに不信感を持ち、場合によっては彼らを、中国に対する侮蔑感を隠さなかった戦中の「支那通」と二重写しに眺めている。

日本に来てから竹内が中国に再び接近する切り口は文学であった。とはいえ、高踏的な古典文学に沈潜するような生活の余裕はなく、土の匂いの抜けきっていない、新中国の同時代文学の森の中に、ほとんど何の先行研究の導きもないまま分け入っていった。まだ会ったことのない現存作家たちの文学世界を体感し、建国後、思想改造運動によって彼らの筆が折られ、文学の創造的活力が逼塞させられたことを知るや、日本から逸早く異議申し立ての矢を放った。

中国当代文学の森の先には、おそらく毛沢東がいた。竹内は、今なお事あるごとに毛沢東を論じている。最初はその詞を日本の文語脈の伝統に置き換えた名訳の誉れ高い訳詞に仕上げ、文化大革命が起こると政治家としての毛沢東に対する訣別を宣言し、毛沢東の原テキストを徹底的に復元し解読しようとし、毛沢東思想の原石が眠る鉱脈を掘り続けた。文学に対して権力政治には嫌悪を示し、文化大革命には郭沫若の自己批判のときから一貫して冷やかな眼差しを送り続けた。

竹内の孤独な魂が最も清冽な思想へと結実した中国論として、「難民の思想」と「戦争責任論」があると思う。「難民の思想」とは、『日本にとっての中国像』で論じられたもので、戦争に敗れ、自軍に去られ、満洲を逐われた開拓民たちによって、国家の庇護を失った刹那に現出した、「大東亜共栄圏」の対極にある「未精錬のまま」の「思想的原点」である。「戦争責任論」とは、日中復交に先立ち、対中侵略の人的物的損害を積算し、政治的には戦争賠償を果たして終戦処理をすることであり、国民としては罪を負った世代が罪を犯さなかった次世代に歴史事実を正しく継承し、二度と同じ罪を犯さないという責任を果たすことである。

この思想の基底には、一身で中国と日本の二つの生を生きてきた竹内の、故郷と母への純真な恋慕が脈打っているように思われる。老年にいたって竹内の中国の風土に対する愛惜の念は、薄れるどころかますます昂じているように見える。

3　山極晃　同時代発言を行なう歴史学者

二〇〇九年五月六日　新宿

山極晃（やまぎわ・あきら）　一九二九年宮城県生まれ。東京大学大学院修了、日本国際問題研究所、横浜市立大学、二松学舎大学教授を歴任。著書、『現代中国とソ連』（共編著、日本国際問題研究所、一九八七年）、『資料　日本占領1　天皇制』（共編著、大月書店、一九九〇年）、『孫文と毛沢東の遺産』（共著、研文出版、一九九二年）、『資料　マンハッタン計画』（共編著、大月書店、一九九三年）、『東アジアと冷戦』（編著、三嶺書房、一九九四年）、『米中関係の歴史的展開　一九四一年―一九七九年』（研文出版、一九九七年）、『米戦時情報局の『延安報告』と日本人民解放連盟』（大月書店、二〇〇五年）。

――アメリカから中国を見るという研究を志されたきっかけは何ですか？

学生の頃、あの戦争（アジア・太平洋戦争）は何だったのかという疑問を抱いていました。教養学部時代に江口朴郎先生の影響を強く受けたこともあって、太平洋戦争と日本の敗戦を世界史的な視点から勉強してみたいと考えるようになり、西洋史学科に進みました。そしてまず満洲事変をめぐるアメリカの政策から始め、修士課程では第二次世界大戦中の中国政策にかんする論文を書きました（「アメリカの対中国政策の一考察」、後に『米中関係の歴史的展開』に第二章「第二次大戦中の米中関係」として収録）。

歴史学の論文として、同時代の問題を取り上げることは「非常識」でしたが、ただ資料面ではこの論文を可能にした特殊な状況がありました。それは当時マッカーシー旋風のなかで、大戦中の米中関係に関連する三つの聴聞会（「国務省員の忠誠審査」「極東の軍事情勢（いわゆるマッカーサー聴聞会）」「太平洋問題調査会」）が開かれ、それぞれ数千頁の議事録が刊行されました。そのなかには関係者の証言とともに、未公表の政府の秘密文書が大量に収められていたのです。

――中国に関わる研究者のなかには、衛藤瀋吉先生、永井陽之助先生、本間長世先生など、国際政治や国際関係論の立場で米中関係を研究した一群の方々がいますが、先生もその系統なのでしょうか？

自分では一匹狼的だと思ってきましたが、もちろんこれまでに多くの方々の影響を受け、学んできました。そして修士課程の時、米中関係をアメリカ側だけでなく、中国側からも見たい、東アジアのなかで米中関係を見てみたいと思い、博士課程は駒場に移って、植田捷雄先生に就きました。先輩に坂野正高さん、衛藤瀋吉さん、関寛治さんら、ゼミには宇野重昭さん、藤井昇三さんらがいました。

——先生がよく取り上げていらっしゃる一九四九年の『中国白書』は同時代的に見ていたのですか？

『中国白書』は民主党政権のアリバイ作りと言われたように、国民党の敗北は国民党自身の腐敗、弱体化によるもので、アメリカ政府がコントロールできる範囲を超えていたと弁解したものです。そしてそれを裏づける資料の一端として、ジョン・サーヴィスら外交官たちの中国情勢の分析報告の抜粋を載せていました。私はそれを読んで、鋭い分析だと感心しました。ところがまもなく、サーヴィスがマッカーシー旋風の攻撃を受け、国務省からも解雇されたことを知り、いったいこれはどういうことなのだろうかと思ったのが、『中国白書』やサーヴィスに強くこだわるもとになったと思います。

『中国白書』は弁解の書には違いないけれど、中国の革命を主に内在的な諸要因の発展として捉えており、これに対してマッカーシーらはソ連の謀略やアメリカ国務省の裏切りというような外的な要因ばかりを強調して、国務省攻撃に利用したのです。

——共産党が主導する中国革命が正しいものだという見方は、当時中国革命の推移を見ていてそう思われたのですか？

学生時代、スノーやスメドレーの翻訳本を読んで驚きました。中国共産党の軍隊というのは、その戦略・戦術はもとより、捕虜政策をふくめて、軍隊のあり方自体がユニークで、日本の軍隊を前提として戦争を考えていた私の既成概念を壊すものでした。それにサーヴィスらの中国情勢の分析を重ねあわせると、国民党の敗退と共産党の勝利は当然だと思いました。これこそアジアの新しい力だとも思いました。そして戦後の東アジアを見るには、アメリカのアジア政策とともに、中国の動向が重要だと考えました。そこで、大戦期の米中関係を調べようと思ったのです。

——先生の論壇デビューは『中央公論』一九六三年の中ソ論争ですね。

中ソ関係については、国際問題研究所にいたとき、中国共産党の資料集成に関わりましたが（『新中国資料集成』全五巻、一九六三—七一年、『中国共産党史資料集』全一二巻、一九七〇—七五年）、その関係で六三年に欧米に行き、中共関係とコミンテルン関係の資料を収集したのが始まりです。コミンテルンの中国政策については、一九二二年の極東民族大会のことなど、二、三の論文を書きましたが、結局研究は完成しませんでした。中ソ論争については『中央公論』の編集者からの依頼によるもので、論文ではなく、中ソの論争点の整理と解説を試みたものです（『中央公論』一九六三年三月号・九月号）。

私の記憶では、総合雑誌に論文を発表したのは、「ある外交官の悲劇」(『中央公論』一九六五年七月号)が初めてです。これはアメリカのベトナム戦争政策批判の観点に立って、その誤りの起源を四〇年代の中国政策と五〇年代のマッカーシー旋風に求め、それをサーヴィスの活動を軸にして論じたものです(『米中関係の歴史的展開』第七章に「ジョン・S・サーヴィスの半生の活動」として再録)。以後、米中関係、中国外交などについて、いくつかの雑誌に論稿を発表しました。

――英語のほかにロシア語にも堪能だったのですか?

いいえ、ちょっとかじった程度です。実は戦争中、陸軍幼年学校に入りまして、そこでロシア語を二年ほどやりましした。しかしものにはなりませんでした。

――中国そのものあるいは中国の内政の研究をしようとは思われなかったのですか?

中国は国が大きく、歴史も長いし、相当な覚悟がないと本格的な中国研究はできないと自覚していましたし、そもそも始めるのが遅かったのです。それにもともと太平洋戦争と戦後日本に関心があったので、中国の内政の研究にまではなかなか踏み込めず、中国をめぐる国際関係に限定せざるをえませんでした。しかし中国のような複雑で大きな対象を研究するにはいろいろな視点からのアプローチがあってもよく、むしろ必要だと思っています。

――籍を置いた学会はアジア政経学会くらいですか?

歴史学研究会、日本国際政治学会にも入っていました。七〇年代以降は、学会ではありませんが、占領史研究会に積極的に参加するようになりました。

――一九七一年の米中接近から米中和解には、当時、山極さんは消極的な展望でした。

ニクソン訪中の発表は、私のシナリオとは違っていました。おそらく当時私は中国の「原則性」を過大視していたのでしょう。また中国が抱いていたソ連脅威感が私の認識より大きかったようにも思います。

――日中国交回復には当時どういう展望を持っていましたか?

国交回復にせよ、米中和解にせよ、早い方が良いと考えていましたし、そう願っていました。しかしそれは戦後の冷戦構造を基本的に変えるものでなければならない。小手先の現実主義で進められたら、かえって問題が積み残されてしまうと懸念していました。特に日中国交回復は、日中戦争の後始末をきちんとつけることが重要だと考えていました(「日中戦争――真の『終結』とは」『朝日新聞』一九七二年九月二二日夕刊)。

――日中国交回復後はどういう言論活動をなさいましたか?

ジャーナリストでもない私が時事的な論文を書き続けるのは容易な業ではなく、次第に早く区切りをつけたいと思うようになりました。日中国交回復はそのよい潮時でした。これを機に四〇年代の歴史研究に集中しようと思い、翌七三年に訪米し、二年間滞在しました。ちょうど一九四八年頃までの公文書が公開された時期でした。帰国してから、『世界』に

「アメリカの戦後構想とアジア――対日占領政策を見直す」(一九七六年九月号)、「敗戦をめぐる国際政治――アメリカの政策を中心にして」(一九七六年一〇月号)を書きました。

――山極先生は延安にいたアメリカの派遣団について逸早く注目なさっていますが、どういうきっかけだったのですか?

修士論文の準備をしていたとき、大戦中の米中関係が重要な問題の一つだと考えましたし、とくに米・中共がこの時の経験をどう認識し、蓄積したのかは、その後の両者の関係を考える上でも重要だと思いました。一九六三年にアジア政経学会の『アジア研究』(一九六三年四月一〇巻一号)に「アメリカ軍事視察団の延安訪問について」を発表しました〔『米中関係の歴史的見解』第三章「アメリカ軍事視察団の延安訪問」に再録〕。

――日中戦争当時、延安にいた日本人は日本共産党員だったのですか?

党員は野坂参三と岡田文吉くらいでしょう。捕虜の人たちは共産党ではなく、四二年に設立された日本共産主義者同盟に参加しました。その人数は四五年には前線地区を含めて、一〇〇名を超えていたそうです。

――反戦同盟や労農学校と中共や八路軍との関係はどうだったのでしょう?

労農学校は八路軍総政治部の指導・管理下にありました。校長は野坂で、運営・教育面では大いに指導性を発揮しましたが、生活の面倒や安全の保障を担当したのは八路軍でした。

――彼らは戦後、スムーズに引き揚げることができたのですか?

延安では四五年九月に二〇〇余名が日本への帰国を目指して徒歩で出発し、張家口を経て一一月に東北(旧満洲)に着きました。しかし八〇万とも言われる日本人の問題の処理に協力するよう中共東北局からの要請があり、半数の人たちが帰国を延ばしてさまざまな工作に当たったと言われています。これは延安の捕虜だけでなく、例えば山東から派遣された人たちもかなりいました。四六年に帰国した人が多かったようですが、軍や機関などに留用されて、五〇年代になって帰国した人たちもおりました。帰国後、日本共産党に入党した人も多く、また日中友好運動の分野で積極的に活動した人も多かった。それだけに、文革期の日中共産党の対立は彼らに深刻な影響を及ぼしました。

――戦争責任に関する、毛沢東のいわゆる「区別論」の起源はどこにあるのでしょうか?

考え方としては、一九二〇年代の内戦時代にまで遡ることができるのではないでしょうか。打倒すべき敵は軍閥、悪質地主などごく少数で、軍閥軍の大多数の士兵は騙され、強制されて戦っている人民、つまり潜在的な味方だという考え方です。だから軍閥の軍隊が降伏した場合には、一部の軍閥、悪質分子は処罰するが、大多数は紅軍に再編するか、釈放して故郷に帰す政策をとったわけです。

日中戦争の時も、毛沢東らは日本帝国主義こそが敵であり、それは中国人民だけでなく、日本軍民大衆の敵でもあり、戦争に勝つためには日中共同の反侵略統一戦線の樹立を目指す必要があると主張しています。それが実効的だったかは疑問ですが、例えば捕虜優待政策の根拠になっているとは言えるでしょう。

解説

山極晃が本書の扱う雑誌に寄稿した本数は総計八本で、群を抜いて多いというわけではないが、歴史研究者としてはかなりの頻出度である。総合雑誌のような同時代的発言を求められる場において、一般的にいって歴史学者は慎重であるし、まさに事件・事態が歴史にならない限り、公的発言を控えるというのが、刀筆の吏たる者の本領なのかもしれない。例えば、山極と同世代の野沢豊（一九二二年生まれ）は一本、小島晋治（一九二八年生まれ）は寄稿履歴がない。実際、山極は修論で同時代の問題をテーマに選んだことが、歴史学を志す者として「非常識」だったと話している。本籍地は西洋史であるにもかかわらず、国際政治や国際関係論ではない視角から中国問題について果敢に発言し続けたことにおいても、アカデミシャンの論壇活動としては稀有な例である。

山極が中国問題に深くコミットするきっかけとして、スノーやスメドレーの中国ルポを学生時代に読みふけっていたこと、一九四九年に原書が出た同時期に『中国白書』に触れて、国共内戦において、あるいは中国の統一政権の正統性において、国民党の劣勢と中国共産党の優勢を伝えるアメリカ国務省の見解に触れたことが大きかったことがわかる。そして、この『中国白書』の一つのソースとなる現地報告を書いた人物としてジョン・S・サーヴィスがおり、サーヴィスはスノーもスメドレーも取材拠点に定めた延安に送り込まれた人物だったことが、論壇デビュー作ともいうべき「ある外交官の悲劇」につながった。

山極の歴史研究の最大のテーマは、抗日戦争期の延安にいた中共党員とアメリカの派遣団の実態を通して戦時中の米中関係を明らかにすることである。だが学問的功績はそれにとどまらず、その副産物として、当時の延安での反戦同盟や労農学校など、日本兵捕虜たちのコミュニティの実態が明らかになったことであり、そのことが、歴史学界のみならず、日米中の国際関係を究明する上でも、大変有用な知見を提供した。最後に質問した対日戦争「区別論」の由来について、山極は傾聴に値する回答を提示した。延安という中共にとっての抗日戦争と中国革命の根拠地での歴史的現実を踏まえていればこそ、日中関係の奥行きの深さ、歴史的淵源の複雑さに、改めて気づかせてくれたのである。

4　野村浩一　論壇と学術圏の中心からの発言

二〇〇八年一一月三〇日、二〇〇九年五月二一日
いずれも豊島区池袋

野村浩一（のむら・こういち）　一九三〇年京都府生まれ。五三年東京大学法学部卒。立教大学法学部教授、専修大学法学部教授、北京日本学研究センター主任教授などを歴任。専門、中国近現代政治思想史。著書、『近代中国の政治と思想』（筑摩書房、一九六四年）、『中国革命の思想』（岩波書店、一九七一年）、『中国の歴史　第九巻　人民中国の誕生』（講談社、一九七四年）、『人類の知的遺産　第七六巻　毛沢東』（講談社、一九七八年）、『近代日本の中国認識――アジアへの航跡』（研文出版、一九八一年）、『近代中国の思想世界――『新青年』の群像』（岩波書店、一九九〇年）、『現代アジアの肖像二　蒋介石と毛沢東――世界戦争のなかの革命』（岩波書店、一九九七年）、『近代中国の政治文化――民権・立憲・皇権』（岩波書店、二〇〇七年）。

――論壇に登場する中国研究者の流れからみると、先生は東大法学部の丸山眞男先生のお弟子さんですが、位置づけにくい印象があります。中国研究者には地域研究と、シナ学と、欧米研究から入る三つくらいの流れがあるようですが、先生の場合、マンハイムやウェーバーを学生時代によく読まれていたということから、欧米研究から入る衛藤瀋吉先生や永井陽之助先生のような流れに位置づけられるかというと、そうでもないようです。さらに竹内好さんを通して「中国の会」や中国研究所の人たちとの関わりもありました。

私の研究の出発点については、最近、ある学会誌（『中国――社会と文化』二三号、二〇〇八年七月、中国社会文化学会）で話したので、そちらで詳しく書いているのですが、具体的には、専攻しようと思ったのは近代中国の政治思想史です。それで、まずは「中国史」であり、そして「思想史」です。この方面では研究が比較的少ないように思えたので、とにかく自分なりに歴史的見通しをつけたいと思い、同時に近現代における中国の激変を目にしているわけですから、基本的態度としては、ひたすら自分のわかる範囲で近現代中国のリアリティに直面して、中国との対話のなかで考えていきたいと思っていました。ただ、まさにそれゆえに、どんな人、どんな分野からもよく吸収しなければと思い、かなり広くお付合いさせていただいたと思います。

それと同時に、侵略戦争の跡始末がつけられておらず、国

交末回復ということで、日中関係を非常に重く感じていました。少し極端な言い方ですが、自分たちの中国研究は国交回復という大前提のために価値的にオリエンテーリングされていなければいけないのではないかとも思っていました。というのは、対象である中国にじかに触れられないような状況は、何とか打開しなければ一歩も進めないわけです。その頃、竹内好さんも、いわゆる「中国問題」の解決をやはり大前提にされていたと思います。

――中国に対するそうした認識というのは、ご自身の生い立ちとか、幼児体験とか、戦争体験とか、新中国の成立などに由来するものはありますか?

痛烈な戦争体験というのはあまりないです。生まれ育った京都には空襲は軽微なものしかありませんでしたし、年代からいって学徒出陣はもう少し上の世代まででした。ただ戦争責任とか侵略戦争という問題については、戦後、歴史を学んでいくなかで強く身につけた認識です。他方、それと同時に僕にとっての中国問題は、今一つ、新中国＝ニュー・チャイナという問題があって、東アジアにおけるこの変革はインパクトがありました。ただし、私の場合、それにひかれるということではなくて、むしろオールド・チャイナからニュー・チャイナへの転換があるとすれば、その秘密を探りたいという気持でした。

――丸山眞男先生に中国をやりたいとおっしゃったのはそういう思いからですか?

先生から勧められたということもありますし、思想史に興味を持って、その対象を何にするかということで、中国への接近はかなり単純な部分がありました。丸山先生からは「思想史は基本的に問題史（プロブレマティッシェ・ゲシヒテ）だ」ということを教えられ、その影響は強くあります。特別研究生の前期が終わったとき、先生から「君の論文は、竹内好さんに読んでもらっているから、これから竹内君のところへ行こう」と言われ、お二人は近所だったものですから、先生と一緒に竹内先生の御宅を訪ねました。いわばその時、ご紹介いただいたわけで、その後、いろいろお付合いさせていただき、さまざまの教示を受けました。

――先生はアメリカの研究に着目しながらも、テーマは清末の改良派の思想を研究されていますので、どちらかというと漢学の伝統につながるようですね。

漢学とまではとてもいきませんけれども、思想と歴史を勉強したかったので、京都の小野川秀美さんとか島田虔次《けんじ》さんに会いに行ったり、ご紹介を得て、東大の東洋文化研究所などにもよく出入りしていました。中国近代政治外交史の坂野正高さんには、とてもお世話になりました。

――当時東大法学部にいて中国を研究なさったのは先生だけですか。

坂野さんは当時都立大でしたが、東大法学部で久しく東洋政治外交史の講師をしておられた植田捷雄さんの門下で、衛藤瀋吉さんは、その弟弟子の関係になると思います。坂野さんを通じて中国近代史研究の市古宙三さんにもご紹介いただき、大変お世話になりました。文学部では大先輩として山本達郎さん、西嶋定生さん。研究者としては私より上に田中正俊さんがいました。ほぼ同時期では小島晋治さん。衛藤瀋吉さんは駒場にいたのですが、僕のほうから接触することはあまりなかったです。なお、その頃、駒場には、同世代の研究者として岡部達味さんや藤井昇三さんや宇野重昭さんなどがいたと思います。

――アジア政経学会には入っておられなかったのですか？

入っていないです。僕の学会の本籍はいってみれば日本政治学会でした。現代中国学会にも入っていなくて、入ったのはずっと後になってからです。中国研究所（中研）の所員になったのも九〇年代半ばで、その頃、理事をしていた辻康吾君に強く勧誘され、役に立つならと思ったのです。

――中研設立当時につながりはなかったのですか？

全くありませんでした。ただ勉強を始めてからは、所員の新島淳良さんはいろんな研究会を通じてよく知っていました。幼方直吉さん、野原四郎さんがよく付き合ってくださいました。当時、中研でいくつか研究会をやっていて、時々出席しましたが、四、五人くらいの小さなものでした。そこで竹内実さんに会いました。六〇年代半ば以降はアジア経済研究所の戴國煇さんとか小島麗逸さんとも付き合っていたし、どうも僕はいろいろ付き合っていたのですが、外からはどんなふうに見られていたかよくわかりません。みなさんにはさまざまにお世話になった想いです。

――『世界』一九六一年九月号に「二つの朝鮮と日本人――東アジアの緊張に直面して」を寄稿されたのが先生の論壇デビューになりますね。

このときは『世界』の安江良介さんから小さい研究会に誘われたわけです。安江さんは「中立日本の防衛構想」を書いた坂本義和さんと関係がありましたが、私は研究室で坂本さんの後輩でしたから、周りでアジア関係の研究者を探しておられたのかもしれません。駒場の研究会に誘われて、そこに坂本さんと、上原淳道さんと私が集まったのが、安江さんと会った最初だと記憶しています。安江さんは当時雑誌で日韓問題を手がけていたので、何か書きませんかといわれて、何もやっていないというと、広い意味でのアジアについてのアプローチでいいというわけで書いたのです。でも、これは本当に乱暴の至りという他はありません。

――その後は中国の現状についてのテーマで次々と書かれますね。

六〇年代半ば以降、ということになりますが、『朝日ジャーナル』（朝日新聞社）や『エコノミスト』（毎日新聞社）、それに座談会も多かったです。蝋山芳郎さん、久野収さんなどともよくご一緒しました。ただ一般論としていうと、七二年の国交回復までは記者交換によるニュースの他には、中国側の公式発表を除いて、中国の実態はよく判りませんでした。

――その場合、情報やデータのソースは何だったのですか？　た

とえば拓殖大学海外事情研究所の『海外事情』などは見ていましたか？

『人民日報』『紅旗』『北京周報』など基本的なところは目を通していましたが、他は一般の新聞報道、あるいは日本の中国研究専門誌といったところで、それ以外は特にありません。でも情報を持っていないことについて恥ずかしいという気持はありませんでした。というのは、私は現代中国の専門家というつもりは全くなくて、むしろ近代史の研究者として、現在をどう見るかという立場を、自分としては強く持っていたからです。ご指摘の『海外事情』などは、当時全く読んでいませんでした。ただし、それと関係する上別府親志さんの単行本などは見ていましたが。

――当時の研究者でしばしば参照した方はいらっしゃいますか？

現状分析というよりは歴史的な観点から現代と対話をするという感じで、中国の現状を時々刻々の情報でフォローしたり現状分析するつもりはありませんでした。自分がやろうとしていることは思想史ですから、中国におけるマルクス主義運動の歴史を思想史的に捉えようということで、当初は中国におけるコミュニズム運動の起点ということにも関心を強く持っていました。『思想』に「中国におけるマルクス主義（上）――その形成過程についてのノート」（一九六四年一二月号）を書いたのはその頃のことです。下篇も書くつもりが、文革が始まって書けなくなってしまいました。その頃、衛藤さんなどははっきり政治学的あるいは政治史的アプローチをしておられると思っていました。

――当時衛藤さんはアメリカ移入のコンテンツ・アナリシス（内容分析）の手法で中国政治を分析しておられましたが（「日華緊張と日本人――一九二五年から二八年までの朝日と日日の内容分析」坂野正高・衛藤瀋吉編『中国をめぐる国際政治――影像と現実』東京大学出版会、一九六八年に収録）、それはどう受け止めておられましたか？

いまでもそうした本を読んだことはよく覚えています。それから、現代中国については衛藤さんは中国革命の振り子理論を提唱していましたね（衛藤瀋吉・岡部達味「中国革命における穏歩と急進」『中央公論』一九六七年七月号）。こういう研究もありうるなあと思いましたが、そのことについて議論したいとは思いませんでした。「穏歩と急進」というのは、わかりやすいことはわかりやすいですが、歴史がそういう風に動くことはあるもので、それほど新鮮味は感じませんでした。でも、衛藤さんとは雑誌で対談したこともありましたし、お付合いの機会はありました。ただ何かの研究会や集まりに誘われるようなことはありませんでしたけれど。

――現代中国語はどうやって学ばれたのですか？

中国文学専攻の方々は、むろんしっかり中国語をやっておられましたが、私の知る限り、東洋史の方々は当時それほどしゃべれなかったように思います。私のような場合、正規の勉強のルートはほとんどなくて、倉石中国語があるのは知っていましたが、時間的に通う余裕がありませんでした。

最初は東大で魚返善雄さんの授業に出たり、それから坂野さんのお声がかりで東洋文化研究所で月に何回か、陳先生という中国人の先生を呼んで趙樹理の「李家荘の変遷」を読んだりしました。その時のメンバーは、たしか上原淳道さん、重田徳さん、柳田節子さん、磯野富士子さんといったところです。その後、継続的に個人授業を受けたり、また立教大学に移ってからは、目白にお住まいのあった磯野富士子さんの企画で、立教で二人で中国人の先生に習ったりしました。一九八四年に上海の領事館に行ったとき、中国の方に習ったり、九八年からの北京の日本学研究センターでもやりました。しかし、その後、若い研究者が大学院時代から留学されるようになったのとは雲泥の差で、とても不十分です。これは全く歴史的負荷という他はありませんね。でも、振り返ってみると、研究を始めた頃は、中国人と中国語に接するという状況は、ふつうではほとんどなかったように思います。一言でいうと周りに中国というにおいがなかったのです。まるで手ざわり感覚がありませんでした。

――特に文革が起こってからは、先生の論壇の位置取りとして毛沢東思想の論客という印象が強く感じられます。

『展望』に「毛沢東の思想と中国革命」（一九六六年七月号）、「毛沢東思想、その展開」（同年一一月号）を書いたのが原点でした。その時点では、「毛沢東の思想」、あるいは「毛沢東思想」が、何億の人間を動かしていることは厳然たる事実でしたから、何とかその問題をつかみたいというのが基本です。この場合、毛沢東はやはり巨人でしたから、どこか一カ所でも、ポイントをしっかりつかみたいという想いでした。

――基礎文献は『毛沢東選集』ですか？

基本的にはそうです。それ以外は二次資料ばかりです。あとはスノー、スメドレー、ニム・ウェールズのルポルタージュとか。竹内実さんのなさった『毛沢東集』（北望社）は、当時まだ出ていません。ただ、その時点では、マルクス主義の側からするイデオロギー的解釈・解説はありましたけれども、毛沢東の思想の特質をある程度きちんと内在的に捉えようとするものは少なく、私としては、やはりひたすら自分の目でその点を明らかにしたいと考えていたのです。思想の構造や本質をつかまえるのが大事だと思っていたので、テキスト・クリティークは不十分ですが、差し当たりそういう考証的思想研究をやるつもりはなかったです。ただし、毛沢東の「中国社会諸階級の分析」についての今堀誠二さんの研究などはむろん注目していましたが。

――西洋人のルポだけでなく、延安にいた野坂参三や重慶の鹿地亘など、日本人の書いた毛沢東関係のソースには注目しませんでしたか？

その当時はあまり読んでいませんでした。それまではむしろ清末以来の歴史をやっていたのです。もっとも尾崎秀樹さん（尾崎秀実の弟）からはいろいろ聞いていました。尾崎さんとは普通社の八重樫さんという元中央公論にいた編集者を世話役に「中国の会」ができたとき、そこで知り合いました。竹内好さんをトップに、ほかに安藤彦太郎さんとか、橋川文三さんとかと一緒でした。竹内さんの指示で、新島淳良さんと共著で『現代中国入門——本による中国案内』（勁草書房、一九六五年）を書いたのですが、そこでは西洋ジャーナリストの本や、戦前の日本人の中国研究の本をできるだけ多く紹介しました。今にして思うと、竹内さんはやはり後輩を勉強させるもりだったのでしょうね。

——一九七一年七月に訪中なさったのはどういう経緯ですか？

日中文化交流協会から誘われました。団長は白石凡（朝日新聞社論説委員）で、副団長が宮川寅雄（和光大学）、秘書長が白土吾夫（日中文化交流協会事務局長）、団員が私のほかに造反教官で東大をやめた藤堂明保、尾崎秀樹です。三週間の旅行でした。

——二篇の訪中記を書かれましたね（「中国革命と革命中国——中国を訪れて」『世界』一九七一年九月号、「歴史のなかで透視する」『潮』一九七一年一一月号）。

あれは正直のところあまり読み返す気が起こりません。ずっと行けなかったのがようやく行けたということで、やはりかなり舞い上がっていたところがあって、インパクトが大きかったと思います。あの時はまだ文革で、表面上は『毛語録』の赤い手帳がいたるところで幅をきかせていて、軍人を中心とした革命委員会が表に出てきていました。しかし、ともあれ、友好訪中団ということですので、おおむね中国側のスケジュールで各地を訪問するわけで、とりあえずは当時の中国の空気にふれるというのが精一杯だったともいえます。こんなことを言うと笑われるかもしれませんが、大陸に足を踏み入れて、これまで自分が勉強してきたのはこういうところだったのかと、呆然としたという印象が残っています。ただ、一般の人たちがどんな生活しているか分かりようもないので、あの路地の奥を覗いてみたいという強い欲望に駆られましたね。

——最初の訪中のときは林彪事件の直後でしたね。

訪中している時期はその件は全く伏せられていて、公表されたのはほぼ一年後です。そういえば最近林彪が出ていないということは、内外で噂になっていましたが、むろん確かめようもありません。この時期、ルーマニアのチャウシェスクが訪中していて、大歓迎していました（チャウシェスク書記長は、ルーマニア党・政府代表団の団長として、一九七一年六月一日から九日まで訪中していた）。チャウシェスクは中米関係で裏で動いていたのです。また、北京飯店では公明党の人たちと一緒になることがあり、彼らは日中復交の前段階の仕事で意気高揚しておられたように思います。あのときは米中接近があって、その後、日中国交回復があって、いろいろ目まぐるしかった。とにかく林彪事件で、文革も文革論も一大転機を迎えたと思います。

——当時中国論についての論壇状況を見てどう感じておられましたか？

冷静に見ると中嶋嶺雄さんの分析が正確でしたね。いまからみて彼の中国論は評価できるしある意味で敬服もしています。

僕の自己批判として権力の問題を見ていなかった。当時の盲点でした。その後権力の問題に注目することになって、ごく最近は思想史上の問題としても、比較的それに集中しています。ではなぜ中嶋さんは権力の問題を見ることができたのか。私の勝手な解釈ですが、それはイデオロギーとしての権力、そして、とりわけマルクス主義運動から生み出される権力闘争といった観点でしょう。私は康有為とか孫文とかを論ずるように毛沢東の思想を問題にしてきたところがあって、〈毛沢東の思想〉ならいいのですが、〈毛沢東思想〉となると、権力を持つわけですから、はっきりイデオロギーに転化するわけです。むろん、そういうことは分かってはいて、〈毛沢東の思想〉と〈毛沢東思想〉の区別は、その時点でもはっきり書いていたのですが、やはり思想史的アプローチが、私として強すぎたと思います。

でも中嶋さんにそれができたのは、彼が持っていたある思想から来ているのではないでしょうか。最初に書かれた『現代中国論——イデオロギーと政治の内的考察』（青木書店、一九六四年）を見ると、中嶋さんは最初社会主義あるいはマルクス主義といった地平から出発しておられたのではないでしょうか。そこから発する現代中国の権力闘争、イデオロギー闘争に注目していて、その延長線上でずっと見ているのだと思います。他方、中嶋さんは中国の思想とか風土とか人間といった問題には多分あまり関心がなかったでしょう。ただ、私としては政治的激動を考察する場合、どういう形でアプローチすることで本質に到達できるのか、いろいろ考えさせられた想いです。

ところで当時は竹内芳郎さん（マルキスト）とか、あるいは他方福田歓一さんのように、広い意味での戦後民主主義派の人たちにとっては、中国のことはわかりにくい部分が多かったと思います。しかしやはり何とか内在的に理解しようという気持が強かったでしょう。『思想』の特集「現代中国への視点」（一九六八年一月号）などを見ると、ウェーベリアンとマルキストが活躍しているのですが、そういう視点が出ていますね。

『世界』においても、平和問題談話会のあと国際問題談話会というのがありましたが、そこでも正直のところ、さまざまのとまどいがあったと思います。ただ、そこにはやはり国交未回復といういわば道義的な問題もわだかまっていて、そういう状況が存在していたことを否定できないように感じます。

——中嶋先生は、当時、日中復交については実利主義的現実主義的な立場から消極的でした。

その場合、実利主義・現実主義というのは、やはり究極的には国家の立場に立つ国益論ではないでしょうか。中嶋さんは国交は急ぐべきではないという立場だったとのことですが、戦後の日本人としては、やはりできるだけ早い国交回復が要請されていたと思います。じっさい、自民党のなかでも宇都宮徳馬さんとか松村謙三さん、古井喜実さんなど、いわゆるAA研（アジア・アフリカ研究会、一九六五年一月に自民党各派所属の非主流派議員による政策研究集団として発足）の方々も一貫して存在していたわけです。

――権力分析ということからいうと、当時は九全大会（中国共産党九期一中全会）をどう見ていましたか？

九全大会で林彪が後継者になり、しかもこれが党規的に明記されるということについては、当然のことながら激しい違和感を抱いていました。しかし、全体として、毛沢東が、何とかこれで文革を終了させようとしていると考えていました。そして理論的には、党は運動の核心を担う核心党であるというテーゼを打ち出しているというふうに捉えようとしていました。前衛が大衆を指導するという前提に対して中国共産党や毛沢東は大衆運動が党を支えるという大衆路線ですね。そのなかで党が果たす役割は前衛ではなくて運動の核心であって、人民に支えられ、人民に通じる核心としてやっていく。現実に実現できるかどうかはともかくとして、それはソ連のレーニン主義とは違う形をはっきり打ち出そうとしていると考えたのです。僕は文革時、山田慶児さんや新島淳良さんが言っていた「コミューン国家」ということは到底言えないと思っていましたが、党そのものをつくり直すことを懸命に目指していた、そして、それで何とか区切りをつけようとしていたと思ったのです。でもそれは間違っていました。

――間違いだと思ったきっかけは林彪事件ですか？

直接的にはそうですが、核心党の定義と概念が分析的にも間違いだと思ったのはもっと後です。核心党というのはありえない。党が唯一の権力を持っている以上、それは指導するものですから。

――中国革命そのものについてのご自身の見方についてはどうですか？

中国革命というのは、広範な農民大衆のエネルギーを吸い上げて中国社会を大きく変革したというのは動かしがたいと今でも思っています。そしてその場合、その意味では中国革命はそれなりにデモクラティックな性格を持つものです。党が働きかけて指導した部分は多分にありますし、現実の個々の分析では大衆路線でない部分も出てくるかもしれませんが、大衆路線といわれるような運動論がある時期有効に働いたことも確かだと思います。

ジャック・ベルデン『中国は世界を動かす』の国共内戦期の土地革命の描写のなかで、農民と党員幹部を二人組みの斥候にたとえ、両者はおたがいにためらいながら、そして農民は最後に「あんたはわたしから離れっこなしですぜ」と言いながら、未知のものに突進するという部分がありますが、これは中国共産党が権力を掌握するまでの内戦期の土地革命の段階の本質を衝いた名文句だと思います。大衆路線の思想の純粋型（イデアル・ティプス）と言えるでしょう。その後、南下して華中・華南では、やはり共産党・軍の工作隊がリードするということになると思います。

いわゆる中国革命全体の問題についていうと、共和国の建国から社会主義建設、文革、そして現在の中国を眺めてみるとき、いったい、いわゆる中国革命とは何だったのかという課題に突き当たります。李沢厚さんではありませんが、「告別革命」（革命よさらば）で、共産党による「革命」自体を問題にすることもありえます。

ただ、私は二〇世紀前半の歴史のなかで見るとき、こんな仮説を立ててみる時があります。それはもし西安事件がなくて、第六次囲剿《いそう》（国民政府軍の中共に対する包囲攻撃）が成功し、国民党政権が完全に確立していたらどうなっていたのだろうかということです。しかし私は――日本の侵出はカッコにいれるとして――国民党政権は、その権力の質があまりにも旧く、そしてどうしても土地改革をきちんと遂行することができず、再び農民闘争、ゲリラ、根拠地に悩まされ、同じ事態に陥ったのではないかと思うのです。これは、その後、国民党・蒋介石政権をさまざまの角度から眺めてみるなかで、それが民国の建設に懸命につとめていたことを充分に認めつつも、やはりそう考えざるをえないのではないかという、一つの結論です。とにかくああした社会変革、政治変革は避け得なかったのではないでしょうか。もっとも、こうしたことは大問題ですから、いろんな角度からしっかり議論しなければなりませんけれども。

解説

野村浩一は、本書の扱う範囲で、総計二六本の関連記事を寄稿しており、竹内好（五九本）・中嶋嶺雄（四八本）に次ぎ、エドガー・スノーとならんで第三位の記事数になる。一九六一年に『世界』でデビューしてから、毎年コンスタントに記事を発表しているだけでなく、媒体雑誌が、『世界』（九本）、『中央公論』（三本）、『展望』（三本）、『朝日ジャーナル』（五本）、『現代の眼』（三本）、『情況』（一本）、『潮』（二本）と多種にわたっている。『文藝春秋』『諸君』『日本及日本人』『自由』の四大右派雑誌と『前衛』『月刊社会党』など党機関誌には寄稿履歴がないが、それ以外は、この時期に発行されていたほぼすべての雑誌に登場している。

そのことからも野村の立論の射程の幅広さ、あるいは論壇における人的交流圏の広がりが窺える。実際に論じられたテーマを眺めてみると、中ソ対立・核実験・文革・毛沢東思想・日中復交論など、時々刻々の変転するメイン・イッシューをめぐって、中国情勢の全過程に関わっている。野村が論壇において常に中心に座を据えつつ、安定的に中国論を継続することができたのはなぜだろうか。

一つには野村の学問的立脚点が思想史であり、清末以降の中国近代史という時間軸と、中華世界の文明的空間軸からなる座標軸に、時々刻々の事件や問題の現われを置きつつ思想史的意義を考察するという、直接の師匠に当たる丸山眞男思想史の学統を継いでいること。日本の近代史は中国侵略という共通の原罪を負っており、国交未回復という不完全な実態を原状に復せしめる歴史的責務があるという、竹内好の問題意識を中国論の原点に据えていること。そのほか、中国近代思想史・中国近代政治外交史において、当時の第一人者の薫陶を直接受けるという、学問的な筋の良さが挙げられるだろう。野村は関連のさまざまな学会や人脈をその影響圏に納めつつ、特定の団体や徒党の集団的意思を体現するのではなく、あくまでも個人の学究の成果を公開してきた。安保闘争や学生運動の季節の只中にいて、周囲に日共と関わった学者たちとの交友関係を持ちながら、自身は日共と関わった経験はない。

第二には、その人格的な高潔さが醸し出す人望の厚さであろう。野村はこれだけさまざまなポレミックなテーマについての同時代的発言を行ないながらも、彼の立論が批判の俎上に上がったことはほとんどない。

インタビューでは中嶋の現代中国論におけるイデオロギー批判と権力分析の視点が自分に欠落していたことを自己批判した。また、九全大会で林彪による毛沢東の後継体制が布かれるとともに、中国共産党は人民が主導しそれに支えられる核心党になったとみなしたことは、中共が権力を独占する党国体《パーティ・ステート・システム》制的な本質を見誤ったと発言している。確かに野村のスタンスは、日中問題については道義論から、中国情勢についてはデモクラット的な見地から論を立てる傾向にあり、衛藤瀋吉や中嶋嶺雄のようなリアリスト的なスタンスとは異なる。だが、委細に見てみると、中国はナショナル・インタレストを行動の原理としているとの観察眼でつとに情勢分析を提示してもいて、そのアプローチは多元的で柔軟である。

本書の研究にあたっては、折に触れて野村氏にまとまらない構想を打ち明けて指導を仰ぎ、中間的成果の論文を示しながら査読・批正を賜ってきた。研究の意義について確信が持てずに五里霧中でいた頃、「本当にきちんとした検証が必要です。私自身、確認したいような、検証したいような複雑な気持ちです」としたためられたお手紙をいただき、氏のような学問の大先達でありながら謙虚な姿勢を保っておられることに鼓舞されるとともに、「任重くして道遠し」の想いを新たにさせられたのであった。

5　武藤一羊　国際連帯の可能性を求めて

二〇〇九年五月二〇日
東京・江戸川橋・ピープルズ・プラン研究所

武藤一羊（むとう・いちよう）　一九三一年東京生まれ。五三年東京大学文学部中退。ジャパンプレス勤務後、六四年に退職。ベ平連活動に加わり、七三年、ＰＡＲＣ（アジア太平洋資料センター）を設立。九八年にピープルズ・プラン研究所を設立し、二〇〇七年まで共同代表。著書、『主体と戦線――反戦と革命への試論』（合同出版、一九六七年）、『フランス五月の教訓』（統一新聞社、一九六九年）、『現代革命の思想八　学生運動』（編、筑摩書房、一九六九年）、『支配的構造の批判』（筑摩書房、一九七〇年）、『根拠地と文化――第三世界との合流を求めて』（田畑書店、一九七五年）、『日本国家の仮面をはがす――アジア民衆の文脈のなかで』（社会評論社、一九八四年）、『政治的創造力の復権』（御茶の水書房、一九八八年）、『〈戦後日本国家〉という問題――この蛹からどんな蛾が飛び立つのか』（れんが書房新社、一九九九年）、『帝国の支配／民衆の連合――グローバル化時代の戦争と平和』（社会評論社、二〇〇三年）、『アメリカ帝国と戦後日本国家の解体――新日米同盟への抵抗線』（社会評論社、二〇〇六年）、訳書に、ハワード・ジン『反権力の世代』（合同出版、一九六七年）、クリーヴァー『氷の上の魂』（合同出版、一九六九年）など。

――最初の訪中はいつでしたか？

安藤彦太郎さんが中国派でない新左翼知識人をオルグして中国に連れて行こうとして、一九七三年に宇井純、折原浩、小島麗逸、鶴見良行、高橋晄正（東大病院）、むのたけじさんなどと初めて訪中しました。その時は沙石峪という河北省の山の農村にも行きました。安藤さんは三里塚闘争などを通して新左翼に通じていました。団の秘書長は、当時、亜紀書房社長で新左翼系中国派の棗田《なつめだ》金治さんでした。一九七〇年にウーマンズ・リブが現われたときは、亜紀書房主催で初めてのリブの集会が開かれたのです。『思想の科学』一九七三年一〇月号と一一月号に、訪中して思ったことを書きました（「中国共産主義との対面　上「自力更生」考」「中国共産主義との対面　下「為人民服務」考」）。

――その当時は日共系でない運動圏の人がかなり訪中していますね。

中国側は日共と対立していたので、新左翼を受け入れる用意があったのです。

——もともと日本共産党員で、日共と中共が決裂した後も、中国との往来を続ける人たちもいましたね。

一九七三年に訪中したメンバーの多くは中国派ではなく、中国に特にシンパシーはありませんでしたが、当時日本のなかでは、日本共産党から分岐した中国派は大きい勢力でした。そこにはお金が絡んでいました。一九五八年の長崎国旗事件の後、LT貿易という制度ができ、友好商社というものが出現して、日中貿易をほぼ独占していたわけです。日中友好運動と経済的利害が一体化するという状況が生じ、毛沢東思想がそうした文脈に大幅に組み込まれたことは、日本の特殊性で、これはたいへん不幸なことでした。新左翼側でも、毛沢東思想の造反有理の思想に共鳴するブントにML派が生まれ、後にML同盟として中国派に合流します。僕はこうした日中友好の動きにはまったくつながっていませんでした。安藤彦太郎さんは日中友好運動の主流におられ、中聯部（中国共産党中央対外聯絡部）の幹部たちと親密な関係にあり、『毛沢東選集』の日本語版の翻訳で北京に滞在していたと聞いています。

——それまで中国のことは書いたり論じたりしていましたか？

正面から論じたことはありませんでした。文革については、むしろ批判的に見ていました。世界的な規模で起こった学生運動について、政治的権威に対する社会的な反乱と捉えていたので、文革もそのエトスを共有するものと考えていました。と同時に、毛沢東思想の権威の下で権力への反乱をやるということは自己矛盾であると考えていました。

——武藤さんは当時、各地の学生運動について、管理社会や先進資本主義に対する反逆という側面を挙げておられますが、中国は資本主義ではないですよね。

中国の場合は造反の対象は違いますね。党官僚の権威的支配にたいする造反ですね。紅衛兵が国外の運動と自覚的に目標を共有して行動していたわけではまったくなかったと思います。ただ反乱を起こした側のエトスには同時代性があり、共通するものがあったと、今でも考えています。

——当時は実際に学生運動に関わっていたのですか？

とんでもない。僕が学生だったのは一九五〇—五二年ですよ。一九六五年からべ平連の運動に加わっていました。六〇年安保のときはジャパンプレスで働いていて、安保の記事を発信していました。当時、大江健三郎や開高健は北京にいて新華社で配信された安保闘争の記事を読んでいたと書いていますが、その記事を送っていたのがジャパンプレスでした。やがてジャパンプレスも首になって、一九六四年に仲間たちとジャパンニュースをつくりました。それ以降はフリーターの走りのようなことをしてきました。

一九六九年に『英文AMPO』をつくりました。当時ジョン・ダワー、ハーバート・ビックス、マーク・セルデン、ダグラス・ラミス、ブレット・バリーなどが日本にいて、外人べ平連をつくって、反戦の行動としてアメリカ大使館に入って坐り込みをやったりしました。『英文AMPO』は彼らと一緒に立ち上げたのです。『英文AMPO』での活動が母体になって七三年にPARC（アジア太平洋資料センター）ができたのです。

――武藤さんは日共には入党していたのですか？

一九五一年に入りました。メーデー事件の前です。東大教養学部の細胞でした。一九六一年の八回大会で綱領論争があるのですが、そのときすでに僕は反対派でした。六四年に部分的核実験停止条約の批准をめぐって、志賀義雄が国会の批准に賛成したので除名になり、志賀の除名にあわせて、中野重治、佐多稲子、神山茂夫なども除名になります。僕はソ連派ではなかったけれど、そのときに除名になります。後にベ平連で活躍する吉川勇一は、平和委員会にいて、部分核停に反対することに反対したのです。当時中国は部分核停は核独占だとして反対し、ソ連は支持したのです。六四年の原水爆禁止運動の一〇回世界大会は中ソ対立があって、吉川勇一はあまりの酷さに反対して除名されます。世界平和評議会はソ連寄りの組織なのですが、ヘルシンキで世界平和大会を開きます。それに原水協から分裂した原水禁国民会議を入れるか入れないかで問題になって、平和委員会は執拗に排除を主張した。吉川は僕にブラッセルであったヘルシンキ大会の準備委員会に原水禁側で出席させたのですが、そこで平和委員会の平野義太郎氏と日本からの大会参加資格をめぐって対決するのです。その件で私は共産党から除名になりました。そのあとベ平連ができたのに合流します。

――一九六八年末から学園紛争が下火になっていくのをどう見ていましたか？

一九七〇年代の半ば過ぎまでは、六〇年代の政治的地形は大きなダメージは受けましたが存続していました。連合赤軍事件までは、ベ平連からリブを含めた広義の新左翼は、社会的運動として社会のなかに足場を持っていました。三里塚闘争は続いていたし、水俣闘争も全国的な影響をもっていました。連赤事件に続いて、中核・革マルなどの内ゲバがあり、八〇年代に入って個別運動に解体していくのです。

――ベ平連のあとはどのような運動組織に加わって活動なさったのですか？

PARCをつくってそこを中心に活動していました。PARCの自己定義としては、それ自身が農民運動、労働運動のような意味での運動体ではないが、やはり日本の運動と不可分の有機的一部であるという位置づけをとりました。日本の運動とアジアの運動がつながるための媒介として、日本を外とつながりながら内部から変えていくための集団にしようとしたのです。

――一貫してアジアの問題に関心を持ち続けてこられたのですか？

ベ平連もベトナム反戦ですから、アジアとの関係でできた運動です。ベトナム戦争では日本がアメリカの一部になって加担しているという認識ですから、日本を内部から変えて加害者としての日本のあり方を解体しないといけない。日本とアジアの関係をいま変えないといけないだけでなく、日本近代史をさかのぼって、反省的に総括しないといけない。そのような意識はベ平連運動のなかで出ていたのです。そこには単にベトナムだけの問題ではなく、日韓や日中や東南アジアとの関係などの問題もまた内包されていたのです。

――日本では学生運動が終息して個別闘争の時期になると、沖縄返還や日韓問題や東南アジアへの経済侵略問題や公害輸出批判が顕在化します。そこにはアジア革命という横に広がるモメントと、日本の歴史認識を問い直し、戦争責任をつきつけるような縦に広がるモメントが出てきたように見えます。

そういう動きそのもののなかでPARCをつくったのです。PARCは北沢洋子さんと鶴見良行さんと僕が中心になってつくったのですが、その前に一九六九年のテト攻勢の後、北沢さんと「連帯」という組織をつくって、シリーズで五冊、亜紀書房から出しました。従属理論はそこで初めて日本に紹介しました。『英文AMPO』『連帯』は西五軒町のぼろアパートを借りて出していました。

――それまで北沢さんをご存知でしたか?

北沢洋子さんとは、カイロのころから手紙のやりとりはしていましたが、北京から帰ってきてから、一九七〇年四月二八日のデモで会って、『連帯』をつくろうということになったのです。当時立教大学にいた高橋武智も加わっています。『英文AMPO』は日本の運動を外に知らせるものでしたが、雑誌の相互交換で膨大な資料が寄せられたのを、その蓄積を使いこなせるようにしようというので、資料センターとしてPARCをつくったのです。当時は日本の公害輸出について、輸出される相手国との関係づくりなどをして反対運動を展開したりしました。

――当時の入管闘争とか在日の権利の獲得にも関わりましたか?

初期は華青闘（華僑青年闘争委員会）などとも接触があり、在日のいろいろな人たちが出入りしていましたし、民団から分かれた韓民統（後の韓統連）の人たち、韓国キリスト教会の人たちとも付合いがありました。その後韓国の民主化運動との連帯への努力をしました。アジア教会協議会（CCA）の都市農村伝道（URM）の呉在植さんなどキリスト教の人たちと協力していました。呉さんたちはアジアのさまざまな行動グループのネットワークづくりのパイオニアでした。

――同じアジアとのつながりといっても、中国と組むことは難しかったでしょうね。

それは無理でした。できるようになったのはずっと後になって、お役人ではない話し合える人と出会うことができてからです。五〇年代に原水協にいたときは、中国との関係では孫平化さんなどすべて党の役人でした。そういえば、一九七三年に安藤ミッションで訪中したときは、後に外相になる唐家璇さんが通訳として同行してくれました。

八〇年代になって、ニューヨーク州立大学（ビンガムトン）で毎年教えるようになって、そこで文革中に紅衛兵だった人たちをはじめ自立した中国の知識人たちと出会いました。そのことからいろいろな接触ができてきたのです。

——中国との国交がない時期に、中国関係の情報はどこから得られていたのですか？

特別の情報は何もありませんでした。中国派の情報は偏りがあるので、僕はあまり信用していなかった。

——林彪事件はどう見ていました？

何が起こっているのかわからなかったですね。そのころは、中国からのいろいろな声明や発言がすべて政治的なニュアンスがあって、額面どおりには受け取れなくなっていましたので。

——日中国交回復はどう見ていましたか？

それは大歓迎でしたよ。当然すべきことで、昔からそう主張してきたのですから。しかし中国との関係の意味は、そのあと鄧小平路線になって変わってきますけれど。

——中華圏での運動のネットワークづくりをどのように展開させていかれたのですか？

一九八八年にPARCが呼びかけて、ピープルズプラン21（PP21）という大規模な国際プログラムを出発させ、そのなかで本格的なネットワークづくりを始めました。そのとき、香港を拠点にして中国の将来をどうするかという意識を持ったいろいろなグループと一緒に活動するようになり、そこからさまざまな接触が広がるのです。香港を基盤にしていた劉建芝さんなどのアジアの行動的知識人のネットワークであるARENA（Asian Exchange for New Alternatives）は中国との草の根運動レベルの交流の大事な入口の一つでした。その後、陳光興さん（台湾・清華大学）の呼びかけたカルチュラル・スタディーズのネットワークや、二〇〇〇年からの孫歌さん（中国社会科学院文学研究所）や溝口雄三さん（東京大学名誉教授、二〇一〇年七月一三日没）などによる「知の共同体」とのつながりが重なっていきます。

解説

武藤一羊とは、インタビューの最後で触れている、二〇〇〇年からの「知の共同体」フォーラムが開かれたときに、北京で出会った。そこには運動のパートナーとしてすでにネットワーク関係を築いていた台湾の陳光興や香港の劉建芝も来ていて、同じアジア人という目線で、グローバル化に伴うさまざまな社会問題を流暢な英語で論じていた。まだ若い劉女士の武藤に寄せる信頼感が印象的だった。そのとき出会ったのが、孫歌や汪暉（当時・中国社会科学院文学研究所）や黄平（中国社会科学院社会学研究所、汪とともに当時は三聯書店から発行されている『読書』誌の編集長であった）など、北京で言論・学術活動をしていた公共論壇系の知識人で、主に日本の侵華戦争に関わる歴史認識問題について、通訳を交え中国語と日本語で対話をしていた。

武藤はその巧みな英語能力を活かして、六〇年代半ばのベトナム反戦運動の頃から、一貫して体制批判的な国際的ネットワーク型運動のオーガナイザーとして活動してきた。運動の担い手や形態は、日本共産党を中心とした政治運動から学生中心の学園紛争へ、さらにベ平連のような市民連帯型平和運動へ、反安保闘争のような大衆運動から水俣闘争・三里塚闘争のような個別運動へ、さらに環境破壊・貧富の拡大・グローバル資本による富と権力の偏在化など地球規模の問題に対する国際連帯型オルタナティヴ運動へと、時勢の推移とともに変化してきた。だが、アジア共通の問題に民間主導で越境型ネットワークを形成することによって取り組むという姿勢は一貫している。その意味では北沢洋子のスタンスと共通するものがあり、実際に北沢とは一九六九年の『英文ＡＭＰＯ』を共同で発行し、一九七三年のＰＡＲＣ創設の際には共同代表となっている。

アジアとの国際連帯型ネットワークは、七〇年代に入って韓国民主化運動を担う韓国人クリスチャンとの間で構築するのがきっかけであったが、当時国交がなく、政治体制を異にする中国とは、当然のことながらそのような体制批判型運動の民間交流などできようはずはない。インタビューでも述べられているように、武藤は中国研究者でもなく日中友好運動に関わったこともなく、中国に格別のシンパシーを持っていたわけではない。文革当時の紅衛兵運動については、学生運動の世界同時性という現象から接近しようとしているが、彼が対談などで語った文革論は両義的なもので、紅衛兵が毛沢東・林彪など最高権力層の権威への服従を露わにしていることや、高度資本主義を経験したことのない中国で反資本主義が叫ばれていることへの違和感を表明していた。

最初の中国との関係構築の試みは、七三年の訪中であった。このときの『思想の科学』に掲載された二篇の訪中記録を読むと、武藤は「ベトナム＝インドシナ人民」の闘争勝利に強い刺激を受けつつ、第三世界の人民連帯の可能性を求めて文革当時のモデル地区を参観し、住民たちと交流している。そのさい、「自力更生」「プロレタリア階級闘争」「破私立公」など、文革のスローガンを接近線として、旧体制打破のオルタナティヴ運動との連帯を模索していることが見て取れる。武藤はその二篇を収めた著書『根拠地と文化――第三世界との合流を求めて』のあとがきに、模索した結果、問題意識を共有し、変革主体の連帯を見出すにはいたらなかったという率直な自己評価を書き留めている。

その後、中国との人民連帯の可能性を、八〇年代に入って、アメリカで元紅衛兵の知識人と出会ったことに見出したという発言は興味深い。文革当時、旧体制の変革主体として紅衛兵運動を日本のスチューデント・パワーと同一地平線上に眺めながら、国際連帯の可能性については判断を留保せざるを得なかった武藤が、再びかつての紅衛兵にその活路を探り当てたのである。八一年の中共中央の歴史決議における文革全面否定の論理に与しない、文革初期の造反派を民間主導型オルタナティヴ運動の中国的発現形態として受け止める見方がここから導き出されるのではないだろうか。

6 岡部達味　価値中立的スタンスに立ち複合的分析

二〇〇九年七月八日　東京渋谷区西原のご自宅

岡部達味（おかべ・たつみ）　一九三二年東京都生まれ。五五年東京大学教養学部卒業。東京大学大学院国際関係専攻修士課程修了、五七年NHKに就職、解説委員室に勤務。この間、休職してワシントン大学（シアトル）に留学。六三年退職後、国際基督教大学社会科学研究所助手、東京都立大学教授を経て、二〇〇三年まで専修大学教授。一九八八―八九年、アジア政経学会理事長。日中友好二一世紀委員会委員、一九九七―〇二年、同座長。社会学博士。国際政治学専攻。著書、『現代中国の対外政策』（東京大学出版会、一九七一年）、『中国の対日政策』（東京大学出版会、一九七六年）、『中国は近代化できるか――社会主義的発展途上国の苦悩』（日本経済新聞社、一九八一年）、『中国近代化の政治経済学――改革と開放の行方を読む』（PHP研究所、一九八九年）、『国際政治の分析枠組』（東京大学出版会、一九九二年）、『中国の対外戦略』（東京大学出版会、二〇〇二年）、『日中関係の過去と将来――誤解を超えて』（岩波現代文庫、二〇〇六年）。

――先生のご専門は国際関係論ですね。

そうです。大学で教えた科目は国際政治ということになっています。

――なぜ中国を研究対象にされたのでしょうか？

私は能天気で、大学で何をやりたいというのがあまりはっきりしていなくて、都立青山高校の二年生（池井優氏と同窓）のとき、ちょうど中国が成立した一九四九年で、中国語を第二外国語として始めたのです。教材は倉石武四郎さんの『倉石中国語読本』全五冊を使っていました。旧制高校の名残でドイツ語かフランス語を履修する人が大半なのですが、単位選択制でたまたま選択したい科目とぶつかっていたので、父の岡部弥太郎（教育心理学者）の勧めもあって中国語を選んだのです。生徒は私一人で、一対一の授業でした。大学でも中国語を第二外国語にしました。

中学一年を二回していますが、二回目のときに敗戦を迎えます。それまでは神風特攻隊になろうと思っていました。敗戦となってこの日本を再建するのは俺たちだという気持はありましたね。ただそれと大学で何を勉強しようというのは結びついていません。敗戦後、国内問題をやるなら経済だと思いましたが、ソ連、中国、アメリカのなかで日本が翻弄されていたので、国際関係をやろうと思ったのです。東大の文二は主として文学部・教育学部進学でしたが、父が教育学者で親しみがあったので入学したのですが、駒場の教養課程を履修して、社会科学をやりたいと思うようになりました。マルクス経済学もかなり勉強しましたが、国際関係論をやろうと思ったのです。法学部でも国際政治はできたのですが、文二から法学部には相当成績がよくないといけなかったし、へそまがりなところがあって、駒場の教養学科を選んだのです。

――先生にとって国際関係論の師匠はどういう方ですか？

駒場は世間の評価からすると、本郷よりは一段低く見られていました。そういう権威主義的なものへの反発もあったのです。当時の教養学科は一学科で六つの分科に分かれていて、その一つが国際関係論分科でした。幸か不幸か中国分科はありませんでした。先生は川田侃先生で、当時二九歳で七歳しか違わない。川田先生は矢内原忠雄先生の弟子で、ちゃんと講義録をつくって授業をするようにいわれたということで、ノートを読み上げて書き取りをさせるというクラシカルな授業でした。それを集大成して『国際関係概論』（一九五八年）をお書きになったのです。経済学の話も多く、まだ形の固まっていないパイオニア的講義でした。

――卒論のテーマは何だったのですか？

同学年でただ一人卒業論文を書いたのですが、経済学的観点から「満洲事変の研究」というのを書きました。川田先生からは最初は箸にも棒にもかからないくらいご批判を受けて、書き直して提出しました。提出後お会いしたときに、ずいぶん良くなったね、と言われましたが、あとで、成績表を見たら「良」でショックでした。

大学院に入ってから、当時国際関係論の主任教授だった江口朴郎先生の授業を聞いてわかったのは、当時江口さんは政治過程論をやっていましたが、私は卒論ではマルクス経済学の再生産方式を使って日本と満洲はどういう関係になっているかを調べたので、政治過程についてはほとんど触れなかったのです。それで「良」だったのだなと感じました。もちろん真相はわかりません。江口先生はマルクス主義者ですけれど、マルクス・レーニン主義の図式に当てはめるやり方ではなく、実証的なやり方で、最終的にはマルクス・レーニン主義の図式通りになると考えていらした、良質のマルクス主義研究者です。

本格的に中国を研究したのは、大学院の修士課程からで、二年目の一九五六年の秋に東京工業大学から衛藤瀋吉先生が赴任していらっしゃいました。単位は十分とっていたのですが、衛藤先生の学部のゼミに出席して、非常に実証的だったところに感銘を受けました。当時はイデオロギーとか心情ばかりが重視されていましたから。

ＮＨＫを辞めて大学に戻るときに国際基督教大学（ＩＣＵ）の助手になったのですが、ＩＣＵで中国をやっている人はいないし、大学院で指導を受けた先生はこれもマルクス主義者で東大の社会科学研究所の高橋勇治先生でした。ですから、修士課程を出てからＮＨＫに行き、大学に戻るときに、普通ならば高橋勇治先生のところに行くものですが、衛藤先生のところに押しかけ弟子で行きました。
　高橋先生はマルクス・レーニン主義を本格的に研究していますので、中国の毛沢東のやっていることについて、農業集団化のこととか、新民主主義革命をやってから社会主義に移行することになっていたのを五三年に社会主義に移行したりしたことを、批判していましたね。それはとても勉強になりました。でもマルクス・レーニン主義にこれ以上お付合いしたくないと思って、実証的な衛藤先生のところに行きました。

――学生にはどういう方がおられましたか？

　藤井昇三さん、宇野重昭さんが先輩で、アジア経済研究所に行った慶応大学出の徳田教之さんが同年輩でした。中嶋嶺雄さん、平野健一郎さんは後輩です。

――石川忠雄先生とはそのころお知合いでしたか？

　後に日中友好二一世紀委員会で親しくさせていただきましたが、学生時代は本を読むだけで、直接話を伺いに行くことはありませんでした。ただ高校の同期の小田英郎君（アフリカ研究）の紹介で、学会でご挨拶しました。

――坂野正高さんは専門が近かったですが、受講されましたか？

　東洋文化研究所の植田捷雄先生が坂野先生、衛藤先生の師匠になります。植田先生は、私がＮＨＫ時代にフルブライトに受かって来年アメリカに留学するというとき、アメリカの中国研究の大学をいくつか紹介する記事を書かれているのを見て、個人的に助言を求めました。そこから指導を仰ぐことになり、六一年にアメリカから帰国してから、植田先生主宰の放談会に呼んでくださるようになりました。坂野先生とはそこで親しくさせていただきましたが、講義は受けていません。

――ＮＨＫに勤務したあと、ＩＣＵに移られるいきさつは何だったのですか？

　ジャーナリズムの限界を感じたし、ＮＨＫでの将来像も芳しくなくなっていたので、思い切って学界でやり直したいと思ったのですが、ただの浪人では困るし、とはいえ博士課程にいまさら戻るのもいやだと思って、給料の出るところに行きたいと思い、アジ研（アジア経済研究所）に行こうとしました。アジ研所長の東畑精一先生にもお会いしましたが、採用してもらえませんでした。それで結局、六三年にＩＣＵの助手になりました。ちょうどＩＣＵで社会科学研究所ができたところで人を募集していました。所長は蝋山政道先生です。蝋山さんは私の父の高崎中学時代の同級生でした。先生は、中国を研究する人はたくさんいるが、発展段階論などの研究が流行っていて、外交・国際関係から見る人は非常に少ないとおっしゃって、対外関係を研究したらどうかとサジェストしてくださいました。国際関係論専攻の出身だし対外関係を研究しようとして、最初にＩＣＵの『社会科学ジャーナル』誌に書いた論文が「中ソ対立論の諸問題」でした。中ソ関係を論じたものですからもちろん外交関係なのですが、中ソ関係についてはそう見ない人がいました。私は中国とソ連という国民国家を目指す国家同士の対立という立場で中ソ対立を見ておりました。後にも書きましたが、イデオロギーも国家間関係の一部だと見ていました。

――先生の学会の本籍はアジア政経学会ですか。

そうです。一九六三年に入りまして、同時に日本国際政治学会と日本政治学会と国際法学会の会員になりました。アジア政経学会は理事長を八八、八九年に務めました。中国との共同シンポジウムを企画したのですが、天安門事件でだめになって、台湾や韓国などアジア全般から人を呼んで学会としては初めての本格的な国際学会を開きました。

――当時、中ソ対立については、中嶋嶺雄先生や山極晃先生も論じていらっしゃいましたが、読んでおられましたか?

当時は先行研究として意識したことはありませんでした。日本語の文献は石堂清倫、宇野重昭、斎藤孝などの先生方の論文を引用していますが、より多く英語と中国語文献に依拠していました。

――大学院の当時は六全協大会など、政治の季節でしたが、日共との関わりはありましたか?

学問としてのマルクス・レーニン主義には関心がありましたが、党活動にはまったく無関心無活動のノンポリでした。高校の同級生に党員がいまして、社会科の先生の許可をもらって授業中に「共産党宣言」百周年の話をしたときなどは反感を持ちました。それで最初からいかに批判的に読むかということを先入観として与えられました。中国に関してはこういう社会主義的なやり方でないとダメかもしれないという考えをしたことはありますが、毛沢東思想の影響を受けたり、広めたりすることはありませんでした。

――国際関係論でアメリカのどういう方の影響を受けたのですか?

初期の段階で最も影響を受けたのは、ドナルド・ザゴリア（Donald S. Zagoria）の *The Sino-Soviet Conflict, 1956–1961* という名著でしたが、アメリカの学界ではあまり評価されていませんでした。ランド・コーポレーションにいて、大学に籍を置いていないものですから、アメリカで学者相手に話題に出しても無視されがちでした。日本でザゴリアを本格的に読んだのは私くらいでしょう。アレクサンダー・ジョージ（Alexander George）の *Propaganda Analysis* は内容分析の背後にある考え方を書いたもので、彼も情報関係の世界の人です。ネーザン・ライテス（Nathan Leites）というアレクサンダー・ジョージよりも早く類似の議論をした人がいますが、彼の *Operational Code of Politoburo* というパンフレットは、ソ連・中国・北朝鮮の共産党の発想法が西側とはずいぶん違うというので、朝鮮戦争のときに板門店で長く会談をやったときの彼らの発想法を箇条書きにしたものです。

アメリカにはNHK在職のまま行きました。NHKでは解説委員のアシスタントとして曜日ごとに担当が決まっていて、その日に起こったことについて解説するわけですから、中国だけのことをやっているわけにはいきませんでした。ただ自分なりに国際問題を、ジャーナリストとして情報処理するのにどうすればいいのかという意識がありました。『人民日報』などは、一般にありがたがって読む人と宣伝だとして全く無視する人がいたのですが、私はありがたがってもいないけれど、毎日出すものに無意味なものがあるはずがないとして、ジョージやライテスからヒントを得て、情報関係者の分析方法を参考にしました。六〇年代当時に日本の学者が総合雑誌に書いたものを読むと、情報分析が劣っていることを痛感しました。それで、情報処理のしかたについては、NHKを辞めて学者になるときに、この思考法はそのまま持っていこうと思いました。

——ワシントン大学で初めて内容分析（content analysis）を知ったのですか？

その時は知りませんでした。学者をめざし始めてすぐの一九六三年七月に衛藤先生から教えられたのです。*Propaganda Analysis* などはずいぶん遅く、一九七〇年頃に出たものです。アメリカから文献を取り寄せて、眼を皿のようにして読んでいました。ハロルド・ラスウェル（Harold Dwight Lasswell）がソ連のメーデー・スローガンを分析したものがあって、内容分析を実際に応用した数少ない例でした。六四年一月号のアジア政経学会の『アジア研究』に「内容分析による中共対外政策の研究」を書きました。それは五月一日と一〇月一日の『人民日報』の社説を分析したものです。当時、本郷の社会学の高橋徹先生とか辻村明先生のゼミに出ていて、アジア研究の論文を見せてご批評を仰いだりしたのですが、まだ内容分析を応用して書いた論文に接したことは少なかったようです。『中国の対日政策』には博士論文を書き直したものが載っています。一九六七年から七二年までの中国の日本軍国主義批判についての言説を分析したものです。

その後、駒場で博士号を取得した当時は、国際関係論は独立した一研究科ではなく、社会学と一緒だったためか、タイトルは社会学博士となりました。

——中国の一次情報やデータはどこから得ていましたか？

『人民日報』がメインです。プロパガンダであることは間違いないですが、今のように空虚ではなくて、マルクス・レーニン主義の枠組みで見ればもっともなことが書かれていました。その枠組み自体、私は是々非々で見ていますから、その都度判断をしますし、ひとつの分析方法として内容分析があったのです。また、中国を訪れて新中国を見てきた人を捕まえて取材をしたりしました。さらに、日本にも情報関係の官庁があり、内調（内閣情報調査室）とか外務省の中国課などの情報にも眼をとおしていました。その多くは外国で出された情報を翻訳したものですが。

——最初の訪中は一九六五年ですが、どういういきさつでしたか？

まだアメリカにいた一九六一年を発端に、アジア・フォード財団問題が起こりました。中国研究をする者はその資金を使わないという暗黙の了解ができていたようです。ところが衛藤先生がその資金の窓口になっていて、誰も使ってくれないのは困る、ついてはこれを使って旅行しないかというので、香港、インド、パキスタンを通ってヨーロッパに行き、各地の中国研究を見てくるという四五日間の旅程を立てました。まず香港に行ったのですが、中国通信社が、たとえ個人でも行きたい人に中国のビザを出すと聞いたので、ものは試しと申請したら、三日後に電話があってビザがでたというので、あわててパスポートを持っていきました。はんこが押してある小さな紙切れがビザで、パスポートにクリップで留めてくれるのです。これなら取り外しができて記録は残りませんからね。一二日間の旅行計画で当時一九万円もかかりました。アジア・フォード財団の資金で中国には行くなと事前に釘を刺されていましたので、中国には私費で行くことにしました。香港総領事館に田熊さんという方がいて、帰国する直前だったので必要額をお借りして、帰国したら女房から返済するという段取りにしていただきました。

一九六五年の夏に香港から広州に行きました。一人旅でもガイドはかならず附きます。私は中国語ができるのでガイドは要りませんと言ってもダメなのです。香港から汽車で広州駅に着いたら、「岡部さんですか」とすっと寄ってくる人がいて、それがガイドなのです。北京でも上海でもそんな感じでした。面白い話があって帰国談として書いて衛藤さんに見せたら、『中央公論』を紹介してくれました。しかし、「先生なりのお立場が出ているので、このまま出すのは将来的に先生にとって不利ではないか」と言われました。日記風に書いたらいかがでしょうかと提案されましたが、有名作家じゃあるまいし、そうはできないと思って、『潮』一九六六年三月号に発表しました（「中国人の対外態度――見てきた毛沢東の国」）。当時ＩＣＵにいたハンス・ベアワルドという日本の専門家がそれを見て面白がって、英訳を手伝ってくれました。それを*China Quarterly*に持ち込みましたが、半年滞在した人の手記を出す予定だということで鄭重に断わられました。

――当時の中国はどんな印象でしたか？

紙の上で見てきた中国とはずいぶん違うなあと思いました。中国の人は謙虚に批判や注文を聞いてくれるといわれていましたが、そうでもなかった。北京の城壁が残っていたのを壊して道路にしているのですが、こういう歴史的なものは残してほしいと言ったら、人の国のことに余計なことを言うなといわれたこととか、北京郊外で人民解放軍の兵隊が休憩しているので、通訳してほしいとガイドに言ったら、「彼らは外国人とは話をしたがりませんよ、恥をかいて面子がつぶれますよ」というので、じゃあ僕が直接話をすると言って、「もしベトナム戦争に行けと言われたら行くか」「行きます」「アメリカは原爆持っているぞ、原爆怖くないか」ときくと「怖くない」（「不怕《ブーパー》！」と唾が飛ぶほどの勢いでした）というような対話を交わしました。軍服が三種類しかなくて不恰好で、お世辞にも強そうではなかったのですが、話をしてみると士気旺盛で感心しましたね。ガイドに「外国人と話をしないというが、そんなことないではないか。戦意が高揚していて、感心したよ」と言いましたね。当時の日本人の中国旅行記は友好協会系列のものばかりでしたから、画期的なものだったと思います。

――先生の論文には文革そのものを論じたものは少ないようですが、どうしてでしょうか?

六六年に衛藤先生が香港総領事館の専門調査員（研究員）に二人行けるので一緒に行かないかと誘われたのです。それでご一緒させていただくことにしたのですが、ある日突然外務省中国課から呼び出しがあって、シンガポールに行ってくれないかというのです。香港とあまり変わらないから、行ってくれないかというので、ICUで散々苦労して休職にしてもらった手前、行くことにしたのです。

シンガポールに行くと、中国だろうが香港だろうが台湾だろうが、中国語で書かれた新聞は輸入禁止なのです。たんなる反共ということだけでなく、英語教育を受けた人と中国語教育を受けた人とほぼ拮抗していて、チャイニーズ・ストリームは中国にアイデンティティを持っていて信用できないということで、その流れをつぶして、イングリッシュ・ストリームだけを残す政策を八〇年代まで続けたのです。それの最初の時代でした。中国研究には全く適さない環境です。それで華僑研究を始めたのです。結果的にみると視野が広がって、東南アジアで中国をどう見ているかという視点を育むことができたのです。当時文化大革命の最中で、日本の記者は中国語を読めますから、日本の新聞は世界中で文革のニュースソースとして高く評価されていました。でもシンガポールの日本大使館では、そういう日本語の新聞を誰かが自分の資料として持っていってしまうのです。ですから、文革の実態はあとになって分かったのであって、同時代性というか、ジャーナリスティックな感覚で文革を見ることはできなかったのです。その後、文革の復習はみっちりやりましたが、文革について自分から積極的に書こうとは思いませんでした。

――衛藤瀋吉先生との共著論文「中国革命における穏歩と急進」（『中央公論』一九六七年七月号）の当時は、シンガポールにおられましたね。

あの頃衛藤先生と共著で出す論文は多かったのです。三つのパターン――半分ずつ書いた純粋な共著、衛藤さんが主に書いたもの、私が主に書いたもの、というものです。「穏歩と急進」は衛藤さんが主に書いて、私が補足するというもので、実のところは衛藤バージョンでした。衛藤さんは香港で時間がありましたから、そこで貯めこんだものを書いたものです。逆のケースもありましたがね。

――ICUの社会科学研究所所長だった蝋山政道先生は『中央公論』本誌の顧問をされていましたが、蝋山先生から『中央公論』に紹介されたことはなかったのですか?

蝋山先生の時代は、論壇というところは学界の蘊奥を究めた長老が一般の人向けに書くものだというお考えであって、助手の分際で総合雑誌に書くというのは想像もなさっていなかったでしょう、むしろそんな時間があれば学問的な論文を書けということでしょう。そう実際に言われたことはありませんが、一人前の学者（テニュアのある）になることが先決問題の時代でしたから、私もそう思っていました。

――先生の真骨頂は、リアル・ポリティクスからみた米中接近以降の日中復交論であり、日本の外交戦術を指南するという立場だったと思いますが。

中国課が中心になって話を聞きたいということはありましたし、意見交換もしていましたが、その職業固有の利点というものがあるもので、外務省の役人は交渉のプロですから、学者が上からものを言うことはありえないと思います。中国課もその頃は余裕があって、職員はかなり勉強していました。いまは業務は何十倍にも膨らんでいますから、なかなか勉強する余裕がなさそうに見えますが。

――米中接近の見通しはいつからもっていらっしゃいましたか？

予測していたということはありません。七一年の七月に、八王子のセミナーハウスで最近のアジアの国際関係を論じるという機会がありました。私は対中柔軟路線、韓国の研究者は強硬路線で論戦になったのですが、帰りの車のなかでキッシンジャーの中国訪問のニュースが流れて、腰を抜かしました。でも「柔軟路線」の話をしてきてよかった、と思いました。米中が対立したままいつまでもいけるわけではないと思っていましたが、ニクソンやキッシンジャーの動向は、ワシントンによほど食い込んでいない限り分からないものです。

――先生から見て他の論者はどうでしたか？

高坂正堯さんは非常に勘のいい方でポイントを衝くのがうまかったですね。晩年に研究会を組織して、日米・日中・日朝の関係を論じていましたが、中国関係では私を呼んでくれました。それ以外で目につく方は、衛藤先生や石川忠雄先生を除けばそれほどいませんでした。

――共同声明までの流れは理想的だったのでしょうか？

米中に先を越され悔しい気持がありましたから、日中も早くやるべきだと思っていました。

――その後は国際問題研究所（国問研）を研究と発表のベースにしていきますね。

東南アジアと中国を研究の拠点にしていますので、割と便利に使われまして、七〇年代から八〇年代いっぱいくらいは外部の主査として国問研で研究しました。文部省の科研費はとても面倒で、海外旅行でも、お金の出し入れをいちいちメモしておかないといけなくて、会計しに来ているのか研究しに来ているのかわからないという状況を経験しました。その後文部省からお金を貰うのはやめました。それで省庁としては外務省派になりました。僕のことを御用学者という人はいましたが、僕が研究すれば外務省の反対のことを書いても御国の役に立つはずだと思っていました。フルブライトの留学生でアメリカに行ってもアメリカの御用学者だと批判する人はいないでしょう。お金の出所が日本政府であろうがアメリカ政府であろうが、自分の勉強をするだけのことだと思っていました。ただ国際問題研究所は岡部に壟断《ろうだん》されている、私物化されているという声が外務省に出てきて、私を下ろすために国問研の所長に派遣された人もいました。どうも僕の本ばかり出た印象があるからのようなのですが、研究グループで研究したら、最終プロダクトは出版するのがきまりで、僕はまじめにやっただけなのですよ。しかしあまりに誤解と偏見が強いので降りることにしました。

――先生はアレン・S・ホワイティングの『中国人の日本観』（岩波書店、一九九三年）の翻訳のように、イメージ論の研究を始められましたが、方法論として斬新ですね。

『人民日報』を分析して事実関係を読み取ることは難しいのですが、中国の指導部がどういうことを考えているかはイメージ論を援用すれば導き出すことは難しくない。ただ、そこにはバックグラウンドがないといけませんし、そもそもイメージとは何かということからはじめて体系化していくことが必要です。『中国の対外戦略』はその総決算で、ケネス・ボールディングのイメージ論などに依拠しつつイメージ論の章を設けました。人間はイメージがなければ行動できないのです。多元的社会ではイメージにも幾つかあって、それらが錯綜しています。それがイメージ論の基本です。そもそも国益というのは何であるか、考えてみると難しい。「客観的な国益」などというものは認識できませんからね。政策決定者が主観のなかにおいてもっているであろう国益を認識するよう努力するのであって、それが客観的かどうかを論じるのは無益だと思います。イメージはパーセプションとか、フレームワークなどとも言い換えられます。学術用語として私は使っています。

解説

岡部達味には、このインタビューのちょうど一年ほど前の二〇〇八年六月三〇日に、やはり二時間ほどご自宅でインタビューを行なった。ただその時はまだ研究が緒についたばかりで、質問も散漫なもので、研究のための予備調査として助言を仰ぐことに主眼があった。

岡部には今回のインタビューとは別に、「「世界における中国研究の知識社会学的研究」計画」（代表・石之瑜・台湾大学政治学研究所教授）の「戦後日本における近現代中国研究の口述記録」として、谷垣真理子・東京大学大学院総合文化研究科准教授が聞き手となって二〇〇七年一二月二三日に行なった四時間のインタビュー記録がある。

岡部には本書の範囲では九本の関連論文が確認されている。専門が国際関係論であることから、論文の大半が中国をめぐる国際関係、中国の対外関係・外交政策に関するものである。そのテーマ設定と論調は、彼の大学院時代の師匠にあたる衛藤瀋吉と共通するものがあり、実際に彼の業績には衛藤との共著が非常に多い。なかでも「中国革命における穏歩と急進」(『中央公論』一九六七年七月号)がその代表論文であり、建国後二〇年近い歩みを「穏歩」「急進」という振り子の概念によって長大な構想のもとに概括している。今回のインタビューで、この論文がまとめられる経緯を確かめることができた。

岡部は小島麗逸の場合と同様、中国と関わることになる動機づけとなるような、新中国についての強烈な体験や、中国に対する格別な思い入れがあるわけでもなく、学生時代に左翼運動の洗礼を受けたわけでもない。そういったところが中国に対する距離の取り方、醒めた視線、是々非々で事象を分析する一貫した姿勢につながっているように思う。卒業後、NHKに入社し、解説委員のアシスタントとして国内外の種々雑多な出来事への全方位的な関心と調査を怠らなかった環境もまた、中国に対する複眼的分析を可能にする素地を養ったのであろう。

岡部の中国論は基本的に同時代研究である。同時代分析においては、とりわけ偏向した視線や認識枠組みで対象に向き合うことが、致命的な誤認を誘発しかねない。岡部の中国に対する価値中立的なスタンスは、そのようなリスク回避に寄与している。谷垣によるインタビューで、岡部はこう発言している。

「日本で昔の中国研究というのは、イデオロギー対イデオロギーですよ。親中国イデオロギーか、反中国イデオロギーかという、それのケンカですからね。そんなこと言っていたってしようがないじゃないか、現実の中国ではどういう問題がどういうふうに処理されているか、ということがわからずに、自分のイデオロギーだけふりまわしても無意味であろうというようなことを感じましたね。それで、価値中立的にならざるを得なかった。」

学界に復帰して入った学会がアジア政経学会・日本国際政治学会・日本政治学会・国際法学会であり、後に研究拠点となった国際問題研究所も含めて、いずれも彼の価値中立的なスタンスに符合する学会組織である。一方、中国研究所や現代中国学会など、中国寄りと見られていた学会には籍を置いていない。

研究の方法論はNHK在職中に休職して一年間留学したアメリカでの中国研究を通して得られたものが大きく、アメリカでの最新の知見を持ち帰って、日本で研究・評論活動を続けた。内容分析(Content Analysis)は当時アメリカで流行していた分析手法であり、客観的な数量的処理によってイデオロギー言説の分析を行なおうというもので、行動主体の価値観を分析してその行動パターンをトレースするイメージ論と併せて、当時としては画期的な方法であったことだろう。ただ、中国への直接現地調査が可能となり、中国自身からもさまざまなアクターによる情報や研究が発信され、さまざまなメディアが並存している今となっては、内容分析のようにインプットに非常に手間がかかる手法には、費用対効果があまり期待できず、適用は限定的なものになっているのではないだろうか。

末尾のイメージ論をめぐる質問は、本書で採用した「認識枠組み」「認識経路」といった分析概念について、岡部のイメージ論からもインスピレーションを得ていたからで、イメージ論の意図を確かめておきたかったのである。

岡部は、戦後派の中国研究者としては比較的早く、一九六五年に一二日間の中国旅行をしかも単独旅行で果たしている。このときの初訪中記録「中国人の対外態度――見てきた毛沢東の国」を読むと、単身で中国に乗り込み、巨象の真実を看破してみせようという意気込みと、容易には新中国にまつわる美辞や俗説に言いくるめられたりはしまいという勇猛果敢な観察眼とが垣間見え、どこか小田実の『何でも見てやろう』中国版のような趣きを感じさせる。

その後も岡部の中国論のスタンスは一貫して是々非々の価値中立的分析である。そのことが日本の対中外交のぶれない政策立案を担保するうえで有用な知見をもたらすとともに、中国側の岡部に寄せる信頼感にもつながっている。今日まで四〇回に及ぶ訪中経験があり、長く日中友好二一世紀委員会の委員および座長を務めるなどの実績は、日中双方から集まる人望によるものであろう。その人望は、単にその人柄によるものだけではなく、対象の真実に肉薄する非妥協的で厳格な研究と、そのようにして得られた分析の知見を踏まえて直言を忌まない率直なスタイルに由来するものであろう。

岡部は都立大学時代に東京大学教養学科で国際政治の非常勤講師を務めている。そのとき岡部の授業を受講した学生に、山影進、白石隆、白石昌也、若林正丈、田中明彦といった後に国際政治・国際関係の分野で錚々たる研究者となって今の学術界・論壇をリードしている人たちがいる。

7　本多勝一　ファクト求め日中戦争の現場へ

二〇〇九年四月二七日　世田谷区・成城学園前

本多勝一（ほんだ・かついち）　一九三二年長野県生まれ。朝日新聞社社会部記者、編集委員。『週刊金曜日』編集委員、『月刊あれこれ』編集長。著書は多数あり、『本多勝一集』全三〇巻（朝日新聞社、一九九三―九九年）に収められている。

――**『中国の旅』で現地への直接取材はどのようにして実現したのでしょうか？**

取材の経緯については、ぬやまひろし（西沢隆二）さんが非常に重要だった。中国とは断交状態だったなかで、毛沢東と近しいというか連絡があったのでお願いした。取材ノートをお貸ししましょう。あのときのことは忘れちゃったことが多いのですが、取材を思いついた最初は、これで見るとたぶん一九七一年三月ですね。

――**西沢さんとの接触は記憶にありませんか？**

それほど難しい話ではなかったけれど、細かいことはもう忘れました。ともかく毛沢東と連絡がつくのは、当時は彼しかいませんでしたから。基本的経過は割合単純ですね。表玄関から正攻法で行ったのです。

――**朝日新聞の秋岡家栄さんは当時北京にいた数少ない特派員ですね。**

向こうとの連絡としては非常に重要でした。

――**公明党とか社会党とか自民党の一部の重要なルートを使いませんでしたか。**

使っていませんね。そういう「ルート」は動きが鈍い傾向があるし制約もありがちですから。

――**西沢さんは当時北京にいらしたのですか？**

いや、このときは日本の事務所です。直接的には貿易関係の実務ですが、政治的関係の方が意味はたぶん大きいでしょうね。私の取材にあたって中国側は外交部新聞司が窓口です。

――**新聞司の馬毓真さんが窓口ですね。取材先のルートをつけてくれたのでしょうか？**

北京の新聞司副処長ですね。おおざっぱな目的は言いましたが、細かなことはわかりませんので、取材の協力をしてくれたのは出先の各地の革命委員会です。省ごと村ごとにありました。一応は希望を言いますが、それが適うこともあれば、向こうで指示されることもあります。

——当時本多さんは社会部にいらしたのですか?

いいや、編集委員です。あの頃の編集委員には「部」への所属がなくて、編集局長室直属の四人だけでした。ずっとのちに増やして一〇〇人くらいになりましたが、まるで人事上のクッションになってしまいました。疋田桂一郎さんは最初の四人の一人で第一号でした。

——同行した古川万太郎さんはどういう取材でしたか?

文革そのものが取材対象ですね。

——『中国の旅』には文革そのものの言及はあまりありませんが、文革そのものはどう見ていましたか?

私の取材はそれが目的ではなかったから。しかしそれにしても文革について当時は報道が少なくて一方的なものばかりでした。あの頃は確かに難しい時代で、私も判断しかねていました。ただ問題の根源はファクトにあるということです。

——予備知識はどこで仕入れたのですか?

ほとんどありませんね。南京大虐殺などは〝評判〟程度に知られていましたが。

——取材の前に他の人の書いたものをあまり参考になさらずに現地に飛びこんで取材をしたのですね。

少なくともマスコミにそういう資料はありませんでした。

——『三光』という本が当時出ていましたが、撫順の抑留された人や戦犯が組織した中帰連(中国帰国者連絡会)を訪ねたりされませんでしたか?

事前に会ったり話したりしたことはなかったと思います。彼らの言ったことはすでに本で発表になっているのですから。それに私の取材目的では日本人の言うことを聞いても仕方ありませんから。先入観もない方がいいし。

——本多さんが取材なさった平頂山や万人坑について、当時普通の日本人はあまり知らなかったでしょう。

「普通」の人はあまり知らなかったでしょうね。

——本多さんのご出身の長野では満蒙開拓団などで日中戦争と関わった村や家は多かったですね。

小学生の時に「出征」する人を見送りましたね。小学生のころ、「われらは若き義勇軍、祖国のための鍬とりて……」とかいうような歌をうたって、兵隊だけでなく満蒙義勇軍を見送りましたね。荒野を開墾するというわけですが、実は未開の地を開拓したわけではなく、既成の畑などを奪ったことが多いようですね。

——中国への直接取材を思い立ったのは、アメリカのソンミ事件報道のような報道を行なうというのが動機にあったと書いておられますね。『中国の旅』は『戦場の村』の続編という意識ですか。

そうですよ。『戦場の村』のあとアメリカの本国に取材し、『アメリカ合州国』にまとめます。順序はアメリカ取材の方が中国取材より前でした。そのあたりのことはルポに書いたはずです。

——取材にあたっては現地でどのように意向を伝えたのでしょうか?

まず北京で取材目的を言いました。東北地方(旧「満洲」)

にはこちらから行きたいと言いました。あとは現地に行ってから現地の革命委員会で説明します。瀋陽では遼寧省革命委員会の人ですね。

――朝日新聞社では、取材することについての反応は何かありましたか。

本社の局長らはあまり歓迎しませんでしたね。

――しかし本紙も『朝日ジャーナル』も『アサヒグラフ』も当時相当大きく連載していましたよね。

それはやはり当時の日中関係だね。取材をしておいていい加減な扱いをしたら中国に対してまずいでしょう。確か私が行ってきた直後かな、朝日の編集局長以下政治部長など主要な陣容が北京に行ったのです。まだ国交回復前で、日中の正式交流はないときでした。こんなとき、朝日に限らず私のせいで変な対応をされたらまずいでしょう。

――そのことは念頭にありましたか？

取材中はありません。それは仕事に直接関係ないから。

――カメラは？

自分で撮りました。

――通訳の単用有さんはずっと同行しましたか？

東北に着いてから会いましたが、正確で完璧な日本語を話しますから、こちらがお願いをして最後まで付いてもらいました。

――取材を受ける側の人が、文革中だったので、外国の人と接触するのを警戒したのでは？

いやあ、受ける側は庶民ですからね。内容的にもむしろ彼らの話したいようなことだし。

――取材の障害は感じなかったですか？

全くありませんでした。例えばある街に行きますと、予め中央から指示が来ていますから、現地では聞くべき相手を準備しています。むこうはこちらの取材の方法を知りませんから、多いときは一〇人くらい集めてきました。彼らはよく座談会で応ずるのです。私に対してもそんなことを考えていたようですね。こちらはそんなことを無視して一人ずつ徹底的に聞きます。その間、あとの人はぽかんとして聞いている。丸一日かかって一人か二人のこともあります。写真についてはは通訳がいますから、通訳している間に自分で撮影します。

――録音はしましたか？

しましたが、原則はメモですよ。通訳している間に書けますから。録音は記事にするときメモを確認する必要があった場合に聞くが、そんなことはあまり多くはない。

――取材中は現場を撮ったりしますね。

向こうはもう警戒しませんから。全体では四〇日間くらい取材しましたね。

――『中国の旅』には南京攻略戦の途上での百人斬りの話がありましたね。

これは日本の『東京日日新聞』に記事が出たことにちょっと触れているけれど、くわしくはのちの南京取材（一九八三年）で詳細が明らかになることです。

――そのあと南京研究会で南京事件の問題に深く入っていきますね。『中国の旅』の反響は大きく、鈴木明さんとか山本七平さんとかからの批判を受けての論戦をどう受け止めていたのでしょうか？『月刊社会党』一九七二年一月号には「中国に過去の日本の犯罪を「謝罪」してはならない」をお書きになっていますね。

『諸君』の反論は実にばかばかしかった。イザヤ・ベンダサンとかいう偽名を使っていた山本七平なんかは、私が反論で具体的に細かく指摘したので、彼は困ってしまったのですね。偉そうなこと言ったくせに、そのあと評論家としては消えちゃいましたね。

――批判の投書とか、右翼による身の危険とかはありましたか？

投書はかなりありましたね。右翼は留守中に自宅に来たので引っ越しました。俺一人ならどうってことないのですが、小さな子どもらもいましたから。

――『月刊社会党』の論文では、一握りの軍国主義者と一般人民とを分ける中国の人の見方を紹介して、「すべては天皇に象徴される天皇制軍国主義によってなされた。もちろんそのさらに底には財閥があるけれども、構造の頂点に天皇があったことは否定できない」とおっしゃっています。毛沢東もまた一握りの軍国主義者と人民との区別論をいいますね。

このルポの上では特にそういうことに触れる必要は基本的にありません。その区別する発言は中国の相手がそう言っていたということで、自分から言い出したわけではない。

――『中国の旅』は侵略の加害意識をもたらす意味で大きい役割を果たしました。国交回復の時期でしたから、復交の条件として戦争責任を考えさせる上でも大きな意味を持ちました。日中戦争にせよベトナム戦争にせよ、戦争においては同じことが起こるということですね。

「戦争」というより「侵略」ですね。戦争というと曖昧になりますからね。どちらが侵略したとも言えないような戦争も歴史の上で確かにあったと思いますが。日中戦争の場合は、ただ「戦争」というと「公平な見方」という実は不公平な表現になってしまいますから。

解説

本多勝一といえば、われわれの世代でマスコミを志すものにとっては立志伝中のジャーナリストである。同じ郷里の伊那谷の出身で、幼少の暮らしを書いた自伝や周りを囲むアルプスの山行記もあり、大学時代、北海道に渡ってからは、『きたぐにの動物たち』や『アイヌ民族』など、北海道の大自然と特有の歴史に親しむ上で、学生仲間では必読の書であった。

それら一連の探検記とはまったく趣きを異にする現代史の告発のルポとして、『戦場の村』『アメリカ合州国』とならんで、もっとも強烈な印象を残したのが『中国の旅』であった。これを高校生のころ、ほぼ発表された同時代に読み、それまでの空襲や原爆といった被害者体験のなかから平和教育を受けてきた者にとって、異国を侵略しそこの住民を虐殺した加害者としての日本近代史の来歴を思い知らされることとなった。いまだに朝日新聞社版の『中国の旅』に掲載された悲痛な中国人の表情とともに、その衝撃は消せない記憶となっている。

そのルポルタージュを単身でやり遂げた当の本人に、その作品についてインタビューしようというのである。インタビューを受けてくれるかどうか、半信半疑だったのが実現し、緊張を強いられたが、それは憧れの人物に会えるという高揚感よりは、いささか性質の違う緊張であった。本多には一連のジャーナリズム論があり、自身の取材経験を自己解説しながら取材の方法が語られており、『中国の旅』についても、その動機から実際の取材過程について、すでに語りつくされている感がある。

それでも晴れない謎がつきまとっていた。第一に、国交のない中国に長期単身取材を可能にした条件は何だったのかということだ。本多はぬやまひろしを中国への紹介者に立てたことだという。では、そのぬやまとどのように接触したのか、ぬやま自身はそれをどのように中国側に繋いだのか。本多はぬやまと「表玄関から正攻法で」接触したと言うが、ぬやまは当時それほど表立った活動をしていたようには見えず、謎の多い人物だったように見受けられる。結局そのことは、記憶が不確かなのか、明言しなかった。

第二に、文革のさなかに革命委員会のお膳立てで、日本軍の侵略の被害者の聞取りをすることが、なぜ可能だったのかということだ。その回答は、当時の状況をかなり俯瞰して眺めないと見えてこない。当時の国際情勢、『朝日新聞』の中国報道のスタンス、日本の戦争責任を「区別論」で捉えるという中国側の発想、などによるものが大きいことが分かった。

第三に、これまで十分には明らかにされてこなかった被害の実態を直接の犠牲者から突きつけられて、なぜ加害者の末裔として冷静さを保って客観描写に徹することができたのかということだ。貸与を受けた取材ノートの片鱗から、本多自身、初めて知るような悲惨な事実を目前に突きつけられて、心理的動揺を隠せなかったことを窺い知った。

とはいえ、本多自身が、四〇年近く前の取材で、記憶が不正確で、質問に応えられるかどうか、心許ないと繰り返していた。そうでなくとも、『中国の旅』という作品が生まれるには、本多の卓越した取材力だけでなく、さまざまな偶然と必然が折り重なっており、その諸要素を還元していく作業は容易ではない。

インタビューの席上で、こちらからの依頼書に「重要なのはファクトだ」との本多のメモ書きがしたためられていた。こちらも作品の評価を主眼に置かず、右の三点をめぐるファクトだけを細かく確認していくことを今回の聞取りの方針で臨んだつもりだった。ファクトが明らかにならないまま、評価をめぐる議論に持ち込むのは強い抑制心理が働いた。『中国の旅』は名作であることは確かだろうが、まだ作品が著者を離れて一人歩きしてはいない。日本にとっての中国同時代史がいまだに歴史にはなっていないように。

8　松尾文夫　米中接近のシグナルを察知

二〇〇九年四月二九日　新宿
二〇〇九年七月八日　千代田区外国人記者クラブ

松尾文夫（まつお・ふみお）　一九三三年東京都生まれ、五六年学習院大学政治学科卒業、共同通信社に入社、六四―六九年ニューヨーク、ワシントン特派員、七二―七五年バンコク支局長、一九八一―八四年ワシントン支局長、論説委員、（株）共同通信社常務取締役、（株）共同通信マーケッツ代表取締役社長などを歴任。二〇〇二年ジャーナリストに復帰。著書に『ニクソンのアメリカ』（サイマル出版会、一九七二年）、リチャード・ニクソン『ニクソン回顧録』（斎田一路と共訳、小学館、一九七八―七九年）、『銃を持つ民主主義――「アメリカという国」のなりたち』（小学館、二〇〇四年、第五十二回日本エッセイストクラブ賞受賞。小学館文庫、二〇〇八年）、『オバマ大統領がヒロシマに献花する日――相互献花外交が歴史和解の道をひらく』（小学館一〇一新書、二〇〇九年）。

――松尾さんの先生は誰になるのですか？

東京大学で一九二〇年代に法学部政治学科にアメリカ外交史の講座を創設した高木八尺《やさか》先生から始まる学縁があります。高木先生の助手から元同盟通信上海支局長に転じられた松本重治氏（戦後は国際文化会館理事長）には、ジャーナリストの先輩として晩年まで指導を受けた。「学者に負けない勉強をしながら、足を使って取材しろ」といわれ、いまも私の支えとなっています。高木先生は東大法学部の他に学習院大学でも教えておられ、そのアメリカ外交史の講義を一年生の時に聴講し、大きな影響を受けました。そのおかげで高木先生の後継者である斎藤眞先生、そのお弟子である五十嵐武士さん、古矢旬さん、久保文明さんらアメリカ研究者とはいまも付合いが続いています。学習院大学では清水幾太郎先生の社会学の指導も受け、ゼミで集団論があってアメリカの政党論をレポートし、ジャーナリストになり、アメリカ特派員を夢見るようになりました。学生の時に清水さんに岩波書店に連れていかれて、島村ヨハネさんとか、鈴木稔さんとか、安江良介さんとかと知合いになりました。緑川亨さんとはいまでも年賀状のやり取りがあります〔緑川氏は二〇〇九年七月二〇日没〕。大学は一九五六年に卒業しました。宮内庁所管から民間に一九四七年に移管して、四期目の卒業生です。安倍能成院長のころで、久野収さんもいました。

――共同通信ではどういうご経歴ですか？

数奇な運命というか変わった略歴なのですが、入社した一九五六年から四年間、大阪社会部で勤務したあと一九六〇年から外信部に来ました。

私の原点は六四年から六五年にニューヨークにいて、六六年から六九年にワシントンにいたことです。三一歳の若さで特派員に出ました。当時は最年少の特派員でした。

なぜ特派員になれたかというと、大阪社会部で一生懸命サツ回りをやり、取材する海外特派員が求められる時代になっていたことと、英語のヒアリングができたことです。六〇年の七月に民主党の党大会があって、ケネディがジョンソンと争って大統領候補に選ばれたのです。決選投票の各州ごとの集計をＶＯＡから傍受して記録せよというので、五〇州の表をつくりました。開票終了後、アメリカからの報道に照らし合わせてみると、僕のやった集計表が聞き間違いがなくて全部合っているというわけで、四年後特派員になることを命ぜられ、家族と赴任しました。

もう一つ、私の昭和史にからみ家系もアメリカ探求にゆだねるエネルギー源になっていると思います。二・二六事件で岡田首相暗殺未遂の巻き添えで、総理と一緒に住んでいた岡田首相の義弟で内閣嘱託（政務秘書官）の祖父・松尾大佐が岡田首相との人違いで殺されたのです。共同通信に入ったあと祖父が死んだ場所に案内されたこともありました。終戦時の鈴木貫太郎内閣の書記官長を務めた迫水久常は岡田首相の女婿で、迫水の妹の子どもが私です。叔父の迫水は終戦工作をし、アメリカとの戦争を嘆いていましたので、私がアメリカと関わる上で大きな存在でした。共同通信に入ると聞いて迫水は喜んでいました。ポツダム宣言が出たとき、内閣スポークスマンとしての彼の言葉は「黙殺」でしたが、同盟通信が ignore と訳したので、原爆が落とされたという説があるのです。叔父によれば no comment にちかいのですが、ignore としたので、相手は reject と受け取って原爆を落としたというものです。私自身も戦争末期に小学校六年生で、福井にいて空襲を体験しました。戦争を知る最後の世代です。純粋培養の軍国青年でした。空襲で生き残ったのが私の原点です。アメリカをやりたいと思ったのも、今アメリカとの和解を訴えているのも、そういう背景があるのです。

そんなことがあって共同通信に入ってから政治部記者になれと強く言われたのですが、あまり政治記者にはなりたくなくて、アメリカをやりたかったのです。

――特派員時代に論壇に登場なさるのですか？

当時共同通信外信部のステータスは高くて、論文や翻訳のアルバイトが多かったです。窪田さんという先輩がいて、アメリカに行く前の『世界』六四年三月号の「世界の潮」に「ヴァチカンの新風その後」を書きました。それが最初の論文です。六九年に帰ってきてからは「世界の潮」には毎号のようにニクソン政権をウオッチした無署名記事を書いていました。編集者では島村ヨハネさんとか、鈴木稔さんとか、河辺岸三さんなどと付き合っていました。一九七二年にバンコクに行く前の半年くらい日本にいてデスクになりました。バンコクはインドシナ戦争全体の取材陣の基地局のようなところでした。

――米中関係の論文はどのようないきさつで発表なさったのですか？

塙嘉彦という『中央公論』の編集者がいて、パリで会ったのです。ジョンソン大統領が突如として引退を発表する。北爆を停止して和平会談に応じる。それの取材でパリに行くのです。シャンゼリゼをのぼった凱旋門の先にマジェスティック・ホテルがあって、そこでアメリカとベトナムの会談が開かれていたのです。六八年はすごい年で、そのころ五月革命がパリで起こっていました。マジェスティック・ホテルの入口で両国代表団のウオッチをしていたら、向こうから東洋人らしいのが来て、それが塙君だったのです。

彼にワシントンで何か面白いことがないかと聞かれて、米中は意外に悪くないと思うと言ったのです。国務省を回っていて、日本課よりは中国課（Communist China Section）の方が立派なのです。同僚のなかには仮想敵としての米中、「米中衝突」と言っている人もいましたが、私はちょっと違うのではないかと思っていた。というのは、六七年に国務省を廻っていた時、日本課はグレードの落ちる外交官がいるだけなのだけど、中国課はできるやつが揃っていて、部屋も大きいのです。彼らは中国に対する郷愁を隠さないのです。Loss of China（中国喪失）の China Hands（中国通）の末裔です。中国課の人に一九四九年の『中国白書』を読めと言われました。米中関係をそれまでやっていなかったので、読んでみたら、リアリズムを感じました。その後マッカーシズムで China Hands は干されるのですが、仮想敵にもかかわらず中国に対する思いは強烈で、根っこはつながっていると思ったのです。

六九年に帰国したら、塙さんがパリでの話を覚えていて、七一年二月に塙さんから電話があり、巻頭論文として書いてくださいと言われました。国際文化会館に部屋を取ってくれて、そこで書いたのです。塙さんのおかげで「ニクソンのアメリカと中国――そのしたたかなアプローチ」という論文は『中央公論』（一九七一年五月号）に出たのです。その直後に現実に米中ピンポン外交があって、「米中〝雪解け〟の実像――国際政治地殻変動のプロローグ」（『中央公論』一九七一年六月号）を書きました。当時の『中央公論』の編集長は島村力さんで、島村さんはその後拓殖大学に行きました。塙さんは『海』の編集長もやりましたが亡くなりました。

――ご発表はピンポン外交の直後ですか？

ピンポン外交の第一報は四月七日で、直後の一〇日に『中央公論』が発売になったわけですから、先んじたことは事実です。スノーが中国に呼ばれたり、その示唆はありましたが。米中和解は近いと書いたあと、社内でとくに信じてくれなかったのは中国研究者たちです。そういう反応が日本の主流でしたね。当時は教条主義者がいっぱいいました。結果として当たったというので、当時の論壇時評で伊東光晴さん、久野収さんが取り上げてくれました。

——米中接近の具体的な兆候はあったのですか？

キッシンジャーの秘密接触などもちろん知りませんでした。先ほど申し上げた中国課の動きを見ていてそう考えたのです。中国課の人たちは優秀でしたよ。中国への思いを隠さないのです。ピンポン外交があっても、まだ米中接近について強い反応はありませんでしたが、七月九日のキッシンジャー秘密訪中で世界中がどよめいたわけです。日本では「ニクソン・ショック」という言葉が生まれました。

——米中接近のずいぶん前に、『世界』六八年八月号にマンスフィールドが書いていますし、パットフィールドが六九年五月号に対中外交を見直せと書いています。そういうアメリカ内部の声は摑んでいましたか？

「ニクソンのアメリカ——その外交構造の変動」（『世界』一九六九年六月号）、「ニクソンの「南部戦略」——カンボジア侵攻の〝原点〟」（『世界』一九七〇年七月号）などのアメリカ情報のなかで触れてあります。スノーとかもそうですね。米中接近のことは「なぜニクソンはアメリカに行くのか」（『世界』一九七二年三月号）に書き、『ニクソンのアメリカ』にまとめました。四部構成で、ニクソン訪中の実況中継を見るところで終わっています。『週刊朝日』の書評のトップになりました。そのあと七二年五月にバンコクに特派員で出て、サイゴン陥落までいました。

——米中国交回復から日中国交回復まではアメリカ人の報道記者は積極的に書いていましたが、他のジャーナリストの報道についてはどうでしたか？

七二年大統領選挙でニクソンが圧勝しますね。僕は勝てると思っていました。当時は朝日、共同を含めてワシントン特派員の多数はマクバガンが勝つという思い込みが強かった。当時は『ニクソンのアメリカ』という書名までケチをつける人もいましたね。ニクソンは「アメリカ」ではないという議論でした。

七四年のニクソン辞任のときはジャカルタにいました。私はその頃から、米中和解の方がウォーターゲート事件よりも歴史に残ると思っていました。七二年二月に北京に乗り込んで毛沢東と握手して、モスクワに行って握手して、平和共存をしてベトナムから七三年の三月に名誉ある撤退をする。

一年たってチュー政権が持ちこたえられなくなって倒れる。その間に米兵が最もたくさん死ぬのは、カンボジアとラオスの侵攻のときです。束の間の停戦が成り立つのですが、サイゴンから旅をしたところ、ダナンには解放戦線の旗が出ていました。そしてサイゴンの陥落に至ります。チュー政権はその三年前にいやいや停戦に応じさせられます。そこには「ニクソンのアメリカ」のエゴイズムがあり、それを私は暴いたのです。

米中和解はアメリカ内政の延長にあります。七二年にウォーターゲート事件が起こりますが、なぜニクソンが圧勝したかというと、もう戦争は嫌だという白人中産階級のエゴイズイムをくすぐったのです。そしてフォードになって戦争が終わります。

だから日本のリベラルの考えた方とは私は少しちがいます。ニクソン-キッシンジャーが大きく世界を変えたことは事実です。中ソ対立で楔を打ち込んで、平和共存のデタントの前段をつくったのはニクソンでした。

――当時アメリカン・ファクターから米中和解と日中復交を見ていた人がいましたが、そういう学者との意見交換はありましたか?

『ニクソンのアメリカ』で名前が出たあと、神谷不二さんが座長で、本間長世さん、江藤淳さん、永井陽之助さん、嘉治元郎（元国際文化会館理事長）さんと勉強会をしていました。「したたかなニクソン」「ニクソンのアメリカ」という言葉は私が言い出してからはやりました。斎藤眞先生の『アメリカ現代史』でも私の『ニクソンのアメリカ』を参考文献に入れていただきました。評価してくれたのは、五十嵐武士さんなど、主に現実主義者です。「沖縄返還とニクソンのアメリカ」（『世界』一九七二年一月号）は沖縄返還が繊維との取引であることに着目して書きました。ニクソン訪中は多数派としての共和党の国内政治上の強さがあって構築できたのです。西部と南部が共和党の地盤で、そこには白人の中産階級のエゴイズムが反映しています。

――先生は山極晃先生はご存知ですか?

存じています。当時学者で歴史的に米中関係を研究していたのは山極さんくらいしかいませんでした。

――山極先生は延安にいたアメリカ人のことも追っかけておられますね。

私も実は追いかけています。私のライフワークは日本にはない米中関係をまとめることです。中国には三回行っています。重慶と延安も行きました。

――ジョン・サーヴィスがキーパーソンですよね。

サーヴィスには注目していて資料を集めています。ワシントンから派遣されたディキシー・ミッションの一員として延安に行って、毛沢東とはうまが合います。重慶と延安には定期便が飛んでいたのです。その滑走路がいまの延安のメインストリートです。資料はアメリカにたくさんあります。あと二年くらいで仕上げようと思っています。

じつは米中関係は日米関係より早く始まっているのです。エンプレス・オブ・チャイナというアメリカの商船が広東の港に到着した一七八四年七月のことです。米中は貿易で始まったのです。ハーバード大学に行ってどういう積み荷を持っていったかを調べました。一八三〇年からはブリッジマンをはじめとして続々と宣教師が中国に送り込まれます。その足跡を上海に訪ねてきました。そのほかパール・バックとかヘンリー・ルースとか宣教師の二世たちの役割も追っています。ヘンリー・ルース財団は、北朝鮮の金策工業大学の技術者や研究者にＩＴ英語の研修を行なっているシラキュース大学のプロジェクトに資金を出しています。一八六九年に大陸横断鉄道が完成し、岩倉具視使節団も乗りましたね。最後のシェラネバダ山脈の難工事では、華人排斥運動の只中であったにもかかわらず、広東の珠江から二万人近い中国人労働者が動員されて完成させます。二年前に現場に行って見てきました。

いまは米中和解の延長で米朝関係も分析しています。アメリカが中ソ対立に楔を打ちこみ、毛沢東がアメリカに好意を持ち、ソ連の言いなりにはなりたくないという気持が米中和解につながりました。そのことは今の北朝鮮と共通するものがあります。北朝鮮の高官に今最も憎いのはどこかと聞くと、中国だという話を聞いています。かつての中国にとってのモスクワのようなイメージを中国に対して持っていると思います。

解説

松尾文夫は共同通信の元同僚の中島宏同様に現地派ジャーナリストである。中国プロパーではなく、大学ではアメリカ外交史を専攻し、自身のブログで称しているように、アメリカ・ウォッチャーである。とはいえ、本書で数量分析の対象とした雑誌において総計六本の中国関連記事を寄稿し、『世界』の無署名コラムである「世界の潮」への寄稿を含めると、さらに多い掲載本数になる（松尾の著作ファイルにはニクソン大統領の時期に政権ウオッチをした「世界の潮」だけで一三本の自筆記事が収められている）。中国への関心の高さは、一九六四年から七五年にかけて、ニューヨーク・ワシントン・バンコクと支局を渡り歩くなかで、ニクソン時代のアメリカを視野に収めることとなり、ニクソンの米中接近という歴史ドラマに遭遇したことが大きい。

中国研究者のなかには、アメリカの中国研究を通してその方法論や理論を現状分析に援用する一群の人々がいる。証言編では中国経済論の石川滋や国際関係論の岡部達味などがそれに相当する。松尾は報道界においてアメリカ・ワシントンの動静を通して中国の対外関係の変化を読解し、中国関連記事を流してきた。アメリカ経由の対中アプローチであることに着目し、インタビューを依頼した。

共同通信を退社し、フリーになった今も現役のジャーナリストとして活動し、アメリカ、ドイツ、イギリス、中国と、取材に飛び回っている。二度のインタビューを行なった際は、折しも歴史和解をテーマにした新書を脱稿してから校了を迎える最中にあった。本のプロットを熱っぽく語り、今後の取材テーマについての構想を披瀝しながらのインタビューとなり、これまで書かれた多くの関連記事を見せていただいた。たぎる想いに任せて話題が逸れがちになるのを、軌道修正しながらのインタビューとなった。

松尾の中国論における最大の功績はニクソンのアメリカが対中接近に舵を切ることを予測したことにあるだろう。それまで中国にとって最大の敵はアメリカ帝国主義とされてきたなかで、米中接近を明言することは相当勇気のいることだったであろう。「ニクソンのアメリカと中国――そのしたたかなアプローチ」が『中央公論』一九七一年五月号に掲載されるにあたっては、パリでの担当編集者との出会い、当時他誌の編集長をしていた粕谷一希の慧眼がきっかけとなっていた。刊行時の四月一〇日に、期せずして米国卓球チームが中国を訪問するといういわゆるピンポン外交が華々しく演出されたことで、記事は相当注目を集めたことだろう。

松尾が米中接近を予測したのは要人へのインタビューや非公式発表のスクープによるものではなく、見立ての背景には、建国以来のアメリカ史のなかに組み込まれた、チャイナ・ハンズとジャパン・ハンズの対立的共存への眼差しがあった。松尾は鳥瞰的視座においては、米中日のトライアングル関係を視野に入れつつ、アメリカの国内政治の論理と国益の最大化という観点から、「ニクソンのアメリカ」のエゴイズム」の発露として、米中接近という選択肢の現実性を強く察知していた。

また、虫瞰的視座においては、「ニクソンのアメリカと中国」に書かれているように、日参した国務省の中国課と日本課のたたずまいのコントラストに、かつて中国を失った痛手の重さを引きずるオールド・チャイナ・ハンズの影を見出し、代わって中国アプローチの好機をしたたかに窺うニュー・チャイナ・ハンズの機敏な動きから、行動を起こす瞬間が近づきつつあることを嗅ぎ取ったのである。

このアメリカのチャイナ・ハンズの系譜の源流には、中国で布教活動をした宣教師たちや商船で広東に渡った商人たちがおり、第二次大戦中にディキシー・ミッションとして延安に派遣された対中工作者たちがおり、そのキーパーソンが一九四九年に『中国白書』を起草したジョン・サーヴィスであった。松尾の次なるテーマはこのサーヴィスを中心にオールド・チャイナ・ハンズの活動を明らかにすることである。そのための取材を中国（北京・延安）とアメリカ（ワシントンその他）で行なっている。

9　北沢洋子　北京の中枢に国際連帯運動の拠点を定めて

二〇〇八年一〇月二九日　渋谷区渋谷

北沢洋子（きたざわ・ようこ）　一九三三年東京都生まれ。五五年、横浜国立大学経済学部卒業。一九五九―六九年、アジア・アフリカ人民連帯機構（AAPSO）国際事務局（カイロ）勤務。七三年、アジア太平洋資料センター（PARC）の創設に加わる。七六―八〇年、世界キリスト教会協議会（WCC）経済問題諮問委員会メンバー、九〇年、横浜で国際開発協力NGOの草の根援助運動を創設。九五年、国連社会発展サミット日本代表団にNGOとして加わる。九八年、最貧国債務帳消しキャンペーン日本委員会（ジュビリー2000・ジャパン）創設、共同代表。著書、『東南アジアの叛乱』（情況出版、一九七四年）、『私のなかのアフリカ』（朝日新聞社、一九七九年）、『私の会った革命家たち――アジア・アフリカ三〇人』（第三文明社、一九八〇年）、『黒いアフリカ』（聖文社、一九八一年）、『日本企業の海外進出』（日本評論社、一九八二年）、『暮らしのなかの第三世界――飽食と繁栄VS飢えと貧困』（聖文社、一九八九年）、『利潤か人間か――グローバル化の実態と新しい社会運動』（コモンズ、二〇〇三年）。

――北沢さんと中国との関わりのきっかけは何だったのですか？

大学を卒業して中国との貿易団体に勤めたことです。民間の貿易団体は国際貿易促進協会（国貿促）と日中貿易促進会議（日中貿促）と、二つありました。国貿促はソ連・東欧を含む社会主義圏のすべてを含んでいましたが、中心は中国で、草の根的な組織でした。

その頃の日中貿易は国交がないので、商社がダミー会社をつくってやらせていました。日中貿易はバーター取引で、輸出入の額が合っていないといけないので、毎月輸出入のすりあわせが必要でした。そこで、一九五五年、外務省と通産省が日中輸出入組合を設立しました。当然、それまであった国貿促と日中貿促は猛烈に怒ったのです。そこで妥協の産物として、通産省系・外務省系の人脈を加えて国貿促と日中貿促という、四者が設立に参加することになりました、いわば半官半民の組織になりました。

私は大学を卒業すると、日中輸出入組合の調査部に入りました。貿易統計の作成、通関・FOB・ライセンス・申請書づくりなどの調整を図る仕事を三年余りやっていました。

――アジア・アフリカ人民連帯機構との関わりは、どういうきっかけでしたか?

五八年に長崎のデパートで日中友好協会が中国展をやっていた時、右翼が会場の中国の国旗を引きずり下ろすという「長崎国旗事件」が起こりました。中国側が怒って、日中貿易が中断しました。以後しばらく、日中輸出入組合の仕事も暇になりました。その頃、私は同じ職場の人と結婚しました。

日本のアジア・アフリカ人民連帯委員会(AA連帯委員会)の鈴木一雄氏は日中輸出入組合の常務理事でした。鈴木氏の推薦で、五九年の九月にアジア・アフリカ人民連帯機構(AAPSO)の常設事務局のあるカイロに夫婦で赴任しました。輸出入組合での私の月給が一万二〇〇〇円の時代に、カイロまでの行きの飛行機代は二七万円しました。プロペラ機に乗り、カルカッタ乗換えで二日間かかりました。当時は、外貨は五〇〇ドルまでの持出し制限の時代です。外貨を換えてもらうのに日本銀行に日参して、一週間かかりました。山のような書類が必要でした。海外に出ること自体が大変でした。

AAPSOは、五五年のバンドン会議に参加した二九カ国の首脳たちがスポンサーとなって設立されました。バンドン会議には、日本からは藤山愛一郎氏が行きました。一九五七年にAAPSOの最初の設立総会がカイロで開かれました。当時はエジプトのナセル大統領が活躍していましたから、エジプトの主導で事務局がカイロに置かれることになりました。バンドン会議時代、国連ではアジア・アフリカの加盟国の数が少なくて、発言力も弱かったのです。そこで、アジア・アフリカ独自の国際機構をつくろうということになりました。それがAAPSOでした。AAPSOは「第二国連」といわれていて、カイロの事務局のスタッフにも国連並みの扱いでした。私などにも外交官特例がありました。

当時、親中国派といわれる人は、社会党や共産党だけとは限らず、どこにもいました。言ってみれば良識のあるアジア主義者ですね。政治家では自民党の園田直、高碕達之助、加納久朗、藤山愛一郎、松村謙三、石橋湛山、社会党では田中稔男、それに右翼に暗殺された浅沼稲次郎などです。財界では岡崎嘉平太、南郷三郎、村田省蔵、稲山嘉寛などもそうですね。学者では松本重治、竹内好、岡倉古志郎などで、対米一辺倒ではないということですね。あの頃の日本のAA連帯委員会はイデオロギーにもとづいたものではなかったのです。ただそのときの日本人のアジアというのはせいぜいインドまでで、アラブやアフリカは視野に入っていません。

私は日本代表として六七年までカイロに滞在することになりました。当初は一年任期の約束で親も許してくれたのでしたが、後任候補が決まっても赴任しないまま、放って置かれたのです。アラブ諸国がイスラエルに敗北した六七年六月五日の第三次中東戦争(六日戦争)があり、ナセル政権が弱体化しました。アラブ・ナショナリズムは終焉しました。アフリカ諸国は独立し、そのほか途上国が続々と国連に入って非同盟諸国が多数派になったので、AAPSOの役割は終わりになったのです。いまもAAPSOは国連にNGOとして常駐していますが。

カイロの事務局では、七二年のAA作家会議とか、AA法律家会議、AA経済セミナー、それにAA婦人会議も開きました。カイロの事務局のなかに婦人局を設けました。AA法律家会議が開かれたときには、私は開催地だったギニアのコナクリーに滞在しました。AA経済セミナーをUNCTAD（国連貿易開発会議）の民間版としてスリランカのコロンボに置きました。

――六七年にカイロからすぐ北京に赴任したのですか？

そうです。六七年に北京でAAPSOの第五回総会をやることになったので、北京に行ったのです。五七年に第一回総会がカイロで行なわれた後、二回目は六〇年にギニアで、第三回はタンザニアのキリマンジャロのふもとのモシで、第四回はガーナのウィネバで開かれました。ガーナでは命を落としかねないマラリアに罹りました。今思い出してもぞっとします。北京では文革が六六年の夏に始まっていました。私が北京に行ったのは六七年五月で、イギリス領事館の襲撃事件がありました。多分その頃が文革の最盛期であったのでしょう。その後、AAPSO総会は北京では開催できなくなりました。

――北京ではどこに泊っていたのですか？

北京飯店です。長安街を挟んで道の反対側に中国AA連帯委員会の事務局がありました。中国語で「和大」（中国人民保衛世界和平委員会）と呼んでいました。中国はAA連帯運動を頭では理解しているのですが、平和運動の一部だと捉えていたようです。「和大」は中国の和平連絡委員会の中にあって、和大の上層部には中国共産党中央委員会国際部の幹部七名がすべて入っていました。平和運動と民族解放運動とはまったく異質のものなのに、一緒にするのはおかしいといって、「和大」としょっちゅう言い合いしていました。

――北京ではどういう日常的な業務をしていましたか？

文革で毎日事件が起こる状態で、継続して仕事ができませんでした。第一、北京でAAPSOの第五回総会を開くことができるのか。また中国側の誰が実質的な責任者なのか、全く見通しが立ちませんでした。文革が始まったとき、中国のAA連帯委員会には何人か幹部がいて、名目代表は廖承志ですが、権力を握っていたのは中共国際部の幹部でした。彼らは交替でカイロの駐在をして、アラビア語・フランス語・英語の通訳などを引き連れて贅沢な暮らしをしていました。文革でその幹部の間で仲間割れがあり、最も権力に近いと思われていた人が「打倒」されました。詩人の朱子奇という人でした。彼は革命時代の妻と離婚して、劉少奇の秘書と結婚したのです。朱子奇打倒の先頭に立っていたのは作家の楊湘という英語のよくできる人でしたが、その人は後に自殺しました。

文革中は実にいろいろな事件が起こりました。共産党の国際委員会のトップクラスの一人は中華総工会主席の劉寧一でした。六八年の初めごろ、その人がある日突然解任されました。楊湘の自殺に絡んでいたと思います。カイロではおとなしかったフランス語の通訳が、ある日突然紅衛兵になって先頭に立って叫んでいました。能力の低いスタッフほど過激になり、ベテランの通訳は小さくなっていました。彼らの後ろにいたのが楊湘でした。

ロシア語の通訳もいて、ニヒルなタイプの人で、優秀で英語もうまかったのですが、突然亡命しました。他人のパスポートを盗んで北京から出国し、カンボジアのプノンペン経由でカイロに逃げたのです。そして、カイロのソ連大使館に亡命の申請をしたのですが、すぐには受け入れられず、モスクワに問い合わせる間に、中国では彼が逃亡したことが発覚して、彼がカイロで泊まっていたホテルで中ソ両方の領事館のスタッフが鉢合わせて危うく捕まるところ、中ソ対立の激しいときでしたから、エジプトの警察に介入されて逮捕されてしまいました。彼はしばらくエジプトの刑務所に留め置かれることになりました。この事件が表に出たために、劉寧一が消えたことや楊湘の自殺が明るみに出たのです〔中国のインターネット情報「百度貼吧」によると、逮捕されたこの人物は、「中国人民保衛世界和平委員会」にいた関愚謙という人物かと思われる。関はカイロの刑務所から一年後に出所し、その後は西ドイツに送られたとされる〕。

――北沢さんがいらした当時、北京には特派員のほかにどういう日本人がいましたか？

私はAAジャーナリスト協会にはかかわっていませんでしたが、元共同通信外信部記者でAAジャーナリスト協会書記の杉山市平さん一家が北京の事務局にいました。当時小学生であった杉山さんの娘さんは北京大学に入り、その後、共同通信に入りました。国際的組織のメンバーで北京にいたのは、杉山さん一家とわれわれだけでした。このほか西園寺公一さん一家が、「和大」のなかに住んでいました。

――西園寺公一さんは何をしていらしたのですか？

西園寺さんは戦後まもなく参議院に出て当選したあと、日本平和委員会の代表として世界平和協議会（World council of peace）の事務局があったウィーンに駐在しました。ウィーンから事務局がプラハに移るときに平和委員会を辞めて、政財界の中国と関係を持とうとしている人たちがバックアップをして、西園寺さんを北京の民間大使にしたのです。公式には平和委員会の代表ですが、彼はプラハには行きませんでしたので、名目的なものです。西園寺事務所は東京にありました。日本からの代表団のアレンジをしていたようですね。そのほかに日本人は結構たくさんいました。例えば松山バレエ団の松山樹子さんの一人息子がいました。ダンスを習っていたのでしょうか。宮本顕治の息子もいました。

――当時、ぬやまひろしさんは北京にいましたか？

ぬやまさんは東京にいたと思います。徳田球一は画家の末亡人と結婚し、ぬやまさんは徳田の娘と結婚しました。彼は商才があって、友好商社をつくっており、日中友好商社の用事で時々北京に商談で来ていました。『毛沢東思想研究』というおよそ誰も読まない雑誌も毎月出していました。

――AAPSOにはカイロに中国もソ連も代表を置いていましたが、中ソ論争はどのように影響していましたか？

当時は中ソ論争の最中でした。中ソ論争の大きな争点に「民族独立運動」がありました。ソ連側はフルシチョフ時代以降、米ソ間の平和共存を訴え、万国のプロレタリアートよ団結せよという共産党の立場からいうと、AAPSOが目ざしている民族解放運動はあまりやらない方がいい、あるいは平和共存の妨げになると考えていました。なぜなら植民地にはプロレタリアートはいない、むしろ民族解放運動のリーダーたちはプチ・ブルジョワだというわけです。植民地ではなく、その宗主国でプロレタリアートが権力をとれば、自動的に植民地も解放される、というのです。宗主国で社会主義革命が勝利するまで植民地の独立は待てという独立否定論になります。ソ連共産党の国際部の下に平和委員会があって、そのなかにAA連帯委員会がありました。この点では中国と同じです。ソ連邦もアジアの共和国を含んでいますからAAPSOに加盟していたのです。西アフリカでフランス共産党が支援したギニア民主党が政権を取ったのですが、旧宗主国のフランスのフランス共産党はソ連共産党のいうことを聞いて、民族独立運動には加担しませんでした。中国は平和運動も民族独立運動も必要だということで、二つの運動ともに反米帝国主義であるとこじつけていました。中国は、民族解放運動を平和運動に従属させているソ連とは違いますが、平和運動と民族解放運動とを両立すると考えていたのです。

AAの民族解放運動の立場から見る限り、中ソは五分五分でした。六二年一二月にストックホルムで世界平和評議会の総会があり、AAPSOの代表団がオブザーバーとして選りすぐった代表団を送りました。総会では、ソ連平和委員会のチュグノフ書記長が「原爆の時代の民族解放運動は屍を築く運動に過ぎない」と演説しました。これに対して、中国は「平和も民族独立も重要だ」という立場でした。

AAPSOのメンバーは少なくともアメリカ帝国主義の側ではありませんが、そこにはナセル大統領のように、保守的な民族主義者もいました。そういうAAPSOの側から見ても、ソ連の米ソ平和共存には憤りを感じました。AAPSO代表団は、抗議の退場をして、チュグノフ演説を批判しました。この時中国は退場しませんでした。文革時代、私が北京にいたとき覗いた「和大」での紅衛兵の批判演説でも、紅衛兵はストックホルムでの中国代表団の曖昧な態度を批判していました。ちなみに、ストックホルムでのAAPSO代表団の団長だったモロッコのマハディ・ベン・バルカ氏は、一九六五年、パリのサン・ジェルマン・デプレのカフェ「デュマゴゥ」でフランス警察に誘拐され、殺されました。

――毛沢東思想についてはどう見ていましたか？

マルクス主義・レーニン主義・毛沢東思想と並べられますが、あらゆる点において毛沢東思想は実践のためのイデオロギーにしかすぎないと見ていました。文革のときの毛沢東思想は万能薬なのです。林彪が書いた『毛沢東語録』の前書きをみると、「問題をいだいて毛主席の語録を学ぶことが、容易に竿を立てれば影が生ずる効果をおさめる、毛沢東思想を学習するよい方法であることを証明している」とあります。哲学やイデオロギーとして適用するというなら分かりますが、そんなふうに思想を矮小化して、字も読めないような人に対して、病気も治るなどと言ったりしたり、万能薬として経済政策や民法をつくるというのは間違いだと思います。私は中国共産党の一員ではなかったので、そういって批判しても罰せられないので平気で言っていましたが。

——北沢さんは周恩来総理に会っておられますが、どういう印象でしたか?

公式には二回会っています。ただ非公式にはしょっちゅう会っています。周恩来は北京飯店にある床屋がお気に入りで、一カ月に一度は訪ねました。理髪の後、北京飯店のレストランに立ち寄られるのです。実は英語がとてもうまい方でした。当時、新華社は、世界中で毛沢東思想が鳴り響いているように書いていました。ロンドンでは乞食が溢れていてゴミあさりをしているとか、あまりに歪んだ報道をしているのはおかしいと周さんに言うと、新華社の人が周恩来に呼びつけられて怒られる。そうなるとこちらが悪い気分になってしまうので、うっかりは言えませんでした。

——『朝日ジャーナル』(七一年二月二六日号)で、周恩来の日本観は歪んでいるとおっしゃっていますね。

あのように頭のいい人でも毛沢東思想に影響されてしまうのです。毎日ＡＰ通信や『ルモンド』にいたるまで原語そのままのダイジェスト版が幹部の間に回覧されます。毛沢東も読んでいるはずです。それで中国の外で何が起こっているのか、相当のことは分かるのです。たとえばテト攻勢が起こったとき、北ベトナムの大使館があって、民族解放戦線の対外事務所があって、そこで私たちはテトの背景まで聞いていたのです。あとであの作戦は失敗だったといわれましたが。

カイロのＡＡＰＳＯ事務局に駐在していた南ベトナム解放戦線代表のベトナム人によれば、レーニンのロシア革命も、毛沢東の中国革命も、資本主義側の帝国主義間戦争という大動乱のなかでこそ成功したというのです。しかし、ベトナムの解放戦争の場合は、米ソ平和共存時代で体制側の分裂は望めない。そこで、とれる戦略は二つしかない。一つは相手の国を真二つにすることで、実際にジョンソンの時代にベトナム反戦運動が米国のみならず、ほとんどすべての先進国で起こりました。米国社会は、戦争か平和かをめぐって二つに分裂しました。もう一つは、戦場の力関係をドラマティックに変えることです。そのために、解放戦線側は、千キロにわたって一斉に大攻撃を展開しました。それが一九六八年一月の「テト攻勢」でした。これは、戦場の力関係を変えるために、入念に準備されたベトナムの戦略だったと思うのですが、このことを中国は理解できなくて、一カ月間、テト攻勢について中国国内では報道しなかったのです。反対であれ賛成であれ報道すべきだったと思います。どう見るのが正しいかについては、いろいろあるでしょうが。

――六九年一一月に帰国なさったのはどういう動機ですか？

ＡＡＰＳＯに見切りをつけて、もう民族解放運動の時代ではないと考えて、辞めました。六九年一〇月、日本のドキュメンタリー映画を見せるというので、「和大」に呼ばれて二本の映画を観たのです。一つは、全共闘の東大安田講堂闘争のニュースフィルムで、もう一つは小川紳介監督の成田闘争の『日本解放戦線　三里塚の夏』でした。日本ではすごいことが起こっているな、と感動しました。

中国人の眼から見れば、安田講堂にも「造反有理」の旗が立っていましたから毛沢東思想に見えたのでしょうし、三里塚も別に反中国ではありませんから、中国から見れば毛沢東思想なのです。

でも私は、むしろ日本ですごいことが起こっていることを知り、帰国を決めました。

――帰国後はどのような活動をなさったのですか？

六九年一一月に帰国してから、武藤一羊さん、高橋武智さんと三人で第三世界の民衆の闘いを活字で伝える「連帯」というグループをつくりました。私は雑誌にしたかったのですが、武藤さんの意見で単行本のシリーズにしました。最初は南ベトナム解放戦線のことを特集しました。西園寺さんから中国側が評価していたと聞きました。二冊目は都市ゲリラ論を書いたのですが、中国は気に入らなかったそうです。その頃都市ゲリラが世界中で吹き荒れていたのですが、中国は延安での農村根拠地論ですから、都市というのが気に入らなかったのでしょう。何でもかんでも毛沢東の本だけから世界を見るのでおかしくなるのです。

――帰国後、学園闘争は下火になっていましたが、どのような運動に加わったのですか？

私はベ平連にも何の組織にも加わりませんでした。運動は東京の中心部では終わっていましたが、三里塚闘争は続いていました。北富士（陸上自衛隊演習場）に行きましたし、大阪の泉州の女子労働者の闘争は部落問題と繋がっていました。ＡＡ連帯委員会は中国派とソ連派に分裂したのですが、中国派はすでにいなくなっていました。日本共産党のソ連系しか残っていませんでした。

三里塚に行ってみてわかったのですが、明治以来、日本は脱亜入欧政策をとってきましたが、農村には脈々とアジア的共同体が残っていますね。ある意味では、これは天皇制につながるかもしれませんが、三里塚では、農村共同体が強大な権力に対する農民の抵抗の拠り所となっています。彼らは土地にしがみつくエゴイストだと見られていましたが、実は三里塚は公的な闘争でした。空港建設が公共の利益だと言っている国側が実は私的利益であることがわかりました。農民の闘争こそが公共の利益なのだと思います。また、日本はヨーロッパ的なものとアジア的なものの中間にあるのだと思います。それが強引に経済発展をしてしまったものだから、ずれてしまったのです。

――一九七一年九月の林彪事件は当時どう見ていましたか?

まったく予想しませんでしたが、中国側の見方とは違うという感じでした。私は中国語がわからないし、林彪と話したことはないですが、権力を奪うような野心家ではなかったと思います。ましてや毛沢東の後継者になるような人ではない。八大元帥の一人で、なかでもとびぬけて優秀な軍人で、最も長く前線で戦った第四野戦軍の司令官でした。国共内戦と朝鮮戦争の総責任者で、朱徳に次いで功績があったのです。林彪は旧満洲を制圧し、国民党を追い払い、朝鮮戦争では人海戦術で戦いました。彼の死後、盛んに権力欲が強かったと言われましたが、彼は軍人であって、政治家ではありません。素朴な人で、毛沢東の隣に坐って写真を撮られるのも嫌がるような人でした。あの事件はクーデターではなかったのではないですか。林彪の娘さんが中国で生きていて、中国側の見方はおかしいと見ていて、自分が生きている間に父の事件の真相を知りたいと言っているそうです。私もおかしいと思います。

――連合赤軍のなかのML派や京浜安保共闘は毛沢東思想の流れを継いでいます。日本の新左翼の暴力革命論の背景には毛沢東思想があったのではないでしょうか?

確かにML派も日本労働党も京浜安保共闘もそうですね。赤軍派は違いますが。私には、訳が分からない。六九年に武藤一羊さんと一緒に日本の運動を海外に知らせるという目的で『英文AMPO』という英文の季刊誌を出しはじめましたが、七四年に日本赤軍の分析を武藤さんと共同で書いたのです。ブントの歴史から調べました。日本共産党はすべての人たちの諸要求を含めて大衆運動をやろうとしましたが、結局共産党にとって民衆は票集めの機械でしかありませんでした。それに我慢できなくなった若者が共産主義者同盟＝ブントをつくったのです。彼らの戦略は、少数の決意したコマンドが、目を見張るようなけばけばしい闘争を仕掛けることで、それまでいろいろ問題を抱えていた民衆が立ち上がるというものです。これはラテンアメリカなどで革命に勝利した例を見ると有効な方法です。

共産党の言うように、貧しくなればなるほど人間は革命的になるというわけでは必ずしもないのです。貧しく、疎外された時、人間破壊が起こります。私の経験では、南アフリカのアパルトヘイト時代の黒人居住区では、黒人の失業者は、お酒だけは飲めるので日中から飲んだくれ、隣の八歳の少女をレイプしたりするなど悲惨な事件だらけでした。南アフリカでアパルトヘイトに対する闘いに立ち上がったのは一〇代の子どもたちでした。彼らは、アフリカーンズという白人の言語を押し付けられたことに怒ってデモをしました。それが突破口となって眠れる大人たちが立ち上がったのです。どこでも同じようなことが起こっています。

七二年五月、テルアビブ空港で日本赤軍による乱射事件がありました。私はその直後、レバノンのベイルートに行きました。そこでPFLP（パレスチナ解放人民戦線）にインタビューしたのですが、PFLPの幹部は、「東洋からやってきた若者が、自分の身を犠牲にして、パレスチナ人のために闘ってくれた。これがきっかけとなって、それまで闘っていなかった占領地のパレスチナ人の目が開かれてインティファーダが起こったのです」と言いました。

新左翼の誤りは、唯武器論に陥ったことです。彼らの考えるけばけばしい闘争が、より強くなるために、より強い武器を持ちたいという衝動となって、武器が組織を支配していくようになった。これはどこの組織でも起こりうることです。やがて組織のなかの弱い人を批判しはじめ、最後には殺してしまう。批判のあり方も、間違っています。対象となった人を逃れようのないところにまで追いつめていくように批判する。運動が下火になるとそうなっていくのです。カンボジアのポル・ポトでもそうでした。市場経済を批判するという理論そのものは間違っていません。しかし、都市までなくしてしまうのは行き過ぎです。そして、党内の反対派の粛清が最後には民衆を粛清することになり、その粛清は留まることを知らなくなるのです。規模は小さいけれど、連合赤軍でもおなじことが起こったのだと思います。

——七一年の林彪事件と七二年の連赤事件の結果、それまで中国論が持っていた、日本社会を変革するある種の創造的契機の命脈が断たれたと見ますが、いかがですか？

連合赤軍事件だけでなく、中核と革マルの内ゲバも決定的な不信感を人びとに与えたと思います。ヨーロッパでもアメリカでも一〇年くらいの周期で、大波のような体制変革的な運動がありました。たとえばヨーロッパでは八〇年代に大規模な反核デモが起こりました。これには、二〇〇〇万人が参加しました。最近ではイラク戦争に反対して、二〇〇三年二月、全世界で同時に大きなデモが起きました。いっぽう新自由主義のグローバリゼーションに反対する大規模な運動があります。しかしながら、日本は連合赤軍以来、そのような運動が何もないのです。

最近、毛沢東主義者（マオイスト）ゲリラが復活しています。政権まで取ったネパールだけではなく、インドではマオイストのゲリラが国土の六分の一を支配地域にしています。二〇〇四年一月にインドのムンバイで世界社会フォーラムが開かれて外国からの二万人を含む一一万人が集まりましたが、準備段階でインド側の運営委員会が多数派とマオイスト派の二つに分裂しました。マオイスト側は、世界社会フォーラムの会場の前の大通りの反対側でムンバイ・レジスタンスという対抗集会を開きました。ここに、二万人ほど世界中のマオイスト派の武装闘争ゲリラが集まりましたが、大部分はインドのマオイストでした。

——彼らマオイストは農民中心ですか？

ネパールなどあるところまでは農村根拠地論でしたが、ある段階で、都市にもゲリラが浸透して、ネパール会議派などブルジョア政治家たちと政権参加の交渉を始めました。ネパールのマオイストは、最後は武力に頼らずに国王を追放し、王政を廃止しました。選挙に参加して議会でも多数派を形成します。あるところまで純粋マオイストですが、あるところから現実主義的になります。インドでも相当な拡がりがあります。タタ財閥が「ナノ」という小型で安い自動車工場をコルカタにつくろうとしたら、住民の土地闘争が始まりました。住民の要求でタタ社は撤退しましたが、マオイストが煽動したのだと言われています。

――林彪事件以後の中国政治をどう見ていましたか？

私は中国の国内政治や経済の専門家ではありませんが、中国の外交を見ていると、必ずしも社会主義のイデオロギーに依拠しているとは思いません。七三年のチリのクーデターで、親米のピノチェト将軍が共産党と社会党の連立のアジェンデ政権を倒したとき、中国はピノチェト政権を認めて、アジェンデ政権派だった北京駐在のチリ大使を追放しました。これは同じ社会主義国として、間違っています。中国の外交政策が、敵の敵は味方という考えに拠っているということは、私はカイロにいたときから知っています。その点では一度も中国を理想化して見たことはありません。

――日本の華僑青年闘争委員会（華青闘）の運動について伺います。華青闘の中心人物の一人だった劉道昌さんとは同僚だったそうですが。

帰国してから、中国の新華社通信に対抗してできた連合報道社という新しい左翼の通信社に入ったのですが、そこに劉さんも勤めていました。彼を題材にした芝居もあったのですよ〔「中国から来た青年――ドキュメンタリー劇　劉道昌との対話」構成・中村敦夫・三橋修、演出・加村赳雄〕。私も出演しました。劉さんは人懐っこい人で、おっちょこちょいなところもありました。在日華僑はもともと台湾系だったのに、中国革命が成功したら中国に乗り換えたというオポチュニズムを華僑の子どもたちが批判する「紅衛兵運動」が起こりました。しょせんは付け焼刃で、親たちは共産主義者ではありません。華青闘に加わったのは永住権を持った日本生まれの在日華僑の二世で、日本の新左翼にかぶれた青年でした。

ところが華青闘は劉道昌をリーダーにしたのです。実質的なリーダーは京大を出た華僑の二世でしたが、華僑の子どもたちは、自分たちがやってもインパクトがないので、彼のような不安定な立場の中国人を先頭に立てたのです。紅衛兵の真似事のようなものでした。劉の父は日本に暮らしていて、中国に置いてきた妻に仕送りしていました。ところが父からの送金が途絶えたため、母親は日本の夫のところに行くことになりました。その時、劉は母と妹といっしょに日本に渡航してきたのです。父は日本で他の女性と結婚していました。劉は一カ月単位の特別在留許可を取らないといけない短期滞在でした。

紋次郎の役で有名になった俳優の中村敦夫さんは台北帝大教授で法政大学学長を務めた中村哲の息子です。彼はハワイに留学していた頃、アメリカで過激なウーマン・リブの白人と結婚しました。ハワイで同僚だった陳玉璽と中村さんは友達になりました。陳はノンポリだったのに、ハワイで反戦運動に触れて、中国に亡命したいと言い出した。そのためにわざわざハワイから日本に来て、北京に亡命を図ったのですが、失敗して、台湾に送還されて死刑宣告を受けます。あとで釈放されますが。私はそのあとで北京から帰国したので、陳のことは直接には知りません。

陳玉璽の次に担がれたのが劉道昌です。華青闘の運動が過激になっていったので、警察に捕まり、中国に強制送還されそうになったのですが、最終的には、私からも頼んだのですが、宇都宮徳馬さんが中に入って、秘書を身元引受人にして、彼は永住許可を得ました。その後の彼の消息は知りません。

——華青闘はそれまでの日本での新左翼運動にアジア革命という方向性を与え、アジア侵略批判のきっかけをつくったと思います。

華青闘の運動はある意味では第二弾で、第一弾は在日朝鮮・韓国人の反差別運動です。彼らがやったのは朝鮮問題ではなく、日本人への糾弾運動です。部落解放同盟のようなやり方で強制連行問題などをテーマにして日本批判を展開しました。そういう歴史的事実は確かにあったのですが、糾弾運動にかぶれた日本人は手がつけられませんでした。

例えば私は南アフリカに行って、日本企業がアパルトヘイトに加担しているのを告発する運動をしました。日本は反人種主義・反人種差別の方針をとっていたため、日本の大企業は、直接投資は禁止していましたが、海外の子会社などを使って南アフリカに進出していました。南アフリカ投資に制限のないアメリカ企業などと違って、日本政府は知らん顔をして、なおさら黒人労働者に対して低賃金などひどい弾圧をしていました。私は、このような日本政府の建前と事実とのギャップを批判しました。南アフリカでの調査にもとづいて、国連総会でスピーチをしました。それに対して、在日コリアンの左派や部落解放同盟の人は、日本人として部落問題とか朝鮮人差別、強制連行など侵略の問題をやらずに南アフリカの黒人のことばかりやっているのはけしからんというわけです。

中国でこそ紅衛兵運動は劉少奇打倒やソ連修正主義反対などの意義はあるのでしょうが、もともと日本の華僑は台湾系ですから、日本で紅衛兵運動をしても効果はなく、もっぱらコリアンと組んで糾弾闘争をしていました。新左翼が真摯に受け止めてアジアに目を向けたことは正しいのですが、動機が果たして正しかったかどうか疑問です。

——『現代の眼』一九七一年九月号の特集「中国——革命と現在」で、北沢さんは劉さんと対談（「在日中国人にとっての日本」）されています。同じ雑誌の七〇年一〇月号の特集「アジア

的共同体への視点」では、佐藤勝己と玉城素の対談で、六八年二月の金嬉老事件とアジア革命を同一直線上で論じています。確かに当時は朝鮮・韓国問題と中国問題が「アジア革命」ということで肩を並べていた印象があります。

アジアに眼を向けたことはいいことでした。ベ平連もまたベトナム反戦だけでなく、日本のアジアへの経済進出問題を取り上げていました。そのことは当時も正しかったし、今も正しいと思っています。

七三年にアジア太平洋資料センター（PARC）をつくったのは、一緒にPARCを立ち上げた武藤一羊さんにとっては革命のためのシンクタンクのようなものを考えていたのかもしれませんが、ポスト・ベトナムという状況を見据えてのことでした。そこに集まった人たちは英語ができていろんな情報を集めることができた知識人たちです。七〇年代では、まだ日本の民衆とアジアの民衆の格差はさほどではありませんでした。私がカイロに行った五九年頃は、日本のGDPも低くて、インドネシアと同じくらいのレベルでした。テレビはまだ家庭に普及していなくて、やっと冷蔵庫が買えたくらいで、冷房もなく、生活は他のアジア諸国と変わりませんでした。しかし、格差が開き始めたとき、PARCは民衆同士をつなげないといけないと思い、まずは知的な面で触媒の役割を背負おうということで、知識人が集まったのです。PARCができた頃はアジアのインテリと日本のインテリが集まってともに語り合える場がありました。その前の、『英文AMPO』を発行したことも、日本語で『世界から』という雑誌を出したり、自由学校を開いたりしたこともそういう動機からです。卑俗なことばでいえば、アジアと日本が並みの関係になることが目的でした。それが崩れたのが八五年のプラザ合意以降です。

九〇年、国連の会合でバンコクに行ったときのことですが、国連からは一日一〇〇ドルほどの日当がでます。私などは全部使ってしまうのですが、フィリピンなどアジアから来ている私などよりももっとすごいキャリアを持っている大学教授は、月給が一〇〇ドルくらいなので、バンコクでバーツをドルに買えて持ち帰っていました。帰るときに、「空港の銀行は夜中には空いていないからドルに換えてくれないか」と私に言うのです。せいぜい二〇ドル程度で、差し上げてもいいような額ですが、彼らにとっては大変なお金なのです。このように日本とアジアの格差が広がってしまえば、もはやアジアとの連帯とか日本がアジアと並みの関係を目指すなど悠長なことは言っていられないのです。バンコクでは彼らと一緒にご飯を食べるのも苦痛でした。日本人は円が高くなったお陰で、豊かになった。しかし彼らはそうでないから貧しくて苦労を強いられるということです。だから貧しい国の債務を帳消しにしようという「ジュビリー２０００」の運動もそういう発想から出たものです。

――七二年の日中復交をどう見ていましたか？

田中角栄首相は二流の政治家で、周恩来首相は一流の政治家です。周恩来にしてやられたと思います。私は日中国交回復の時に対中賠償金を払うべきだったと思います。田中首相は、周首相から、賠償金を免除するというので、何も考えずに喜んで受けてしまいました。賠償金は莫大な額になったと思いますが、あの頃の日本は支払えたのです。もちろん日本人一人一人が賠償支払いのために苦しんだと思います。しかし、痛みを感じないかぎり、侵略の罪は消えないと思います。あの時は、米中接近・日米安保の現実政治が優先してしまったのです。

今日本が構想すべきことはアジア連合（AU）です。ヨーロッパ連合（EU）を見てみますと、成功の最も大きな要素はドイツとフランスががっちり手を結んだところに秘密があると思います。アジアの場合、日本と中国ががっちり手を結ばない限り、アジア連合の活路はありません。しかし日中はますますいがみ合っていて、両国の和解は当分ないと思います。その間日本はますます二流三流へと凋落していきます。これを私は「スロー・デス」（緩慢な死）と呼んでいます。

解説

北沢洋子は、本書の範囲で中国関連記事の掲載本数二本と、数は多くないが、インフォーマントとして確かめたいことが二点あった。一つは一九六七—六九年の初期文革の最中に北京に長期滞在していたという特異な経歴について、どういう経緯で滞在することになったのか、どのような活動をしていたのか、当時の北京で文革の推移をどう見ていたのかということであった。もう一つは、帰国後、華僑青年闘争委員会に関わるきっかけは何だったのか、そこで劉道昌をはじめとする活動家華僑はいかなる人物だったのか、ということであった。

それらの質問に、北沢は真正面から答えてくれただけでなく、その前後の話を聞き及ぶにつけ、端倪すべからざる時代の証言者としてのキャリアが積み重ねられてきていることを思い知らされることになった。五〇年代半ば以降のアジア・アフリカのナショナリズム隆盛の時代は日中民間貿易の事務員として、その後の中ソという二大コミュニズム国家の対立の時代はAA人民連帯機構の事務局員として、文革の時代は同機構の北京事務所所員として、日本の学園紛争以後の安保闘争、第三世界との連帯運動では市民運動家として、あらゆる時代の反体制運動の渦中に活動家として身を晒してきた。

二時間ほどの面談であったが、こちらのおおまかな予告しかしていなかった質問に対して小気味よいテンポで応答し、しかもそこには重要で的確な情報がぎっしりと詰まっていた。今なお、ジュビリー2000などの国際的輿論活動を仕掛け、国際連帯運動を立ち上げ、世界狭しと飛び回っているそのバイタリティが、その類稀な記憶力と卓越した問題発見力につながっているように思う。

また北沢は中国専門家でもなければ、『毛沢東語録』に熱狂する同時代の中国を冷ややかに眺める目線からも分かるように中国支持派でもなく、活動の拠点がたまたま中国にあったということが、この時代の中国像の輪郭を、より明確かつ客観的なものにする遠近法効果をもたらしたように思う。その点では、六九年末に帰国してから、反安保やPARCなどの活動のパートナーとなった武藤一羊の場合も同様である。

具体的には、文革当時の北京の日本人コミュニティの実態がいかなるものであったか、北沢はその陣容と活動のありさまを過不足なく伝える。北京飯店でのプライベートなひとときに垣間見た周恩来の素の人柄なども興味深い。中ソ対立や文革での路線対立が、カイロやパリにいた、北京のミッションを帯びた要人たちの運命を翻弄し、身命を賭すほどの激しい対立を惹起していたことの必ずしも周知ではない事実も、その特異なキャリアがあればこそ、知りえたものである。言い換えれば、北沢が中国の利害圏や中共人脈のしがらみから自由な立場にいながら、内部事情にある程度通じる情報圏内にいればこそ、耳目に触れることができ、憚ることなく証言できたのであろう。

さらに、北沢は学者・研究者ではなく、問題圏の中枢に飛び込んでいくアクティヴィストである。そのことが、その時代の問題構造をリアルタイムで直観的に皮膚感覚で摑み取るような現場報告を可能にした。

たとえば、中ソ対立を、民族優先か階級優先か、国家独立運動か国際平和共存運動かの対立として捉える視点、ベトナム解放民族戦線が西側諸国の反戦人民との連帯を求める区別論の論理、林彪事件クーデター説の誤り、連合赤軍事件の粛清の悲劇を唯武器論の突出によるものとする見方、国際社会での中国の行動原理をイデオロギーではなくナショナル・インタレストの発露と捉える観察眼、ネパールやインドにおけるマオイズムの今日的有効性、華青闘は日本の新左翼にかぶれた一部の華僑二世が煽動した紅衛兵運動の真似事にすぎないとの醒めた見方、などである。

著作目録からもわかるように、北沢の問題関心と行動の射程は広く、中国とかアジアといった地理的範囲に限定されるものではない。グローバル化の進展にともない、今後ますますその行動範囲は拡大していくことだろう。だが、だからこそ問題を共有していながら力あるものによって分断され切り離され、問題の告発と解決の契機から引き離されていく弱き者たちの連帯を強く呼びかけ、結集軸となりうる運動体を組織する。その人民連帯のスタンスだけは、一貫して持ち続けているということは、確実に言えるだろう。

10　中島宏　悪条件のなかの文革期取材

二〇〇九年六月五日　日本記者クラブ

中島宏（なかじま・ひろし）　一九三四年長野県生まれ。一九五八年東京外国語大学中国語学科卒業後、共同通信入社。一九六九年二月―七〇年一月香港駐在（香港支局長）、一九七〇年五月―九月、七二年一月―七五年四月、八〇年一〇月―八四年六月北京駐在（北京支局長）、外信部次長などを経て、編集委員兼論説委員、札幌支社長、KK共同国際資料室長。七一年四月の名古屋での世界卓球選手権において中国が米国チームを招待したいわゆる「ピンポン外交」を世界に先駆けてスクープ、共同通信取材チームが新聞協会賞を受賞した。九七年退社、大東文化大学講師。現在は日本記者クラブ会員、社団法人中国研究所理事。

――中国専門記者には中島さんをはじめ東京外国語大学出身者が多いですね。

東京外大出身で同世代の中国記者には朝日新聞の吉田実さん、田所竹彦さん、毎日新聞の辻康吾さん、NHKの塩島敏雄さん、TBSの田畑光永さんがいます。

外大では語学の勉強はしましたし、国際関係論、国際経済論などの授業はありましたが、中国政治や中国近現代史の授業はありませんでした。そこで中国研究所の講座に通って福島裕さんの中国経済論や新島淳良さんの中国政治の講義を受けたことがあります。

――共同通信はいつから中国に駐在記者を置くようになったのですか？

共同通信は新中国建国（一九四九年）の後、日本のメディアとしては初めて記者を派遣しました。西側記者としても初めてだったようです。新華社から共同通信への内示があり、宍戸寛さんという東亜部の記者が香港に滞在し待機した後、一九五三年五月に新華社香港支社など中国側の手配の下、マカオ経由で密かに入国しました。広州から列車で北京に入り、当時まだほとんど知られていなかった新中国の姿を初めて報道しました。上海にも行き、ルポを送り、七月に天津から船で帰国しています。さらに五五年四月には、共同と朝日の記者が中国に入りました。これが初めての北京常駐記者とされています。共同からは、元同盟通信記者で、日本の敗戦直後に、八路軍支配地域に入った経験を持つ永峰正樹さんが行き、三カ月間滞在しました。朝日からは、後に『朝日ジャーナル』の初代編集長になられた和田斉さんが派遣されました。続いて五六年五月には共同の依岡健一郎さんが北京特派員に任命され、日本人で戦後初めて北京経由でモンゴル共和国に入りました。その後、同年後半から山田礼三さん、今村俊行さん、上出正七さんが北京に駐在しました。この間、常駐は共同通信だけでした。今村さんは五七年に赴任した後、岸首相の台湾での大陸反攻支持発言（六月）があり、八カ月ほどで帰国となりました。この間に朝日の松野谷夫さんが短期間中国入りしています。今村さんの後に少し空白期間を経て、上出さんが翌五八年初めに赴任しましたが、五月に長崎国旗事件が起き、滞在三カ月余で出国、これ以後は再び空白が続きます。

一九六四年一〇月にはLT貿易協定に基づく日中記者交換が実施され、朝日・毎日・讀賣・日本経済・産経・西日本（ブロック紙交代）・共同・NHK・東京放送（民放各社の交代）の九社九名が北京に赴任します。共同からは初代は先の山田礼三さんです。次の斎藤忠夫さんの時に文化大革命が始まり、大字報〔壁新聞〕取材に当たりました。当時の日本人記者全員が大字報の報道でボーン国際記者賞を受賞しました。そのあと共同からは六六年に福原亨一さん、六八年に岩崎公彦さんが赴任、七〇年五月に私が行きました。そして九月に中国側から退去命令が出されるのです。

――それは機密文書の漏洩とかによる処分ですか？

いいえ、そういうことではありません。その年の八月に、共同通信が有力メンバーになっているアジア太平洋通信社連盟（OANA）第三回会議が東京で開かれることになっており、そのメンバーのなかに台湾の中央社もいました。中国側は事前に、台湾を加えるのは「二つの中国」をつくり出すと警告してきましたが、共同側が開催に踏み切ったところ、支局閉鎖で応じてきた、というわけです。共同の当時の福島社長は、対外的に既に決まったことで変えられないとして開催しました。しかしその後、七一年七月にキッシンジャー訪中による米中接近が明らかになり、北京支局再開のためいろいろな努力をした後に、九月にOANAを脱退したところ、大晦日に中国側から支局再開を認める通知があり、中島は七二年初めに北京に再赴任しました。

――共同通信が北京支局から追放された当時は、他社でも追放が相次ぎました。

七〇年九月に支局閉鎖となり、私は帰国しましたが、八月の時点でNHKは一時帰国のため出国した後、再入国を認められませんでした。NHKが加盟していたアジア放送連盟に台湾が入っていたからです。この結果、三カ月ほどの間ですが、残ったのは朝日新聞の秋岡家栄さんだけになりました。日本経済新聞の鮫島敬治さんは六八年に逮捕され、獄中生活を送った後、六九年末、香港経由で帰国しました。その後、七一年一月に日経（稲田晃久さん）と西日本新聞（ブロック紙代表。友田浩さん）が北京に復活しました。

――その時台湾に支局はなかったのですか?

台湾に支局を置いていたのは時事通信と産経新聞だけでした。朝日新聞は台湾に取材拠点があり、時々記者が立ち寄る形でした。時事は七一年末の中国の国連復帰で閉鎖し、北京行きを狙っていました。他の国のメディアでは、フランス通信が北京と台湾の両方に支局をおいているのに、日本のメディアには両方を認めない厳しい対応をとっていました。

――七一年春のピンポン外交のスクープはどのようにしてできたのですか?

私の香港支局時代に、当時の香港総領事だった岡田晃さんという外交官から、ニクソンの対中接近の動きをそのつど詳しく聞いていました。一般的にニクソンの動きは、ベトナムからの米軍撤退のため、その背後にいる中国との関係調整と理解されていましたが、国交まで進むという見方は当時の日本では外務省を初め、ほとんどありませんでした。大変優秀な外交官である岡田さんは、香港での中国人との接触や中国の公開情報の分析から、七〇年秋には、中国もそれに応ずると結論されていたそうです。しかし私は中国の同意までは理解できず、むしろ七〇年に中国に滞在した経験から、ニクソンが接近の動きをするが、中国はベトナム戦争が終わるまで応じないと見ていました。当時はベトナム戦争中で、ベトナムを強く支持する中国が激しく米帝国主義批判をしていた最中でもあり、しかも七一年二月に米側がラオス侵攻作戦を実行したばかりでした。

同年三月から四月にかけての名古屋での世界卓球選手権大会は、中国が文革以来、初めて国際大会にチームを送り込んで来るというので、日本では大きな騒ぎになりました。私は直前のニクソンの言動から、米側がこの機会に何か米中友好の偽装工作をすることがあるのではと、今から見れば奇想天外なことを考えていました。ところが名古屋の世界卓球選手権大会の最終日に、アメリカ・チームの幹部が日本の大会開催責任者の後藤鉀二さんの許に来て、「中国から招待された」と伝えているところにちょうど出くわしました。周辺にも大勢の記者がいましたが、よく事態がのみこめなかったのか、誰も関心を持たなかったようです。しかし私は自分の考えていた方向とは逆の事態なので、大変に驚きました。同時に、この日少し前に得ていたはずなのに軽く考えていた、あるヒントを思い出し、米国の謀略が始まったのか、それとも事実かと大いに迷いました。そこで中国代表団の宿舎にいろいろな経過を経てたどり着いて聞いたところ、即座に認めたので二度びっくり、第一報を流しました。それがスクープとなって、共同通信取材チームとして新聞協会賞を受けました〔「回想のピンポン外交」『東亜』四一〇号、二〇〇一年八月号の関連記事あり〕。

――各社一斉に支局が再開されたのはどういう経緯ですか?

七四年一月に大平外相が訪中し、日中貿易協定が結ばれ、それまでLT貿易およびその後身の覚書貿易に基づいた記者交換だったのが、政府間協議書が調印され、日中記者交換の覚書が交わされます。それで北京の記者は一一人体制になります。共同は二人になり、私のほかに香港から伊藤正記者が来ました。それに時事、朝日、毎日、讀賣、日経、ブロック紙、NHK、民放です。このうち讀賣は既に七二年七月に復活していました。七四年に毎日、NHK、東京放送が支局を復活、時事通信が新たに開設しました。

――七〇年代に赴任した当時は取材の制限が強かったでしょう?

時期により違うのですが、一般に六八年から七二年初めころまでは、春秋の広州交易会と上海などを除いて、旅行はほとんどできませんでした。また自主取材はほとんどだめですし、要人はもちろん政府幹部への取材もできませんでした。七〇年当時は、八達嶺の万里の長城への観光ですら行けませんでした。しかし七二年に赴任すると、江南地方や東北地方などに申請して行けるようになりました。長城にも行けるようになっていました。ニクソン訪中があり、日中国交正常化が実現する前後の時期であったためです。その後は、徐々に、例えば大寨《だいさい》や農村人民公社、工場など、中国の政治体制と関係のある場所には取材申請すれば認められるようになりました。またその他、地方都市なども少しずつですが、旅行できるようになりました。外交部新聞司が外国記者団全員に斡旋して旅行を案内することもありました。

しかし中国側の外国人記者への監視体制は厳しいものでした。今も基本的には同様と思いますが、支局や自宅への盗聴や尾行が行なわれていると信じられています。もちろん送信する記事や本社との交信などもすべて知られていると思われます。七三年ころか、新聞司の上級の幹部が、「皆さんは人民日報と紅旗誌だけを読んでいればいいのだ」と公言、日本人記者団の反発を買っていました。ただ中国外交部も、外国人記者が不便であることを知っており、時に記者団をいくつかの都市に集団で招待旅行をアレンジしました。家族が同行することもできました。その他、彼らもいろいろな努力をして、外国人記者との摩擦をできるだけ少なくするようにしていました。なかには「皆さんの中国報道が中国をよく理解していないところがあるのも当然だ。われわれの情報提供が不十分なのだから」とわざわざ語る人もいました。中国国内に強かったと思われる外国人記者批判への対応を考えての発言だったのかもしれません。また六九年の夏あたりか、家族同行で夏のリゾート地・北戴河に招待したこともあったそうです。

――周恩来首相には会えましたか?

周恩来首相に限らず、北京駐在記者は、普通の幹部へも個別の会見はできず、また不可能と知っていたので会見の申請もしませんでした。ただ本社から幹部や取材団が来た際は別であり、それなりの幹部が会見するケースがありました。七〇年ころには、七一年一〇月に朝日の編集局長の周恩来会見が実現したのを例外として、なかったはずですが。国交正常化以後、七四年一〇月には共同通信加盟社の社長代表団が当時の鄧小平副首相と会見し、私も同行して二時間にわたりインタビューしました。北京駐在記者は他の国を含め基本的に同じ待遇でした。外国代表団に周恩来が会見する際、当該国の記者が会見の冒頭を取材することができました。日本代表団の会見が始まる前に、彼がわれわれ一人一人に握手し、時に声をかけてくるなどの機会は頻繁にありました。七〇年にはこうした機会は全くありませんでしたが。

七二年の国交正常化の前後は、日本から政財界人、文化人、スポーツ界幹部らが次から次に訪中し、主な人には周恩来首相が必ず会っていました。その代表団の取材で大忙しでした。

――どのようなニュースソースがありましたか?

中国からの直接のニュースソースは、新華社の英文ティッカーと、『人民日報』『紅旗』『光明日報』そして北京放送くらいしかありませんから、その点では日本にいる場合と変わりません。七〇年には、外国要人が訪中したさいの空港での取材など対外行事以外は、ほとんどこれだけが頼りでした。

――取材の自由が少し広がったのは、やはり国交回復以降のことですか?

七二年以降は基本的には同じながら、公式報道以外の部分がずっと大きくなりました。周恩来首相や廖承志中日友好協会会長が日本の代表団との会見で話した内容を取材して流したり、時に何かのパーティで同席した要人に直接話しをしたりすることなどができました。七二年以降は、特に日本代表団に、日中関係のほかに、長年の中ソ関係の経緯などで要人が中国側の見解を詳細に語った内容が大きなニュースになりました。ニクソン訪中で対米接近、対ソ強硬外交が進行したためです。訪中団の要人会見および中国側との協議事項も重要なニュース対象でした。この他、前述のように中国の路線に沿った題材ではありますが、申請しての取材ができるようになりました。このころには中国の公式メディアから得た以外のニュースが大部分になりました。

中国国内ニュースでは七〇年の際はもちろん、七二年以降も文革中であったので、文革関連の孔子批判や林彪批判などさまざまな論文が次から次に出ていましたし、学校での白紙答案事件など、文革から生まれた新しい動きがありました。スポーツ交流もありましたし、日本でも関心がありそうな毎日のニュースを追いかけているだけで大変でした。

――ルーティンワークはどのようなものでしたか?

毎朝毎晩の北京放送の重要放送を聞くのです。あとはNHKの国際放送と、新華社の英文のニュース、『人民日報』『紅旗』を読みます。いつもこの点は変わりませんが、その他に七〇年にも、時々やって来る外国要人の訪中の際には外国記者団の空港取材が認められていましたので、空港にしばしば行きました。周恩来はじめ要人や、特に当時飛ぶ鳥を落とす勢いだった林彪の部下の軍人たちがいつも来ており、彼らを観察する機会がありました。

七二年に行った際には、ニクソン訪中以後、中国の外交関係が一挙に拡大したため、そうした機会が飛躍的に増え、周恩来はじめ要人たちを見る機会がさらに増えました。四人組も来ました。人民大会堂での国宴がひんぱんになり、日本人代表団に加え、外国首脳を招いての宴会が一時はほとんど毎日のように開かれ、大変忙しい時期でした。飛行場と人民大会堂には中国人幹部のほかに、外国の大使や外交官が来て、顔見知りの人たちと短い間の会話ができますので、必ず行くようにしていました。こうした機会は時に特ダネにもつながることがありました。

同時に七〇年はあまりありませんでしたが、七二年からは、ほとんど毎日のように開かれる各国大使館の建国記念日などのパーティには努めて行くようにしていました。皆が乏しい情報を分け合っており、外国人の間の噂がすぐに耳に入るからです。日中関係の動きがあるので非常に重宝がられました。次から次に日本人が訪中し、周恩来に会うのですから、私に質問してくる人が多かったのです。

七〇年代初めの西側の有力国はフランスでした。専門家を多く抱え、中国、インドシナの情勢には最も詳しかったと思います。これとの関連で思い出すのは、日本の著名な学者が七一年の林彪事件報道で日本人記者とフランス人記者の比較をして、ある日本人記者のレベルを批判していた件です。日中国交前であり、強力な情報源を持つ大使館が背後に控えるフランス記者と、それがない日本人記者の事情も知らないままの批判でした。

七三年に日本大使館ができると、日本が催すパーティは外交団の人気の的でした。各国が日中関係の展開を見守っていました。

――赴任した当時、街に大字報を見に行くとかしていましたか?

私が行ったころは大字報がなかった時代です。七四年に突然、短い間、北京市党委員会前に貼り出された以外はありませんでした。街を観察するといっても、一人でドライブすると、どこに行っても信号が青になるのです。信号を動かす警官が手動で車優先で青にしてしまうのです。歩いている人も少ないので可能でした。それほど当時の北京は何か閑散としていました。若い世代は農村に下放させられており、若い人の姿がほとんど見えませんでしたが、七二年の後半あたりから少しずつ戻ってきました。

中国人社会については、少なくとも七〇年代前半は、官の人たちや一部の学者や文化人を除いて、普通の中国人に接触がほとんどできなかったのは残念でした。事前の許可を得て会える前述の人たちや、取材先で会った幹部や労働者、農民、また日本人を含む外国人の間接的な見聞から仄聞するほかはありませんでした。ただ雇っていた運転手やコックさん、お手伝いさんの話が参考になりました。七〇年代初めは彼らがいないと生活が不便なので雇わざるを得なかったのですが、彼ら以外に、中国庶民と接触する機会がないので、大変有用でした。彼らの派遣事情もいろいろあるのですが、ほとんどが善良な人たちで、かなり本音で語り合うこともできました。今も時に訪中した際に連絡して会う関係の人もいます。

――西園寺公一さんとは頻繁に会っていましたか?

西園寺さんは一二年間の中国滞在の後、七〇年夏に帰国しました。最初の赴任の時期に重なっており、彼の帰国を見送りました。大変重要なニュースソースでした。彼は民間大使といわれ、中国の対日工作組といつも連絡があるのですから。日本の誰かが届けたお酒もあるし、刺身をアイスボックスに入れて差し入れてくれる人もおり、われわれもお相伴にあずかりました。西園寺さんも当時の文革左派が強い時代ではいろいろ苦労があったようです。

西園寺さんのほか、LT貿易の後身の覚書貿易事務所にもいつも接触していました。三里屯の弁公大楼に事務所がありました。通産省・外務省・東京銀行、アジア経済研究所出身の人がいました。記者交換が覚書貿易協定の一部として行なわれていた関係で、事務所が日本人記者の世話も引き受けており、私が帰国した後などは残した支局の管理も同事務所に委託していました。

――七〇年の頃、そのほかに北京にいた日本人はどんな人たちですか。北京に滞在した日共の老幹部で、党の分裂後、帰国せずに残った人たちには会いましたか?

日本人では前述の覚書事務所の他に、杉山市平さんという元共同通信外信部記者ですが、レッドパージで退職された方がおられ、大変お世話になりました。アジア・アフリカ・ジャーナリスト協会書記として北京に赴任し、八六年までご夫妻で北京に滞在されました。私だけでなく日本人記者の多くがとてもお世話になっていました。北沢正雄さんも北京に滞在しておられました〔一九六八年から二年間、アジア・アフリカ人民連帯機構＝AAPSOの書記局代表の一人として、北京に滞在、一九九二年に死去〕。また国際貿促の北京代表や主に新僑飯店に滞在する商社の方々とは大学の同窓生も多く、日常的に接触していました。

日共の分裂後、北京に残っていた日共幹部の人たちとは会ったことはありません。

――当時は文革についてどう見ていましたか?

文革そのものは、時期により異なりますが、全体として今の人たちが見るほど悪いとは思わなかったのです。むろん混乱や権力闘争が一部伝えられてはいました。しかし、ソ連共産党の例などから、中国共産党が建国後、二〇年近くを経て、特権層が生まれ、官僚的になったのは間違いない。それに対し若者が立ち上がり、体制をひっくり返そうとし、極端ではあるが、旧いものを一掃し、新しい社会主義を打ちたてようとしている、と見たわけです。日本のインテリも多くの人がそう見ていたように思います。その後明らかになる内部のすさまじい混乱が外部には分からなかったせいもあるのでしょう。もちろん最初から文革の非合理性を批判し、いずれ失敗すると見ていた専門家も少なくなかったのですが。

七〇年に北京に赴任しますと、後継者林彪が決まった前年の党大会の後の時期なので、既に一応の混乱は収まり、予想以上に規律がとれていました。出てくる人の多くは、考え方はともかく、それなりに立派でした。また文革の目標が、日本など先進資本主義が抱える問題を先取りしているようにも思えたのです。例えば文革中に出てきた入試批判や教師と生徒の関係批判などは、日本国内の受験地獄問題の解決を先取りしているのではないかと。

七〇年代に工場や農村を訪問した際、「文革とは何か」と聞くと、どこでも「革命で思想が統一され生産が促進される」との答えが返ってきました。左派と現実派の調和を図る周恩来の戦術だったのですが、文革を好意的に考える原因にもなったと思います。また農民の貧しい姿を見ると、当時の中国でも盛んに言われた「都市と農村の格差」縮小の動きがよく理解できました。農業のモデルとされた山西省大寨などに行きますと、貧しい農村の活性化を図る農民たちのエネルギーを感じたものでした。その後、裏にあるからくりも批判されましたが、数年前に再訪すると、現在の文革批判に基づく大寨の公式評価が必ずしも正当とはいえない現実を知ることができました。

その後、北京に住んだ覚書貿易関係や商社の人たちなどと話し合いますと、あの頃の中国人は考え方は教条的だが、今より立派だったと言う人が意外に多いのです。もちろん貧しい国で、あまりにも不自由で、欠点が多いことは知りながらも、接する人たちが誠実で謙虚な印象を与える人が多かったことや、地方のホテルなどで忘れ物をしても届けてくれたとか、外国人をお客様として大事にしてくれたとか、当時の印象は決して悪いものではありませんでした。ただ北京駐在の日本人の子供は行動の自由がない、現地の子供と遊ぶなどの機会がない、その上に物が少なかった北京の生活に批判的でしたが。

毛沢東には多くの問題がありましたが、このような解釈はどうでしょうか。彼は文化大革命により、中国革命本来の理想にもとづいて、長年の伝統社会をひっくり返し、最下層の人々を主人公にしなければならないと考えた。しかし文革は失敗し、今の中国は毛が恐れた通り、伝統的な上流階層である知識人を中心に「資本主義の道を歩む人たち」の世界になってしまいました。中国は経済発展をし、全体として底上げはしたのですが、社会構造は彼の理想とは全く逆になっています。文革は大失敗でしたが、毛の抱いた中国の将来への危機感は当たっていたのかもしれません。農村生まれの下層知識人出身だった毛沢東の感覚を再評価すべき時かもしれません。当時、文革派は、文革の理念が徹底されないと中国は資本主義化してしまうと論じていました。文革が成功するとは当時でも思えませんでしたが、彼らの言っていた見通しはある面で当たっていたわけです。現在中国内では新左派や旧左派といわれる人たちが論戦を挑んでいるようですが、中国の現状から当然、予想できる動きでもあります。

——当時の報道姿勢としてはどうだったでしょう?

記者は、いつも現状を伝え、中国側の説明を書きます。文革が落ち着いた状態にあっては、マイナス情報が伝えられない限り、どうしても文革の立場に沿ってしまうことになります。批判的アングルを末尾に書く程度にはなりましたが、中国の言っていることを解釈して新聞に紹介することに終わり、なかなかそれ以上にならなかったと思います。中国側幹部や知識人との会話では、実のところ、どうしても文革のマイナス面を突いての議論をして、相手の意見を聞くことが多かったのですが、必ずしも記事に反映してはいませんでした。中国人の本音が分からなかったのだと思います。

情報ソースでは、日本人などで中国に長く滞在、ないしは、時に北京にやってくるが、長い付合いがあるというような人ほど、大筋では中国の立場を支持しながらも、現実面ではかなり厳しく批判すべき事実もよく知っており、内々に話してくれました。しかし、対外的に発言する時には中間的な立場でしゃべります。

また国交正常化の前後は、日中関係を考える人々の間では正常化が大前提でした。日本があれだけの大きな隣国と関係がないのは日本のためにならない、という立場でした。国士のような気分でもありました。そこで多少欠点はあっても正常化にマイナスになることは大きく吹聴しない、というような風潮がわれわれの間にも影響していたようにも思います。

——中島さんは北京駐在の前に香港駐在の経験があります。北京と比べて取材の成果はどうでしたか？

いつの時代を取るかで違いますが、一般に、香港には多種多様な新聞、情報がありますので、そのなかから自分で選択し、どれが真実かを判定する面白さがあります。また北京は何といっても首都ですから、中国そのものの動きを感ずることができます。ニュースで見ますと、北京では、中国が外に早く流したいものにいち早く気がつけば、特ダネにすることができます。

香港のメリットは反共も親共も発想が自由な知識人がたくさんいたことで、皆が中国情勢に関心がありますから、彼らと接触して得た情報は貴重でした。今とは大分違いますが、七〇年代初め当時の状況でいえば、偽情報さえ見分けるよう努めれば、むしろ香港の方が北京にいるよりも中国のことがよくわかったかもしれません。中国人特有の考え方を分析して教えてくれたのも香港の知識人でした。当時は一年で北京に行ったのは、実のところ残念でした。

——いまの日中報道についてどう思いますか？

現在の報道は以前に比べ比較にならないほど自由になってきていると思います。当時では想像もできないほどの変化です。幅広くニュースが流され、中国の真実も次第に国民にわかるようになってきました。これだけ多数の往来があり、経済を中心に関係が深まると、相当に自由な中国報道がなければ、日本の読者も在外の中国人の読者も承知しないでしょう。もちろん一定の対中配慮も必要でしょうが。

中国政府や中国の知識人は恐らく今の日本側の報道には不

満だと思います。無理がない面もありますが、同時に彼らが西側のメディアの性格をあまりに知らなすぎることも関係しています。悪いニュースも出ないと読者がメディアを信用しないのです。それでもなお、軍事や外交など中国の意図がよくわからない問題の追及は不足しており、読者が不満を持っているのも事実です。中国側が明らかにせず、解明がなかなかできないためでもあります。

他方、確かに日本側の流す中国ニュースは現実を反映してもいるのでしょうが、中国の遅れた部分、悪い部分だけに過度に集中している傾向があります。今後は中国側にそれなりの事情がある場合や、現在必死に改善しようとしているケースなども、もっと多く報道してはどうか、と感じます。温かい目も必要でしょう。そのためには中国側もさらに努力すべきです。環境悪化の問題でも、中国がどのような努力をしているのかを、具体的に公表し、それを日本側も報道していけば、と思います。これに限らず日中関係の改善のためには、中国側にも日本人の心の琴線に触れるようなメッセージを流してほしいものです。

以前からそうですが、中国外交部は日本のメディアにかなり介入しています。日中間の負の歴史でもあります。当時は台湾問題という中国の根幹に触れる問題がありましたが、最近はあまりにも小さなことにも干渉してきているように思います。中国の官僚は自由社会の報道について感覚的に理解できていません。それに中国の官僚も若い世代は、文革中の上の世代よりもかえってお役人的発想が強くなっているようにも感じます。日本側も日本のメディアに対する干渉がひどければはねつけていく姿勢も必要です。同時に日ごろの交流で相互の理解を深める努力も続けていかねばなりません。日本の報道界は、国内についてもそうですが、伝統的に各社が協力する習慣が少なく、逆に足の引っ張り合いさえしかねない面もあり、今後の大きな課題です。

解説

中島宏とは中国関係の学会・研究会などでよくお会いした。今も現代中国研究に熱心に取り組んでおり、『東亜』（霞山会）や『中国研究月報』（中国研究所）などにしばしば寄稿している。

本書では中国論の主要な担い手の一集団として現地駐在型の組織ジャーナリストの動向に着目してきた。一九四五―七二年の期間で、新聞・通信・放送など最大で九社が北京と香港に（一部の新聞社は台北に）支局員を置いた。そのうち、追放・支局閉鎖などの処分を受けることなく、一貫して駐在員を置き続けたのが朝日新聞社で、「中国一辺倒」「中国偏向」などといった誇りを受けた。六八年から七二年までその北京支局員であった秋岡家栄にはインタビューを試みたかったが、諸般の事情から断念せざるをえなかった。

共同通信社は前身の同盟通信の時から独自の中国報道に力を入れ、中島のインタビューにあるように、戦後最も早い時期に記者を現地に送り、その後も空白期間はあったものの、一貫して駐在記者を送り続けた。中島は、本書で取り上げた論壇誌に寄稿した履歴はないが、香港と北京の支局を経験し、北京では国交回復の前と後に支局に派遣され、その間は名古屋で中国側がアメリカ選手団を受け入れる電撃発表をスクープするなどの目覚しい取材活動をした実績を持つ、現地派ジャーナリストである。北京の狭い空間ではあるが、文革の後半期を現地で観察してもいる。現在望みうる、貴重な証言者である。

中島には一九六四年の日中記者交換協定をきっかけとして、日本側から各社どのような記者が派遣されるようになったのか、北京では日常の取材はどのような実態で、厳しい報道管制のなかで、どのような取材が可能だったのか、復交後にその条件はどのように改善されたのか、文革を実際にどのように観察し、どのように報道したのかなど、ディテールに踏み込むようにして質問をした。メールをとおして二度ほど、事後調査の結果をインタビュー記録に反映するようにして手を入れてくれた。

中島はまた東京外国語大学中国語学科出身で、その語学力と国際関係の知識を手がかりに、中国事情通としてジャーナリストの道に入った。戦前からの中国記者に連なる典型的な報道型中国専門家の系譜に属する。インタビューを通して、国交回復前の文革中国ではニュースソースはきわめて限定され、現地の優位性は、たまに外国からの訪問客と会見する中国要人に接触することくらいしかなく、西園寺公一をはじめ、各社北京支局員やアジア・アフリカ人民連帯機構の北沢正雄・洋子夫妻、日中友好商社駐在員など、狭い日本人コミュニティの情報空間でわずかな情勢の変化を嗅ぎ取るような取材活動を余儀なくされていたことがわかる。

印象深かったのは文革に対するアンビバレントな評価で、中国側の流す宣伝報道に対して充分に批判的報道ができなかったことに対する忸怩たる思いと、今の中国の行き過ぎた市場主義と官僚主義を見るにつけ、当時の文革にも再評価すべき理想主義があったとの思いが同居している。本書での現地ジャーナリストは、駐在中はおしなべて中国の現状肯定的な記事を流す傾向が強いのに対し、帰国後は依然として好意的記事を書き続けるか、批判的な報道姿勢に転換するか、二手に分かれるのが特徴で、いずれも現地を実地体験した事情通としてのキャリアのしからしむるところであった。中島はおそらく後者の批判精神を持ちつつも、大枠のところで前者の中国を支持する立場を崩さず、現状を肯定的に解釈する方向性を堅持するというタイプに属するものと察せられる。

11　小島麗逸　自立経済論を自己批判

二〇〇九年四月二六日　市ケ谷・私学会館
二〇〇九年七月九日　千代田区神保町

小島麗逸（こじま・れいいつ）　一九三四年、長野県飯田市生まれ。一九六〇年一橋大学経済学部卒業、六〇年アジア経済研究所入所、主任研究員。八五年より早稲田大学政治経済学部、八七年より大東文化大学、八九年より北京大学経済学部（現北京大学光華管理学院）客員教授などを歴任。中国経済論、アジア経済論、経済学（特に農業経済学、環境経済学・都市経済学）。著書、『中国の経済と技術』（勁草書房、一九七五年）、『新山村事情』（日本評論社、一九八一年）、*Urbanization and Urban Problems in China*. Institute of Developing Economics, 1987,『巷談日本経済入門』（朝日新聞社、一九九一年）、『世界の中のアジア』（大東文化大学現代アジア研究所、一九九六年）、『現代中国の経済』（岩波書店、一九九七年）など。

――先生は石川滋先生に学ばれたのですか？

石川先生は一橋大学経済研究所の先生なので、学部学生は持ちません。先生は一橋大学の中国研究の黄金時代を支えた一人でした。他に村松祐次、古代史の増淵龍夫、中国思想史の西順蔵先生などがいました。熊野正平という中国語の先生がいて、三省堂から『熊野中国語大辞典』が出ています（一九八四年）。清刷まで出たのに出版できなくなってしまって、何とか出してほしいと遺族から頼まれて、出版できるよう私は尽力したのです。

熊野先生は同文書院に昭和一七年までいて教授をやり、一橋大学の中国語の先生になりました。同文書院出身者は財界に著名な人がたくさんいました。毎日新聞社長の田中香苗さんを刊行会の代表に担ぎ出し、現代中国学会の主な語学者をリストアップしてくれて寄付を求めました。

熊野さんの病床の枕もとに清刷がありました。ある方がそれを持ち出そうとした。それを聞いたお嬢さんが訴えてきて、それが契機で、小生が清刷を出版することになりました。三省堂は当時経営状態が最悪で出版しない方針でしたが。

熊野さんは反共主義者でした。中共は嫌いで、解放後に出てきた言葉には冷淡で、四九年以前つまり二〇世紀前半までの言葉を主に入れた辞書と理解しています。また発音表記はピンイン方式も採用しなかった。授業は熱心ではなかった。辞書づくりに忙殺されていたためだと思います。授業では『聊斎志異』という怪奇小説をいきなり読まされた。授業中に中共のいやらしい側面をよく話していました。

私は五三年に入学して、三年間慢性腎炎で休学して、五六年に復学して六〇年に卒業しました。李徳全が団長になって一九五三年に初来日したとき、外務省から頼まれて通訳したのが熊野さんです。その時、代表団は同文書院が編纂していた日中辞典の二〇万枚のカードを持参し、日本側に返還したのです。同文書院は戦前中日辞典の編纂にとりかかっていて膨大なカードをつくっていました。その中心メンバーが熊野先生でした。そのあと引きつがれたのが鈴木卓郎先生で、敗戦後愛知大学に入られた。この返還されたカードをもとに新しい用語をつけ加えて出来たのが『中日大辞典』(大修館書店)です。それが熊野さんは気に食わなくて、それなら自分で辞書をつくってやると一念発起したようです。もう一人の中国語の先生が斬炎彬先生で同文書院の教授として中国思想史を教えていて、日本と関係したというので「三反五反運動」〔一九五一―五二年に展開された、官僚の汚職腐敗と資本家の不法行為を批判し摘発する政治運動〕でやられて香港に逃げてきたのです。

熊野先生が中心になって斬炎彬を一橋大学の外国人教師として日本に呼んだのです。私が入学した年は四四〇人入学して中国語を履修したのは六名しかいませんでした。その一人が安崎暁さんです。小松製作所で河合良成社長のカバン持ちをしていました。河合さんは稲山嘉寛さんとともに日中経済協会をつくった人です。安崎さんは河合さんのあとに小松の社長になりました。熊野先生は最も点が甘いという評判でした。学生の六割がドイツ語で三割五分がフランス語で、二〇数名がロシア語で六名が中国語でした。

第二外国語を中国語に丸をしたら、おまえ、それだと就職できないぞとある先生に言われました。五〇年代の学生運動は、東京外大などを見ているとロシア語学科の学生が中心で、そのあとを中国語と蒙古語の学生が追っかけるというのが一般的でした。

第二外国語に中国語を選んだのは、兄が衆議院事務局に勤務していて世の新しい波を感じとっていたからかもしれませんが、「あれだけでかい国なので中国語をやれ」と言われました。また義兄がある電力会社の組合運動をやっていて、彼からも中国語をやれと言われました。小生自身は中国には何の思い入れもありませんでしたが、熊野先生の反共的な話には何となく違和感がありました。

一橋のゼミはのちに学長になられた種瀬先生のゼミで四、五人くらい、『資本論』の一部を使っていました。卒論で何をやるかと言われ、中国語をしていたので、中国経済をしたいというと、経済研究所の石川滋先生を紹介されたのです。石川先生は清潔感のある方で、ちょっとしたミスも見逃さないという厳格な先生でした。当時、中国経済に関する単行本はアドラーという人の翻訳本があり、それをもとに何かを書いたらと石川先生に言われ、卒論にもならないような卒論を書いた記憶があります。

——アジア経済研究所（アジ研）に入る経緯は何でしたか？

卒論を書いて就職する段になっても、身体が弱く、年齢も二六歳でした。当時新卒者の就職条件は一般に二四歳までということで切られるのが普通でしたから、一般企業には応募できないのです。アジ研は年齢制限が二八歳までだったからです。

アジ研は一九五九年に第一期生が入所し、私は第二期生で、創立直後でしたから事務職を含めて四〇名くらい採用されたと記憶しています。当時の世の中の中国認識は極めて薄く、またアジ研は世の中に知られていなかったのでうまくもぐり込めたと思います。

当時、現代中国学会とアジア政経学会がありましたが、市古宙三先生、衛藤瀋吉先生、村松祐次先生、石川滋先生、石川忠雄先生など、いずれも、アメリカの中国研究に精通していました。あとは満鉄などの旧調査マン、共産党に入って日中友好活動をしている人たちなどがいましたが、アジア政経学会はそれらとは系統が違っていました。

原覺天さんという調査部長が石川滋先生や村松祐次先生に近かった。一九五五年頃、村松先生はある著作で解放区について、昔からあった、盗賊集団が山に入って悪さをするというと書いたのを、関西のゴリゴリの中国学者に批判されていました。

村松先生は私が大学三、四年の時、海外派遣で西八王子の家を空けることになり、家の管理をしてほしいというので、私ともう一人の中国語を第二外国語に選んだ友人が選ばれ、一カ月間、当時の金で八〇〇〇円もらって村松先生の家に住みました。アジ研入所にあたって先生に紹介状をお願いしたわけではないが、たぶん村松先生が原先生に手紙を一筆書いてくださったのではないかと思うのです。それで採用されたのだと思います。成績がよかったのではなくて。

当時の中国研究の主体は中国語ができる人で、中共中央のものを訳して紹介し、中共の意向を呈して何か発言すればいいという論文が多かった。中国研究所などはそうでした。それに対してアジア政経学会はアメリカの中国研究をも視野に入れて論文を書かれる人がいました。

——アジ研に同文書院とか中国帰りの人は少なかったのですか？

少なかった。初代所長の東畑先生の方針で研究員をすべて試験で採用したので、そういう縁故採用はなかった。戴國煇さんだけ試験をしなかったのです。試験をすると反台湾の人が所内にいるので採用されないだろうと考えてやめたのだと思います。彼だけが所長人事だったと思います。戴さんは東大農学部で博士号をとっておられ、台湾経済史に造詣が深い人でした。

——所内で戴さんの研究への批判があったとか？

研究への批判ではなく、中共の肩を持つ人が庶務と研究員と二人いたのです。彼らが戴さんを台湾出身というだけで排斥したのです。

石川滋先生、石川忠雄先生、市古先生、衛藤瀋吉先生などの後に、一〇歳前後若いわれわれの世代でアジ研の山が一つ出てきます。尾上悦三、川村嘉夫、戴國煇、小林弘二、小林文男、徳田教之、島倉民生さんなどです。島倉さんは岡崎嘉平太さんと一緒に覚書貿易の事務所をしていました。同期の小林文男さんは日中友好協会のどこかの理事をしていました。その下が矢吹晋さんで東洋経済新報社の記者出身です。年齢制限に引っかかっていたのですが、『アジア経済』に投稿して受験が認められ、合格し採用されたのです。その下が中兼和津次、石原亨一の世代になります。天児慧、田島俊雄などはその下の世代です。

——香港に行かれたのは専門調査員としてですか?

東畑所長の方針で、まず現地語を覚え、現地を見てくるというのが研究員養成の方法だったのです。一九六〇年から派遣され始めます。私は六一年から二年間、香港大学の受け入れで参りました。当時、各国の外交官の卵に中国語を教える場が台湾か香港の香港大学でした。専門調査員でなく勉強に行ったのです。

——当時は大陸には入れなかったのですか?

まったく入れません。行ってみたいという意欲もありませんでした。

——一九七三年三月に初訪中ですね。

安藤彦太郎先生を団長にして、武藤一羊さんとか、宇井純、針生一郎、鶴見良行さんなど新左翼的な人たちが団員です。延安まで行きました。一カ月間でした。

私は日中友好運動など一切やりませんでした。身体が弱くて五年間に子供が四人も生まれましたから、運動する余裕はありませんでした。

——香港では語学以外に調査とかなさらなかったのですか?

まったくしません。古本屋をぶらぶらするとか、遊んでばかりいまして、これというテーマで何かするという気持はなかった。

——文革期に『世界』などにお書きになる情報ソースは何だったのですか?

一九六三年の三月に帰ってきて、石川先生がアジ研で組織する中長期展望のプロジェクトに入ったのです。あとで中兼和津次さんも加わり、アジ研職員では矢吹晋さん、加々美光行さん、田近さんなどが加わりました。香港に二年もいて何の成果もないのでプロジェクトには入れないと石川先生には言われたのですが、それではアジ研にはいられない。それで研究会の準備だけしろと言われて、お茶の準備などしましたが、一年間何も書かせてもらえませんでした。その後私に割り当てられたのは化学工業です。資料はナッシングです。『紅旗』『人民日報』があるだけで、そこには統計資料がなく、人口も分からない。化学工業などなおさらです。

石川先生にレポートを見せたら、何十、何百箇所も付箋を貼られたものをポンと投げ返されて、「今からでも遅くないから職業替えをしたまえ」と言われました。三一歳で、あれはこたえました。そこで村松先生の所に行って事情を話したのです。先生は何も言わない。先生の奥さんは西公使のお嬢さんで、「オーイ、華子、酒もって来い」と酒を持ってこさせて茶碗酒です。こりゃお邪魔していてもラチがあかんと思い、おいとまします、と玄関で靴を履いていると、「人の小言は金を払ってでも言ってもらうものだよ」と一言だけポツリと言われました。石川先生の心の中では何とか育てたいのにいつまでもモタモタしているという煮えくりかえるものがあったということでしょう。村松先生のおっしゃりたかったことが帰り道ではっとわかりました。正攻法の石川先生と型破りな村松先生と、双方おられて小生は救われた気がします。

それで一、二年後に文革が起こると、『世界』の緑川編集長からの言いつけでしょう、島村ヨハネさんが来ました。

——『世界』にしばしば寄稿された石川先生の紹介でしょうか?

そうかもしれませんね。内情は知りません。使った資料は満洲浪人の佐藤慎一郎さんの資料です。アジ研には『人民日報』も『紅旗』もありません。そこで東畑先生が知合いの佐藤さんに電話をしたのです。佐藤さんは当時練馬に住んでいて、家が狭いから創刊からもっている『人民日報』を預かってくれないかと持ちかけられたわけです。

——佐藤氏は当時は拓殖大学の教授ですね。海外事情研究所と先生はかかわりがありましたか?

まったく関係ないですね。東畑先生の『人民日報』借用書を携えて、佐藤先生に会いに行きました。ある時佐藤先生がアジ研に来られたとき、東畑さんが表紙のなくなったぼろぼろの本を佐藤さんに見せたのです。「ああ、これは俺の本だ」というわけです。『大観園の解剖』(原書房から復刻)です。彼は満洲国のスパイということで国民党から死刑判決を受けました。纏足や花柳界を研究していたということです。

——シナ通ですね。

まったくのシナ通です。毎日女を買うという名目で大観園(ハルビン)に行き、メモを忍ばせておき、どういう日本の将校や軍閥が来たのかを書いておくのです。あと研究されたのは纏足です。その筆記ノートはすべて国民党に没収されたとのことです。彼はまもなく裁判で死刑の判決が出ます。刑場に連れていかれ、国民党の兵士は空に発砲して判決の執行です。研究資料の方へ話を戻すと、『人民日報』も『紅旗』も数字が出てきません。

——国貿促(日本国際貿易促進協会)など貿易機関に行けば統計があるのではないですか?

ナッシング。中国政府が数字を出さないのですから。石川先生に言われたのですが、たとえばゴムの生産量をどう推計するかというと、中国と同じくらいの生活水準の国だとどれくらいのゴムが必要か。インドだと統計が出ます。一人当たり何キログラムかがわかります。それで推計するのです。自動車が出てくるまではゴムと鉄の消費量は一対一〇〇くらいです。中国は産児制限があるからゴムの生産はでかいぞと思ったのです。アジ研の経済統計に詳しい部長がいました。雲母の量でわかるというのです。弾力性のあるサックをつくるには雲母を入れるそうです。一回使ってまた干して使うのです。そうやって日本の一九一〇―二〇年代やインドの経済から推計するのです。石川先生からの指示で教えられました。そんなときに緑川さんから電話がきて、担当の島村ヨハネさんが来たのです。小生を世の中に売り出してくれたのは岩波書店です。岩波には非常に恩を感じています。

最初の論文（「「自立的民族経済」の建設」『世界』一九六六年一一月号）は、島村さんが頼んだ以上ボツにはできなかったのでしょう。出た後で島村さんから「小島さん、読者のことを考えてください、原稿出す前に奥さんに読んでもらってください」と言われ、頭を抱えました。

経済関係では山内《やまのうち》一男先生がいました。また中国に対し独自の発言をされていた方に竹内好先生がおられた。竹内さんは中国・魯迅を通して日本について発言されていました。竹内さんが東大に呼ばれた時に行かなかったのは、それまでの漢学に批判的だったからです。

私はずっと学会には何も入っていなかったし、日中友好運動にも加わりませんでした。

――文革期の中国擁護で内在的に理解しようとしたのが、経済は小島先生であり、思想は山田慶児さんだと思っています。山田さんとはお知合いでしたか？

山田さんとは鶴見和子さんの縁で二度ほど会いました。彼は文革のとき二度ほど中国に行ったようです。彼は天才的な人だと思いましたね。私は中国の中国古典の勉強も、中国経済史の勉強もしたことはないのです。

――文革擁護のスタンスをとった背景には何があったのでしょうか？

大学の四年間はアルバイトばかりしていました。中国を見る目を養う上で影響があったのは、エドガー・スノー、アグネス・スメドレーですね。そこから中国共産党に対する清潔感を感じていました。

家内の父の影響もあります。香港に行く直前に靳炎彬先生の紹介で見合結婚しました。家内の父は満洲化学の大連工場長をしていた人で、敗戦のときに、八路軍からも国民党軍からも大連に残ることを要請されます。でも五三年に興安丸で引き揚げます。当時の日本人社会における「三反五反運動」のすごさこそ記録に残しておきたいですね。一週間も義父は日本人から土間に坐らせられたそうです。日本帝国主義の手先だとしてやられたのです。攻撃した連中は引き揚げた後、音信不通ということです。引揚げ船が中国を離れたとたん、三反五反運動で残留技術者を日本帝国主義者の手先とつるし上げた人々に、やられた人たちが報復に何をしでかすか分からない雰囲気でした。その時義父は、そんなことをするなら俺を先に海に投げ落としてからやれ、と言って興安丸内でのつるし上げをおさめたそうです。権力の後ろ盾のないときに人間は弱くなります。

大連八路軍支部は技術者の留用を行ないます。彼らにとって技術者の方が大切なのです。どんな理想的なことを言っても、社会を維持し経済を復興するには技術者の方が中共にとって必要だったと思います。これが政治なんだなあと思いました。そのとき義父の体験したのが八路軍の兵士の清潔さです。一九五三年から中国はソ連一辺倒になります。ロシア語は中学から必修になります。家内は全くできません。すると中国人のロシア語の先生が毎日大連の家内の家に来て、家庭教師的にロシア語の補習をしたようです。お袋さんがお礼をしようとすると、当然の任務ですと全く受け取らない。ロシア人は時計など物を取ったりします。同じ共産党でもどうしてこれほど違うのか、中国共産党は清潔だという印象を与えることとなって、それ以後の私の中国研究にきわめて重要な影響を与えました。

日本に帰ってきた人たちへの影響も大きかった。党員の規律を決めた「三大規律八項注意」の話や『中国の赤い星』に描かれた共産党・八路軍と接触した日本人の帰国報告などがダブってくるのです。岩波新書の福地はま『私は中国の地主だった』(一九五四年)などもそういう本です。

——当時、西洋人の書いた中国ルポ以外に、満鉄や東亜同文書院など中国帰りの日本人研究者の本にはあまり影響を受けなかったのですか?

日本人のものはあまり読んでないのでわかりませんね。雑誌に載った八路軍に残った日本人の記録は読みました。結婚して家内の家に行って話を聞き、ますます清潔だと思うようになりました。文革が起こるまでその印象は変わらず、これが私の中国を見る目を歪めたのです。

——歪めたと捉えておられるのですか?

権力を持つと腐敗する、権力は必ず分裂するという、そのことに当時は思い至りませんでした。文革のときは腐敗への批判が初めに出てきます。そういうことが分からず情緒的になりました。

——文革までに整風運動とか反右派闘争など、粛清や思想改造の行き過ぎは断片的には入ってきたと思うのですが。

しかし私は否定的評価を持たなかった。統一することが大前提で、早く日中国交回復して過去のことを処理しないといけないというのが基本にありました。

家内の父の他に私の中国研究に影響を与えたのは一橋大学の斬先生です。中国共産党がなぜ勝利したかというと、統一戦線と解放区と武力闘争の三つの伝家の宝刀です。彼は同文書院と関係があったため三反五反闘争で批判された人です。一九五六年に日本に来られて以後、一橋大の中国語の講師をされていた一方で、日本の外務省の中国語講師もされていた。彼は中共のその筋への日本の対中関係者の情報提供者であるフシがのちにわかった。これを知ったとき、小生はかなりショックでした。

一九六三年に私はアジ研から派遣されて香港に住んでいたのですが、そこに靳先生がふらりとやってきて、これからマカオに行くというのです。どうしてマカオに行くのかと聞くと、奥さんが天津から一〇年ぶりに会いにくるからというのです。そして一カ月くらいしてマカオから香港に戻ってきて、また私を訪ねて来られたのです。どうでしたというと、「だめでした、金の延べ棒を持ち出すことに失敗した」と言うのです。当時天津から六〇代のおばあさんがマカオへ出てくるというのは大変なことだったのでしょう。長女が付き添ってきた。長女は新しい世代の人間なので、親が告発されるのを恐れて、金の延べ棒を持ち出すのをとがめたので失敗したというわけです。昔の中国の金持はカネがたまると金に換えたのです。

一九七三年に安藤彦太郎先生を団長に中国に行きました。全行程の案内役は後に外相になった唐家璇で、共産党の対外連絡部の日本人係です。われわれの団体は一一名の団体で、案内役で唐さんがついた。ある日、一台の車に二人ずつ乗り、私と宇井純さんが乗る車には別の人が乗り込んでいた。万里の長城に行く日の前日、その人は「小島さんだけ万里の長城行きをとりやめてほしい」と言う。「靳先生の奥さんという人が、小島さんにあいさつしたいと言ってます」と言うのです。そこで北京飯店の指定された部屋に行くと、靳先生の奥さんという人と男の人と女性がいた。東京オリンピックの翌年に靳先生は日本で亡くなっていたのですが、国交がないので遺骨の受け渡しはとても難しかった。そこで、先生の奥さんだという証拠としてそのおばあさんから写真を見せられました。見ると北海公園で靳先生と写っています。いつ撮られましたかと聞くと、一〇年前ですというので、うーんと唸った。ちょうど靳先生がマカオに行くと言ったあの時なのです。実は靳先生はマカオに行ったのではなく、北京に帰っていたのです。

日本に帰って調べたら、ドゴールが中国を承認し、池田内閣の国会答弁が、中国承認にぐっと傾斜していく時期だったのです。僕には金の延べ棒の持ち出しと話していたのですが、実は日本外務省の動向を知るために、共産党のその筋が靳先生を召喚したのだとわかった。これが統一戦線なんだなあと実感した。革命は毛沢東理論とかいう話ではないと思った。

そのときから中共の発する文献を別の眼で見るようになったのです。衛藤先生も含め、佐藤慎一郎さんとかのものも読むようになりました。佐藤さんは当時中国の地方新聞まで集めていましたから、五〇年代と当時との矛盾なども指摘していましたね。産経の桑原寿二さんなどのものもよく読むようになりました。「有利就有弊」(一つの利には必ず弊がある)と中共中央の政策を読むようになった。もっと社会の発展を複眼的に見る必要があると感じるようになりました。

――新左翼の人といっしょに運動することはなかったですか?

全くなかったです。私は政府批判の運動に加わったこともなければ、運動をやるファイトもなかったですね。矢吹晋君などは「斉了会《チーラ》」などにも加わってかなり傾斜していましたよ。矢吹君は新島淳良さんと激しく論争していましたね。加々美光行君は加わってはいなかったがかなり支持していました。そのあと加々美君は文革の出身血統論批判などをやった。

――CCAS（憂慮するアジア学者委員会）のときに戴國煇先生などと積極的に発言して日本のアジア研究の立て直しを提唱されていましたね。満鉄の中国研究など当時は封印されていました。

満鉄の研究は客観的なデータをそろえています。中西功の中国論より天野元之助の中国研究の方が役に立ちます。

――CCAS批判に際してはアメリカの近代化論への反発があったのでしょうか？

アメリカの研究はあまり読んでいません。経済発展には外せない枠があります。農業部門が縮小して第二、三次産業が伸びていくというのは、どの国でもあるのです。文革のときに「中国――都市化なき社会主義は可能か」（『世界』一九七四年一一月号）という論文を書いたのは、日本を含め急速な都市化が世界的に見られ、その矛盾を少なくするような実験が文革のなかにあるのではないか、中国では分散型の都市化がありうると感じたからです。それで期待をもったのですが、見事に裏切られました。ロシア革命は兵士と労働者が中心になって成就したのに対し中国革命は農民を土台にした土着派で歴史を切り開いた。この過去の経験を踏まえると、ソ連とアメリカが中国を封じ込めている国際環境のなかで、何か編みだすのではないかと思った期待感が、あのような論文を生み出したのでしょう。

――「中国――都市化なき社会主義は可能か」の段階ではまだ文革への反省はなくて、中国に対する期待感があったのですね。

当初は期待感があった。文革はなにか新しいものをつくるのではないかと当初思ったのは、六〇年代日本では高度成長によって都市化の諸問題が出てきますから、その矛盾への実感があったのです。近代化は工業化であり、工業化は都市化であるという先入観があったのですが、そういう公式を中国は打破するのではないかと期待したのです。というのは中国革命の実態はレーニンのような革命ではなく、農民革命で新しいものをつくっていくというのをやったのだから、新しいものがあると思ったのです。一九六〇年に壁新聞で毛沢東が「都市の人々は節くれだった手でない白い手になっていばっている」というようなことを言っていることを知って、面白いなと思ったのです。都市の共産党の幹部が農村に行くという記事を『人民日報』で見ました。

実は都市から農村への人口移動が起こっているのは、そのような理想からきているのではなく、住宅建設の資金力がなかったということ、また国際的封鎖の下で都市人口を養う食糧調達が十分にできなかったというのが実情だったのです。そのことが、当時見えていませんでした。のちに都市にどのくらいの住宅が建設されたかを推計してつくった図式によりますと、六〇年代前半の都市の住宅建設が五〇年代後半に比べて半減しているのです。そのことを見過ごしていました。しかし当時は、ソ連からの攻撃を避けるために、ほぼ三〇〇万人の工場を移せという政策からきていると思っていました。日本のひどい都市化を見ていたので、それに代替するものとして都市化なき社会主義の可能性があると思ったのです。私のなかの社会主義経済像が現実を見誤らせたのでしょう。

その前にすでに見誤りは一回あります。

最初の見誤りは、五七年の大躍進の餓死者が三〇〇〇万人も四〇〇〇万人もいたという結果の惨劇を予想できなかったことです。その事実は文革が終わった後に初めてわかったことで、当時公表されてはいなかったのですが、思考力を働かせて、中国の輸出入を調べて生産力を推計すれば、人々の生活を満たすことができないということはわかることなのです。

その点、石川滋先生はそのことはちゃんと見ていました。一九六三年の『世界』の論文（「中国経済の開発と試行錯誤」一九六三年六月号）で、大躍進のとき成長率が異常に大きいと中国では公表されていましたが、普通の経済発展の常識ではありえないということを書いています。現実の経済そのものを動かしている資源や労働力や資金の総量に基づく一般的な経済法則を毛沢東が軽視していたのは事実で、そこもまた見誤った原因の一つです。

次の誤りは文革の当初に出てきた、大都市化ではなく、中小都市化あるいは農村を基盤にした経済ができているということを書いたことで、あの運動のなかで膨大な殺し合いが発生していたことも見誤りました。権力闘争が民衆を巻き込んだことがあのような悲劇を生む、というマイナス面を理解できなかったのです。

のちに、一九七八年頃、馬洪という方が団長となって一〇名ほどの訪日団がアジア経済研究所を訪問したとき、私には文革があのようなひどい結果をもたらすことがわからなかったと発言しましたら、「私たちでさえわからないのですから、皆さんがわからないのは当然です」と言われました。

――石川滋先生は、国民経済統計をどう案出するかという時に、中国の計画委員会の統計調査を踏まえて書かれた『計画経済』誌を読んで、『人民日報』のその後の経済データの断片で、経済統計を編み出していたそうです。

先生の中国経済研究のやり方はまさにその通りです。中国は価格の問題をないがしろにしていたので、経済社会には物量的整合性があるものだから、それを国内の純生産のマクロに再構成しようとしたのです。五三―五七年の第一次五カ年計画はそのデータが比較的公表されていたので、石川先生はそれができたのです。

――文革当時はむしろ権力闘争の観点から論じるのが主流だったのですが、気に留めなかったのですか？

当時、あまり人の書いたものは読んでいないし、論争を仕かけたりしたことはないのです。能力の問題があるかもしれませんが、先行研究を踏まえて書くというスタイルが自分はとれないのです。

――中共の土地改革に対する高い評価が中国に対する期待感につながったのでしょうか？

それより先ほど申し上げた八路軍の清潔感から来ています。党内で激しい権力闘争があるという視点を十分に持ち合わせていなかった。また影響を受けたのが稗田憲太郎さんで、中国名で田力と名乗って、八路軍に入って、大行山脈でゲリラ兵を治療した人です。胡耀邦も治療しました。ベチューンのような人です。満洲医科大学の満洲医学堂の教授でした。敗戦時、北京にいました。『アジア経済』にインタビューを載せました（第一一巻九号、一九七〇年）。

――稗田さんを知るきっかけは何ですか？

『日本経済新聞』の「わが交友抄」に稗田さんのことが出ていて、東畑先生にうかがったら、医療審議会で武見太郎さんに稗田さんのことを聞いてみると言って、武見さんに聞いてくれたのです。すると武見さんは稗田さんを知っていて、久留米大学にいることがわかりました。

稗田さんに会って、共産党員の幹部には腐敗闘争があるかと聞いたら、絶対そういうことはないと頑として譲らないのです。

のちに、当時中国にいた日本人の話はあてにならないことがわかりました。外国人は中国人社会と隔離されて住んでいますから。どの社会も社会運動でも権力が腐敗していくというのは政治学の大原則です。当時の中国経済を描くのに統計や経済学はあまり必要ないと思っていたかもしれません。次第に政策の方向性と経済学の公理との両方を見ないといけないという相対主義者になっていき、共産党はすばらしいという認識の化けの皮がはがれていきました。

――当時、実体経済の研究者は先生の他にいませんでしたね。

農業経済をやったのは、私が農民出身だったからで、理論ではなく擬似体験からです。日本も戦争中に供出制度が出されますが、お袋が地主や村役場の人から収穫量を隠すのです。その隠し方はすごいものでした。豚を売り出す時に水を飲ませて体重を増やして出荷するとかの実体験からです。

佐藤慎一郎先生や桑原寿二さんは中国の実態をきちんと書いていた。法律分野では福島正夫先生が法理論から人民公社を研究された。彼には法理論があるから。満鉄調査部の上層部は中国の革新性を見損なったとみて反省している。野原四郎先生や幼方直吉先生や仁井田陞先生などもそういう立場でしょうね。彼らの研究に私はあまり影響を受けませんでした。たぶん分野が異なっていたからかもしれません。彼らのうち何人かが関わった『中国農村慣行調査』は大したものですが、共同体があるかないかなど論争するのに関心は持てなかった。天野元之助先生は、自分には理論がないので事実の記述式で行くという立場でした。小生もこれに近かった。

――同時代の中国論を調べ、当事者たちにインタビューしますと、文革に対する幻滅をもたらしたきっかけは七一年の林彪事件だったという方が多いのですが、先生は林彪事件をどう受けとめましたか?
私にはそれほど大きなインパクトはありませんでした。事実が判明したのはずいぶん後のことです。むしろ一九七六年一〇月六日の四人組逮捕の第一報を正午のニュースで聞いたときにびっくりしました。ああ中国にのっぴきならない権力闘争があるのだなあと思いました。私は政治学を修めていないので、共産党内部が死に物狂いの権力闘争で動いているということはあまり考えたことがなかった。政治実態を見る眼がなかったのです。四人組の前に批林批孔運動があったとき、東洋文化研究所にいた沢谷さんは、あの批孔など全く意味がないねとおっしゃっていた。また劉少奇の「共産党員の修養を論ず」が批判されていましたが、私は『論語』の知識もないので、政治的な背景があったことをつかまえられませんでした。中国のすべての論争は過去の人口に膾炙されている言葉を使って現在を批判する工具にしているという発想を持ちませんでした。権力の性質に対する理解が少なかったのです。

——文革を全否定するのではなく、文革のプラスの部分をなおも評価するとか、文革の論理の中には現在の諸問題を批判する論拠になりうるとか、そういう捉え方はされていないのでしょうか?

それは何かあるのだろうが、あまり僕には明晰になっていません。

——文革の後は、先生は郷鎮企業論とか内発的発展論にも関わっていますよね。

大都市化を変えるだろうということの一環です。当時の就業構造で都市の住民のさらなる雇用は難しく、農村の工業化に頼らざるを得なかったのではないかと思ったのです。それは大塚久雄史学の影響です。そこでも権力的に都市と農村を二分するという戸籍制度の問題を抜かしていたのです。今から考えてみると、中国はそうせざるを得なかったのです。浙江省の人口は四五〇〇万人ほどで、韓国の人口とほぼ同じです。省全体での一人当たりの耕地面積は、五人家族の場合、四反歩くらいしかないのです。浙江省ですから二期作ができるとしても、それではとても家を建てたり子どもに教育を受けさせられません。どこかに出稼ぎに出るか、農村で非農業部門をつくらざるをえない。郷鎮企業は土地・人口圧力の結果として生まれてきたものです。人民公社での工業化は、都市化と違う住民運動だとしてプラスに評価していたのですが、それ以外に活路がないということが見えなかった。

一九五四年に中国はレーニンの基準にもとづいて、統治のために大企業、中企業・手工業の分類を行なう調査をします。農村の手工業、特に軽工業、例えば石鹸とかマッチとか紡績とか精米所とかが伝統的に存在していました。それが一九五三年一一月の強制供出制が導入されてから半分潰れていくのです。農産物を国家が取り上げたため、原料不足で潰れます。一九二一年にレーニンの「迫り来る都市化の食糧危機について」という論文があるが、土地改革で農民が農作物の分配権をもつようになり、農民たちが作物を売らなくなり起こったものです。

　中国も土地改革後に同様の現象が起こり、これを打破するために、五三年一一月に強制供出制を導入し、農産物市場を閉鎖して政府にしか売ってはいけないとした。これが農村に伝統的にあった手工業を潰す結果となった。農村内の経済循環が崩れ、農村はそれだけ貧しくなった。一九五八年の農村人民公社化は新たに農村工業を興したが、これは大水利建設運動からそれに必要なシャベルやモッコや荷車などの工具・農具や諸資材を生産する農村工業化が出てきたもので、重工業であって伝統的な農産物加工の手工業や軽工業ではない。その象徴が〝土法鋼炉〟というプリミティヴな製鉄業で、大々的な大衆運動で行なった。これが農業の凶作を招き、三〇〇〇―四〇〇〇万人の餓死者を生むことになった。

――六〇年代の中国経済をどういう一貫した線で捉えていらっしゃいますか?

　六〇年代は中国を取り巻く国際状況はソ連との対立、ベトナムへのアメリカの介入でさらに厳しくなりました。五〇年代前半にソ連から導入したプラントの返済もしなければならず、農村からの搾り取りはさらに強くならざるをえなくなった。米ソの包囲網に対抗するため、原爆をはじめとする現代的兵器産業も興さざるをえなくなった。その上ベトナム解放闘争の支援の資金も必要となる。建国後もっとも厳しい時期に追い込まれます。文革発生の経済的背景にはこのような厳しい情況が存在していました。この時期を小生は〝軍事経済化〟と呼んでいますが、この情況打破と文革とは関連しています。ここでとられた政策が〝反都市化〟的な政策です。文革中国の下放青年も都市で雇用できない、住まわせる住宅も建設できない、都市人口が増大すればそれだけさらに農村から食糧を徴発しなければならない。頼るのは貧しさを分かち合える精神力と反都市化しかない。このような情況を見据えると文革中の〝分散化した中小都市化〟の思想は案外新しい経済社会をつくるのではないか、うまくいけば大都市化の対極である分散化した中小都市と農村から構成される社会ができるのではと考えました。それが『世界』の「都市化なき社会主義は可能か」です。

　しかし、今日から見ると、農村での人口・土地圧力を考えに入れていなかった。当時耕地面積統計や人口増、特に農村の人口増の情況の統計はいっさい公表されてなかったが、五〇年代から一定の推計はできたはずです。それがもたらす農村経済や全体の経済へのインパクトはある程度分析できたと思います。一九七九年頃から人民公社に変化が出始めますが、それ以前から進行していたのが浙江省や江蘇省南部、広東省の珠江下流域での農村工業、とりわけ農産物加工業や手工業的な軽工業の復興とこれにともなう資金面での高利貸の発生です。人民公社工業では禁止されていた軽工業や農産物加工業が蘇生し、これが人民公社制度そのものを崩壊させることになる。それに気づいたのは、華国鋒時代の一九八〇年前後の農村政策が公表されてからです。農産物市場が許されると、そこへ農産物を売りに農民が集まる、遠方から来る農民は夜宿泊しなければならない。旅館が必要となる。飲食店も必要だ……連鎖的にサービス産業が発生する……というような変化が起こったからです。

人口・土地圧力が強まれば、一人でも多くの人が農村で農業以外で稼がなくてはならなくなるし、分配上の差別が発生します。六〇年代に強化された原始蓄積の方式が下から崩れることになったと思います。改革開放の号令をかけた鄧小平が外資依存を軸に国を建て直すという政策を出したのは、このような背景があったと思います。

こう見てくると、統計資料を含めて全く出されない情況下での中国研究の見誤りは当然といえば当然ですが、節穴の眼に起因することを認識せざるをえません。

解説

小島麗逸が論壇にデビューしたのは文化大革命が起こった直後の一九六六年一一月、『世界』の特集「中国の文化大革命と日中問題」に掲載された「「自立的民族経済」の現実」であり、氏の「自立経済論」は、山田慶児の「コミューン国家論」と並んで、文革を内在的に理解し、独自の理論的枠組みを提示した二大成果だと言説分析編で論じた。経済実態を示す具体的データが揃わない上に、自由な現地調査ができないなかで、そもそもどのようにして経済を論じ、独自の視点を打ち出すことができたのか、現時点で、この「自立経済論」をどのように自己評価しているのか、小島に最も確かめたかったのはその点であった。

小島は終戦を迎えた時にはまだ一一歳の少年で、中国との実際の関わりは何もなかった。インタビューを通してわかったことは、中国に関わることになる内的動機づけが非常に稀薄で、偶然研究対象に選んだに過ぎず、一般企業への就職を断念したために、大学の学部で専攻した中国経済研究をアジア経済研究所で継続することになったに過ぎないということであった。だがこれは、戦後、国交が断絶したあとに中国研究に入っていく世代の研究者には取り立てて珍しいケースではないだろう。

そのような淡白な中国経験から出発して中国研究に関わるなかで、小島の対中認識を形成する上で大きな作用を及ぼしたのは、中国共産党・八路軍に対する「清潔感」というイメージであった。このイメージを抱くにいたるきっかけとして、小島は戦時中に大連のある工場長をしていた岳父と、大行山脈で八路軍と行動をともにし、終戦後も大学の研究職に留用された稗田憲太郎という二人の人物を挙げている。岳父は武装解除後、国民党・中国共産党・ソ連軍が入り乱れる植民地大連で、中共党員の私利私欲のない清潔感を実感し、稗田は八路軍兵士と農民との軍民一体の人間味溢れる関係を実見していた。この清潔感を中国の現状理解に反映させ、一方で文革の頃、公害問題や都市問題など日本社会に高度成長の負の効果が顕著に現われていたことによって、中国経済の実態や経済政策に日本社会への批判と中国に対する期待感を過剰に投影することとなったのだと、小島は自己分析をしている。ただし小島は、学生運動や日中友好運動などの運動圏に身を置いた経験やコミュニズムの党派活動の履歴はなく、そこには党派的思考型経路は介在していない。

この理想投影型の認識経路による中国アプローチと対照的なのが、小島の学問上の師匠となる石川滋の中国経済論である。石川には別途インタビューを試みたが、小島も述べているように、オーソドックスなマクロ経済学の立場から、寥々たる経済指標を材料として、普遍的な経済法則に当てはめつつ、理想主義や経験主義を介在させることなく、普遍原則からの逸脱を認めず、数量的データ処理によって中国の国民経済の実態を客観的に解明し、実体経済の現状から指導部の経済政策を読解している。今の時点からすると、小島はそのような石川のアプローチが結果的には正確な現状分析につながったとし、翻って、自身の中国を見る目は歪んでいて、現実の中国を見誤ったと、完膚なきまでの自己批判をしている。

この徹底的といわざるをえないほどの「自立経済論」否定は、その後の郷鎮企業論に見られるような内発的発展論の芽を自ら摘むことになりはしまいかと危惧し、現状打破につながるいささかの可能性も残されてはいないのかと尋ねた。それに対する小島の応答は、可能性はきっとあるだろうが、そのことを明瞭に説明する原理を今の自分は持ち合わせていないという、くぐもったものだった。

インタビューを始めるに先立ち、小島が提起した話題は、二〇〇八年夏の北京オリンピックのプレイベントとして、三月に長野で聖火リレーがあった際、在日中国人留学生が大量に動員されて、異国の地で五星紅旗を振り、チベット独立支持者の露出を押さえ込むために本国から多くの警察官が派遣されるという、異様な光景が出来したことであった。小島は経済発展のピークを迎えた中国で、傍若無人なナショナリズムが露呈していることへの嫌悪感を隠さなかった。そこには、中国研究の初発で小島が抱き、中国の現状に偏向した眼差しを投げてしまうこととなった中共の清潔感というイメージと真逆の実態が眼前に突きつけられたことへの困惑が察せられた。

さりながら、小島の一貫した強みは生活者の逞しさがその根底にあることだ。長野の小作農家に生まれ、農民の生活感覚が沁みつき、今も山梨・長野県境の過疎の村で鋤を振るいながら晴耕雨読の暮らしを続けている。氏は肉刺でごつごつになった手をかざしながら、毛沢東の「都市の人々は節くれだった手でない白い手になっていばっている」という言葉に我が意を得た頃のことを回想した。氏が十数年来居住する十数戸しかない地元の村には、子どもたちが都会に出て老人しか残っていない。買い物や福祉サービスの恩恵に与れない冷たい現実を直視し、絶望的な現状を打破する可能性への探求を続けている。その姿勢は今も続いていると感じられた。

12 中嶋嶺雄　論壇を席捲した中国批判の論理

二〇〇九年六月二二日　秋田市・国際教養大学

中嶋嶺雄（なかじま・みねお）　一九三六年長野県生まれ。一九六〇年、東京外国語大学中国科卒業。世界経済研究所入所。六五年、東京大学大学院社会学研究科国際関係論課程修了。八〇年、社会学博士（東京大学）、六六年、東京外国語大学助手、七七年、東京外国語大学教授。九五—二〇〇一年、東京外国語大学学長。二〇〇四年—、国際教養大学理事長・学長。〇八年—、社団法人才能教育研究会会長。オーストラリア国立大学、パリ政治学院、カリフォルニア大学サンディエゴ校大学院の客員教授歴任。国際社会学・現代中国学専攻。著書、『現代中国論——イデオロギーと政治の内的考察』（青木書店、一九六四年・増補版一九七一年）、『中国文化大革命——その資料と分析』（編著、弘文堂、一九六六年）、『中国を見つめて——私の香港通信』（文藝春秋、一九七一年）、『中国像の検証』（中公叢書、一九七二年）、『逆説のアジア』（北洋社、一九七七年）、『北京烈烈——激動する中国（上・下）』（筑摩書房、一九八一年）、『中国——歴史・社会・国際関係』（中公新書、一九八二年）、『文明の再鋳造を目ざす中国』（筑摩書房、一九八四年）、『香港——移りゆく都市国家』（時事通信社、一九八五年）、『中国の悲劇』（講談社、一九八九年）、『アジアの知略——日本は歴史と未来に自信を持て』（李登輝との共著、光文社、二〇〇〇年）、ほか。

——中国を研究科目として選択された動機は何だったのでしょうか？

高校一年のとき大きな薬局を開いていた家が倒産して、社会の裏面を見せつけられまして、人生の転機になりました。それまでは化学や物理をやろうと思っていましたが、社会科学や世界史への関心が高まりました。当時としては早熟で、高校のときから雑誌『世界』を読んでいて、平和五原則とか、周恩来とネールの会談とかに感動を覚えました。『世界』の存在は大きかったです。それで東京外大に入試の願書を出すとき、ヒンディー語にしようか中国語にしようか迷いましたが、最終的にこれからは中国が重要だと思って中国にしました。後に文化大革命の時期に中国を訪れ、「毛沢東万歳」を叫ぶ周恩来の演説を聴いて、それまでの周恩来像が崩れていくことになるのですが。

――中国が成立したのは中学生のときでしたが、どう感じられましたか？

一九四九年一〇月一日の中華人民共和国の成立は当時の日本ではほとんど報じられなかったのです。むしろ翌年六月二五日の朝鮮戦争の勃発の方が大きかったですね。地方都市の松本の町の中でも号外が配られました。僕は戦争を覚えている墨塗り世代でしたから、また朝鮮で戦争が始まったことに衝撃を受けたのです。

――一九五六年のスターリン批判、ポーランド・ハンガリー事件はどう受け止められましたか？

当時は山村工作隊に行っていた先輩などがいましたが、日本共産党の六全協で徳田路線が否定されて、民主歌声運動などが起こりました。そこでのハンガリー事件の衝撃は大きかったですね。社会主義への疑問が強く出てきました。

東京外大に入った年は砂川闘争に参加しました。大学二年は原水禁運動で、第四回原水禁大会で広島にも行きました。大学三年は勤評・警職法反対闘争です。学友会の委員長をしながら都学連の執行委員をしていました。そのころ都学連には西部邁さんや当時ブントの姫岡玲治（青木昌彦）さんもいました。

よく僕は日本共産党に入党していたと間違えられるのですが、入党したことはないのです。五八年のとき入党届けを出したのですが、「トロツキスト的傾向がある」として入党を拒否されたのです。確かに共産党の連中が歌声運動のようなところに走るのには批判的でした。別にトロツキストであったわけではないのですが、共産党はラディカルな連中をすべて「トロツキスト」だと名指しして批判したのです。同じ外大の志水速雄君（ロシア語）は全学連の国際部長をしていて、ほとんど大学には来ませんでしたが、彼と一緒に社学同外語支部を作って活動したものです。

――六〇年の国会デモには参加なさったのですか？

卒業した年ですね。そのときは四・二六の国会デモなどに行きました。志水君（当時は全学連中央執行委員）は装甲車に駆け上りました。その前に明治大学の小島弘君（当時は全学連中央執行委員）から、「今日、志水君が逮捕される予定だ」ということを聞いていました。小島君はいま、中曽根元首相が主宰している世界平和研究所の参与をしています。

――清水幾太郎さんとはそこで知り合われたのですか？

香山健一さん（全学連委員長、後に学習院大学教授）に紹介されて、六〇年の国会デモの途中で知り合いました。安保の後で清水さんが中心になって発足した現代思想研究会にも加わりました。メンバーは全学連OBの香山健一さん、森田実さん、志水速雄さん、小島弘さんらに加えて哲学者の三浦つとむさん、竹内芳郎（中原浩）さんなどで、竹内さんは心情的にリゴリストでした。竹内さんと喧嘩してやめた村上一郎さんもいましたし、他に学習院出身の清水さんのお弟子さんの武者小路公秀さん、高根正昭さん、嶋田厚さんらがいました。六〇年安保は敗北だったという立場から出発した研究会で、雑誌『現代思想』を現代思潮社から六巻まで出しました。雑誌は一貫して黒字でした。

清水さんは最晩年はオーギュスト・コントに心酔していましたね。岩波新書の『論文の書き方』は清水さんの立場の揺れを超えたいい本で、今も学生に薦めています。清水さんは振幅の大きい人で、何人もの仲間が離れていきましたが、僕が清水さんとの関係が最後まで続いたのは、あまりべったりした関係ではなかったからだと思います。清水さんは大インテリですね。火をつけておいてみんなが騒いでいるときに、もう別のところに行ってしまっているという感じでしたね。

――六〇年安保のときには竹内好さんとは出会わなかったのですか？

竹内好さんとも出会いましたが、それは知識人の会合などにおいてです。当時竹内さんは日高六郎さんや清水幾太郎さんなどとともに平和と民主主義を守る知識人の会（安保批判の会）にいました。文京公会堂で竹内さんらの講演会に出たとき、あまりに竹内さんが「民主主義、民主主義」と言うので私は「ナンセンス」と野次ったことがあります。あのときの知識人は市民派で、やがてそこから清水さんは離れていきます。日本共産党は愛国主義と反米闘争で、市民派知識人は民主主義でしたが、僕たちは非常に反発して、直接権力を打倒せよという「反独占」を掲げました。

一九六四年に『現代中国論』を出したときに、岩波書店の関戸嘉光さんが評価してくれて、ぜひこれは竹内好さんに書評してもらうといいと言って、竹内さん宅に届けてくれたのです。そのとき竹内さんは飲み崩れてしまったそうですが、最後にこの本は書評できないと言われたそうです。竹内さんのものはもちろんよく読んでいましたが、個人的にはほとんど面識はありません。

――『現代中国論』の前書きには、竹内好の同名の『現代中国論』（河出書房、一九五一年）とは「目的も対象年代も異なる」と書かれています。竹内さんに挑戦するような執筆動機があったのではないですか？

竹内さんのものはむろん読んでいましたが、そんなことはありません。むしろ私のは毛沢東思想に対する批判でしたから、竹内さんのものとはそもそも立場が大きく違います。

――世界経済研究所に三年間いらっしゃいましたが、どういう組織ですか？

民間の財団法人です。大塚のしもた屋の二階にありました。共産党との関係も深く、中国研究所とは姉妹関係でした。所長の小椋広勝さんは立命館大学の教授でマルクス主義経済学者です。外大三年の時に学園祭（外語祭）の講師をお願いしたのが出会いです。

卒業のとき、学生運動に夢中になっていて企業に就職する気は全くなかったのです。このまま研究を続けようと思って、小椋さんの家を訪ねて何とか世界経済研究所に入りたいとお願いしました。すると、民間の研究所は財政的に苦しい、給料は一カ月に三〇〇〇円しか払えないと言われました。当時の大卒の初任給は一万六〇〇〇円くらいでした。あとは自分でアルバイトをして、霞ヶ丘ヴァイオリン教室を開いて、ヴァイオリンの教師をしました。今活躍している社会学者の宮台真司君はそのときの生徒でした。高校の英語の非常勤講師もしました。

――アジア経済研究所には入ろうと思わなかったのですか？

アジ研はできたばかりでしたし、政府系の大きな研究所ですから、あまり考えなかったですね。

――世界経済研究所にはどういう所員がいたのですか？

一〇名くらい所員がいて活躍していました。理事には岡倉天心の孫の岡倉古志郎（アジア・アフリカ論）さん、陸井《くがい》三郎（アメリカ政治外交）さんがいました。面接試験のときはその二人が試験官でした。所員には佐藤定幸（アメリカ経済、一橋大学）さん、千葉秀雄（イギリス経済、後に芝浦工大）さん、野村昭夫（ヨーロッパ経済、後に東京経済大学）さん、中川信夫（朝鮮問題）さん、風岡浩（インド経済）さん、森田節男《さだお》（アジア経済）さんなどがいました。僕は最初はヨーロッパ経済を分析していましたが、後に中国問題をやるようになりました。

――中国研究所の会員ではなかったのですか？

会員ではありませんでしたが、よく通って中国研究所（中研）の研究会に出ていました。当時「岩村天皇」と言われて、岩村三千夫さんが中研を牛耳っていて、会議などではほかの人はほとんど発言できないような雰囲気でした。

――所長の平野義太郎さんは会議に出ていなかったのですか？

大きなセレモニーなど以外はほとんど出てきませんでした。そういう状況のなかで、どうして日本の中国研究者は中国のいうことをそのまま鵜呑みにするのかという疑問が湧いてきました。六六年に善隣会館事件があって分裂騒ぎになりますが、そこにはまったく関わっていません。中研には軍事問題を研究なさる山下龍三さんなどまじめな研究者もいらっしゃいましたが、そういう人たちは小さくなっていました。

――なぜ世界経済研究所をお辞めになったのですか？

世界経済研究所が中ソ論争という大きな政治問題に巻き込まれたことがきっかけです。僕が最初に書いたのは中ソ論争で、『世界経済年報』一六巻（季刊、一九六〇年九月、日本評論新社）に「中ソの「平和論争」」という題で岡倉古志郎さんと共同執筆のかたちで出ました。当初は中ソ論争などありえない、そんなことを言うのはアメリカ帝国主義の陰謀だという雰囲気でした。やがて中ソ論争が否定できなくなると、日本共産党は「レーニン主義万歳」という論文を出した。中国共産党べったりで、僕はそれに批判的でした。所員会議があって、その前には党員たちによる細胞会議があって、僕自身は党員ではなかったので、そちらには出られず、所員会議は党員が牛耳っていました。あるとき所員会議で、ある所員が「この研究所にアメリカ帝国主義の手先がいる」と発言した。それは即ちソ連修正主義派がいるというわけです。

所員のなかに日共幹部で後に除名される春日庄次郎さんの影響を受けた人がいて、千葉秀雄さんなどはそうでしたし、僕もわりと春日さんに近い立場でした。僕は当時、グラムシやトリアッティなど、イタリア・マルクス主義のものをかなり読んでいましたし、石堂清倫さんとも親しくさせていただきました。『現代中国論』にはその片鱗があります。そういう経緯があって、研究所は真っ二つに割れました。中国研究所は中国礼賛でした。世界経済研究所では、『人民日報』などは誰も読む人はいないのですが、読もうとすると、読みたいところだけが切り抜いてあったりするような意地悪をされました。

確かに世界経済研究所ではとても勉強になりましたし、翻訳力・語学力はそこで養われ、後にいろいろと翻訳の仕事をする上で役に立ちました。六三年に世界経済研究所は、岡倉さんが所長をやっていたアジア・アフリカ研究所と合併しました。岡倉さんにはいろいろお世話になり、僕の結婚のときの仲人もしていただきましたが、立場としては日共のイデオローグでした。世界経済研究所は六三年で活動を停止しましたが、いつまでもここにいられないという不安を感じました。

――それで東大の大学院に入るわけですね。

志水速雄君と一緒に受験しようということになって、当時の東大の国際関係論は大変な競争でしたが、僕は合格して、指導教授は江口朴郎先生にお願いしました。志水君は後に明治大学の大学院に行きます（後に東京外国語大学教授）。江口先生は忠実なマルクス主義者で、後に党を離れますが、僕を評価してくれました。あるとき『現代中国論』の書評会があって、いろいろと批判する人がいたのですが、江口先生が遅れて教室に入ってきて、「まあ、君たちも本を書くんですね」と言ってくれて、とても励みになりました。『現代中国論』は青木書店から出たのですが、中国に批判的だというので、『赤旗』では広告掲載禁止でしたし、中研などの書評では反中国・反毛沢東の書だとして批判されたりしましたが、反響は大きく、いろいろと書評が出ました。

――当時、アジア研究会に入っていらっしゃいますが、どういう組織ですか？

世界経済研究所の人たちなどと一緒につくった小さな組織で、研究会をやっていました。

――アジア政経学会には入っておられましたか？

もともと学生運動上がりですから、学会活動にはあまり熱心ではなかったのです。僕はどちらかというと一匹狼でしたが、後にはアジア政経学会の常務理事なども務めました。

――当時の理事で駒場の先生でもある衛藤瀋吉先生とはあまり接点がなかったのでしょうか？

大学院に入るまではなかったですね。中国研究所の人のものなどは読んでいましたが、アカデミックなものはあまり読んでいませんでした。当時衛藤先生は助教授で、「中嶋君は僕の授業を拒否しまして」と皮肉を言われましたが、先生の授業のある土曜日はヴァイオリン教室があって、生活を支えるアルバイトに忙しくて出られなかったのです。

――『現代中国論』が論壇デビューになるのですか？

中ソ論争について、最初は『エコノミスト』に二回ほど書きました（「中ソ論争の新局面と中国」『エコノミスト』一九六三年四月九日号・四月一六日号）。それが反響を呼びまして、『思想』から声をかけられて、二本ほど書きました（「中ソ論争への接近とその受容」『思想』一九六三年八月号、「中ソ論争の諸断面と現代マルクス主義」『思想』一九六四年一二月号）。

――『現代中国論』で踏まえた同時代中国の原資料はどこで入手されたのですか？

世界経済研究所にはなにも資料がありません。中研もあまり使いませんでした。大学院にいましたから、自分で見つけたのです。『毛沢東選集』は全巻すべてを読んでいました。毛沢東の「実践論」「矛盾論」がソ連共産党の哲学教科書『「弁証法的唯物論」教程』と似ていることを論じましたが（五一―五四頁）、この『教程』は、当時神田の古本街によく通っていて、篠村書店で偶然見つけたのです。こんな哲学教科書があるのかと思って買って読んで見たら、『毛沢東選集』と同じような記述があるので対照したのです。

――『現代中国論』は、マルクス主義の立場から毛沢東思想をレーニン＝スターリン路線だと批判するという、当時の中国批判としては稀有な本ですね。

イタリア・マルクス主義のようなソフトなマルクス主義からの批判をしています。もう一つは中国そのものに即して毛沢東を考えています。「連合政府論」にせよ「新民主主義論」にせよ、毛沢東が言ってきたことに背いて共産党の一党独裁に転じるなど、中国共産党自身が自説を否定し、人民大衆を裏切っているのです。人民内部の矛盾はいくらでもいいと言って百家争鳴運動を喚起しておきながら、一転して反右派闘争をします。

――当時の中国論者には革命的ロマンチシズムとか贖罪感とかに触発された人が多かったようですが、中嶋さんにはそのような志向は感じられず、むしろそういった人たちに批判的です。

中国革命に共鳴した点では同じですが、大躍進にせよ人民公社にせよ、憧れていた中国とは違ってきているじゃないかという思いがありました。胡風事件や丁玲批判など、かつて自分が信じていたものが批判されていくのに戸惑いを感じました。世界経済研究所に入ってからある企画があり、僕自身に執筆依頼がありました。確か三一書房からの企画で、結局本にはなりませんでしたが、中国に対する批判の視点も生半可で、書かなくてよかったと思います。あのときはまだまだ中国に対する評価が私自身の内部で揺れていました。批判の視点が定まったのは、何といっても中ソ論争のときでした。

――文革が起こって間もなく、六六年一一月九日から六七年一月九日まで、初めて訪中されます。なぜあのとき旅行できたのですか？

わずかの期間ですが、中国に比較的自由に行ける期間があったのです。孫文生誕百周年記念の参加者を日中友好協会系の日中旅行社が募集していました。団長は讀賣新聞の高木健夫さんで、外語の卒業生で朝日新聞の吉田実さんや、宮崎滔天の孫の宮崎世民さんも一緒でした。あのときちょうど外大の助手に呼ばれまして、国家公務員だったものですから、共産圏に渡航してはいけないとされていたのです。それで手続きが手間取って僕だけ遅れて単身で行ったのですが、そのことがかえって北京まで単独行動ができてよかった。帰国も私だけ延ばしてもらいました。

実際の文革を見て、これはひどい、大衆を巻き込んだ権力闘争だと思いました。人民大会堂で、周恩来の劉少奇・鄧小平非難の演説を聞いて、壇上の憮然とした表情の鄧小平や劉少奇を見ました。そして香港に四〇日間滞在して、そこで情報を集めて、当時中央公論の編集次長をしていた粕谷一希さんに頼まれて、『中央公論』に「毛沢東北京脱出の真相――激動の中国より帰って」(一九六七年三月号)を書くことになるのです。

――粕谷さんと知り合われたのはどういう経緯ですか?

粕谷さんに育てられる前に、『エコノミスト』や『思想』に書いていました。僕の北京行きは讀賣新聞の「混成機動特派員」と称するもので、讀賣から渡航費を戴きました。当時の讀賣も大部分が中国礼賛でしたが、まず讀賣に書かないといけない。同じ内容の記事を讀賣に書いて、掲載する予定だったのですが、毛沢東が北京では孤立して北京から上海に脱出し文革の烽火をあげたなどと書くのはあまりに刺激的でしたので、当時は信じてもらえなくて、夜中になって掲載にストップがかかりました〔関連記事としては『讀賣新聞』六七年一月二三日、二月一日、二月六日などに出ている〕。僕はかなり確信があったのですが。

――文革を実際に見た人はだいたい感動していましたが。

高木健夫さんなどは最初は批判的だったのに、延安にいって毛沢東が江青と寝たベッドなどを見てすっかり感激して、俳句をつくったりしていました。

――マイナーな意見にもかかわらずなぜそのような確信が持てたのでしょうか?

やはり現場を見たからでしょう。それとそれまでに『現代中国論』である程度中国像を確立していたからでしょうね。

――讀賣を通して粕谷さんから声がかかったのですか?

讀賣の編集局次長のところで記事にストップがかかって、そのとき粕谷さんをすでに知っていましたから、『中央公論』に載せてほしいと粕谷さんに持ちかけたのです。その論文「毛沢東北京脱出の真相――激動の中国より帰って」を読んだ一人が当時台湾の副総統だった李登輝さんなのです。そのときから李登輝さんと学者同士の付合いが始まりました。

一九八五年の三月にラテンアメリカを訪問した帰りに日本に来て、自民党の代議士と話しても話が全くかみ合わないと言って、夜に電話が来て、東京のホテルでお会いして話をしたのです。そのとき李登輝さんは『現代中国論』や『北京烈烈』を持参されていて、随所に赤線が引いてありました。

――『朝日ジャーナル』で北沢方邦、新島淳良、森恭三さんらと座談会をしたさい（「（討論）人間復権の巨大な試み」一九六八年九月二九日号）、肝心の発言部分を削られたとおっしゃっていますが、どういう発言だったのですか？

あれは酷かったですよ。新島さんと僕がいちばん対立したのは、新島さんが「コミューン国家論」を打ち出したことで、各単位にコミューンができて、やがて中国そのものがコミューンになると言っていました。それに対して僕は、文革の現実を知っていますし、中国自身は「兵営国家」になるとみていました。コミューンは国家を否定するものですが、現実の中国はかなりの部分で軍事的な意味でも国家が入り込んでいました。それを批判したのです。

念のために申しますと、朝日新聞は秋岡さんの事件などがあって、いつも中国の側に立っているとよく思われていますが、必ずしもそうではないのです。というのは、僕はずっと『朝日ジャーナル』に書いていました。最初は彭真失脚のことを書きましたし（「毛沢東体制の動揺――彭真失脚をめぐって」六六年六月一九日号）、『現代中国論』の書評も出ました。編集者は非常に大事ですね。中国に関しては批判的な目を持っている小南祐一郎という人がいました。後に「アカイアカイアサヒアサヒ」事件当時に編集長をしていて更迭されました。小南さんは醒めた眼を持っていて、なにかあると僕に声をかけてくれました。また、『週刊朝日』では稲垣浩さんが編集者で、文革で鄧小平が失脚していた頃、竹内実さんとの対談で鄧小平復活を私が予言したのです。それが広岡知男社長のところまでいって、大問題になりましたが、結局記事は出ました。朝日はすべて毛沢東礼賛ではなかったし、完全に中国批判派にドアを閉めた中国礼賛ではなかった。ただ僕の役割は大体三対一くらいの比率で反論をさせるというものでしたが。

――「兵営国家論」は当時の文革を意識して提示した概念だったのですか？

アメリカの国際会議でも「ギャリソン・ステイト」と言いました。当時のアメリカではベトナム反戦運動もあって、マーク・セルデンなど毛沢東主義者がたくさん活躍していました。アメリカの会議で僕が文革批判を話した際に、「中国はギャリソン・ステイト」と言ったら嘲笑されたものです。

――『現代中国論』は毛沢東思想のイデオロギー批判が中心ですが、文革が起こってからの先生は権力構造批判にシフトしていかれます。

権力構造論と、大衆国家論の双方による批判です。当時、レーデラーやノイマンの、自己陶酔して皆が染まっていくというナチスの大衆国家批判を読んでいました。指導者が大衆の情緒に依拠してエクスタシーが支配する国家像ですね。それが、「国家の死滅は可能か」（『中央公論』一九六八年一月号）の論文につながります。マルクス主義は元来国家を否定するものですが、現実の社会主義国家は、ソ連も中国もますます国家主義的になっていく方向が出てきます。

——と同時に、このころは中国を論じる日本の知識人への批判をされてますね。同時代知識人を俎上に上げるのは、かなりリスキーだったと思うのですが。

わりあい僕は論争しても新島さんなどとは個人的には親しくしていましたよ。論敵の菊地昌典さんとも親しく、東大教養学部が菊地さんのコミンテルンやロシア史の蔵書を引き取らないというので、私が学長のとき東京外大の図書館に菊地昌典文庫をつくりました。新島さんは純粋で純情な人なのです。ヤマギシズムの幸福学園に行きましたし、彼は胸が悪くて一高を中退しますよね。中国に失望するとヤマギシズムに入っていきます。夜に「研讃会」をやりますと、お互いに自分の過去を話したりするうちに自己陶酔してコミューン的になっていくのです。でも結果的にそういう人たちはヤマギシ会を離れて、逆に批判的になります。新島さんは飛び込んでいくから偉いですよね。他にも竹中労とか斎藤龍鳳といった人たちとも、若干付合いがありましたよ。

——中嶋先生は現実主義の立場にあって、マルクス主義の観点から内在的に中国を理解しますが、衛藤さんのようには心情的に傾斜しません。とくに日中復交のとき、衛藤先生は積極論でしたが、中嶋先生は慎重論でしたね。永井陽之助さんとスタンスが似ていました。

そうですね。佐藤首相の首席秘書官だった楠田實さんの日記にも佐藤栄作日記にも、私のことが出ています。『諸君』に「香港通信」を毎月連載していたとき(一九七〇年五月号―七一年四月号)、「権力の敗者は中国を目指す」というのを書いたのです。それを秘書官の楠田さんが読んで、こういう面白い論文があると佐藤さんに紹介したのですね。というのは、松村謙三さんにせよ、三木武夫氏にせよ、みな、総裁選に敗れると中国傾斜になっていくので、権力の勝者こそ中国を目指すべきだと主張したのです。僕は別に台湾を支持してきたわけではないし、蒋介石の独裁体制は好きではありませんでしたから、日中国交回復はすべきだという立場です。ただ日中復交三原則など中国のペースでは厳にやめるべきだし、場合によっては対決すべきで、対決を回避して国交回復すべきではないという立場でした。連載の第一回は「日中は対決せよ!」というタイトルでした。でも当時それは少数意見でした。

——中国批判をしたことで、直接中国から批判を受けたことはなかったのですか?

それはずっと後のことで、八〇年代に『VOICE』に「中華連邦共和国」試論」という文章を書いたら、鄧小平が烈火のごとく怒ったと、当時外務省の小和田次官から直接聞きました。国家安全局のレベルで動いていたようです。一時ビザが出なかったのですが、あとで行けるようになりましたよ。よく講演などをすると、中嶋さんは中国に行けないのではないですかと聞かれるのですが、結果的にはそういうことは一度もないです。なかなかビザを出さなかったりといった嫌がらせはありますが。

——「香港通信」のときは外務省のとき特別研究員として香港総領事館にいらっしゃいましたが、中嶋先生にとって香港は重要な研究・情報拠点だったのですか？

そうです。ただ、香港情報はあまり使っていません。香港にはたくさんジャーナリストがいます。ティルマン・ダーリンという『ニューヨーク・タイムズ』の特派員とも割合親しかったのです。彼は南京虐殺のときに現場にいた一人ですが、虐殺についての報道はしていません。だから虐殺はなかったという人がいます。大変老練な記者で、彼が米中接近の頃、まもなく北京に行く準備をしていたりとか、香港でヨット遊びをしていたアメリカの総領事館館員が中国領海に入ってしまったのですが、かつてのように米中関係が悪いときならアメリカ帝国主義を批判するところが、すぐに釈放した。そういうところから米中接近のシグナルをつかむのです。

香港にはいろんなメディアがありますから、それらを綜合して僕の中国論を展開させたのです。文革のときはたまたま柳内滋さんや伊達政之さんという表向きは日本語学校（香港第一日文専科学校）を経営している日本人がいて、中国から逃げてくる紅衛兵や難民を匿っているのです。柳内さんは中国風の大人然とした方でしたし、伊達さんの弟は後に拓大の先生になりましたが、伊達さんもかなりの中国通でした。そういう人の話はすべてが信じられるわけではありませんが、そのときの話を中国の公式メディアで検証して確信したのです。彼らのようなオールド・チャイナ・ハンズは、もちろん反共でしたが、なかなか立派な方でしたね。政治的にはかなり台湾に近い人たちが多かったですね。情報基地として香港は重要でした。

——拓植大学の海外事情研究所にはそういうオールド・チャイナ・ハンズがたくさん集まっていましたが、交流はありましたか？

私はまったく情報交換しませんでした。拓大にも行きませんでした。

——台湾で李登輝さんにお会いになったのは、中央公論社を通して話があったのですか？

いいえ。台湾の代表処から直接電話があったのです。僕の中国論を蔣経国に報告していたのですね。僕と会った時のことなどは『李登輝実録』に詳しく出てきます〔邦訳は産経新聞社、二〇〇六年、六四、七八—七九、一五四—一五五、一六四頁〕。

——李登輝総統とのパートナーシップで第一回アジア・オープン・フォーラムが一九八九年六月二六日に台北で開かれますが、その直前に天安門事件が起こりました。いまは中嶋先生は台湾に近いというイメージが出来上がっていますが、李登輝総統と会うまではもともとあまり台湾を論じたことはなかったですし、台湾派の人たちのような反共主義ではないですね。

わたしはいわゆる台湾ロビー的な人とは違うと思います。アジア・オープン・フォーラム開催にあたっては、台湾から一銭もお金をもらっていません。亀井正夫（住友電気工業会長）さんをはじめ、平岩外四（東京電力会長）さんとか、小林陽太郎（富士ゼロックス社長）さんとか、堤清二（当時西武セゾングループ代表）さんとか、いろいろな企業の人から各社一律三〇〇万円をお願いして自前で集めています。財界のまとめ役としては亀井さんが中心でした。台北で開かれるときは台湾での費用は台湾側が負担しますが。

――一九九三年に司馬遼太郎さんが「街道をゆく」で台湾に行き、李登輝総統に会います。それが日本人に響いたのは、日本の五〇年の植民地支配を好意的に受け止めている「日本情結」と、李登輝さんのおっしゃる「台湾人に生まれた悲哀」というフレーズが日本人の琴線に触れたのだと思います。中嶋先生はそういうで、日本の植民地支配を背景にした台湾論を展開してはおられないの同じ台湾論といってもかなりトーンが違うような気がします。

司馬さんが「街道をゆく」で最後に行き着いたのが台湾です。日本で失われている日本的情緒が台湾に生きていることに感銘を受けたのではないでしょうか。その代表的な人物が李登輝さんで、大変な学識がありますし、「台湾人に生まれた悲哀」とおっしゃった奥さんとは幼友達でともに苦労されています。同じ歴史を共有する日本語世代が発した言葉に司馬さんが感銘を受けたのですね。粕谷さんから伺ったのですが、司馬さんが粕谷さんに出した葉書に「日本にもっと中嶋さんのような学者がいたらいいのに」と書いてあったそうです。ただ僕は司馬さんとはお会いしたことはありません。

――『諸君』は一九六九年の創刊時からずっと常連執筆者で、「香港通信」の連載も一二回なさっています。『諸君』は毎号中国関係の記事がたくさん掲載されますが、中国論のキーパーソンとして先生を据えようという意図だったのでしょうか？

どうでしょうか。ただ私は当時の編集長の田中健五さんの要請をお断わりしたこともあるのです。実は、田中さんからあるとき僕に本多勝一の『中国の旅』批判をしてくれという注文があったのです。僕もいろいろ忙しかったし、お断わりしたことがあります。もし受けていたら、それに巻き込まれて他の中国論や仕事ができなくなっていたでしょうね。

――イザヤ・ベンダサンが執拗に本多さんを批判し、本多さんがそれに反論していましたね。

イザヤ・ベンダサンなりに批判をやっていましたが、僕には南京虐殺のことなどを反論してほしかったのではないでしょうか。

――『中国の旅』をどう読んでおられましたか？

あまり印象に残っていません。共感というより、素通りしたような感じですね。

広州の近郊の花県という農村で日本軍の暴虐について聞かされたのですが、向こうが紹介してくれたおばあさんが実はある種の語り部で、日本軍に親族が殺されたことを筋書き通りに語っていることを知り、ショックを受けました。そのことは『北京烈烈』に書きました（筑摩書房、下巻四〇六―七頁、「日本知識人の中国像」）。自分がその世代でなくてよかったなあとほっとしました。その時代にいなかったことによって、中国を客観的に見ることができたのではないかと思います〔「（対談）中国文化大革命と社会主義」『展望』一九六七年三月号〕。僕は世代的には戦後墨塗り世代ですが、もし僕が戦中派なら違う感じを受けていたでしょうね。でも、戦争で命が犠牲にされたのではなくて、社会主義革命のなかの内乱のような文革で命を奪われたというほうがより悲劇ですね。

――天安門事件が起こったさい、『中国の悲劇』（講談社、一九八九年）**を書いて、中国の将来には大変悲観的で、共産党政権は崩壊して人民共和国は解体したほうがいいとおっしゃっています。しかし、その後二〇年間、中国は経済的に立ち直り、経済大国になりつつあります。共産党の一党独裁もまた揺るぎそうにありません。**

『産経新聞』にも書きましたように〔「一党独裁存続こそ中国の危機」二〇〇九年六月三日〕、歴史のイフは語るべきではないのですが、八九年の五月一九日に趙紫陽が天安門広場に来て涙ながらに「ここに来るのが遅すぎた」と学生に話す前の一六日に、ゴルバチョフ書記長との会談で「すべての決定は鄧小平同志に委ねられている」と発言しました。あれは趙紫陽の鄧小平打倒宣言だったと思います。あのとき鄧小平と李鵬を拘束していれば、中国の社会主義体制は一挙に崩れて、音を立てて民主化に動いたのではないかと思います。

そもそも中国社会は一党独裁になじまないのです。皮肉にも経済発展はしましたが、鄧小平以後の指導者が徹底的に自由を抑えたのです。最近中国崩壊論があちこちに出ていますが、そう簡単には崩壊しないでしょう。格差や貧困はひどいし、人権問題とか環境破壊とか問題だらけの社会ですが、それを覆すだけのリーダーがいません。まもなく中国の社会主義体制は崩れると言ってきましたが、それを抑え込む人民解放軍・人民武装警察・公安・隣保体制がすごく機能しています。中国人の家に泊まったりすると、行動が監視されてあぶりだされてしまいます。胡錦濤や温家宝もまた、権力をひとたび握るとチベット問題でも、最近のウィグル暴動でもそうですが、徹底的に抑え込みます。少数民族ばかりか農民の間でいくつも暴動がおきていることは事実ですが、それが連携できていないし、束ねられるリーダーがいないのも事実です。

解説

本書で数量分析のデータとして扱った雑誌での記事掲載本数では、竹内好の五九本に次いで第二位（四八本）にランクされた中嶋嶺雄へのインタビューである。三〇歳を前に論壇にデビューして、以後、論壇の第一線で継続的に多くの論稿を寄せてきている。いまや現代中国研究者というよりも、国際政治の論壇系知識人、教育家としての顔のほうが一般人には通りがよいかもしれない。

秋田空港の傍の、秋田杉の森に囲まれた二〇〇四年に創設されたばかりの国際教養大学の理事長兼学長として、東京と秋田との往復生活、またしばしば海外にも精力的に出張するという、多忙な生活を送るなかで、堆《うずたか》く机上に本が積まれた学長室で二時間も貴重な時間を割いてくださり、丁寧にインタビューに応じてくださった。大学は、授業はすべて英語、一年生は全寮生活、在学中に全員一年間の海外留学、蔵書の八割は洋書だという秋田杉でつくられた図書館は二四時間オープン、教員はすべて任期制というユニークな大学である。その英語による現代中国論などの授業風景も視察させていただいた。

中嶋は、戦後論壇のなかでは、『毎日新聞』二〇〇九年六月二二日（奇しくもインタビューを行なった当日）の記事「「対米」揺れた戦後論壇」において、中央公論編集長の粕谷一希の呼びかけで集まった、高坂正堯、神谷不二、永井陽之助ら現実主義的国際政治学者の範疇にくくられているように、どちらかといえば、リベラルから右寄りの立場のように受け取られがちである。だが、彼は思想的出自としては全学連系の左翼である。日本共産党への入党を希望し、「トロツキスト的傾向がある」として受け入れられなかったことや、デビュー作となる『現代中国論』を執筆していたときには、ソフトなイタリア共産主義に傾倒していたことなど、彼の中国批判の原点を知る上で、貴重な証言を得ることができた。

また、地元松本で大きな薬局を開いていた家が没落したことや、卒業後、国際問題の研究を志して紹介状もなく小さな民間研究所の扉を叩いて就職したことなど、苦労人らしい経歴があり、そのことが学界や論壇で群れることを潔しとせず、衆論に安易に妥協せず、独立独歩で対象と格闘し、ときには文革中の単独中国旅行のように飽くなき調査意欲に駆り立てられて果敢に行動するスタイルにつながったような印象を受けた。

中国論の論調からすれば、中嶋は明らかに中国の現体制に批判的であるし、そのスタンスは天安門事件二〇周年の二〇〇九年も『産経新聞』に「一党独裁存続こそ中国の危機」を寄稿するなど、いささかも揺らいではいない。中国批判の旗幟を鮮明にする中国研究者は少なくないが、中嶋のようにマルクス主義からの中国批判は多くはない。マルクス主義、とりわけスターリニズムの国家主義と権力の論理が骨身に沁みついて分かっているからこそ、毛沢東思想におけるスターリズム、中国共産党における独裁体制の内在論理を鋭利に剔抉できるのであろう。

中嶋が右寄りに見られがちなのは、その台湾との浅からぬ関係、とりわけ李登輝元総統との親密な個人的関係からくる要素が大きい。だが、中嶋自身はがんらい台湾支持ではなく、むしろ蔣介石の国民党政府には批判的な立場であった。インタビューを通して、中ソ対立を批判した『現代中国論』や文化大革命を批判した『北京烈烈』を愛読していた李登輝副総統（当時）の方から中嶋に直接面談を持ちかけられたのがきっかけであったことを知った。さらに、両者の間でまとまった「アジア・オープン・フォーラム」がまさに台北で開催されんとした直前に天安門事件が起こったことが、ますます中共批判のボルテージを上げることになり、中嶋の中国批判のスタンスが台湾接近との対比で一段と鮮明に映ることになったのだろう。中嶋と李との交流のきっかけについては、当時『中央公論』編集長をしていた粕谷一希からも同様の証言を得た（粕谷インタビュー、二〇〇九年六月一一日）。

中嶋が朱入れした本書のインタビュー原稿が入った封書のなかには、朝日新聞が『朝日ジャーナル』終刊後にその創刊一九五九年から九二年の終刊までの掲載記事のダイジェストを一冊にまとめた『朝日ジャーナルの時代』（一九九三年刊）に掲載された、氏の記事「毛沢東体制は解体する――内政・外交の両面に転機迎える中国」（初掲は七六年九月二四日号）のコピーが同封されていた。「『朝日ジャーナル』には中国論、文革論が沢山掲載されていましたのに、このダイジェストには、中国論は小生のもの一本のみ、という事実も「発見」しました」との手紙が添えられていた。耐用年数の長い中国論を残せた氏の自信と、時流に乗って書き散らされた中国論が歴史のなかで淘汰されていく末路が、そこに暗示されていた。

中嶋の小さな自伝として、「青春の道標」全一八回（『日本経済新聞』二〇〇四年八月七日―一一月二七日連載）がある。

13　西園寺一晃　日中友好と文革の核心にいて

二〇〇九年五月二二日　新宿区・工学院大学

西園寺一晃（さいおんじ・かずてる）　一九四二年東京生まれ。五八年、日中国交回復前の民間大使西園寺公一の長男として赤坂中学在学中に一家を挙げて北京に移り、北京市第二五中学、六六年、北京大学経済学部を卒業、六七年に帰国。民間企業に勤めた後、朝日新聞東京本社（中国アジア調査会調査研究室など）に勤務し、二〇〇二年退職。現在、工学院大学孔子学院院長。著書、『青春の北京』（中央公論社、一九七一年）、『中国辺境をゆく』（日本交通公社出版事業局、一九八二年）、『鄧頴超』（潮出版社、一九九九年）など。

――一九五八年一月に一家で北京に移るいきさつはどういうことでしょうか？

父の公一《きんかず》が中国に興味を持ったのは、ゾルゲ事件で捕まった尾崎秀実《ほつみ》と大親友で、彼の影響によるものです。父は尾崎さんから「将来は毛沢東の中国になるよ」と言われたそうです。四五年に尾崎さんが処刑されたとき、国賊とされましたから葬式にはほとんど誰も来なかった。墓碑は父が書いたのです。そんなこともあり、父は祖父から勘当され、家督は弟に譲ることになりました。

四七年の参議院議員選挙に無所属全国区で出て、トップ当選しました。二回目は落選しますが。父は近衛文麿内閣のブレーンでした。何とか日中戦争を止めようとしたが止められなかった挫折感があって、戦後は平和運動にのめりこみます。当時ウィーンに世界平和評議会があって、五二年一一月にそこの事務局で三年ほど働いていたのです。そこで廖承志・郭沫若・宋慶齢といった中国の代表たちと親しくなります。ウィーンから北京に行ったのはその年の一二月でした。

その平和運動のなかに中ソの微妙な関係が影を落とします。そのいっぽうで一九五六年に鳩山内閣が成立し、日ソ国交正常化を成し遂げます。そこで雪解けモードになって、今度は中国だ、むしろ中国が先だという世論が盛り上がります。そこで鳩山首相の後は石橋内閣が継ぎ、石橋首相は日中国交正常化を公約に掲げます。

いっぽう中国は、周恩来総理から直接聞いたのですが、五〇年代の初めに日中正常化をやろうと決めました。そのときの障害は、日本が正常化交渉に応じるかどうかということと、中国人の対日国民感情の二つでした。そこで国家間の接点がないために地ならしをする必要があるというわけで、世界平和評議会のときに父は廖承志から誰か相応しい人を選んでほしい、その人の条件は右でも左でもなく、財界にも民間にも政府にもコネがあり、中国との関係が良好で、私利私欲がないこと、というものでした。そこで、父は自民党の藤山愛一郎さんとか、松村謙三とか、石橋湛山さんとか、社会党の風見章さんとかと相談をしたのです。すると、君が適切だと言うわけです。廖承志さんに日本には適切な人がいないというと、「いやそんなことはない、私の目の前にいますよ。あなたがやって下さい」と言われたのです。

――それまでお父さんの訪中体験はなかったのですか？

戦後は一九五二年が初めてです。戦時中に尾崎（秀実）さんの命を受けて名を伏せて汪精衛（兆銘）政権の上海に行ったことはあるようです。五七年の夏ごろ突然父が家族を集めて、中国に行くことになった、できればみんなで行ってほしい、将来必ず中国の時代がやってくる、と言われたのです。子供たちには日本と中国との関係が重要だから、中国でたくさんの友人をつくってほしいと言いました。

当時私は中学校三年生で弟は中学一年生でした。面白いかもしれない、もしかしたら高校入試をしないですむという軽い気持で決心しました。それまで父は外を飛び回っていて、家族全員で暮らしたこともありませんでした。母としても、父は家に居らず生活費も入れず経済観念も全くない人でしたから、苦労していましたし、これから大きくなる男の子二人を育てる自信がないというので、行くことを決心しました。民間団体の代表という形でしたが、政府与党内にも後押しする人が少なからずいたようです。

ところが、まもなく石橋内閣が倒れて、次が岸内閣でしょう。五八年一月に訪中してからは長崎国旗事件と劉連仁事件がおこって、すっかり日中関係は悪くなった。北京に行った父ははしごをはずされてしまったのです。

――一晃さんはそのとき中国語は話せたのですか？

北朝鮮に帰国運動がありましたね。中国にもありました。華僑に祖国の建設に帰国を呼びかけたのです。ところが多くの華僑子弟は中国語が話せなかったのです。そこで帰国する華僑のために中国語の補習学校がありました。しかしオックスフォードに留学した経験がある父は、それに入るのはダメだ、分からなくていいから、町の学校に入って生活のなかで覚えた方が習得が早いと言うのです。

――お父様は北京でどういう仕事をなさっていたのですか？

アジア太平洋地区平和連絡委員会の副秘書長というのが表面的な役割です。秘書長は中国人です。革命前にイタリア大使館だったところに本部があり、私たちもそこに住みました〔東長安街を挟んで北京飯店の斜め向いの台基廠〕。一九六四年にできた中日友好協会もそこにあります。

父は国交正常化するまでは自分の役割だと思っていたのに、民間大使としての役割がなくなってしまったのです。周恩来は「急がば回れ」というわけで、民間交流積み上げ方式に対日政策を変換しました。それ以降の父は政治経済から日本卓球協会といったスポーツ・文化にいたるまで、いろいろな民間団体と中国の橋渡しをすることが主な任務となりました。日本側の人選や日本との折衝もしました。当時中国は社会党や総評との交流がありましたが、自民党の議員も中国を訪れました。ほとんど父がアレンジしていたのです。当時は超党派でした。

——当時は北京に日本共産党の機関はもうなかったのですか？

日共がどう関与していたが、具体的には知りません。中国側も日本共産党を表立って使うことは考えていなかったようです。日共では各界各党の協力は得られないと周恩来は考えていたと思います。

——訪中団が来ると、お父様が会われたのですか？

周恩来は精力的に訪中団に会いましたが、必ず父が同席していました。みな家に来ておにぎり食べて、日本酒飲んで、リラックスしていました。卓球代表団や囲碁代表団などが来たときなど、選手たちにおにぎりを差し入れたりしました。

——そういう食材はどうやって入手していたのですか？

お酒は訪中する人が持ち込んでくれました。米は天津の近くに日本種の米を栽培していて調達してくれたのを食べていました。生活費は平和連絡委員会から与えられ、日本の代表団の接待費として中国政府からもらっていました。

——対日工作組が具体的に対日政策を立てるときにお父様が助言をなさるようなことはあったのですか？

具体的には分かりませんが、意見を求められたり、提案したりはかなりあったと思います。

——お父様は日本の事情をどうやって知ってらしたのですか？

三つのルートがありました。新聞や雑誌はすべて家に届けられていました。日本から来る人たち、例えば商社の人、メディアの人たちからの情報。総評や社会党や友好協会といった野党や革新勢力の人たちからの情報。もう一つは保守勢力のなかの同志ともいえる宇都宮徳馬さん、松村謙三さん、古井喜実さん、田川誠一さんといった人たちからの情報ですね。父の情報を通して中国側はたくさんの日本情報を入れていたのです。

——友好協会は六六年に分裂します。お父様はどうなりましたか？

家族には話さないので知らなかったのですが、北京に日共の組織があって、いつかは知りませんが、そこの接触があって、日共の秘密党員になっていたのです。それで六六年に日共と中共が仲たがいしたときに、突如父は除名されるのです。当時、秘密党員を公然と除名するのはいかがなものかと物議を醸しました。そんなことをすると、秘密党員として入党する人はいなくなるでしょう。つまり父ははっきりと中国側についたために、日共から切られたのです。

——お母様はどういうお仕事をなさっていたのですか。

訪中団がくるときは、公式の場に同席していました。向こうに行くと運転手もお手伝いもコックさんもいるので何もやることがなくて一時期悩んだのです。廖承志さんと相談したところ、中国の文化を紹介する仕事をしたらどうですかと勧められ、中国の美術品とか書画骨董を扱う雪江堂というお店を東京に開きました。デパートの展示会などをやっていました。六〇年代の半ば以降は中国と行ったり来りして二五年くらい続きました。八九歳になりますが、まあまあ元気です。

――一晃さんは北京の中学に入学されたのですね。

住んでいる近くに北京市第二五中学校があって、そこの初級三年に編入、卒業して、試験を受けて高級部に入りました。高級部を卒業し、日本留学生として北京大学に入りました。

――北京大学入学のときは試験があったのですか？

留学生は無試験です。戦後北京大学への正式な日本人留学生は私が初めてでしょう。同じ年にもう一人八木信人君という日本人留学生がいましたが、彼は中国生まれの中国育ちでした。

――北京放送にいらした八木寛さんの息子さんではないですか？八木寛さんは私が以前に勤めた会社の同僚で大先輩でした。

そうです。満映にいて終戦後北京放送に対日放送の専門家として留用された八木さんのご長男で、五年間一緒に北京大学にいました。長春生まれで北京育ちです。弟二人と姉がいました。その後電通に入り電通北京事務所長を務めました。

――『青春の北京』を拝読しますと、北京大学では日本人だからといじめられたり特別の目で見られたりとかした記述がないのですが、実際にそうだったのですか？

残留孤児がいじめられたりとかしたことはあったそうですね。私の場合、ひとつには手厚い政府の保護があったからでしょう。周恩来夫妻には子供がいませんね。よく中南海の周さんの家に遊びに行きました。夫人の鄧穎超さんには可愛がってもらいました。あとで聞くところによると、毎週鄧さんは中学校に電話をかけて、僕の勉強はどうだとか聞いていたようです。学校からすれば相当プレッシャーですよね。もうひとつは、当時中国のなかで進められていた教育です。「悪いのはひと握りの軍国主義者で、日本の国民は同じ戦争の被害者だ」とみな教えられていました。

――文革のときも迫害を受けたりしませんでしたか？

文革が始まった当初、周恩来さんはいくつかの指令を出しています。そのなかで攻撃したり肉体的に危害を加えたりしてはいけない人として郭沫若のような文化人を挙げ、絶対外国人には触れてはいけないという指令を出したのです。僕らは留学生として大学にいまして、危ないことはありませんでした。ただ、北京大学が井岡山グループと聶元梓の新北大公社の二派に割れるのです。新北大公社は聶元梓派の多数派で、井岡山は反聶元梓派の少数派で、僕は井岡山グループのシンパでした。そこで集会を僕の留学生宿舎でやるのです。そこは安全だからです。

――六七年に帰国なさるのはどういう事情からですか？

六七年頃から文革が激しくなって危なくなってきて、周恩来さんのかつての部下は皆やられてしまいました。ただ一つ襲ってはいけないのは病院でした。そこで廖承志や賀竜や李先念さんを病院に入れて保護しました。父はそれまで共に仕事をし相談してきた人たちと会えなくなりました。極左になっていった人たちからは、走資派の廖承志や郭沫若と仲がいいというわけで白い眼で見られるようになります。華々しく文革を推進している人たちから見れば、父は好ましからざる人物です。一部のある外国人が父を攻撃するようになりました。中国人は表立っては父を攻撃しませんが。

私は帰国してから六九年に再度北京に来たのですが、そのとき初めて王府井に父を批判する大字報が出たのです。人から聞いて早速見にいきました。すると二時間くらいで撤去されました。周恩来が撤去命令を出したそうです。

六九年の末のあるときに周恩来さんが人をよこして、父に自分の所に来てほしいと言うわけです。周囲に誰もいなくて通訳だけです。「状況は非常に厳しくて複雑だ。もしかしたら私はあなたをもう守れないかもしれない。一時帰国してほしい。もし状況がよくなったらまた来てほしい」と言ったというのです。そこで父は「周さんも危ない！」とぴんときたそうです。そこで父は七〇年の八月に帰国しました。

——文革のとき、日共と中共が決裂した後、日本に帰らずに中国に残った元日共党員がいたのではないですか？

日共派遣の留学生が一五名ほど他大学にいました。日共の幹部の息子や娘です。その人たちのうち、たしか五、六人が帰国しました。一〇名ほどは日共に造反して中国に残りました。東ヨーロッパから中国に来た日共党員もいました。彼らは中国派として追われたのです。

——日本の新聞記者とも交流がありましたか？

皆家に入り浸りです。情報がほしいし、日本のものが食べられるからです。ああいう国ですから、記者の人たちが取材にならないと父に愚痴をこぼすわけです。廖承志さんと定期的に会う機会をつくってほしいと頼まれて、父は廖承志さんを囲む日本の記者たちの朝飯会をつくりました。ある時廖承志さんが家に来て、北京に日本料理屋をつくろうと言うのです。戦前には北京にたくさん日本料理屋があったのに、いまは一軒もないというわけで、王府井に「和風」という畳の部屋の日本料理屋が生まれました。仲居さんに和服を着せて、母が作法を教えていました。そこで朝飯会を週に一回行ないました（元共同通信社で北京支局勤務の中島宏（証言編に収録）によると、廖承志主催の朝飯会は、日中記者交換協定で日本から駐在記者が赴任した翌月の一九六四年一一月に始まり、六五年の一一月まで、月一度のペースで計一〇回開催された。同席者は西園寺の他、外交部幹部の王暁雲、外交部新聞司の幹部などがいたという）。

——北京に残った留学生とも交流がありましたか？

ありました。共産党系で専門家として来ている人もいました。八木君のように現地で育った人もいます。文革が激しくなってくると紅衛兵も分裂しますが、日本人も分裂しました。大学が無政府状態になり、授業がなくなったので、日本人留学生は一緒に毛沢東理論などを学習しました。学習の過程で、考え方に相違が生まれ三つに分裂しました。日共派遣の留学生、私や八木君のような地元派、もう一つは東欧から来た日本留学生たちです。

——北京にぬやまひろし（西沢隆二）**さんはいましたか？**

彼が北京に来たのは少し後で、一九六六年頃だったと思います。日共幹部で唯一中国支持の人ですね。娘と息子と夫人と一家で来て、中聯部が世話をしていました。のちに奥さんが商社をつくりました。五同産業といっていました。

中共と決裂する前は、日本共産党が商社を持っていました。中国共産党が資金援助のために特別待遇をしていたのです。社名は忘れましたが、「御三家」と呼んでました。当時は海老とクラゲと栗は黙っていても必ず儲かる商品でした。

——お父様は日本の論壇では日中国交回復を実現するためのメッセージを常に発していたと思います。ただ、文革中は紅衛兵を好意的に紹介するなどされていましたね。

おそらく父にはものすごいジレンマがあったと思います。最も尊敬する周恩来さんが真意に反して文革は重要だと発言するわけですが、本当はそうではないと思っていることは父には分かっていたのです。でもそう言わないといけない。

ただ、私は父とは全然違いました。当時私は文革は本当に素晴らしいと思っていましたから。

——お父様は帰国なさってからは何をされていたのですか？

帰国して政府や自民党のなかの親中派の有力者と接触したり意見交換したりすることと、民間団体と一緒に国交正常化運動をすることと、世論づくりの一環として全国を廻って講演活動をしていました。そのうちニクソン訪中があって、世界の潮流が変わっていくのです。

——お父様は自伝は書かれなかったのですか？

回想録を書き始めたのですが、生まれてから後半の中国にかかる前に死んでしまいました。

——一晃さんご自身は？

書いていません。文化大革命はいろんな側面がありまして、まだ記録に残しにくいことがたくさんあるのです。

——毛沢東にもお会いになったことはありますか？

単独ではないですが、みんなと一緒に二度会いました。毛沢東は恐れ多くて怖くて近寄りがたい、周恩来は何でも話せる、やさしいおじさんという印象でした。

——帰国後、朝日新聞社に入社なさるいきさつは？

最初は広岡社長から誘われ、朝日新聞の中国アジア調査会に加わりました。国交正常化をめぐってマスコミで議論があり、朝日新聞は積極推進派で、世論づくりのために中国アジア調査会をつくり、嘱託として入りました。『アジア・クオータリー』の編集にも関わりました。国交正常化で使命を果たした後も意向を問われ、会社に残ることにしました。

解説

西園寺一晃には『青春の北京』という自伝的な本があり、民間大使となった父公一の決断で、一家を挙げて北京に移り住み、北京の高校と北京大学で学んだ青春の日々が、瑞々しい筆致で書き留められている。文革が起こり、北京大で学生たちが議論を交わしたり、校内に一〇万枚の大字報が貼られたりといった場面から、造反派たちの純真な熱意が伝わってくる。まだ文革の余熱があった高校生の頃、岩波文庫版の毛沢東「実践論」「矛盾論」「文藝講話」などとともに、同世代の中国人と直に接する氏の生活を羨むような思いで読んだ。

ただ、今読み返してみると、息子の視点から書かれているのでやむをえないのかもしれないが、父親がなぜ北京に赴くことになったのか、北京で何をしていたのかについての記述はほとんどない。日本からの訪中団による訪中記の多くが、北京で西園寺に会ったことを記録しながら、公一自身の公務と私生活の実態は、幾つかの関連資料を見ても、委細には浮かび上がってこない。一晃氏に確かめたかった最大のポイントはそこだった。

面談の依頼をしてから、なかなか連絡がとれず、実現するまでに四〇日間ほどかかった。きっと公開を憚ることがあるのかもしれない、面談は事実関係をめぐって口ごもる氏に対して、こちらの詰問調になりはしまいか、と案じていた。

ところが、お会いしてみると、明朗で屈託のない方で、実に気さくに、こちらの質問に十全に答えてくださった。長男として西園寺家のことや父親のことをよく知っているばかりか、文革当時の中国情勢を明確に把握していて、さらに周恩来をはじめ対日工作組の動静について、氏にしか知りえない貴重な情報も披露してくれた。周恩来は日本からのさまざまなレベルの訪中団に頻繁に会い、講話を残したり会話を交わしたりしている。訪中報告で異口同音に語られるのが、細かく的確な日本情報を踏まえていることへの慨嘆である。その日本情報の重要なソースの一つが公一氏からの情報で、公一氏自身も北京に身を置きながら、正確な日本情報ルートを確保していたことを知ることができた。

と同時に新たな疑問も起こってきた。それは、六六年三月に日共と中共が決裂した後、中共を支持し北京に残留した元日共組の人びととその家族たちの動向である。彼らは北京に残ってどのような任務を負って活動をしていたのか、ここでもぬやまひろしのことについて質問しているが、依然として全体像は把握しがたいものがある。

一晃氏には是非『青春の北京』の続編を書いてほしい。公一氏も回想録の準備を整え、資料も揃えていたという。父の評伝と併せて、その後明らかになった事実も含めた記録を残せれば、断交期の日中関係の、ある意味では核心部分にいた人物による、余人を以って代え難い証言になることは間違いない。仄聞するところによると、現主席の胡錦濤は一晃氏と同い年で、北京大学時代、清華大学に通っていたという。確かに「まだ記録に残しにくいことはたくさんある」だろうが、氏の人柄からすれば、書かれたものを安心して受けとめられることだろう。

14　加々美光行「アジアのドラマ」に魅せられて

二〇〇九年五月二六日　名古屋・マリオットホテル

加々美光行（かがみ・みつゆき）　一九四四年大阪府生まれ。六七年東京大学文学部社会学科卒業。アジア経済研究所研究員を経て、愛知大学現代中国学部教授。著書、『資料・中国文化大革命』（りくえつ、一九八〇年）、『現代中国の挫折』（アジア経済研究所、一九八五年）、『現代中国のゆくえ』（アジア経済研究所、一九八六年）、『天安門の渦潮』（編、岩波書店、一九九〇年）、『中国文化大革命事典』（監修、中国書店、一九九七年）、『歴史のなかの文化大革命』（岩波現代文庫、二〇〇一年）、『鏡の中の日本と中国』（日本評論社、二〇〇七年）、『中国の民族問題――危機の本質』（岩波現代文庫、二〇〇八年）など。

――戦争末期のお生まれで、苦労されたのではないでしょうか？

一二人兄弟の末子で、父の仕事はうまくいかず、とても貧しく育ちました。大阪で生まれて、上京し、母は母乳が出ないのです。三度も栄養失調で死にかかりました。それで三歳で子どものいない佐世保の若夫婦の家に里子に出されました。二昼夜、引揚者でごった返すぎゅうぎゅう詰めの列車に揺られて行ったとき、窓ガラスのない木の板が張られた窓から排泄をしなくてはならず、排便ができなくて、とても苦しかったのを覚えていますよ。ところが養父母となる夫婦が相次いで結核になり、もう育てられないということで五歳で東京に戻るのです。東京から母親が引取りにきました。まもなく夫婦は結核で亡くなりました。

――アジア経済研究所（アジ研）での最初の論文は郷村建設運動に関するものですが、これは富永健一先生の下で学ばれた社会学の延長だったのでしょうか？

いや、社会学の手法で書いたのではありません。あくまで文献に依拠した研究論文で、社会調査的な手法は伴っていません。研究所での最初の論文はその論文より一本前に書かれたもので、どちらかいえば戦前戦中の日本人社会学者の中国社会研究を批判的に検討したもので、そちらは少し社会学的なものと言えます〔「革命前夜の中国共同体――その「封建」的要素に対する試論的考察」『アジア経済』一九六八年一二月号〕。

――アジア経済研究所で一九七〇年末から一年間香港に行かれますが、何かの調査に派遣されたのでしょうか？

いいえ、海外派遣員ということで行ったので、目的は派遣員としての業務が半分、語学学習が半分でしたが、語学の方は、半年は真面目に香港大学に通ったのですが、あまり熱心には行かず、社会的な実践で独学するようになりました。大学はさぼるようになって、最後は語学研修の単位を出してくれないほどでした。香港では紅衛兵関係の資料を読み漁っていました。当時、香港には友聯研究所と大学服務中心の二つの組織があって、文革資料が集まっていたのです。友聯には、丁望というジャーナリストが武漢からやってきていました。大学服務中心は、戦後日本の築地で台湾独立運動をしていた廖文毅の甥で香港中文大学講師の廖光生が責任者でした。そのほかに『大公報』の記者をしていた黄兆鈞という人がいて、とても親しくなりました。彼は華南の覇王と呼ばれていた広州軍区の黄永勝の人脈で林彪派だったようです。のちにわかったことですが、当時彼は香港左派のなかのナンバースリーの実力者で、七一年一〇月の国慶節に招待してくれると約束していたのですが、九月中旬の林彪事件のときに行方知れずとなり、一カ月くらいして香港に戻ってきて再会しました。実は北京で政治審査を受けていたのです。

――香港からアジ研に戻って研究生活を再開されるのですか？

その後クアラルンプールに行く予定だったのですが、七一年の一二月に体を悪くして帰国し、一カ月入院しました。年明け退院直後に連合赤軍事件が起こり、ショックを受けました。医者からあと一〇年の命だと言われ、命の問題を根本的に考えることのできる思想史をやろうと決意したのです。そしてマルクスを再読し廣松渉を読みふけりました。その頃に『思想の科学』で活躍していた哲学者の市井三郎さんと親交を持ち、一緒に山梨の大月で畑を開墾したこともあります。市井さんを通じて竹内好の影響を受けたのもこのころです。竹内好が代表を務める「中国の会」が発行している雑誌『中国』も読んでいました。

――新左翼の活動家たちとの交流はなかったですか？

私は根本的に徒党を組んで群れるのが厭な、無頼な性格なので、党派的に交わるということはありませんでしたが、研究所の同僚の井村哲郎さんを通じて、京大卒の人と知り合い、その人を通じて赤軍派の機関誌の『序章』にペンネームで連載寄稿したこともあります。それを読んだ共労党書記長の戸田徹がいたく感激してくれて共労党の綱領に僕の書いた文章の一部を使い、その縁で一九八〇年に戸田と友情を交えるようになりました。戸田は当時すでに共労党のいいだ・ももものもとを離れ、笠井潔、小阪修平らと「マルクス葬送派」を形成していました。戸田は一九八五年頃に癌で亡くなりますが、彼との親交は今でも忘れ難いものです。八〇年一一月に竹中労と面識を得て、極めて親しい関係になったのも、実は戸田徹を通じてのことでした。

僕自身は党派には一貫して直接加わらずに無党派でした。研究者としてはひたすら文革関係の資料を集めて、八〇年四月に、りくえつから『資料　中国文化大革命』を出したのです。ただ、アジ研の職員だということで、政府関係労働組合協議会（政労協）の機関誌の記者をしていたこともあり、スリランカ研究者の中村尚司さんやチリ研究者の吉田秀穂さん、井村さんらとともに、政労協内部に新左翼無党派の安保問題研究会をつくって機関誌を出していました。そのころは入管闘争で、劉彩品さんや反戦自衛官の小西誠などを研究所に呼んで講演会を開くなどの無茶をしたこともありました。

――ではご研究の知見について伺いたいと思います。毛沢東は六〇年代に入ると日本の訪中団に対して戦争責任における区別論を盛んに言うようになりますが、その背景は何でしょうか？

区別論は、四五年八月一五日の蒋介石のいわゆる「以徳報怨」演説にあるように、国民党にもあった発想です。共産党の場合は、鹿地亘の証言などからも分かるように根拠地の反戦兵士や抗日軍政大学でそういう教育がなされていました。

戦争終結のとき国民党が賠償放棄をしたのは、一九四八年以後冷戦体制が形成されるなかで、日本に過重な賠償義務を負わせて赤化することを防止することが背景にありました。一九五二年の日華平和条約にあたって、台湾の蒋介石政府は、アメリカの圧力下に対日賠償権放棄を決めました。当時中共は無条件に対日賠償権を放棄することには同意せず、権利を留保するとしています。五〇年代はまだ明確な区別論を出してはいなかったのです。

朱建栄さんの研究によると、一九六四年一月ごろに対日賠償請求権を放棄すべきだとの正式な決定をしたとのことですが（「中国はなぜ賠償を放棄したか――政策決定過程と国民への説得」『外交フォーラム』一九九二年一〇月号）、これは当時毛沢東が提起した「第二中間地帯論」と関連があります。毛沢東の「中間地帯論」は一九四六年八月のアンナ・ルイズ・ストロングとの対話のなかで初めて提起したもので、戦後世界を米ソ両大国の対立を中心軸とした世界対立構造としてとらえることに異を唱えて、米ソどちらにも与しないヨーロッパ諸国とアジア・アフリカの植民地・旧植民地諸国がその「中間」に存在しているとしたことに始まります。この時期毛沢東は全世界を空間的に線引きして、「中間地帯」概念を提起したわけです。その後、一九五四年四月インド、セイロン、ビルマ、インドネシア、パキスタンの五カ国がコロンボ・グループを結成して米ソいずれにも与さない「非同盟」運動を起こしたのをきっかけに、中国も同グループから招聘を受けてこれに加わりました。そして一九五五年四月、その集大成としてインドネシアのバンドンで第一回アジア・アフリカ会議（バンドン会議）が開催されました。バンドン会議はその意味では「中間地帯論」を具現化したものでもあったのです。

非同盟の「中間地帯論」をより実体化させるものとして、とくにバンドン会議の指導的立場にあったインドと中国は、米ソ両陣営のいずれにも依存しない自主自立の政治経済体制を目指すようになります。インドの方が一足先に自力更生路線を打ち出します。ネール首相はバンドン会議前後にインド人統計学者（数理経済）のマハラノビスを経済政策ブレーンとして、インド型社会主義を実践します。ネール＝マハラノビス計画（第二次五カ年計画）と呼ばれるものがそれです（絵所秀紀『開発経済学とインド』日本評論社、二〇〇二年、とくに第三章）。中国の場合は、インドに一足遅れる形で、人民公社の建設がそうした非依存型建設の性格を持つものでした。しかしまずインド型社会主義建設が一九五八年までに手痛い失敗をします。中国はこのインドの失敗を受けた形で同じ五八年に非依存型の自力更生を目指した人民公社建設を開始するわけです。問題はこの五八年から五九年にかけての中印両国の自主自力建設モデルの時間的なすれ違いから、ついには両国間の敵対が起きたことにあります。

——確かに五九年に中印間の対立が始まったのですが、両国の敵対はどのような背景があって起きたのでしょうか？

インド型社会主義モデルが破綻をきたした一九五八年は、米ソ間に平和共存の動きが生じた時期にあたっています。前年五七年にソ連は人類初の人工衛星スプートニクの打上げに成功、それと同時に大陸間弾道弾（ＩＣＢＭ）開発においてソ連が圧倒的優位に立ったとする「ミサイル・ギャップ神話」が語られ、アイゼンハワー米政権に衝撃が走ります。こうしたソ連優位の情勢を受けてフルシチョフは米ソ平和共存を提起し、米国がこれを受け入れる形をとって、五九年フルシチョフが訪米、アイゼンハワーとのキャンプ・デービット米ソ首脳会談が実現したのです。

中国はこの米ソ平和共存をフルシチョフの裏切りと見なし、米ソ両大国による世界再分割支配を目的とするものと見なすようになるのですが、インドはそれとは正反対にこれを、世界平和維持を目的とするものと評価したのです。理由は明らかで、インドはインド型社会主義建設の深刻な破綻から立ち直るために外部依存的な経済援助を必要としており、そのために国連を中心とした援助機構に期待するところが大だったのです。事実、米ソ平和共存はそのような国連の役割を増強する働きをしたのです。具体的に国連では一九六〇年にアフリカの旧植民地一七カ国が一斉に加盟を果たし、それとともに国連のＩＭＦ、世界銀行などの援助機構が米国の主導下にその援助機構としての役割を飛躍的に増大させたのです。六二年のケネディ大統領の国連総会演説のタイトルに名前を取って、これを「国連・開発の一〇年」と称します。インドは四七年の独立と同時に国連に議席を一貫して有していましたから、まさにこの「開発援助」の恩恵に大々的に浴することで、経済の立ち直りを遂行していくことになります。

一方、中国は一九五〇年の朝鮮戦争の勃発とこれへの参戦を経て、米国との敵対を強いられると同時に、サンフランシスコ条約前後に起きた中国代表権をめぐる大国間の綱引きによって国連から締め出され、五八年時点ではむろん国連に議席を持たず、おまけに同時期からソ連との対立を深めたことで、あくまで非同盟の自主自立の道を歩むほかに選択の余地がない状況だったのです。中印間にこの時期チベットのダライ・ラマ反乱や国境紛争など次々に激しい対立が生じたのは、まさにこの点に由来するのです。

こうして一九六〇年時点でバンドン会議体制は破綻を来

し、一九六五年に開催を予定していた第二回アジア・アフリカ会議の構想は完全に破綻したわけです。つまりアジア・アフリカの旧植民地諸国を空間的に他の世界から線引きし、これを米ソ両陣営のどちらにも与さない非同盟の「中間地帯」とするバンドン会議が目指した方向は潰えたわけです。

毛沢東が一九六三年一〇月に、「中間地帯論」に加えて新たに「第二中間地帯論」の概念を打ち出したのはこうした背景があってのことでした。そしてそれを基礎として一九六四年一月に対日賠償請求の放棄が決定されたのです。

――「第二中間地帯論」と対日戦争賠償の放棄との関連は？

「第二中間地帯論」とは、それまで「中間地帯」に含まれていたヨーロッパ、日本などのほか、米国自身まで含めて、資本主義諸国の支配者階級と人口の大多数を占める一般の被支配階級民衆とを「区別」したうえで、被支配民衆の政府批判の運動が米ソ二大陣営の世界支配に割って入る第二の「中間地帯」をなしているという見方なのです。要するに、「第二中間地帯論」は「中間地帯」をその他の世界から空間的に線引きしうる固有世界として定義するのではなく、米ソ両国はむろんのこと、それ以外の米ソ東西両陣営に組み込まれた日欧・カナダ・オーストラリア・アジア・アフリカ・ラテンアメリカ諸国を含めて、各国内部の民衆運動のなかに米ソの世界支配を打ち砕く第二の「中間地帯」が存在することを強調したものです。

具体的に、毛沢東は日本の六〇年安保闘争で死んだ樺美智子を「民族英雄」だとしたり、ついで六二年頃、アメリカの黒人公民権運動を高く評価したりする発言をしたのはそのためです。毛沢東は第二の「中間地帯」は空間（国家）によって線引きされ特定されるのではなく、人々の政治的立場あるいは階級的立場によって「区別」されるものと見たのです。一国の内部に第二の「中間地帯」があるということです。

この観点に立てば戦時日本の戦争責任に関しても、当時の日本国家の支配者階級と人口の大多数を占める被支配階級民衆とを「区別」してとらえることはもちろんのこと、戦後日本についても支配者階級と被支配民衆を「区別」することが重要になります。戦争責任は何より戦争の遂行を決定した支配者階級こそが負わねばならず、また戦後に求められる賠償も本来戦争の被害者である被支配階級民衆にその負担を強いるものになってはならないという観点がそこから現われる。こうして「第二中間地帯論」が提起されてわずか三か月後に、対日戦争賠償請求の放棄が決定されたわけです。

――建国以来、新民主主義路線をとり、資本主義と社会主義の双方を取り入れた中国は、一九五三年から社会主義路線を敷きます。それは初期の「中間地帯論」からの変質と関連がありますか？

「中間地帯論」が米ソ両陣営のどちらにも与さない非同盟主義に基礎を置くものだったこと、そこから「自力更生」モデルとしての人民公社政策も「区別論」も出てきたことはおわかりいただいたと思います。ところでその人民公社「自力更生」モデルは、単に自主自立の体制を築くに止まらず中国を一気に共産主義の理想実現にまで向かわせるものでした。
もともと中国は一九四九年一〇月の新中国成立と同時に、資本主義自由市場経済を擁護し利用する新民主主義経済政策を採用しました。マルクス主義の唯物史観に基づけば、資本主義発展に未熟な生産力段階にある当時の中国が、一気に社会主義段階に入ることはできず、まず資本主義の成熟を達成したのち、社会主義、共産主義を目指すことができると考えられていたからです。この資本主義市場の擁護・利用の新民主主義路線は、自由市場システムの持つ必然性として貿易・投資・技術面で外部世界経済に開かれた開放システムを前提とし、それゆえそのモデルは外部との相互依存を不可欠とします。明らかに「自力更生」モデルとは異なるものです。中国は建国後ほぼ三年でこの対外相互依存体制としての新民主主義路線を放棄し始めて自主自立のモデルを模索するようになり、一〇年を経ずして夢想的ともいえる共産主義実現への目標に向かったのです。それはなぜでしょうか？

根本的にいえば、それは戦後の冷戦構造の出現によって迫られて選択した道という側面が強かったのです。一九五〇年六月に朝鮮戦争があり、中国は一〇月に義勇軍による参戦を決めます。時期的にはちょうど建国一周年前後に当たります。その記念すべき一〇月一日国慶節の直前、天安門楼上に立つ毛沢東ら要人に向けバズーカ砲を放って殺害しようとする暗殺計画が発覚、国慶節が突然中止になります（「炮撃天安門陰謀案偵破記」『人民日報』一九五一年八月一八日）。この事件は一方では、中国の朝鮮戦争への参戦を阻止しようとする外部勢力、具体的にはアメリカＣＩＡの陰謀によるとされましたが、他方では当時、中国社会のなかに、なおそうした陰謀に加担する反共・反政府の勢力が根強く存在することを示すものとも見られたのでした。そうした判断に立つ限り、もはや無条件に外部開放的な資本主義自由市場経済の擁護利用を推進することは、反共・反政府勢力の伸長をもたらしかねないという考えが毛沢東に生まれたとしても不思議はなかったのです。実際、その直後中国が朝鮮戦争に参戦したことによって、対米対決は妥協の余地のないものとなり、米国を盟主とする西側世界との往来交流は遮断され、外部封鎖的な体制へと移行してゆくことになりました。

西側世界との対決と外部封鎖体制は、当然にも国内体制に大きく影響しました。一九五一年の一一月から都市社会の大小の資本家階級を主対象とした汚職腐敗摘発運動である「三反五反」運動が起きたのもそうした背景があってのことでした。「三反五反」による死傷者数は全国で一三万人に上ったと言われます。こうして当初、一〇年間から二〇年間は継続するとされていた新民主主義政策は建国後わずか三年で破綻をきたして撤回されることになり、一九五二年九月には毛沢東は「過渡期の総路線」を掲げ社会主義への移行を宣言するにいたったのです。そこには毛沢東の強烈な国家防衛意識が働いたと言えます。人民公社につながる大きな出発点は、この時期に国家的危機意識を持ったということです。中国が国家として潰れてもかまわないのなら大きな路線転換は起きなかったかもしれませんが、最高指導者として強烈な国家的危機意識を持ったことが、新民主主義を撤回し、三反五反運動を引き起こすきっかけとなります。五三年以降は「過渡期の総路線」が推進され、社会主義への移行化が進められます。

――中ソ対立の背景として、どのような中国の国際認識と世界戦略の変化があったのでしょうか?

スターリンが五三年三月に死んで、ソ連への警戒感が一時薄れ、五四年にはフルシチョフが訪中してソ連から多額の無償技術援助の提供申し出があり、中ソは蜜月時代を迎えます。

ところが、欧州方面で一九五五年五月に軍事同盟のワルシャワ条約機構ができ、東欧諸国がソ連の衛星国家化します。この時期から毛沢東は、東アジア方面でもフルシチョフが同様の軍事同盟を望んでいるとの懸念を抱き始めたように思います。あたかも同時期の五五年四月、中国は米ソどちらの陣営にも与さない非同盟主義を原則とした第一回アジア・アフリカ会議(バンドン会議)に主要国として参加するのです。

その後、ソ連がロシア革命から四〇周年を迎えた一九五七年一一月、毛沢東、劉少奇ら国家指導者および彭徳懐ら軍事使節団がモスクワから招聘を受けて訪ソします。毛沢東はそのモスクワ会議で「東風が西風を圧倒する」という有名な演説を行ない、「原子戦争によって半数の人が死んでも半数の人が残り、帝国主義は打倒され、全世界は社会主義化されると述べ、原子爆弾は恐れるに足らないとします。

実は毛沢東の訪ソに先立って同年一〇月に聶栄臻、陳賡、宋仁窮らの軍事代表団が訪ソして、原子爆弾に関する技術資料の供与を含む軍事技術に関する協議を行ない、「国防の新技術に関する協定」、具体的には対中・国防技術援助に関する「協定」を締結したのです。さらにこの協定締結の直前五七年八月末、ソ連はICBM(大陸間弾道弾)の発射実験に成功、一〇月四日には人類初の人工衛星スプートニク一号の打上げに成功し、いわゆる「ミサイル・ギャップ神話」と呼ばれるソ連の対米軍事力優勢の状況が生まれました。

こうした情勢を受けて、五七年一一月二一日に毛沢東、周恩来ら訪ソ団が帰国したのちも、彭徳懐をはじめとした軍事代表団はモスクワに滞在してソ連との協議を続けました。最近のロシアの公開資料によると、一二月一四日中国側から「覚書き」が提出されており、それによると中国側から軍事技術協力などに関する定期的な中ソ共同協議委員会の設置を提案し、ソ連の同意を得ていたのです。この頃から中国の解放軍指導部には次第に意見の対立が見られるようになり、五八年五月末から七月中旬にかけて開かれた中共中央軍事委員会拡大会議において激しい論争を呼ぶことになります。焦点はソ連の近代的軍事技術の支援を受けて中国の軍備を強化するに際し、単なる技術援助に止めるか、あるいは中ソ合同の軍備を構築するかの選択にありました。毛沢東はあくまで単なる技術援助に止めるとの考えでしたが、軍部の一部には中ソ合同の軍事体制の構築を望む者もあったのです。

五八年七月にソ連共産党中央の意を受けた駐華大使ユーキンから、中国国内におけるレーダーサイトの建設と中ソ共同潜水艦隊の建設の提案が出されます。これに毛沢東は激怒しました。中ソ合同の軍事体制構築の要求は、中国をソ連の属国にするものと見なしたからです。

アメリカは太平洋の制海権がありますから、第七艦隊の空母が中国湾岸まで接近できます。そこから原爆を搭載した戦闘機がソ連の主要都市を直接爆撃することもできるのです。ソ連にはそれがありません。とくに冬季には不凍港ではないウラジオストックやハバロフスクが使えない。根本的には太平洋に向いた長い海岸線を持たないソ連には制海権が事実上ないのです。そこで大連や上海といった中国の港を整備し使用できればこの弱点を克服できるわけです。そこで中ソ共同艦隊構想が出てきた。レーダーサイトは米軍戦闘機を途中で撃墜するためのものです。

そういうソ連の動きを、毛沢東はワルシャワ条約機構の東アジア版だととるわけです。一九五八年が決定的な分岐点となり、毛沢東は西側からの援助もソ連からの援助も受けないと決意します。そうなると自立更正型モデルしかないのです。

ソ連の合同軍事体制構築の要求を厳しく斥けた直後の五八年八月上旬、毛沢東は河北、河南、山東などを視察し、とりわけ河南の農村で試験的に始まっていた自力更生型の大規模集団農場「人民公社」の実態を見て、「人民公社は素晴らしい」と賞賛し、以後全国的に一挙に「人民公社」建設に向かったのです（『人民日報』五八年八月一三日付）。時系列的にみて、それは軍事的のみならず経済的にも対ソ依存からの全面的な脱却を目指す徹底した非同盟路線を意図したものでした。この路線は当時、人民公社、大躍進、総路線の「三面紅旗」と呼ばれました。あたかもそれはインドで非依存型の経済モデル「ネール＝マハラノビス計画モデル」が破綻した直後に当たっており、それが中印関係の悪化に連動し、バンドン会議の非同盟路線を破綻させたと言えます。

ところがこの「人民公社」も「マハラノビス計画」と同様に一年を経ずして大失政であることが判明します。五九年には大量の餓死者が出ていることが判明、同年八月の廬山会議で「人民公社」政策の失政による惨状を訴えた彭徳懐の毛沢東宛手紙が毛自身によって公開され、彭徳懐に対する名指し批判が行なわれました。しかし翌六〇年までには政策的破綻は覆い隠しようもなくなります。

ところでその六〇年はちょうど「国連の開発一〇年」が開始された年に当たっています。この年アフリカの一七カ国が次々と独立して国連に加盟し、国連総会の勢力分布図が変わります。そこで米国を筆頭とする西側諸国は、そうした新興AA諸国に大量の開発援助を行なうことで、新興諸国の赤化を防ごうとしたのです。この機運に乗っかる形でインドは開発援助を受けて依存型の経済復興を図る道を選択します。

しかし開発援助は、やがて援助国と被援助国との間に従属化と周辺化をもたらす結果になります。それで六二年頃から新植民地主義・南北問題が語られるようになり、七〇年代に入って従属論や周辺論につながる流れが現われ始めます。

——その場合に中国のインドとの違いは何でしょうか?

繰り返しますが、人民公社の背景にはバンドン会議以来の非同盟中立があります。毛沢東はその路線を捨てられなかった。しかし現に三〇〇〇万人が餓死して経済は破綻しています。とはいえ、毛沢東は理想だけで自力更生論を唱えているわけではなかったのです。現実的に、五〇年代末から六〇年代にかけ中国は開発援助を受けられる立場になかったのです。インドとは違って国連に議席がなく、西側世界と遮断していましたから。

グンナー・ミュルダールは「国連の開発一〇年」が始まる以前の一九五七年頃から六〇年代前半にかけ、ハロッド・ドーマー・モデルなどの初期開発経済学やロストウの「テイクオフ=発展段階論」(一九六〇年)などが開発援助によって単線的にAA諸国の経済発展が可能になるとしている点を批判し、「低開発」の概念を提起しました。AA諸国には植民地遺制をはじめとして歴史的空間的に累積されたそれ固有の前提条件が働いて、「低開発」をもたらしているというのです。ミュルダールはそうした論点をまとめて一九六八年に『アジアのドラマ』を書きました。開発援助の最大の目的はマーシャル・プランのような冷戦的発想でしたが、いくら開発援助をしても自立的発展ができず、低開発にとどまるというもので、従属論につながる論点です。僕は当時そのミュルダールの影響を受けました。

——なぜ人民公社の自力更生モデルは破綻したのでしょうか?

一九五五年と六二年に農業集団化政策をめぐって、毛沢東と鄧子恢の間で集団化が先か機械化が先かという論戦がありました。鄧子恢は機械化が先とするですが、毛沢東は集団化が先であってよいとするのです。毛沢東は農業の協業化で一プラス一が三になるという協業・互助に拠る生産力の効果があると信じます。それはマーク・セルデンがいうように、延安の南泥湾の開発などを含む四二、三年の大生産運動の経験に起源があります。本来兵士は農業労働力ではないのですが、労働に従事することによって協業作業を集中的に行なって当時の経済危機を突破したというものです。山田慶児のコミューン国家的議論はそういうことを言っていました(『未来への問い』筑摩書房、一九六八年)。機械化が伴わなくても生産性は上げられるというわけです。

機械化なしの集団化が選択された理由は、鋼材などの工業原料の調達の不足や機械製造工業が未発達という制約があったからですが、結果的に自力更生によっては自発内発的発展の原動力は形成されなかった。毛沢東コミューン論の落とし穴は、一九五八年の「戸口登録条例」によって人口の社会移動を極度に制限したことです。陳雲は文集で、人民公社は経済財政的に中央集権体制を分権体制=コミューンに変えたという意味で改革政策だったとはっきり言っています。人の移動を極端に制限し、旅行すらも自由にできない。自立自力的生産体制を築くために内部充足的な共同体を形成する。財源と税収源を地方自治・地方自立で行なう分権体制のやり方をとる一方で、その経済的分権体制の見返りとして強力な政治集権的なイデオロギー支配を貫徹したのです。

――そのイデオロギー支配に人民の側が利用されたということはないでしょうか？　中国革命は人民を立ち上がらせたといいながらも、そのいっぽうで旧い思想が打破されていなかった。

ある意味でポピュリズム的な政治が影響したのかもしれませんが、吉本隆明が日本ファシズムについて言っているように、ファシズムには国家ファシズムと社会ファシズムの二つあって、社会ファシズムの面から見て民衆の側に全く問題がなかったわけではない。国家の煽動に乗ってしまった。

ただ、文革と人民公社を一緒にするのは間違っています。「牛鬼蛇神」を一掃せよというのはコミューン建設とは違うのです。人民公社の自力更生モデルで出てきたものではありません。文革では上海コミューンにみられたように、コミューンはスローガンとしては言われたけれども、人民公社・大躍進期のように協業・互助空間をつくり上げることを社会的実践に移したわけではありません。

――人民公社と文革の理念が違うとすると、なぜ人民公社化に続いて文革が発動されなければならなかったのでしょうか？

文革の基本的な概念は文化革命というのですが、頭の中を換えることが文革の目的だったのです。人民公社の大失政ののち、劉少奇・鄧小平が調整期に自由市場システムを駆使する改革路線を行なうことで、党官僚層の汚職腐敗の構造ができました。自由市場経済を利用して生産力を高めるシステムが六二―六四年に浸透するのですが、そこに自力更生モデルの放棄と外部依存型の資本主義復活への方向が見られるということで、文革の発動はそれを根こそぎひっくり返そうというものだったのです。一九五八年の段階ではコミューン的実践に民衆はついてきたのですが、調整期以後、次第に自由主義市場経済が党官僚と民衆の頭を支配するようになった。文革は自力更生型の人民公社のコミューン的思想で調整期の人びとをつくり変えようとしたのです。

文革は斉放・争鳴運動と大生産運動が同時存在する運動でした。毛沢東は文革で自分の狙い通りに自力更生モデルへの合意と回帰が可能になったら、間違いなく人民公社運動をしたはずです。しかしそうはならなかった。それだけの力はなかったということもありますが、七一年を境に対外開放という新しい可能性が開けたからです。

――毛沢東に牛耳られる自立していない党と人民というのが、中国社会の呪縛になっているのではありませんか？

日本の皇道派と統制派の違いを考えるとわかりやすい。皇道派は吉田松陰の「一君万民」で、毛沢東は皇道派的です。一方、昭和天皇はみずから「一君」として直接に「万民」と結びつくこと、それゆえ自身と民衆の間をつなぐピラミッド型の官僚機構を排除することをむしろ恐怖し、皇道派を嫌いました。そこで統制派は、君主と民衆の間にピラミッド型の壮大な官僚制を置くのです。

――その背景として孫文の「一盤散沙」のようなバラバラの民衆というのがあったのですね。

毛沢東を「大救星」とする民衆の発想は、中国伝統の救済思想から出てきます。毛沢東は党の膨大な官僚組織をぶち壊し、直接民衆につながろうとしました。天皇を太陽神とみなす日本の皇道派がなしえなかったことを成し遂げるのです。

――対外開放への路線転換の背景は何でしょうか?

ソ連とアメリカを腹背に抱えて核戦争の危機が高まっていた六九年三月に、中ソ国境ウスリー江の軍事衝突で、クレムリンは中国を核攻撃しようとしたと、ニクソン政権の補佐官のハルドマン回想録に出てきます(*Haldeman Diaries, Inside the Nixon White House*, 1994)。この情報は六九年夏までには英国情報部からもリークされており、中国の知るところとなります。これは疑いない事実です。中ソ核戦争によって北京が火の海になる可能性が高まるなかで、六九年四月に林彪を後継者に指名する九全大会が開かれたのでした。

人民公社期には核戦争による滅亡の危機意識は文革期ほど強くない。その時点では対外開放の可能性を探ることができなかったのですが、六九年以降はソ連の核攻撃を恐れ、毛沢東自身が対外開放を模索します。それを逸早く察知したキッシンジャーが七一年七月に秘密外交で北京を訪問します。

毛沢東の予想を超えた事態がウスリー江事件です。核攻撃の危機が目の前に広がる。当時、米国はベトナム戦争からの撤退を公約して大統領となったニクソン政権下で首席補佐官だったキッシンジャーは、米ソ二極体制を排してドゴール主義の多極体制を模索していましたので、中国を一つの極として維持する戦略を持っていました。それでソ連の北京核攻撃に反対したのです。毛沢東が切実な核戦争の危機に直面して、安全保障、安保政策、外交政策を大転換することを決意するのには、このキッシンジャー戦略が大きく影響したのです。中国は結果的に対米融和を選択することになります。

――国内では文革路線が優位を占めて、党組織を壊して革命委員会をつくっていきますね。

一九六七年の一月から革命委員会が続々でき始めます。もともとの計画では九全大会は六八年一〇月に開催される予定でしたが、党組織の再建が思うように進まず、半年間延期されたわけです。六八年八月、姚文元が『人民日報』に「労働者階級が一切を指導するのでなければならない」と題する文章を発表して、党の再建が本格化しました。その際、王洪文を筆頭とする上海労組造反派など労働者階級を多数入党させようとしたのが、この姚文元の文章です。結果的に六九年四月の時点でも党再建は不十分なまま、革命委員会代表が出席する形で九全大会を強引に開いた。

――九全大会の後、なぜ林彪はクーデターを企てたのですか?

四人組は林彪は阿片中毒で頭がおかしくなって七二年七月に毛沢東の暗殺を企てたと言い立てますが、林彪の頭脳は明断だったと思います。六九から七〇年にかけて、毛沢東と周恩来が米中秘密外交を極秘裏にやりますが、七〇年夏までには対米接近への予兆が明瞭に見えてくるのです。一方、米ソを敵に回してあくまで非同盟的な人民戦争をやるという軍事戦略に立つのが林彪でした。九全大会まではまだ対米融和の大方針が決定していませんでしたから、全国で核シェルターづくりや備戦備蓄の運動が大々的に行なわれ、軍部依存の体制を強化せざるをえなかった。林彪が後継者に選ばれたのもそのためです。しかし九全大会の時点でも林彪派の優勢が決定的だったわけではなかった。というのは党がなお再建途次にあり、入党作業での人選が権力闘争化していたからです。

党再建をめぐる主導権争いの天王山は七〇年八月に開かれた廬山会議で、そこで「天才論」を唱えた陳伯達に対する毛沢東の名指し批判がなされましたが、陳伯達を背後で支えていたのは林彪でしたから、結果的に林彪派が敗れたのです。この結果を踏まえて毛沢東は一二月、エドガー・スノーにニクソンをいつでも招待するとはっきり言い、毛沢東の対米接近が内外に宣言されました。林彪の敗北が決定的になった瞬間です。林彪はこの結果に納得できなくて、毛沢東との対立が顕著になります。キッシンジャーは七一年七月九日にパキスタン経由で北京に入り、ニクソン訪中を打診します。当時、中央政治局レベルの拡大会議が開かれて大激論になります。

――拡大会議でどのような議論があったのですか？

それが今日もなお十分に明らかになっていないのです。そもそも当時私が重大な会議が開かれていると知ったのは、一九七一年七月某日の香港の新聞『明報』一面の丁望のコラムを通してです。そこには公安部長の謝富治が病重く瀕死の状態にあったのに、体を両側から支えられて人民大会堂の階段を登るのが目撃されたということで、きわめて重要な会議が開催された証拠だと書かれていました。賛成と反対が拮抗していたので、謝の支持がほしかったのです。キッシンジャー秘密訪中の直後、中共中央はニクソン訪中を招聘したことを明らかにする公告を発すると同時に、文書を発してこの招聘は周恩来自らが提起したものであり、決定に至る過程では党内に多くの議論があったが、最終的に全党的に承認されたとの説明がなされたのです。その直後、八月中旬から九月上旬にかけて毛沢東は武漢、長沙など南方視察を行ない、その途次談話を発表して林彪を名指し批判した。この談話に追い詰められた林彪がついに毛沢東暗殺を企てて、九月一三日に林彪事件が起きたのです。ただしこの毛沢東暗殺計画（「五七一機要」）については現在、その信憑性に疑義を提出する議論が現われています。

国家が滅亡するかしないかの現実の大きな壁を毛沢東が突破してその先に見えたのが、五八年の人民公社化であり、七一年の対米接近だったのです。毛沢東の選択の幅は広かったとよく言われますが、狭い選択肢しかありえなかったと思います。確かにそこには毛沢東の理想や考え方が影響しました。自力更生型のコミューン国家などというのを選択肢に入れるのは、毛沢東しかありえませんから。しかし、他の人はコミューン国家を理念として置いて、実践するかどうかと捉えるのですが、現状のなかで危機を突破していくときには選択肢は狭められるのです。

いずれにせよ、毛沢東の自力更生路線こそが、一九六〇年を境に中印両国間の対立の火種となり、「第二中間地帯論」を生み出し、ついには悲惨な文革を呼ぶことになったわけです。それなしには対日関係において、一部の国家指導者と大多数の民衆とを「区別」し、かつその日本民衆と「連帯」するという「区別論」も生まれず、日中国交正常化に際しての対日戦争賠償の放棄もあり得なかったことは明らかです。

解説

加々美光行は他のインタビュー対象者に比べて若く、本書の範囲では掲載論文の履歴はない。がんらい、インタビュー採録用というよりは、本書の言説分析に関して研究の知見を教示していただくための面談であった。そのため、研究内容にかなり踏み込んだ、やや他のインタビュー記録とは破格のスタイルに仕上がっている。とはいえ、本書の時代的範囲に限っても、氏の文革の出身血統論批判は論壇・学術界で独特の地歩を占めるもので、また、インタビューとして採録した小島麗逸とはアジア経済研究所の後輩格の同僚であり、小島の師匠にあたる石川滋がアジ研で組織した中長期展望プロジェクトのメンバーでもあることから、その研究者になるまでの履歴への聞取りも併せて行なうことにした。

加々美とは天安門事件の起こる前頃からの二〇年来のお付合いをいただいているが、その生い立ちや貧しかった幼年期の生活などを直にうかがうのは初めてのことだった。社会学的な研究を志していたところ、赴任先の香港で七一年の林彪事件に遭遇し、翌年の帰国後に連合赤軍事件が起こり衝撃を受け、生まれつき病弱な身体で天寿をまっとうできそうにないとの医者の宣告もあって、マルクス主義を介した思想史研究へと転身する。と同時に、さまざまな新左翼グループに関わることになるが、テーマを限定したアドホックなもので、党派活動に従事した形跡はないようだ。

学説に関して加々美の知見を仰ぎたかったことは、中共および毛沢東の主張した、いわゆる日本の戦争責任についての「区別論」の起源とその背景についてであった。加々美の見解の主眼は、その起源というよりも、区別論が理論的根拠となって一九六四年初頭に対日賠償請求権の放棄が決定されたさい、その区別論の背景にそれまでの「中間地帯論」からの変質、すなわち「第二中間地帯論」への転換が見られるというものである。加々美によれば、中間地帯論自体は米ソ冷戦の始まった戦後間もない時期に両陣営のいずれにも与しない地帯を指す概念として提示され、五五年バンドンでの第一回アジア・アフリカ会議で非同盟諸国を束ねる概念として具現化した。その後、五八年以降の中ソ対立、米ソ平和共存路線、インドの自主自立経済路線の破綻、中印紛争などによって、六〇年時点でバンドン会議体制が崩れ、毛沢東は米ソとその中間ではなく、米ソを含む各国内部に第二の中間地帯があることを強調するようになったというものである。中間かどうかの線引きは空間や国家ではなく、階級的立場によって区別されるというのが新たな区別論だというわけである。

その際、米ソ・国連はじめ、国際社会の援助の芽を摘まれていた中国は、いったん破綻したインド型の自立経済モデルを自力更生型の人民公社化運動に援用するわけだが、この六〇年代初頭期に出されたG・ミュルダールの『アジアのドラマ』の「低開発」モデル批判に加々美は深い影響を受ける。この加々美の自立型発展モデルへの共鳴版は、後に六〇年代末からの文革期におけるM・セルデンら中国の土地改革を再評価するCCAS（憂慮するアジア学者委員会）運動に対する評価へとつながっていく。

果たして「第二中間地帯論」なるものはどのような政治過程を踏んで毛沢東によって提起され、中国の対外政策に適用されていったのか。加々美の見解は確かに説得的ではあるが、まだ状況証拠的説明に終始しているようにも聞こえる。加々美の見立てについて、六四年一月の対日賠償権放棄を当時の対日工作組の動静から明らかにした朱建栄に伝え、見解を問うてみたところ（〇九年六月一七日）、確かに六四年当時は中間地帯論が中共によって盛んに喧伝されるが、主旋律はやはり従来と同様、アメリカの帝国主義陣営と共産主義陣営の対決であり、ソ連を我が方に組み込むべきだとの見方であった。その枠組みが崩れるのは、六九年三月のウスリー江での中ソ軍事衝突のあと、中国が米ソ二正面作戦を強いられることになってからではないか、むしろ六五年当時に中間地帯論の変化があったとすれば、その最大要因は、インドネシアという最大の非同盟勢力が九三〇事件によって中間地帯陣営から離れていってしまったことにあるのではないか、いずれにせよ、六四年時点で、「第二中間地帯論」なる新たな概念が提示されるような根本的変化はなかったのではないか、との見立てであった。

加々美のこのインタビューは、中華人民共和国六〇年の歩みについて、新民主主義論から社会主義路線への転換、人民公社化運動、中ソ対立、中印紛争、文化大革命、米中接近への路線転換など、従来の公式見解や通説について、根本的に再考を迫るような独自の見解とその根拠が随所にちりばめられている。加々美の立論は、資料を博捜し精緻な分析を加えるというような実証的スタイルよりは、ある特定の資料やある人物の動向や事件をターゲットにして、勘とひらめきによる謎解きをしてみせるところに真骨頂がある。ここでも、香港にいた林彪派ジャーナリストの動きで林彪事件の意味を察知したり、林彪事件の直前に、香港の知合いの記者が書いたコラムから、拡大政治局レベルの会議（キッシンジャーの秘密訪中のさなかに開かれていた）に林彪事件を解く鍵があることを摑んだりとか、氏の発想法の一端が垣間見えて興味深い。

15 津村喬 侵略戦争の記憶と紅衛兵の熱気を受けて

二〇〇九年五月一日 京都・ほんやら洞

津村喬（つむら・たかし） 一九四八年東京都生まれ。一九七〇年早稲田大学文学部中退。著書、『われらの内なる差別』（三一新書、一九七〇年）、『魂にふれる革命』（ライン出版、一九七〇年）、『戦略とスタイル』（田畑書店、一九七一年）、『革命への権利』（せりか書房、一九七一年）、『歴史の奪還』（せりか書房、一九七二年）、『しなやかな心とからだ』（野草社、一九七三年）、『メディアの政治』（晶文社、一九七四年）、『ひとり暮らし・料理の技術』（野草社、一九八〇年）、『全共闘――持続と転形』（五月社、一九八〇年）、『食と文化の革命』（社会評論社、一九八一年）など。

――津村さんはかなり早くに訪中していますね。一九六四年にお父様の総評事務局長の高野実さんの病気療養として行かれています。六七年七月にも行かれています。そのいきさつはどうだったのですか？

最初の時は早稲田大学高等学院（早大学院）の一年生でした。一家四人で父母と兄の高野孟《はじめ》と行きました。大連に長く滞在しましたが、その途中で兄と二人で、鄭さんという兄貴分の通訳がついてくれて、瀋陽、撫順から武漢、南京、広州まで中国の大都市を参観させてもらいました。列車旅行です。父親はその後も残りました。父親にとって中国は三度目の滞在でした。

――お父様はどういう活動を中国でなさっていたのでしょうか？

子供でしたし、よくわかりませんでした。中華全国総工会の招待でした。あとから推測すると、総評が太田―岩井路線に傾斜して体制内化していくにつれて、それに代わる左翼労働運動の新しい戦線を形成する相談を中国の指導者たちと話し合っていたことが推測されます。そのための雑誌をつくる資金の一部も提供されました。各級の中国共産党指導者と会い、総工会の幹部たちは療養先まで来ました。それと、文革の準備運動が農村を舞台に社会主義教育運動として展開されていたわけですが、その実態を高野に理解してもらおうということも大きかったようです。

――どこの病院に入院なさっていたのですか？

当時旅順と大連が一緒になって旅大市になっていたのですか、その大連地区の、ソ連人の技師たちが住んでいた広大な団地です。彼らが引き揚げてしまった後で日本人の技術者なども入居していたようですが、あまりいろいろな人には会いませんでした。

――最初の旅行のことは書き残していますか？

早大学院の『学院雑誌』に旅行記を書いています。六四年の訪中では、私の生涯に影響を与えることが二つありました。一つは南京の虐殺博物館の訪問です。生首を下げていたり裸の女性を強姦している写真の日本兵の屈託ない笑顔がショックでした。われわれの親の世代が中国に行って、ああいう行為をしてきたことは忘れたくない。顔をつけて上から叩くと目玉だけ飛び出すような日本軍のつくった拷問器具なども強く印象に残りました。もう一つは、太極拳と気功です。太極拳と気功は今にいたるも私の生活そのものになっています。父も気功をして一定の効果があったのか、それから一五年くらいも生き延びています。

――六七年は？

父と二人でした。

――中国の医療技術はいいのですか？

一九一九年のメーデー事件で獄中で肋骨を折られたのがもとで結核になり、発明される薬と追いかけっこで生涯を過ごしました。日本の病院ではあきらめられていたのですが。中国の総合療法がいいのではないかとすすめられました。でもそれは半ば口実で、中国の高官たちと情報交換することが主な目的だったようです。六〇年安保の時も中国にいましたし、六七年の時も情報を知りたかったのです。

――対日工作組が窓口ですね。

六〇年に行ったときは毛沢東と会いました。六七年の時は周恩来とも会いましたし、廖承志さんともよく会っていました。日常的には総工会の幹部ですね。

――六四年のときの滞在はどれくらいですか？

父は半年あまり、私は二カ月あまりで日本に帰りました。

――病院で半年も滞在したのですか？

さっき言ったようにソ連の技師が残した一戸建て団地のようなところでした。トイレのサイズが大きくて足がぶら下がってしまう。毎回専属コックがいて、父親だけは黄身なしの真っ白な目玉焼きとか、いまでも覚えています。

――高校生の時の中国の印象はどうでしたか？

大連までの列車の食堂で毎回赤い飯が出たのが印象に残りました。なんと高梁《コーリャン》なんですね。さすがに驚いたけれど、日本も貧しかったからさほど違うとも感じなかったですね。田舎に行けばあるような感じです。当時の中国は商業広告が皆無で、その代わりに政治スローガンがありましたが、文革期のように饒舌な町ではなかったですね。大字報やチラシやチョークで書いた黒板新聞などが町を埋め尽くしていた。

――六七年の時も療養が名目ですか？

そうです。ただ六四年よりはだいぶ父の体が元気になっていて、ほとんど各職場の革命委員会とか学生組織とかを訪ねました。この時はこちらが大学生になっていることもあって、何でも一緒に行動しました。ただ一番印象に残ったのは、父が当時少なかった北京在留の日本人のかなりの部分によびかけて七七盧溝橋事件の三〇周年の集会を開いたのです。それは日中戦争の勃発の日です。その時に父は息子も仰天するような初めての話をしました。日中戦争が起こった当日、すでに合法左派労働運動の最高指導者だった高野は憲兵隊によばれて、戦争を支持することを誓えと言わされました。支持するとは言わなかったが、長時間言い抜けて戦争協力をなんとなく約束してようやく釈放された。自分が昂然と抵抗して殺されれば日中戦争の犠牲者が一人でも減ったかも知れない。そういう罪悪感でずっと生きてきて、それが戦後いちはやく朝鮮戦争で総評まるごと中国・朝鮮支持になっていったり、李徳全衛生部長が遺骨を持って初来日したさいに迎えたりという行動になっていったわけです。もっともそんなに罪悪感を持たずとも、半年後には戦争に反対する知識人や運動指導者をいっせいに検束した第一次人民戦線事件に連座して獄中で過ごすことになるので、戦争の間ぬくぬくと生き延びていたわけではないのですが。この話を聞いて、息子も知らない父親像があるとともに、そこで抵抗して殺されていれば私は生まれていないことを思い知らされました。

――どれくらい滞在したのですか？

ぼくは二カ月で、父はやはり半年くらいでしたか。最初に上海に行きまして、いきなり日本の学生運動の話をしてくれということになりました。いいですよと気楽に引き受けたら、一万人くらいいる会場の壇上に据えられました。仕方ないので東大、日大、早稲田のことなど話して、連帯の気持を伝えました。一言言うたびに「なんとかかんとかを支持するぞー」「連帯するぞー」といった支持共感のスローガンを誰かが音頭をとってその一万人が一斉に絶叫する。反対されているなら大変ですが、支持してくれている。だんだん腹が据わってきて、文革精神と全共闘が対応し合っている、パリともアメリカ西海岸ともつながっている、という話をけっこう堂々としました。中国だけの現象ではないと。そのときに「今隣にいる父親は自分は十月革命の息子だ、といつも言っていました。私は今誇りをもって自分は文化大革命の息子であると言いたい」と話した。それはむろんリップサービスの一面もあったけれど、「六八年革命」というものをあるリアリティをもって感じていたことでもあったのです。あとで思い返していて、「それはジョン・リードが世界を揺るがした一〇日間の現場にいたようなものでしたね」と言われました。

――文革の予備知識はありましたか？

ある程度の予備知識は普通の学生よりもっていたはずですが、想像を絶する盛り上がり方でした。ただ紅衛兵の党派闘争や内ゲバ、無数の強奪や強姦といったことについては、表面の盛り上がりしか見えませんでしたが。

――北京はいかがでしたか？

六四年も六七年も北京ではずっと北京飯店に泊まっていました。天安門広場の北東の角にあるんです。六七年の時は夜な夜な全国から押し寄せた紅衛兵たちが天安門広場に集まってきていて、何万人いるかというところでした。毎晩広場を埋め尽くして、何をやっていたかというと、毛沢東バッジを交換したりしてコレクションしている。それから、「小報」(ミニコミ誌)が無料かごく安い値段で配られていたので、それをなるべくたくさん集めた。一晩に五〇とか七〇とかの団体の機関誌が手に入りました。それだけの人が自分の印刷手段をもち、発言しているということが不思議なことでした。

——交流したのは紅衛兵だけですか?

いわゆる左派労働者にはたくさん会いました。総工会のトップの幹部の自宅に呼んでもらっててんぷらパーティをやったこともありました。総工会の上のほうの人が貧しい庶民的な家に住んでいるのでびっくりでした。周恩来に会ったのも思い出深いできごとでした。彼は乗馬の馬から落ちて右手を骨折したばかりだと言って、いつも右手を曲げていて「ここに毛語録をはさんでおくと便利です」と少しばかり皮肉がまじっていたかどうか、話していました。どこの大学だというので早稲田だというと、「これ、大変ね」と殴るまねをして、その時は日本語でした。聴講生で早稲田に行ったこともあると言っていました。気さくでフレンドリーなのにびっくりしました。

——津村さんは東大・日大闘争連帯行動委員会を組織していましたが、どういう実体の組織ですか?

名前だけです。というよりそういう思いがあったのでチラシのなかに書くわけですが、実体としてはない。そういう名前をお互いいっぱい持っていました。津村喬というペンネームもそのひとつだったわけです。一応核になるグループとして「早大日中」というのがあり、日中友好協会には違いないのですが、独立した集団のように振る舞っていた。そこを足場にたくさんの組織だったり名前だけだったりをもって動いていました。私はどの党派にも属しませんでしたが、そのいくつもある衣装のひとつが党派だったとしても不思議はない。ただ党派に従属する意識は皆無でした。政治的ファッションのようなものでした。浅川要とか竹中憲太郎とかのちに一家をなした人々が早大日中にたくさんたまっていました。

——新左翼グループとの関係は?

個人的にはさまざまだったと思います。民青と革マルが体制派だったのでそれ以外は半ば身内意識がありました。解放派とか共労党とかはわりと身内にいたし、ML派はまた近いところにいましたね。ただ、私はML派だったことはないし、あまり共同行動をしたこともありません。

——津村さんの会派というのはどんな人がいたのですか?

早大には彦由常宏という伝説の指導者がいましてね。九〇年代に五〇代で亡くなりましたが、もと中核派だというが、そんなふうなことは超越していた。右翼も左翼も党派もない、ただこの人が刀を持っているそばにいると安心という雰囲気の人で、この人が真ん中に坐っていれば間違いがない。活動家をやめてからはテレビ・ディレクターになっていて、一緒に中国に行ったこともありました。たくさんの仲間がいましたが、名前を挙げて思い出したい人というと、まさにこの人だけでしたね。早大反戦連合を名乗っていて、アナーキストの黒ヘルを使っていました。私は裏でチラシつくりばかりだったので、あまりメットをかぶる場面には行きませんでした。強いてもう一人挙げれば社会科学部反戦連合の石垣雅設がいます。彼は今、新泉社という出版社の社長で、卒業後もいろいろ一緒に仕事をしました。

――早大日大行動委員会は日大と近く、よく出入りしていた印象がありますが。

そうですね。秋田明大はあまり知りませんでしたが副議長の田村正敏とは親しかったので、ずっと往き来がありました。東大全共闘は年齢も上で少しまぶしいところがありましたが、日大とは仲間感覚でつきあいがありました。

――津村さんは文学部ですか?

一応クラスは文学部にあったのですが、ほとんど行きませんでした。結局総長室を占領したので、そこでビラを書いたりラーメンをつくったりしていました。

――早大文学部の新島淳良さんとはどういう関係でしたか?

高校時代に中国研究所の講座に通って出会いました。毛沢東思想の連続講座です。彼の話は面白かったけれど、彼の話に出てこないことを一生懸命に調べて、五四時代の毛の文章を調べたりしてのちに「毛沢東の思想方法」という文章を書きました(『中国研究月報』二六四号、一九七〇年二月)。早稲田の新島ゼミには一度も出ないで、永福町の自宅にたむろする何人かの一人になっていました。

早稲田に金を払うのが面倒になって大学三年の一九七〇年に中退しました。早稲田は理工学部はともかく文学部は中退がいいんだ、立派な先輩がいくらもいるしと、勝手に胸を張っていました。七〇年に二冊の本が出て、けっこう売れっ子評論家になっていました。またもう少し早い時期ですが、高野実のやっていた『労働周報』にいろんな名前で書いたりして、いわばそれが修業時代でした。当時共産党の柳田謙十郎というその世界では偉い哲学者がいたのですが、何かでちょっかいを出したら『赤旗』でまじめに反論を書いてくれて、トロツキストとか見出しにはあるのだけれど、「これで有名になった」というので、いくつもあるなかから津村の名前をつかうようになったいきさつがあります。

――六七年から七二年までもしばしば訪中なさいましたか?

そのあと中国は文革の後始末に追われて、総工会のトップも皆行方知れず、紅衛兵も雲散霧消して農村辺境にやられてしまうということで、こちらも安定した関係を維持できませんでした。一〇年ほどブランクがありました。

――日本の文革論で影響を受けた人は? どんなものを読んでいましたか? 『現代の眼』に書いていた斎藤龍鳳さんとの面識はありましたか?

斎藤龍鳳とは面識はなかったように思います。日本の文革論というと特に印象に残っているものがありません。新島さんは全面肯定から否定に揺れました。中岡哲郎さんのものとか、期待を理論化していた面もありますが。竹内実さんは視点がユニークだったし、ぶれがなかった気がします。

『映画批評』という松田政男さんのやっていた雑誌には、世間をひろげてもらいました。大島渚さん、佐藤慶さん、若松孝二さん、足立正生さん、あるいは平岡正明さんなどと触れ合うことができたのは松田さんを通じてです。その創刊号の巻頭にゴダールの『中国女』について書かせてもらったんです。そのあとの「イタリアにおける闘争」とかずっと私が書きました。映画批評ははじめてで、こわいもの知らずだったのですが。

——田村正敏さんとはどういうつながりでしたか？

日大全共闘のあと、彼は神保町で亜細亜書店というのを始めたんです。私はすぐそばで、三省堂のビルでしたけどアジア文化センターというのをしばらくしていました。それでしょっちゅう交流していました。その後彼は北海道で羊を飼い始めました。何度か訪ねていったんですが、そのうち急死してしまった。横路知事の勝手連方式による選挙活動などは彼が始めたものですね。

——一九七〇年の七七シンポが日比谷公会堂であったさいに華青闘が反対集会をします。津村さんは華青闘に傾斜したスタンスだったと思いますが。

友だちはたくさんいましたが、あまり深いつきあいはしていません。絓《すが》秀実さんが、入管闘争でのぼくの役割が非常に大きかったように書いてくれましたが、実際にたいしたことはしていません。その経験を思想的に総括をしたとはいえるかもしれませんが。

——在日華僑の入管闘争ですか？

それは一緒にやっていました。

——具体的にどういうことをやっていましたか？

劉彩品さんの事件などですが、実際に入管法で強制送還されようとしたりという人が何人もいましたから、その支援には関わっていました。しかし私の主な仕事はそういう入管の問題などに現われてくる戦後日本人の思想の落とし穴というか、高度成長の陰でアジア人を踏み台にしてきたことのほんの小さな現われがこうした問題だったということを論じることです。それは新左翼がなかなか「全世界を解放する」とかいって見ないできた問題なのです。具体的な差異、差別があるところでその分断された人々がどうつながり合っていけるかという問題は新左翼の側から出てこなかったのです。

——学園闘争から、紅衛兵支持へ、さらに入管闘争支持にいたるのはどういう経緯ですか？

一歩ずつテーマが具体化してきたということでしょう。世界の学生運動なり革命運動がまず共通のテーマをもってつながっていることが浮かび上がってきた。それによって今度は逆に自分の場所から革命をやってやろうという人が、ふたりと同じ立場にはないことが明らかになってくるわけですね。部落の人たちとか、民族的にとか、さまざまな形で分断されている。その自覚から始めて普遍的な連帯が生まれてくるわけです。

——津村さんが入管闘争を通して民族差別に目を向けよと力説なさった動機は、どこから来たのでしょうか？

それは中国体験にあったと思います。まず南京の虐殺博物館から、自分のアジアにおいて置かれた位置がわかったわけです。日中戦争の経験全体がのしかかってきました。そしてのちに『戦略とスタイル』という本で全面展開することになるのですが、その中国の侵略されてきた近代と日本の侵略してきた近代は同じものなのです。ひとつのものの裏表というか。入管問題というのはその具体的な後遺症なのですね。日中関係、また日本朝鮮、日本台湾の関係が日本の入管制度に象徴的に現われているということですね。私は世界革命で浮き足立っている人たちに、だれでもいい、アジア人の友だちを持ちなさい、そして本当に仲良くなってきたときに、彼らが日本からつけられた傷についてどう語るかを知りなさいと言ったのです。

——津村さんのような中国体験は誰でもが持ちうるものではなく、ある意味特権的な立場にいらしたからこそ可能であったとも言えると思うのですが。

むろんあの当時に南京に誰もが出かけていけるわけではありません。しかしアジア人の友だちをもつことができるなら、多かれ少なかれ、そうしたことに気づかされることになったでしょう。中国だけではない、アジアの全体で日本人はそのように振る舞ってきたのですから。そして残念なことに南京だけではなく、いたるところに虐殺の爪痕を残してきたのです。それは前世代のことと言ってすませてしまうにはまだあまりに生々しいことでした。それに気づかずにわれわれは「戦後」という時間を生きてきたのですから、戦後は生き直されねばならなかったのです。

——善隣会館事件はいつでしたっけ。

一九六七年二月二八日です。**この時は会館に行きましたか？**

少し前まで私はそこの倉石中国語教室に通っていたのです。事件には直接関与しませんでした。華僑青年と民青とが対立してにらみ合ったのですが、兄貴が襲撃に加担した一人でした。兄貴は当時早稲田の共産党細胞にいたので。

——お兄さんとの対立は激しかったですか？

一時期は口もきけない状態でしたね。一緒に中国を体験し、南京も体験しているのにどうしてだろうと思っていました。その後彼は離党して、中国問題についてもまっとうなことを言うようになりましたが。長いつきあいの仲ではどうってことはなかったですが、一時は険悪なものもありました。

——津村さんは学園闘争から入管闘争まで関わっていましたね。

ぼくの場合は学園闘争と入管・差別の問題がひとつながりで切り離すことができませんでした。

——津村さんは「第三世界論」とか「アジア革命論」を提唱なさっていましたが、新左翼はそういうことを言いはじめていましたか？

新左翼はレーニン主義からそういうものを持ってきてまし

たが、それは観念的なものだと感じていました。当時はレヴィ＝ストロースやロラン・バルトや「テル・ケル」派の影響を強く受けてました。人類学と言語学が共通の土台でした。

——ポストモダン系の思想を行動に移すというのは、どういう人たちがいましたか？

長沼行太郎という人は高校の先生をしていて、いろいろ本も書いています。小林章夫も仲間でした。今井成美はフランス語の達者な人でルフェーヴルの『都市革命』『空間と政治』などを訳しました。ひとりひとりのニュアンスは違っていたと思いますが、私はとくにアンリ・ルフェーヴルから大きな影響を受けていました。彼の日本語の訳されたものだけで三〇冊くらいあったと思いますが、暗記するほど読んでいました。ルフェーヴル論は今でも書きたいテーマです。その後の私の日常生活批判の論理は気功とむすびつけて展開してきましたが、私の生涯のメインテーマといってもいいです。

——どういう雑誌に発表していましたか？

七〇年前後ですか？　『現代の眼』『情況』『構造』などには毎号のように書いていましたね。『構造』にはぼくらの全共闘仲間が二人入りました。一人は実方君という額の広い理論家でマルクス主義の古典をよく読んでいると評判の人でした。もう一人がさきにふれた、野草社と新泉社の社長になった石垣君です。私などが毎号長い論文を書かせてもらうことができたのは、こういう人脈によっていました。

——『現代の眼』の担当は木島力也さんですか？

いや、岡島さんでした。岡島さんにはずいぶん長いことつきあってもらって、物書き修業をさせてもらいました。

——『朝日ジャーナル』で七一年の八月一五日集会で発言を削除されたというので、『情況』にそのことについて当時の朝日の広岡体制に対する批判を展開されています。

赤瀬川原平さんの「アカイアカイアサヒアサヒ」の事件があり、どうせならと要求水準をさらに高めたのです。朝日が朝日批判を載せられるなら本物だと思いました。結果的にそうならなかったわけですが。これは当時の朝日とかＮＨＫとかに対して共通の問題意識でした。左翼にすこし近いメディアなんて今は誰も思わないでしょうが、そういうところでもメディア批判の口封じをするかとがっかりした面がありますし、まあ当然のこととも思いました。その時の朝日の側の担当者が川本三郎さんで、「ぼくはこんなことに首をかけないよ」とあっさり言っていました。それはわかるけれど、そんなものか、という感じだったのです。

——どうして朝日のトップ体制に反感をもったのですか？　七一年以降ニクソン・ショックがあり、日本の政財界は中国に傾斜していました。そのこと自体に反対されていたのでしょうか？

むろん全体としては朝日は左寄りだったし、そういう記者も多かったのです。とくに『朝日ジャーナル』は一時は新左翼全共闘の共同機関誌でもあるかのような記事を載せていました。それが朝日批判だけはだめというので、ひとつ確認ができたように思ったのですね。むろん近い者は親しくするとか利用するというのもひとつのあり方であり、大人の態度なのでしょうが、それだけでいいのかなというメディア論の一種の実験でもあったわけですね。私は「朝日ジャーナル掲載拒否原稿」なんて鳴り物入りで『情況』に載せてもらったりしたので（「日中関係の基本問題——八・一五集会での発言」『情況』一九七一年増刊号）かえって宣伝になったところもあります。

——竹内実さんとの対談（「日本人にとっての中国」『現代の眼』一九七一年九月号）では、日本の戦争責任の問題を強調されていますね。

国交回復がにわかに政治日程にのぼってきたからこそ、もう一度戦争責任のことを取り上げないといけないと考えました。竹内好が代表格を務める「中国の会」の四原則でも「国交回復に反対はしない」というのがありました。私も反対はしないんですが、もっと議論しておくことがいくらもあるだろうと。むろん国交回復は戦争状態の法的な終結ですから、いいことなんです。田中がやったから悪いということはありません。「反対はしない」のなかに実に複雑なニュアンスがこめられていました。

——そういえば津村さんは「中国の会」に入っておられましたね。どういう関わりですか？

ただ読者として関わっていただけです。『中国』に書いたことはないし、集まりにも顔を出したことはありません。

——肌色が合わなかった？

そんなことはありません。みんな尊敬していましたし。とにかく竹内好さんの個人的なファンでしたから。ぼくの『戦略とスタイル』は事実上竹内さんに捧げた本でした。彼の「大東亜戦争の二重性」論を引き継いで全面展開したつもりでした。竹内さんに本を送って、「まだ全部読んでいないが私の論点に新しいものを付け加えてくれたと思います。誤植の多いところが戦前の本を思い出しました」というような葉書をもらいました。なんと四ページの正誤表がつきました。

——新島さんがヤマギシ会に入った時は、新島さんとつながりはありましたか？

新島さんが人民公社の幻影をヤマギシズムに求めたのはわからないでもないですが、私は遊びに行って、こんなところに住みたくないと思いました。しかし新島さんがそこに安息の地を見いだしたのなら良かったと思います。それから晩年に出した『論語』がなかなかよかったので安心しました。意見の違うところも多々ありますが、あれはあれで教師としての生涯を全うしたと言ってもいいと思います。

——七二年のあとの津村さんは、農本主義や反原発やエコロジー運動や食の問題などについて積極的に展開されていますが、それらはそれまでの中国論とどのように位置づけられますか？

中国が鄧小平路線で豊かになっていった過程は、仕方ないというか、毛沢東の時代のあとに必然的なものだったと思うのです。それはある意味で日本の国造りを後追いしたところがありました。日本はそれが行き着くところまで行って停滞しているわけですが、そのいわれるような反原発なりエコロジーなり、食の問題なりというところは、これからますます課題になってくることだと思います。日本のほうがそのあたりの経験を伝えていける。しかし日本の現状は、テレビコマーシャルでは堂々とグリーンとかエコとか言い出していて、その反面で旧式の工場を世界に出して公害を垂れ流しているだけです。その意味で問題が隠されたまま世界化してしまいました。私は一〇年ほど前に中国の環境問題と切実に関わって『気功と環境』という雑誌を中国語で出しました。それはせめて気功をしている人からこの問題を理解してもらおうとしたからです。気功人口は最大で一億を超えましたから、これは現実的なことだと考えました。むろん雑誌の効果には限りがありましたが。

実は中国との関係では気功のほうが古いのです。一九六四年からのことです。杭州工人療養院に滞在していた陳嬰寧（中国道教協会会長、中国人民代表大会常務副委員長）に会って習ったのが気功との出会いです。

──気功に戻ったのはどういうきっかけでしたか？

気功に戻ったわけではなくて、ずっと気功をやり、気功の指導もしてきました。政治の表層の波は寄せては返すわけですが、そうではない太古からの中国人のリズムに気功によって出会えました。気功の起源は知られているだけでも五五〇〇年前の亀の呼吸に遡ります。そうしたところから、庶民がずっと続けてきた生活の叡知が気功です。毛沢東も鄧小平も胡錦濤も相対化してしまうのが気功です。一方でその物差しをもって、他方で中国の権力者なり産業なりを見ていくことを私はずっとやってきています。

──日中復交があり、それ以後は津村さんは社会運動には関わられなくなるのでしょうか？

一九七六年に編集主幹に担ぎ上げられ、吉岡忍が編集長になって『週刊ピーナツ』を創刊しました。当時全共闘とべ平連の合体といわれましたが。反ロッキードですね。田中角栄をやり玉にあげて出発したのですが、次第に田中を陥れる陰謀を明るみに出し、それに対しても批判の矛先を向けていきました。運動として表舞台に立ったのはそのあたりまでで、本格的な執筆活動に次第に重点を移しました。今は幅広い評論活動はしていませんが、いろいろと書き残しておきたいことはあります。

──一九七二年のあさま山荘事件はどう見ていましたか？

松田政男や太田竜を通していろいろなつながりがありましたから、ここまで追いつめられてしまうことに本当につらいものがありました。どうしてそんなことが革命だと誤解したんだろうという思いです。太田はしょっちゅう変節しながらそのときどきの自分が最先端の人だと思っていて、困った人だと思います（太田は津村に対するインタビュー直後の二〇〇九年五月一九日に死去）。山本直樹の漫画『レッド』（講談社、二〇〇七年より刊行継続中）では、次第に自分を追いつめていって銃器店を襲ったりしていくプロセスがリアルに描かれています。馬鹿げているのだけど、彼らの思い詰め方を頭ごなしに否定できない。その彼らが途中で、中国でちゃんと革命戦争の訓練をしてもらおうということに期待をつないでいる。それがさらにつらいものがありました。

――まったく彼らとは接触がなかったのですか？

一部の人とはレボルト社の狭い編集室で開いていた『世界革命運動情報』という雑誌をめぐる学習会で会っていたようなんです。一緒にこの国の将来を語り合ったりということはしていません。

――中国に関する評論活動をふりかえってどうですか？

当時書けないで今だから書けそうなことと、当時だから書けて今は書けないことがあります。当時書いたさまざまな文章を自分で復刻版にして出していますが、それは「原点」を忘れないためでもあります。「都市批評」「わが西郷伝説」「横議横行論」「ゲッペルス」などの今でも意味のあるようなものを出しています。年に数点出る程度のことですが。

――中国関係は含まれていますか？

それはまだしていません。先に述べた「毛沢東の思想方法」はもう一度復刻したいと思っています。何より『戦略とスタイル』は適当な解説をつけてもう一度出したいものです。文庫に入る価値くらいあると思っていますが。今は編集者とのつきあいが減っていて、よほど意識的にならないと本を出せません。

――津村さんは文革をメディア革命と見ていますね。それまでの農村革命から都市の若者が立ち上がり、前の世代に反抗するというのにシンクロしたのかなと思うのですが、そこに着眼した津村さんの言動に、どのような反響がありましたか？

一九七三年にエンツェンスベルガーが日本に来てメディア革命についてシンポジウムを開いて話しました。『メディアの政治』という本にそのあたりは載っています。大字報はメディア革命の最前線だという点で彼と一致しました。

今は中国は世界最大のコンピュータ・ネット王国になっています。実はそれをもともと準備したのは、辺境に追放された一部の紅衛兵が非合法に抜け出してきて上海を中心にネット社会をつくってきた一種の裏社会の人々だったのです。ネットのなかでも文革の総括は進んでいます。

――今後は気功が中心ですか？

気功はいつでも中心でした。でももっと中国論も含めて総合的な論議をしたいといつも思っています。最近になって『悍』という雑誌に書いた（「反逆にはやっぱり道理がある」『悍』創刊号、二〇〇八年一〇月、白順社）のは一種の復帰宣言でした。

――二回の訪中体験はぜひおまとめになるといいと思います。当時は西園寺公一さんとはお会いになりましたか？

西園寺さんとは何度もお会いしています。実のところあまりいい印象はなかったです。周恩来とも一緒でしたし、自宅にも何度かうかがいました。まあ裏の北京駐在大使といったていの役割をしていたのでしょう。西園寺さんのところでお会いして「ここで会ったことは公表しないでください」といわれた有名人もいます。生活そのものが謎のような人でしたね。高野が仕事の上で理解し合わねばならない立場の人だったんでしょうが。

――本多勝一『中国の旅』については多少批判的に見ておられたようですが？

あれは安易に被害者の立場に立って報道する姿勢に疑問を持ちました。日本人であるというところに踏みとどまって書く必要があると思って、それを単に倫理的なこととしてでなく、対象を理解するための人類学的方法の問題として文章を書きました。ルソーの「孤独な散歩者の夢想」を論じたレヴィ＝ストロースを引いて、自分の明晰判明な自我がどれだけ傷ついたかで認識が決まってくるということを言ったのです。本多さんはいい人かも知れませんが報道の基本姿勢に疑問がありました。

本多批判の形をとって自分をいましめたのです。その時の中国なりにべったりになればいくらでも本を書けたかも知れませんが、方法論的に違うと思いました。太田竜さんも決して嫌いな人でないのですが、アイヌ民族が大事だとなると私と二、三人のシャモを除いてすべて敵だとなってしまう。沖縄のことを語るときは私を除くヤマトンチュは敵だとなる。玄米正食を始めれば玄米を食べない人は敵だとなる。形は違うが本多さんと同類のあやまちを犯しています。正しいことを言うことが正しいわけではないということです。

――そういう津村さんのある種の留保の付け方はどこから来るのでしょうか？

僕なりの南京体験をくぐってきたことがあるでしょう。おととしも南京に行って虐殺について日中で話し合ってみる機会がありました。とくにアメリカに在住する日本人が今改めてそのことを追体験し、話し合いたいということから、七〇年目ですか、節目の出会いをしたのです。こういう作業が続けられていくのはすばらしいことだと思います。

僕自身は「旗を振らない」生き方をしてきたし、これから機会があっても旗を振りません。ただ私が、考えてきたことに対してあまりにわずかしか自己表出していないのが問題です。いい機会をあたえていただきました。

解説

本書で津村喬が登場するのは、一九七〇年以降の『朝日ジャーナル』『現代の眼』『情況』などの新左翼系雑誌においてである。学生運動の余燼がくすぶるなか、新たな闘争の火種がさまざまな体制批判運動に燃え移っていく渦中で、文革が提起した問題を継承しつつ、日本で新たに問いを立てていく、といった役割を演じ続けてきた。具体的には学生運動のキャンパスのなかでの日中友好運動であり、七〇年の盧溝橋記念シンポジウムでの戦争責任問題の提起であり、在日華僑の入管闘争における民族差別批判などである。

それまでも日本の中国侵略の贖罪を提起してきた戦中派世

代の政財界人や知識人の一群の人々はいたが、津村は全共闘世代にあって、日本の中国に対する戦争責任や、戦後アジアに対する戦後責任問題を先駆的に提起してきた。そこにはおそらく戦後早い時期に長期間の訪中ができた貴重な経験と、紅衛兵の文革を同世代の眼で実見したことが氏の思想形成に及ぼした化学変化が、運動家でも研究者でもない、その独特の批評のスタイルに強い影響を及ぼしているにちがいない。そのことをインタビューで確かめたかったのである。

京都御所を鴨川に向かって歩き、ちょうど御所が切れたあたりにある小さな二階建ての古い民家をそのまま使った「ほんやら洞」という、京都の知識人・文化人が集う喫茶店（店主は写真家の甲斐芙佐義氏）の二階でインタビューは行なわれた。そこは週に一度、津村の気功講座が開かれているところで、周囲を囲む本棚に関係者の著作が雑然と並べられたなかに、津村が話題にしたタブロイド版の『週刊ピーナツ』のバックナンバーも置かれていた。

インタビューはこちらの質問に記憶をたどりながらポツリポツリと言葉を漏らすといった素っ気ない調子で、記憶が薄れてしまったのか、旧聞に属する話であまり関心がないのか、この時期のことを蒸し返されるのは気が進まないのか、真意を測りかね、質問が空回りしたような気分のまま終わってしまった。ところが、二カ月が経過してメールで送られてきたインタビュー記録は、こちらの起こした原稿が、見違えるように整序されていて、気脈の通った作品に仕上がっていて、さすがにこの人はプロだなあと感じ入った。

改めてその記録を読むと、津村にとって生の中国体験、それも南京で体験した中国人にとっての侵略戦争の記憶と、北京と上海で体験した紅衛兵たちの熱気が、氏の中国評論の中核になっていることを痛感する。それも単に経験をルポとして伝えたり、中国研究の素材に使うのではなく、氏独自の思想と行動のフィルターにかけて日本の社会運動の実践的課題に置きなおそうとする努力をしている。殊に津村が掲げた「毛沢東の思想方法」は二二歳の時に雑誌に発表した三七頁にわたる長尺物で、毛沢東思想の日本での「活学活用」の道を懸命に模索する姿勢で貫かれている。また、入管闘争支援活動は、それを通して「戦後日本人の思想の落とし穴」を衝くことに主眼があったということなど、竹内実の「難民の思想」にも通じる倫理的な潔癖さが感じられる。

とはいえ、津村の思想的線条はもっと複雑で、フランス・ポストモダンの系譜を受けての「第三世界論」や、エンツェンスベルガーのメディア論を援用しての紅衛兵論など、関心領域やその射程の幅の広がりにこちらの教養がついていけず、氏の思想的輪郭をトレースする力量不足も感じた。津村の評論活動は、その後、食や農やエコロジー問題に入っていく振幅の広さに鑑みても、戦後思想史の一つの結節環をなしているのかもしれない。それを検証するには、氏の著作は古書店でも入手しにくいものが多く、容易な作業ではない。まずは氏自身の手になる自伝的回顧をぜひ仕上げてほしい。

あとがき

大学受験を控えた一九七六年の九月九日、高校から帰宅して、受験勉強にかかろうかとラジオのスイッチをいれたときに飛び込んできたニュースは、体中に戦慄を走らせ、一八年の懶惰の夢を破った。

「本日午前零時一〇分、毛沢東中国共産党主席が死去しました——。」

翌日の『朝日新聞』には「主柱の死」「巨星なき中国」「巨星消えた　中国はどこへ」などの活字が躍っていた。「巨星墜つ、か……」そんな言葉が脳裏を駆けめぐった。

中央アルプスと南アルプスに挾まれた盆地に広がる長野県伊那市の河岸段丘に建つ高校に通い、毎日のように三畳ほどの社研（社会科学研究クラブ）の部室に入り浸っていた。社研なども う流行らなくなって久しく、そこは四、五名しかいない部員とおしゃべりをしたり、早弁を掻きこんだり、受験勉強とは関係のない本を読んだりする気ままな空間だった。世間ではわれわれのことを「シラケ世代」などと呼んでいた頃のことだ。部室の窓ガラスは割れて、板で補修され、残ったガラス板に「造」「反」「有」「理」の四枚の紙が剝がれそうになっていた。部室の壁には『スクリーン』という雑誌から女優のジャクリーン・ビゼットの等身大ピンナップが切り取られて塞がれていた。伊那市では金髪碧眼の女性などに御目にかかったことはなく、美人とはこういう人のことをいうのだと見惚れていた。書棚の上には、三年分くらいの雑誌『世界』のバックナンバーが置かれていた。

「造反有理」が毛沢東の言葉であることは、そのころ岩波文庫で「実践論」「矛盾論」を読んでいたから、知識としては知っていた。「むほんを起こすには道理がある」と自分なりに訳してみると、高校生の無頼な気分に心地よい響きを伴った。だが何に造反すればよいのか、がらんどうで殺風景な部室のなかで妄想をめぐらせても、敵の顔は見えてはこなかった。

学生運動の喧騒はとうに消え失せていた。その頃の私にとっての学生運動は、機動隊の放水を浴びながら安田講堂の屋上で身を挺して投石する学生たちの勇姿よりは、連合赤軍の立てこもった冬のあさま山荘が巨大なクレーンで吊り下げられた鉄球で解体されていく映像や、白昼の丸の内のオフィス街で、窓ガラスの破片が散乱する路上で大勢の会社員が血だらけで横たわる東アジア反日武装戦線による三菱重工爆破事件の映像の方が強烈に焼き付いていた。それはヒロイズムではなく、何か無残で自暴自棄なイメージだった。日本アルプスを越えて日本海を越えて、その頃の北京の街からも紅衛兵はとうに消えて地方の寒村に下放されていたはずだ。

高校の文化祭で、東京の大学に通って学生運動をしていたらしいと噂に聞いた社研クラブの先輩が顔を出してくれたのをいいことに、先輩相手に私は熱っぽい政治論議を吹っかけた。その決めぜりふに、当時よく読んでいた大江健三郎の小説の題名を引き合いに出して「「見るまえに跳べ」ですよ」と言ったのを、その先輩は、「君は「遅れてきた青年」だな」と寂しそうに軽くいなしたのだった。

市街の中心部にある伊那公園には、満蒙開拓青少年義勇軍の銅像「少年の塔」があり、通学からの帰途によく立ち寄った。上半身裸になって、犂を杖にして望郷の念に耽る細身の少年の像だ。郷里には国策に従って満洲移民として渡満した県民の悲惨な歴史が深く刻まれている。高校生の頃の私にとって中国は、徒党を組んで街路を闊歩する紅衛兵と、日本軍に蹂躙される貧しい農民とが同居する、実像の伴わないはるかかなたの異郷だった。

急峻な山々に遮られて視界が狭まった盆地の空気が息苦しく、北方のロマンに憧れて北海道の大学に入り、中国哲学を専攻した。そこで学んだ古典中国のブッキッシュな世界は、「造反有理」のマオイズムの夢を掻きたてるものではなく、江戸の儒学者が想念していた漢学の世界に近かった。

大学院に入って引き続き東洋哲学を専攻した年の一九八二年、初めての中国旅行に四〇日間ほど参加し、北京・南京・蘇州・上海をめぐった。北京の街路にはいたる処に「五講四美運動を展開しよう」という標語がかかっていた。現地の人に「五講」「四美」の意味を聞いても、まともに答えられる人が少ないのが意外だった。カメラを提げて街を歩くと、幾重にも人垣ができてじろじろ見られた。親しくなった中国人の学生に帰国後、中国語の辞書を引きながら拙い中国語で手紙を書き、国語辞典を贈ったが、返事はこなかった。手紙と辞典は本人に届いていたのだろうか。

大学を出て、小さな中国専門書店に入社し、なれない東京暮らしが始まった。その会社は、外国図書の輸入業に携わる書店の中国部門が、一九六六年に分離独立して創立したものだった。日本共産党と中国共産党の決裂（同年三月）が背景にあり、日本共産党との関係を示す「代々木・反代々木」という用語が使われるのを、会社に入って初めて知った。

入社早々、社長からは「馬場君、中国に関する本ならどんな本でも作っていい。ただし、政治モノだけはやるなよ」ときつく諭された。昼休み、職場の書庫を開けてみると、六〇年代にそこから刊行されていた、毛沢東思想を喧伝する本や、プロレタリア文化大革命の資料集が束ねられて折り重なって山のように積まれて、背表紙は半ば黄色く退色しかけているのが視界に飛び込んできて、こういう会社に入ったのかと愕然とした。

社長は日中友好のために生涯を捧げ、国交のないころの両国間の書籍流通を通した文化交流を手がけた、中国にとっての「老朋友《ラオポンヨウ》」であり「友好人士《ヨウハオレンシー》」であった。しかし、入社した私には、思うに任せぬ中国との事業を前に、「これが社会主義の優越性ってやつかよ」とひとりごちたり、「相手の中国人から「友好」という言葉が出たら、値引き価格で頼むということなんだよ」などと打ち明けたことがあった。文化大革命から改革開放のその間に、社長と会社にいったい何があったのか。正面から話題にするのは憚られるような、政治やイデオロギーにうんざりした空気が漂っていた。結局、私が勤務した五年弱の間に作った本は、中国語学習書や、書画・篆刻など「文房四宝」や、「唐詩選」を注釈した本ばかりだった。同時代中国から政治を除けば、そのようなものしか残ってはいなかった。

だが、歴史の真実は時の裂け目にひょいと顔を覗かせることがある。あれは一九八八年の北京での国際図書展示会の時のことではなかったかと思うが、社長のカバン持ち兼通訳で北京に出張したさい、初日のレセプションで、社長は中国側の何かの担当者の姿を認め、駆け寄って抱きついて、「〇〇さんが、〇〇さんが、ああ……」と滂沱の涙を流しながら久闊を叙する風情であった。後から聞くと、どうも文革中に批判されて、どこかに送られたか軟禁されていたか、行方が知れなくなっていた人と思いがけず再会したらしい。中国での生活経験のない私には、中国語の語学能力もおぼつかなかった上に、日中両国の文化の翻訳能力が決定的に欠如していた。適当な訳語も思い浮かばず、立ちすくむしかなかった。

私にとって経験のなかの中国像は、とぎれとぎれで、乱反射してぼんやりとしたままだった。本多勝一『中国の旅』に描かれた日本の皇軍に蹂躙される農民像と、西園寺一晃『青春の北京』に描かれた造反有理を叫んで北京の街頭を闊歩する紅衛兵像とをつなぐものは何もなかった。書物に書かれた内容と実際の光景に大きな乖離があった。いったい中国の何に日本の人々は熱狂し、社会変革を目指そうとしたのだろうか。マオイズムという思想が同時代の人々を立ち上がらせた魅力とは何だったのだろうか。その疑問に回答を与えてくれる文献は周りにはなかった。怒濤のような歴史の荒波が人々の人生や社会を翻弄したあと、嵐はすでに過ぎ去って、歴史の当事者だった人々はどこかくたびれていた。あの伊那の高校の部室にひらひらと剝がれそうになっていた、「造反有理」の四文字のようだった。

二〇〇八年一〇月、三十数年ぶりに母校の高校を訪れる機会のあった私は、当時の名残りを求めて、部室のあったあたりを歩いた。部室は跡かたもなくなっていた。幾つものクラブが二階建ての新しい建物に収まっていたが、「社研」のプレートが挟まった部室は、そこにはもはやなかった。

その後私は別の出版社に転職し、雑誌や書籍の編集に携わり、今も現役で編集実務を続けている。本書のモチーフの核には、職務上、問い続けてきたテーマと、編集活動を通して身につけた経験知があり、二〇〇〇年に入った頃から、雑誌記事を通して同時代中国をめぐる論壇の言論活動の軌跡を辿ってみたいと思うようになった。大学院修士課程を出てからその間、四半世紀近く編集者稼業の月日が流れ、二〇〇七年四月に早稲田大学大学院アジア太平洋研究科博士課程に入学して学籍を得て、研究者としての学究環境に半身の状態で身を置くことになった。

本書のもととなる博士学位請求論文「戦後日本論壇における中国論の変遷　一九四五—一九七二——総合雑誌関連

記事の歴年推移をたどって」を提出したのは、二〇〇九年の誕生日の翌日のことだった。入学してから二年五カ月が経過していた。二年五カ月の間、公務は通常通り継続し、昨今の激甚な出版不況に見舞われ、仕事量は増えこそすれ軽減されることはなく、容赦なく襲ってくる幾重もの難題を凌いだあとに残るのは、疲労とストレスの束だった。そのようななか、まさに寸暇を惜しんで、公務が八時に終われば、三〇分後に早大中央図書館に駆けつけて、閉館の音楽が鳴り始める九時五〇分まで粘り、周囲には「週末研究家」と称して土曜日半日を資料集めに費やしたりした。仕事・家事・学業の三重生活で、余白の時間の少ない、濃密な九〇〇日間の時間の流れだった。

図書館での調査と自宅での執筆は、編集者というチームプレー要員とはうって変わって、たった独りの思考空間に身を置いた、孤独な長距離走者のようである。それでも、記事を担当した編集者の意図や、著者とのやりとり、原稿整理、ゲラの校正など、公刊されるまでの過程を想像しながら、職能を同じくする者同士の連帯感のようなものを感じながら、充実したひとときを堪能した。同時に、当時の中国と中国を取り巻く状況の厳しさを考えるにつけ、生原稿をインクに固定させ読書圏に流布させていくという営為にともなって、著者と出版社双方にのしかかる責任の重さに思いを馳せ、同業者として身の引き締まる思いをさせられた。本書が記事を世に送った著者と編集者の真意をどこまで正確に把握できているかどうか、文責という名の負荷に、何度もたじろぎそうになった。

あの頃の日本人を熱狂に掻き立て、社会変革の夢を膨らませ、人生を翻弄してやまなかった同時代中国の魅力とは何だったのか。その真実に迫るには、同時代の言説空間に先入見を持たずに我が身を晒し、視界に映った実景を忠実にトレースすること、そのことこそが、私にとっての活きた思想史の方法だった。ただひたすらに四股を踏んで地盤を踏み固め、土嚢を積み上げる地道な作業の蓄積こそが、真相解明への近道であるということを愚直に信じて、拙い研究の工程をこなしてきた。

学位請求論文は、二〇〇九年一二月二五日の計五名の主査・副査による口頭試問を経て、翌年一月二五日、アジア太平洋研究科運営委員会（教授会）にて合格と承認された。学位論文を提出するにあたっては、請求論文提出以降に気づいた誤記や付加すべき記述などを訂正・加筆し、論文をお渡しした一五名のインタビュアーから受けたいくつかの指摘を修正に反映し、さらに口頭試問での審査委員の先生方からの質問・批判・意見を踏まえた改訂を加えた。学術書として本書を出版するに当って、序章の一部を刈り込み、書名や各章の見出しを一部変更し、担当編集者の指摘・助言に従って行文を修正した。全体の構成には巻末に年表と索引を付加した他は大きな改変は加えなかった。

この間、早稲田大学中央図書館、とりわけ戦後雑誌の宝庫であるバックナンバー書庫、地下二階の大学院生専用の三畳ほどの個室部屋、そして国立国会図書館には資料の調査・貸与でお世話になった。

既発表の論文の初出を注記しておく。

本書の第四章と第五章は下記に発表した原稿がもととなり、その後、加筆修正を加えた。

「文化大革命在日本――その衝撃と波紋（上・下）」『アジア太平洋討究』第一〇・一二号、二〇〇八年三月・〇九年三月

この邦文論文を縮約したものを中国語に翻訳していただき発表したのが次の論文である。

「「文化大革命」在日本（一九六六―一九七二）――中国革命対日本的衝撃和影響」『開放時代』広州、二〇〇九年第七期

中国で本書についての概要を寄稿することを求められたことを奇貨として、博士論文全体を要約した文章を中国語に翻訳して頂いたものが次の論文で、終章はこれをもとに増補改訂したものである。

「日本総合雑志上反映的中国形象（一九四五―一九七二）」『南開日本研究　二〇一〇』、南開大学日本学研究院（天津）、世界知識出版社（北京）、二〇一〇年七月

私の修士課程時代は中国哲学専攻で、中国の古典を対象にした文献解釈学であり、本書のような同時代批評・メディア学・知識社会学的研究とはほとんど接点のないものであった。学籍を置いたアジア太平洋研究科の国際関係学専攻については、研究キャリアが乏しい上に、それがいかなる学問であるのか、いまだによくわかってはいない。そのような浅学菲才の身でありながら、総合雑誌に掲載された中国関連記事の論題や論調を歴年推移でたどるという先行

研究が皆無の悪路を、何とかゴール地点まで走破できたのは、要路に立つさまざまな学問の先達たちの有形無形のサポートなしには、とうてい達成しえないことだった。

まず、大学院の指導教授であり、学位請求論文の主査に当たってくださった後藤乾一先生には、深い学恩を蒙り、数知れないほどのご指導とご助言を賜った。先生は一九九八年四月に早稲田大学大学院アジア太平洋研究科が創設されたとき、その構想と設置事業を主導し、初代研究科委員長を務められた。その時から、「アジタイ」は私にとって憧れの学科であり、設立後九年目に入学が認められた。

論文の定稿を仕上げた翌日の二〇〇九年八月一〇日、故若泉敬ゆかりの地を先生と共に訪ね、福井県越前市にある故人の墓に詣で、「志」と刻まれた地球儀の形をした墓石に共に手を合わせた。それは私にとって「志」の半ばをやり遂げたことの報告の儀でもあった。

以下、副査にあたってくださった堀真清先生（早稲田大学政経学術院教授）は、対面してご指導いただいた長文のメモだけでも六回分はあり、中国研究の専門領域に逃げ込みがちな私の研究を、広く戦後知識人の思想的営為として位置づけよ、さかしらな解釈ではなく記録に徹せよと強調され、そのために抑えておくべき基礎的文献や方法論の手ほどきを、噛み砕いてご教授くださった。もしよかったらお使いくださいと、両手に大きな手提げを提げ、膨大な書籍の恵贈に与った。紐解いてみると、文革期を中心に、当時出された関連書籍の山だった。先生はご自身のご専門以外の膨大な本を系統的に集められてこられたのを、惜しみなく手放されたのだった。

山本武利先生（早稲田大学政経学術院教授）は、メディア研究のお立場から、論壇ジャーナリズム研究の方法について懇切にご教授いただき、さらに戦時中の延安の日本人の活動について、その独創的な研究成果をご提供いただいた。本書の序章と、日本軍の戦争責任の「区別論」を考察する上で、有用な知見として活用させていただいた。

園田茂人先生（早稲田大学大学院アジア太平洋研究科教授、現在は東京大学東洋文化研究所教授）は、中国をフィールドとする社会学のお立場から、中国論の言説分析を定量的かつ定性的にどう分析するのが効果的な方法か、データ処理の技術も含めて教えていただき、面接調査の手ほどきもしていただいた。

村嶋英治先生（早稲田大学大学院アジア太平洋研究科教授）にも、その篤実な研究姿勢からいろいろと教わることが多かった。

副査ではないが、平素より直接のご指導を仰いでいる西村成雄先生（放送大学教授）は、一章が仕上がるごとに、不躾にもまだ生煮えのままの研究成果を送りつけ、逐条的に斧正を加えてお返しくださるという、「煉瓦を投げて玉を引き寄せる」さながらのご好意に甘え続けてきた。戦時下日本の中国認識について、先生ご自身の先行的な研究もあり、また戦後中国研究の系譜についてもインフォーマントとして耳寄り情報を授けてくださった。

そのほか、順不同でお名前だけを記させていただくと、小島晋治先生（神奈川大学名誉教授）、石井明先生（東京大学名誉教授）、田村紀雄先生（東京経済大学名誉教授）、山田辰雄先生（慶応大学名誉教授）、国分良成先生（慶應義塾大学教授）、加藤哲郎先生（一橋大学教授）、内海愛子先生（早稲田大学客員教授）、廖赤陽先生（武蔵大学教授）、和田春樹先生（東京大学名誉教授）、酒井哲哉先生（東京大学教授）、朱建栄先生（東洋学園大学教授）、末岡実さん（フェリス女子学院大学教授）、佐藤優さん（元外交官、作家・評論家）、吉田則昭さん（立教大学講師）などの方々からも、有用な情報をご提供いただいたり、研究の個人指導をいただいた。

インタビューをさせていただいた方々には、私の研究論文のために貴重なお時間を割いてくださったばかりか、証言編に採録するさいに、懇切なお手入れをいただいたことに、改めて深甚の謝意を表したい。

とりわけ、野村浩一先生（立教大学名誉教授）、加々美光行先生（愛知大学教授）には、採録した質疑応答以外に、研究上のご助言を惜しみなくいただき、私の話に真剣に耳を傾けてくださるその姿勢に鼓舞され、ゴールがなかなか見えない長距離走の持久力を授けていただいた。

お名前は記さないが、北京・天津・広州などにおいて、現地の多くの中国人学者から日本研究の概況や中国人の日本観について、貴重な情報や証言をいただいた。

私と同じように、子育ての手のかかる時期を過ぎて、やおら社会人研究者としてキャリアを積み始めた福岡愛子さん（東京大学大学院人文社会系研究科博士課程在籍）は、私と同じように言説分析のアプローチで中国の文革論の研究をなさる先輩である。昨年度の大平正芳記念賞を受賞された『文化大革命の記憶と忘却』（新曜社、二〇〇八年）の偉業に敬服し、同学としてのご助言を受けながら、そのお背中を見ながら走ってきた。福岡さんは博論では日本の文革論の言説分析をなさるという。果たして私の拙い研究が彼女にとって参照価値のあるものになりえているだろうか。

後藤ゼミの修士課程・博士課程の学友たちは、ゼミでまだまとまらない状態の研究発表を聞かされるいわば第一読者であった。そこでの厳しくも温かい質問や意見は、自分の関心系に閉じこもりがちな研究を開放系のものに切り替えていく上で、貴重な修練の場になった。そこには韓国・中国・台湾・インドネシアなど、いろいろな言語圏・文化圏を背負った多くの留学生もおり、彼らからの反応を聞くのも、よい刺激になった。例えば「論壇」「総合雑誌」という日本では周知の概念を、彼らは日本人のような皮膚感覚で捕えられないことに気づかされ、別の角度から丁寧な説明を加える必要に迫られた。また、例えば加害と被害という二分法は、必ずしも東アジア共通の戦後処理の原則ではないことを彼らの反応から思い知らされ、日本人にしか通用しない発想法の虚を衝かれることも多かった。東アジアでの歴史和解という今日的テーマに自分の研究を活かす上で、貴重な経験ともなった。

単行本化にあたっては、編集担当の新曜社・渦岡謙一氏にお世話になった。皇居の周りをジョギングしながら、本書の「編集会議」をしたことも、市民ランナー同士ならではの、得がたい経験である。読みにくい原稿に丁寧な疑問や修正を加えてくださったこととともに、心からの感謝を申し上げたい。

仕事・家事・学業の三重生活などと体裁の良いことを書いたが、実のところ家事は手を抜いていた。幸い二人の娘とも中学校に入学し、手をかけようにも疎んじられる年頃になっていた。それをいいことに運動会や文化祭の義理まで欠くようになっては、父親として面目ない。せめて公刊された本書でも見せて、勉学に励むようになればいいのだが、過剰な期待はしないでおこう。学業の比重を増やした分だけ妻の負担が増した。いつかこの借りの返済を迫られるときがくるだろう。そのときは、きっと利子が膨らんでいることだろう。

いま稿を閉じるにあたって、インタビューをした二人のお言葉が脳裏で反発しつつ共鳴している。山田辰雄先生の「中国は壮大な実験国家である。一三億の民を統治する上で、西欧近代のやり方をそのまま当てはめてもうまくいかないし、中国独自の特殊なやり方も失敗を重ねてきた」というお言葉と、粕谷一希先生（元『中央公論』編集長、作家・評論家）の「中国に対して悪意を抱いているわけではないが、北京オリンピックで二一世紀中国が見えてきたような気がする。中国に対する反発が起きて、中国を仲間だと思わなくなっても、中国は断固として自分の意思を通すだろう」というお言葉である。

中国はその悠久の歴史と、版図の広さ、人口の豊かさから、常に外からその存在や動向が注視される存在であった。近代以降の一五〇年間は、西洋列強や日本軍国主義の勢力圏に呑みこまれそうになる屈辱を受けながら、富強中国を目指して、試行錯誤を重ね、紆余曲折の歩みを経てきた。そのことで日本の論壇も翻弄されて、同時代的中国論の言説もまた、中国の動向に揺さぶられ続けたため、投機的で変転極まりなきものとなった。

二一世紀に入った今、もはや中国はいくら「世界最大の発展途上国」という自意識を外に向けて言い募っても、説得力を持たなくなるだろう。一五〇年を経て、富強中国の夢が実現しつつあることは覆い隠せなくなっている。二〇一〇年の今、GDPを比較しても、今年中には中国が日本を追い越すであろうとされている。中国は国際的な責任ある大国として、国際的なシステムへの参入を模索することを迫られている。と同時に国内的にも、少数民族問題や人権活動家への弾圧、自由な言論活動への介入といった局面において、人びとの自由に対する欲求と、それを抑える党・政府という構図は、いまだに大きな課題として中国社会にのしかかっている。壮大な実験国家が大国としての存在感を増しつつあるときに、日本がどのような中国論を発し、中国に直言し、どのような中国像を投影して隣国と付き合っていくのか。いまは近代史上未曾有の事態に直面している。研究者として、編集者として、鼎の軽重が問われている。さらなる精進を続けていきたい。

二〇一〇年七月　西葛西の寓居にて

馬場　公彦

参考文献一覧

分析対象雑誌

数量分析かつ言説分析対象の雑誌

『朝日ジャーナル』（週刊）一九五九・三―一九九二・六、朝日新聞社
『朝日評論』一九四六・三―一九五〇・一一、朝日新聞東京本社
『潮』一九六〇・七―、潮出版社
『雄鶏通信』一九四五・一一・一五―一九四九・一〇、雄鶏社
『改造』一九四六・一復刊―一九五五・二、改造社
『月刊社会党』一九五七・六、日本社会党教宣局
『現代』一九六七・一―二〇〇九・三、講談社
『現代の眼』一九六一・一―一九八三・四、経営評論社―現代評論社
『思索』一九四六・四―一九四九・一二、思索社
『思想の科学』（第一期）一九四六・五―一九五〇・四、先駆社／一九五三・一―、建民社／一九五四・五―、講談社／一九五九・一―、中央公論社／一九六二・四―一九九六・四、思想の科学社
『自由』一九五九・一一―、至誠堂―自由社
『情況』一九六九・一―一九七六・一二、一九九〇・七―二〇〇〇・八、二〇〇〇・一〇―、情況出版
『諸君』一九六九・七―、文藝春秋
『世界』一九四六・一創刊―、岩波書店
『世界評論』一九四六・二―一九五〇・五、世界評論社
『前衛』一九四六・二―、日本共産党出版部
『中央公論』一九四六・一復刊―、中央公論社
『潮流』一九四六・一―一九五〇・三、吉田書房―潮流社
『展望』一九四六・一―一九五一・九、一九六四・一〇―一九七八・八、筑摩書房
『日本及日本人』一九〇七・一―二〇〇四・一、金尾文淵堂―政教社―日本新聞社―日本及日本人社―J&Jコーポレーション
『日本評論』一九四六・五復刊―一九五一・六、日本評論社
『評論』一九四六・二―一九五〇・五、河出書房
『文藝春秋』一九四五・一〇復刊―、文藝春秋
『民主評論』一九四五・一一―一九四九・六、民主評論社

言説分析のみ対象の雑誌

『朝日アジアレビュー』一九七〇・三―一九七八・一二、朝日新聞社
『アジア経済』一九六〇・五―、アジア経済研究所
『アジア問題』一九五三・二―一九五八・三、社団法人アジア協会
『エコノミスト』（週刊）一九四六・一―、大阪毎日新聞社―毎日新聞社
『海外事情』一九五五・一〇―、拓殖大学海外事情研究所

『華僑報』東京華僑総会
『革新』一九四六・二―一九四八・九、革新社
『季刊 中国研究』一九四七・六―一九五二・九、日本評論社（一―一三号まで）―中国研究所（一四号）―現代中国学会（一五・一六号）
『言論』一九四六・一―一九四六・九、高山書院
『国際問題』一九六〇・四―、日本国際問題研究所
『サンデー毎日』（週刊）一九二二・四―、大阪毎日新聞社―毎日新聞社
『週刊朝日』（週刊）一九二二・四―、大阪朝日新聞社―朝日新聞社
『週刊新日本』一九四五・九―一九四七・一、新日本社
『週刊新潮』（週刊）一九五六・二―、新潮社
『週刊読売』（週刊）一九五二・七―、讀賣新聞社
『主張と解説』一九五六・一―一九七九、三 世界民主研究所
『時論』一九四六・一―一九五〇・六、大雅堂（京都）
『新時代』一九四五・一〇―一九四六・一一、経国社・新時代社
『新人』一九四六・二―一九四六・一〇、小学館
『新生』一九四五・一一―（終刊不明）、新生社
『新中国』一九四六・三―一九四八、実業之日本社
『人民戦線』一九四五・一二―一九四八・四・五、人民戦線社（神奈川）
『人民評論』一九四五・一一―一九四九・四、伊藤書店
『世界週報』（週刊）一九四五・一一―二〇〇七・三、時事通信社
『世界文化』一九四六・二―一九四九・五、日本電報通信社
『太平』一九四五・一二―一九五〇・三、時事通信社
『中国』一九六三・一―一九七二・三、中国の会
『中国研究月報』一九四九・一〇―、中国研究所
『中国評論』一九四六・六―一九四七・一、日本評論社
『朝鮮研究月報』一九六二・一―一九六四・五、日本朝鮮研究所
『東亜時論』一九五九・一―一九六七・四、『季刊東亜』一九六七・一〇―一九七二・六、財団法人霞山倶楽部、『東亜』一九七八・一― 霞山会
『人間として』（小田実・開高健・柴田翔・高橋和巳・真継伸彦編集）一九七〇・三―一九七二・一二、筑摩書房
『文化評論』一九六一・一二―一九九三・三、新日本出版社
『辺境』（季刊、井上光晴編集）一九七〇・六―一九七三・三、豊島書房、一九七三・一〇―一九七六、辺境社、一九八六・一〇―一九八九・七・記録社・影書房
『歴史学研究』一九四六・六復刊―刊行中、歴史学研究会編集、発行は岩波書店（一二二―一二九号）―青木書店（一三〇号―）

邦文文献

＊ 一九四五―七二年の言説分析対象雑誌において本文で取り上げた中国関連記事は採録していない。ただしその期間のものであっても、中国関連記事以外の記事については採録した。

青山瑠妙『現代中国の外交』慶應義塾大学出版会、二〇〇七年
赤澤史朗「出版界の戦争責任追及問題と情報課長ドン・ブラウ

ン」『立命館法学』六号、二〇〇七年
赤塚忠・金谷治・福永光司・山井湧編『中国文化叢書　第二巻　思想概論』大修館書店、一九六八年
朝日新聞百年史編修委員会『朝日新聞社史』昭和戦後編、朝日新聞社、一九九四年
浅海一男『中国の内幕』大光社、一九六七年
遊部久蔵『中国労働者階級の状態』好学社、一九四八年
天野元之助『中国農業の諸問題　第二』技報堂、一九五二年
アメリカ国務省編『中国白書――米国の対華関係』朝日新聞社訳、朝日新聞社、一九四九年
新井宝雄『中国の素顔』毎日新聞社、一九六六年
新井利男資料保存会編『中国撫順戦犯管理所職員の証言』梨の木舎、二〇〇三年
有馬明恵『内容分析の方法』ナカニシヤ出版、二〇〇七年
有山輝雄『占領期メディア史研究――自由と統制・一九四五年』柏書房、一九九六年
安藤彦太郎・今村与志雄・西順蔵「中国を理解するための本」『展望』一九六七年六月号
安藤彦太郎『変革と知識人――建設期中国の思想と学問』東和社、一九五二年
――『中国通信　一九六四―六六』大安、一九六六年
――『日本人の中国観』勁草書房、一九七一年
家近亮子・松田康博・段瑞聡編著『岐路に立つ日中関係――過去との対話未来への模索』晃洋書房、二〇〇七年
家近亮子『日中関係の基本構造――二つの問題点・九つの決定事項』晃洋書房、二〇〇三年
池島信平・佐藤観次郎・畑中繁雄・吉野源三郎「（座談会）綜合雑誌をめぐって」『中央公論』一九五五年五月号
石井明・朱建栄・添谷芳秀・林暁光編『記録と考証　日中国交正常化・日中平和友好条約締結交渉』岩波書店、二〇〇三年
石井明『中ソ関係史の研究　一九四五―一九五〇』東京大学出版会、一九九〇年
――「日台断交時の「田中親書」をめぐって」『社会科学紀要』（東京大学大学院綜合文化研究科国際社会科学専攻編）五〇輯、二〇〇〇年
石川晃弘「（調査資料）アメリカ観・ソ連観・中国観の構造――東京都豊島区における意識調査の結果から」『国際問題』一四九号、一九七二年八月号
石田雄・久野収・坂本義和・日高六郎・丸山真男・緑川亨・吉野源三郎「「平和問題談話会」について」『世界』一九八五年七月臨時増刊号
石田米子「アグネス・スメドレーについて――私が今日感ずること」『中国研究月報』二五〇号、一九六八年一二月
伊藤律『伊藤律回想録――北京幽閉二七年』文藝春秋、一九九三年
伊原吉之助編『賢人が見つめた中国――桑原寿二論文集』産経新聞ニュースサービス発行、扶桑社発売、二〇〇二年
今堀誠二『毛沢東研究序説』勁草書房、一九六六年
岩村三千夫・幼方直吉・新島淳良・光岡玄「（討論）文化大革命とジャーナリズム」『中国研究月報』一九六六年一一月

岩村三千夫・尾崎庄太郎『新中国の経済建設』東洋経済新報社、一九五〇年
岩村三千夫・野原四郎『中国現代史』岩波新書、一九五四年
植垣康博『兵士たちの連合赤軍』彩流社、一九八四年
――『連合赤軍二七年目の証言』彩流社、二〇〇一年
上田信「村に作用する磁力について――浙江省鄞県勤勇村（鳳渓村）の履歴」『中国研究月報』四五五―四五六号、一九八六年一月―二月号
植田康夫「総合雑誌の盛衰と編集者の活動」『「帝国」日本の学知　第四巻　メディアのなかの帝国』岩波書店、二〇〇六年
上野昂志「竹内好――〝欠如〟への絶えざる問い」『現代の眼』一九七九年八月号
内田智雄『中国農村の家族と信仰』弘文堂書房、一九四八年
内山完造『平均有銭――中国の今昔』同文館、一九五五年
宇都宮徳馬『日中関係の現実』普通社・中国新書、一九六三年
幼方直吉・尾崎秀樹・池田敏雄・加藤祐三・関寛治・野村浩一・小島麗逸・戴國煇・徳田教之・矢吹晋・小倉芳彦・田中正俊・加々美光行・川村嘉夫・小林文男・田近一浩・石川滋・菅沼正久・山内一男「（シンポジウム）日本における中国研究の課題（Ⅰ・Ⅱ・Ⅲ）」『アジア経済』一一巻六・七・八号、一九七〇年六・七・八月
梅本克己・遠坂良一『対談　毛沢東思想と現代の課題』三一書房、一九七二年
衛藤瀋吉「日華緊張と日本人――一九二五年から二八年までの朝日と日日の内容分析」坂野正高・衛藤瀋吉編『中国をめぐる国際政治――影像と現実』東京大学出版会、一九六八年
NHK放送世論調査所編『図説　戦後世論史　第二版』日本放送出版協会、一九八二年
遠藤三郎など『元軍人の見た中共――新中国の政治・経済・文化・思想の実態』文理書院、一九五六年
汪暉「中国における一九六〇年代の消失――脱政治化の政治をめぐって」石井剛訳、『思想』九九八・九九九号、二〇〇七年六月・七月
王瑶『現代中国文学講義（全五冊）』実藤恵秀など共訳、河出書房、一九五五年
大石裕『ジャーナリズムとメディア言説』勁草書房、二〇〇五年
大沢真一郎「戦後サークル運動の到達点は何か――「サークル村」の展開過程に即して」『思想の科学』別冊三・一一五号、一九七一年
太田勝洪編訳『毛沢東・外交路線を語る』現代評論社、一九七五年
大嶽秀夫『新左翼の遺産――ニューレフトからポストモダンへ』東京大学出版会、二〇〇七年
大谷瑩潤『新中国見聞記』河出書房、一九五五年
大塚有章『新中国物語――中国革命のエネルギー』三一書房、一九五七年
大山彦一『中国人の家族制度の研究――東亜諸民族の社会学的考察』関書院・社会学叢書、一九五二年
岡崎嘉平太『中国問題への道』春秋社、一九七一年
緒方貞子『戦後日中・米中関係』添谷芳秀訳、東京大学出版会、

一九九二年
尾崎庄太郎『われ、一粒の麦となりて――日中戦争の時代を生きた中国研究家の回想』結書房、二〇〇七年
尾崎秀樹『近代文学の傷痕――大東亜文学者大会・その他』普通社・中国新書、一九六三年
尾崎秀実『現代支那論』勁草書房・中国新書、一九六四年
小島佑馬『中国の革命思想』弘文堂・アテネ新書、一九五〇年
小竹文夫『支那の社会と文化』弘文堂、一九四八年
――『中国の思想問題――胡風事件をめぐって』大学出版協会、一九五六年
小野忍・斎藤秋男『中国の近代教育』河出書房・教養文庫、一九四八年
貝塚茂樹『古い中国と新しい中国』創文社、一九五四年
加々美光行『資料・中国文化大革命』りくえつ、一九八〇年（後に『歴史のなかの中国文化大革命』岩波現代文庫、二〇〇一年に収録）
――『逆説としての中国革命――〈反近代〉精神の敗北』田畑書店、一九八六年
――『鏡の中の日本と中国――中国学とコ・ビヘイビオリズムの視座』日本評論社、二〇〇七年
香川孝志・前田光繁『八路軍の日本兵たち――延安日本労農学校の記録』サイマル出版会、一九八四年
笠原十九司『南京事件論争史――日本人は史実をどう認識してきたか』平凡社新書、二〇〇七年
加島敏雄『中国の諸政党政派』暁明社、一九四九年
柏祐賢『経済秩序個性論――中国経済の研究（一・二）』人文書林、一九四七・四八年
粕谷一希『対比列伝――戦後人物像を再構築する』新潮社、一九八二年
――「中央公論社と私」文藝春秋、一九九九年
――『作家が死ぬと時代が変わる――戦後日本と雑誌ジャーナリズム』日本経済新聞社、二〇〇六年
粕谷一希・田中健五・安江良介「（座談会）総合雑誌の世界」『流動』一九七九年七月号
鹿地亘『中国の一〇年』時事通信社、一九四八年
――『砂漠の聖者――中国の未来に賭けたアレーの生涯』弘文堂、一九六一年
加藤周一「総合雑誌の役割――その変化と将来について」『潮』一九七二年一二月号
加藤哲郎「情報戦のなかの「亡命」知識人――国崎定洞から崎村茂樹まで」『インテリジェンス』九号、二〇世紀メディア研究所、二〇〇七年
加藤秀俊「総合雑誌に注文する」『中央公論』一九六〇年一一月号
上別府親志『中国文化革命の論理』東洋経済新報社、一九七一年
神吉晴夫『三光――日本人の中国における戦犯犯罪の告白』光文社、一九五七年
亀井勝一郎『中国の旅』講談社、一九六二年
――『中国の旅の思ひ出――私の画帖』大和書房、一九六六年
川口信行・山本博『伊藤律の証言――その時代と謎の軌跡』朝日

新聞社、一九八一年
川崎秀二『新中国を歩く』仙石出版社、一九七〇年
川添登・犬丸義一『中国の文化大革命――その根源と矛盾』青木書店、一九六八年
川村薫『七億の大河――みんなで考える中国（上・下）』理論社、一九六一年
神田正雄『中国社会と民族性』朴烈文化研究所、一九四九年
菊地三郎『声なき民のアジア学――現地体験四〇年を語る』新人物往来社、一九八一年
岸本美緒編『岩波講座「帝国」日本の学知　第三巻　東洋学の磁場』岩波書店、二〇〇六年
木村伊兵衛・中島健蔵編『文学者のみた現代の中国写真集』毎日新聞社、一九六〇年
木村荘十二『新中国』東峰書房、一九五三年
京谷秀夫「『中央公論』の崩壊感覚」『現代の眼』一九七九年八月号
ロベール・ギラン『六億の蟻――私の中国旅行記』井上勇訳、文藝春秋新社、一九五七年
草野文男『国共論』世界思潮社、一九四七年
――『中国戦後の動態』教育出版、一九四七年
草野文男・上別府親志『中共の全貌』共栄社、一九五一年
草野文男・小竹文夫『現代中国革命史――人民政府の成立について』弘文堂、一九五八年
国松文雄『わが満支廿五年の回顧』新紀元社、一九六一年
倉石武四郎『本邦における支那学の発達』二松学舎大学二一世紀COEプログラム・倉石武四郎講義ノート整理刊行会（代表・戸川芳郎）、二〇〇七年
――編『変革期中国の研究』岩波書店、一九五五年
蔵居良造『現代中国論』現代アジア出版会・現代アジア叢書、一九六八年
栗山尚一「日中国交正常化」『早稲田法学』七四巻四号、早稲田大学法学会、一九九九年
黒田寛一『現代中国の神話』こぶし書房、一九七〇年
黒田秀俊「敗北の言論――中央公論・改造解体の真相（一・二）」『評論』一九四九年一一・一二月号
桑原寿二『毛沢東と中国思想』時事問題研究所・一九七〇年問題シリーズ、一九六九年
桑原武夫『ソ連・中国の印象』人文書院（京都）、一九五五年
「月刊誌　冬の時代――相次ぐ休刊、雑誌の今後は」『朝日新聞』二〇〇八年九月一三日
現代アジア社会思想研究会編『毛沢東思想と中国の社会主義――中共革命の再検討』現代アジア出版会、一九六七年
現代史の会発行『季刊現代史』四号、一九七四年八月
小池晴子『中国に生きた外国人――不思議ホテル北京友誼賓館』径書房、二〇〇九年
五井直弘『近代日本と東洋史学』青木書店、一九七六年
上坂酉三『中国交易機構の研究』早稲田大学出版部、一九四九年
高坂正堯「現実主義者の平和論」『中央公論』一九六三年一月号
『講談社七十年史　戦後編』講談社、一九八五年
紅野敏郎・栗坪良樹・保昌正夫・小野寺凡『展望戦後雑誌』河出

書房新社、一九七七年
小島晋治・伊東昭雄・光岡玄・板垣望・杉山文彦・黄成武『中国人の日本人観一〇〇年史』自由国民社、一九七四年
小島晋治・大里浩秋・並木頼寿編『二〇世紀の中国研究――その遺産をどう生かすか』研文出版、二〇〇一年
小島麗逸編『中国の都市化と農村建設』龍渓書舎、一九七八年
小島麗逸「中国――都市化なき社会主義は可能か」『世界』一九七四年一一月号
小宮義孝『新中国風土記――上海自然科学研究所のことども』メヂカルフレンド社、一九五八年
西園寺一晃『青春の北京』中央公論社、一九七一年
在華同胞帰国協力会機関紙共同デスク・朝日新聞社出版局共編『新しい中国――帰国者の体験から』朝日新聞社、一九五三年
在華同胞帰国協力会・日本子供を守る会共編『帰ってきた子供たち――中国帰国児童作文集』講談社、一九五三年
斎藤秋男編『教育共和国の先駆者たち――新中国人民教師の群像』青銅社、一九五一年
斎藤秋男・新島淳良『中国現代教育史』国土社、一九六二年
斎藤龍鳳『遊撃の思想』三一書房、一九六五年
――『なにが粋かよ――斎藤龍鳳の世界』創樹社、一九七二年
酒井哲哉「「東亜協同体論」から「近代化論」へ――蝋山政道における地域・開発・ナショナリズム論の位相」酒井『近代日本の国際秩序論』岩波書店、二〇〇七年
坂口弘『あさま山荘　一九七二（上・下）』彩流社、一九九三年
――『坂口弘　歌稿』朝日新聞社、一九九三年
――『続あさま山荘　一九七二』彩流社、一九九五年
「雑誌輿論調査集計」『日本読書新聞』一九四六年八月二一日号
佐藤勝巳「さらば『現代コリア』、われらかく闘えり」『諸君！』二〇〇八年二月号
佐藤公彦『『氷点』事件と歴史教科書論争――日本人学者が読み解く中国の歴史論争』日本僑報社、二〇〇七年
佐藤慎一郎『新中国の命運をかけた人民公社』鋼書房、一九五九年
――『佐藤慎一郎選集』佐藤慎一郎選集刊行会、一九九五年
さねとう・けいしゅう『中国人　日本留学史』くろしお出版、一九六〇年
塩脇幸四郎『中国労働運動史（上・下）』白揚社、一九四九年
滋賀秀三『中国家族法論』弘文堂、一九五三年
司馬遼太郎『ひとびとの跫音（上・下）』中公文庫、一九八三年
島田政雄『嵐に立つ中国文化』国際出版（大阪）、一九四八年
島恭彦『中国奥地社会の技術と労働』高桐書院（京都）、一九四六年
清水和巳・河野勝『入門　政治経済学方法論』東洋経済新報社、二〇〇八年
清水盛光『中国族産制度攷』岩波書店、一九四九年
朱建栄「中国はなぜ賠償を放棄したか――政策決定過程と国民への説得」『外交フォーラム』一九九二年一〇月号
「出版界の動向　昭和二一年上半期」『日本読書新聞』一九四六年六月二六日号
出版史研究会「総合雑誌百年史」『流動』一九七九年七月号

『出版年鑑二〇〇八』出版ニュース社、二〇〇八年
蒋介石『中国のなかのソ連』寺島正訳、時事通信社、一九六二年
「証言　日中共同声明――国交正常化二五年（上・下）」『朝日新聞』一九九七年八月二七日・二八日
蕭向前『永遠の隣国として――中日国交回復の記録』竹内実訳、サイマル出版会、一九九七年
蕭向前・趙階琦・張香山「講演会　日中新交流への道――国交正常化二五周年記念」『朝日新聞』一九九七年九月二五日
城野宏『中国の発想』潮新書、一九六八年
上丸洋一「「諸君！」創刊への道　下――保守系でゆきましょう」『AIR21』（朝日総研レポート）一八八号、二〇〇六年一月
――「「諸君！」創刊への道　下――戦後保守と雑誌「自由」」『AIR21』（朝日総研レポート）一八九号、二〇〇六年二月
「新路線探る「しにせ」――曲がり角の保守系論壇誌」『朝日新聞』二〇〇七年八月二二日
瀋志華「中ソ条約交渉における利益の衝突とその解決」鹿錫俊訳、『思想』九二七号、二〇〇一年八月号
末廣昭編『岩波講座「帝国」日本の学知　第六巻　地域研究としてのアジア』岩波書店、二〇〇六年
菅沼正久『中国文化大革命』三一新書、一九六七年
菅沼正久・新島淳良・西順蔵・野原四郎編『講座　現代中国（全三巻）』大修館書店、一九六九年
絓秀美『革命的な、あまりに革命的な――「一九六八年の革命」史論』作品社、二〇〇三年
杉森久英『中国見たまま』文藝春秋、一九七二年
アンナ・ルイズ・ストロング『中国人は中国を征服する』山本譲二訳、筑摩書房、一九五二年
エドガー・スノー『中国の赤い星』宇佐美誠次郎訳、筑摩叢書、一九六四年
アグネス・スメドレー『中国紅軍は前進する』桜井四郎訳、ハト書房、一九五三年
――『偉大なる道（上・下）』阿部知二訳、岩波書店、一九五五年
関忠果・小林英三郎・松浦総三・大悟法進『雑誌『改造』の四〇年』光和堂、一九七七年
「〈ワイド特集〉〈造反時代の総合雑誌〉――オピニオン・リーダーは〈幻想〉か」『週刊読書人』一九六九年七月二一日号
H・E・ソールスベリー『中国とその周辺』岡部達味訳、経済往来社、一九六八年
孫平化『私の履歴書　中国と日本に橋を架けた男』日本経済新聞社、一九九八年（孫平化著、孫暁燕整理『我的履歴書』世界知識出版社、一九九八年）
戴國煇『日本人との対話――日本・中国台湾・アジア』社会思想社、一九七一年
高木健夫『中国風雲禄』鱒書房、一九五五年
高橋和巳『新しき長城』河出書房、一九六七年
高橋正則「世論の操作についての一考察――朝日新聞の日中問題世論調査にみる」『駒澤大学法学部研究紀要』三二号、一九七四年三月

高橋勇治『中国人民革命の研究』弘文堂・東京大学社会科学研究所研究叢書第一二冊、一九五七年
高橋芳男「中国「文化大革命」と日本の論壇」『文化評論』七四号、一九六七年一一月号
『拓殖大学八〇年史』拓殖大学創立八〇周年記念事業事務局発行、一九八〇年
竹内実編訳『毛沢東・哲学問題を語る』現代評論社、一九七五年
――『毛沢東・文化大革命を語る』現代評論社、一九七四年
竹内実『日本人にとっての中国像』春秋社、一九六六年
――「毛沢東に訴う――「牛鬼蛇神」その他」『群像』一九六八年八月号
――『中国――同時代の知識人』合同出版、一九六七年
――『毛沢東ノート』新泉社、一九七一年
――『毛沢東と中国共産党』中公新書、一九七二年
――『新版　中国の思想』ＮＨＫブックス、一九九九年
竹内好編『現代日本思想大系　第九巻　アジア主義』筑摩書房、一九六三年
竹内好『現代中国論』河出書房・市民文庫、一九五一年、普通社・中国新書、一九六三年
――「内輪ばなし」（中国を知るために一四）『中国』一五号、一九六五年二月号
――「五分の魂――とりきめについて」『中国』四〇号、一九六七年三月号
――『中国を知るために』勁草書房、一九六七年
武田泰淳『揚子江のほとり――中国とその人間学』芳賀書店、一九六七年
――『黄河海に入りて流る――中国・中国人・中国文学』勁草書房、一九七〇年
――『混々沌々――武田泰淳対談集』筑摩書房、一九七〇年
橘樸『中国革命史論』日本評論社、一九五〇年
田中健五・安藤満・川又良一・竹内修司・村田耕二・堤堯「歴代編集長全員集合！」『諸君！』一九八一年七月号、
『谷川雁の仕事』河出書房、一九九六年
谷川雁・吉本隆明・埴谷雄高・森本和夫・梅本克己・黒田寛一『民主主義の神話――安保闘争の思想的総括』現代思潮社、一九六〇年
谷川雁『工作者宣言』現代思潮社、一九六三年
玉嶋信義編訳『中国の眼――魯迅から周恩来までの日本観』弘文堂、一九五九年
田村紀雄「文献総目録　文化大革命をどう捉えたか」『週刊読書人』一九六七年六月一二日―七月三一日号
――『日本のリトルマガジン――小雑誌の戦後思想史』出版ニュース社、一九九二年
田村正敏『造反潜行記』北明書房、一九六九年
――『蜂起と夢と伝説』海燕書房、一九七五年
ジェローム・チェン『毛沢東――毛と中国革命』徳田教之訳、筑摩書房、一九七一年
『筑摩書房の三十年』筑摩書房、一九七〇年
『中央公論社の八〇年』中央公論社、一九六五年
中国研究所編『中国の日本論』潮流社、一九四八年

――『アメリカの新アジア観』潮流社、一九四八年
――『現代中国辞典』現代中国辞典刊行会、一九五〇年
――『新中国を築く人々』中国資料社、一九五一年
張香山『日中関係の管見と見証』鈴木英司訳、三和書籍、二〇〇二年
――「張香山回想録　国交正常化二五年目の証言（上・中・下）」（構成・堀江義人）『論座』一九九七年一一月・一二月号、一九九八年一月号
陳焜旺主編『日本華僑・留学生運動史』日本僑報社出版、中華書店発行、二〇〇四年
陳祖恩「虹口集中区の日本人たち――上海日本人居留民の送還と処置」袁雅瓊・川島真訳、劉傑・川島真編『一九四五年の歴史認識――〈終戦〉をめぐる日中対話の試み』東京大学出版会、二〇〇九年、所収
柘植秀臣『科学は平和を求めて――ソ連・中国科学紀行』講談社、一九五四年
津村喬『メディアの政治』晶文社、一九七四年
――『全共闘――持続と転形』五月社、一九八〇年
東方書店出版部編（訳）『中国プロレタリア文化大革命資料集成（全五巻別巻一）』一九七〇・七一年
徳田球一『わが思い出　第一部』東京書院、一九四八年
戸坂潤『日本イデオロギー論』岩波文庫、一九七七年
――『世界の一環としての日本（一・二）』平凡社・東洋文庫、二〇〇六年
――『思想と風俗』平凡社・東洋文庫、二〇〇一年
トロツキー『中国革命論』山西英一訳、現代思潮社・トロツキー文庫、一九七〇年
中島健蔵『点描・新しい中国――北京・天津・広州』六興出版部、一九五七年
中島宏「回想のピンポン外交」『東亜』四一〇号、二〇〇一年八月号
中嶋嶺雄編著『中国文化大革命――その資料と分析』弘文堂、一九六六年
中嶋嶺雄『現代中国論――イデオロギーと政治の内的考察』青木書店、一九六四年
――『中国文化大革命』弘文堂新社、一九六八年
――『中国をみつめて――私の香港通信』文藝春秋、一九七一年
――『中国像の検証』中公叢書、一九七二年
――『逆説のアジア』北洋社、一九七七年
中薗英助『過ぎ去らぬ時代　忘れ得ぬ友』岩波書店、二〇〇二年
永田洋子『一六の墓標（上・下）』彩流社、一九八二年
――『氷解　女の自立を求めて』講談社、一九八三年
――『続一六の墓標』彩流社、一九九〇年
――『獄中からの手紙』彩流社、一九九三年
中西功『中国共産党史――ソヴェート革命時代』北斗書院、一九四六年
――『中国革命と中国共産党　上』人民社、一九四六年
――『中国共産党史』白都社、一九四九年
中西功・中里竜夫『武漢に於ける革命と反革命――中国民主革命史』民主評論社、一九四八年

『中西功訊問調書——中国に捧げた情報活動』（解説・福本勝清）亜紀書房、一九九六年
中野重治『中国の旅』筑摩書房、一九五七年
中野好夫「徳富蘇峰と『国民之友』——『国民之友』雑感」『中央公論』一九七五年一一月号
中村智子『『風流夢譚』事件以後——編集者の自分史』田畑書店、一九七六年
梨本祐平『中国のなかの日本人』平凡社、一九五八年
鍋山貞親『私は共産党をすてた』大東出版社、一九四九年
南開大学周恩来研究センター著、王永祥編『周恩来と池田大作』周恩来・鄧穎超研究会訳、朝日ソノラマ、二〇〇二年
南原繁『ソ連と中国』中央公論社、一九五五年
新島淳良『中国の教育』東洋経済新報社、一九五七年
——『毛沢東の哲学』勁草書房・AA叢書、一九六六年
——『プロレタリア文化大革命』青年出版社・現代中国教室、一九六八年
——『毛沢東の思想』勁草書房、一九六八年
——『新しき革命』勁草書房、一九六九年
——『子どもを救え——ヤマギシズムと幸福学園を語る』無尽出版会、一九七四年
——「毛沢東思想とヤマギシズム幸福学園」『辺境』第二次二号、一九七四年
——『阿Qのユートピア——あるコミューンの暦』晶文社、一九七八年
——『さらばコミューン——ある愛の記録』現代書林、一九七九年
——『私の毛沢東』野草社、一九七九年
新島淳良編『毛沢東最高指示』三一書房、一九七〇年
新島淳良・野村浩一『現代中国入門——何を読むべきか』勁草書房・中国新書、一九六五年
新島淳良・加々美光行『はるかより闇来つつあり——現代中国と阿Q階級』田畑書店、一九九〇年
仁井田陞編『近代中国の社会と経済』刀江書院、一九五一年
仁井田陞『中国の農村家族』東京大学出版会、一九五二年
西順蔵『中国思想論集』筑摩書房、一九六九年
西平重喜「日本人の中国観変遷」『自由』一九八二年二月号
日中国交回復国民会議『二つの中国はない——日中国交回復国民会議訪華使節団中国訪問記』日中国交回復国民会議、一九五七年
日中友好協会（正統）本部『中国文化大革命と日中団体分裂の真相——両国人民友好の妨害者は誰か』日中友好協会（正統）本部、一九六六年
日本共産党中央委員会五〇年問題文献資料編集委員会編『日本共産党五〇年問題資料集（一—三）』新日本出版社、一九五七年
日本共産党『日本共産党の五〇年問題について』新日本出版社、一九八一年
日本共産党中央委員会『日本共産党の六五年 一九二二—一九八七』日本共産党中央委員会出版局、一九八八年
日本ジャーナリスト連盟編『ジャーナリズム入門』銀杏書房、一九四八年

日本中国学会五十年史編纂小委員会『日本中国学会五〇年史』日本中国学会、一九九八年
根岸佶『中国社会に於ける指導層――中国耆老紳士の研究』平和書房、一九四七年
――『中国のギルド』日本評論新社、一九五三年
野坂参三『亡命一六年』時事通信社、一九四五年
『野坂参三選集（戦時編）』日本共産党中央委員会出版部、一九六二年
野坂参三（岡野進）『民主的日本の建設』暁書房（桐生）、一九四六年
野沢豊「アジア研究の戦前・戦後」歴史学研究会編『アジア現代史別巻現代アジアへの視点』青木書店、一九八五年
野村浩一『中国革命の思想』岩波書店、一九七一年
――「戦後・近現代中国研究の中で」『中国――社会と文化』二三号、中国社会文化学会、二〇〇八年
橋川文三「『中国』百号と私」『讀賣新聞』一九七二年二月一〇日夕刊
長谷川如是閑『我観中国』東方書局、一九四七年
旗田巍編『シンポジウム・日本と朝鮮』勁草書房、一九六九年
波多野乾一『中国共産党史――資料集成（全七冊）』時事通信社、一九六一年
パール・バック『私の見た中国』佐藤亮一・佐藤喬訳、ぺりかん社、一九七一年
馬場公彦「戦後日本における対中認識回路の変容――雑誌『世界』関連記事に見る」『中国研究月報』六四三号、中国研究所、二〇〇一年
――「ポスト冷戦期における東アジア歴史問題の諸相」『アジア太平洋討究』早稲田大学アジア太平洋研究センター、四号、二〇〇一年
――『『ビルマの竪琴』をめぐる戦後史』法政大学出版局、二〇〇四年
――「出版界から見た日本中国学の変遷――岩波書店の刊行物を中心に」『第五八回日本中国学界講演録　中国学への提言』日本中国学会、二〇〇七年
林健太郎「論壇派閥の解消のために」『自由』一九六三年二月号
坂野正高・衛藤瀋吉『中国をめぐる国際政治――影像と現実』東京大学出版会、一九六八年
稗田憲太郎「中国における医学をめぐって――八路軍に医学を教え、八路軍に学んだ記憶」『アジア経済』一一巻九号、一九七〇年
平野義太郎『中国における新民主主義革命』中央公論社、一九四九年
平野零児『人間改造――私は中国の戦犯だった』三一書房、一九五六年
W・ヒントン『翻身――ある中国農村の革命の記録』加藤祐三訳、平凡社、一九七二年
J・K・フェアバンク『中国』市古宙三訳、東京大学出版会・UP選書、一九七二年
――『中国回想録』蒲地典子・平野健一郎訳、みすず書房、一九九四年

ニコライ・トロフィーモビチ・フェドレンコ『新中国の芸術家たち』木村浩訳、朝日新聞社、一九六〇年
福岡愛子『文化大革命の記憶と忘却――回想録の出版にみる記憶の個人化と共同化』新曜社、二〇〇八年
福島鑄郎『戦後雑誌発掘――焦土時代の精神』洋泉社、一九八五年
福島正夫ほか編『中国の文化大革命』御茶の水書房・中国研究所紀要三号、一九六六年
福武直『中国農村社会の構造』大雅堂（京都）、一九四六年
――『中国村落の社会生活』弘文堂書店、一九四七年
福地いま『私は中国の地主だった――土地改革の体験』岩波新書、一九五四年
福本和夫『革命回想　第三部　自主性・人間性の回復をめざして』インターブックス、一九七七年
藤井冠次『伊藤律と北京・徳田機関』三一書房、一九八〇年
藤子不二雄Ⓐ『劇画　毛沢東』実業之日本社、二〇〇三年
藤村俊郎『中国社会主義革命』亜紀書房・現代史叢書、一九六八年
藤本幸三編訳『毛沢東・人間革命を語る』現代評論社、一九七五年
船橋洋一編『いま、歴史問題にどう取り組むか』岩波書店、二〇〇一年
古川万太郎『日中戦後関係史』原書房、一九八八年
『文藝春秋の八十五年』文藝春秋、二〇〇六年
米国下院外交委員会第五分科委員会編『中国共産主義の戦略と戦術』時事通信社訳、時事通信社、一九四九年
別枝行夫「日中国交正常化の政治過程――政策決定者とその行動の背景」『国際政治』（日本国際政治学会編）六六号、有斐閣、一九八〇年
ジャック・ベルデン『中国は世界をゆるがす（上・下）』安藤次郎・陸井三郎・前芝誠一訳、筑摩書房、一九五二・五三年
帆足計『ソ連・中国紀行』河出書房、一九五二年
――『見てきた中国』岩崎書店、一九五三年
法政大学大原社会問題研究所叢書『証言　占領期の左翼メディア』御茶の水書房、二〇〇五年
シモーヌ・ド・ボーヴォワール『長い歩み――中国の発見（上・下）』内山敏・大岡信訳、紀伊國屋書店、一九五九年
堀田善衛編『講座中国Ⅳ　これからの中国』筑摩書房、一九六七年
堀田善衛『上海にて』勁草書房・中国新書、一九六五年
堀内干城『中国の嵐の中で――日華外交三十年夜話』乾元社、一九五〇年
本郷一二「若者は中国嫌い？――共同通信の世論調査から」『中国』五一号、一九六八年二月号
本多勝一『中国の旅』朝日文庫（一九八一年に収録）、一九七二年
――『中国の日本軍』創樹社、一九七二年
――『殺す側の論理』すずさわ書店、一九七二年
――『本多勝一集一四　中国の旅』朝日新聞社、一九九五年
――『本多勝一集二〇　調べる・聞く・書く』朝日新聞社、一九

九六年
――『本多勝一集二三　南京大虐殺』朝日新聞社、一九九七年
――『本多勝一集二四　大東亜戦争と五〇年戦争』朝日新聞社、一九九八年
――『本多勝一集二九　ドイツ民主共和国』朝日新聞社、一九九七年
――『新アメリカ合州国』朝日文庫、二〇〇三年
――『南京大虐殺と日本の現在』金曜日、二〇〇七年
毎日新聞社編『日本と中国』毎日新聞社、一九七一年
――『読書世論調査三〇年――戦後日本人の心の軌跡』毎日新聞社、一九七七年
益井康一『裁かれる汪政権――中国漢奸裁判記録』植村書店、一九四八年
マスコミ研究会「ジャーナリズムにあらわれた中国観――六〇年新聞、主として日中問題をみる視角について」『中国研究月報』一五五号、一九六一年一月号
――「中国の核実験をめぐる中国像」『中国研究月報』二一〇号、一九六五年八月号
松浦総三「総合から専門へ――総合雑誌今昔」『現代の眼』一九七九年八月号
松浦正孝「日中情報宣伝戦争――大亜細亜協会と王芃生を中心に」松浦編著『昭和・アジア主義の実像――帝国日本と台湾・「南洋」・「南支那」』ミネルヴァ書房、二〇〇七年
松下竜一『狼煙を見よ――東アジア反日武装戦線〝狼〟部隊』河出書房新社、一九八七年
松野谷夫『中国の指導者――周恩来とその時代』同友社、一九六一年
真鍋一史「日中関係と世論」増田弘・波多野澄雄編『アジアのなかの日本と中国――友好と摩擦の現代史』山川出版社、一九九五年
丸岡秀子『中国　一二の物語』池田書店、一九五七年
丸沢常哉『新中国生活一〇年の思い出』安達竜作、一九六一年
丸山昇『文化大革命に到る道――思想政策と知識人群像』岩波書店、二〇〇一年
丸山眞男『日本政治思想史研究（増補版）』東京大学出版会、一九七四年
溝口雄三『方法としての中国』東京大学出版会、一九八九年
光岡玄「ジャーナリズムに映じた中国――昨年度の新聞・週刊誌について」『中国資料月報』一四五号、一九六〇年三月
光岡玄・徳増覚次郎「反中国宣伝と中国像――受け手の情緒へのマス・コミの働らきを中心に」『中国研究月報』一七〇号、一九六二年四月
南博『中国――ヨーロッパを追い越すもの』光文社、一九五三年
宮川雅静編『前進座中国紀行』演劇出版社、一九六〇年
宮崎世龍『米国対華白書の中国における反響』朝日新聞調査研究室報告（内部用）、一九四九年
宮島義勇著、山口猛編『「天皇」と呼ばれた男――撮影監督宮島義勇の昭和回想録』愛育社、二〇〇二年
J・ミュルダール、Q・ケスレ『麺と豚と革命――連続革命下の中国』新井宝雄訳、河出書房新社、一九七二年

武藤一羊「中国共産主義との対面　上「自力更生」考」「中国共産主義との対面　下「為人民服務」考」『思想の科学』一九七三年一〇月号・一一月号

――編『現代革命の思想八　学生運動』筑摩書房、一九六九年

村上淳一「罪咎・謝罪・責任」『UP』一九九七年一〇月号

村松祐次『中国経済の社会態制』東洋経済新報社、一九四九年

『毛沢東思想万歳（上・下）』東京大学近代中国史研究会訳、三一書房、一九七四・七五年

毛沢東選集刊行会訳『毛沢東選集』全九巻、三一書房、一九五五―六一年

『毛沢東の政治的肖像』刀江書院編集部編訳、刀江書院、一九六九年

毛里和子・増田弘監訳『周恩来キッシンジャー機密会談録』岩波書店、二〇〇四年

毛里和子・毛里興三郎訳『ニクソン訪中機密会談録』名古屋大学出版会、二〇〇一年

毛里和子『中国とソ連』岩波書店、一九八九年

――『日中関係　戦後から新時代へ』岩波新書、二〇〇六年

森恒夫著、高沢皓司編『銃撃戦と粛清――赤軍問題資料集』新泉社、一九八四年

森宣雄『台湾／日本　連鎖するコロニアリズム』インパクト出版会、二〇〇一年

門間貴志「ミッキー・マオと赤い孫悟空」『言語文化』（明治学院大学言語文化研究所）一八号「特集　一九六八　現代を照射する古典」二〇〇一年三月

矢吹晋編訳『毛沢東　政治経済学を語る――ソ連《政治経済学》読書ノート』現代評論社、一九七四年

――『毛沢東　社会主義建設を語る』現代評論社、一九七五年

山極晃編『東アジアと冷戦』三嶺書房、一九九四年

山極晃『米中関係の歴史的展開　一九四一年―一九七九年』研文出版、一九九七年

――『米戦時情報局の『延安報告』と日本人解放連盟』大月書店、二〇〇五年

山口一郎『近代中国の対日観』（アジア・アフリカ文献解題四）アジア経済研究所、一九六九年

――『現代中国思想史』勁草書房、一九六九年

山下竜三・儀我壮一郎・梅川勉『中国の国民生活』法律文化社・市民教室シリーズ、一九六五年

山田清人『新しい中国の新しい教育』牧書店、一九五六年

山田慶児『未来への問い――中国の試み』筑摩書房、一九六八年

――『現代革命の思想　第三　中国革命』筑摩書房、一九七〇年

山田宗睦「論壇は実在したか」『現代の眼』一九六二年六月号

山根幸夫編『中国史入門　下』山川出版社、一九八三年

山根幸夫・藤井昇三・中村義・太田勝洪編『近代日中関係史研究入門』研文出版、一九九二年

山原けさの・山原宇顕『新しい愛情の記録――在中国の妻と在日本の夫との往復書簡』青銅社、一九五二年

山室信一『思想課題としてのアジア――基軸・連鎖・投企』岩波書店、二〇〇一年

――「面向未来的回憶――他者認識和価値創建的視角」中国社会

科学研究会編『中国与日本的他者認識――中国学者的共同探討論』中国科学文献出版社（北京）、二〇〇四年
山本武利『占領期メディア分析』法政大学出版局、一九九六年
山本武利編訳『延安リポート』高杉忠明訳、岩波書店、二〇〇六年
楊大慶「中国に留まる日本人技術者――政治と技術のあいだ」真保晶子訳、劉傑・川島真編『一九四五年の歴史認識――〈終戦〉をめぐる日中対話の試み』東京大学出版会、二〇〇九年、所収
楊麗君『文化大革命と中国の社会構造――公民権の配分と集団的暴力行為』御茶の水書房、二〇〇三年
吉岡金市『中国の農業』東洋経済新報社、一九五七年
吉越弘泰『威風と頽唐――中国文化大革命の政治言語』同文社・編集、太田出版・発行、二〇〇五年
吉田実『日中報道――回想の三〇年』潮出版社、一九九八年
吉田裕・川島高峰監修『時事通信占領期世論調査　第一〇巻』大空社、一九九四年
吉見義明「占領期日本の民衆意識――戦争責任論をめぐって」『思想』八一一号、一九九二年一月号
オーエン・ラティモア『中国』平野義太郎監修、小川修訳、岩波新書、一九五〇年
リン・ランドマン、アモス・ランドマン『赤い中国の素顔』橋本福夫訳、月曜書房、一九五二年
劉志明『中国のマスメディアと日本イメージ』エピック、一九九八年
理論編集部編『はたらくものの国――新中国をつくる原動力』理論社、一九五三年
林代昭『戦後中日関係史』渡邊英雄訳、柏書房、一九九七年
若松重吾『中国人民解放軍』朝雲新聞社、一九六八年
若宮啓文『和解とナショナリズム――新版・戦後保守のアジア観』朝日選書、二〇〇六年
渡辺長雄『新中国通貨論――幣制とインフレーションの発展』世界経済調査会、一九四八年
――『中国資本主義と戦後経済――国共経済体制の比較研究』東洋経済新報社、一九五〇年
和田春樹『歴史としての野坂参三』平凡社、一九九六年
――『ある戦後精神の形成　一九三八―一九六五』岩波書店、二〇〇六年

中文文献

王泰平『新中国外交五十年』北京出版社（北京）、一九九九年
王仲全・孫煥林・趙自瑞・紀朝欽『当代中日民間友好交流』世界知識出版社（北京）、二〇〇八年
許紀霖『二十世紀中国知識分子史論』新星出版社（北京）、二〇〇五年
金熙徳『中日関係：復交三〇周年的思考』世界知識出版社（北京）、二〇〇二年
黄大慧『日本対華政策与国内政治――中日復交政治過程分析』当代世界出版社（北京）、二〇〇六年

呉学文・王俊彦『廖承志与日本』中共党史出版社（北京）、二〇〇七年
呉学文『風雨陰晴：我所経歴的中日関係』世界知識出版社（北京）、二〇〇二年
――『呉学文　卓南生　対談録　中日関係出了什麽問題』北京大学出版社（北京）二〇〇五年
諸葛蔚東『戦後日本輿論・学界与中国』中国社会科学出版社（北京）、二〇〇三年
石善濤「邦交正常化前的中日民間外交研究述評」中国社会科学院日本研究所・中華日本学会『日本学刊』（北京）二〇〇八年第三期
桑兵『国学与漢学：近代中外学界交往録』浙江人民出版社（杭州）、一九九九年
蘇智良、栄維木、陳麗菲主編『日本侵華戦争遺留問題和賠償問題（上・下）』商務印書館（北京）、二〇〇五年
孫歌「論壇的形成」『読書』一九九七年一二月号、北京・三聯書店
――「日本漢学的臨界点：日本漢学引発的思考」『世界漢学』創刊号、世界漢学雑誌社（北京）、一九九八年（孫歌「日本漢学の臨界点」『歴史の交差点に立って』日本経済評論社、二〇〇八年）
翟新『近代以来日本民間渉外活動研究』中国社会科学出版社、二〇〇六年
中華人民共和国外交部、中共中央文献研究室編『毛沢東外交文選』中央文献出版社・世界知識出版社（北京）、一九九四年
中国社会科学院日本研究所・中華日本学会『日本学刊』（北京）二〇〇六年増刊
中国社会科学研究会編『中国与日本的他者認識：中日学者的共同探討』中国科学文献出版社（北京）、二〇〇四年
陳建廷、石之瑜『中日合群？：日本知識界論争「中国崛起」的近代源流』国立台湾大学政治学系中国大陸暨両岸関係教学与研究中心発行（台北）、二〇〇七年
『当代中国外交』中国社会科学出版社（北京）、一九八八年
裴堅章主編『中華人民共和国外交史　一九四九―一九五六』世界知識出版社（北京）、一九九四年
馮昭奎・林昶『中日関係報告』時事出版社（北京）、二〇〇七年
北京日本学研究中心『中国日本学文献総目録』中国人事出版社（北京）、一九九五年
『毛沢東思想万歳 原文復刻版』現代評論社、一九六九年
『毛沢東思想万歳』小倉編集企画・毛沢東著作資料室、一九七四年
李徳安・王泰平・劉利利・趙毅『周恩来与日本朋友們』陳志江・蔣道鼎訳、中央文献出版社（北京）、一九九二年
劉家鑫『日本近代知識分子的中国観』南開大学出版社（天津）、二〇〇七年
劉建平「中日〝人民外交〟的挫折：過程研究与結構分析」『開放時代』（広州）二〇〇九年第二期
劉江永『中日関係二十講』中国人民大学出版社（北京）、二〇〇七年
劉林利『日本大衆媒体中的中国形象』中国伝媒大学出版社（北

京）、二〇〇七年
魯義『中日相互理解還有多遠：関於両国民衆相互認識的比較研究』世界知識出版社（北京）、二〇〇六年

欧文文献（引用などは既刊邦訳に拠る）

Chen, Jack, *Inside the Cultural Revolution*, Macmillan, 1975（チェン『文化大革命の内側で（上・下）』小島晋治・杉山市平訳、筑摩書房、一九七八年）
Habermas, Jürgen, *Strukturwandel der Öffentlichkeit : Untersuchungen zu einer Kategorie der bürgerlichen Gesellschaft*, Neuwied (Luchterhand), 1962（ハーバーマス『公共性の構造転換』細谷貞雄訳、未来社、一九七三年）
Hughes, H. Stuart, *History as Art and as Science*, 1964, Harper & Row Publishers, Inc. N. Y.（ヒューズ『歴史化の使命――歴史、その芸術と科学』川上源太郎訳、竹内書店、一九六六年）
Isacs, Harold Robert, *Images of China : Scraches on Our Minds*, 1958, MIT（アイザックス『中国のイメージ――アメリカ人の中国観』小浪允・国弘正雄訳、サイマル出版会、一九七〇年）
――*The Tragedy of Chinese Revolution*, 1961（アイザックス『中国革命の悲劇（上・下）』鹿島宗二郎訳、至誠堂、一九六六年）
Koch, Christof, *The Quest for Consciousness : A Neurobiological Approach*, Roberts & Company Publishers, Eaglewood, Colorado, 2004（コッホ『意識の探求（上・下）』土谷尚嗣・金井良太訳、岩波書店、二〇〇六年）
Krippendorff, Klaus, *Content Analysis : An Introduction to Its Methodology*, sage Publication, Inc., 1980（クリッペンドルフ『メッセージ分析の技法――「内容分析」への招待』三上俊治・椎野信雄・橋本良明訳、勁草書房、一九八九年）
Le Bon, Gustave, *Psychologie des foules*, 1895（ル・ボン『群集心理』櫻井成夫訳、講談社学術文庫、一九九三年）
Lippmann, Walter, *Public Opinion*, 1922（リップマン『世論』掛川トミ子訳、岩波文庫、一九八七）
Mannheim, Karl, *Ideologie und Utopie*, Schulte-Bulmke Verlag, Frankfurt am Main, 1952（マンハイム『イデオロギーとユートピア』高橋徹・徳永恂訳、中央公論新社、二〇〇六年）
Myrdal, Jan, *Report from Chinese Village*（ミュルダール『中国人民の声』大久保和郎訳、筑摩書房、一九六五年）
Roy, Jules, *Le Voyage en Chine*, Julliard, 1965（ロイ『中国で経験したこと』篠田浩一郎・山崎庸一郎・岩崎力訳、至誠堂、一九六六年）
Said, Edward W., *Humanism and Democratic Criticism*, 2004, Columbia University Press, N. Y.（サイード『人文学と批評の使命――デモクラシーのために』村上敏勝・三宅敦子訳、岩波書店、二〇〇六年）
Smedley, Agnes, *China Red Army Marches*, 1936（スメドレー『中国紅軍は前進する』中理子訳、東邦出版社、一九六五年）
Smedley, Agnes, *China Fights Back : An American Woman with the Eighth Route Army*, 1938（スメドレー『中国は抵抗

する――八路軍従軍記』高杉一郎訳、岩波書店、一九六五年）

Snow, Edgar, *The Battle for Asia*, Random House, Inc., New York, 1941（スノー『アジアの戦争』森谷巌訳、みすず書房、一九五六年）

――*The Other Side of the River: Red China Today*（スノー『今日の中国――もうひとつの世界』松岡洋子訳、筑摩書房、一九六三年）

Strong, Anna Louise, *Letters from China*, New World press, 1963（ストロング『中国からの手紙（第一・第二）』藤村俊郎訳、みすず書房、一九六五・一九六六年）

Tarde, Gabriel, L., *Opinion et la Foule*, 1901（タルド『世論と群集』稲葉三千男訳、未来社、一九六四年）

Wales, Nym, *Red Dust: Autobiography of Chinese Communists*, Stanford U.P., 1952（ウェールズ編『紅い塵――新中国の革命家たち　上』陸井三郎訳、新評論社、一九五三年）

――*Inside Red China*（ウェールズ『人民中国の夜明け』浅野雄三訳、新興出版社、一九六五年）

Whiting, Allen S., *China Eyes Japan*, University of California Press, 1989（ホワイティング『中国人の日本観』岡部達味訳、岩波現代文庫、二〇〇〇年）

レファランス・事典類（本書年表用資料は別途記載）

朝日新聞社編『資料・日本と中国　四五―七一』（朝日市民教室「日本と中国」第八巻）朝日新聞社、一九七二年

『朝日人物事典』朝日新聞社、一九九〇年

石川忠雄・中嶋嶺雄・池井優編『戦後資料　日中関係』日本評論社、一九七〇年

臼井勝美ほか編『日本近現代人名辞典』吉川弘文館、二〇〇一年

外務省アジア局『一九六二年版　現代中国人名辞典』外交時報社、一九六二年

外務省アジア局中国課監修『日中関係基本資料集　一九四九―一九九七年』財団法人霞山会、一九九八年

『近代日本社会運動史人物大事典』全五巻、日外アソシエーツ、一九九七年

毛里和子ほか編『原典中国現代史』全八巻別巻一、岩波書店、一九九四―一九九五年

呉学文・林連徳・徐之先『当代中日関係（一九四五―一九九四）』時事出版社（北京）一九九五年

実藤恵秀監修、譚汝謙主編、小川博編輯『中国訳日本綜合目録』『日本訳中国綜合目録』中文出版社（香港）、一九八〇年

時事通信社編『戦後日本の政党と内閣――時事世論調査による分析』時事通信社、一九八一年

時事通信社・中央調査社『日本の政党と内閣――時事世論調査による分析』時事通信社、一九九二年

戦後革命運動事典編集委員会『戦後革命運動事典』新泉社、一九八五年

『中国人名辞典』日外アソシエーツ、一九九三年

張蓬舟主編『中日関係五十年大事記　一九三二―一九八二』全五巻、文化芸術出版社（北京）、二〇〇六年

日本国際問題研究所中国部会編『新中国資料集成』全五巻、日本国際問題研究所、一九六三―一九七一年
歴史学研究会編『日本史年表　増補版』岩波書店、一九九三年
北京日本学研究中心編『中国日本学文献総目録』中国人事出版社（北京）、一九九五年
山田辰雄編『近代中国人名辞典』霞山会、一九九五年
楊正光主編、張喧編著『当代中日関係四〇年（一九四九―一九八九）』時事出版社（北京）、一九九三年
歴史学研究会編『世界史年表』岩波書店、一九九四年

影像参考資料（公開順に配列）

大島渚監督『日本の夜と霧』松竹、一九六〇年
時枝俊江監督『夜明けの国』岩波映画、一九六六年
若松孝二・足立正生監督『赤軍―PFLP・世界戦争宣言』若松プロダクション、一九七一年
『ETV特集　日本人　中国抑留の記録』NHK教育、一九九九年一二月六、七日放送
若松孝二監督『実録・連合赤軍　あさま山荘への道程』若松プロダクション、二〇〇七年
『BSドキュメンタリー証言でつづる現代史　世紀の外交　米中接近』NHK・BS1、二〇〇八年三月九日放送

インタビュー（インタビューを行なった時期順に配列）

＊印を付したものは、証言編にインタビュー記録を収録している。

野村浩一（立教大学名誉教授）＊　二〇〇七年一〇月一四日、神保町。二〇〇八年三月七日、神保町。二〇〇八年一一月三〇日、池袋。二〇〇九年五月二一日、池袋
安藤彦太郎（早稲田大学名誉教授）　二〇〇八年四月二日、杉並区のご自宅
岡部達味（専修大学名誉教授）＊　二〇〇八年六月三〇日、二〇〇九年七月八日、新宿区のご自宅
北沢洋子（元アジアアフリカ人民連帯機構事務局）＊　二〇〇八年一〇月二九日、渋谷
石井明（東京大学名誉教授）　二〇〇八年一月一二日、e-mail を通して
匿名（横浜在住の華僑二世）　二〇〇九年一月一七日、横浜中華街
小島麗逸（大東文化大学名誉教授）＊　二〇〇九年四月二六日、市ヶ谷。二〇〇九年七月九日、神保町
本多勝一（元朝日新聞記者・編集委員）＊　二〇〇九年四月二七日、成城
松尾文夫（元共同通信記者）＊　二〇〇九年四月二九日、新宿、二〇〇九年七月八日、千代田区・外国人記者クラブ
津村喬（評論家、気功研究家）＊　二〇〇九年五月一日、京都
竹内実（元立命館大学教授）＊　二〇〇九年五月二日、大阪
山極晃（二松学舎大学名誉教授）＊　二〇〇九年五月六日、新宿
山田辰雄（慶應義塾大学名誉教授）　二〇〇九年五月一一日、銀

座
武藤一羊（ピープルズ・プラン研究所）＊ 二〇〇九年五月二〇日、江戸川橋
西園寺一晃（工学院大学孔子学院院長）＊ 二〇〇九年五月二二日、新宿
島村ヨハネ（元『世界』編集部） 二〇〇九年五月二三日、船橋
加々美光行（愛知大学教授）＊ 二〇〇九年五月二六日、名古屋
中村公省（蒼蒼社社主） 二〇〇九年五月二九日、町田
石川滋（一橋大学名誉教授）＊ 二〇〇九年六月四日、杉並区のご自宅
中島宏（元共同通信記者）＊ 二〇〇九年六月五日、千代田区・日本記者クラブ
粕谷一希（元『中央公論』編集長） 二〇〇九年六月一一日、池袋
中嶋嶺雄（国際教養大学学長）＊ 二〇〇九年六月二三日、秋田・国際教養大学

	リアと国交樹立。**12.22** ニュージーランドと国交樹立。	**7** 田中内閣成立。**9.1** ハワイで田中・ニクソン会談，日米安保条約維持・日中関係正常化・日米貿易不均衡改革などの共同声明発表。**10.23** 旭川市常盤公園内「風雪の群像」，北大文学部アイヌ文化資料室で爆弾爆破。	台湾訪問(-**19**)。**9.25** 田中首相訪中，周恩来と会談，日中国交正常化達成で合意。**27** 毛沢東主席と会談。**29** 日中両国，9項目にわたる共同声明署名（北京），国交樹立。大平正芳外相，同時に日華条約の存在意義失効と表明。**11.27** 日中経済協会（会長・稲山嘉寛），東京で設立。

資料　・近代日中関係史年表編集委員会『近代日中関係史年表』岩波書店，2006年：主に1945-49年全体
・『岩波講座 現代中国 別巻２ 現代中国研究案内』年表（安藤正士）岩波書店，1990年：主に1949年以降の「中国関連」「日中関連」の列
・歴史学研究会編『日本史年表 増補版』岩波書店，1993年：主に「日本関連」の列
・［社］日中友好協会編『日中友好運動五十年』年表，東方書店，2000年：主に「日中関係」の列
・絓秀実『革命的な，あまりに革命的な』年表，作品社，2003年：主に1956年以降の「日本関連」の列
・岩崎稔ほか編著『戦後日本スタディーズ１—「40・50」年代』『戦後日本スタディーズ２—「60・70」年代』年表（道場親信）紀伊國屋書店，2009年：主に「日本関連」・「日中関係」の列
・押川俊夫『戦後日中貿易とその周辺』年表，図書出版，1997年：主に1945-64年の「日中関係」の列
・その他，本書本文の記述を踏まえる

1971	**7.9** キッシンジャー米大統領補佐官，秘密裏に訪中(−11)，周恩来首相と会談。**7.16** 新華社，ニクソン大統領，来年5月以前に訪中と発表（米国と同時発表）。**8.14** 毛沢東，9月12日にかけて，各地を巡視，天才論批判など，林彪を批判。**9.8** 林彪，クーデターを起こし，毛沢東の謀殺と別の中央の設立をもくろむ。**9.13** 林彪，飛行機でソ連へ逃亡しようとし，モンゴル領で墜死。**10.20** キッシンジャー米大統領補佐官訪中。**10.25** 第26回国連総会本会議，中国代表権問題逆重要事項指定決議案否決，中国招請・台湾追放のアルバニア案可決，中国の国連復帰決定。台湾，国連総会からの脱退発表。**11.15** 国連総会で喬冠華代表，第三世界との協調と米ソ超大国批判。	皇・皇后，初めてヨーロッパ訪問（−10.14）。**11.17** 自民党，衆院沖縄返還特別委で沖縄返還協定を強行採決。**18** 屋良琉球主席，佐藤首相らに抗議。**19** 全国930カ所で強行採決に抗議行動。**12.18** 警視庁警務部長宛の小包み爆発。夫人死亡，京浜安保共闘の犯行と推定。	去）に，王国権中日友好協会副会長ら参列。**9.15** 関西財界代表団（団長・佐伯勇），訪中の出発に際し，平和五原則・政治三原則の尊重声明。**9.17** 日中議連代表団（団長・藤山愛一郎）訪中(−10.4)。**10.2** 日中議連・中日友好協会両代表団，共同声明発表，国交回復四原則確認。**9.21** 竹入公明党委員長，同党全国大会で佐藤内閣の中国政策を批判した直後に右翼暴漢に刺され重傷。**10.2** 日中国交回復促進議員連盟代表団，中日友好協会と共同声明発表，復交四原則を確認。**11.20** 日中国交回復国民会議代表団（団長・飛鳥田一雄），中日友好協会と共同声明。**12.21** 日中覚書貿易会談コミュニケ調印。**12.30** 中国外務省，尖閣列島は中国固有の領土と声明。
1972	**2.14** メキシコと国交樹立。**2.15** E. スノー，ジュネーブで没。**2.21** ニクソン大統領，訪中（−28），毛沢東主席・周恩来首相と会談。**27** 米中共同声明発表（上海），両国は平和五原則に基づいた相互関係を促進し，米国はすべての中国人が中国は一つであり，台湾は中国の一部であると考えていることを認識すると言明。**6.5** 第1回国連人間環境会議（−16 ストックホルム）。**6.17** 米民主党本部盗聴事件（ウォーターゲート事件）。**7.4** 韓国・北朝鮮首脳，南北平和統一共同声明。**10.1**『人民日報』『紅旗』『解放軍報』共同社説「新たな勝利をかちとろう」発表，ソ修裏切り者集団は古株の帝国主義よりも欺瞞的であり，一層危険であると指摘。**10.11** 西ドイツと国交樹立。**12.21** オーストラ	**1.3** 日米政府間繊維協定調印。**1.7** ワシントンの日米首脳会談，沖縄返還を5月15日と定めた共同声明を発表。**2.3** 第11回冬季オリンピック札幌大会（−13）。**2.16** 群馬県警，妙義山中で連合赤軍の2名逮捕。**2.19** 連合赤軍の5名，軽井沢の別荘に人質を盾に籠城，**28** 群馬県警，強行作戦で人質救出に成功（あさま山荘事件）。**3.27** 横路孝弘代議士(社)，沖縄返還交渉の秘密文書を暴露（**4.4** 警視庁，外務省事務官と毎日新聞記者を逮捕）。**5.15** 沖縄の施政権返還。沖縄県復活，復権令。**5.30** 岡本公三らアラブ赤軍3名，イスラエルの空港小銃乱射，26名死亡。**6.11** 田中通産相，「日本列島改造論」発表。**6.17** 佐藤首相，退陣表明。**7.5** 自民党第27回臨時大会，田中角栄を総裁に選出，	**5.24** 佐藤首相，衆院外務委で中国の唯一正統政府は中華人民共和国と発言。**5.28** 古井喜実自民党衆議院議員，北京で周恩来，廖承志と会談。**7.3** 中国覚書貿易事務所駐東京事務所首席代表の蕭向前着任。**7.10** 上海バレエ団（団長・孫平化）来日。**7.16** 周恩来首相，佐々木更三前社会党委員長と会見，田中首相の訪中歓迎表明。**7.25** 竹入公明党委員長ら訪中(−**8.3**, **4** 田中首相に早期訪中を進言)。**8.15** 田中首相，来日中の孫平化，蕭向前代表と会談，中国側の訪中要請受諾表明。**8.30** 周恩来首相，日本経済人訪中団（団長・稲山嘉寛新日鉄社長）と会談，国交正常化後の日中貿易は政府・民間の二本立てで進めると表明。**9.14** 自民党訪中団（小坂善太郎同党国交正常化協議会会長一行），周恩来と会見。**9.17** 椎名自民党副総裁，政府特使として

	劉少奇,開封で獄死。12.1 雷陽ワルシャワ駐在中国臨時代理大使・ステッセル米大使会談,米中大使級会談再開決定。12.24 米,第7艦隊の台湾海峡パトロール緩和発表。	砕全国総決起集会開かれる。11.5 大菩薩峠で武闘訓練中の赤軍派53名逮捕。11.19 佐藤・ニクソン会談(ワシントン),21 72年に沖縄返還,安保堅持,韓国と台湾の平和は日本の安全に緊要などの点で合意し共同声明発表。	
1970	1.10 第135回中米大使級会談開催(ワルシャワ)。5.1 米軍・南ベトナム政府軍,カンボジア領に空・陸から侵攻。8.23 中共9期2中全会(-9.6 廬山)。国家主席設置問題をめぐって紛糾。10.13 カナダと国交樹立。11.10 パキスタン大統領ヤヒア・カーン,ニクソン親書を携行し訪中,13 毛沢東と会見。11.20 第25回国連総会本会議,アルバニアなど18カ国提案の「中国招請,国府追放」決議案初めて可決。ただし重要事項指定案も可決したため,アルバニア案は実現せず。12.15 チリと国交樹立。12.18 毛沢東,E.スノーと会見し,ニクソン訪中を歓迎すると語る。	3.14 吹田市で日本万国博覧会(-9.13)。3.31 八幡・富士両社合併,新日本製鉄発足。3.31 赤軍派学生,日航のよど号をハイジャック(4.3 平壌に着陸)。6.22 政府,日米安保条約の自動延長を声明。6.23 全国の反安保統一行動,77万人が参加。7.17 東京地裁,第2次教科書裁判で検定は憲法違反と判決(-24 文部省控訴)。10.8 羽田闘争3周年。入管闘争。11.25 三島由紀夫,市ヶ谷の自衛隊内でクーデターを煽動,割腹自殺。12.20 沖縄コザ市で市民5000人が米憲兵隊と対立,暴動化。	4.19 周恩来首相,松村謙一訪中団と会見,周4条件提示。4.23 佐藤首相,衆院内閣委で内政干渉と反発。5.2 広州交易会の呉曙東・中国側代表,周4条件に従って,住友化学ら4社を日中貿易から締め出すと発表。7.7 盧溝橋事件33周年集会(日比谷)において,華青闘と新左翼各派,差別問題をめぐる取組みをめぐり決裂。8.18 中国,「日華協力委員会」出席企業との貿易往来を断絶。9.3 『人民日報』『解放軍報』共同社説「復活した日本軍国主義を打倒しよう一中国人民の抗日戦争勝利25周年を記念して」。12.9 日中国交回復促進議員連盟発足(会長・藤山愛一郎),参加議員数379名。12.13 公明党の呼びかけで日中国交正常化国民協議会発足(代表・蝋山道雄)。
1971	2.8 南ベトナム政府軍,米軍支援によるラオス侵攻開始,12 中国政府,ラオス侵攻は中国に対する「重大な威嚇」と声明発表。3.5 中国党・政府代表団(団長・周恩来),北ベトナム訪問(-8)。4.7 第31回世界卓球選手権大会の中国卓球代表団,米チームの中国招待発表。4.10-17 米チーム,中国を訪問(ピンポン外交)。4.14 ニクソン大統領,米中貿易制限緩和,人事交流拡大などに関する5項目の対中新政策発表。6.1 ルーマニア党・政府代表団(団長・チャウシェスク書記長)訪中(-6)。	2.17 京浜安保共闘の学生ら,真岡市の銃砲店を襲い,散弾銃11丁など強奪。2.22-25 新東京国際空港公団,空港用地収用の強制代執行,逮捕者487人(9.16-20 第2次強制代執行,機動隊員3人死亡,逮捕者471人)。6.17 ワシントンで沖縄返還協定調印。7.15「赤軍」派と「京浜安保共闘」合同,「連合赤軍」結成。8.15 米,金ドル交換停止発表,16 東京証券取引所,米のドル防衛策でダウ平均株価史上最大の暴落(ドル・ショック)。8.27 政府,変動為替相場制に移行を決定(28 実施)。9.27 天	1.22 佐藤首相,施政方針演説ではじめて「中華人民共和国政府」の正式名称を使用。2.26 総評・社会党ブロック,日中国交回復国民会議(議長・中島健蔵)結成。3.1 日中覚書貿易会談コミュニケ調印。3.28 名古屋市で第31回世界卓球選手権大会開催(-5.15),中国選手団(団長・趙正洪,副団長・王暁雲)が参加。6.11 朝日新聞記者・本多勝一,『中国の旅』取材のために中国各地を取材(-7.19)。6.15 公明党代表団(団長・竹入委員長)訪中(7.2 共同声明発表,日中国交回復五原則を明記)。8.26 松村謙三氏葬儀(21日逝

	リカの各大学でベトナム戦争に反対する若手研究者たちが,「憂慮するアジア学者委員会」を結成。7.3 中共中央·国務院·中央軍事委·中央文革小組，武闘の即時停止を布告。7.27 労働者·解放軍の毛沢東思想宣伝隊,清華大学に入り,紅衛兵運動鎮圧さる。8.18『人民日報』社説で紅衛兵に労働者·農民·兵士とつながる道を進めと指示。8.20 ソ連·東欧5カ国軍,チェコ侵入(チェコ事件)。8.23 周恩来，チェコ人民の闘争を断乎支持し，ソ連は社会帝国主義，社会ファシズムに堕したと演説。9.5 29の1級行政区全部に革命委が成立。10.18 中共8期12中全会（拡大),中央専案審査小組,劉少奇を除名,職務解任。11.6 米大統領選，ニクソン当選。	印（5.22 国会で承認，6.26 返還式)。5.2 沖縄嘉手納基地でB52撤収・米軍基地撤去要求のデモ隊，米兵と衝突。6.10 大気汚染防止法・騒音規制法各公布(12.1 各施行)。7.18 在日米軍,東富士演習場返還協定に調印。8.21 社会·民社·公明各党,ソ連軍のチェコ侵入に抗議の声明・談話を発表，政府，重大関心の談話。8.24 共産党，ソ連非難声明。9.26 厚生省，水俣病は新日本窒素水俣工場の排水，阿賀野川の水銀中毒は昭和電工の排水が原因と発表。10.21 国際反戦デーで，学生ら，新宿駅占拠，放火，22 警視庁，騒乱罪適用。10.23 明治百年記念式典。11.10 沖縄初の公選主席に野党の屋良朝苗当選。11.19 沖縄嘉手納基地でB52爆発，5人負傷，民家293戸被害，B52の撤去要求強まる。	は「MT貿易」と改称。4.25 大塚有章ら『月刊毛沢東思想』創刊。
1969	3.2 中ソ国境ウスリー江上の珍宝島(ダマンスキー島)で武力衝突,ソ連側の死者数十名,中国側の死者は不明。3.15 第2次珍宝島事件。中国側,大きな損害。4.1 中共第9回党大会（九全大会）開催（-24)。林彪副主席政治報告，14 政治報告と党規約採択，林彪を後継者と明記。6.5 世界共産党・労働者党会議開催（-17 モスクワ)，75党参加，中国·北朝鮮·アルバニア·北ベトナム·ユーゴ·日本·インドネシアなど不参加（17 全反帝勢力の行動の統一を訴える基本文書発表)。6.10 新疆西北部で,中ソ両軍の衝突事件。9.3 ホー·チミン·ベトナム民主共和国大統領死去。10.17 林彪，全軍を緊急戦闘準備態勢に置く。10.26 中共中央，大学の下放計画を指示。11.12	1.18 警視庁機動隊8500人，東大安田講堂の封鎖解除に出動,全共闘系学生,御茶ノ水駅周辺で街頭バリケード闘争を展開(「カルチェラタン闘争」),19 東大安田講堂封鎖解除,検挙374人。1.20 東大入試中止決定。2.4 B52撤去要求の沖縄県民統一行動に5万5000人参加,学生，米軍人·警官と乱闘。4.28 全国で沖縄デー。全共闘系学生・労働者，都内各所で警官隊と衝突。2.18 日大文理学部，機動隊を導入して封鎖解除，以後各大学で相つぐ。3.10 佐藤首相,沖縄施政権返還につき「核抜き・基地本土なみ」の条件で交渉すると言明。3.31 政府,出入国管理法案上程（8.5 廃棄)。9.5 全国全共闘連合結成大会（議長·山本義隆，副議長·秋田明大)。9.28 三里塚空港粉	3.24 北京で日本工業展覧会開幕（-4.11)。佐藤内閣が19品目を展示不許可にしたため，開幕式は佐藤内閣の反中国政策への抗議集会となる。3. 在日中国人青年によって華僑青年闘争委員会（華青闘）結成される。4.4 日中覚書貿易会談コミュニケ調印，日中関係悪化の原因が日本政府にあることを指摘。4.6 周恩来，自民党衆議院議員の古井喜実・宇都宮徳馬両氏と会見，佐藤内閣の中国敵視政策を激しく批判。11.28『人民日報』社説「米日反動派の罪悪的陰謀」発表，日米共同声明を非難し，米日反動派の軍事的結託の新段階と論ず。12.1 佐藤首相，国会で「もし韓国と「中華民国」が侵犯される事態が発生したなら，すぐさま安全保障の事前協議条項が適用される」と述べる。

	組決定，彭真解任。**7.16** 毛沢東，長江で遊泳。**8.1** 中共第８期11中全会開催(-12)，「プロレタリア文化大革命についての決定」採択。**8.5** 毛沢東，大字報「司令部を砲撃しよう」発表，劉少奇・鄧小平を批判。**8.18** 毛沢東，第１回の紅衛兵接見（100万人集会）。**8.20** 北京の紅衛兵，四旧打破を叫んで街頭に進出。		党系の役員，日中友好協会（正統）本部を成立させる。**10.27** 中日友好協会，日中友好協会（正統）へ支持電報。**11.19** 名古屋市で中国経済貿易展開幕，217万人参観(-12.11)。**12.9** アジア・アフリカ研究所で反日共系所員が退所。**12.27** 中国研究所で理事長・平野義太郎が辞任（**67.2.10** 所員９名が除名）。
1967	**1.6** 張春橋・王洪文ら上海の造反派，上海市党委・政府の奪権を宣言。**2.5**「上海コミューン」成立宣言。毛・中共中央は承認せず。**2.14** 党政軍の長老と文革派メンバー，上海の状況とコミューンをめぐり激論，「２月逆流」事件。毛，長老たちに激怒して，中央政治局の機能中止，中央文革小組が主導。**2.24** 上海市革命委員会成立（主任・張春橋）。**6.17** 初の水爆実験成功。**6.23** 米ソ首脳会談（米・グラスボロ），**25** 再会談，ベトナム・中東・中国・核軍縮問題などを協議。**7.7** 毛沢東，「中国は世界革命の兵器工場とならねばならない」と発言。**7.22** 江青「文で攻撃し，武で防衛する」方針を唱え，武闘広がる。**8.8** 東南アジア諸国連合（ASEAN）結成共同宣言。**8.22** 紅衛兵，北京の英国代理大使館事務所に乱入，放火。**9.5** 中国，タンザン鉄道建設援助協定署名（北京）。	**2.11** 初の「建国記念の日」。東大等の学生，建国記念の日反対の同盟登校。**4.15** 第６回統一地方選挙で社共両党推薦の美濃部亮吉が東京都知事に当選。**6.10** 東京教育大評議会，筑波研究学園都市への移転を強行決定（**14** 学生反対，授業拒否）。**6.23** 家永三郎，教科書不合格処分取消しの行政訴訟を起こす。**6.30** 佐藤首相，朴正熙韓国大統領の就任式典に出席。**8.3** 公害対策基本法公布施行。**8.8** 新宿駅構内で米軍タンク車と貨車が衝突炎上。**9.14** 法政大で学生処分をめぐり警官隊導入。**10.8** 佐藤首相，第２次東南アジア・オセアニア訪問に出発。三派系全学連（社青同・社学同・中核派）羽田デモ，学生１名死亡（第１次羽田事件）。**10.20** 吉田茂没。**11.12** 佐藤首相，訪米に出発。**11.15** ワシントンで日米共同声明。沖縄返還の時期示さず，小笠原は１年以内に返還。**12.11** 佐藤首相，衆院予算委で「非核三原則」を言明。	**1.24** 日共『赤旗』ではじめて公然と中国共産党を批判。**2.28** 善隣学生会館で日中友好協会の立ち退きをめぐり日本共産党と中国人留学生が衝突，ML派らが中国人支援（善隣会館事件）。**2.28** 川端康成・石川淳・安部公房・三島由紀夫ら，文革抗議アピールを出す。**7.23** 山口県の劇団「はぐるま座」（団長・藤川夏子），中国各地を訪問し参観・交流・公演活動を展開（-11.30）。**8.4** 中国駐在の日共代表および『赤旗』特派員両名引き揚げ，北京空港で紅衛兵暴行。**8.11** 日本政府，中日友好協会訪日代表団（団長・周培源）の入国を拒否。**9.7** 佐藤首相訪台，日中友好協会は羽田空港で坐り込み阻止闘争。**9.8** 右翼，廖承志弁事処駐東京事務所を襲撃，取材の中国記者に暴行。**9.10** 中国外務省，『毎日』『東京』『サンケイ』の北京駐在記者に退去命令。**12.4** 日中漁業協定，暫定的に１年延長。
1968	**3.16** ベトナムでソンミ村虐殺事件。**3.31** ジョンソン大統領，北爆の一方的停止と大統領選挙不出馬発表。**5.21** 中国各都市で，仏五月革命および欧州・北米人民の闘争支持のデモ集会(-26)。**5.** アメ	**1.15** 原子力米空母エンタープライズ，佐世保寄港阻止闘争。**1.19** エンタープライズ入港。**2.21** 静岡県寸又峡温泉で金嬉老事件，朝鮮人差別を訴える（**24** 逮捕）。**4.5** 日米政府，小笠原返還協定に調	**2.24** 北京市公安局，日華貿易興業北京駐在員をスパイ容疑で逮捕。**3.6** 日中双方の覚書貿易事務所代表，会談コミュニケおよび中日覚書貿易取り決め署名（北京），政治三原則と政経不可分の原則を確認，「LT 貿易」

	12.21 第3期全人代第1回会議開催(-65.1.4)。周恩来，政府活動報告，「四つの近代化」を提示。国家主席に劉少奇，副主席に宋慶齢・董必武，国務院総理に周恩来を選出。	11.12 米原潜シードラゴン，佐世保に初寄港。	本の対ソ北方領土返還要求支持を言明。8.13 廖承志弁事処駐東京連絡所首席代表・孫平化ら来日。9.27 日中双方の記者交換実施。10.29 社会党第4次訪中団（団長・成田知巳）。
1965	2.7 米軍，北ベトナム爆撃開始。2.13 中国政府，米の北爆非難。5.22 全国人民代表大会常務委，人民解放軍の階級制度を廃止。9.18 毛沢東，中央工作会議(-10.12)で国防建設を第一とし，三線建設を速めるよう指示。9.30 インドネシア9.30事件。10.26 中国政府，第2回AA会議の不参加声明。10.30 AA外相会議開幕(アルジェ)，11.1 第2回AA会議の延期決定。11.10 姚文元，『文滙報』(上海)に「新編歴史劇「海瑞罷官」を評す」発表。11.18 林彪，毛の指示を全軍の最高指示とせよと述べる。12.8 中共中央政治局拡大会議（-15 上海)。林彪ら羅瑞卿を批判，失脚させる。林彪が軍の指導権を握る。	1.13 佐藤・ジョンソン共同声明発表。2.1 原水爆禁止国民会議（原水禁）結成。2.10 社会党岡田春夫，衆議院予算委員会で防衛庁の極秘文書〈三矢研究〉を暴露。4.24 小田実らの呼びかけで「ベ平連」初のデモ。6.12 家永三郎，教科書検定の民事訴訟(賠償請求)を起す。6.22 首相官邸で日韓基本条約・協定・議定書及び付属文書・交換書簡正式署名（12.18 ソウルで批准書交換）。8.19 佐藤首相，首相として戦後初の沖縄訪問，祖国復帰実現要求のデモに囲まれ，米軍基地内に宿泊。10.12 日韓条約批准阻止で社会・共産両党が統一行動。12.11 参議院本会議，自民・民社両党で日韓基本条約など可決。12.28 文部省，民族教育をめざす朝鮮人学校の不認可を通達。	2.8 佐藤首相，対中国延べ払い輸出に輸銀不使用を言明，日立造船の貨物船輸出契約は失効となる。ニチボーのビニロンプラントも失効（4.30)。3.24 中国作家協会代表団（団長・老舎）来日。7.29 中国総工会代表団（団長・唐章）来日。8.12 第1回日本学生友好訪中参観団訪中。8.25 日中青年友好大交流1万人の歓迎集会，北京で開催。日本代表団，第1回日本学生友好訪中参観団参加，-26 毛沢東，大交流参加の日本青年代表と会見。10.4 北京で日本工業展覧会開幕，65万人参観（-20)。12.1 上海で日本工業展覧会開幕，81万人参観（-22)。12.17 日中漁業協定，改訂調印。
1966	4.14 郭沫若，全人代常務委員会において自己批判。5.4 中央政治局拡大会議（-26)，彭真・羅瑞卿・陸定一・楊尚昆らを反党集団と批判，全職務を解任。5.7 毛沢東，林彪あて手紙で「人民解放軍は大きな学校でなければならない」と指示（「5・7指示」)。5.25 北京大学哲学科講師・聶元梓ら北京大学に大字報を貼り出し，陸平・北京大学学長らを批判。5.28 中央文化革命小組（組長・陳伯達）成立。5.29 清華大学付属中学に最初の紅衛兵組織登場。6.1 毛，杭州で聶元梓らの大字報を賞賛。6.3 中共中央，北京市党委改	1.18 早大生，授業料値上げ反対スト。 2.10 全学共闘会議，大学本部占拠。1.21 モスクワで日ソ航空協定・日ソ貿易協定調印。7.4 政府，新東京国際空港建設地を成田市（三里塚）に決定。8.17 紀元節復活反対国民集会。9.18 サルトル，ボーヴォワール来日。11.3 日本アジア・アフリカ連帯委員会，対中国問題で分裂。11.24 明大学生会，授業料値上げ反対スト。12.9 中大学生自治会，学生会館の管理運営問題で授業放棄。	2.28 日本共産党代表団（団長・宮本顕治）北京着，3.28 毛沢東と会見，意見不一致により共同声明破棄。5.11 日本共産党，『赤旗』主張で暗に中国共産党非難，以後，秘かに関係党員に対し中国展への非協力及び日中交流反対の方針を指示。5.17 松村謙三，周恩来と会談，LT貿易の延長を確認。9.10 大宅壮一ら7名，文革下の中国各地を訪問(-9.26)。9.26 日本各界32氏，「内外の危機に際し，再び日中友好の促進を国民に訴える」アピールを発表。10.1 北九州市で中国経済貿易展覧会開幕，156万人参観(-21)。10.25 日中友好協会分裂，26 非日本共産

	キューバにソ連がミサイル基地建設中と発表，海上封鎖声明。10.28 フルシチョフ首相，キューバから攻撃的兵器を撤収すると米大統領に通告。12.31 周恩来のもとに，核・ミサイルの開発を中心とする科学技術10カ年計画を作成。	合開発計画を決定。11.27 社会党第22回大会，〈江田ビジョン〉批判の決議可決，新書記長に成田知巳を選出。12.11 陸上自衛隊北海道島松演習場で，演習中，地元農民が電話線切断（恵庭事件）。	席・南漢宸）と日中貿易促進会（代表・鈴木一雄）・日本国際貿易促進協会（代表・宿谷栄一）・同関西総局（代表・木村一三）と友好貿易議定書調印。
1963	3.5「雷鋒に学ぶ運動」全国的に展開。5.9 毛沢東，三大革命運動（階級闘争・生産闘争・科学実験）を提唱。5.20 中共中央，階級闘争を強調，貧農・下層中農に依拠した四清運動を指示。6.14 中共中央，ソ共中央の書簡に対する返書を公表，ソ連との全面的なイデオロギー闘争開始。7.15 米・英・ソ３国，核実験停止会談開始（-25，モスクワ）。7.25 部分的核停条約仮署名。7.31 中国政府，中国はこの条約に拘束されずと非難。8.5 第９回原水爆禁止世界大会（-7 広島）で中ソ代表，激しく対立。11.22 ケネディ米大統領暗殺され，ジョンソン，第36代大統領に就任。12.13 周恩来，アフリカ諸国訪問へ出発。	2.6 IMF 理事会，８条国（国際収支を理由とする為替制限の禁止）移行を日本に勧告，20 日本，ガット理事会で11条国（国際収支を理由とする貿易制限の禁止）への移行を通告。5.1 狭山事件（女高生誘拐殺人事件。8.23 石川一雄別件逮捕）。8.5 第９回原水禁大会，社会党系のボイコットで分裂。8.14 政府，部分的核実験停止条約に調印。9.1 安保反対国民会議，横須賀・佐世保で米原潜寄港反対集会開催。10. この頃，新潟水俣病発症。11.2 大蔵省，貿易外取引管理令公布（貿易・為替の自由化進む）。	1.23 日中漁業協議会代表団（団長・平塚常次郎），周恩来と会見，中断中の日中漁業協定の再締結を要請。7.1『北京周報』日本語版創刊。8.20 日本政府，延べ払いによる倉敷レイヨンのビニロンプラント対中国輸出を正式認可。10.1 石橋湛山日本興業展覧会総裁，毛沢東と会見。10.3 北京で唐朝高僧鑑真和上円寂1200年記念法要。10.4 中日友好協会（会長・廖承志）成立大会，北京で開催。10.5 北京で日本工業展覧会開幕，123万人参観(-30)。10.9 日中漁業協定５年ぶりに再締結調印。12.10 上海で日本工業展開幕，125万人参観(-31)。12.15「日中不再戦碑」杭州市で除幕式。
1964	1.21『人民日報』社説で「中間地帯論」展開。1.27 中仏外交関係樹立。2.5 中共中央，「大慶に学ぶ運動」を指示。5. 軍総政治部，『毛主席語録』を出版。8.2 トンキン湾事件。8.18 毛沢東，中央書記処会議で，戦争にそなえて後方基地を建設するよう指示。10.5 第２回非同盟諸国首脳会談開催（-10 カイロ），中国の国連加盟支持，インドシナ国際会議要請の共同宣言採択。10.15 ソ連，フルシチョフ党第一書記兼首相の解任発表，第一書記にブレジネフ，首相にコスイギン就任。10.16 中国，第１回原爆実験に成功。	4.25 政府，戦後初の戦没者叙勲発令。4.28 日本，経済協力開発機構（OECD）に加盟。8.10 社，共，総評など137団体，ベトナム戦争反対集会を開く。10.1 東海道新幹線開業。10.10 第18回オリンピック東京大会（-24）。10.17 鈴木善幸官房長官，中国の核実験に抗議の談話発表。社会・民社・公明政治連盟各党，総評も抗議声明。宮本共産党書記長，実験はやむをえない自衛手段との見解発表。11.9 池田内閣総辞職。12.1 自民党大会，佐藤栄作を総裁に選任。11.12 全日本労働総同盟（同盟）結成。	2.23 吉田元首相，台湾訪問，蔣介石総統に池田首相の親書を手渡す。4.10 中国経済貿易展覧会東京で開幕，81万人参観（-30）。4.19 松村謙三と廖承志との会談に基づき，新聞記者交換，連絡事務所相互設置などについての覚書を取り交わす。4.23 関西経済訪中代表団，周恩来と会見。5.19 日本国際貿易促進協会総裁に石橋湛山就任。5.30 吉田元首相，中国に輸銀を使用しないことを約束した「吉田書簡」を台湾の張群秘書長に手渡す。6.13 大阪で中国経済貿易展開幕，152万人参観(-7.5)。7.7 毛沢東，社会党代表団の佐々木更三らと会見，日

	ブカレスト)。-26 中共代表団,同会議におけるフルシチョフの言動を非難する声明。**7.16** ソ連,中国に派遣中のソ連人専門家千人余を1カ月以内に引き揚げると通告。**7.31** 新疆で中ソ国境紛争。**9.14** 中共中央軍事委拡大会議開催(-10.24)。林彪が主催し,「軍隊の政治思想工作に関する決議」を採択。**11.10** 世界81カ国共産党・労働者党代表者会議開催(-12.1 モスクワ)。**12.20** 南ベトナム解放民族戦線結成。**12.29**『人民日報』1960年の自然災害による被災面積は6000万 ha(総耕地面積の半分以上)に及ぶと発表。	1次スト560万人参加。**6.10** 米大統領秘書,羽田でデモ隊に包囲される(ハガチー事件)。**6.15** 安保改定阻止第2次スト,全学連主流派国会に突入(樺美智子死亡)。**6.19** 新安保条約自然承認。**6.23** 岸首相,退陣表明。**7.4** 全学連第16回,主流派(ブント)決裂。**7.14** 池田勇人を総裁に選出。**10.12** 浅沼社会党委員長,右翼青年に刺殺される。**11.30** 中央公論社,深沢七郎「風流夢譚」問題で宮内庁に陳謝。**12.27** 閣議,所得倍増計画を決定。	文学者代表団と会見,「日本人民の闘争は中国人民と世界人民の米帝国主義侵略反対と世界平和擁護闘争へのきわめて大きな支持である」と語る。**7.29** 日中関係中断以後はじめて原水禁大会参加の中国代表団(団長・劉寧一)来日。**8.27** 周恩来総理,鈴木一雄日中貿易促進会専務理事と会見,貿易三原則を提示,友好貿易はじまる。**10.11** 周恩来総理,北京で高碕達之助と会見,日中関係改善の前提条件として,政治三原則と平和共存五原則,バンドン会議十原則を重ねて明示。
1961	**6.3** ケネディ大統領・フルシチョフ首相会談(-4 ウィーン)。**6.19** ソ連,対中60プロジェクト建設援助協定署名。**7.16** 中共中央,ミサイル・核弾頭の開発を自力更生で行なうことを確認。**10.15** ソ共第22回党大会開催(-31 モスクワ)。フルシチョフ,アルバニア党指導部非難,50メガトン級核実験を声明。**10.19** 周恩来,ソ共第22回党大会で社会主義国の団結を強調,兄弟党の一方的非難は有害と演説。	**2.1** 嶋中中央公論社長邸を右翼少年が襲い,家人2人を殺傷。**6.12** 農業基本法公布。**6.22** 池田・ケネディ共同声明。**9.2** 政府,ソ連の核実験再開決定に抗議。**11.12** 韓国最高会議議長朴正煕,池田首相と会談,日韓会談の早期妥結に合意。**12.17** 那覇市長選,自民党の西銘順治当選。**12.21** 中央公論社,『思想の科学』天皇制特集号発売中止(**1962.3** 思想の科学研究会,自主刊行)。	**3.14** 中国作家代表団(団長・巴金)来日。**4.15** 第9回中国輸出商品交易会(広州)に貿易中断後はじめて友好商社38社が招かれる。**5.14** 日中友好協会代表団(団長・宮崎世民),中国人民対外文化協会と共同声明。**10.7** 毛沢東,日中友好協会代表団(団長・黒田寿男)その他と会見,「日本の親米的な独占資本と軍国主義軍閥をのぞく広範な日本人民は,すべて中国人民の真の友人である」と語る。**11.20** 中国文化代表団(団長・楚図南)来日。
1962	**1.11** 中共中央拡大工作会議(-2.7)で,劉少奇ら三面紅旗政策を非難。**6.1**『紅旗』第11期,社説で資本主義国の技術経験を学び手本とすることの重要性を強調。**6.16** 彭徳懐,党中央に8万言の名誉回復要求書を提出。**8.1**『紅旗』第15・16期,劉少奇「共産党員の修養を論ず」発表。**9.24** 中共8期10中全会開催(-27)。毛沢東,「継続革命論」を展開。**10.20** 中印国境で,人民解放軍全面攻撃開始(-11.22 中国軍停戦)。**10.22** ケネディ大統領,	**1.17** 創価学会政治連盟,公明政治連盟と改称。**3.6** 日米ガット関税取り決め調印。**7.5** アジア・フォード財団からの現代中国研究に対する資金供与をめぐり,明治大学でシンポジウム開かれる。**7.27** 社会党江田三郎書記長,新しい社会主義のビジョンを強調,党内論争に発展。**8.6** 第8回原水禁大会で,「いかなる国の核実験にも反対」をめぐり,社会・共産両党対立。**9.12** 国産第1号研究用原子炉点火。**10.5** 閣議で全国総	**1.13** 社会党訪中使節団鈴木茂三郎,中国人民外交学会長と共同声明「米帝国主義は日中人民共同の敵」を確認。**4.23** 中国映画代表団来日。**7.8** 中国囲碁代表団(団長・李夢華)初来日。**9.19** 松村謙三,周恩来と会談,「LT 貿易」の道を開く。**11.9** 高碕達之助と廖承志,日中総合貿易(LT 貿易)に関する覚書署名。**12.3** ケネディ大統領,日米経済合同委員会で「中国封じ込め政策」への日本の積極的協力要請。**12.27** 中国国際貿易促進委員会(主

	きである」発表。7.31 フルシチョフ首相，マリノフスキー国防相らソ連政府首脳訪中(-8.3)。8.23 人民解放軍，金門・馬祖島砲撃。8.24 米国務省，第7艦隊，台湾海域で戦闘態勢に入ると発表。8.29 中共中央政治局拡大会議「農村の人民公社設立についての決議」採択，鉄鋼増産を呼びかける。10.23 ダレス・蔣介石共同声明発表，大陸武力反攻否定。10.25 中国人民志願軍，北朝鮮から撤退完了。	に合意。12.10 共産主義者同盟（ブント）結成（書記長・島成郎）。	された劉連仁，北海道石狩郡の山中で発見。2.26 日中鉄鋼協定成立。3.3 松山バレエ団「白毛女」訪中公演，北京で開幕(-5.1)。3.5 第4次日中民間貿易協定調印(北京)。4.1 武漢で日本商品展開幕。4.9 岸政府，第4次日中貿易協定の事実上の協定否定を発表。5.2 長崎で中国国旗引き降ろし事件発生。5.10 陳毅外相，日中間のあらゆる経済・文化関係を断絶する旨表明。5.13 閣議，日中問題静観と決定。7.7『人民日報』社説「中国人民は日本の潜在的帝国主義に断乎反対する」発表。
1959	1.1 キューバ革命軍，バチスタ政権を打倒。2.7 中ソ経済·技術協力協定署名(モスクワ)。3.10 チベットで武装反乱おこる。-20 ダライ・ラマ，インドに亡命。4.18 第2期全人代第1回会議開催(-27)。劉少奇を国家出席，宋慶齢，董必武を副主席に選出。4.18 ダライ・ラマ，中国非難声明発表。8.16 中共中央政治局拡大会議（廬山）「彭徳懐反党グループについての決議」採択。8.25 中印国境で最初の武力衝突発生。9.2 フルシチョフ首相，論文「平和共存について」発表。9.15 フルシチョフ首相訪米，27 共同声明発表。9.30 フルシチョフ首相訪中（-10.3)。中ソの意見対立激化。	4.10 皇太子結婚式。5.13 南ベトナムと賠償協定調印。7.7 清水幾太郎ら，安保問題研究会結成。8.13 在日朝鮮人の北朝鮮帰還に関する日朝協定調印。10.26 自民党，安保改定を党議決定。10.30 全学連，安保阻止統一行動全国ストに90校，35万人参加，日比谷野音で集会。12.11 三井鉱山，会社側，指名解雇通告。三池争議始まる。	3.3 中共・日共両党代表団，共同声明発表（鄭州)。中共，極東と太平洋に平和地域を設定すること，および中日不可侵条約の締結を提案。3.9 浅沼稲次郎第2次社会党訪中使節団団長，「米帝国主義は日中両国人民共同の敵」と演説。3.17 中国人民外交学会と「安保条約」反対の共同声明を発表。9.20 石橋湛山・周恩来共同声明，政経不可分の原則を明示。10.1 70団体により「日中国交回復実現，中国建国10周年国慶節祝賀中央集会」開催。10.21 松村謙三自民党顧問，周恩来総理の招きで中国を訪問，周恩来と会談。
1960	3.22 毛沢東，党の指導の強化·政治優先·大衆運動堅持の「鞍鋼憲法」を賞賛。4.16『紅旗』第8期，ソ連の平和共存路線を激しく攻撃，中ソ論争公然化。4.20 周恩来訪印（-25)，ネール首相と会談，国境問題についての対立は未解決。6.24 社会主義各国共産党・労働者党会議開催（-26	1.5 三池労組，解雇通告返上，25 全山無期限スト。1.19 日米新安全保障条約署名（ワシントン）。5.19 政府・自民党，衆院に警官隊を導入し新安保条約と会期50日延長を単独強行採決（以後，連日国会周辺にデモ)。5.21 竹内好都立大教授，安保強行採決に抗議辞職。6.4 安保改定阻止第	1.14 中国外交部，声明を発表，「新日米安保条約」を非難。2.10 岸首相，国会で改訂「安保条約」極東の範囲に金門・馬祖を含むと答弁。5.9 北京で「日本人民の日米軍事同盟反対闘争支援集会」100万人以上参加。この日から支援週間がはじまり，33都市1200万人の集会・街頭行動となる。6.21 毛沢東主席，日本

			日中輸出入組合（理事長・南郷三郎）発足。**12.1** 郭沫若ら中国学術視察団来日（-25）。**12.1** 大阪で中国展開催，123万人参観。
1956	**2.14** ソ共第20回大会開催（-25），「平和共存」「社会主義への平和的移行」路線採択，**24** フルシチョフ第1書記，党大会秘密会でスターリン批判演説。**4.5**『人民日報』編集部論文，スターリン評価についてソ連と微妙な相違を示す。**4.17** コミンフォルム解散発表。**4.25** 毛沢東，中共中央政治局拡大会議で「十大関係論」講演。**5.2** 最高国務会議開催，毛沢東，学術研究の「百家争鳴」提唱。**6.28** ポーランド，ポズナニ暴動。**7.26** エジプト・ナセル大統領，スエズ運河国有化を宣言。**10.23** ブダペストで学生・労働者の反政府暴動。**11.4** ソ連軍，ブダペストに武力進駐，ガダル政権樹立。**12.29**『人民日報』編集部論文，スターリンの誤りは第二義的なものと評価。	**4.5** 自民党大会，鳩山一郎を初代総裁に選出。**4.29** 河野一郎農相ら，モスクワで日ソ漁業交渉開始（**5.14** 日ソ漁業条約調印）。**5.1** 水俣病公式確認。**7.28** 那覇で県民大会開催，10万余参加。**7.17** 経済白書，「もはや戦後ではない」と規定。**10.19** 日ソ国交回復に関する共同宣言調印（**12.12** 批准書交換）。**12.18** 国連総会，日本の加盟案可決。**12.20** 鳩山内閣総辞職，**23** 石橋湛山内閣成立。**12.26** ソ連からの最後の引揚船，舞鶴に到着。	**3.23** 日本中国文化交流協会（会長・片山哲，理事長・中島健蔵）結成。**4.25** 中国全国人民代表大会常務委員会にて，抑留中の日本人戦犯の処理に関する決定を採択。**5.26** 日中友好協会，朝日新聞社と共催して梅蘭芳中国京劇団を招き各地で公演。**6.21** 中国政府，日本人戦犯335人を免訴釈放。**8.21** 中国政府，日本人戦犯354人を免訴釈放，これによって中国で拘禁されていた日本人戦犯1062人全員が釈放。**9.4** 日本旧軍人代表団（団長・遠藤三郎元陸軍中将），毛沢東主席と会見。**10.6** 北京で日本商品展覧会開幕（-29）。**10.10** 日本肥料メーカー代表団訪中，化学肥料20万トン契約。**11.7** 中国総工会代表団（団長・董昕）来日。**11.21** 中国漁業代表団来日。**12.1** 上海で日本商品展覧会開幕（-26）。
1957	**1.18** 中ソ両国，社会主義諸国の団結強化に関する共同宣言発表（モスクワ）。**2.27** 毛沢東「人民内部の矛盾を正しく処理する問題について」。**4.27** 中共中央，「整風運動についての指示」。**6.8** 毛沢東，党内に反右派闘争を指示。**10.4** ソ連，人工衛星スプートニク1号打ち上げ成功。**11.2** 中国政府代表団（団長・毛沢東）訪ソ（-21）。**11.17** 毛沢東，留ソ学生に対し「東風は西風を圧倒する」と講演。**12.26** 第1回アジアアフリカ民族連帯会議カイロで開催。	**1.17** 社会党大会，左派が主導権掌握。**1.30** 相馬ケ原演習場で米兵，日本人農婦を射殺（ジラード事件）。**2.23** 石橋内閣総辞職，**25** 岸信介内閣成立。**3.21** 自民党大会，岸信介を総裁に選出。**5.20** 岸首相，東南アジア6カ国訪問に出発（**6.3** 蒋介石と会談，国府の大陸反攻に同感と言明）。**10.1** 日本，国連安保理事会非常任理事国に当選。**12.6** 日ソ通商条約調印（東京）。**12.22** 日教組，勤評反対闘争のため「非常事態宣言」発表。	**4.11** 日本社会党訪中使節団訪中（団長・浅沼稲次郎）。**4.25** 第1回中国輸出商品交易会，広州で開幕。**7.25** 周恩来総理，岸首相の台北発言を非難。**7.27** 日中国交回復国民会議結成（理事長・風見章）。**9.22** 中国帰還者連絡会（中帰連），第1回大会。**10.10** 日中国交回復国民会議代表団（団長・小畑忠良），中国人民外交学会と共同声明，「2つの中国」政策非難。**11.1** 第4次日中貿易協定不調で休会，日本代表帰国。**12.6** 第2次中国紅十字会代表団（団長・李徳全，副団長・廖承志）来日。
1958	**2.19** 中朝共同声明，在朝鮮中国人民志願軍の年内撤退発表。**5.5**『人民日報』社説「現代修正主義は批判さるべ	**1.20** インドネシアと平和条約・賠償協定調印。**9.11** 日米共同声明発表（ワシントン），日米安全保障条約改定	**1.24** 西園寺公一，アジア太平洋平和連絡員会副秘書長として北京駐在。**2.1** 広州で日本商品展開幕。**2.9** 日本軍に強制連行

			長・徳田球一没。10.29 第２次日中民間貿易協定調印（北京）。
1954	3.13 北ベトナム軍，ディエン・ビエン・フー攻撃。4.26 ジュネーブ会議開催(-7.21)，朝鮮・インドシナ問題討議。6.28 周恩来首相・ネール首相，平和五原則について共同声明発表。7.21 ジュネーブ会議終了，インドシナ休戦協定署名。9.3 人民解放軍，金門・馬祖への砲撃開始。9.6 東南アジア条約機構(SEATO)創設。9.14 米政府，第７艦隊に対し，金門島貿易の台湾・国府軍に全面的な補給援助を与えるよう指示。9.15 第１期全国人民代表大会第１回会議開催(-28)，20 中華人民共和国憲法採択，即日公布。9.29 フルシチョフ第一書記ら訪中(-10.12)，10.12 中ソ共同宣言。10.16 毛沢東，「紅楼夢」研究の問題について中共中央関係者に書簡送付。12.2 米華相互防衛条約署名。	3.1 米のビキニ水爆実験で第５福竜丸被災。3.8 日米相互防衛援助協定（MSA）調印（5.1 発効）。3.12 自由党憲法調査会発足（会長・岸信介）。7.1 防衛庁，自衛隊発足。12.7 吉田内閣総辞職，10 鳩山一郎内閣成立。	4.1 東京銀行，中国銀行ロンドン経由英ポンドの為替受け払い開始。5.27 衆議院，邦人帰国援助に感謝して「中国紅十字会代表招請に関する決議」を採択。8.19 中国政府，日本旧軍人戦犯417人の特赦を発表。9.22 日本国際貿易促進協会創立総会（会長・村田省蔵）。9.27 日中友好協会，初の学術文化視察代表団（団長・安倍能成）を派遣。超党派国会議員団訪中。10.28 日中・日ソ国交回復国民会議（理事長・風見章）結成。10.30 中国紅十字会代表団（団長・李徳全，副団長・廖承志）来日(-11.12)。11.13 日中漁業協議会（会長・村山佐太郎）発足。12.17 衆議院，「中国通商使節団招請に関する決議」を採択。12. 日本国際貿易促進協会地方組織として関西総局，京都・東海・神戸・石川の各支局発足。
1955	1.18 人民解放軍，一江山島占領。2. 胡風批判始まる。4.18 アジア・アフリカ(AA)会議開幕（-24 バンドン）。24 平和十原則採択。5.18 胡風逮捕さる。これ以降６月にかけて全国的に「胡風反革命集団」に対する闘争が展開され，2000人以上がその対象となり，92人が逮捕。5.25 ソ連軍の旅順海軍基地からの撤退完了および同地区施設の中国への無償移管について，中ソ共同声明発表。7.31 毛沢東主席，中共省･市･区委員会書記会議で「農業協同化の問題について」報告，全国的な農業の協同化運動を呼びかけ。	1.1 共産党，『アカハタ』で極左冒険主義を自己批判。5.26 在日本朝鮮人総連合会（朝鮮総連）結成。6.1 ロンドンで日ソ交渉開始（-9.21 領土問題で対立，交渉休止）。7.27 日本共産党，第６回全国協議会開催（-29），新方針を採択。9.13 立川飛行場拡張のため強制測量実施，反対派と警官隊衝突（砂川基地反対闘争）。9.19 原水爆禁止日本協議会（事務総長・安井郁）結成。10.13 社会党統一大会（委員長・鈴木茂三郎）。10.15 自由民主党結成（保守合同なる）。	1.8 日本国際貿易促進協会・村田省蔵総裁訪中。日中漁業協議会代表団訪中，第１次日中漁業協定調印（4.15）。3.29 中国通商使節団（団長・雷任民）来日。3. 中共中央政治局「中共中央の対日政策ならびに対日活動方針および計画について」。4.22 高碕達之助経済審議庁長官，バンドン会議で周恩来総理と会談。5.4 第３次日中貿易協定調印(東京)。6.9 日本学術代表団（団長・茅誠司），周恩来総理と会見。7.21 日本新聞放送視察団（団長・横田実産経新聞副社長）訪中。8.9 第１回原水爆禁止世界大会参加中国代表団（団長・劉寧一中華全国総工会主席）来日。10.17 晴海で初の中国展開催，67万人参観。11.27 日中文化交流協定調印。11.24

1950	**1.6** 英国政府，中華人民共和国を承認。**2.14** 中ソ友好同盟相互援助条約署名（モスクワ）。**6.14** 劉少奇副主席，政協会議において，土地改革問題に関する報告。**6.25** 北朝鮮軍，38度線を越え進撃，朝鮮戦争勃発。**10.25** 中国人民志願軍，朝鮮戦線で戦闘に参加。**10.10** 蔣介石総統，台湾を「大陸光復」の基地とする演説。	**1.6** コミンフォルム，共産党の平和革命論を批判，以後内部対立激化。**1.19** 社会党分裂(**4.3** 再統一)。**3.1** 自由党結成(総裁・吉田茂)。**5.3** マッカーサー元帥，共産党非合法化を示唆。吉田首相，全面講和論の南原東大総長を「曲学阿世」と非難。**9.1** 閣議，レッドパージ方針を決定。	**10.1** 日中友好協会結成(会長・松本治一郎)。**11.1**「花岡殉難416烈士追悼会」(華僑総会主催）浅草・東本願寺で開催。**12.4** 周恩来総理，対日講和問題について８項目の主張を発表。**12.6** 日本政府，米国の指令により対中国輸出全面禁止。
1951	**5.20**『人民日報』社説（毛沢東執筆），映画『武訓伝』批判を呼びかけ。**5.23** 中央人民政府・チベット地方政府，「チベットの平和解放協定」締結。**10.12**『毛沢東選集』第１巻出版。**12.1** 人民解放軍，チベットのラサに進駐。**12.14** 米バトル法（相互防衛援助協定）成立，ココム・チンコム違反に罰則適用。	**4.11** トルーマン大統領，マッカーサー元帥罷免，後任リッジウェイ中将。**9.4** 対日講和会議開催（-**8** サンフランシスコ），52カ国参加，**8** 対日講和条約，日米安保条約署名。**12.20** 大山郁夫にスターリン平和賞授賞発表。	**8.15** 周恩来，米英の対日平和条約案およびサンフランシスコ会議についての非難声明。**9.6** 沈鈞儒，1937年以降の８年間に中国は日本により，1000万人以上，500億ドルの損害を受けたと語る。**9.18** 周恩来，中国不参加の対日講和条約は非合法・無効と声明。**12.24** 吉田茂首相，ダレス米国務長官特別顧問あて書簡で国府との講和を確約
1952	**8.9** 中央人民政府，「民族区域自治実施要綱」公布。**9.15** 中ソ両国，中国長春鉄道の中国政府返還に関する公告，中国旅順海軍基地の共同使用，租借期限延長に関する中ソ両国外相の交換公文，中国・ソ連・モンゴル３国間の鉄道連絡の組織化に関する協定署名。**10.2** 北京でアジア太平洋平和会議開催（-**13**），日本政府の旅券不許可に抗して日本代表多数参加。	**2.15** 第１次日韓会談開始(-**4.26**)。**4.28** サンフランシスコ条約・日米安全保障条約発効。**5.1** 血のメーデー事件，デモ隊，皇居前広場で警官隊と激突。**5.1** 北京から「自由日本放送」開始(-**55.12.31**)。**7.28** 日英米加仏による極東貿易会議，ワシントンで開催。ココム関係諸国に日本の加入勧告およびチンコムの設置を決定。**10.15** 警察予備隊，保安隊に改組。	**1.27** モスクワ国際経済会議開催に応じて，経済懇談会発足(石橋湛山ら)。**4.28** 日本・国府，日華平和条約署名（台北）(**8.5** 発効)。**5.14** 中国国際貿易促進委員会（主席・南漢宸）成立。**5.15** 高良とみら３氏が北京に到着。**6.1** 第１次日中民間貿易協定署名（北京)。**12.1** 中国政府，新華社を通じ在華邦人の帰国援助方針発表。**12.12** 日中貿易促進議員連盟（理事長・平塚常次郎）再発足。
1953	**3.5** スターリン首相死去，-**9** 毛沢東，スターリンの死をいたみ，「もっとも偉大な友情」発表。**6.15** 毛沢東，中共中央政治局会議で過渡期の総路線と総任務の内容について説明。**7.27** 朝鮮休戦協定署名。	**3.14** 吉田内閣不信任案可決，国会解散（バカヤロー解散)。**3.18** 分党派自由党結成(総裁・鳩山一郎)。**12.24** 奄美群島返還日米協定調印。	**1.16** 日本赤十字社ら３団体代表（団長・島津忠承日赤社長），在華邦人帰国問題打ち合わせに訪中。**3.23** 帰国船第１便興安丸，舞鶴に入港。**6.1** 北京で『人民中国』日本語版創刊。**6.20** 日中貿易促進地方議員連盟全国協議会成立。**7.2** 花岡などの中国人殉難者の遺骨，送還開始。**9.28** 周恩来，大山郁夫と日本との正常関係回復について会談。**10.14** 北京で日本共産党書記

関連年表（1945-1972年）

年代	中国関連（関連の世界情勢を含む）	日本関連	日中関係
1945	**8.14** モスクワで中ソ友好同盟条約調印。**8.15** 蔣介石，「対日抗戦勝利に際し全国軍民及び世界の人士に告ぐ」をラジオ放送。**8.28** 毛沢東・周恩来ら，ハーレー・張治中とともに重慶着，以後，10.10まで国民党と交渉（重慶会談）。	**8.15** 天皇，戦争終結の詔書を放送。**8.17** 東久邇稔彦内閣発足。**8.30** 連合国最高司令官マッカーサー，厚木に到着。**9.2** 米戦艦ミズーリ号上で降伏文書に調印。**12.1** 日本共産党第４回大会（再建大会），書記長に徳田球一。**12.11** E. スノー来日。	**8.27** 長春に東北地方日本人居留民救済総会成立，会長・高碕達之助。**12.4** 上海在留日本人2185名，帰国へ。**12.25** 台湾からの日本人の送還開始。
1946	**5.3** ソ連軍，大連・旅順を除き東北より撤退完了。**6.26** 国民党軍，中原解放区を攻撃，全面的内戦始まる。**8.6** 毛沢東，延安でストロングと会談，「原爆は張り子の虎」と語る。	**1.13** 野坂参三，東京帰着，**26** 帰国歓迎国民大会。**5.3** 極東国際軍事裁判（東京裁判）開廷（48.11.12判決）。**5.22** 第１次吉田茂内閣成立。**11.3** 日本国憲法公布（47.5.3施行）。	**1.25** 日本華僑総会籌備大会（4.18 日本華僑総会成立）。**1.27** 中国研究所創立（会長・平野義太郎）。**5.14** 中国戦犯調査委員会報告書，上海からの報道。**9.1** 高碕達之助，東北日僑善後連絡処主任に就任。
1947	**1.1** 国民政府，中華民国憲法公布（47.12.25施行）。**2.28** 台湾にて陳儀，臨時戒厳令を公布（228事件）。**10.1** 東北民主連軍，全面攻勢に出る。**10.10** 共産党中央，中国土地法大綱を公布。	**5.20** 吉田内閣総辞職。**6.1** 片山哲内閣成立。**6.5** 米国務長官マーシャル，マーシャル・プラン発表。	**7.** 閻錫山，山西残留旧日本軍を暫編独立第10総隊に編成。
1948	**5.9** 国民政府，「動員戡乱時期臨時条款」公布。**5.20** 蔣介石・李宗仁，中華民国総統・同副総統に就任。**6.15** 共産党華北中央局機関紙『人民日報』，石家荘で創刊。	**2.10** 片山内閣総辞職。**3.10** 芦田均内閣成立。**3.15** 民主自由党結成（総裁・吉田茂）。**9.18** 全日本学生自治会総連合（全学連）結成大会。**10.19** 第２次吉田茂内閣成立。	**9.20** 胡蘆島から最後の引揚船出航。送還された日本人居留民総数105万1047人。**11.22**『大公報』社説「我々は日本天皇の審問を要求する」。
1949	**4.21** 人民解放軍，長江を渡る。**6.16** 中国民主同盟，北平で『光明日報』創刊。**6.21** 共産党中央代表団（劉少奇・高崗・王稼祥），秘密裡にソ連へ出発。**9.21** 中国人民政府協商会議，北平で開幕（-9.30）。毛沢東を中央人民政府主席に選出。**10.1** 中華人民共和国成立。**11.30** 対共産圏輸出統制委員会（ココム）設立。**12.7** 民国政府，台北移転。	**2.16** 第３次吉田茂内閣成立。**5.10** シャウプ税制使節団来日。**7.4** マッカーサー，「日本は共産主義進出阻止の防壁」と声明。**7.6** 下山事件。**7.15** 三鷹事件。**7.19** GHQ民間情報教育局顧問イールズ，新潟大学で「共産主義教授」の追放を講演。**8.17** 松川事件。**10.14** 日本平和擁護委員会（会長・大山郁夫，書記長・平野義太郎）成立。	**4.20** 吉田首相，国会で共産党統治下中国との貿易につき，暫定的早期開始の希望を表明。**4.24** 山西省に残留の旧日本軍将兵100余名，太原で人民解放軍の捕虜となる。**5.4** 中日貿易促進会結成，常任理事に内山完造・渋谷定輔ら。**5.24** 中日貿易促進議員連盟結成（会長・苫米地義三，幹事長・帆足計）。**10.10** 日中友好協会設立準備会，東京神田共立講堂で開催。

吉沢清次郎 **1** 日59⑪
吉田東祐 **2** 日56⑥ 日56⑨
吉田富夫 **1** 眼72⑥
吉田法晴 **2** 改54② ジ680407
吉田実 **13** 中64⑦ 潮65② 潮65⑨ 潮65⑪ ジ660911 世66⑪ 潮67③ 世67③ 世71④ 世71⑧ 世71⑪ ジ711112 ジ720202
吉野源三郎 **5** 世53③ 世54⑫ 世55① 世57② 世59⑦
吉野賢二 **1** ジ641115
吉村作治 **1** 文72⑧
吉村正一郎 **1** 世58⑩
吉村秀夫 **1** 眼69⑧
吉本隆 **1** 社63⑫
米沢秀夫 **3** 改52⑤ 前68⑫ 前70⑫
米沢嘉圃 **1** 世66⑩
米谷健一郎 **1** 文71④
余和井真三 **1** 民48①
ら
雷任民 **1** 世57⑦
ラオ, V. K. R. V **1** 世52⑨
洛澤 **1** 潮72⑤
ラクチュール, ジャン **2** 中71⑩ 世71⑩
ラップラルフ, E **1** ジ690112
ラティモア, オーエン **2** 界46③ 世52⑦
ラバンス, ザンヌ **1** 自62⑦
ラムバート, T **1** 中50②
り
李維漢 **1** 前51㉛
李嘉 **1** 展49⑪
李恢成 **1** 潮71⑨
李可零 **1** 日58⑦
力石定一 **1** 思67②
陸定一 **4** 前51㉛ 54前⑧ 中56臨 前56⑨
李献璋 **1** 世53⑦
李水生 **1** 中67③
李徳全 **2** 中55③ 改55①
李伯仁 **1** 中63②
李富春 **1** 前55⑩
劉競 **1** 世57①
柳虹 **1** 文52④
劉彩品 **2** 情70⑩ 情71⑥
劉少奇 **3** 中54⑪ 中56⑪ ジ670730
笠信太郎 **1** 改51臨
劉智渠 **1** 潮72⑤
劉道昌 **4** 眼71⑥ 眼71⑦ 眼71⑧ 眼71⑨
劉明電 **1** 本50④
廖文毅 **1** 文55④
リンドベック, J **1** 世69⑦
林凡明 **1** 世69⑦
る・れ
ルウイス, ジョン, W **1** 自66⑫
黎波 **1** ジ650207
レストン, ジェームズ **1** 中71⑩
ろ
老舎 **1** 中65⑤
蝋山政道 **5** 中51① 中52① 中56④ 世57② 世58⑩
蝋山道雄 **5** 潮70⑪ 中71② 現71⑤ 自71⑩ 中71⑪
蝋山芳郎 **12** 中51⑩ 世54⑧ 世59⑦ 中61⑦ 潮65① 眼65② 潮65⑨ ジ670813 ジ690223 ジ710730 眼72⑤ 情72⑤
ローデリック, J. D **1** 文71⑦
ロス, アンドリュー **9** 改49⑦ 朝49⑩ 朝50② 世52⑫ 世53⑥ 世57③ 世58⑪ 世65① 世65⑪
ロビンスン, ジョーン **2** 中54④ 世64④
わ
ワース, アクサンダー **1** 世53⑦
若泉敬 **2** 中66② 自65③
若代直哉 **1** 情71増
若林虎之助 **1** 前63⑫
若林暹 **1** 前72①
若松重吾 **1** 自72⑨
脇村義太郎 **2** 世52⑨ 世62⑪
和久田幸助 **1** 文64⑥
和田一夫 **1** 前71⑩
和田清 **1** 世47⑥
渡辺一衛 **1** 眼72⑥
渡辺祥三 **1** 世64④
渡辺龍策 **1** 文71⑪
和田斉 **4** 索49③ 中51① 中51③ 中52②
和田日出吉 **1** 中53⑩
和田博雄 **2** 眼62⑫ 自63⑩
渡部一郎 **1** ジ690223
和田量 **1** 改51⑧
和辻哲郎 **1** 世58④

も

孟奚 **1** 中46⑪
孟清源 **1** 中48⑩
毛沢東 **7** 界46② 展51④ 前5157 前52⑧ 中56⑪ 中57⑧ 世61④
モーゲンソー，ハンス **1** 自62⑩
茂木政 **1** 中54⑥
本橋渥 **6** 中53⑫ 中54⑩ 中56⑪ 中59③ 潮67③ 潮67⑨
森川正 **3** 情70⑤ 情70⑥ 情70⑨
森恭三 **8** 中64⑫ 世66⑪ 展70⑦ ジ701112 世71① 世71⑨ 世71⑫ ジ720414
森島守人 **1** 本50⑩
森次郎 **1** 本51③
モリス，チャールズ・W **1** 中49②
森永和彦 **2** 自66⑦ 自71⑦
森本忠夫 **2** ジ641004 ジ661016
森本哲郎 **2** 潮71⑦ 潮71⑧
森本良男 **1** 世71⑩
森康生 **1** 文72⑩
森山哲 **1** 世67⑦
モンゴメリー，バーナート・ロウ **1** 世62①

や

八木澤三夫 **1** ジ711119
八木寛 **1** ジ721006
矢島鈞次 **1** 自72⑫
八代謙 **1** 情70⑦
八代健朗 **2** 眼64③ 世70①
安田武 **1** 潮71⑨
安平哲二 **1** 自63⑨
宿谷栄一 **3** 前58⑨ 世61⑨ ジ640216
矢内原忠雄 **1** 中54①
柳田国男 **1** 思49⑤
矢野暢 **1** 諸71⑦
矢野征記 **1** 本50⑪
矢部貞治 **1** 中53⑨
山内一男 **4** 眼63⑩ 中63⑫ ジ650214 ジ690511
山内俊雄 **1** 改53臨
山川菊栄 **1** 世60①
山川均 **4** 世55① 世55④ 中56④ 中57⑧
山極晃 **9** 中63③ 中63⑨ 中65⑦ 世69③ 世69⑧ ジ710514 世71⑦ 世72③ ジ721013
山口一郎 **5** 世69⑦ 世69⑧ 世69⑩ 潮71④ ジ720929
山口喜久一郎 **1** 世54⑫
山口瞳 **1** 中67③
山口房雄 **1** ジ720901
山崎謙 **2** 前53⑦ 前53⑧
山崎正和 **1** 自72⑫
山崎元幹 **1** 文51②
山下五郎 **1** 自61⑨
山下龍三 **2** 前59① 眼71⑨
山田慶児 **8** 世66⑪ 世67⑨ 展67⑨ 世67⑩ 展68⑩ 展71⑩ 世71⑪ 文71⑫
山田三郎 **1** 日54⑨
山田尚宏 **1** 中72⑤
山田野理夫 **1** 自63⑥
山田久就 **1** 中64⑫
山田宗睦 **3** 眼62⑥ 眼63③ 眼66⑧
山田礼三 **2** 中57臨 眼66⑪
山中史郎 **1** 前 54⑫
山中峯太郎 **1** 文62②
山名正孝 **1** 自66⑫
山之内一郎 **1** 改54②
山村一馬 **1** 前5161
山村健一郎 **2** ジ720407 ジ720915
山村徳三 **1** 中71②
山村文人 **1** 自71③
山本新 **1** 潮65①
山本熊一 **2** 中54⑩ 中61⑤
山本哲也 **1** 中69⑪
山本満 **1** 中72⑫
ヤング，ケネス **1** 潮66⑪

ゆ

湯浅赳男 **1** 眼71⑨
游輝乾 **1** 中62②
ユルマン，ベルナール **1** 文61⑤

よ

楊逸舟 **4** 中62④ 中62⑫ 自67⑥ 自72⑧
横川伸 **1** 思72④
横田喜三郎 **1** 改54②
横田実 **1** 世55⑪
横田康夫 **2** 日72秋 諸72⑩
横堀谿 **1** 文66⑪
横山昌司 **1** 世71⑩
吉川幸次郎 **25** 文45⑩ 展46① 索46④ 展46⑤ 文47⑫ 展48① 世48⑪ 世49⑧ 朝50⑦ 文51⑧ 世53① 改54① 世54② 文54⑩ 世55② 世55④ 文55⑧ 中55⑧ 中57① 世57② 中61① 世62⑨ 展67⑤ 展68④ 世72①

み

む

ね

の

は

な

に

す

け

こ

雑誌寄稿者索引

凡　例

・これは本書で扱った1945-1972年の間に発行された24の総合雑誌に掲載された中国関連記事の寄稿者総計1347名について，50音順に配列し，掲載記事の総数をカウントし，掲載号を列挙した索引である。

・人名の後の数字は掲載記事の総数を示し，そのあとに年代順に記事が掲載された雑誌を一覧した。雑誌は一文字の略記号を用いた。略記号は序章の図0-1を踏襲した。再度掲げておくと下記の通りである。

文：文藝春秋／中：中央公論／世：世界／改：改造／前：前衛／日：日本及日本人／思：思想の科学／展：展望／流：潮流／朝：朝日評論／界：世界評論／本：日本評論／民：民主評論／論：評論／雄：雄鶏通信／索：思索／社：月刊社会党／ジ：朝日ジャーナル／自：自由／眼：現代の眼／潮：潮／現：現代／情：情況／諸：諸君

・雑誌略記号のあとの２桁の数字は掲載号の西暦の下２桁で，丸数字は発行月を示す。季刊雑誌の場合は「春夏秋冬」など当該雑誌の表記に従う。

・「臨」「増」は臨時増刊号であることを示す。『朝日ジャーナル』のみは週刊につき，「680929」のように表記し，68年９月29日号であることを示す。また『前衛』は一応月刊ではあるが，刊行頻度に変更があるため，発行年のあとの２桁の丸数字は，発行月の場合と通号の場合とがある。

・したがって，たとえば，

「会田雄次２　中67③ 自67④」

とあるのは，会田雄次の記事が２本あり，『中央公論』1967年３月号と『自由』1967年４月号に掲載されていることを意味する。

あ

愛新覚羅浩 **1**　文58⑩
愛新覚羅溥儀 **2**　文57④ 文64⑩
会田雄次 **2**　中67③ 自67④
愛知揆一 **1**　中67③
相羽正三久 **1** 朝50④
青地晨 **1**　中64⑦
青野季吉 **1**　世55①
青山和夫 **1**　流46⑦
青山紳四郎 **2**　文69⑧ 文68⑧
青山秀夫 **1**　流47⑫
赤木昭夫 **1**　中70⑥
赤城宗徳 **1**　世69③
赤坂太郎 **2**　文72⑦ 文72⑩
明石勝英 **1**　文55⑤
赤松克磨 **1**　日51⑪
阿川弘之 **1**　文62⑤
秋岡家栄 **3**　中54⑤ ジ680929 ジ721006
秋田健介 **2**　世62① 世62④
安芸昌夫 **1**　日66秋
秋元秀雄 **2**　日70夏 文72③
アクセルバンク，A **2**　世64③ 現72⑪
浅尾新甫 **1**　改51臨
浅川謙次 **1**　日51⑧
朝倉喬二 **1**　潮72⑤
浅野晃 **2**　日55⑦ 日56③
浅野雄三 **5**　眼64⑤ 眼64⑥ 眼67⑪ 中70⑦ 眼70⑦

ま　行

や　行

ら・わ　行

な　行

は　行

た　行

さ　行

事項索引

ら　行

わ　行

や　行

ま　行

な　行

は　行

た　行

さ 行

か　行

人名索引〔中国人・韓国朝鮮人の名前は便宜的に漢字の音読みで並べた〕

あ 行

著者紹介

馬場公彦（ばば きみひこ）

1958年，長野県伊那市出身。

1981年，北海道大学文学部卒業。

1983年，北海道大学文学部大学院東洋哲学研究科修了。

2010年，早稲田大学大学院アジア太平洋研究科博士後期課程満期修了，学術博士。東アジア論・日中関係論専攻。

1984年より出版社に勤務し，編集に携わり，現在にいたる。

単著：『『ビルマの竪琴』をめぐる戦後史』（法政大学出版局，2004年）。

共著：「出版界のなかのアジア――一編集者の体験として」（小林英夫編『現代アジアのフロンティア――グローバル化のなかで』社会評論社，2004年），「出版界の現場から見た日本中国学の変遷――岩波書店の刊行物を中心に」（日本中国学会編『中国学への提言　第58回日本中国学会講演録』日本中国学会，2007年），“Postwar Japanese intellectuals' perspectives on reconciliation between British and Japanese soldiers over the War in Burma: the case of Takeyama Michio and *Harp of Burma*,” in Hugo Dobson and Kosuge Nobuko eds., *Japan and Britain at War and Peace*, Routledge, London and N. Y., 2009.

新曜社

戦後日本人の中国像
日本敗戦から文化大革命・日中復交まで

初版第1刷発行　2010年9月17日
初版第2刷発行　2010年12月17日

著　者　馬場公彦

発行者　塩浦　暲

発行所　株式会社 新曜社
〒101-0051 東京都千代田区神田神保町 2-10
電 話(03)3264-4973・FAX(03)3239-2958
e-mail　info@shin-yo-sha.co.jp
URL　http://www.shin-yo-sha.co.jp/

印刷　星野精版印刷　Printed in Japan
製本　イマヰ製本所
ISBN978-4-7885-1204-7 C1030